# 兴化年鉴

2022 XINGHUA NIANJIAN

兴化市人民政府 主办
兴化年鉴编纂委员会 编

方志出版社
Publishing House of Local Records

**图书在版编目(CIP)数据**

兴化年鉴. 2022 / 兴化年鉴编纂委员会编.—北京:
方志出版社, 2022.10
ISBN 978-7-5144-5412-3

Ⅰ. ①兴… Ⅱ. ①兴… Ⅲ. ①兴化－2022－年鉴
Ⅳ. ①Z525.34

中国版本图书馆CIP数据核字(2022)第227468号

责任编辑:李晓晓
责任校对:刘玉霞
责任印制:梅中英
出 版 者:方志出版社
地　　址:北京市朝阳区潘家园东里 9 号(国家方志馆4层)
邮　　编:100021
网　　址:http://www.zgfzcb.cn
发　　行:方志出版社图书营销中心(010-67110500)
印　　刷:南京凯德印刷有限公司
开　　本:889毫米×1194毫米 1/16
印　　张:22.25
字　　数:949千字
版　　次:2022年10月第1版
印　　次:2022年10月第1次印刷
定　　价:300.00元

# 兴化年鉴编纂委员会

主　　任：殷　俊

副 主 任：常冬海　刘　洪　王贵善　王　辉
刘春龙

委　　员：张大军　于海翔　王　迅　金国明
张进厚　冯鸿灿　王　勇　陈永根
张冬健　陈建中　邵国昱　唐小进
杭　雯　房兴杰　陈　莉

主　　编：冯鸿灿

副 主 编：姚桂本　陈　莉　孙东圣

执行主编：陈　莉　孙东圣

# 兴 化 年 鉴 编 辑 部


**主　　任：**陈　莉

**总　　纂：**陈　莉

**副 总 纂：**孙东圣

**编　　辑：**王雯雯

**彩页设计：**孙东圣　吕　飞

**校　　对：**陈　辉　冯余宏　黄洪山

卞宝胜　邹建元　朱存安

邓婷婷　贺益梅　赵长洪

张　维　钱　炜

**封面摄影：**杨天民

# 《兴化年鉴(2022)》审稿人员

**市领导**

| | | | | | | |
|---|---|---|---|---|---|---|
| 方　捷 | 殷　俊 | 常冬海 | 刘　洪 | 王　辉 | 张大军 | 王　迅 |

**乡镇、市级机关审稿人**(按姓氏笔画排列)

| | | | | | | |
|---|---|---|---|---|---|---|
| 于海翔 | 万光明 | 马　捷 | 王圣山 | 王　军 | 王忠山 | 王学兵 |
| 王　建 | 王建韬 | 王　萍 | 王道斌 | 叶建军 | 史宏祥 | 包志和 |
| 冯　明 | 冯春华 | 朱大康 | 朱广钱 | 朱尧胜 | 朱树萍 | 华　实 |
| 刘晓琴 | 许少华 | 许昊天 | 孙政权 | 孙荣贵 | 花在明 | 李东伟 |
| 李有专 | 李　凯 | 李　俊 | 吴佳润 | 谷　牧 | 汪夕禄 | 沈卫平 |
| 沈长海 | 张大军 | 张云彬 | 张文川 | 张兰军 | 张　华 | 张进厚 |
| 张　丽 | 张　敏 | 张　琴 | 张　舒 | 张　翔 | 陆秀勇 | 陆明凯 |
| 陆银昆 | 陈元荣 | 陈加宽 | 陈金钟 | 陈　晨 | 陈曙军 | 邵晓琴 |
| 苗　浩 | 周根凤 | 周　健 | 单江帆 | 赵惠敏 | 郝文斌 | 施　燕 |
| 闻　敏 | 姜正明 | 姜　华 | 姜帷韬 | 袁晓东 | 耿洪盛 | 顾　岚 |
| 顾国庆 | 顾秋贵 | 顾　洁 | 顾新燕 | 顾　鑫 | 钱天庆 | 钱　红 |
| 钱　怡 | 倪宝泉 | 倪建明 | 徐永海 | 徐德元 | 凌　彤 | 凌　童 |
| 栾忠明 | 高建堂 | 高硕士 | 黄金军 | 黄满盛 | 萧万茂 | 梅　军 |
| 常　骥 | 葛　彦 | 葛海燕 | 董华龙 | 韩雅倩 | 舒永喻 | 童文勇 |
| 谢天海 | 裴马年 | 裴建坤 | 戴玉华 | 戴兴宏 | 魏　东 | 魏红革 |

# 编 辑 说 明

一、《兴化年鉴》是中共兴化市委、兴化市人民政府主办，兴化市党史方志办公室承办的资料综合性文献，创刊于2002年，每年一卷，国内外公开发行。《兴化年鉴(2022)》以马克思列宁主义、毛泽东思想、邓小平理论、“三个代表”重要思想、科学发展观、习近平新时代中国特色社会主义思想为指导，坚持辨证唯物主义和历史唯物主义的立场、观点和方法，全面、系统、翔实地记录2021年兴化境内政治、经济、科技、文化、社会等方面的基本情况和发展态势，为认识兴化、研究兴化、发展兴化提供信息密集、准确实用的地情资料。

二、本卷年鉴采用分类法编辑，全书设栏目、分目(部分分目设副分目)和条目3个层次。栏目、分目分别用宋体和黑体字加以区别，栏目标题标于书眉，副分目以楷体字表示。条目为记述的基本单位，其标题采用黑体字加【 】表示。

三、为便于检索，卷首配备详细目录，卷末设有索引。索引采用主题分析法编制，款目按汉语拼音字母顺序(同音字按声调)排列。

四、书中机构名称大多采用规范化或习惯性简称，目录前备有部分组织机构全称、简称对照表。

五、本卷年鉴资料由全市各有关部门、单位提供，并经领导人审核。统计资料由兴化市统计局提供。

六、作者姓名加( )列于所写正文之后，同一分目或副分目内相邻条目为同一作者的，列于末条正文之后。

七、书中农业部分及各乡镇重点村、特色村介绍中土地面积均以亩、公顷为计量单位，产量以千克、吨为计量单位。

八、本卷年鉴的编纂出版，得到全市各乡镇、各部门、各单位的大力支持和协助，借此深表谢意。书中如有疏漏讹误之处，敬请各界人士指正，并多提改进意见，以不断提高今后年鉴的编纂质量。

兴化垛田的形成演变可以溯及千年以上的历史。南宋黄河夺淮后引来了更多的泥沙，里下河一带尤其是兴化境内的沼泽地大量露出水面，当地居民在早已形成的垛岸基础上进一步积土垒垛，从而出现了成千上万块四周环水的岛屿状田地，垛田灌排系统初步形成。到了清代，随着人口增长，兴化垛田渐成规模。

“兴化垛田灌排工程体系”和“兴化垛田传统农业系统”，其覆盖范围皆涉及兴化当地的垛田街道、千垛镇、沙沟镇、中堡镇、兴东镇、竹泓镇、林湖乡等地。兴化灌溉工程遗产以灌溉面积作为计算范围，“兴化垛田灌排工程体系”中列入的历史遗存，包含了垛田及田间灌排设施、主体灌排工程遗存、古河湖水系；此外，还有古桥等相关建筑遗址、文献、传说等相关水利文化内容，覆盖范围约 52.88 平方千米。

2014年，“兴化垛田传统农业系统”已经被联合国粮农组织确定为全球重要农业文化遗产。2022年9月，位于江苏省泰州市的“兴化垛田灌排工程体系”入选2022年度（第九批）世界灌溉工程遗产名录。“双遗产”成为当地发展的金字招牌。农业遗产和灌溉工程遗产，大大提升了“垛田”景观知名度和品牌价值。

# 兴化名片

全球重要农业文化遗产（垛田传统农业系统）
世界灌溉工程遗产名录（垛田灌排工程体系）
全国县域经济基本竞争力百强县（市）
全国中小城市综合实力百强县（市）
全国科技实力百强县（市）
全国科技进步先进市
全国“科技富民强县”试点市
全国粮食生产标兵（先进）县（市）
全国慈善城市百强
全国工业百强市
全国食品工业强市
国家卫生城市
国家级生态示范区
中国农村综合实力百强县（市）
中国不锈钢之乡
中国国际象棋之乡
中国小说之乡
中国最美油菜花海
中国河蟹养殖第一县
中国果蔬脱水加工第一县
全国休闲农业与乡村旅游示范市
全国“妇幼健康优质服务示范市”
长三角最具商业潜力十大县（市）
长三角自驾游“双十强”城市
江苏省历史文化名城
江苏省园林城市
江苏省文明城市
江苏省双拥模范城市
江苏省社会治安安全市
江苏省放心消费示范市
江苏省新农村新家庭示范市

# 城市印象

## 城市概览

| | |
|---|---|
| 总人口：150.84万人 | 出生率：4.88‰<br>死亡率：8.7‰<br>自然增长率：-3.82‰ |
| 面积：2393.35平方千米 | 设县年代：公元920年 |

人文景点：千垛菜花、李中水上森林、郑板桥故居、四牌楼、状元坊
历史名人：郑板桥、李鱓、施耐庵、刘熙载、高谷、李春芳、吴甡、韩乐吾
当代名人：李继侗、李春芬、王振义、袁木、葛家澍、毕飞宇、侯逸凡

## 天　气

年平均气温：16.6摄氏度
年总降水量：1193.2毫米
年日照时数：1943.2小时
年内出现≥35.0摄氏度高温日数：7天
年内出现寒潮：7次

## 经　济

| | | | |
|---|---|---|---|
| 地区生产总值 | 1020.94亿元 | 比上年增长 | 9.5% |
| 第一产业增加值 | 141.27亿元 | 比上年增长 | 3.1% |
| 第二产业增加值 | 397.5亿元 | 比上年增长 | 8.2% |
| 第三产业增加值 | 482.17亿元 | 比上年增长 | 12.6% |
| 一般公共预算收入 | 46.16亿元 | 比上年增长 | 11.3% |
| 城镇居民人均可支配收入 | 48644元 | 比上年增长 | 9.4% |
| 农村居民人均可支配收入 | 25835元 | 比上年增长 | 11.3% |
| 社会消费品零售总额 | 295.27亿元 | 比上年增长 | 23% |

## 人民生活

| 就　业 | |
|---|---|
| 城镇新增就业9196人 | 扶持新增成功自主创业8092人 |
| **社会保险** | |
| 企业职工养老保险新增<br>1.4万人 | 企业职工工伤保险新增<br>1.2万人 |
| 城乡居民医疗保险参保率99.02% | 城乡居民养老保险基础养老金发放率100% |
| 城镇失业保险新增1.3万人 | |

## 生态建设

生态环境状况指数：69.54
$PM_{10}$平均浓度：61微克/米$^3$
$PM_{2.5}$平均浓度：31微克/米$^3$
环境空气质量优良天数比例：81.4%
城镇集中式饮用水源达标率：100%

2021年7月20日，中国共产党兴化市第十三次代表大会召开。

2021年7月1日，兴化市召开庆祝中国共产党成立100周年座谈会暨市“两优一先”表彰会议。

2021年1月13日，举行兴化市第十七届人民代表大会第一次会议。图为大会现场。

2021年4月21日，戴南镇成立暨"再造一个新戴南"誓师大会现场。

2021年12月8日—10日，兴达高峰论坛2022在海南三亚成功举办。

2021年7月28日，“双乐股份”在深圳证券交易所上市。

2021年10月13日，兴化长江引水工程通水运行，图为运行仪式。

2021年9月22日，2021年中国农民丰收节泰州（兴化）主场活动，在江苏省兴化现代农业产业示范园（钓鱼镇园区村）举行。

2021年5月19日，兴化在深圳举行中国·兴化健康食品产业推介会。

2021年3月22日，举行安井项目签约仪式。

兴化围绕打造“中国唯一、世界第一”国际调味品产业集聚区，高标准编制8平方公里调味品产业集聚区发展规划。为方便客商投资，推进调味品产业加快集聚发展，在调味品产业集聚区规划配套建设100万平方米的现代化标准厂房中华食谷。其中中华食谷A区是首批建设的标准厂房，位于调味品产业集聚区的核心区，占地面积7.5万平方米，共建设标准厂房10栋，总建筑面积12.7万平方米，于2019年2月份开工建设，2020年9月份建成交付，当前，中华食谷A区已有10栋厂房被7家企业承租，上海东锦集团、拉面说、何勇集团等大牌企业、“独角兽”企业已入驻。

2021年2月3日，年产35万吨高性能子午线轮胎用钢帘线扩建项目签约。图为签约仪式。

2021年6月4日，戴南紧固件协会组建“战略联盟”参加上海展会。

2021年1月18日，全国农业科技现代化先行县（兴化）共建签约仪式。

2021年9月22日，在江苏兴化粮食产业园区，农民在进行兴化特色农产品龙香芋直播。

2021年9月22日，在江苏兴化粮食产业园区，兴化市大营镇联镇村第一书记向观众推介兴化特色农产品红皮洋葱。

2021年，总投资10亿元人民币，总建筑面积约9万平方米，总建筑构造高度达120米的长九国际大酒店建成并投入使用。

2021年10月25日，举行全市家庭服务业技能大赛。图为颁奖典礼。

2021年10月20日，泰州市委书记朱立凡（右二）到兴化专题调研秋粮收购工作。

2021年，6月5日是第50个世界环境日，兴化市在长安北路举行“低碳生活·我是行动者”绿色骑行活动。

2021年4月16日，全市部分行政区划变更工作动员大会召开。

2021年10月10日，兴化中华食谷A区节能降碳技改项目开工。

2021年5月15日，全市深化工业企业“亩均论英雄”改革工作部署暨主要经济指标工作推进会召开。

2021年8月20日，泰州市委副书记、代市长万闻华（左一）到兴化市调研。

2021年10月31日，兴化市举行第三代智能残疾人证首发仪式。

2021年4月1日，“税援团”成立暨第30个全国税收宣传月启动仪式。

2021年12月2日，国家重点研发计划——“县域村镇规模结构优化和规划关键技术”课题示范应用基地揭牌仪式在戴南举行。

2021年5月20日，泰州市在千垛镇东罗村举行“5·22”国际生物多样性日宣传活动。

2021年3月，城区大鱼公园建设工程竣工使用。

2021年9月，沧浪公园景观廊亭与绿化工程竣工并向市民开放。

2021年11月，北门汀滨河公园景观提升改造工程竣工使用。

2021年10月，清流湾广场景观工程。

2021年6月，沙沟古镇。

2021年7月，特色田园乡村——刘泽村海南镇。

2021年3月18日，2021中国 · 兴化千垛菜花旅游节开幕。图为开幕式。

2021年10月16日，第十五届中国 · 兴化郑板桥艺术节开幕。

2021年9月25日，2021中国·兴化品蟹赏菊旅游季开幕。

2021年11月20日，兴化市首届中国（泰州）河蟹美食文化节暨大纵湖第四届捕捞节开幕。

2021年4月19日，第三届"草荡十宝"美食文化节在省级特色田园乡村——陈堡镇唐庄村拉开大幕。

2021年9月，长安中路银北门。

2021年9月23日，农历秋分，第四个中国农民丰收节，江苏多地开展多彩活动，欢庆丰收。图为9月22日丰收节江苏兴化分会场以“稻香蟹肥 和美兴化”为主题，围绕生态金色稻田、河蟹之乡等元素，多层次、多方面营造农民庆祝丰收的欢乐气氛。

2021年9月22日，在丰收节举办地——江苏兴化粮食产业园区，农民在进行兴化特色农产品河蟹直播。

2021年4月27日，江苏省首支县级乡村振兴投资基金——逮泉（兴化）乡村振兴投资基金成立。

2021江苏省“美丽乡村行”暑期交通安全集中宣讲活动在戴南镇启动。

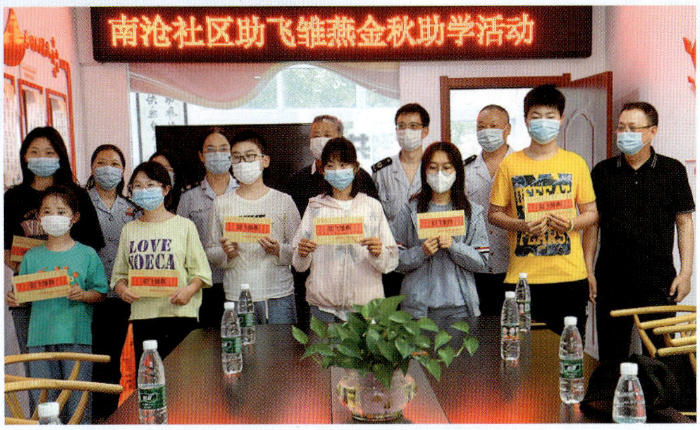


2021年8月27日，举办南沧社区助飞雏燕金秋活动。

2021年5月14日，第31个全国助残日期间，市残联和特殊教育学生开展活动。

2021年11月，昭阳街道新义社区康乃馨服务站。

2021年6月16日，泰州市兴化生态环境局、昭阳街道办事处在昭阳湖公园联合打造的“生态文明宣传长廊”正式亮相。

2021年3月25日，2021兴化名厨美食大赛现场。

2021年5月30日，央视一套《端午至味》节目组到兴化拍摄里下河民风民俗。

2021年3月25日，市委书记方捷（中）为十大名厨授牌。

2021年3月11日，举行“党建红引领生态绿　共护百姓饮水安全”卤汀河饮水安全绿盾工程启动仪式。

2021年5月，市总工会举行2021年全市职工“家”课堂职工创业就业技能培训。

2021年12月23日，老干部艺术团举行建团30周年汇报演出庆祝活动。

2021年10月23日，2021长三角阅读马拉松大赛在兴化举办。

省级夜间文化和旅游消费集聚区——八字桥文旅休闲街区夜间实景演出。

少儿古诗词诵读中心。

2021年12月22日，举办“走读兴化　悦读水乡”沉浸式阅读推广公益活动。

2021年9月9日，召开全市教师节表彰大会。

2021年10月16日，举行全市中学生机器人大赛。

2021年10月，兴化市博物馆联合昭阳湖幼儿园开展“非遗文化进校园”活动。

2021年9月24日，泰州市"全民迎省运 畅游水天堂"公开水域游泳系列活动兴化分会场活动在兴化举行。

2021年5月11日，2021年江苏省青少年举重（男子）锦标赛在兴化体育馆举行。

2021年7月3日，2021年江苏省青少年U14篮球锦标赛在兴化举行。图为比赛集锦。

2021年12月12日，2021年江苏省青少年三人制篮球锦标赛在兴化举办。图为颁奖仪式。

2021年4月26日，兴化市残疾人运动员徐晓文（左二）在中华人民共和国第十一届残疾人运动会暨第八届特殊奥林匹克运动会自行车比赛中夺金。图为颁奖仪式。

2021年9月17日，市委召开工作情况通报会。

2021年9月15日，全市市、乡(镇)两级人大换届选举工作会议召开。

2021年9月22日，市政协召开“有事好商量”协商会议。

2021年4月10日，兴化市召开2020年度综合考核总结表彰大会。

2021年1月14日，全市领导干部警示教育大会召开。

2021年6月18日，“打铁人讲习所”第一期活动举行。

2021年9月22日，中建科工华东大区兴化开发区学校项目召开廉洁文化示范点创建启动会。

2021年11月11日，郑板桥清廉思想研讨会召开。

2021年10月12日，组织召开全市劳动领域政治安全工作会议暨基层工会组织规范化建设推进会。

2021年10月28日，举办党支部书记培训班。

2021年7月8日，兴化市四套班子领导参观党史百年展。

2021年6月26日，在新区体育馆举办跟党走——庆祝中国共产党成立100周年歌咏大会，由市四套班子领导和工作人员组成的“锦绣合唱团”精彩亮相，活动累计2300多人参加，6万多人观看网络直播。

2021年4月29日，兴化举办“永远跟党走　奋进新征程”“五一”劳模表彰大会暨职工文艺会演。

2021年5月27日，兴化市举办“百年红色故事少年说”暨青少年红色故事讲解活动。

2021年5月28日—29日，在市昭阳剧院举办兴化市红色歌曲大合唱比赛，图为比赛中的兴化市公安局合唱团。

2021年6月14日，在市博物馆举办“奋斗百年路 启航新征程”名家书画展。

兴化市“百年百人”大型党史系列纪录片片头。

2021年7月16日，全市统一战线各界人士庆祝中国共产党成立100周年座谈会。

2021年4月21日，兴化举办党史学习教育市委宣讲团宣讲报告会。

2021年4月22日，邮政小哥开展党史读书活动。

2021年6月3日，兴化市新生小学举办庆祝中国共产党成立100周年图片展。

2021年6月27日，市自然资源和规划局举办党史学习教育——健步走活动。

2021年7月27日，团市委、市邮政分公司、市电信分公司三部门联合开展“兴鸟展翅　青心向党”党史读物赠送活动。

2021年6月29日，陈堡镇举办庆祝建党100周年暨“七一”表彰活动。

2021年10月15日，沈坨镇组织参观中国共产党在江苏历史展。

2021年4月29日，兴化市召开全国文明城市创建动员大会。

2021年10月9日，兴化市召开全国文明城市创建工作点评会。

2021年11月8日，兴化市新时代文明实践所站建设推进会在陈堡镇召开。

2021年9月，市城管执法大队开展市容环境专项整治。

2021年10月，市气象局志愿者文明交通值勤。

2021年10月，环境整治后的昭阳街道河道。

2021年7月19日，市气象局文明创建集中活动。

2021年7月25日，兴化市召开全市疫情防控和疫苗接种工作推进会。

2021年12月8日，昭阳社区组织群众进行核酸检测。

2021年5月，兴化邮政协助当地爱心企业承运救援物资。

2021年8月10日，昭阳街道工会组织慰问奋战在一线的抗疫工作者。

2021年7月16日，市自然资源和规划局“先锋自然”志愿服务队在大邹镇北查验点检查车辆。

2021年3月，市自然资源和规划局在长安南区开展“守门行动”。

2021年8月15日，市老干部花园小区值守。

“垛田”景观

公益彩页图片供稿：

| | | | | | |
|---|---|---|---|---|---|
| 市委办 | 市人大办 | 市政府办 | 市政协办 | 市委宣传部 | 市委组织部 |
| 市纪监委 | 市商务局 | 市城管局 | 市公安局 | 市市监局 | 市交通局 |
| 市税务局 | 市住建局 | 市气象局 | 市残联 | 市红十字协会 | 团市委 |
| 市总工会 | 市生态环境局 | 市教育局 | 市发改委 | 市老干部局 | 市疾控中心 |
| 市自然资源和规划局 | 市统战部 | 市文体广旅局 | 市融媒体中心 | 市农业农村局 | 市邮政公司 |
| 戴南镇 | 沙沟镇 | 陈堡镇 | 周庄镇 | 大营镇 | 沈纶镇 |
| 开发区（临城街道） | | | | | |

# 部分组织机构全称、简称对照表

| 全称 | 简称 | 全称 | 简称 |
| --- | --- | --- | --- |
| 中国共产党兴化市委员会 | 市委 | 兴化市应急管理局 | 市应急管理局 |
| 兴化市人民代表大会常务委员会 | 市人大常委会 | 兴化市科学技术局 | 市科技局 |
| 兴化市人民政府 | 市政府 | 兴化市国有资产管理办公室 | 市国资办 |
| 中国人民政治协商会议兴化市委员会 | 市政协 | 兴化市住房和城乡建设局 | 市住建局 |
| 中国共产党兴化市纪律检查委员会 | 市纪委 | 兴化市文体广电和旅游局 | 市文体广旅局 |
| 兴化市人民法院 | 市法院 | 兴化市城市管理局 | 市城管局 |
| 兴化市人民检察院 | 市检察院 | 兴化市交通运输局 | 市交通局 |
| 中共兴化市委办公室 | 市委办 | 兴化市生态环境局 | 市生态环境局 |
| 兴化市人民政府办公室 | 市政府办 | 兴化市自然资源和规划局 | 市自然资源和规划局 |
| 中共兴化市委组织部 | 市委组织部 | 兴化市供销合作总社 | 市供销社 |
| 中共兴化市委宣传部 | 市委宣传部 | 兴化市教育局 | 市教育局 |
| 中共兴化市委统一战线工作部 | 市委统战部 | 兴化市融媒体中心 | 市融媒体中心 |
| 中共兴化市委政法工作委员会 | 市委政法委 | 兴化市卫生健康委员会 | 市卫健委 |
| 中共兴化市委老干部局 | 市委老干部局 | 兴化市疾病预防控制中心 | 市疾控中心 |
| 中共兴化市委党校 | 市委党校 | 兴化市市场监督管理局 | 市市监局 |
| 中共兴化市委机构编制委员会办公室 | 市委编办 | 兴化市税务局 | 市税务局 |
| 兴化市民族宗教事务局 | 市民宗局 | 兴化市盐业公司 | 市盐业公司 |
| 兴化市党史方志办公室 | 市史志办 | 兴化市烟草专卖局 | 市烟草局 |
| 兴化市妇女联合会 | 市妇联 | 中国人民银行兴化市支行 | 市人行 |
| 中国共产主义青年团兴化市委员会 | 团市委 | 中国工商银行股份有限公司兴化支行 | 市工行 |
| 兴化市工商业联合会 | 市工商联 | 中国农业银行股份有限公司兴化市支行 | 市农行 |
| 兴化市科学技术协会 | 市科协 | 中国建设银行股份有限公司兴化支行 | 市建行 |
| 兴化市残疾人联合会 | 市残联 | 中国银行股份有限公司兴化支行 | 市中行 |
| 兴化市人民政府外事办公室 | 市政府外事办 | 中国农业发展银行兴化市支行 | 市农发行 |
| 兴化市发展和改革委员会 | 市发改委 | 江苏兴化农村商业银行 | 市农商行 |
| 兴化市人力资源和社会保障局 | 市人社局 | 中国人民财产保险股份有限公司兴化支公司 | 市人保公司 |
| 兴化市农业农村局 | 市农业农村局 | 中国人寿保险股份有限公司兴化支公司 | 市寿保公司 |
| 兴化市工业和信息化局 | 市工信局 | 江苏省兴化经济开发区管理委员会 | 市开发区管委会 |

# 总　目

# 目　　录

## 特　　载



## 大　事　记



## 兴 化 概 览



## 中国共产党兴化市委员会

## 兴化市人民代表大会

## 兴化市人民政府

## 中国人民政治协商会议<br>兴化市委员会



## 中国共产党兴化市纪律检查委员会·<br>兴化市监察委员会



## 群 众 团 体

## 法　　治

## 公 共 安 全



## 军 事



## 生 态 环 境

## 城乡建设与管理



## 农　　业

## 商贸服务

# 旅 游 业



# 金 融 业

## 园 区 建 设

## 经 济 管 理



## 社 会 事 业

# 乡　　镇

## 人 物



## 附 录



## 索 引

# 市委工作报告

## ——2021年7月30日在中国共产党兴化市第十三次代表大会上的报告(摘要)

市委书记 方 捷

**回首五年路,在风雨兼程中取得新成就**

过去五年,是兴化发展史上极不平凡的五年,是抢抓发展机遇、经受重大考验、取得突出成就的五年。五年来,市委坚持以习近平新时代中国特色社会主义思想为指导,在省委、泰州市委的坚强领导下,团结带领全市各级党组织和广大党员干部群众,攻坚克难、埋头苦干,较好完成了市第十二次党代会确定的目标任务,“强富美高”新兴化建设取得重大阶段性成就。

过去五年,我们坚持稳增长、促发展,综合实力实现突破性进展。以稳中求进为工作总基调,坚定不移走工业强市之路,发展质量与效益稳步提升。经济发展成色更足。“十三五”末,全市实现地区生产总值超900亿元,人均地区生产总值超7万元,工业开票销售超800亿元,年均分别增长5.9%、6%、13.1%;一般公共预算收入达41.48亿元;连续多年入选全国综合竞争力百强县、中国县域经济百强市、全国工业百强市。项目建设质态更佳。建立市四套班子领导挂钩服务重大项目专班制度,实施招商队伍“三湾改编”,打造以“两区三园”为核心的重点招商板块。“十三五”期间,全市经泰州认定新开工亿元以上项目317个,其中5亿元或3000万美元以上项目35个,众拓新材料、兴达高性能子午线轮胎用钢帘线等30亿元以上重大项目顺利开工。转型升级步伐更快。不锈钢产业“淬火涅槃”,获批筹建省级高新技术产业开发区。连续四年举办中国·兴化健康食品产业发展大会,调味品产业集聚区初具规模。三大主导产业产值占规上工业比重达78%,获评国家“城市矿产”示范基地、中国健康食品产业创新基地、中国精密铸造产业基地等称号。产业调整结构更优。编制实施生产力布局与发展规划,三次产业结构比优化为14.9:38.6:46.5。“十三五”期间,累计建成高标准农田59.9万亩,新增规模高效设施农业基地28个,获批创建省级现代农业产业示范园,“兴化大米”入选中国十大大米区域公用品牌。千垛菜花等旅游品牌特色彰显,入选首批省级全域旅游示范区。改革创新动能更强。基本完成开发园区体制机制改革,与高校共建精密铸锻造产业研究院、高性能金属材料制品研究院、健康食品产业研究院。“十三五”期间,累计培育国家级企业技术中心1家、国家高新技术企业222家、国家科技中小型企业429家。

过去五年,我们坚持抓攻坚、破难题,三大战役取得决定性成就。以问题为导向,锚定目标、系统推进,高水平全面建成小康社会。脱贫攻坚战取得全面胜利。坚持“两不愁三保障”标准和“四个不摘”要求,建立落实“一书、两库、一预警、一对策”防贫预警机制,216个经济薄弱村、30175户51881人建档立卡低收入人口全面脱贫。低收入人口住房、医疗保障全覆盖,提前实现低保“城乡统筹、标准并轨”,救助兜底作用更加凸显。污染防治攻坚战成效显著。深入践行“两山”理念,建成省级生态文明建设示范市,生态环境状况指数保持全省前列、泰州第一。全力打好蓝天、碧水、净土保卫战,关停拆除435家企业的925台中(工)频炉,乡镇环保体检实现全覆盖,空气质量优良天数比例81.4%、提高4.1个百分点,$PM_{2.5}$年均浓度33微克/立方米、降低13微克/立方米。设立突出环境问题应急处置基金,有力解决一批历史遗留问题。防范化解重大风险攻坚战坚决有力。抓紧抓实疫情防控,始终保持“低风险、零扩散”,在泰州率先被列为低风险地区。深入开展“四支两打一化”专项行动,全市177家线下投融资风险机构全部清零,不良贷款余额、不良贷款率实现“双下降”。全面实施预算绩效管理,清理规范政府投资项目,打好国有资金资产保卫战,连续三年超额完成债务化解任务。组织开展安全生产巡查督导,接续推进安全生产专项整治“一年小灶”和“三年大灶”,安全生产事故起数和死亡人数大幅下降。

过去五年,我们坚持重内涵、提品质,城乡面貌呈现全域性提升。以规划为引领,推动城市建设和乡村振兴互动并进,不断彰显城市现代气息、乡村田园风貌。城市更新有速度。注重新城区功能完善与老城区改造提升并举,系统推进重点城建工程,中心城区面积扩至188平方公里,常住人口城镇化率达57.6%。规划建设高铁新城,新区路网框架全面拉开,改造新建车路河、直港河等一批滨河步道、街头公园,吾悦广场、万达广场建成开业。持续攻坚房屋征收拆迁,“一区一策”实施小区环境“微整治”,新世纪嘉园、时代嘉园等老旧小区焕然一新。连续两届通过省级文明城市验收,成功入围全国文明城市提名城市。乡村振兴有温度。编制完成全市镇村布局规划,先后完成3轮乡镇(街道)行政区划调整,建制镇(街道)、行政村分别调整优化至26个、463个。启动修编国土空间规划,加快推进土地占补平衡和增减挂钩,获批全省农村集体经营性建设用地入市试点,农村集体产权制度改革行政村全覆盖。全面完成农村人居环境整治三年行动计划,农村生活污水处置覆盖率达66.67%,无害化户厕改造6.9万座,镇村垃圾无害化处理率达100%,获批省级特色田园乡村11个,总数位列全省第一。基础建设有力度。长江引水、得胜湖退圩还湖、镇村污水管网建设等重点工程加快推进,洼地治理水利工程和河长制工作走在全省前列,陈堡草荡成为全省首个完成的退圩还湖工程。“十三五”期间累计投入136亿元实施交通建设,阜溧高速兴化至泰州段顺利通车,中交(兴化)港开港运营,形成“五横四纵一环线”交通网络。圆满完成农村公路提档升级三年行动计划,创成省级“四好农村路”示范市,千垛美路获评全国“最具人气的路”,城乡交通运输一体化发展获评AAAAA级。

过去五年,我们坚持惠民生、补短板,人民生活获得系统性改善。以满足人民群众对美好生活的向往为奋斗目标,“十三五”期间公共财政用于民生及社会事业支出达393亿元,年均增长6.4%。公共服务舒心。出台“优教八条”“招贤六条”,“十三五”期间累计建成中小学、幼儿园19所,兴化中学新校区将正式投用,教学质量持续攀升,教育生态明显好转,群众满意度逐年提高。成立人民医院、中医院两大医共体,建成新中医院,人民医院创成三级乙等医院。启动建设妇女儿童健康中心、公共卫生医疗中心,村卫生室标准化率达100%,通过国家卫生城市复审。建成城市社区“10分钟体育健身圈”、农村“20分钟体育健身圈”,基层综合文化服务中心建设全面覆盖,兴化博物馆升格为泰州首个国家二级博物馆,获批“中国文学之乡”称号,国家历史文化名城申报步伐加快。民生保障安心。“十三五”末,城乡居民人均可支配收入分别达44464元、23212元,年均增长7.4%、8.4%。社会保障体系实现全覆盖,城乡居民基本养老保险基础养老金最低标准提升至192元/月,基本医疗保险参保覆盖率达98%以上。累计建成居家养老项目565个,居家养老服务中心(站点)实现市域全覆盖。社会治理顺心。开展网格化治理“一十百千”创争活动,高标准推进“双示范中心”建设,打造“三全六化”网格化社会治理品牌,形成市域社会治理现代化“五维共振”兴化路径。深化“无黑”城市系列创建,成功化解信访积案265件,连续21年命案全破,社会治安满意度位居全省前列、泰州第一。

过去五年,我们坚持强党建、转作风,政治生态得到实质性好转。以全面从严治党为主线,顺利完成党政机构改革、镇村换届选举工作,支持人大、政协围绕中心履职尽责,推动统战、群团、人武、双拥、老干部、关心下一代等工作取得新成绩。坚持党建引领。实施“基层党支部标准化建设工程”,523个村(社区)党群服务中心全面达标,149个软弱涣散村(社区)党组织全部整顿转化。抓紧抓实基层党建“书记项目”,推动“党建+”与脱贫攻坚、乡村振兴、基层治理等深度融合。坚持思想领航。扎实开展“两学一做”学习教育、“不忘初心、牢记使命”主题教育、党史学习教育,精心组织“燃烧激情、争先进位”主题教育实践活动、“解放思想大讨论”、“争先进位创优”大讨论。牢牢掌握意识形态工作领导权,创立“飞燕”理论宣讲工作品牌,连续7年获评“全省基层党员冬训工作示范市”。坚持头雁示范。创设“一线实干”讲习所,创新“向上攀登红旗”“慢进退步黑牌”奖惩机制,发挥《问政兴化》等舆论监督作用。横向打造、纵向贯通“淬火计划”“青春驿站”“靶向行动”三个培养平台,持续优化干部队伍结构。坚持挺纪在前。全面完成省委巡视整改任务,组织开展十一轮巡察,实现单位部门、乡镇街道全覆盖。创新打造“兴廉评”政治生态监测预警和分级评估系统,深入开展重点领域腐败案件审查调查,精准运用“四种形态”,五年来共立案2766件,给予党纪政务处分2661人,实施留置(两规)调查措施40人,党风政风持续好转。

回首五年路,我们爬坡过坎、负重前行,取得了全方位、开创性的成就,发生了深层次、根本性的变革。这些成绩的取得,是习近平新时代中国特色社会主义思想科学指引的结果,是党中央、省委和泰州市委正确领导的结果,是历届市委市政府薪火相传、接续奋斗的结果,是全市上下风雨同舟、团结拼搏的结果。在此,我代表中共兴化市第十二届委员会,向全市广大党员和干部群众,向老领导、老同志,向所有关心和支持兴化发展的社会各界人士,致以崇高的敬意和衷心的感谢!

踏平坎坷成大道,越是艰险越向前。前进道路不会一帆风顺,但惟其艰难,才更显勇毅;惟其笃行,才弥足珍贵。五年的实践,我们深深感到:必须始终牢记嘱托,沿着习近平总书记指引的方向前进。党的十八大以来，习近平总书记四次对江苏工作作出重要讲话指示，无论是“强富美高”的宏伟蓝图，还是“争当表率、争做示范、走在前列”的最新指示，这些要求既一以贯之、又与时俱进，是我们谋划未来发展的重大战略指引和根本行动遵循。我们要更加自觉地对标对表习近平总书记重要讲话指示精神，知其然、知其所以然、知其所以必然，始终沿着习近平总书记指引的方向一往无前、矢志奋斗。必须不断解放思想，完整、准确、全面贯彻新发展理念。新发展理念是指挥棒、红绿灯，回答了关于发展的目的、动力、方式、路径等一系列理论和实践问题，阐明了我们党关于发展的政治立场、价值导向、发展模式、发展道路等重大政治问题。我们要把新发展理念作为一个整体，完整把握、准确理解、全面落实，进一步解放思想、统一思想，着力破除思维定势、摆脱路径依赖，推动质量变革、效率变革、动力变革，努力实现高质量发展。必须坚持人民至上，不断满足人民群众对美好生活的向往。中国共产党根基在人民、血脉在人民、力量在人民。实践证明，只有坚持一切为了人民、一切依靠人民，才能赢得人民群众的信任和拥护。我们要坚决践行以人民为中心的发展思想，牢记初心使命，充分发挥人民群众主体作用和基层首创精神，着力解决发展不平衡不充分的问题和人民群众急难愁盼的问题，在风雨同舟、同甘共苦中加快实现共同富裕。必须全面从严治党，把党的领导贯穿经济社会发展全过程。从建党的开天辟地，到新中国成立的改天换地，到改革开放的翻天覆地，再到党的十八大以来的惊天动地，党的百年历程雄辩证明了中国共产党为什么能、马克思主义为什么行、中国特色社会主义为什么好。我们要始终坚持和加强党的全面领导，充分发挥党总揽全局、协调各方的领导核心作用，勇于自我革命，注重调动方方面面的积极性主动性创造性，形成政通人和、心齐劲足的良好局面。

在充分肯定成绩的同时，我们也清醒地看到，工作中还存在不少问题，面临不少挑战，主要是：经济总量不大、产业结构偏重、企业层次不高、创新能力不强的问题依然存在，经济发展方式还没有实现根本性转变，新增长点培育不快、支撑不足；城乡之间、区域之间发展不平衡问题依然突出，农民增收基础还不牢固，城市开放程度还不高，功能品质亟待提升；重点领域和关键环节改革需要深化，财政收支矛盾比较突出，公共服务供给仍然不足，安全环保风险防范能力仍有欠缺，社会治理还存在薄弱环节；少数党员干部能力水平与发展要求还有差距，精气神还需要进一步提振，纠“四风”、反腐败仍需持续发力，等等。对此，我们要理清思路、务实举措，直面问题、扎实解决。

**启航新征程，在继往开来中擘画新蓝图**

回首过去，成就令人鼓舞；展望未来，蓝图催人奋进。未来五年是兴化全面实施“十四五”规划、开启社会主义现代化建设新征程的关键期，是兴化全面转型、奋力赶超的战略机遇期，也是我们必须紧紧抓住并且大有可为的重要窗口期。未来五年，风险与机遇共生。世界百年未有之大变局进入加速演变期，经济全球化遭遇逆流，遏制与反遏制趋于激烈，不稳定性不确定性明显增加，但风险之中必有机遇，特别是长江经济带发展、长三角一体化发展等国家战略交汇叠加，省域一体化发展格局和重大生产力布局加速优化，为我们提供了难得的历史机遇和有力的政策支撑。我们要把握大势、因势利导，准确把握外部环境、内在条件、阶段特征和动力支撑的新变化，在观大势、谋大事中取得主动、赢得发展。未来五年，挑战与发展并存。兄弟城市你追我赶，区域竞争日趋加剧，发展格局全面重构，经济社会发展到了越进越难、愈进愈险但又不进则退、非进不可的节点。我们也看到，我市新型工业化、信息化、城镇化、农业现代化加速推进，稳的态势在持续，进的力度在加大，新的动能在成长，好的因素在累积，完全有条件有能力再上新台阶。我们要审时度势、顺势而为，瞄准广东、浙江、苏南等先进地区，采石攻玉、取长补短，在错位竞争、优势互补中闯出新天地、再创新辉煌。未来五年，困难与希望同在。当前兴化的发展面临创新突破、产业转型、资源环境等方面的困难，一些长期积累的深层次矛盾可能集中显露，但新一轮科技革命与产业变革方兴未艾，有利于积蓄发展新动能；长三角一体化高质量发展加速推进，有利于我市深度融入新发展格局；特别是随着高铁时代的来临，兴化区域交通优势将会凸显。我们要厚植优势、乘势而上，充分发挥好生态环境优良、产业配套齐全等比较优势，既要保持连续性又要增强创造性，努力在新的历史起点上开创新局、开创未来。

今后五年，全市经济社会发展的指导思想是：高举习近平新时代中国特色社会主义思想伟大旗帜，全面贯彻党的十九大和十九届二中、三中、四中、五中全会精神，深入落实习近平总书记视察江苏重要讲话指示精神，着眼“争当表率、争做示范、走在前列”，统筹推进“五位一体”总体布局，协调推进“四个全面”战略布局，科学把握新发展阶段，坚决贯彻新发展理念，服务构建新发展格局，坚持稳中求进工作总基调，以推动高质量发展为主题，以深化供给侧结构性改革为主线，以改革创新为根本动力，以满足人民日益增长的美好生活需要为根本目的，着力打造“三城四区”，全力推进“五态提升”，努力建设繁荣繁华、令人向往的江苏大公园、人文梦水乡，把幸福兴化建成老百姓希望的模样。

今后五年奋斗目标是：锚定全市2035年远景目标，到2025年，地区生产总值超1300亿元，一般公共预算收入超55亿元，居民人均可支配收入超5万元，圆满完成“十四五”发展规划，全面建设社会主义现代化开好局、起好步。重点打造“三城四区”：

“三城”即：创新创业的活力之城。科技创新成为经济社会发展主动力，创新资源有效集聚，创新成果加速转化，创新活力竞相迸发，创新链与产业链双向融合，规上工业产值超千亿，高新技术产业产值占比达33%，企业研发投入占比提高到2.8%。生态宜居的美丽之城。湖荡湿地生态保护成效显著，生态质量明显好转，绿色发展成为鲜明特色。“水清、绿透、文昌、城秀”成为城市显著标识,“河安湖晏、水清岸绿、形神兼备、烟火浓郁”成为乡村普遍气质,创成国家生态文明建设示范市、国家全域旅游示范区。人民满意的幸福之城。基本公共服务优质均衡,社会保障体系日臻完善,城乡基础设施全面提升,老百姓生活便捷度、舒适度显著提高,人的全面发展和全体人民共同富裕取得更为明显的实质性进展。社会主义核心价值观深入人心,公民素质和社会文明程度达到新高度,创成全国文明城市,申报成功国家历史文化名城。

“四区”即:不锈钢产业转型升级先导区。按照绿色化、高端化、智能化发展要求,放大国家“城市矿产”示范基地效应,进一步延长产业链、提升价值链、突破创新链,实现向中高端金属制品业和新材料产业方向发展,向高性能特种合金材料终端制品领域迈进,到2025年,不锈钢产业集群产值规模达到1000亿元,建成省级高新技术产业开发区。绿色健康食品产业集聚区。定位于中国健康食品产业名城,做强调味品产业集聚区,培育特膳食品产业集聚区,实现产业集群化发展,打造地标性健康食品产业,到2025年,绿色健康食品产业产值规模超过500亿元,其中调味品产业产值规模超过300亿元。美丽田园乡村样板区。突出“水、垛、文、绿”元素,注重保护传统村落和乡村特色风貌,打造全国知名、全省示范、具有里下河特色的田园水乡,到2025年,打造省级特色田园乡村30个,美丽宜居村庄建设实现全覆盖。国家全域旅游示范区。叠加生态、文化、农业等资源,丰富旅游产品体系,优化生态旅游线路,加快形成“一心双核多节点”的空间布局框架,构建产品多样、业态多元、全域联动、协调发展的全域旅游产业体系,打造成为长三角知名旅游目的地。

围绕上述奋斗目标,重点推进“五态提升”:一是产业业态更加丰富。不锈钢、绿色健康食品、装备制造三大主导产业加速迈向中高端,以金属新材料、节能环保、高端装备制造为重点的战略性新兴产业培育壮大,以大数据和人工智能为代表的数字产业、以文化旅游和休闲康养为代表的幸福产业、以绿色有机和生态高效为特色的现代农业等产业体系基本形成。二是城乡形态更加宜人。城乡面貌、功能、品质全面提升,高铁新城、滨湖新城加快建设,常住人口城镇化率达65%。行政区划调整梯次推进,城区首位度明显提高、辐射带动力日益增强,镇村布局更加优化、发展特色更加鲜明,建设成为本地人美好生活的家园、外来者流连忘返的胜地。三是民生质态更加优化。就业增收渠道进一步拓展,高质量教育和健康兴化体系基本建成,社会保障和养老服务体系更加完善,人民群众全生命周期需求普遍得到更高水平满足。公共安全体系更加健全,诚信社会建设不断完善,社会公平正义得到保障,法治兴化、平安兴化建设持续走在全省前列,基层治理体系和治理能力现代化水平明显提高。四是政治生态更加清朗。广大党员理想信念坚定、素质能力过硬,党的建设坚强有力,党的先进性和纯洁性得到充分体现,党风政风持续向善向好。全面从严治党向纵深发展,党统一领导、全面覆盖、权威高效的监督体系不断健全,一体推进不敢腐、不能腐、不想腐体制机制加快构建,反腐败斗争压倒性胜利进一步巩固和发展。五是奋斗姿态更加昂扬。思想再解放、激情再燃烧,全面践行“争当表率、争做示范、走在前列”重大使命,“垒土成垛、择高向上”的兴化精神广泛弘扬,“风风火火闯九州”的豪情壮志充分激发,敢闯敢试、善作善为成为共识,与强者比、同好的赛、向高处攀,奋斗实干在全市上下蔚然成风。

**砥砺再出发,在真抓实干中实现新跨越**

今后五年,全市各级党组织和广大党员干部要按照总体思路、既定目标,保持归零心态、冲刺姿态、赶考状态,精准发力、重点突破、狠抓落实,努力实现新一轮发展的跨越赶超。重点抓好五个方面:

**一、坚持以实体经济为支撑,推动产业发展大跨越**

坚定不移实施工业强市战略,面向未来打好产业基础高级化和产业链现代化攻坚战,构建支撑高质量发展的特色产业体系,全力融入国内大循环、国内国际双循环。

1. *加快产业转型升级*。围绕产业图谱和“两区三园”构架,积极构建培育优势产业集群,重点打造“3+3”产业体系。全面落实“再造一个新戴南”战略部署,坚定不移推进市场、冶炼、酸洗、物流、质检“五个集中”,引导支柱企业、龙头企业做强主业、打响品牌,推进不锈钢及其制品向集群化、高品质、全产业链方向发展,建成全国有影响力的千亿级产业集群。发挥东锦集团龙头引领效应,引导绿色健康食品产业向高端化、品牌化、精深化、智能化、国际化、多元化方向攀升,打响“世界鲜、兴化造”品牌。支持装备制造产业突破成套设备和关键零部件核心技术,推动机械配件、基础件生产企业从半成品到成品、零件到组件、配件到总成的延伸和转型。围绕金属新材料、节能环保、高端装备制造等重点领域,大力发展战略性新兴产业,培育拳头产品、单打冠军,打造支撑兴化未来发展的新增长极。

2. *加力项目招引建设*。坚持“项目为王、质量至上”,用好链式招商“项目单”,开展强链、补链、延链精准招商,组织好各类专题招商活动,引进一批产业关联度高、成长性好、附加值大的产业链上下游项目,“十四五”期间新开工5亿元或3000万美元以上项目100个,力争在50亿元、100亿元以上工业项目上取得突破。突出股权投资、外资并购、增资扩股,促进外资企业做大做强,招引落户一批重大外资项目。落实好市领导挂钩服务重大项目制度,加快众拓新材料、兴达高性能子午线轮胎用钢帘线等重大项目建设,跟踪协调项目推进中的矛盾问题,确保早日投产达效。

3. *加速企业培大育强*。加快成长型、“小进规”、“专精特新”等骨干企业培育,到2025年新增规上工业企业250家。建立梯队式企业上市(挂牌)后备库,支持江苏兴达、特味浓、申源集团等企业A股上市。实施工业企业智能化提升三年行动计划,引导有条件企业进行智能化改造,创建“智能车间”“智能工厂”培育库,力争建成25个省(市)级示范智能车间。鼓励企业参与国际标准、国家标准、行业标准制订，培育发展知名品牌，提升我市产业在国际循环中的参与度和竞争力。支持苏兴、永泰等建筑企业申特提质，培育1—2家特级资质建筑企业，建筑业总产值突破900亿元。

4. *加强营商环境优化。*持续推进"1230"改革，全面落实国务院深化"证照分离"改革要求，构建涉企投资"全链条"审批，畅通重大项目绿色审批通道，做到拿地即开工、拿地即发证。落实国家、省和泰州市一系列降本措施，清理规范涉企收费政策，降低制度性交易成本。全面深化"中梗阻"整治，从严查处选择性执法、随意性执法、逐利执法等违法行为。精准开展"暖企行动"、政银企担对接活动，常态化举办企业家座谈会、早茶峰会，跟踪落实企业诉求，营造良好的发展"小气候"。

**二、坚持以改革创新为动力，推动对外开放大跨越**

用创新性思路、改革性举措，突破体制机制障碍，强化有效制度供给，扩大对外开放水平，形成更多引领性、竞争性优势。

1. *以改革破解要素制约。*科学编制全市国土空间规划，落实生产力布局与发展规划，加快生态管控区方案调整和成片开发方案编制。深入推进土地、劳动力、资本、技术、数据等要素市场化配置改革，加快产业工人队伍建设改革，建成人力资源服务产业园。大力实施"亩均论英雄"改革，全面推进镇村园区改造，持续推进"五未"土地整治，三年盘活提升面积总量不低于8000亩。深化国资国企改革，实施国企改革三年行动，全面推动国有企业公司化、实体化和市场化转型，进一步做大做强做优国有企业。持续推进投融资改革，建立乡村振兴子基金、转型升级基金、科技创新投资基金规范化、市场化运作机制。完善政府预算管理体系，深化绩效管理改革，提高财政资源配置效率和使用效益。

2. *以创新释放发展活力。*实施高新技术企业倍增计划，建立高新技术企业培育库、科技型中小企业培育库，支持重点企业组建创新联合体，到2025年新认定省级以上高新技术企业300家以上。加强国家、省级科技企业孵化器、众创空间建设，深化产学研合作，推动产业研究院实体化运行、企业化运作，加大"中字头""国字号"重大科创载体争取建设力度，到2025年拥有省级以上企业研发机构28家。全面推行企业科技创新积分管理办法、支持科技创新头部企业创新创优六条，加大对种子期、初创期科技型企业的金融支持力度。坚持人才兴市，落实"科技人才新政68条"等奖励政策，加快培育引进"高精尖缺"人才，建成人才公寓，全力打造人才集聚新高地和科技创新策源地。

3. *以开放拓展园区功能。*做好园区改革"后半篇文章"，全面建立精简高效的管理体制、灵活实用的运营机制、激励竞争的干部人事管理制度、系统集成的政策支持体系，真正实现扁平化管理、公司化运营、市场化运作、专业化服务。制定完善园区基础设施奖补政策，大力发展检验检测、工业设计、现代物流、电子商务等公共服务平台，配套完善园区金融服务、科技创新、创业孵化功能，着力提升园区产业集聚水平、产业链发展水平、特色产业占比，不断提高园区核心竞争力。主动接轨沿海、对接长三角，鼓励企业更大力度走出去，开展科技创新、项目对接、信息交流等多方面国际合作，不断提升国际影响力。

**三、坚持以精明增长为路径，推动城市能级大跨越**

立足城市功能定位、资源禀赋，顺应城市发展规律，转变城市发展方式，建设和谐宜居、富有活力、具有水乡特色的现代化城市。

1. *高标准建设管理，提升幸福水城美誉度。*围绕"宜居、宜业、宜游、宜商"的目标，规划打造滨湖新城，坚持把高铁新城建设作为战略性抓手，统筹推进文化艺术、体育、商务、金融、科创和市民"六大中心"建设。稳妥实施城市更新行动，匠心打造金东门、银北门、水西门，加快文峰塔片区、龙津河街区、城北片区核心区等规划建设，积极上争"江苏省美丽宜居城市"建设试点。扎实推进房屋征收，基本完成上世纪建设的老旧小区改造。规划建设海绵城市，有序实施雨污分流，全面推进城镇生活污水处理提质增效"333"攻坚行动。布局一批特色惠民公共空间，打造一批滨河步道，加快构建由综合公园、社区公园和"口袋"公园合理搭配的公园体系。巩固文明城市创建成果，进一步规范和加强物业管理，用好"我的兴化"民生互动平台，不断提升城市精细化管理水平。加快智慧城市建设，强化物联网、大数据等新一代信息技术运用，为城市建设管理赋能提效。

2. *高水平策划打造，叫响全域旅游金招牌。*立足"江苏大公园、人文梦水乡"定位，修编全域旅游发展总体规划，以"文、体、农、康、旅、商"深度融合为核心推动旅游名城建设。全面加强核心景区品质提升和开发运营，整合千垛景区和水上森林申报创建国家AAAAA级旅游景区，金东门老街、沙沟古镇创建国家AAAA级旅游景区。依托湖荡资源提升乌巾荡度假区质态，推进里下河国家湿地公园建设，系统谋划得胜湖、平旺湖旅游开发。加快星级酒店、特色民宿等招引建设，策划水上夜游线路，延伸"吃住行游购娱"产业链条。放大垛田传统农业系统全球重要农业文化遗产效应，申报世界文化遗产。坚持人文兴市战略，打造文化名城，激活板桥、水浒、景范等文化基因，挖掘文化资源、红色资源，加快施耐庵文化园、蒋庄遗址展示馆、蒋庄文化公园规划建设。统筹抓好文化惠民工程、文艺精品创作、文化产业发展，举办郑板桥艺术节、施耐庵文学节等系列活动，承办第二十届省运会相关赛事。

3. *高要求治理改善，守好生态环境生命线。*坚持生态立市战略，深入推进挥发性有机物和工业废气治理，严控工地、道路、码头等重点区域扬尘污染，协同推动减污降碳，实施近零碳排放区、空气质量达标与碳排放达峰"双达"试点工程，实现$PM_{2.5}$和臭氧浓度"双控双减"。加快土壤污染管控和修复，强化工业固废、危险废物、危化品等专项治理。深入落实河湖长制，实施"全域治理、全河(湖)达标"行动，深化幸福河湖建设，积极打造水韵江苏示范区。高质量推进乡镇污水处理厂的管理运营,分步实现行政村生活污水处理设施全覆盖,保障国省考断面水质稳定达标。

4. 高质量布局规划,构建综合交通大枢纽。围绕“决战五年、高铁先行、快速联结、枢纽兴化、通达天下”发展定位,开工建设盐泰锡常宜铁路,同步谋划高铁新城交通运输方案。加快实施建兴、兴东、宁盐等高速公路新建和盐靖高速改扩建项目,系统规划城区至高速口以及与东台、高邮连接线快速化改造,形成综合立体的快速道路布局。全力推动344国道、465省道、232省道等项目建设,加快形成“五纵五横一外环”的国省干线网。按照“一县一品牌、一镇一环线”建设标准,打造更多生态环线、旅游环线,争创全国“四好农村路”示范市。

**四、坚持以强村富民为主线,推动乡村振兴大跨越**

坚持农业农村优先发展,全面推进乡村振兴,率先基本实现农业农村现代化,推动农业大市向农业强市转变。

1. 致力农业高质高效。严格执行耕地保护政策,扛稳粮食安全政治责任,建强粮食生产功能区和重要农产品生产保护区,到2025年,新建或提质改造高标准农田33万亩。围绕“四区+四带”总体格局,培育打造一批粮食产业化示范园和淡水生态养殖示范基地,加快建设省级现代农业产业示范园区,争创国家级现代农业产业示范园区。实施农业龙头企业双倍增计划,健全完善生产加工、仓储保鲜、冷链物流等全产业链,做优做精休闲农业、生态观光、乡村旅游、农村电商等新业态新模式,促进农业全环节升级、全链条升值。突出品牌强农、质量兴农,实施品牌农产品质量安全提升工程,做强“兴化大米”“兴化大闸蟹”等区域公用品牌,建立健全质量追溯体系,创成国家级农产品质量安全市。到2025年,新增区域公用品牌2个以上、国家地理标志农产品5个以上。

2. 致力乡村宜居宜业。深入实施乡村建设行动,编制完善“多规合一”的实用性村庄规划。加快土地占补平衡和整块连片增减挂钩,规范推进村庄撤并建设,有序推动城镇基础设施、公共服务向农村延伸辐射。全面开展农村人居环境改善提升五年行动,加强农业面源污染控制,深化畜禽养殖、水产养殖污染治理,持续推进化肥减量化,农药使用量每年下降0.5%。稳步实施农村土地承包“三权分置”改革,扩大农村集体经营性建设用地入市范围。深化农村集体产权制度改革,加强乡村公共空间治理,有效盘活农村集体资产资源,强化农村集体“三资”管理和运营,有序化解村级债务,进一步释放农村发展潜力和动能。

3. 致力农民富裕富足。加快家庭农场、农民合作社等新型农业经营主体高质量发展,实施农民合作社质量提升整县推进行动,到2025年建成县级以上示范家庭农场400家、农民合作社300家。依托创业富民服务中心,加大农村劳动力特别是新生代农民工职业技能、安全技能、就业技能培训力度,促进稳定就业、高质量就业。落实“四个不摘”要求,实施富民强村帮促行动,保持政策的连续性、稳定性,对低收入人口开展定期检查、动态监测、精准识别,完善市镇村三级联动的快速发现和响应机制,确保动态清零,巩固拓展脱贫攻坚成果同乡村振兴有效衔接。

**五、坚持以幸福生活为追求,推动民生福祉大跨越**

牢固树立以人民为中心的发展思想,全力打造“兴好有你”民生系列品牌,持续加大民生事业投入,以党和政府的“紧日子”换取人民群众的“好日子”。

1. 实施“兴有优教”工程。全面贯彻落实党的教育方针,高质量修编《教育设施布局专项规划(2021—2035年)》。坚持优质均衡,实施各学段教育质量提升工程,新建(改扩建)中小学、幼儿园41所,全力支持兴化中学创建省高品质示范高中,规划建设省级示范性教师发展中心,重新开设五年制高职班。稳步推进“县管校聘”改革,加快集团化办学,实现全区域、全学段、全覆盖。落实“优教八条”“招贤六条”政策,实施优秀应届毕业生订单式培养,加大教师公寓、乡镇学校客籍教师周转房建设力度。严格实行“一优先两严控”招生政策,持续推行“集中阳光分班”政策,坚决整治在职教师违规有偿补课,全面规范民办学校和校外培训机构办学行为,切实办好人民满意教育。

2. 实施“兴有良医”工程。围绕“健康兴化”发展战略,加快建设妇女儿童健康中心、公共卫生医疗中心,扎实推进国家级紧密型医共体试点建设,深化县乡村卫生机构一体化改革,完善分级诊疗制度,确保市域内就诊率达90%以上。创新推动“互联网+医疗健康”服务模式,打造全民健康大数据信息平台,全面实施家庭医生签约服务网格化管理。探索医疗卫生人才“县管乡用”模式,实施医学生分类定向委培,鼓励支持优秀医护人员定向流动坐诊。以“名医工作室”为载体,积极推动名医回乡,创新发放义诊券,让老百姓在家门口享受到高质量的诊疗服务。

3. 实施“兴有颐养”工程。积极应对我市老龄化发展趋势,大力发展普惠型和互助性养老服务,试点建设大型综合养老小区,因地制宜推进部分乡镇卫生院向康复康养中心转型。有序推进乡镇(街道)敬老院公办民营,鼓励支持社会力量参与开拓“银发经济”市场,丰富养老产业服务供给。全面推广农村居家养老“一院十站服务万人”模式,逐步扩大政府购买居家养老上门服务覆盖面和受益面,增强基本养老服务兜底保障能力。建立“智慧养老”信息服务平台,提升养老服务智能化、职业化、专业化水平。

4. 实施“兴有益助”工程。突出就业优先,优化公共就业创业服务体系,抓好高校毕业生、农民工、残疾人等重点群体就业创业,确保城市零就业和农村零转移家庭动态清零。加快建设乡镇退役军人服务站,持续开展下岗、失业转业志愿兵(士官)再就业工作。继续实施医疗保险全面参保计划,构建多层次医疗保障体系。深入实施“幸福家园”互助工程,统筹推进多层次社会救助体系建设,逐年提高城乡困难群众基本生活保障标准。健全完善未成年人关爱保护体系,扎实推进困境儿童分类保障和关爱服务,精准落实“大手拉小手”结对帮扶措施,打造“护航成长”信息中心,全力创建国家未成年人保护工作创新示范市。

5. 实施“兴有善治”工程。坚持法治兴化、法治政府、法治社会一体推进，深入开展“八五”普法，在全社会形成尊法学法守法用法的良好氛围。贯彻总体国家安全观，深入实施重点领域风险防控“四项机制”，扎实开展安全生产专项整治“三年大灶”，大力推进安全发展示范城市创建，着力提升本质安全水平。以“五治融合”为抓手，优化“大数据＋网格化＋铁脚板”治理机制，全力推进区域社会治理现代化综合指挥中心建设，加快数字政府建设步伐，实现政务服务“一网通办”、城市运行“一网统管”。坚持和发展新时代“枫桥经验”，健全防范涉黑涉恶长效机制，建设市镇两级一站式矛盾纠纷多元化解调处中心，打造安全、安定、安宁的和谐社会。

**赶考在路上，在全面从严中展现新气象**

实现今后五年的奋斗目标，关键在党、关键在人、关键在全市广大党员干部。要全面贯彻新时代党的建设总要求，继承发扬伟大建党精神，牢记初心使命、践行伟大号召，始终以高质量党建引领保障高质量发展。

1. 突出知行合一，夯实坚如磐石的理想信念。始终把抓好政治建设作为党的根本性建设，不断提高政治判断力、政治领悟力、政治执行力。坚持不懈对标新思想。深入学习贯彻习近平新时代中国特色社会主义思想，持续开展“四史”学习教育，始终胸怀“两个大局”、常怀“国之大者”。严格落实意识形态工作责任制，做大做强“飞燕”宣讲工作品牌，持续开展净化网络环境专项整治，提高主流思想的传播力、引导力、公信力。持之以恒践行新理念。站在国内国际两个大局的高度，聚焦生态立市、工业强市、人文兴市战略，全面检视产业创新、生态环境、改革开放等方面的薄弱环节，更加自觉地运用新发展理念解决社会主义现代化建设碰到的紧迫问题、社会关注度高的突出问题、关乎兴化长远发展的重大问题，全力推动高质量发展。矢志不移担当新使命。对照中央、省市委决策部署，对照人民群众新期待，强化正视问题的自觉和刀刃向内的勇气，把注意力集中到打基础、利长远的事上，集中到解决各种不平衡不充分的问题上，在干事创业、建功立业上下功夫，为兴化发展激发动能、积蓄势能。

2. 突出大抓基层，筑牢能打胜仗的坚强堡垒。以“1＋3＋N”党建工作新格局为统领，全面提升基层组织力。聚焦发展力，抓牢“一把手”。注重把推动高质量发展实绩实效纳入书记抓党建工作责任清单，构建服务对象现场评、项目质态跟踪评、责任落实定期评、组织工作综合评“四位一体”评价体系，压实党组织书记抓党建、促发展第一责任人责任。发挥“火车头”作用，在推进重大项目、化解信访积案、排除重大安全隐患、加强环境保护等方面，实行党组织书记包保挂钩联系制度，以上率下、示范带动。聚焦执行力，管好“中坚层”。健全完善涵盖机关中层干部竞争上岗、教育培训、督导检查、考核奖惩、综合评价等全方位制度体系，加大轮岗交流力度，提升干部综合能力和队伍整体活力。深化“双百双筑”培养行动，拓展职级晋升空间，激励中层干部争当砥柱、争创一流，真正把“中间层”变成“中坚层”。聚焦服务力，育强“领头雁”。靶向实施村干部提质强能培训三年行动计划，充分发挥“三酬六有”激励保障机制和村党组织书记刚性退出办法双向激励作用，积极探索村干部专职化管理。纵深推进党建“书记项目”，引导村（社区）党组织书记在乡村振兴、基层治理、服务民生中当好“主心骨”“引路人”。

3. 突出实干导向，锻造堪当重任的干部队伍。坚持新时代好干部标准，努力打造一支忠诚干净担当的高素质专业化干部队伍。注重实绩选干将。坚持在疫情防控、乡村振兴、招商引资、房屋征收、信访等一线工作中考察识别干部，切实把艰难困苦能扎根、疑难问题能攻坚、改革创新能突破、进位提升有实绩的“三能一有”干部选出来、用起来。风雨历练壮筋骨。全面启动年轻干部强基工程，深度打造“一线实干”讲习所、“青优”集训营，强化思想淬炼、政治历练、实践锻炼、专业训练，注重在“十二大指挥部”、巡查督导等平台中培育好苗子、培养好干部。严管厚爱护成长。坚持干部为事业担当、组织为干部担当“两个担当”良性互动，健全完善公务员及时奖励制度，落细落实“三项机制”，延伸放大“向上攀登红旗”“慢进退步黑牌”评选效应，推动干部由催着干、推着走向争着干、加速跑转变。

4. 突出标本兼治，打造风清气正的政治生态。始终保持“赶考”的清醒，一体把握“惩、治、防”辩证统一关系，系统推进正风肃纪反腐。更大力度查处腐败问题。坚持把案件查办作为最有力的监督，聚焦重点领域、关键环节，严肃查处影响经济发展、破坏营商环境、侵害群众利益、损害党和政府形象的腐败问题，坚决整治企业反响强烈、群众反映集中、社会普遍关注的作风顽疾，全面整肃庸政、懒政、怠政行为，让装样子、混日子、等位子的人无容身之地。更严要求推动闭环整改。坚持把问题整改作为最严肃的责任，从严从实抓好纪检监察建议、巡察报告、审计报告的整改落实，严肃查处虚假整改、敷衍整改、表面整改，构建纠治问题、堵塞漏洞、完善制度、净化生态、系统治理的闭环体系。完善制度实施后评估和督查机制，加强对制度执行的监督检查，坚决纠正有令不行、有禁不止。更实举措深化警示教育。深化“兴廉评”政治生态监测预警和分级评估系统应用，用好党风廉政警示教育馆等载体平台，准确区分不同教育对象的层级和类别，有针对性开展警示教育，通过以案施教、以案释法，用身边事教育身边人，引导全市党员干部真正做到心有所畏、言有所戒、行有所止。

# 政府工作报告

## ——2022年1月10日在兴化市第十七届人民代表大会第一次会议上讲话(摘要)

代市长 殷 俊

### 一、本届政府工作回顾

过去五年,是兴化发展极为重要、极具挑战、极不寻常的五年。我们坚持以习近平新时代中国特色社会主义思想为指导,在市委的正确领导下,深入贯彻习近平总书记对江苏工作重要指示精神,全面落实党中央、国务院和省、泰州市决策部署,牢牢把握稳中求进工作总基调,紧紧依靠全市人民,较好完成了市十六届人大历次会议确定的目标任务,高水平全面建成小康社会,“十四五”发展实现良好开局。

(一)经济发展克难而进,产业业态明显提升

积极应对宏观形势变化、新冠疫情冲击和“能耗”双控影响,保持定力,多措并举,稳住经济基本盘。

五年来,我们抢机遇、谋发展,综合实力大幅攀升。地区生产总值迈上千亿元台阶,年均增长6.1%。一般公共预算收入46.16亿元,年均增长6.4%。固定资产投资324亿元,年均增长4.2%。连续跻身中国县域经济百强市、全国综合竞争力百强市、中国工业百强市行列。不锈钢产业“淬火涅槃”,戴南镇获批筹建省级高新技术产业开发区。调味品产业集聚区特色鲜明、初具规模。获评国家“城市矿产”示范基地、中国健康食品产业创新基地、中国精密铸造产业基地。双乐颜料公司成为我市首家国内A股上市企业。

五年来,我们稳增长、促转型,产业结构不断优化。编制实施生产力布局与发展规划,三次产业结构比优化为13.8∶39∶47.2。三大主导产业、战略性新兴产业产值占比分别达77%、28%。工业开票销售过千亿,兴达公司发展成百亿级企业。建筑业总产值突破600亿元,入库税收突破6亿元。建成高标准农田128.79万亩、比重达67.43%,荣获全国粮食生产先进集体,获批全国农村一二三产业融合发展先导区、全国农业科技现代化先行县共建试点。“千垛百味”品牌知名度和影响力不断提升,“兴化大米”“兴化大闸蟹”分别荣获全国十大农产品区域公用品牌、江苏省十强农产品区域公用品牌。服务业增加值495亿元,年均增长8%。吾悦广场、万达广场、长九酒店建成开业。获评国家级电子商务进农村综合示范市。千垛菜花、水上森林景区回归国有,提档升级步伐加快。入选首批省级全域旅游示范区、全国十大乡村旅游目的地,乌巾荡景区获批省级旅游度假区。

五年来,我们抓项目、重创新,发展动能持续增强。落实“再造一个新戴南”战略部署,完成开发园区体制机制改革。累计新开工亿元以上项目280个,其中5亿元(3000万美元)以上项目36个。众拓集中冶炼项目成功落地,兴达钢帘线扩建项目(一期)建成投产,东锦集团、拉面说等一批行业领军企业进驻中华食谷。五年实际利用外资7.46亿美元。实施“亩均论英雄”改革,开展“五未”土地整治,盘活低效闲置用地4500亩。强化科技赋能,累计培育国家级企业技术中心1家、国家高新技术企业239家、国家级“专精特新”企业1家,达成产学研合作项目318项,建立校企联盟112家,获得省科技进步奖14项。

(二)空间布局全面优化,城乡形态明显提升

坚持规划引领、全域联动、建管并重,统筹城乡协调发展。

五年来,我们拉框架、强基础,城乡面貌焕然一新。科学编制国土空间总体规划,明晰“1+3”市域发展空间布局。完成3轮乡镇(街道)行政区划调整,中心城区面积扩至43平方公里,建制镇(街道)、行政村分别调整优化为26个、463个。编制完成全市镇村布局规划,建成省级特色田园乡村13个。高标准规划建设高铁新城,新区路网框架全面拉开。完成长安北路、英武南路、中和路大桥等一批重点项目,改造新建车路河、直港河、昭阳湖公园等一批滨河步道、街头公园。交通建设长足发展,公路网总里程达3060公里,建成省道S229、S351,阜溧高速兴化至泰州段建成通车、兴化至建湖段加快推进。新改建农村公路1148公里、桥梁1542座,创成省级“四好农村路”示范市,千垛美路被评为“全国最具人气的路”,城乡交通运输一体化发展获评AAAAA级。

五年来,我们重内涵、塑品质,城市功能日臻完善。长江引水工程全线贯通,全市人民喝上了长江水。积极推进城镇污水治理提质增效精准攻坚行动,铺设乡镇污水管网865公里,提升改造乡镇污水处理厂7个。推广垃圾分类试点,建成28个垃圾分类达标小区,生活垃圾无害化处理率达100%。加快城市更新步伐,实施88个房屋征收(搬迁)项目,完成37个老旧小区综合改造、40个小区环境“微整治”。新改建农贸市场7个、公厕38个。打造智慧停车管理平台,新增机动车停车位9654个。生活垃圾焚烧项目并网发电,建成飞灰填埋库。

五年来,我们严治理、固底板,生态建设迈出新步。空气优良率81.5%,$PM_{2.5}$浓度均值31微克/立方米,生态环境状况指数69.54,保持全省前列、泰州第一,创成省级生态文明建设示范市。打好蓝天、碧水、净土保卫战,关停

拆除435家企业的925台中频炉，单位生产总值能耗下降、主要污染物排放量削减完成省定目标。落实河长制、断面长制，攻坚重点断面达标整治。推行林长制，成片造林7.94万亩，新增造林面积保持全省前列。建成9个水质自动监测站、27个空气自动监测站、9个省控站点周边空气微型站，乡镇环保体检实现全覆盖。城区范围内烟花爆竹全面禁放。创新设立突出环境问题应急处置基金、生态环保公益基金，有效解决一批历史遗留问题。

（三）幸福成果普惠共享，民生质态明显提升

深入践行以人民为中心的发展思想，每年将全部财力的80%以上用于民生事业，用情用力办好民生实事。

五年来，我们纾民困、增福祉，民生保障更有温度。城镇、农村居民人均可支配收入分别达49133元、25765元，年均增长7.9%、8.8%。胜利打赢脱贫攻坚战，建档立卡低收入人口、经济薄弱村全部脱贫摘帽，荣获省脱贫攻坚组织创新奖。精准落实富民增收措施，累计发放富民创业贷款4.1亿元，组织各类培训7.25万人，新增创业9.18万人，新增城镇就业5.95万人，城镇登记失业率控制在2%以内。社会保障体系更加健全，主要险种参保率保持在98%以上。建成居家养老项目604个，居家养老服务中心(站点)实现市域全覆盖。健全退役军人服务保障体系，实现省级双拥模范城“八连冠”。

五年来，我们补短板、优供给，公共服务更加均衡。开展教育领域专项治理，实行“阳光编班”，落实“双减”政策，出台“优教八条”“招贤六条”，建成中小学、幼儿园27所，兴化中学新校区正式投用，教育生态明显好转，教学质量持续攀升，群众满意度逐年提高。组建人民医院、中医院两大紧密型医共体，新区中医院建成使用，妇女儿童健康中心、公共卫生医疗中心开工建设。实施医保基金第三方监管，异地就医门诊、住院实现联网结算。大力开展爱国卫生运动，村卫生室标准化率达100%，通过国家卫生城市复审。扎实推进省运会兴化承办项目，完成陈堡草荡水上运动中心建设。新增全国重点文物保护单位2处、江苏省文物保护单位5处。发放文化惠民券1620万元，开展惠民演出3407场。举办郑板桥艺术节、施耐庵文学节，获评“中国文学之乡”称号。新时代文明实践中心(所、站)实现全覆盖，入围全国文明城市提名城市。

五年来，我们防风险、保安全，社会治理更富成效。全链条抓好疫情精准防控，完成“祥泰行动”系列应急演练。推进安全生产专项整治“一年小灶”和“三年大灶”，省级安全发展示范城市创建完成复审，安全生产事故起数、死亡人数持续“双下降”。加强食品药品安全监管，保障人民群众生命健康安全。打好国有资金资产保卫战，完成政府化债任务，全市债务风险持续下降。整合重组市属国有企业，加快市场化、实体化转型步伐。严厉打击非法金融活动，不良贷款余额、不良贷款率实现“双下降”。创新网格化治理模式，建立市领导挂钩信访积案制度，深化“无黑”城市创建，群众安全感稳居泰州第一、全省前列。统计、外事、侨务、民族宗教、史志档案、人民武装等工作取得新进步，气象、供电、妇女儿童、残疾人、慈善、红十字、关心下一代等工作取得新成绩。

（四）政府职能加快转变，政治生态、奋斗姿态明显提升

主动适应社会主要矛盾转化和发展阶段变化，以更高标准、更严要求、更实举措加强政府自身建设。

五年来，我们守初心、担使命，旗帜鲜明讲政治。全面贯彻新时代党的建设总要求，始终把政治建设摆在首位，严格落实意识形态工作责任制，自觉在思想上政治上行动上同以习近平同志为核心的党中央保持高度一致。坚决贯彻执行党的路线方针政策，确保上级党委政府和市委各项决策部署落地见效。扎实开展“两学一做”学习教育、“不忘初心、牢记使命”主题教育、党史学习教育，政治判断力、政治领悟力、政治执行力进一步增强。

五年来，我们立规则、抓落实，依法行政尽职责。完成政府机构改革，制定《中共兴化市人民政府党组工作规则》，修订《兴化市人民政府工作规则》，推动政府工作规范高效运转。认真落实重大事项向市人大常委会报告、向市政协通报制度，自觉接受市人大、市政协和各方面监督，办理人大代表建议1182件、政协提案2058件。坚持依法行政，加大简政放权，优化营商环境，构建“亲”“清”政商关系。大力推进政务公开，开设“我的兴化”民生互动平台，畅通12345政务服务热线、市长信箱等民情民意渠道，切实解决民生热点问题。

五年来，我们转作风、提效能，奖优罚劣见实效。充分发挥“向上攀登红旗”“慢进退步黑牌”机制作用，全面整肃“中梗阻”，排查问题线索77条，给予党纪政务处分43人。树牢“过紧日子”思想，规范政府投资项目管理，严格财政预算资金审批。深入推进政府系统正风肃纪反腐，加强政府采购、招标代理、中介机构等重点领域监管，从严抓好巡视巡察交办问题、统计督察问题、审计发现问题整改，着力构建纠治问题、堵塞漏洞、完善制度、系统治理、净化生态的闭环体系。

各位代表，历尽天华成此景，人间万事出艰辛。我们深切感受到，这些来之不易的成绩，是习近平新时代中国特色社会主义思想在兴化生动实践的结果，是上级党委政府和市委正确领导的结果，是市人大、市政协及社会各界关心支持的结果，是全市人民团结拼搏、辛勤付出的结果。在此，我代表市人民政府，向全市广大干部群众，向全体人大代表、政协委员，向工商联、党外代表人士、各人民团体和离退休老同志，向驻兴部队官兵、政法干警，向所有关心、支持兴化发展的海内外朋友，致以崇高的敬意和衷心的感谢！

我们也清醒地认识到，全市经济社会发展中还存在一些问题和不足，主要是：转型升级任重道远，产业核心竞争力有待提升，新增长点培育不快、支撑不足，生态经济还不够活跃，经济发展方式还没有实现根本性转变；城乡之间、区域之间发展不平衡，实现共同富裕的路径和点位有待落细落实，民生领域存在短板，教育、医疗、养老等方面与群

众需求还有不小差距;政府治理效能还需强化,安全生产、生态环保、疫情防控的基础仍不够牢固,少数公务人员专业素养、法治意识、实干作风、担当精神、为民情怀还达不到新时代发展要求,“四风”问题时有发生;等等。对此,我们一定高度重视、直面问题,创新举措、切实解决。

**二、今后五年工作任务**

各位代表,今后五年是全面建设社会主义现代化、向第二个百年奋斗目标进军的起步期,也是我市加快高质量发展、实现跨越赶超的攻坚期。根据市第十三次党代会部署和“十四五”发展规划要求,今后五年政府工作的指导思想和总体要求是:坚持以习近平新时代中国特色社会主义思想为指导,全面贯彻党的基本理论、基本路线、基本方略,深入贯彻习近平总书记对江苏工作重要指示精神,准确把握新发展阶段,深入践行新发展理念,服务构建新发展格局,坚决扛起“争当表率、争做示范、走在前列”三大光荣使命,始终坚持“生态立市、工业强市、人文兴市”战略,大力弘扬“垒土成垛、择高向上”的兴化精神,着力打造“三城四区”,全力推进“五态提升”,努力建设繁荣繁华、令人向往的“江苏大公园、人文梦水乡”,把幸福兴化建成老百姓希望的模样。

今后五年的重点任务是:

——建设创新创业的活力之城,推动产业发展大跨越。坚持创新引领、科技赋能,面向未来打好产业基础高级化和产业链现代化攻坚战,构建富有兴化特色的现代产业体系。全面落实“再造一个新戴南”战略部署,推进不锈钢产业转型升级先导区建设,建成省级高新技术产业开发区。做强调味品产业集聚区,培育特膳食品产业集聚区,打造地标性绿色健康食品产业,建设中国健康食品产业名城。推动装备制造业加速迈向中高端,培育壮大以金属新材料、节能环保、高端装备制造为重点的战略性新兴产业。大力发展以绿色有机和生态高效为特色的现代农业、以文化旅游和休闲康养为代表的幸福产业,做优做精休闲农业、生态观光、乡村旅游等新业态新模式,促进数字经济和特色产业深度融合。突出创新核心地位,拥抱“先进制造+数字赋能”的风口,加快企业核心技术自主化、创新载体平台化、创新体系生态化,促进创新链与产业链双向融合。实施高新技术企业倍增计划,培育引进“高精尖缺”人才,打造人才集聚新高地和科技创新策源地。

——建设生态宜居的美丽之城,推动城市能级大跨越。坚持精明增长,突出内外兼修,顺应发展规律,建设和谐宜居、富有活力、具有水乡特色的现代化城市。持续打好蓝天、碧水、净土保卫战,协同推进减污降碳,环境质量明显好转,绿色发展成为鲜明特色,创成国家生态文明建设示范市。围绕“宜居、宜业、宜游、宜商”目标,持续提升城市面貌、功能、品质,“水清、绿透、文昌、城秀”成为城市显著标识,创成国家全域旅游示范区。高起点规划、高品质建设高铁新城,统筹打造文化艺术、体育、商务、金融、科创和市民“六大中心”。稳妥推进城市更新,加快建设智慧城市,做精做细城市管理。深入实施乡村振兴战略,大力开展乡村建设行动,美丽宜居乡村实现全覆盖,“河安湖晏、水清岸绿、形神兼备、烟火浓郁”成为乡村普遍气质。突出“水、垛、文、绿”元素,打造全国知名、全省示范、具有里下河特色的美丽田园乡村样板区。

——建设人民满意的幸福之城,推动民生福祉大跨越。坚持人民至上,尽力而为、量力而行,统筹实施“兴好有你”民生系列工程。积极探索共同富裕的政策体系和实现路径,扩大中等收入群体比重,提高低收入群体收入,加快形成橄榄型收入群体结构,解决好平均数背后的大多数问题,进一步缩小城乡收入差距。坚持教育优先发展,加大教育领域投入,促进学前教育普惠有序、义务教育优质均衡、高中教育集约突破、职业教育产教融合。抓实抓细常态化疫情防控,优化医疗资源配置,完善分级诊疗制度,构建多层次医疗保障体系,更好地为人民群众提供全方位全生命周期的健康服务。大力发展普惠性、互助性养老服务,加强适老化改造,试点建设大型综合养老小区,提高基本养老服务兜底保障能力和智慧养老服务专业化水平。发挥社会主义核心价值观的引领作用,开展群众性精神文明创建活动,创成全国文明城市。继续实施文化惠民工程,完善公共文化服务体系,深度挖掘文化因子,完成国家历史文化名城申报。夯实平安兴化建设,完善防范化解重大风险体制机制,系统提升本质安全水平,加快推进基层治理体系和治理能力现代化。

各位代表,全面建设社会主义现代化的号角已经吹响。我们坚信,只要始终同人民群众心往一处想、劲往一处使、拧成一股绳,勇毅前行、攻坚克难,就一定能创造无愧于人民、无愧于时代的崭新业绩!

**三、2022年工作建议**

各位代表,2022年是党的二十大召开之年,是落实省市党代会精神开局之年,也是新一届政府履职的第一年,做好今年工作意义重大。

今年政府工作的总体要求是:全面贯彻中央、省委经济工作会议精神,认真落实泰州市委六届二次全会、市委十三届二次全会部署安排,弘扬伟大建党精神,完整准确全面贯彻新发展理念,坚持稳中求进工作总基调,紧扣“聚力高质量发展、致力高效能治理”两大主题,坚定不移转方式、调结构、增动能,统筹疫情防控和经济社会发展,统筹发展和安全,继续做好“六稳”“六保”工作,扎实推动共同富裕,抢抓机遇、埋头苦干,努力建设生态品质优良、生态经济活跃的新时代鱼米之乡。

全市经济社会发展的主要调控目标安排为:地区生产总值增长6.5%左右,一般公共预算收入增长6.5%,规模以上工业产值增长12%,规模以上工业增加值增长8%,工业开票销售增长9%,规模以上固定资产投资增长9%,社会消费品零售总额增长5%,城镇、农村居民人均可支配收入分别增长8%、8.5%,城镇登记失业率控制在2%以内,节能减排完成省定目标,安全生产形势持续稳定向好。

按照市委十三届二次全会确定的“办好省运会,做出旅游范,喜迎八方客;聚合全要素,打造生态谷,建设低碳城;扮靓一座城,走好共富路,幸福水乡人”工作主线,今年重点抓好以下七个方面工作:

（一）聚力转型升级,提升产业发展竞争力

坚持把转型升级摆在经济发展的首要位置,精准施策,重点突破,推动产业向中高端攀升。

做强做特主导产业。锚定“全国有影响力的千亿级产业集群”目标,更大力度落实“再造一个新戴南”战略部署,加快实现市场、冶炼、酸洗、物流、质检、展示、交易“七个集中”,进一步延长产业链、提升价值链、突破创新链,推动不锈钢产业集群化发展、向高端迈进。以调味品产业集聚区为牵引,延伸拉长产业链条,引导绿色健康食品产业向精深转型,叫响“世界鲜、兴化造”品牌,打造地标性产业集群。主攻成套设备和关键零部件核心技术突破,推动机械配件、基础件生产企业从半成品到成品、零件到组件、配件到总成拓展,加快装备制造产业高效发展。

培育壮大新兴产业。抢抓数字化、网络化、智能化融合发展的机遇,大力发展战略性新兴产业,着重培育拳头产品和单打冠军。金属新材料围绕产业链再造,向新型功能材料迭代升级。节能环保围绕资源回收再利用,放大国家“城市矿产”示范基地效应,高起点规划建设不锈钢回收基地,全面整合废钢市场,走好绿色循环之路。高端装备制造坚持产业数字化、数字产业化,主抓“兴化智造”核心板块,着力提升整机制造水平。扶持新一代信息技术产业拓展应用,加速部署5G基站、数据中心等基础设施,促进数字经济与实体经济深度融合。

提档升级现代服务业。发挥现代服务业增长带动作用,提高服务业贡献份额,新增规模以上服务业企业25家以上、限上批零住餐企业100家以上。出台专项政策,培育壮大现代物流、电子商务、科技服务、工业设计等生产性服务业,向专业化和价值链高端延伸。推动生产性服务业与先进制造业融合发展,建设中国(戴南)不锈钢城、戴窑省级粮食物流产业园,支持开发区申报“两业深度融合”试点。大力发展现代商贸、文化旅游、健康服务等生活性服务业,向高品质和多样化升级。配套出台“支持首店经济发展”专项政策,深耕首店经济、夜间经济,吸引一批新零售企业落户,促进线上线下消费双向提速。

（二）扩大有效投入,强化重大项目牵引力

始终把项目建设作为头版头条,更加注重有效投入和发展质量,实现产出效益最大化。

主攻优质项目招引。围绕强链、补链、延链,强化“一把手”招商推进机制,健全信息捕捉、项目研判、跟踪洽谈、落地服务等全流程工作链条,精准招引一批支撑带动力强的链主、链核、链源企业,注重引进一批科技含量高、成长性好的“专精特新”项目。全面对标“含金量高、含新量高、含绿量高、含碳量低”要求,调优项目准入条件、评估标准和考核办法,力促项目结构更优、层次更高。建成兴化招商主题客厅,举办千垛菜花旅游节投资环境说明会、金秋经贸科技洽谈会等招商活动,新签约亿元(1000万美元)以上项目120个,其中5亿元(3000万美元)以上项目30个;新开工亿元(1000万美元)以上项目60个,其中5亿元(3000万美元)以上项目20个。

聚力重大项目建设。完善跟踪服务重大项目体制机制,加快众拓二期、兴达扩建二期、安井食品三期等重大项目建设。新竣工亿元(1000万美元)以上项目70个,其中5亿元(3000万美元)以上项目15个。继续实施小微企业进规模工程,规模以上工业企业新增80家以上,开票销售过亿元企业达120家以上。贯彻《江苏省制造业智能化改造和数字化转型三年行动计划(2022—2024年)》,落实我市具体行动,完成80家企业“智改数转”,实施100个1000万元以上技改项目,创建6个省(市)级示范智能车间、20家星级上云评定企业。

提升园区发展水平。深化园区改革,聚焦土地、能耗、审批等关键要素,强化对内协调和对外上争,推动产业项目、资源要素、金融政策向“两区三园”集聚,提升园区产业集聚水平、产业链发展水平、特色产业占比,增强园区核心竞争力。扎实开展“三比一提升”行动,开发区、高新区着力突破头部企业,实现省级开发园区位次继续前移。深化“亩均论英雄”改革和“五未”土地整治,推进镇村园区“腾笼换鸟”。探索建立土地要素市场化配置机制,让有限的资源发挥出最大的效益。全面压降单位GDP建设用地使用量,盘活提升3亩以上低效闲置工业用地(厂房)3000亩,3亩以上工业企业亩均税收增长15%。

（三）加速动能转换,激发开放创新引领力

坚定不移深化改革、加强创新、扩大开放,破解发展难题,打开发展局面,赢得发展主动。

推进重点领域改革。围绕建设高效便利的政务环境、综合最优的政策环境、公平公正的法治环境,制定实施优化营商环境三年行动计划,全力打造“兴舒畅”营商环境品牌。深化“放管服”改革,加大信息化智能化投入,推行“不见面审批”和“全省通办”“跨省联办”,实现工程建设项目“拿地即开工”“拿地即发证”。规范涉企检查,压减人为干预、自由裁量空间,让“部门办事不看人、企业办事不求人”成为常态。继续落实好各类减税降费政策,强化转贷应急资金运作,加大对小微企业和“三农”的支持力度。推进金融领域改革,常态化开展政银企、银企担活动,支持引导金融更好服务实体经济。抢抓资本市场改革政策窗口,完善梯队式企业上市后备库,力争新上市企业1家、新三板挂牌企业4家。完成国企改革三年行动计划,加强经营性国有资产集中统一监管,推动国企公司化、实体化转型,支持做强主业、壮大实力,新增信用评级AA＋市属国有企业1家。

集聚科技创新动能。建立以科创委为统揽的组织推进机制,推动科创办实体化运作,统筹科技规划、项目计划和政策制定。大力实施高新技术企业成长工程,深化企业科技创新积分管理机制,试行“创新积分贷”系列产品,引导企业加大科技投入、推动技术创新。市场化设立科创基金,支持行业领军企业组建创新联合体,着力扶持一批科技型领军企业，获批国家高新技术企业80家。加强国家级和省级科技企业孵化器、众创空间建设，发挥高性能金属材料制品、健康食品、精密铸锻造等研究院作用，深化产学研对接，探索建立离岸创新中心，引导重点园区、重点企业与知名高校院所开展合作，促进研究成果项目化、产业化。更大力度招才引智，组建人才集团，设立人才基金，研究出台新的人才政策，加快人才公寓建设，打造青年和人才友好型城市。

拓展对外开放空间。主动接轨沿海、对接长三角，加快融入“双循环”发展格局，完成进出口总额10亿美元。积极开拓海外市场，支持兴达公司全球产能布局。鼓励本土龙头企业更大力度“走出去”，参与国际标准、国家标准、行业标准制订，开展科技创新、项目对接、信息交流等方面国际合作，培育发展知名品牌，不断提升产品竞争力和国际影响力。招引落户一批重大外资项目，引导助推现有外资企业增资扩股、做大做强，加快形成“引进一批、建设一批、储备一批”的良性发展格局，完成实际利用外资2亿美元。

(四)注重品质内涵，增强城市综合承载力

坚持人民城市人民建、人民城市为人民，以精明增长为路径，建设美丽宜居城市。

完善功能布局。坚持补短板、强弱项、惠民生，系统实施城建重点工程，提升中心城区首位度。聚焦新城开发，高标准规划高铁新城片区，加快推进“六大中心”建设，打造城市未来发展的重要增长极。开展以莲溪湖为核心的水系整理，加快实施施耐庵东路、张北路、旗杆荡路等道路工程。统筹老城更新，实施城堡新区、王家塘等26个老旧小区改造，贯通板桥西路等城区主次干道，加快北水关大桥重建，依法依规推进房屋征收和危旧房网格化改造。深化美丽宜居城市试点项目建设，扮靓桥下空间等城市公共区域。重建文峰塔，推进龙津河风貌区、城北片区开发建设，延续文脉、留住乡愁。加快补齐短板，扎实抓好城镇污水处理提质增效，完成8个达标区建设、15个乡镇污水处理厂升级改造，实现污水处理建设、运营、收费、管理“四统一”。实施城南污水处理厂三期扩容及配套管网建设，全面提升城镇生活污水收集处理率。

加强精细管理。用足“绣花”功夫，优化城市管理服务，持续巩固全国文明城市创建成果。深化党建引领下的物管改革，落实社区、业委会、物业齐抓共管机制，提升小区物管水平。开展交通秩序治理、违法建设拆除、市容环境整治三大攻坚行动，整体提升城市颜值。全面推行垃圾分类，完成垃圾填埋场封场。推进城区3家农贸市场升级改造。积极实施新能源充电桩建设工程，持续推进老城区停车场建设，着力缓解停车难。加快智慧城市建设，推广“智慧工地”“智慧燃气”“智慧照明”等管理系统，精准植入一批具备现代化功能、体现人文关怀的设施设备，促进数字化技术与城市管理服务深度融合。

提升通达水平。以“决战五年、高铁先行、快速联结、枢纽兴化、通达天下”为目标，加快构建内畅外联的综合立体交通运输体系。全力做好盐泰锡常宜铁路开工建设配套服务工作，高起点规划综合枢纽站建设。系统谋划并适时启动城市快速路网建设。强化阜溧高速兴化至建湖段建设服务保障，加快打通北部快速通道。扎实跟进东兴、宁盐高速项目，配合开展盐靖高速项目前期工作，加快形成“两纵一横”高速公路体系。继续做好G344中堡至沙沟段、S465中堡至新垛段前期工作，进一步畅通全市对外通道。新改建公交站台300座，让城乡群众出行更便捷。

(五)坚持绿色发展，夯实生态经济支撑力

践行“两山”理论，擦亮生态底色，探索绿色发展新路，变生态要素为资源要素，变生态价值为经济价值。

强化环境治理。深入打好污染防治攻坚战，加强气、水、土污染精准协同治理，推动环境质量持续改善。空气优良率超过82%，$PM_{2.5}$年均浓度不超过31微克/立方米。重抓东北部水环境整治，国省考断面水质优III比例100%。扎实推进省环保督察反馈问题整改销号，高标准迎接中央环保督察“体检”。全面深化河湖长、断面长、点位长、林长等工作机制落实，加强水、林、田、湖、草等自然资源整体保护和系统修复，积极稳妥推进得胜湖、平旺湖等退圩还湖工程。建成里下河国家湿地公园，恢复湿地生态功能，增强湿地碳汇能力。完成生物多样性本底调查，建立物种保护清单，维护生态原真性和生物多样性。完善环境自动监测网络，强化执法监管能力建设，以“零容忍”态度严厉打击各类环境违法行为。

推动低碳发展。积极申报生态产品价值实现省级试点，重点在生态产品价值核算应用、生态保护补偿等方面开展实践探索，推进跨区域水权、排污权、用能权、碳排放权交易合作。开展碳达峰、碳中和研究，建立碳排放总量和强度“双控”制度，推动单位地区生产总值能耗持续下降，着力打造低碳产业发展示范基地。大力发展新能源，推进“苏热1井”干热岩开发利用示范工程建设。加快产业、能源、运输结构调整，推动重点领域、重点行业、重点企业节能降碳、清洁生产，支持高新区创建省级生态工业园区。加大生态文明宣传力度，在全社会积极倡导绿色低碳、简约适度的生活方式，让绿色成为美丽兴化最靓丽的标识和最鲜明的底色。

活跃生态经济。探索“产业化经营＋文农旅结合”的价值生长模式，厚植生态优势，深耕幸福产业，做好“生态＋”文章，让美丽资源转化为美丽经济。完善全域旅游发展总体规划，加快旅游景区等级创建步伐，展现里下河人文底蕴，打造新时代鱼米之乡。实体化运作乌巾荡省级旅游度假区，继续办好千垛菜花旅游节、品蟹赏菊旅游季等节庆活动，叫响“水润兴化、如诗如画”生态旅游品牌。依托千垛美路、“1号水路”等生态观光线路，推动千垛菜花、水上森林核心景区提档升级，打造陈堡文体旅小镇，放大八字桥、金东门、银北门等人文效应，将全域风景串珠成链，将休闲、美食、康养等业态有机融入，打造极具本土特色的生态旅游专线，建设国内知名的长三角生态旅游目的地。

（六）推进乡村振兴，彰显“优势在农”影响力

进一步放大兴化“农”的优势，加快国家农业现代化示范区创建，构建乡村振兴“先行市、中心镇、示范村”三级体系，推动农业大市向农业强市转变。

促进农业高质高效。严守耕地保护红线，加强耕地用途管制，坚决遏制耕地“非农化”“非粮化”，保障粮食生产安全。加强农业基础设施建设，新建高标准农田3.3万亩以上。开展粮食绿色高质高效创建，推广节水减排、集约高效、种养结合、立体生态等健康养殖模式，建成昌荣镇河蟹生态养殖示范区、沙沟镇淡水鱼生态养殖示范区。着眼争创国家现代农业产业园，加快建设省级现代农业产业示范园区。加快数字农业发展，培育壮大休闲农业、生态观光、乡村旅游、农村电商等新业态新模式，促进农业全环节升级、全链条升值。深化“千垛百味”品牌建设，做强“兴化大米”“兴化大闸蟹”等区域公用品牌。加强农产品质量安全监管，争创国家级农产品质量安全市。

促进农村宜居宜业。把农房改造改善作为“乡村振兴1号工程”，大力实施80年代前建设的农房改造。因地制宜编制“多规合一”实用性村庄规划，创建2个省级、9个泰州市级、10个兴化市级特色田园乡村，鼓励特色田园乡村加大市场化运作力度。稳步实施农村土地承包“三权分置”改革，大力开展土地综合整治，扩大农村集体经营性建设用地入市范围，整块连片增减挂钩实现乡镇试点全覆盖。规范农村集体“三资”管理，发展新型农村集体经济，释放农村发展潜能。开展农村人居环境改善提升五年行动，严控农业面源污染，规范养殖尾水达标排放。加强农村基础设施建设，新改建农村公路30公里、桥梁97座，90%以上的行政村建有污水处理设施。推进农村生态河道建设。维修改造圩口闸100座、排涝站50座，实施圩口闸电启闭改造100座。

促进农民富裕富足。坚持物质富裕和精神富足有机统一，巩固拓展脱贫攻坚成果同乡村振兴有效衔接，健全防止返贫动态监测和帮扶机制。深入开展乡风文明提升工程，大力推进移风易俗。实施农民收入十年倍增计划，落实各类强农惠农政策，切实减轻农民负担。培育壮大新型农业经营主体，新增家庭农场30家、示范合作社20家。推进农业产业化联合体和家庭农场服务联盟建设，发挥典型示范效应，提高经营水平。分层次、分类别实施高素质农民培育工程，加大农村劳动力特别是新生代农民职业技能、安全技能、创业技能培训力度，培育一批留得住、用得上、能带动的乡村人才队伍。

（七）建设幸福兴化，汇聚“兴好有你”向心力

带着感情和责任致力富民、惠民、安民，扎实推进“兴有优教”“兴有良医”“兴有颐养”“兴有益助”“兴有善治”民生系列工程落地生根。

织密民生保障网络。突出就业优先，强化高校毕业生、退役军人、农民工等重点群体就业扶持措施，新增城镇就业1万人以上。推动创业富民贴息贷款、稳岗返还等政策扩面增效，支持成功自主创业0.6万人，组织各类培训1.2万人次，建成人力资源服务产业园。优化收入分配调节机制，落实中等收入群体壮大行动，带动群众勤劳致富，促进人民共同富裕。完善城乡居民基础养老金待遇确定和正常调整机制，企业职工养老、失业、工伤保险分别新增1万人。健全社会救助体系，发展慈善、助残等社会公益事业。推进乡镇敬老院“公办民营”改革，打造“15分钟养老服务圈”，健全未成年人关爱保护体系，加大农村留守儿童和困境儿童关爱保护力度，着力解决好“一老一小”问题。

完善公共服务体系。毫不松懈抓好常态化疫情防控，对照“6小时处置要求”，建强工作专班、流调溯源、社区防控、风险人员转运、隔离点管理、核酸采送检“六支队伍”。加强公共卫生服务体系建设，持续推进疫苗接种，共筑全民免疫安全屏障。加快公共卫生医疗中心、妇女儿童健康中心建设，深化紧密型医共体试点改革，有效提升区域性医疗机构服务能力和院前急救水平。加强医保资金监管，严厉打击欺诈骗保行为，守好人民群众的“救命钱”。坚持立德树人，聚焦“双减”目标，深化教育改革，办好人民满意的教育。城区新建中小学5所、投用幼儿园11所，加快推进戴南初中、戴南小学新建项目，支持兴化中学创建省高品质示范高中。推进文化惠民工程，加大公共文化产品供给，倡导全民阅读，建设书香城市。全力备战省运会，扎实做好服务保障，精心承办赛事活动。

筑牢安全稳定防线。完善重点领域风险防控“四项机制”，加强国有企业经营性债务管理，打击各类非法金融活动，确保不发生系统性区域性风险。纵深推进安全生产专项整治，坚决遏制较大以上和有较大影响的生产安全事故，高质量完成“三年大灶”，创成省级安全发展示范城市。加强自然灾害监测预警，提升应急处置能力。从严抓好食品药品监管，切实保障人民生命健康安全。完善“大数据+网格化+铁脚板”治理机制，探索“一网统管、三级联动、多网融合”治理模式，牢牢兜住安全稳定和疫情防控的底线。大力推进平安兴化建设，常态化开展扫黑除恶斗争，推动新一代“雪亮技防工程”建设，健全线上线下“一站式”矛盾纠纷化解机制。扎实推进“八五”普法，在全社会形成尊法学法守法用法的良好氛围。

**四、建设新时代人民满意政府**

新使命催人奋进，新征程任重道远。幸福兴化不是敲锣打鼓喊出来的，是脚踏实地干出来的。我们将大力弘扬“垒土成垛、择高向上”的兴化精神，践行新思想、担当新使命、展现新作为，推动政府治理体系和治理能力现代化，不断开创政府工作新局面。

高举伟大旗帜，坚定理想信念。始终胸怀“两个大局”、牢记“国之大者”，坚持不懈用习近平新时代中国特色社会主义思想武装头脑、指导实践、推动工作，深刻领悟、自觉落实“两个确立”伟大意义和实践要求，不断增强“四个意识”、坚定“四个自信”、做到“两个维护”。坚持把党的领导贯穿政府工作各领域全过程，全面加强政府系统党的建设，严格遵守党的政治纪律和政治规矩，在政治能力训

练和政治实践历练中，不断提高政治判断力、政治领悟力、政治执行力。

厉行法治建设，提升履职能力。深入贯彻习近平法治思想，高标准依法行政，全过程规范执法，推动政府工作全面纳入法治轨道。自觉接受市人大、市政协和各方面监督，高质量办理人大代表建议和政协提案。强化政务公开，用好各类民生互动平台，及时准确回应社会关切。深化法治政府建设，严格执行民主集中制，规范重大行政决策程序，充分发挥法律顾问、公职律师作用，确保权力在法律框架内、程序规定下运行，不断提高决策科学化、民主化、法治化水平。

坚持人民至上，强化实干担当。始终把人民群众放在心中最高位置，突出唯实唯勤，增强为民情怀，大兴实干之风，知责于心、担责于身、履责于行，努力创造经得起实践、历史检验，让人民群众满意认可的过硬实绩。增强斗争本领，创新开展工作，敢挑最重的担子、敢啃最硬的骨头、敢涉最深的险滩。继续用好“向上攀登红旗”“慢进退步黑牌”，完善政府执行、协调、督查机制，形成工作闭环。健全市政府重点工作交办制度，按照“工作项目化、项目清单化、清单节点化、节点责任化”要求，雷厉风行抓落实，高效协同快推进，善作善成求实效。

持续正风肃纪，打造廉洁政府。认真落实全面从严治党主体责任，持续加强政府系统党风廉政建设。严格执行中央八项规定及其实施细则精神，自觉遵守作风建设“十条禁令”，大力弘扬新时代板桥清风，坚决查处侵害群众切身利益的不正之风和“微腐败”行为。加大对“刀把子”“钱袋子”“命根子”等重点领域监管力度，严格行政监督、审计监督，探索民生工程人民监督制度，进一步扎紧制度的“笼子”。厉行勤俭节约，坚持量入为出，严控“三公”经费，压减非刚性支出，把有限的财力更多用到保基本、补短板、促发展上来，始终保持为民、务实、清廉的政府形象。

各位代表，新故相推，一往无前；接续奋斗，永不止步。让我们更加紧密地团结在以习近平同志为核心的党中央周围，高举习近平新时代中国特色社会主义思想伟大旗帜，在市委的坚强领导下，咬定青山不放松，一茬接着一茬干，全力打造生态品质优良、生态经济活跃的新时代鱼米之乡，奋力谱写“强富美高”新兴化建设新篇章，以优异的成绩迎接党的二十大胜利召开！

# 党史学习教育活动纪实

兴化市按照中央、省委和泰州市委的部署要求，主动把党史学习教育作为重大政治任务，紧盯“学党史、悟思想、办实事、开新局”目标要求，一着不让抓落实、抓推进，取得了明显实效。

## 党史学习教育活动主要成效

兴化市党史学习教育深入人心，成效显著，泰州市委第二巡回指导组给予充分肯定。指导组开展的随机测评显示，党员干部对兴化市党史学习教育的好评率达到100%。全市众多经验做法被国家、省级媒体关注，在国家级媒体推出相关稿件440篇，省级媒体605篇。

学党史知历程，坚定了“革命理想高于天”的初心。以“领导带头学、集中辅导学、线上随时学、现场感悟学、联系实际学”为载体，举办领导干部读书班2期，市四套班子全体领导、乡科级以上领导干部共384人次参学，市级层面举办各类党史学习教育专题培训班16期，各类各级党员干部共2847人次参训。打造“四史”宣传教育新模式，组建市委宣讲团、基层党员干部宣讲队、“飞燕”百姓名嘴志愿服务队、青年讲师团，围绕“四史”教育，精心打造41堂精品优质课、56个微党课、86个微视频，依托新时代文明实践中心(所、站)，开展“我是党的螺丝钉”“百年党史青春说”“十百千巾帼大宣讲”等巡回宣讲活动，开展特色宣讲3534场次，直接受众243775人，间接受众593812人。广大党员干部系统把握党的不懈奋斗史、理论探索史、为民造福史、不怕牺牲史和自身建设史，深切感悟到习近平新时代中国特色社会主义思想强大的真理力量、信仰力量、奋进力量，极大的增强了用党的创新理论武装头脑，指导实践，推动工作的自觉性、坚定性。

悟思想踏行程，树立了“乱云飞渡仍从容”的信心。市四套班子领导带头开展专题调研，谋划工作思路。举办党员主题轮训班、研讨会、座谈会等，引导党员干部更加深刻地感悟新思想的真理力量和实践伟力，坚定不移沿着习近平总书记指引的方向奋勇前行。深入挖掘兴化红色资源，精心打造“百公里”党史红色教育线路，编撰《中国共产党兴化历史第三卷》，制播《百年百人》大型党史系列纪录片，结合建党100周年庆祝活动，广泛开展“永远跟党走”群众性主题宣传教育，激励和引导广大党员、群众特别是青少年坚定不移听党话、跟党走，其中，渔家星火青年学习社线路被CCTV-13新闻直播间点赞。“悟”是贯通“学”和“做”的关键，是一个及时跟进、反复对标、不断提升的动态过程，比如，对招商队伍进行“三湾改编”，就是看到了项目建设在工业强市中的基础性、关键性和拉动性作用；再比如，提出“再造一个新戴南”，以学习贯彻总书记重要讲话精神特别是全面深化改革走在前列的重要指示精神，优化大布局、激发新动能的创新之举，是把握发展大势、立足长远大局作出的一项重大决策。

办实事增里程，厚植了“一枝一叶总关情”的民心。把开展“两在两同”建新功行动与深化“我为群众办实事”实践活动有机融合、一体推进，以实际行动为群众分忧、为企业赋能、为发展聚力。确定泰州备案项目636个，全部按时高质完成，组建1024支党员突击队，完成69500多件民生微实事。最自豪的是长江引水工程全线正式通水，156万兴化人从此饮用上了长江水，困扰兴化多年的水质问题得到了根本解决；最感动的是聚焦“一老一小”，未成年人保护中心、居家养老送餐、适老化改造、“梦想小屋”等一大批优质民生项目集中收官；最欣慰的是推动工业项目“拿地即开工”审批模式，让企业审批成本大幅缩减，实现群众少跑腿、数据多跑腿；最省心的是开发上线“我的兴化”民生互动平台，设置“你拍我办”“你问我答”等板块，方便群众诉求、快速响应处置，深受群众好评；最警醒的是以“扪心四问”警示全市上下，力戒形式主义、官僚主义，狠抓工作落实，推动自我革命。2021年以来，兴化用心用情用力做实富民、惠民和安民三篇文章，打造“兴好有你”民生系列品牌，不断增强水乡人民的获得感、幸福感。

开新局展前程，抖擞了“而今迈步从头越”的雄心。坚持把学党史、悟思想、办实事、开新局有机融合、同步推进，坚持全局意识、系统思维，围绕产业图谱和“两区三园”构架，建立健全“链长制”，精心组织菜花节、板桥节、“走进深圳”等系列专题招商活动，全力主攻建链、补链、强链的大项目好项目。严格兑现“向上攀登红旗”“慢进退步黑牌”、一次性奖励以及提醒、函询、诫勉等奖惩措施，深入推进“五未”土地整治专项行动，坚持“亩均论英雄”改革导向。聚焦建设生态品质优良、生态经济活跃的新时代鱼米之乡，围绕“江苏大公园、人文梦水乡”目标，不断调优产业结构和城乡布局，挖掘生态价值和文化底蕴，积极探索具有兴化特色和内涵的现代化建设路径，全力推动省市党代会精神在兴化落地生根。

**党史学习教育活动主要做法**

通过党史学习教育的深入开展，全市各级党组织精心组织、扎实推进，全体党员干部涌入投入、认真学习，广大人民群众积极响应、广泛参与，高质量完成了党史学习教育各项任务。

坚持加强组织领导与强化真督实导相结合。成立党史学习教育领导小组及办公室，对照“六专题一实践”总体要求，细化80项重点目标任务，实行挂图式作战、项目化运作、清单式考评。在全市设立“10＋1”巡回指导组，常态化开展督查检查，实行办公室月度例会制度，推动各项任务高效落实，确保学习教育方向不偏、见行见效。

坚持以上率下带动与基层积极主动相结合。市委常委会以上率下，以身作则，推动各级领导班子特别是一把手，切实担负起第一责任人职责，精心组织、扎实推进。充分发挥基层党组织战斗堡垒作用，切实增强学党史用党史的主观能动性，在全市上形成上下联动、整体推进的良好局面。

坚持覆盖全体党员与面向全社会相结合。既突出党员干部这个重点，面向包括两新组织党员、离退休党员、流动党员在内的全体党员，通过各种有效形式确保学习教育全覆盖，又面向全社会开展四史宣传教育，特别是突出青少年群体，广泛开展系列特色活动，厚植青少年爱党、爱国、爱社会主义的情感。

坚持继承发扬传统与创新方式方法相结合。既吸收借鉴历次党内集中教育的好做法、好经验，又立足党史学习教育特点和党员干部实际需要，用好用活丰富的红色资源，注重运用可视化、数字化等手段，把书本学习、实践学习、场景学习融通起来，增强了党史学习教育的吸引力、感染力。

**党史学习教育活动经验启示**

总结回顾兴化市党史学习教育开展情况，党史学习教育是一项长期工作，全市各级党组织要不断巩固拓展党史学习教育成果，建立常态化、长效化制度机制，把党史学习融入日常、抓在经常，走好新时代的赶考之路。

必须坚定捍卫“两个决定”，坚决做到“两个维护”。巩固拓展党史学习教育成果，首要的是深刻领悟“两个确立”的决定性意义和实践要求，坚决做到“两个维护”。要始终保持对党绝对忠诚，忠诚于党的核心，忠诚于党中央，一心一意，一以贯之，表里如一，知行合一。任何时候任何情况下都不改其心，不移其志，不毁其节。要始终牢记“国之大者”，自觉在大局下思考，在全局中谋划，不断提高政治判断力、政治领悟力、政治执行力。

必须始终严明政治纪律，严守政治规矩。坚持把习近平新时代中国特色社会主义思想作为新时代共产党人的信念信仰，真学真懂真信真用，从中获得察大势、应变局、观未来的指路明灯，获得奋斗不止、精进不怠的动力源泉，获得明辨是非、拨开迷雾的政治智慧，获得抵御侵蚀、防止蜕变的强大抗体，真正做到至信而深厚、融通而致用、执着而笃行。

必须始终站稳人民立场，践行人民至上。深刻感悟习近平总书记“江山就是人民，人民就是江山”的政治情怀和“我将无我，不负人民”的崇高境界。深入践行以人民为中心的发展思想，始终把人民群众放在心中最高位置，用党员干部的辛苦指数换取人民群众的幸福指数，努力在推动高质量发展中为人民群众创造高品质生活。

必须始终发扬斗争精神，勇于担当作为。必须发扬斗争精神，坚定斗争意志，掌握斗争本领。要坚持稳字当头，稳中求进，夯实实体经济根基，加快科技自立自强，不断提升发展的韧性和竞争力。要更好地统筹发展安全，增强忧患意识，树立底线思维，时刻绷紧疫情防控这根弦，确保兴化现代化建设各项事业行稳致远。

必须坚定不移推进全面从严治党，推进自我革命。必须把严的主基调长期坚持下去，持续推进落实中央八项规定精神，精准运用四种形态，一体推进不敢腐、不能腐、不想腐，努力建设人民满意的廉洁兴化。持续巩固拓展风清气正的政治生态，坚持严管厚爱相结合，激励约束并重，着力营造干事创业的工作氛围，推动兴化现代化建设不断取得新成效。

## 1月

**4日** 市委书记、市长方捷带队观摩2020年兴化市重点项目建设现场,集中检验各乡镇(街道)项目建设成效。

**6日** 市政协召开党组(扩大)会议,专题学习贯彻市委十二届十次全会精神。市政协党组书记、主席沙顺喜主持会议并讲话。市政协党组副书记、副主席邹祥龙传达学习市委十二届十次全会精神。

**7日** 市委书记、市长方捷主持召开《政府工作报告》征求意见座谈会,就《政府工作报告(征求意见稿)》分别征求老干部和党外人士的意见与建议。

**8日** 兴化市召开"两会"筹备情况新闻发布会,市人大办公室、市政协办公室通报了即将召开的"两会"筹备工作、主要议程和日程安排等有关情况。

**10—13日** 政协兴化市第十三届委员会第五次会议举行。会议应到会委员303名,实际到会276名,符合规定人数。在兴的市四套班子全体负责人出席会议。市政协副主席邹祥龙主持会议。市委书记、市长方捷发表讲话。市政协主席沙顺喜代表政协兴化市第十三届委员会常务委员会向大会作工作报告。市政协副主席王福全向大会作关于十三届四次会议以来政协的提案工作情况及十三届五次会议提案初步审查情况的报告。市政协副主席刘玲洁宣读《关于表彰2020年度先进委员小组和优秀政协委员的决定》《关于表彰2020年度优秀提案和优秀社情民意信息的决定》。会议期间,委员们听取和审议了十三届市政协常委会工作报告和提案工作情况的报告,列席了市十六届人大五次会议第一次全体会议,听取和讨论了政府工作报告及其他有关报告,补选了一名市政协副主席。会议通过了中国人民政治协商会议兴化市第十三届委员会第五次会议议程。

**11—14日** 兴化市第十六届人民代表大会第五次会议举行。市人大常委会主任吉天鹏主持会议。市委书记、市长方捷代表兴化市人民政府向大会作工作报告。报告分为"十三五"发展和2020年工作回顾、"十四五"发展目标任务、2021年工作任务、加强政府自身建设等四个部分。与会人员共同观看了2020年市政府民生实事项目落实情况专题片。第二次全体会议上,市人大常委会主任吉天鹏向大会作兴化市人民代表大会常务委员会工作报告。市人民法院院长张伟向大会作市人民法院工作报告。市人民检察院检察长张红成向大会作市人民检察院工作报告。大会通过了相关选举办法和市政府民生实事项目投票表决办法。在1月14日上午召开的第三次全体会议上,代表们以举手表决的方式通过了相关报告决议。会议期间,代表们听取和审议了市人大常委会工作报告、市人民政府工作报告等各项报告。会议依法补选市第十六届人大常委会副主任一名;票决2021年市政府民生实事项目。新当选的人员向《中华人民共和国宪法》宣誓。

**14日** 市委以电视电话会议形式召开全市领导干部警示教育大会。在观看了警示教育片后,市委书记、市长方捷提出具体要求。市委副书记徐立华主持会议,并就贯彻落实会议精神提出明确要求。市四套班子全体负责人参加会议。

△ 市委召开2020—2021年度全市基层党员冬训工作部署会,研究部署年度基层党员冬训工作。根据部署,该年度冬训工作主要围绕6个专题进行集中教育培训。市委常委、组织部部长刘洪通报了在2019—2020年度全市基层党员冬训工作中获省、泰州市表彰的情况。

**15日** 市委书记、市长方捷主持召开2020年度履行全面从严治党主体责任述职暨市委党建工作领导小组会议。会上,戴窑镇党委书记、大邹镇党委书记、沙沟镇党委书记、陈堡镇党委书记、市委教育工委书记、市卫健委党组书记现场述职,总结工作,查摆问题,并提出下一步工作打算。方捷对6位书记的履职情况逐一作了点评。

△ 市人武部党委第一书记宣布任职大会召开,市委书记、市长方捷任人武部党委第一书记。泰州军分区政委杨罗玉出席会议。

**16日** 市疫情防控领导小组办公室召开会议，贯彻落实泰州市疫情防控工作电视电话会议精神，就泰州交办事项逐一研究部署。会上，各小组汇报了当前疫情防控相关工作，围绕核酸检测能力储备、疫苗接种、重点人群排查管控、疫情防控应急预案等一系列具体事项，副市长丁春华提出明确要求。

**17日** 市委书记、市长方捷主持召开市政府第四十四次常务会议，听取和讨论关于新区高中PPP项目概算调整、关于文明城市创建工程、背街小巷、小区整治等工程、耿家荡退圩还湖工程等有关情况的汇报。

**19日** 市疫情防控领导小组办公室召开会议，对市疫情防控督查专班工作进行安排部署。从市委组织部、市委巡察办、效能办、卫健委、市监局以及公安局等部门抽调8名人员，成立疫情防控督查专班。督查专班将按照疫情防控的有关要求，对兴化市各乡镇（街道）疫情防控工作开展常态化督查，严格检查疫情防控各项措施落实情况。

△ 市委书记、市长方捷主持召开市党政联席会，研究2021年交通建设计划、2021年城建计划以及春节前后工作安排。

**20日** 兴化市召开涉炉企业安全生产专项治理动员部署会，贯彻全省深化安全生产三年专项整治推进会、泰州市安全生产警示教育会议精神，动员全市各乡镇（街道）、部门单位统一思想、凝聚共识，迅速部署开展专项治理行动。

**22日** 兴化市召开第一季度安全生产专委会工作会议。全市危险化学品和烟花爆竹、油气输送管道、电力安全生产和全社会用电安全管理等三个专委会，以及消防安全委员会分别汇报了2020年工作开展情况和2021年工作思路。

**23日** 泰州市政府召开全市安全生产和疫情防控电视电话会议，贯彻落实上级相关会议精神和工作要求。兴化市设立分会场，组织收听收看会议。泰州会议结束后，市委书记、市长方捷就迅速贯彻落实会议精神提出明确要求。市政府全体负责人与市委分管负责人参加会议。

**25—26日** 省市场监督管理局质量发展处一级调研员滕远清带领省考核组到兴化通过听取汇报、查阅资料、实地走访等方式，对兴化市2020年度质量工作进行现场考核。

**26日** 市政府专题召开全市根治欠薪冬季专项行动推进会，推进专项行动各项工作，确保“2021年春节前农民工工资基本无拖欠”的目标得到圆满实现。会上，市人社局通报了全市根治欠薪冬季专项行动工作情况。市委常委、常务副市长常冬海提出明确要求。

**28日** 市委书记、市长方捷主持召开市委理论学习中心组学习会议，观看视频《新闻联播：全面贯彻新发展理念的“三明实践”》《新闻调查——顺德“村改”》。会议学习了习近平总书记在中央经济工作会议上的重要讲话精神，学习了中共中央办公厅《关于巩固深化“不忘初心、牢记使命”主题教育成果的意见》，学习了黄明、娄勤俭、吴政隆在江苏深化安全生产专项整治动员部署会议上的讲话以及1月12日全省深化安全生产三年专项整治暨2021年安全生产工作推进会会议精神。会议还学习了《关于做好人民群众就地过年服务保障工作的通知》《关于印发江苏省生态环境保护责任清单的通知》。

**29日** 市纪委监委召开全市严查“中梗阻”突出问题优化营商环境整治行动部署会，进一步推进作风建设、纪律建设，优化营商环境、构建亲清新型政商关系。在分析了“中梗阻”问题产生原因后，市委常委、市纪委书记、市监委主任金永忠提出明确要求。

△ 市委党校党性教育基地、教学科研基地揭牌仪式在周庄镇东浒村举行。活动中，市委副书记、党校校长徐立华分别为东浒村党性教育基地、千垛镇教学科研基地、昌荣镇教学科研基地揭牌；市委党校与周庄镇现场签订了办学合作协议。

**30日** 戴南镇召开2020年度总结表彰大会。市委书记、市长方捷参加会议。市委常委、戴南镇党委书记夏爱东在讲话时回顾总结了戴南镇2020年工作。会上，方捷为获得特别贡献奖的江苏兴达钢帘线股份有限公司颁奖。

△ 由市农产品品牌建设运营中心联合南京兴化商会在南京开设的首家兴化农产品展销店正式开业。展销店是兴化农产品首次正式进驻省城南京，共展示和销售产自兴化当地的大米、菜籽油、三腊菜等近百种名特优农产品。

**是月** 泰州市“最佳政务大厅”“最美政务人”评选结果揭晓。兴化市政务服务大厅获得泰州市“最佳政务大厅”称号。兴化市行政审批局市场准入窗口杨亚鹏被评为“最美政务人”。

**是月** 江苏省人民政府发文批复同意将兴化乌巾荡旅游度假区设立为省级旅游度假区，并正式命名为“江苏省兴化乌巾荡旅游度假区”。这是兴化市首个省级旅游度假区，同时也是泰州市继“江苏省姜堰溱湖旅游度假区”外第二家省级旅游度假区。

**是月** 由中国绿色农业联盟、中国绿色农业发展报告编委会联合推选的“2020全国绿色农业十佳地标品牌”在北京揭晓，兴化香葱获得“2020全国绿色农业十大最具影响力地标品牌”称号。

## 2月

**2日** 市委召开工作情况通报会。市委书记、市长方捷向与会的老干部和党外代表人士通报了2020年工作情况和2021年及今后一个时期全市经济社会发展思路、目标及举措。

△ 兴化市召开2020年度全市道路交通安全专项整治工作总结暨下一阶段重点工作电视电话会议，总结过去一年全市道路交通安全专项整治工作，筹划部署2021年道路交通安全专项整治和当前春运道路交通安全管理工

作,推动全市道路交通安全专项整治发展。会议对2020年交通事故情况作分析研判,通报2020年度全市道路交通安全工作情况,并对下一阶段重点工作作出部署安排。

△ 市政府召开全市"九小场所"消防安全综合治理工作推进会,总结前期兴化市"九小场所"专项整治进展情况,分析存在的问题和不足,动员各乡镇(街道)、部门单位统一思想、凝聚共识,推进全市"九小场所"消防安全综合治理工作,坚决遏制"小火亡人"火灾多发态势。

**3日** 由市委宣传部、市文体广旅局、市城管局以及市新闻出版局联合打造的"城市港湾·书香驿站"在八字桥文化广场揭牌成立。"城市港湾"加"书香驿站"的创新搭配是泰州首创,将为兴化市民新增一处知识共享、信息交流、互动阅读的人文空间。

△ 兴化市举行年产35万吨高性能子午线轮胎用钢帘线扩建项目签约仪式。兴达钢帘线股份有限公司与兴化市政府、戴南镇政府签订合作协议。

**4日** 恒兴科技园一期工程中的2号楼、15号楼交付入驻。兴化市人力资源产业园正式落户恒兴科创小镇。

**5日** 市委书记、市长方捷主持召开市政府第四十五次常务会议,会议听取和讨论《关于进一步深化安全生产三年专项整治工作的意见》《工业企业智能化及互联网赋能三年行动计划》并原则同意两个事项,会议还听取讨论了关于2020年上争工作考核情况、关于2020年招商引资项目建设考评情况、《兴化交通项目"建管分离"实施方案》等事项。

△ 市委书记、市长方捷主持召开市委常委会会议,听取市人大常委会、市政府、市政协、市人民法院、市人民检察院党组工作汇报,传达学习中纪委十九届五次全会、省纪委十三届六次全会精神。在听取市人大常委会、市政府、市政协、市人民法院、市人民检察院党组工作汇报后,方捷充分肯定了各党组过去一年的工作。在传达学习中纪委十九届五次全会、省纪委十三届六次全会精神后,会议讨论并原则同意兴化市纪委十二届六次全会工作报告、《关于进一步深化安全生产三年专项整治工作的意见》等事项。

**6日** 市委书记、市长方捷主持召开市自然资源和规划委员会第十次会议,听取讨论有关事项。会议先后听取了关于将军庙路小学规划方案的情况汇报和关于创业路初中规划方案的情况汇报。会议还听取讨论了关于碧桂园项目规划方案的情况汇报、关于供电公司选址方案的情况汇报、关于《兴化市城市户外广告设施专项规划(2020—2025)》有关情况汇报等事项。

**8日** 中国共产党兴化市第十二届纪律检查委员会召开第六次全体会议。会议深入学习贯彻习近平新时代中国特色社会主义思想,全面贯彻落实党的十九大和十九届二中、三中、四中、五中全会精神,按照中央纪委五次全会、省纪委六次全会、泰州市纪委六次全会和兴化市委十次全会部署,回顾总结2020年纪检监察工作,部署2021年重点任务。市委书记、市长方捷出席会议并讲话。市委常委、市纪委书记、市监委主任金永忠代表市纪委常委会作工作报告。会议审议通过了市纪委十二届六次全会工作报告和全会决议。

**9日** 全市公安工作会议召开。会议回顾总结2020年全市公安工作,研究部署2021年重点任务。会上,副市长、公安局局长刁德林作公安工作报告。会议对先进集体和个人进行了表彰;各单位现场签订了《全面从严管党治警工作目标责任书》和《绩效目标责任状》。

**18日** 市委书记、市长方捷主持召开市委理论学习中心组学习会议,学习习近平总书记在2021年春节团拜会上的重要讲话、习近平总书记在十九届中共中央政治局第二十七次集体学习时的重要讲话精神等内容。市委常委、统战部部长李蓓领学中共中央关于印发《中国共产党统一战线工作条例》的通知及《条例》全文。会议还学习了泰州市委宣传部关于当前泰州市意识形态领域情况的通报。

**19日** 省长吴政隆主持召开省打好污染防治攻坚战指挥部视频会议,兴化市设立分会场,市委书记、市长方捷等市领导在分会场收看会议。

**20日** 泰州市委、市政府召开泰州市"办好人民满意的教育"推进大会。会议采用全程电视直播方式,在兴化的市委、市政府全体领导,市人大常委会、市政协主要负责人和分管负责人在兴化市设立的分会场收看会议。全市各级各类学校组织全体教职工通过电视集中收看了会议。

**23日** 兴化市召开蒋庄良渚文化遗址展馆展陈大纲专家评审会。江苏省考古研究所所长林留根、南京市博物总馆馆长曹志君等专家对蒋庄良渚文化遗址展馆展陈大纲进行现场评审。

**24日** 市十六届人大常委会召开第三十六次会议。市人大常委会主任吉天鹏主持会议。会议听取了市人大常委会办公室关于《兴化市人大常委会2021年工作要点》的通报;市政府关于行政执法规范化建设工作情况的汇报;市人大常委会监察和司法工委相关调查情况的汇报。会议对有关专项工作报告进行了满意度测评;进行了联组审议。相关单位和部门进行了回应与表态。会议投票通过了有关审议意见。

△ 2021中国·兴化千垛菜花旅游节组委会召开第一次会议,专题研究落实《2021中国·兴化千垛菜花旅游节实施方案》,了解菜花节各项活动筹备工作进展情况。会上,组委会办公室介绍菜花旅游节总体方案;各活动牵头单位汇报方案制定实施情况;组委会其他成员单位作表态发言。

**25日** 兴化市召开"板桥宴"宣传推广研讨会。会上,参会的相关部门负责人和专业人士从"板桥宴"菜品的选择、制作流程、营养价值和人文包装等多方面提出了意见和建议。

**26日** 市委、市政府以视频会议形式召开全市安全生产暨消防工作会议。会上,市委书记、市长方捷客观评价了过去一年全市安全生工作,并就安全整治与安全责任提出具体意见。

△ 开发区举行重大项目签约仪式，共有6个项目签约落户开发区，分别是总投资6亿元的上海自嗨锅食品项目、总投资6亿元的好再来食品项目、总投资5亿元的正邦动物食品项目、总投资5000万美元的豹翔设备项目、总投资3000万美元的顶级手套扩产项目和总投资10亿元的中农联兴化云仓冷链中心项目。在市领导的见证下，开发区管委会与客商现场签约。

**28日** 市委、市政府举行全市重大产业项目集中开工仪式。活动中，副市长牛世杰介绍集中开工产业项目的基本情况；市委常委、戴南镇党委书记夏爱东介绍主会场开工项目情况。

△ 市委书记、市长方捷主持召开市委常委会会议，会议听取了兴化市2021年江苏省劳动模范和先进工作者推荐人选汇报，听取并原则同意《市领导挂钩“六个一”工作制度》。会议还听取讨论了李中水上森林景区经营权收回及相关资产收购情况的汇报。

△ 扬州大学校长焦新安带队到兴化开展高校服务乡村振兴战略的调研，并举行校地产学研合作座谈会。

△ 市委书记、市长方捷带领市应急管理局、交通局、市场监管局、卫健委、商务局、消防救援大队等单位部门主要负责人，深入车站、超市、农贸市场、商场和企业开展节前安全生产检查。

**是月** 省财政厅通报表扬2020年度财政重点工作绩效考核先进市县，兴化市获得先进市县一等奖，奖励资金1000万元。这是兴化市近四年来第三次获得该奖项。

**是月** “兴化市河长制学校”在市委党校揭牌成立，标志着全国县级河长制学校诞生，也为河长制工作迈上新台阶开辟新路径。

**是月** 第二十一届“世界华人学生作文大赛”结束。兴化籍学生徐沐暄获大赛一等奖，郭敏、陆文晞、罗润芝、周灏妍、薛敏、葛语涵6名学生获大赛二等奖，朱艺等15名学生获得大赛三等奖。

## 3月

**2日** 市十六届人大常委会召开第二十六次主任会议，听取市政府关于2021年度基金安排的城建、交通项目情况汇报。会上，相关单位部门进行了表态发言，与会人员提出了意见和建议。

**3日** 市委书记、市长方捷主持召开市政府第四十六次常务会议。会议听取并原则同意2020年度乡村振兴工作目标考评建议方案和《2021年度兴化市乡村振兴工作考核实施办法》《关于全面推进乡村振兴加快农业农村现代化的实施意见》《兴化市加快推进企业上市(挂牌)高质量发展三年行动计划(2021—2023)》。会议还听取讨论了关于灵活就业人员社保补贴政策调整情况的汇报。

△ 市委书记、市长方捷主持召开市委常委会会议，学习《中共中央国务院关于全面推进乡村振兴加快农业农村现代化的意见》《中共江苏省委江苏省人民政府关于全面推进乡村振兴加快农业农村现代化建设的实施意见》等事项。会议还听取讨论了《中共兴化市委兴化市人民政府关于全面推进乡村振兴加快农业农村现代化的实施意见》、关于2020年度乡镇(街道)乡村振兴工作考核结果的汇报、2020年度推进市域社会治理现代化建设更高水平平安兴化考核工作情况的汇报、2020年度人物评选情况的汇报等事项。

△ 泰州市副市长张育林到戴南镇调研园区改革、项目建设、复工复产等工作情况。

△ 市自然资源和规划局在城区八字桥广场举行“世界野生动植物日”主题宣传活动，向广大市民发出了争当野生动植物保护志愿者的倡议。2021年“世界野生动植物日”的主题为“推动绿色发展，促进人与自然和谐共生”。

**4日** 市总工会召开十六届五次全委会，回顾总结2020年工作情况，研究部署2021年工作任务。市人大常委会副主任、市总工会主席常传林作工作报告。市委常委、组织部部长刘洪参加会议，并对全市各级工会提出具体要求。

△ 市委、市政府以电视电话会议形式召开全市农村工作会议，贯彻落实中央、省、泰州市农村工作会议精神，回顾总结近年来全市“三农”工作取得的成绩，研究部署全面推进乡村振兴，加快农业农村现代化工作。

△ 市妇联召开纪念“三八”国际妇女节暨九届二次执委(扩大)会，对九届执委替补人员进行增选，听取审议市妇联工作报告，对2020年度妇女工作先进集体、先进个人、市三八红旗手、三八红旗集体进行表彰颁奖。市委常委、组织部部长刘洪出席会议并讲话。

△ 省友协会长柏苏宁、秘书长周卫东一行到兴化市调研友协工作。

**5日** 市文明办组织开展“文明兴化、温暖新春”暨“3·5学雷锋纪念日”志愿服务活动。在西霞社区，由市人民医院、交通运输局、司法局、文体广电和旅游局、团市委、妇联、公安局、城管局、爱心之家公益协会等多家单位组成的志愿者服务队，为市民提供义诊、义务理发、科普宣传、法律援助、养老金认证、老年人公交卡现场办理等志愿服务。

△ 兴化市召开深化安全生产专项整治督导工作动员部署会，传达学习全省安全生产整治督导工作会精神，通报全市2021年深化全市安全生产专项整治督导工作建议。

△ 2021中国·兴化千垛菜花旅游节新闻发布会在上海举行。市委常委、宣传部部长刘春龙介绍了2021中国·兴化千垛菜花旅游节情况，并推介兴化文旅产业和农产品品牌。国家级金牌导游张建为兴化文旅资源进行现场推介。副市长刘忠接受了人民网、新华网、澎湃新闻、《解放日报》多家媒体的集中采访。

**8日** 市委书记、市长方捷主持召开市委常委会会议暨兴化市政法队伍教育整顿工作领导小组第一次会议，传达学习泰州市政法队伍教育整顿工作领导小组第一次会议精神，研究兴化市政法队伍教育整顿实施方案。

△ 市委书记、市长方捷主持召开市党政联席会，研究3月重点工作安排。在听取与会常委、市长、法检“两长”关于3月份重点工作的汇报后，方捷提出明确要求。

**9日** 兴化市召开全市禁毒工作会议，贯彻落实上级禁毒工作会议精神和要求，回顾总结了2020年以来全市禁毒工作情况，分析当前的禁毒形势，研究部署下一阶段的禁毒工作。

**10日** 市人大常委会召开人大代表联系监督市十大重点工程项目部署会，以合力推动工作落实、项目落地。

△ 省自然资源厅、财政厅到兴化市调研江苏省干热岩资源预查项目“苏热1井”建设进展情况。调研组希望项目施工单位要实现干热岩资源取得实质性开发利用，在资源采集与勘查评价等方面开展深入研究；加强与国内政府部门、研究机构的合作，加速推动干热岩资源的商业化进程，尽早实现经济效益。

△ 泰州市委常委、常务副市长曹卫东带队到兴化市专题调研涉炉企业安全生产专项治理工作情况，并对下一步工作进行部署。

**11日** 兴化市召开新区体育中心概念性设计方案和莲溪湖绿化方案汇报会。会上，东南大学建筑设计研究院有限公司汇报了新区体育中心项目建筑设计方案；苏州悉地勘察设计顾问有限公司汇报了莲溪湖绿化方案，同时就莲溪湖公园内部景观功能分区进行了详细介绍。

△ 兴化市科普教育基地揭牌仪式在吾悦广场海洋馆举行。

**12日** 兴化市召开全市政法队伍教育整顿工作新闻发布会，向社会各界和新闻媒体通报全市政法队伍教育整顿开展情况。发布会上，市委常委、政法委书记马元连介绍了兴化市开展政法队伍教育整顿相关情况，市公安局、市法院、市检察院、市司法局就社会关心的政法队伍教育整顿具体工作开展情况，接受了新闻媒体记者提问。

△ 兴化市召开全市政法队伍教育整顿工作第一次征求意见座谈会，广泛听取各方意见，推动政法工作高质量发展。

**15日** 市市监局和市消协联合举行“守护安全、畅通消费”2021年“3·15”消费者权益保护日授牌活动。

△ 兴化市召开安全生产警示教育现场会，进一步增强安全生产意识，举一反三，吸取事故教训，全面落实安全生产责任。

**16日** 市委、市政府召开全市交通运输工作会议，回顾总结“十三五”及2020年交通运输工作，研究部署2021年目标任务，为加快建设“繁荣繁华梦水乡”提供坚强有力的交通支撑。

△ 市委、市政府以视频会议的形式召开全市政法(信访)工作暨平安兴化建设工作会议，回顾总结2020年工作情况，研究部署2021年工作任务，奋力谱写兴化市政法(信访)工作高质量发展新篇章。

△ 兴化市召开动员部署会，专题研究国家卫生城市复审迎检各项工作。会上，市卫健委相关负责人通报了2020年省级暗访情况，具体布置了国家级暗访各项迎检工作任务；相关单位部门和乡镇(街道)进行了表态发言。

**17日** 兴化市第十六届人大常委会召开第二十七次主任会议。市人大常委会主任吉天鹏主持会议。会议听取了市政府关于退役军人服务保障工作情况的汇报、市人大常委会社会建设和教科文卫工作委员会关于兴化退役军人服务保障工作情况的调查报告、市政府落实《关于2019年度行政事业性国有资产管理情况的审议意见》情况的报告、《关于兴化市2018—2020年突出环境问题清单和整治方案报告的审议意见》情况的报告、《关于全市2019年度环境目标完成情况和“263”专项行动实施情况的审议意见》情况的报告、《关于检查〈中华人民共和国土壤污染防治法〉贯彻实施情况报告的审议意见》情况的报告。

△ 兴化市召开房屋征收集中扫尾攻坚行动动员部署会。市委书记、市长方捷强调，要攻坚克难、坚韧坚定、协调高效、务期必成，坚决完成征收扫尾清零目标。

**18日** 市委书记、市长方捷主持召开2021年市委党的建设工作领导小组第一次会议，研究《市委党的建设2021年工作要点》《兴化市党建引领发展壮大村级集体经济三年行动计划(2021—2023年)》等文件，听取各领域党建牵头部门单位2021年工作计划汇报。会议还研究讨论了《关于进一步完善全市基层党建分类推进落实工作机制的通知》《兴化市村干部“新使命 新担当 新作为”提质强能三年培训计划》。

△ 兴化市召开新冠肺炎病毒疫苗接种工作会议，就贯彻落实国家、省会议精神和抓好全市疫苗接种工作进行安排部署，对新冠肺炎病毒疫苗接种实施方案进行了详细解读。

△ 市委书记、市长方捷主持召开市委常委会会议，学习习近平总书记在全国脱贫攻坚总结表彰大会上的讲话、习近平总书记在中央政治局第二十八次集体学习时的讲话，听取关于兴化市开展党史学习教育有关情况的汇报。会议讨论并原则同意《2021年全市宣传思想文化工作要点》《2021年全市统战工作要点》《2021年全市组织工作要点》《兴化市加快推进企业上市(挂牌)高质量发展三年行动计划(2021—2023)》。

△ 市委、市政府在开发区举行东锦集团鼎烹世家4.0鸡精项目奠基仪式。上海东锦集团董事长荣耀中，市委书记、市长方捷等市四套班子领导出席奠基仪式。副市长、开发区党工委书记沈德才主持奠基仪式。

**19日** 全市党史学习教育动员会议召开。市委书记、市长、市委党史学习教育领导小组组长方捷作动员讲话，方捷从“为何学”、“学什么”和“怎么学”三个方面提出具体要求。

△ 泰州市市长朱立凡带领相关部门负责人到兴化市调研民生重点工程建设、生态环境保护、乡村振兴等工

作。朱立凡一行先后到周庄水厂、卤汀河取水口以及长江饮水工程周庄提升泵站，实地了解兴化市区域供水备用水源工程和长江引水工程建设情况，在中堡大纵湖和兴东镇河长制公园实地了解大纵湖退圩还湖以及河长制工作落实情况。调研期间，朱立凡一行还实地查看了兴东镇北贺村干热岩地热资源勘探项目。

**20日**　市委、市政府以视频会议的形式举办全市政法干警政治轮训暨主题党课和专题讲座。市委书记、市长、市政法队伍教育整顿工作领导小组组长方捷作开班第一讲，为参训政法干警上了一堂主题为“强化责任担当，努力锻造新时代的政法铁军”的党课。专题讲座中，泰州市司法局党组书记、副局长杨歆围绕习近平法治思想进行了全面深刻的宣讲和解读。

**22日**　兴化市举行泰州安井三期项目签约仪式。市四套班子领导参加活动。副市长、开发区党工委书记沈德才主持签约仪式。福建安井食品股份有限公司董事长刘鸣鸣在活动中致辞。市委书记、市长方捷代表市四套班子向项目成功签约表示热烈祝贺。

**23日**　市委召开第十一轮巡察工作动员部署暨业务培训会。按照巡察计划安排，市委第十一轮巡察将对戴南镇、张郭镇、安丰镇、戴窑镇、永丰镇、临城街道等6个乡镇(街道)下辖的129个村(社区)开展巡察，对垛田街道、司法局、城管局、残联等4家单位部门开展巡察“回头看”。同时，对标省委巡视办关于市县检察院党组纳入市县巡察全覆盖要求和泰州市委巡察上下联动部署安排，同步对市检察院开展联动巡察。市委常委、组织部部长、市委巡察工作领导小组副组长刘洪宣布市委第十一轮巡察各组组长、副组长授权任职和任务分工决定。市委巡察工作领导小组与各巡察组签订了工作目标责任书。

△　江苏省体育局局长陈少军到兴化检查公共体育设施建设情况。陈少军一行先后走访了临城街道曹垛村、中科泰检测有限公司、昭阳湖公园健身路径、三水体育公园等地，通过听取情况介绍、现场查看交流等方式详细了解兴化市公共体育设施建设情况。陈少军对兴化市公共体育设施建设工作给予充分肯定，同时就检查中发现的一些需要加以完善的部分提出意见和建议。

△　市人大常委会党组及机关召开党史学习教育动员会，深入学习贯彻习近平总书记在党史学习教育动员大会上的重要讲话精神，认真落实党中央和省市委决策部署，组织人大常委会及机关全体党员干部“学史明理、学史增信、学史崇德、学史力行”。市人大常委会主任吉天鹏作动员讲话。

△　兴化市召开市委干部教育培训领导小组会议，回顾总结2020年全市干部教育工作培训情况，研究部署今年工作任务，进一步提高干部教育培训工作精准化、科学化、规范化水平。

**24日**　兴化市召开2021年度市人大代表建议、市政协提案交办工作会议，回顾总结2020年办理工作经验，部署推进2021年各项任务，进一步亮成绩、找问题、压责任、抓落实，确保高质量完成2021年的办理工作。

△　省政法队伍教育整顿泰州驻点指导组组长朱维宁带队到兴化实地调研指导兴化市政法队伍教育整顿工作。市委书记、市长、市政法队伍教育整顿工作领导小组组长方捷主持会议并作工作汇报。会上，与会人员一起观看了兴化市市情介绍专题片《走进兴化》；市公安局、法院、检察院、司法局分别作政法队伍教育整顿工作汇报。省驻点指导组分为两组，到昭阳司法所、英武派出所、市公安局、西鲍法庭、市法院、市检察院，实地察看兴化市政法队伍教育整顿开展情况。

△　兴化市召开乡村振兴双月工作推进会。会上，市农业农村局通报乡村振兴双月考核情况；与会部门作交流发言。

**25日**　由市发改委、市文体广旅局、市市监局、市融媒体中心主办的“永泰·紫金广场杯”“2021兴化名厨美食大赛”圆满落幕。市领导方捷、刘春龙、常传林、曹伯高、丁永明参加活动并为获奖选手颁奖。比赛设团体赛与个人赛分场竞技，同时在“我的泰州”App现场直播，共有325道菜肴参与比赛、展示。安丰镇、南京兴化菜馆、大邹镇获得团体组一等奖，新光源大酒店的袁杰、皇嘉大酒店的张华摘得个人组桂冠，袁杰等选手获得“兴化十大名厨”称号。

△　市政协举办党史学习教育专题报告会，邀请市委党校副校长王明宏围绕“不忘初心、方得始终”主题作专题报告。

**26日**　市委书记、市长方捷主持召开市政府第四十七次常务会议。会议听取并原则同意市农业农村局提出的2021年全市农业保险工作建议方案及《兴化市道路货物装载源头超限超载管理实施细则》。会议还听取讨论了其他有关事项。

△　市委召开全市乡镇领导班子换届工作部署会。市委书记、市长方捷要求，要以高度负责的态度、严谨细致的作风，周密部署、精心组织、扎实推进，高标准高质量完成换届各项任务，为奋力谱写“繁荣繁华梦水乡”高质量发展新篇章提供坚强的组织保证。

△　兴化市举办2021年“才智兴化”国家级高层次人才兴化行活动，邀请多位国家级人才、专家到兴化考察指导，为兴化市高质量发展问计把脉、提供建议。活动期间，与会专家还赴兴化市重点企业进行考察，深化合作交流，寻求发展空间。

△　市政协召开“有事好商量”协商议事工作推进会，全面落实泰州市政协“有事好商量”协商议事工作巩固提升年活动推进会会议精神，部署2021年特别是5月全市“有事好商量”集中协商议事活动相关工作。

△　“韬奋书屋”项目签约仪式在兴化举行。市委常委、宣传部部长刘春龙，副市长丁春华出席签约仪式。中国出版期刊中心主任、“韬奋书屋”筹备工作领导小组执行组长袁秋伟及相关代表参加活动。韬奋基金会下属韬奋文化发展集团与兴化市文体广旅局签署合作协议，共同建

设全国首家县级“韬奋书屋”。韬奋基金会是中共中央宣传部主管的全国性社会团体，是新闻出版界唯一的公益性基金会。

**27日** 市委、市政府以视频会议的形式，召开全市政法队伍教育整顿廉政教育报告暨警示教育大会。副市长、公安局长刁德林主持会议。市委常委、纪委书记、监委主任金永忠作廉政教育报告。与会人员集体观看了廉政警示片后，市委常委、政法委书记马元连就进一步加强党风廉政建设提出要求。

△ 由市政府主办，市委宣传部、市文体广旅局承办的“周志高潘高鹏书画联展”在市博物馆开展。江苏省人大常委会农业和农村工作委员会主任刘大旺，兴化市领导方捷、刘春龙、丁永明，以及来自上海、南京等地的书画界知名人士参加活动。市委常委、戴南镇党委书记夏爱东主持开幕式。

**29日** 兴化市召开全市未成年人保护工作推进会，部署推进全市未成年人保护工作。市委常委、政法委书记马元连，市委常委、组织部部长刘洪，市人大常委会副主任常传林、市政协副主席邹祥龙参加会议。会上，市未成年人关爱保护工作委员会办公室通报了相关工作实施方案。昭阳街道、昌荣镇作经验交流发言。

△ 央视一套《大美中国》节目组到千垛菜花景区，正式启动为期三天的拍摄工作。

**29日** 兴化市召开全市房屋征收集中扫尾攻坚行动部署推进会。市委书记、市长方捷强调，要迎难而上、一鼓作气，加快进度、加力冲刺，坚决完成征收扫尾清零目标。

△ 兴化市召开智能制造暨工业互联网创新发展大会，不断推进兴化市两化深度融合和智能制造发展水平，促进兴化市经济加快向数字化、智能化方向转型。会上，中国电信兴化分公司、市工信局与企盟软件以及新源环保、潮源建材、顶淳食品、中核辐照四家企业签署战略合作协议，市工信局和泰州电信分公司分别解读了“泰企通”相关政策指南，华为、优特力、艾斯欧的专家介绍了解决方案，分享了成功案例，为推进工业互联网发展提供了借鉴和经验。

△ 兴化市召开新冠病毒疫苗接种工作研究部署会，对新冠病毒疫苗接种工作进行再动员、再部署。

**30日** 兴化市召开全市人力资源和社会保障工作会议，回顾总结2020年全市人社工作，研究部署2021年目标任务。

**31日** 兴化市召开国家历史文化名城预验收座谈会，邀请国内知名专家学者为兴化市申报国家历史文化名城献计献策。各位专家学者在实地考察了兴化市东门历史文化街区、北门历史文化街区等历史文化遗存后，结合各自的专业为兴化市申报国家历史文化名城把脉支招。

△ 泰州市2020年度综合考核总结表彰大会上，兴化高新技术产业开发区获得泰州市综合考核B档园区优秀重点开发园区奖一等奖和泰州市“三比一提升”专项考核B档园区优秀园区奖一等奖两个奖项。

**是月** 市未成年人关爱保护工作委员会召开第一次会议。与会人员参观了市未成年人关爱保护中心；市委政法委解读了兴化市未成年人关爱保护工作方案；市民政局解读了全市未成年人关爱保护工作动员部署会议方案，以及督查组分工、督查职责、督查内容建议方案，征求关于成立兴化市未成年人关爱保护工作委员会、兴化市困难儿童分类保障和关爱服务办法的意见。

**是月** 江苏省发展改革委公布全省2021年度省重大项目清单。江苏兴达高性能子午轮胎用钢帘线项目名列其中。

## 4月

**1日** 兴化市召开纪念市人大设立常委会40周年座谈会，全面回顾总结市人大常委会设立以来的发展历程、工作成就和主要经验，推动市人大工作与时俱进、完善发展，奋力开创新时代全市人大工作新局面。

△ 泰州市委书记史立军到兴化专题调研教育工作，强调要深入学习领会习近平总书记关于教育工作的重要论述，按照全市“办好人民满意的教育”推进大会部署要求，深化教育改革，创新教育管理，狠抓政策落实，不断提升教育质量、促进教育公平，推动兴化教育再上新的台阶。

**1日—3日** 央视中文国际频道(CCTV-4)《远方的家》栏目组到兴化市深入垛田街道和千垛景区，实地探寻独具魅力的水乡风貌。这也是继央视财经频道《消费主张·年味》、科教频道《味道》、新闻频道《新闻直播间·春天里的中国》、综合频道《大美中国》后，央视栏目组2021年以来第五次将镜头对准兴化。

**2日** 市委书记、市长方捷带领市政府办、市文体广旅局、市住建局、市交通局、市人社局等有关单位部门负责人，督查省运会场馆建设改造情况并提出具体要求。

△ 兴化市召开全市河长制工作推进会。市委书记、市长方捷强调，要抓好水的工作，写好水的文章，常抓不懈、久久为功，持续擦亮兴化市水生态底色。会上，市委副书记徐立华作全市河长制工作报告。会前，参会人员先后走访了沈坨镇沈北后河、安丰镇西塘港、安丰镇海沟河、兴东镇上官河以及河长制平旺主题公园，实地观摩了示范样板河道整治现场。

**6日** 市委、市政府召开全市民政工作会议，总结2020年及“十三五”期间全市民政工作，分析当前形势，研究部署2021年重点工作任务。2021年，全市民政工作将紧扣高质量发展主线，着力构建完善高质量民政六大体系，聚焦“六稳”、聚力“六保”，以“争当表率、争做示范、走在前列”的实际成效，全面推进民政工作现代化建设和高质量发展。

**7日** 全市领导干部读书班暨优秀村(社区)党组织书记培训班开班。市委书记、市长方捷作开班动员讲话。省委党校党史党建教研部教授李继锋作题为《百年探索：从新民主主义到中国特色社会主义》的首堂讲座。

**9日** 由江苏省铸造学会、兴化市人民政府、泰州市科学技术学会主办，兴化市科学技术协会承办的2021年第二届江苏国际铸造科技论坛在兴化召开。来自海内外300多名专家、学者齐聚一堂，共同探讨铸造行业的发展前景。江苏省铸造学会与陈堡镇人民政府签订战略合作协议，江苏省铸造学会专家与8家企业签订了技术合作协议并举行了科技服务站授牌仪式。

△ 市委书记、市长方捷主持召开市党政联席会，专题研究2020年综合考核情况，查找不足、剖析原因，明确对策、争先进位。兴化市召开第33个爱国卫生月活动暨国家卫生城市复审迎检推进会。副市长丁春华主持会议。会上，市卫健委解读爱国卫生月活动方案，市复审办通报了前期国家卫生城市复审迎检督查情况。与会相关部门负责人结合各自实际情况，就整改工作作表态发言。

**10日** 市委、市政府召开2020年度综合考核总结表彰大会。市委书记、市长方捷在会上强调，全市上下必须坚持"实"字当头、"干"字为先，敢闯敢拼、善作善为，确保"十四五"首战必胜。市委副书记徐立华主持会议。市委常委、常务副市长常冬海宣读《关于表彰2020年度先进集体、先进个人的决定》《关于2020年度改革创新奖获奖项目的通报》。会议对先进集体、先进个人和突出贡献企业等进行了集中颁奖授牌。

△ 省非物质文化遗产——沙沟大型传统彩妆游走灯会上演。此次妆灯增加了"演"，一改演员"木偶化"，变得有动感。动感的画面，让观众更生动、形象地读懂每组妆灯的故事。

**12日** 市委书记、市长方捷到市信访局听取全市信访积案化解情况汇报，逐项研究重点信访积案的化解并提出意见。

△ 兴化市召开党史学习教育专题宣讲工作动员会，就党史学习教育专题宣讲工作作动员部署。

**13日** 市委书记、市长方捷主持召开全市部分行政区划变更工作领导小组第二次会议，听取讨论有关文件和方案以及行政区划变更后行政管理体制改革实施意见，快速、平稳、有序地推动区划调整工作。

△ 市委书记、市长方捷带队督查长江引水工程建设推进情况，协调解决影响工程建设进度的矛盾问题。

**14日** 兴化市召开政法队伍教育整顿工作推进会暨领导小组第二次会议，贯彻落实全国、全省和泰州市政法队伍教育整顿工作推进会要求，回顾学习教育环节工作，研究部署查纠整改环节任务，推动政法队伍教育整顿深入扎实开展。

△ 省人大常委会副主任、党组副书记陈震宁带领省特钢材料产业链调研组到兴化围绕特钢材料产业链开展专题调研。

**15日** 市委召开市人才工作领导小组会议，研究部署当前和今后一段时期全市人才工作。会上，市委书记、市长方捷为2020年度兴化市创新创业杰出企业家(代表)颁奖，为首批"名师工作室"领衔专家(代表)授牌。会议审定了《兴化市"十四五"人才发展规划》《2021年全市人才工作要点》和有关考核细则，讨论了《关于调整市人才发展专项资金的建议方案》《兴化市事业单位高层次和急需紧缺人才引进实施办法》《关于进一步加快人才集聚助推产业强市的若干政策措施》等事项。

△ 市委书记、市长方捷主持召开市委常委会会议，研究《兴化市庆祝中国共产党成立100周年活动方案》《中共兴化市委关于认真做好乡镇党委换届工作的实施意见》以及《兴化市党建引领发展壮大村级集体经济三年行动计划(2021—2023年)》等事项。

△ 市人大常委会召开全市乡镇(街道)人大工作会议，总结交流2020年乡镇、街道人大工作，部署2021年镇街人大工作和人大代表督查镇村污水处理设施建设运行情况工作，传达省和泰州市规范性文件备案审查工作会议精神。市人大常委会主任吉天鹏充分肯定了2020年各乡镇(街道)人大工作所取得的成绩，并提出具体要求。

**16日** 兴化市召开部分行政区划变更工作动员大会，贯彻省政府、泰州市政府批复要求，部署推进部分乡镇区划调整工作，动员全市上下服从大局、步调一致，圆满完成各项工作任务，为"再造一个新戴南"进一步整合资源、优化布局，拓展空间、完善功能。市委副书记徐立华主持会议，并宣读上级关于同意兴化市部分行政区划变更的批复；市委常委、纪委书记、监委主任金永忠明确行政区划变更工作纪律；戴南镇、市财政局、市编委办作表态发言。

**19日** 第三届"草荡十宝"美食文化节在省级特色田园乡村——陈堡镇唐庄村拉开大幕，精彩纷呈的文艺表演和烹饪技艺比赛活动，让人们享受了一场美食与文化的饕餮盛宴。

**20日** 省发改委副主任林康受邀为兴化市领导干部读书班学员作题为《践行新发展理念、推动高质量发展》的专题讲座。

△ 市委书记、市长方捷主持召开市委理论学习中心组学习会议，集中学习习近平总书记在党史学习教育动员大会上的重要讲话、习近平总书记在福建考察时的重要讲话精神、《论中国共产党历史》(节选)、《中国共产党简史》(节选)。会上，还开展了党史学习教育专题研讨，市领导方捷、刘春龙、常冬海、刘汉梅进行交流。

△ 兴化市举办第四期"一线实干"讲习所，围绕"乡村振兴"这一主题，请干成者讲，让想干者学，进一步放大讲习所效应。

**21日** 市委书记、市长、市政法队伍教育整顿领导小组组长方捷主持召开全市政法队伍教育整顿集体谈心谈话会议，强调要进一步提高政治站位、压实工作责任、明确任务要求，坚持目标导向、问题导向、效果导向，切实担起首责、尽到全责、履好主责，高质量高标准抓好查纠整改，推动教育整顿工作走深走实。

△ 市委书记、市长方捷主持召开市委常委会会议，专题研究"再造一个新戴南"相关事项，举全市之力支持新戴南发展。

△ 兴化市召开戴南镇成立暨“再造一个新戴南”誓师大会，标志着新戴南镇正式成立。市委书记、市长方捷，市委常委、戴南镇党委书记夏爱东为戴南镇成立揭牌。市委副书记徐立华主持会议。会上，市委常委、常务副市长常冬海宣读《泰州市人民政府关于同意姜堰区兴化市泰兴市部分行政区划变更的批复》；市委常委、戴南镇党委书记夏爱东作表态发言。

**22日** 山西省阳泉市郊区区委书记王晓丽率党政代表团到兴化参观考察。市领导方捷、李蓓、牛世杰参加活动。方捷代表市委、市政府向代表团介绍了兴化市经济社会发展情况，希望两地进一步加强联系沟通，交流经验，取长补短，共促发展。为增进互相之间的了解和友谊，发展两地友好合作关系，阳泉市郊区和兴化市缔结友好市(区)并签订友好合作备忘录。

△ 泰州市人大社会建设工作座谈会暨市五届人大社会建设委第六次全体会议在兴化召开。与会人员首先参观了兴化市校车服务有限公司、泰州市水上运动训练基地、兴化市社会福利院新院、特色田园乡村碧水东罗等地，了解兴化市社会建设工作具体成效。在随后召开的座谈会上，泰州市人大相关负责人传达了全省人大社会建设工作座谈会暨培训班精神，各市区汇报交流了2020年工作总结和2021年工作安排。泰州市人大常委会副主任沈明刚在会上提出具体要求。

**23日** 兴化市举行以“品牌强农育新机，乡村振兴开新局”为主题的兴化农产品区域公用品牌战略发布会。活动中，省和泰州市相关领导和市委书记、市长方捷，市委副书记徐立华共同揭晓了兴化农产品区域公用品牌名称、新形象和广告语。发布会上，举行了兴化农产品展销店授牌仪式和兴化农产品战略合作签约仪式，市领导方捷、徐立华、余建年、刘汉梅、孙玲玲为江苏楚水农产品销售有限公司等10家兴化农产品展销店颁发店牌。自此，兴化500多种生鲜农产品及其加工产品有了一个响亮的名称——“千垛百味”。

△ 兴化市举行2021年“百年·百场”全民阅读活动启动仪式暨“4·23”世界读书日推广活动。

△ 长篇小说《垛上》改编的电影《垛上花》举行首映式。江苏省、泰州市有关领导和兴化市领导王英俊、刘春龙、刘玲洁参加首映式并观看影片。

**25日** 市委书记、市长方捷主持召开市委常委会会议，会议听取并原则同意2021年兴化市劳模推荐人选；听取了《兴化市创建全国文明城市三年行动计划(2021—2023年)》《2021年兴化市全国文明城市创建专项行动计划》的汇报。

△ 市委书记、市长方捷主持召开市委深改委第一次会议，学习《中央深改委第十八次会议精神学习提纲》，会议听取并原则同意《中共兴化市委全面深化改革委员会2021年工作要点》《兴化市2021年度改革创新奖评选办法(试行)》《关于开展“五未”土地整治专项行动、深化工业企业“亩均论英雄”改革的实施意见》。

**26日** 兴化市召开特种设备专业委员会第二季度工作例会暨特种设备领域百日攻坚专项行动部署会，进一步巩固安全生产专项整治“一年小灶”成果，确保全市安全生产形势平稳。

**27日** 由江苏省政府投资基金、兴化市财政局联合社会资本共同设立的省乡村振兴子基金“疌泉(兴化)乡村振兴投资基金”举行成立暨投资签约仪式。

△ 兴化市举办党史学习教育宣讲报告会，邀请党史学习教育泰州市委宣讲团成员、泰州学院党委常委、副院长周建超教授作题为《中国共产党百年奋斗的光辉历程和伟大贡献》的党史宣讲。

△ 泰州市政协五届六十次主席会议在兴化市召开，通过走访视察、座谈协商，全面了解兴化市经济社会高质量发展情况。泰州市政协主席卢佩民，副主席奚爱国、缪云忠、王金国、祝光，兴化市委书记、市长方捷，市政协主席沙顺喜等相关市领导分别参加相关活动。

**28日** 泰州市委党史学习教育第二巡回指导组组长王平带队到兴化调研指导兴化市党史学习教育工作。市委书记、市长、市委党史学习教育领导小组组长方捷主持汇报会。泰州市委党史学习教育第二巡回指导组副组长陆铁宏，市领导王英俊、刘春龙参加会议。王平充分肯定了兴化市党史学习教育工作，并率指导组到周庄镇东浒村走访里下河地区第一个农村党支部，实地调研指导兴化市党史学习教育工作。

△ 开发区举行4月份重大项目签约仪式，共有6个项目签约落户开发区。这6个项目分别是总投资5亿元的华宝集团嘉豪食品扩产项目、总投资6亿元的广东蓬盛味业食品项目、总投资5亿元的上海牧谣食品项目、总投资3000万美元的上海润辰实业项目、总投资6亿元的上海小熊驾到食品项目和总投资5亿元的镇江恒达昌食品项目。

△ 泰州市委、市政府召开2021年全市学校建设项目集中开工现场推进会，兴化市在施耐庵小学项目工地设立分会场并举行2021年兴化市学校建设项目集中开工暨施耐庵小学项目开工仪式。

△ 江苏省道德模范与身边好人(泰州·兴化)现场交流活动在兴化市举行。活动通过视频短片、现场访谈、淮剧、情景演唱等形式，将王向阳，汤恒跃、吴玲夫妇，汪东奇，陆恒，陶慎元，周美芸等人平凡而又伟大的事迹一一展现，带领观众走近了一个个道德模范和身边好人的真实生活。活动现场揭晓了江苏好人榜、新时代江苏好少年榜单。葛莱、刘霞、方捷和“中国好人”代表共同揭榜。省、泰州市领导为“泰州市兴化尚善美德基金会”揭牌。活动公布了“2020·兴化好人”名单，泰州市领导和兴化市领导刘春龙、常传林、丁春华、丁永明为当选者颁奖并赠送道德传家宝，相关部门单位联合向当选者赠送“兴好有你”大礼包。来自《新华日报》《扬子晚报》《现代快报》等媒体的代表参加活动，江苏文明网、“文明江苏”微信公众号、江苏公共文化云、“今日兴化”手机客户端对活动进行了同步

直播。

**29日** 市委、市政府召开全国文明城市创建动员大会。市委书记、市长方捷要求，全市上下要思想不松、标准不降、力度不减，坚决打赢这场攻坚战、持久战，努力交出一份全国文明城市创建的精彩答卷，为兴化再添一块闪亮的“金字招牌”。市委常委、宣传部部长刘春龙主持会议并代表创建领导小组作创建工作部署。创建单位签订目标责任状。相关部门作表态发言。

△ 兴化市举行庆“五一”劳模表彰大会暨职工文艺会演，市四套班子领导与全市各级劳模代表、工会干部、职工代表、环卫工人代表欢聚一堂，庆祝劳动者的节日。95名全市各条战线的优秀劳动者被评为兴化市劳动模范。大会宣读了表彰决定，市政协主席沙顺喜为10名兴化市劳动模范代表颁奖。活动现场还举行了“擘画产改新篇章，建功发展高质量”“四大工程”主题活动授旗仪式，泰州市总工会副主席朱秀宏为“四大工程”代表授旗。在职工文艺会演活动中，来自各行各业的劳动者纷纷登台，献上了精心编排的节目，共庆自己的节日。

**28—29日** 全省乡村产业高质量发展工作会议在兴化召开。省农业农村厅副厅长朱新华，兴化市领导徐立华、刘汉梅、孙玲玲参加活动。会上，泰州市农业农村局局长蒋向荣致辞；南京市、南通市、兴化市、邳州市、张家港市分别作交流发言；省农业农村厅二级巡视员潘长胜发布全省农业产业化联合体和农业龙头企业联农带农典型案例。副市长刘汉梅在发言时介绍了兴化市乡村产业发展情况。与会人员先后走访了伽力森主食（江苏）有限公司、顶能科技有限公司和千垛镇东罗村，实地观摩兴化市农业龙头企业、农产品加工集中区和休闲旅游农业现场。

**30日** 在五四青年节即将到来之际，兴化市举行“学党史、强信念、跟党走”青年座谈会。市委书记、市长方捷出席座谈会，与优秀青年代表面对面交流。座谈会上，来自各行各业的优秀青年代表作交流发言。

△ 兴化市召开高铁新城城市设计和高铁站综合交通枢纽交通衔接规划汇报会。会上，江苏省规划设计集团有限公司从项目概况、总体策略、核心区城市设计等方面汇报了高铁新城城市设计，同时就高铁新城核心区的总体布局、空间结构、五大中心布局以及滨水景观塑造进行了详细介绍；中国中铁二院工程集团有限责任公司汇报了高铁站综合交通枢纽交通衔接规划相关情况，并重点讲解了三种交通衔接方案；与会人员结合兴化市实际，对设计和规划提出意见建议。市委书记、市长方捷充分肯定项目组的设计方案和规划成果。

**是月** 在兴化市举行的“深化四大转型、建设幸福兴化”领导干部读书班上，国家减灾委专家委员会副主任，原国务院参事、应急管理专家组组长、国家安全监督管理局副局长闪淳昌教授受邀作题为《学习贯彻习近平系列指示精神、开创应急管理工作新局面》的专题讲座。

**是月** 泰州市政法队伍教育整顿第三评估督导组组长杭春宏一行到兴化对兴化市教育整顿学习教育环节工作开展评估督导。

**是月** 江苏省第二十届运动会兴化赛区执行委员会第一次会议召开。2022年将在泰州举行的省第二十届运动会，兴化市承办篮球、举重、水上运动、部分棋类等6个大项、104个小项的比赛。为确保顺利完成省运会各项目标任务，兴化市严格按照个性清单扎实推进省运会筹备工作。

**是月** 人民政协报社党委副书记、副总编辑张宝川到兴化调研兴化市“有事好商量”协商议事工作。

**是月** 2021全国城市传播热度排名发布会在人民日报社举行。会上分别发布地级市和县级市传播热度指数排名前100的城市名单。兴化作为县级市再次登录全国城市传播百强榜，位次在2020年列第69位的基础上大幅前移，列第32位。

**是月** 在中华全国总工会召开的庆祝“五一”国际劳动节表彰大会上，兴化市江苏新宏大集团有限公司获得“全国五一劳动奖状”。

## 5月

**7日** 兴化市召开全市武装工作暨国防动员委员会会议。会上，市委常委、人武部政委张海林传达了泰州市委关于武装工作的有关要求，人武部部长乔富涛对武装工作进行部署。

**8日** 兴化市委书记、市长方捷主持召开市政府第四十八次常务会议，听取讨论工业企业“亩均论英雄”改革相关配套文件、关于市人力资源服务产业园建设运营情况的汇报等事项。

△ 市政协召开十三届十七次主席协商会议，就镇村污水处理设施运维情况进行专题协商。

**7—8日** 江苏省关工委副主任郭兴华带队到兴化竹泓镇冯家村、昭阳街道牌楼社区，实地查看兴化市关工委组织建设情况，调研兴化市关工委贯彻省“两个文件”情况。

**10日** 第二期驻城作家欢迎仪式在兴化举行。市委常委、宣传部部长刘春龙向李修文颁发兴化第二期驻城作家聘书。

**11日** 兴化市委书记、市长方捷主持召开市党政联席会，通报市领导挂钩“六个一”完成情况并研究5月份重点工作安排。

△ 2021年江苏省青少年举重（男子）锦标赛在兴化市拉开帷幕。在为期5天的比赛中，来自全省12个地级市的191名青少年“大力士”将展开各级别的激烈比拼。

**12日** 兴化市政府召开全市道路交通安全生产工作推进暨“保安全、迎华诞”百日攻坚行动动员电视电话会议，分析全市道路交通安全形势，研究部署下一阶段重点工作。

△ 由市委组织部、市委宣传部主办，团市委、市委党校、市党史方志办、市教育局、昭阳街道办事处共同承办的

“学党史、强信念、跟党走”主题党团日活动在文化馆小剧场举行。市委常委、宣传部部长刘春龙出席活动并讲话。

△ 江苏省委省级机关工委研究室二级调研员王绍云带领省委党史学习教育第三巡回指导组第二分组到兴化调研指导全市党史学习教育工作。

**14日** 兴化市委书记、市长方捷专题调研戴南镇党委换届工作。市委常委、戴南镇党委书记、高新区(筹)党工委书记夏爱东代表戴南镇汇报党委换届有关工作情况。会上,方捷听取了戴南镇党委换届工作进展、五年发展规划制定、换届风气监督等有关情况的汇报。

△ 兴化市召开全市纪检监察工作会议。会上,市委常委、市纪委书记、市监委代主任常军从突出政治统领,永葆忠诚本色;突出案件查办,勇革沉疴痼疾;突出队伍建设,咏唱时代强音等三个方面对全市纪检监察工作作了部署。

△ 兴化市党史学习教育巡回指导工作会议召开。市委常委、宣传部部长刘春龙出席会议并讲话。会上,各巡回指导组总结汇报了前期巡回指导工作情况。市委党史学习教育领导小组办公室交流当前工作。

**15日** 市委、市政府专题召开全市深化工业企业“亩均论英雄”改革工作部署暨主要经济指标工作推进会。会上,副市长牛世杰就开展“五未”土地整治专项行动,深化工业企业“亩均论英雄”改革工作作部署。市委常委、常务副市长常冬海主持会议,并通报1—4月主要经济指标进展情况,安排下一步工作。

**17日** 兴化市委召开十二届十一次全体会议,讨论通过《中国共产党兴化市第十二届委员会第十一次全体会议关于召开中国共产党兴化市第十三次代表大会的决议》。会议决定:中国共产党兴化市第十三次代表大会定于2021年7月下旬在兴化城区召开。市委书记、市长方捷主持会议,并就关于召开中共兴化市第十三次代表大会决议草案中的有关事项向与会人员作了说明。与会人员经过酝酿,以举手表决的方式通过了《中国共产党兴化市第十二届委员会第十一次全体会议关于召开中国共产党兴化市第十三次代表大会的决议》。

△ 市委书记、市长方捷主持召开市委常委会会议,学习《论中国共产党历史》部分章节,听取政法队伍教育整顿工作情况汇报和市第十三次党代会筹备工作安排建议的情况汇报。

△ 泰州市扶贫“三会”工作观摩会在兴化召开,泰州市政府党组成员顾萍、副市长刘汉梅和来自泰州三市三区的扶贫“三会”负责人参加会议。

△ 兴化市召开赵亚夫先进事迹报告会,学习赵亚夫牢记使命、坚守信仰、矢志为农的奋斗精神,心系群众、扎根基层、科技兴农的实干精神,刻苦钻研、改革创新、勇于探索的开拓精神,永葆本色、淡泊名利、至真至纯的奉献精神。活动邀请全国道德模范、时代楷模、全国脱贫攻坚楷模、全国敬业奉献模范、全国先进工作者赵亚夫以《为农民服务一辈子》为题给与会人员作专题报告。

**18日** 兴化市召开第十三次党代会代表选举工作会议,安排部署兴化市第十三次党代会代表选举工作。会议对召开选举大会的具体要求和规定、市党代会代表结构比例和素质要求、代表候选人产生办法作了具体解读和说明。

△ 兴化市青年商会召开第四次会员大会,选举产生了新一届商会会长、监事长、执行会长、秘书长、常务副会长、副会长、副秘书长、理事。会上,兴化青年商会与兴化金融青工委签订创新型银企生态合作协议,进一步调动兴化青年创业就业积极性,满足青年商会会员创业之需。

△ “一带一路 辉煌中国·全国书画作品展”兴化站巡展在市博物馆启动,书画家张省、李学珍、陈益参加活动,来自书法家协会、美术家协会、民间艺术家协会的代表们进行了书画交流。

**19日** 政法队伍教育整顿中央第六督导组赴泰州小组组长刘向东带队到兴化下沉督导兴化市政法队伍教育整顿工作。江苏省委政法委队建处副处长高源、泰州市委政法委常务副书记李向、泰州市委政法委政治部主任朱广洲,市领导马元连、常军、刁德林参加活动。市委常委、政法委书记,市人大常委会副主任马元连作工作汇报。汇报会后,督导组与市纪委监委机关、市委政法委主要负责人进行了谈话,实地走访了市政法单位,查阅有关台账材料,与部分干警进行个别谈话。

**20日** 市委、市政府召开全市庆祝建党100周年安保维稳攻坚行动部署会。会上,市委常委、政法委书记马元连宣读市委书记、市长方捷关于做好庆祝建党100周年活动期间安保维稳工作的批示;副市长、市公安局局长刁德林部署全市安保维稳工作;市信访联席办相关负责人通报近期全市安保维稳形势、存在问题,并就下一步工作提出意见建议。

△ 兴化市十六届人大常委会召开第二十八次主任会议,听取市法院关于执行工作情况的汇报、市政府关于落实市十六届人大常委会第三十二次会议《关于代表建议办理工作情况的审议意见》情况的报告。会上,参会的人大代表针对法院的执行工作提出了进一步加大宣传力度、扩大影响,加大执行信息化建设力度,强化执行队伍建设等方面的建议。

△ 兴化市召开消防工作会议。会议回顾总结2020年全市消防工作情况,分析当前消防安全形势,部署2021年消防工作任务。会上,市政府与各乡镇、街道及有关部门签订《2021年度消防工作责任书》。

**24日** 兴化市召开高性能金属材料制品研究院工作推进会。市领导方捷、刘洪、牛世杰参加会议。会上,市高性能金属材料制品研究院负责人汇报了三年来研究院工作情况;省轻工协会领导对兴化市紫邦燃器具科技有限公司商用燃具研究成果作点评。兴化市森吉米尔金属制品有限公司、江苏海宇机械有限公司等企业就研究院与企业开展合作,进一步帮助企业提高产能、改进技术、加强质量管理作交流发言。会上,举行了不锈钢新材料智能制造项目签约仪式。

△ 市委书记、市长方捷主持召开市委常委会(扩大)会议,集中审议 23 个乡镇五年发展规划。会上,23 个乡镇逐一汇报了五年发展规划,挂钩领导进行了点评,并提出了修改意见。参会部门、市领导对进一步完善规划提出了意见和建议。

**25 日** 兴化市第 33 届科普宣传周启动仪式在吾悦广场举行,2021 年科普宣传周的主题是"百年回望:中国共产党领导科技发展"。

△ 兴化市召开国土空间总体规划(2020—2035 年)汇报会。会上,由江苏省城市规划设计研究院和南京国图信息产业有限公司组成的联合项目组汇报了全市国土空间总体规划,同时重点讲解了坚守生态保护红线、主要河湖水系线、生态空间管控区域、城镇开发边界、永久基本农田等底线约束,优化国土空间布局;与会人员围绕规划编制思路,从国土利用、空间布局、环境保护、产业发展等方面进行了研究和探讨,并提出了意见建议。

△ 兴化市召开省运会沿线绿化汇报会,研究讨论省运会沿线绿化的规划设计方案。

**26 日** 兴化市召开房屋征收集中扫尾攻坚行动推进会。会上,市住建局通报全市房屋征收扫尾进展情况;各分指挥长单位、包保单位、职能部门分别作表态发言;挂钩市领导就相关工作提出意见和建议。

**27 日** 兴化市召开 2021 年高校、高中阶段学校招生委员会(扩大)会议,学习贯彻全国普通高校招生考试安全工作电视电话会议和省委教育工作领导小组专题会议精神,全面动员和部署兴化市 2021 年高考、中考组织相关工作。

△ 兴化农村商业银行举行"深化银保融合、助力乡村振兴"战略签约暨"农保 e 贷"产品发布启动仪式。

**28 日** 兴化经济开发区举行"红五月"招商项目集中签约仪式,6 个重大食品项目签约落户开发区。

△ 兴化市召开全市党建工作会议,回顾总结 2020 年全市党建工作,研究部署 2021 年各项工作任务,动员全市各级党组织进一步对标对表"争当表率、争做示范、走在前列"新使命新要求,奋力谱写繁荣繁华梦水乡高质量发展新篇章。

**30 日** 兴化市作家协会会员代表大会举行。会议审议通过了市作协工作报告、《兴化市作家协会章程》,选举产生了新一届作协领导班子,金倜当选为兴化市作家协会主席。

△ 央视一套《端午至味》节目组到兴化市取景拍摄,通过主持人实景体验、嘉宾访谈等形式,多角度展现楚水大地深厚的端午文化内涵和特有的民俗元素。

**31 日** 泰州市政府召开第五次全体(扩大)会议暨全市政府系统廉政工作会议。会议以电视电话会议形式召开,兴化市设分会场,市政府全体领导参加会议。

△ 兴化市文明委全体成员会议召开。会议深入学习贯彻习近平总书记关于宣传思想工作和精神文明建设的重要思想,贯彻落实省、市文明委工作要求,回顾总结 2020 年工作,部署安排 2021 年任务。会议宣读了市文明委关于表彰 2018—2020 年度兴化市文明村镇、文明单位(校园、社区)的决定,并进行了颁奖仪式。

**是月** 经各地申报、专家评审、社会公示等程序,兴化市文体广电和旅游局命名了第三批市级非物质文化遗产项目代表性传承人名单,共计 33 人,涵盖了传统音乐、传统技艺、传统美术、传统医药、传统戏剧等五个类别。

**是月** 中国农技协正式批复成立"江苏兴化大闸蟹科技小院"。

## 6 月

**1 日** 市委、市政府举行 2021 年度兴化市"安全生产月"活动启动仪式暨"安全文化教育体验基地"揭牌仪式。市委书记、市长方捷作动员讲话并宣布 2021 年度兴化市"安全生产月"活动正式启动。市委书记方捷、市委副书记殷俊共同为市安全文化教育体验基地揭牌。

**2 日** 市人大常委会召开全市镇村污水处理设施建设运行情况督查工作交流汇报会。

△ 市委党史学习教育办公室召开工作会议,总结前一阶段工作,分析存在的问题和不足,对下一步工作进行布置。

**3 日** 中国作家协会官网发布《中国作家协会 2021 年会员发展公示》名单。兴化市金倜和王锐入选该名单。

**4 日** 市委书记、市长方捷主持召开市委常委会会议,学习《习近平新时代中国特色社会主义思想学习问答》有关章节,学习《中共江苏省委办公厅关于认真学习宣传贯彻习近平总书记给淮安市新安小学重要回信精神的通知》,研究关于在全市党史学习教育中开展"值班日走访周服务月"活动方案、2021 年度泰州市综合考核指标责任分工方案和《兴化市推动综合考核争先进位十项措施》等事项。

**5 日** 兴化市在长安北路举行"低碳生活,我是行动者"绿色骑行活动,市领导与社会各界代表 100 多人骑着自行车从兴东镇市荡村百姓大舞台出发,沿长安北路一路向北,骑行线路总长约 4 千米。

**5—7 日** 中央广播电视总台农业农村节目中心《乡村服务社》栏目走进兴化,以垛田农产品为主角,启动网络现场直播。

**6 日** 市委副书记、市政府党组书记殷俊带领教育、卫健、市场监管、公安、城管、交通、供电等部门单位负责人,到高考考点和考生住宿酒店,对全市高考各项准备工作情况进行检查。

**7 日** 市委、市政府专题召开全市防汛防旱工作会议,部署安排 2021 年防汛防旱各项工作。

△ 市委副书记、市政府党组书记殷俊带领相关部门负责人实地调研省运会场馆建设改造情况。

**8 日** 市委书记、市长方捷主持召开市政府第四十九次常务会议。会议听取讨论并原则同意关于2021年中小学校园建设项目计划。会议还听取讨论了《关于加快发展旅游民宿的指导意见》、关于2020年兴化市财政决算草案、关于提高全市城乡居民基本养老保险基础养老金标准、里下河国家湿地公园项目、关于英武北路供电管道迁移及供电杆线下埋工程等事项。

△ 市文体广旅局、人社局、总工会、妇联联合举办的2021年兴化市导游(讲解员)大赛举行初赛,共有10名选手成功晋级十强,进入决赛环节。

**9日** 市委书记、市长方捷主持召开市自然资源和规划管理委员会第十二次会议,听取讨论市体育中心规划设计方案、兴化市昭阳陵遗址修复与遗址区风貌保护城市设计、部分地块公开挂牌的情况汇报。

△ 省扶贫"三会"助力革命老区、党群共建"五勇"乡村振兴线启动仪式在兴化市昌荣镇举行。

△ 兴化市召开《兴化市西门片区概念策划与保护整治规划》方案汇报会。北京清华同衡规划设计研究院汇报了《兴化市西门片区概念策划与保护整治规划》,市委副书记、市政府党组书记殷俊对下一步建设工作提出具体要求。

**10日** 由市委宣传部、市人才工作领导小组办公室、市文体广电和旅游局、戴南镇人民政府共同举办的"楚风遗韵"建党100周年非遗作品展暨蒋庄遗址图片展活动在博物馆南广场开展。活动中宣读了《兴化市革命文物名录》和第三批兴化市非遗项目代表性传承人名单。

△ 市委书记方捷主持召开市委理论学习中心组学习会议,学习习近平总书记考察广西期间的重要讲话精神、习近平总书记重要文章及《用好红色资源,传承好红色基因,把红色江山世世代代传下去》等内容,开展党史学习教育专题研讨,市领导徐立华、刘春龙、丁永明作交流发言。

**11日** 泰州市政协民革界委员履职小组与沙沟镇委员履职小组,围绕"促进水产业绿色发展、助力乡村振兴"主题开展融合互促协商议事活动。泰州市政协副主席、民革泰州市委主委奚爱国,市政协主席沙顺喜参加活动。

△ 市十六届人大常委会召开第三十八次会议,听取市政府关于兴化市2020年财政决算草案的报告;听取市政府关于2020年度兴化市本级财政预算执行情况和其他财政收支的审计工作报告;通过有关任职事项。根据有关规定,市人大常委会决定,接受方捷辞去兴化市人民政府市长职务的请求,任命殷俊为兴化市人民政府副市长、代理市长。

**12日** 来自上海的十多位兴化籍医学专家回到家乡开展义诊活动。

**14日** 全市"奋斗百年路、奋进新征程"名家书画展在市博物馆开展。

**15日** 市委副书记、代市长殷俊带领市应急管理局、住建局和消防救援大队等相关单位部门负责人到新奥燃气长途客运站加气站、万达广场部分餐饮店、昆仑燃气(兴化)有限公司天然气门站等地,实地督查燃气安全生产工作。

**15—17日** 兴化市7987名考生参加为期三天的2021年泰州市中考。

**16日** 泰州市政府召开第57次常务会议暨市安委会会议。会议以视频会议形式召开,兴化市设分会场,市委副书记、代市长殷俊等市政府负责人在兴化分会场收听收看会议。

△ 市委书记方捷主持召开市党政联席会,听取与会常委、市长、法检"两长"汇报2021年度分管考核指标的争先位次、目标任务以及冲刺"双过半"举措,交流"六个一"挂钩事项完成情况和六月份重点工作安排。

△ 市委书记方捷主持召开市委常委会(扩大)会议,传达学习习近平总书记对湖北十堰市"6·13"燃气爆炸事故的重要指示、李克强总理的重要批示和省委书记娄勤俭对抓好当前安全生产工作的重要批示、6月15日省安委会会议精神,听取关于全市城镇燃气安全专项整治工作情况的汇报。

**17日** 市委书记方捷,市委副书记、代市长殷俊分别走访慰问部分获得党内功勋荣誉表彰老党员,转达党中央的关怀和温暖,代表市委向他们致以亲切问候和崇高敬意。

△ 兴化市召开文化艺术中心深化设计方案汇报会,听取专家设计团队汇报项目的深化设计方案。

△ 市政府召开兴化中学搬迁论证会。就兴化中学"何时搬、怎么搬"的问题,市教育局、相关部门、市人大代表、政协委员以及家长代表共同出谋划策。

**18日** 市政府召开全市"大棚房"问题专项清理整治行动"回头看"工作推进会。会上,市农业农村局解读了《兴化市"大棚房"问题专项清理整治行动"回头看"实施方案》;市自然资源和规划局作工作发言。

△ 市委副书记、代市长殷俊主持召开市政府第50次常务会议暨市安委会会议,传达学习习近平总书记关于湖北十堰市燃气爆炸事故的重要指示和李克强总理批示精神,贯彻落实国家、省、泰州市会议部署要求,对安全生产工作特别是全力确保"七一"前后全市安全生产形势平稳可控进行再动员、再部署、再推进。

**21日** 兴化市召开第二十届省运会分会场基础设施建设工程方案设计汇报会。

**22日** 副市长丁春华率领教育、公安、市场监管、消防及应急管理等单位部门相关负责人,突击检查了新生中心小学、第二实验小学、楚水小学和景范学校等城区部分学校周边的校外住宿代伙点,并对现场发现的安全隐患提出整改要求。

△ 由市委宣传部、市文联、市教育局、市文体广旅局、市融媒体中心主办的《红旗颂》——庆祝中国共产党成立100周年专场朗诵会在文化馆小剧场举行。朗诵者们以颂党恩、吟经典等方式重温百年党史、传承红色基因。

**23日** 市政协第十三届委员会常务委员会召开第二

十九次会议，听取全市2020年财政决算情况的报告、2020年度财政预算执行及其他财政收支审计情况工作报告，听取市政府关于全市工业企业智能化转型的通报，听取市政协经科委关于工业企业智能化转型的调研报告，并就有关事项进行协商。会议还审议通过了《中国人民政治协商会议兴化市委员会协商工作规则(草案)》，通过了有关人事事项。

△ 省委宣传部机关党委副书记、省委党史学习教育第三巡回指导组副组长李志益带队到兴化巡回指导兴化市党史学习教育工作。在兴化期间，李志益一行到沙沟镇沙沟市政府旧址、苏中公学旧址等处，就红色教育基地建设等工作进行现场指导。

△ 全市校园安全稳定和风险管控工作会议召开，会议贯彻落实省委教育工作领导小组会议和泰州市委教育工作领导小组会议精神，专题研究部署全市安全稳定和风险管控各项工作任务。

**24日** 市委副书记、代市长殷俊主持召开市政府第五十一次常务会议，审议《兴化市人民政府工作规则》，讨论《2021年各乡镇(街道)、开发区和市安委会成员单位履行安全生产工作责任考核评价指标》等事项。

△ 蒋庄遗址展示馆陈列布展专家论证会暨蒋庄遗址公园工作规划设计汇报会召开。

△ 《兴化市北门历史文化街区修建性详细规划》专家评审会召开。

**25日** 市委、市政府举行全市推进“亩均论英雄”改革重大项目集中签约仪式。市四套班子领导与各地的客商代表相聚一堂，宣传推介兴化的投资优势、良好环境和优惠政策，加强交流合作，实现发展共赢。

△ 市委书记方捷主持召开市委常委会会议，学习习近平总书记在青海考察时的重要讲话精神，会议讨论并原则同意《兴化市2021年度综合考核“1+2”文件》《关于建立兴化市国土空间规划体系并监督实施的意见》等事项。会议还听取讨论了市“两优一先”拟表彰对象建议名单。

△ 市委、市政府专题召开全市土地管理法律法规专题培训会，邀请国家自然资源督察南京局主任贾宏俊作题为“新时代、新理念、新政策”的专题讲座。

**26日** 由市委、市政府主办的“永远跟党走”——兴化市庆祝中国共产党成立100周年歌咏大会在市新区体育馆举行。来自各行各业的20支合唱团用满怀激情的歌声唱出对党的忠诚和挚爱，为党送上最真挚的生日祝福。

△ 大型文献专题片《敢教日月换新天》在中央电视台一套播出第14集《改善民生》，节目以清代诗人郑板桥的诗作《墨竹图题诗》开篇。

△ 上海兴化商会三届一次会员代表大会召开，选举产生新一届上海兴化商会理事会。方捷、李蓓、余建年、牛世杰、丁永明等市领导参加活动，与在沪企业家们共同见证上海兴化商会换届，共叙乡情友谊，共话兴化发展。

**29日** “水乡风云、峥嵘岁月”中国共产党兴化百年历史展览在市博物馆开展。

**30日** 市委党史学习教育办公室召开工作会议，总结前一阶段工作，对下一步工作进行布置。

## 7月

**1日** 兴化市庆祝中国共产党成立100周年座谈会暨市“两优一先”表彰会议召开。会上，市委副书记徐立华通报省委、泰州市委“两优一先”表彰名单，并宣读兴化市“两优一先”表彰决定；市领导为兴化市“两优一先”代表颁奖；5人在会上作交流发言。

**2日** 市委书记方捷主持召开市委理论学习中心组学习会议，集中学习习近平总书记在庆祝中国共产党成立100周年大会上的重要讲话、习近平总书记在“七一勋章”颁授仪式上的重要讲话等内容。市委副书记、代市长殷俊领学习近平总书记在“七一勋章”颁授仪式上的重要讲话。

△ 市委书记方捷主持召开市委常委会会议。会议讨论并原则同意《关于贯彻〈中国共产党政法工作条例〉的实施办法》《2021年推进市域社会治理现代化建设更高水平平安兴化工作考核办法》。会议对《法治兴化建设规划(2021—2025年)》进行审议，研究讨论了《兴化市生态环境保护责任清单》。

**3日** 由市政府主办，市文体广电和旅游局、市文化旅游发展有限公司共同承办的兴化市2021“荷文化旅游节”开幕式在万亩荷塘景区举行。

**5日** 兴化市生态环境保护专项督察启动会召开。省生态环境保护专项督察组组长尹荣尧到会讲话，市委书记方捷作表态发言，市委副书记、代市长殷俊汇报兴化市生态环境保护工作情况。

**6日** “庆百年·绘振兴”2021年兴化垛田·全国农民画大赛作品展在吾悦广场开展。此次兴化垛田·全国农民画大赛由江苏省民间文艺家协会、泰州市文学艺术界联合会、兴化市委宣传部主办，共收到来自全国20个省市，42个单位，400多位农民画画家的548幅参赛作品。经过评委会初评、复评和最终审核，共评选出入展作品80幅，其中一等奖5名、二等奖10名、三等奖20名和优秀奖45名。

△ 兴化市召开乡镇污水处理设施建设运营工作督查交办会。会前，与会人员实地查看了大垛污水处理厂、荻垛污水处理厂、陶庄污水处理厂、戴窑污水处理厂、垛田街道戴家村村庄污水处理设施。会上，市住建局负责人汇报了乡镇污水处理设施建设及运营管理情况、各厂问题清单和整改计划；与会乡镇和单位进行了交流发言。

**7日** 市社科理论界召开庆祝中国共产党成立100周年理论座谈会。会上，组织部、党校、党史方志办、发改委、工信局、农业农村局、交通局、住建局、教育局、卫健委等有关部门代表结合工作实际，交流党领导本领域、本部门的探索实践、伟大成就和经验启示；社科理论工作者代表围绕党的光辉历程、辉煌成就和宝贵经验进行研讨交流。

△　兴化市召开《兴化市西门片区概念策划与保护整治规划》专家评审会。专家组成员经过充分讨论,一致同意《兴化市西门片区概念策划与保护整治规划》通过评审。

**8日**　市委书记方捷主持召开市委常委会会议,研究《2021年各乡镇(街道)、开发区和市安委会成员单位履行安全生产工作责任考核评价指标》《关于全面加强危险化学品安全生产工作的实施意见》,听取关于城区污水处理提质增效精准攻坚"333"行动方案相关情况的汇报。会议经过讨论,原则同意《考核评价指标》《关于全面加强危险化学品安全生产工作的实施意见》。

△　兴化市举办《兴化文化丛书》第一辑首发式暨研讨会。研讨会上,与会专家学者对丛书从政治站位、文化背景、学术成就等角度进行了精彩的点评,充分肯定了它的价值所在,也对后续的第二辑提出了更高的期盼。

**9日**　市委书记方捷主持召开市党政联席会,听取与会常委、市长、法检"两长"汇报上半年考核指标情况,交流"六个一"挂钩事项完成情况和7月份重点工作安排,传达省委常委、组织部部长郭元强到兴化调研河湖长制工作的有关讲话精神。

△　市政协召开全市"有事好商量"协商议事工作推进会。市政协主席沙顺喜总结了2021年以来全市"有事好商量"协商议事工作情况,6人代表界别、乡镇(街道、园区)和村(社区)三个层面分别作交流发言。会议还邀请省政协研究室副主任陈宏就政协基础知识、新形势新要求和"有事好商量"协商议事工作作专题辅导;邀请人民政协报江苏记者站站长江迪就人民政协新闻舆论工作作专题辅导。

△　市委书记方捷主持召开部分集中调研报告汇报会,听取城建交通调研组、兴有优教调研组、兴有良医调研组、老有厚养调研组等相关调研情况汇报。

**11日**　市委、市政府召开省环保督察交办问题整改推进会。会上,相关部门通报了省环保督察组曝光橡塑生产企业突出环境问题、督察交办单和督察交办信访件相关情况以及环保督查资料报送等有关情况。

**12日**　市委在开发区召开会议,宣布开发区主要负责人变动决定。市委常委、组织部部长刘洪主持会议并宣布任职决定。经泰州市委研究决定:牛世杰任中共兴化市委经济开发区工作委员会书记;沈德才不再担任中共兴化市委经济开发区工作委员会书记职务。

△　兴化市召开城市主干线道路快速化改造方案汇报会,听取相关情况汇报。会上,华设设计集团股份有限公司汇报了兴化城市主干线道路快速化改造方案;与会市领导及各部门负责人围绕方案提出了意见与建议。市委副书记、代市长殷俊提出方案要实用可操作、要超前、要做好衔接协同、规划资金平衡方案要充分论证等要求。

△　省生态环境保护专项督察组组长调研兴化市部分污水处理厂运行情况。在实地调研后,督察组组长尹荣尧对加强污水管网设施建设工作提出具体建议。

**14日**　省政协副主席、党组副书记阎立一行到兴化实地考察湿地生态保护工作。在实地考察里下河国家湿地公园、万亩荷塘、国家级田园综合体后,阎立对兴化市湿地生态保护工作给予充分肯定,认为兴化高度重视生态环境保护,湿地保护工作措施扎实有力,取得良好成效。

△　兴化市举办2021年度文化产业统计工作培训会,进一步提高文化产业统计数据质量。

**15日**　市委书记方捷,市委副书记、代市长殷俊带队观摩部分项目建设现场,通过观摩,进一步推动招商引资项目建设工作,以高质量项目推动高质量发展,营造比学赶超的浓烈氛围。

**16日**　全市乡村振兴重点工作推进会召开,围绕全年工作目标,回顾总结5—6月份工作成效,研究部署下一阶段乡村振兴重点任务。

**17日**　市安委会召开全体成员(扩大)会议,深入贯彻习近平总书记关于安全生产的重要论述,深刻吸取苏州市吴江区四季开源酒店坍塌事故教训,严格落实省政府、泰州市政府有关会议精神,全面加强既有建筑安全管理,进一步研究部署全市安全生产工作。

**18日**　市委召开十二届十二次全体会议,听取即将召开的市第十三次党代会筹备工作情况的说明,表决确定兴化市出席泰州市第六次党代会代表候选人预备人选名单,审议通过市第十三次党代会会议日程、各项报告及相关建议名单,审议通过中国共产党兴化市第十二届委员会第十二次全体会议决议。

**19日**　中国共产党兴化市第十三次代表大会预备会议在昭阳剧院召开。市委副书记徐立华主持会议,并受十二届市委委托,向大会预备会报告中国共产党兴化市第十三次代表大会筹备工作情况。此次会议应出席代表395名,实到代表380名,符合规定人数。会议以举手表决的方式,先后通过了代表资格审查委员会委员名单,代表团团长、副团长名单,主席团成员和秘书长名单。会议通过了市第十三次党代会议程。预备会议期间,代表资格审查委员会召开会议,审议了代表资格审查报告。代表资格审查委员会认为,全市61个选举单位选出的395名党代表,均符合《中国共产党章程》和市委《关于中共兴化市第十三次代表大会代表选举工作意见》的有关规定,符合代表产生的程序和条件,代表资格有效。大会主席团举行了第一次会议,推选产生了主席团常务委员会委员,通过了大会执行主席分组名单、大会秘书处副秘书长及各组负责人名单、列席人员和邀请党外人士名单、大会日程及代表资格审查报告。会议期间,与会人员还集中观看了警示教育片《警钟长鸣》。

**20日**　中国共产党兴化市第十三次代表大会在昭阳剧院开幕。市委书记方捷代表中共兴化市第十二届委员会向大会作了题为《接续奋斗 再创辉煌 把幸福兴化建成老百姓希望的模样》的报告。报告共分四个部分:回首五年路,在风雨兼程中取得新成就;启航新征程,在继往开来中擘画新蓝图;砥砺再出发,在真抓实干中实现新跨越;赶考在路上，在全面从严中展现新气象。中国共产党兴化市第十二届纪律检查委员会工作报告以书面形式提请大会审议。

**21日** 中国共产党兴化市第十三次代表大会举行第二次全体会议，投票选举中共兴化市第十三届委员会委员、中共兴化市纪律检查委员会委员和兴化市出席中共泰州市第六次代表大会代表。市委书记方捷主持会议。此次大会应到代表395名，因事因病请假6名，实到389名，符合规定人数。大会选举产生33名中共兴化市第十三届委员会委员、15名中共兴化市纪律检查委员会委员，以及87名出席中共泰州市第六次代表大会代表。

**22日** 中国共产党兴化市第十三届委员会举行第一次全体会议。受中国共产党兴化市第十三次代表大会主席团的委托，市委书记方捷主持会议。会议选举产生了中国共产党兴化市第十三届委员会常务委员会委员和书记、副书记；通过中国共产党兴化市纪律检查委员会第一次全体会议选举结果的报告。中国共产党兴化市第十三次代表大会在圆满完成各项议程后，于22日上午在昭阳剧院胜利闭幕。在第三次全体会议上，选举产生6名中共兴化市第十三届委员会候补委员；通过了中国共产党兴化市第十三次代表大会关于中国共产党兴化市第十二届委员会报告的决议和中国共产党兴化市第十三次代表大会关于中共兴化市纪律检查委员会工作报告的决议。市委副书记、代市长殷俊在闭幕式上讲话。

**22日** “世界鲜 兴化造”助力餐饮行业鲜味升级研讨会暨“鼎烹大师”签约会在兴化市召开。

**23日** 市政协召开十三届十八次主席协商会议，围绕“国家全域旅游示范区创建工作”进行专题协商。

△ 市第十六届人大常委会召开第二十九次主任会议，听取市政府关于全市物业管理工作的情况汇报，听取市人大常委会环资城建工委关于全市物业管理工作的调查报告。

**25日** 兴化市召开疫情防控和疫苗接种工作推进会。会上，市卫健委通报了兴化市密接人员处置情况和泰州市开展疫情防控督导检查工作相关要求，剖析当前兴化市疫情防控存在问题；市防控办对疫苗接种工作再部署。

**26日** 市委书记方捷主持召开土地增减挂钩及河道优化调整工作调研会。会上，市自然资源和规划局汇报了关于增减挂钩整村推进试点工作情况；市水利局汇报了新垛镇营西圩水系调整河道优化工作实施方案。与会市领导和相关部门围绕方案提出意见及建议。市委副书记、代市长殷俊提出加快推进试点，及时总结经验；做好成本测算，加强上争沟通；加强组织领导，加大政策宣传的具体要求。

**27日** 市委副书记、代市长殷俊主持召开市政府党组会议，传达中国共产党兴化市第十三次代表大会报告精神，学习习近平总书记在庆祝中国共产党成立100周年大会上的重要讲话等事项。

△ 市委副书记、代市长殷俊主持召开市政府第五十二次常务会议。市委常委、常务副市长常冬海领学了省委办公厅、省政府办公厅《关于妥善防范化解“邻避”问题推进重大项目建设的实施意见》。会议讨论并原则同意《兴化市乡镇（街道）、开发区行政主要负责人分管安全生产工作制度》、关于公开征集兴化市“城市安全名片”公益广告评审结果、《关于建立全市政府专职消防队伍职业保障机制的意见》、关于兴化市城市消防规划2021年度实施计划的情况汇报、2020年度市服务业发展引导资金考核情况等事项。

**29日** 全市政法队伍教育整顿总结会暨“回头看”部署会召开。会议深入学习贯彻习近平总书记重要指示精神，全面总结教育整顿工作成效，研究部署教育整顿“回头看”工作。

△ 双乐颜料股份有限公司在深圳证券交易所创业板举行上市发行仪式，这也标志着兴化市首家国内A股上市企业诞生。

△ 市人大常委会主任吉天鹏带领相关部门负责人和沿线乡镇段河长负责人巡查海沟河。市政协主席沙顺喜带队巡查盐靖河，督查河长制落实情况及流域水环境综合治理工作。

△ 泰州市委常委、宣传部部长刘霞到兴化调研党史学习教育开展情况。在昌荣镇红色景区，刘霞详细了解了景区建设规划、红色文化挖掘等情况，实地查看了兴化市新时代文明实践中心、昭阳街道党员组织生活馆和南沧社区新时代文明实践站。在随后召开的座谈会上，刘霞听取了兴化市党史学习教育开展情况的汇报并提出要求。

**30日** 市政协举行“圆梦明天”优秀学生和教师团队表彰奖励大会，20名在2021年高考、中考中取得优异成绩的学生和2个优秀教师团队受到表彰奖励。

**是月** 兴化市召开新冠肺炎疫苗接种和医保电子凭证申领激活调度会，全力以赴推进新冠肺炎疫苗接种和医保电子凭证申领激活两项工作，确保圆满完成高质量考核任务。

## 8月

**2日** 兴化市与颐高“兴化产业创新服务综合体”项目主要负责人签订合作框架协议。

**3日** 兴化市在开发区（临城街道）赵何村开展全员核酸检测实战演练。

△ 市委书记方捷主持召开疫情防控专题布置会，传达省委常委会会议精神，部署下一步疫情防控工作。

**4日** 由赛迪顾问县域经济研究中心编制的《2021中国县域经济百强研究》正式发布。兴化市位列百强县第62名。

**6日** 市委书记方捷主持召开专题会议，就全市各乡镇（街道）、开发区开展全员核酸检测演练（压力测试）进行部署。会前，市委副书记、代市长殷俊带队到部分乡镇，对全员核酸检测演练现场进行督查指导。会上，各乡镇（街道)、开发区就开展全员核酸检测演练计划作汇报,与会市领导和相关部门对演练要注意的事项提出意见。

△　市委常委、组织部部长刘洪,市人大常委会副主任、市总工会主席常传林,副市长丁春华,走访慰问兴化市支援南京、扬州抗疫一线的医护人员家属。

**6—9日**　市人民医院检验科累计检测全市核酸标本26万人份。

**10日**　泰州市政府以电视电话会议形式召开安全生产百日攻坚行动总结会暨省级安全发展示范城市创建工作推进会。市委常委、常务副市长常冬海,副市长沈德才在兴化分会场参加会议。会上,常冬海代表兴化市在兴化分会场作汇报发言。泰州会议结束后,兴化市随即召开续会。

**16日**　中共兴化市第十三届委员会全体会议召开,会议讨论通过《兴化市出席省第十四次党代表大会代表候选人推荐人选名单》。会议应到市委委员33名,候补委员6名;实到市委委员32名,候补委员6名。符合规定人数。市委书记方捷主持会议,并就兴化市出席省党代会代表候选人酝酿推荐工作作说明。会议以举手表决的方式通过了《兴化市出席省第十四次党代表大会代表候选人推荐人选名单》。

**17日**　泰州市委书记朱立凡到兴化督查疫情防控工作。泰州市委常委、秘书长张余松,副市长王学锋,兴化市市领导方捷、殷俊、花再鹏、丁春华参加活动。

**18日**　兴化市召开城乡一体化供水工作汇报会,就加快推进全市城乡供水一体化工作进行布置安排。

**20日**　市委副书记、代市长殷俊主持召开市政府第五十三次常务会议,听取讨论关于调整村庄生活污水治理工程有关情况的汇报。会议原则同意市住建局提出的建议方案,对2021年度城建计划中村庄生活污水治理工程建设行政村数量进行调整。同时,综合考虑工程实际、价格变动、图纸深化设计等因素,原则同意增加村庄生活污水处理工程立项投资,由市住建局按程序提请市委常委会讨论。

△　市委常委、常务副市长常冬海带领市应急管理局、公安局、城管局、自规局、农业农村局、商务局、市监局、交警大队、供电公司、昭阳街道等相关单位负责人,实地对桃源市场进行安全隐患排查,现场落实整改工作。

**21日**　市委书记方捷,市委副书记、代市长殷俊走访慰问困难学子,送去2021年度"助学圆梦行动"慈善助学金。

**23日**　兴化市开展"祥泰行动"疫情防控1号演练。

△　市委书记方捷主持召开专题会议,听取讨论部分乡镇关于镇村布局规划方案的汇报。会议听取了市自然资源和规划局关于兴化市镇村布局优化规化编制情况的汇报和周庄镇、新垛镇镇村布局规划方案的汇报。与会市领导和相关部门围绕规划方案提出了意见和建议。

**24日**　市委书记方捷主持召开市委党建工作领导小组(扩大)会议。方捷强调,要把"党建为民"作为党建工作的底色,让党建更有说服力和生命力。会上,15家涉考单位部门分别汇报了考核指标任务完成情况、存在的不足和差距、向上争取对接和自测评估情况以及下一步工作打算。

**25日**　市委书记方捷,市委副书记、代市长殷俊等市领导赴疫情防控一线授予有关先进集体"流动红旗"。

△　泰州市委常委、市纪委书记、市监委代主任沈峻峰到兴化调研经济社会发展和市委履行全面从严治党主体责任情况。

**26日**　市政协第十三届委员会常务委员会召开第三十次会议,市政协主席沙顺喜主持会议。会上,受市政府委托,市发改委、市财政局负责人分别作《关于上半年全市国民经济和社会发展计划执行情况的报告》《关于2021年上半年财政预算执行情况的报告》;副市长沈德才通报兴化市健康食品产业高质量发展的情况;市政协经科委报告关于推进健康食品产业高质量发展的调研情况。与会人员围绕协商议题,充分发表意见并提出建议。会议还审议通过了《关于推进健康食品产业高质量发展的建议案(草案)》,通过了有关人事事项。

△　市委副书记、代市长殷俊主持召开市政府第五十四次常务会议。会议讨论并原则同意《关于加强依法必招限额以下工程发包管理工作的意见》《兴化市既有住宅增设电梯实施办法》。会议还听取讨论了《关于推进兴化市公共资源交易监管体制机制改革的工作建议》、关于兴化市基本公共服务领域共同财政事权和支出责任划分改革方案的情况汇报、《关于加快农业保险高质量发展的实施意见》、关于兴化市2021年度垃圾分类工作方案的情况汇报等其他事项。

△　市委依法治市办召开对市市场监督管理局法治综合督察情况反馈会。会上,重点通报了市监局在法治统筹、落实规章制度、行政执法、守法普法等方面存在的问题和不足。市监局就督察整改工作作表态发言。

**27日**　市第十六届人大常委会召开第三十九次会议。会议听取和审议市政府关于2021年上半年国民经济和社会发展计划执行情况的报告、市政府关于2021年上半年财政预算执行情况的报告、市政府关于贯彻实施《江苏省农村集体资产管理条例》的情况汇报,会议还通过了有关人事任免事项。

△　市委书记方捷专题调研组织工作。市委常委、组织部部长刘洪汇报了全市组织工作情况。方捷充分肯定了近几年组织工作取得的成绩,并提出具体要求。

△　兴化市召开江苏省兴化中学2021届高三工作汇报会。会上,兴化中学校长黄荣汇报高三备考工作;班主任代表、学生代表及家长代表分别作交流发言;市领导向兴化中学颁发教育质量向上攀登奖。

**29日**　由市委宣传部、市文明办主办,中国邮储银行兴化市支行承办的道德讲堂总堂活动在市新时代文明实践中心举行。

**30日**　泰州市委五届十三次全会召开,兴化市委书记方捷，市委副书记、代市长殷俊等在泰州主会场参加会议，市四套班子其他领导在兴化分会场集中收看直播。

**31日** 党史学习教育领导小组办公室召开月度工作会议，总结前一阶段面上学习教育开展的情况，发现问题和不足，研究下一阶段工作。

△ 今创环境(泰州)有限公司正式开业。市委副书记、代市长殷俊，副市长沈德才和今创控股集团党委书记、董事局主席俞金坤，今创环境集团董事长戈俞辉共同为今创环境(泰州)有限公司揭牌。

△ 市政协召开民主评议法院工作动员会，正式启动为期两个月的民主评议法院工作。

**是月** 兴化市召开打好污染防治攻坚战暨生态环境保护督察问题整改工作推进会，对全市生态环境问题进行再安排、再部署。会议解读了全市打好污染防治攻坚战暨生态环境保护督察问题整改清单。

**是月** 市融媒体中心组织全体党员观看“百年征程 初心永恒——中国共产党在江苏历史展”网上展馆。

## 9月

**1日** 泰州市副市长张育林一行到兴化市，对兴化市的经济运行、重大项目和重点企业进行调研。

△ 兴化市召开全市城乡建设领域信访问题专项整治工作推进会，总结通报2021年以来城乡建设领域信访问题情况，部署下一阶段工作任务。

**2日** 市委书记方捷主持召开高质量考核指标调度会，围绕1—7月份处于末位的指标及排名退步明显的指标，听取各责任部门汇报。

**3日** 市委书记方捷主持召开市委理论学习中心组学习会议，学习习近平总书记在西藏考察时的重要讲话精神、习近平总书记在参观“‘不忘初心、牢记使命’中国共产党历史展览”时的重要讲话精神等内容。

△ 市委书记方捷主持召开市委常委会会议，学习习近平总书记在中央党校(国家行政学院)中青年干部培训班开班式上的重要讲话精神，传达学习省委十三届十次全会、泰州市委五届十三次全会精神和全省市县乡三级人大换届选举工作会议精神，研究《第十五届中国·兴化郑板桥艺术节方案》《兴化市应对极端天气应急处置工作方案》等事项。会议还研究了《2021年度全市乡村振兴工作考核实施办法》《兴化市支持企业上市(挂牌)八条政策意见》等其他事项。

**4日** 兴化市召开农村公共基础设施管护领导小组会议。会上，市发改委解读了省农村公共基础设施管护机制考核指标细则及兴化市责任分解初步方案；参会部门(单位)交流了本部门农村公共基础设施管护相关领域制定政策措施或配套制度的进展情况，以及管护清单实施情况；市财政局汇报了2021年度用于农村公共基础设施管护财政支出的情况。

**6日** 市政府召开全市低收入人口认定和动态监测动员部署会议。会上，市民政局负责人就低收入人口认定范围和标准作了说明，市乡村振兴局对做好农民低收入人口动态监测、帮扶政策衔接作具体安排。

△ 兴化市召开全国文明城市创建点评会，通报省、泰州市对兴化市的第三方测评情况，对文明城市创建工作再动员、再布置、再落实。

△ 九三学社中央“乡村振兴实践基地”在兴化市千垛镇东罗村揭牌，标志着九三学社助力乡村振兴社会服务项目正式启动。九三学社中央副主席丛斌率调研组出席揭牌仪式，泰州和兴化市市领导张小兵、方捷、徐立华参加活动。

△ 市委书记方捷主持召开全国农业科技现代化先行县共建工作领导小组会议。会上，市农业农村局汇报相关情况。

**7日** 市委副书记、代市长殷俊带队到安丰、大营、合陈等乡镇实地督查省考断面周边环境整治工作。

△ 兴化市召开全市创建省级双拥模范城“九连冠”动员部署会议。会上，市委常委、政法委书记李蓓总结分析了全市双拥工作情况，研究部署双拥创建工作的有效举措。市委常委、人武部政委张海林宣读创建省级双拥模范城“八连冠”先进集体、先进个人的表彰决定。

△ 全市召开宣传思想工作半年分析会，总结工作、分析形势，研究部署下半年宣传思想工作。

**8日** 市委书记方捷主持召开市委常委会会议，会议讨论并原则同意兴化市下半年能耗“双控”方案，听取兴化市2021年“十佳师德模范”评选情况的汇报，并原则同意评选结果。

△ 省人大常委会副主任魏国强带队到兴化开展《中华人民共和国渔业法》《江苏省渔业管理条例》执法检查。检查组实地检查兴化市渔业“一法一条例”贯彻实施情况，并召开座谈会听取泰州和兴化市两级政府和有关部门相关工作情况汇报。

**9日** 兴化市召开2021年教师节表彰大会。会上，市委常委、宣传部部长花再鹏宣读了受到省、泰州市表彰的先进集体和优秀教师名单以及兴化市2021年“十佳师德模范”名单；市领导为受到表彰的教师颁奖；史庆华、刘正芹、邹道进3位优秀教师代表发言。

**10日** 省政协副主席王荣平一行到兴化就“发挥各级供销合作社在促进农村产业融合发展中的作用”主题实地考察。

△ 市政府召开全市安全生产专项整治“双月会战”动员部署会议。会上，市安委办解读了《安全生产专项整治“双月会战”行动方案》，3家单位作表态发言。

△ 市委宣传部、市文明办和市教育局主办的“八礼四仪”入学仪式示范活动在新生中心小学举行。

**11日** 兴化市召开乡村振兴双月工作推进会。副市长刘汉梅主持会议并通报了乡村振兴双月考核情况。市委副书记、统战部部长徐立华对财政支农投入、农业农村重大项目实施水平、绿色优质农产品比重、新型农业经营主体发展水平、农村生态河道覆盖率等方面进行了工作部署。

**13日** 市委党史学习教育领导小组办公室举办全市“永远跟党走,奋进新征程”“百姓名嘴”风采展示活动,20名“百姓名嘴”同台竞技,来自市教育局的陈凯鑫和林湖乡的闵雅倩获得演讲比赛的一等奖。

△ 市政协主席沙顺喜、副市长刘忠,带领相关部门负责人赴省林业局汇报兴化里下河国家湿地公园建设情况。

**13—14日** 泰州市委组织开展全市“三比一提升”项目建设现场督查活动。在13日的活动中,泰州市委书记朱立凡带领项目督查A组,泰州市委副书记、代市长万闻华带领项目督查B组,到兴化市现场督查项目建设情况。A组和B组现场督查了田园主义烘焙食品项目、元富食品脱水蔬菜项目、中华食谷A区项目和五得利二期项目。

**14日** 市第十六届人大常委会召开第四十次会议,听取市人大常委会关于市、乡(镇)两级人民代表大会换届选举问题决定草案和重新确定乡镇人大代表名额、设立市选举委员会的说明并通过有关决定和事项。

**15日** 兴化市召开市、乡(镇)两级人大换届选举工作会议。会前,与会人员集中收看了泰州市市县乡三级人大换届选举工作视频会议。

△ 市委书记方捷主持召开庆祝双乐股份A股上市暨全市企业上市(挂牌)工作推进会。会上,双乐公司董事长杨汉洲和大家分享了公司成功上市的过程与经验。会议还邀请上海股权托管交易中心党委书记、总经理张云峰作专题讲座。

**16日** 市委副书记、代市长殷俊主持召开市政府第五十五次常务会议,传达3日省政府常务会议审议《关于积极应对疫情影响助力企业纾困解难保障经济加快恢复的若干政策措施》的有关精神,听取讨论关于遏制“两高”项目盲目发展的情况汇报、关于当前兴化市节能形势的情况汇报等事项。会议还听取讨论了《2021年度兴化市农村人居环境整治工作考核办法》《兴化市现代农业园区提档升级行动实施方案》《加强兴化市新型农村社区建设的实施方案》等其他事项。

△ 中国质量大会在杭州召开。会上,第四届中国质量奖名单正式揭晓,兴化骄傲——中国交通建设股份有限公司总工程师林鸣榜上有名。

**22日** “稻香蟹肥·和美兴化”2021年中国农民丰收节泰州(兴化)主场活动在江苏省兴化现代农业产业示范园举行。活动中发布了“2020中国品牌农业年度影响力”活动获奖名单,分别是入选“中国重要农业文化遗产典范”的江苏泰州兴化垛田传统农业系统,入选“十大农产品区域公用品牌”的兴化大闸蟹;公布了“2021江苏农业品牌目录”泰州入选名单,包括2个区域公用品牌、8个产品品牌;揭晓“泰州市知名农产品品牌评选结果”,分别为十强农产品区域公用品牌、十家最美绿色食品企业、三十强产品品牌;揭晓“最美泰州人”青年农民篇先进典型名单。2021年的农民丰收节以“庆丰收、感党恩”为主题,全省共设立三场重点活动,“稻香蟹肥·和美兴化”农民丰收节为其中之一。

△ 泰州市乡村振兴重点工作现场推进会在兴化召开。与会人员集中观摩了经济开发区中华食谷A区展厅、元富食品脱水蔬菜项目、江苏田园主义烘焙食品项目、泰州安井食品有限公司和五得利集团兴化面粉公司二期项目等现场。座谈会上,各市区围绕落实“三个清单”,交流了近期各项工作推进情况。市委副书记徐立华介绍了兴化市乡村振兴重点工作情况和下一步工作打算。

**23日** 兴化市召开未成年人关爱保护工作推进会。这次视频会议的主分会场共有1000多人参加,除各市有关部门负责人外,各乡镇分管政法、民政工作的负责人,网格中心负责人、未保工作站站长、网格长、村儿童主任、儿童督导员全部参会。

**24日** 市政府召开全市2022年度城乡居民基本医疗保险参保缴费动员会,部署2022年度城乡居民医保参保筹资工作。

△ 兴化市召开产业招商工作座谈会,梳理2021年以来产业招商工作的开展情况。会上,市商务局通报了2021年以来全市产业招商工作情况;各重点经济板块汇报了本板块产业招商团队2021年以来招商工作;专职招商代表进行了交流发言。

**25日** 2021中国·兴化品蟹赏菊旅游季暨田园乡村专线游开幕仪式在千垛景区游客中心门前广场举行。市委常委、宣传部部长花再鹏宣布2021中国·兴化品蟹赏菊旅游季暨田园乡村专线游正式开幕。开幕仪式上,游客们欣赏了《垛上谣》实景演出,3位垛上好人分享了自己的垛上故事。

**26日** 在兴化市千垛镇政府礼堂内举行了由市政府、市农业农村局、民政局、慈善总会联合开展的“慈善千户关爱活动”。当天,组织方在现场向千垛镇20位贫困户每人发放1000元救助金。这是兴化市连续五年开展此项活动。

△ 市政府召开全市生态环境保护突出问题整改工作推进会。会上,生态环境局通报全市生态环境保护突出问题整改工作情况;参会部门(单位)、乡镇(街道)、开发区就所涉问题交流发言。

**27日** 市十六届人大常委会召开第三十次主任会议。会议听取了市人社局、退役军人事务局、工信局、统计局、残联5个部门关于2020年度部门决算情况的汇报,市人社局、工信局分别关于2020年度“创业富民引导资金”“园区建设奖补资金”管理及使用情况的汇报;听取了市人大常委会财经工委关于5个部门2020年决算和2个专项资金管理使用情况的调查报告。

△ 市委召开工作情况通报会。市委书记方捷向与会的老干部和党外代表人士传达兴化市第十三次党代会精神和泰州市第六次党代会精神,并通报2021年以来全市经济社会发展情况,详细阐述了兴化市第十三次党代会

报告内容。

△ 市委统战部举办"百年征程繁华景 同心圆梦扬帆行"全市统战人士庆中秋迎国庆联谊活动。

**28 日** 兴化市举行全市领导干部党史学习教育专题培训班开班仪式。方捷作开班动员讲话。市委副书记、代市长殷俊主持开班仪式。开班仪式结束后，泰州市委宣讲团成员、泰州市委党校常务副校长王龙以"从党史中汲取前进的力量"为主题给大家授课。

△ 市委常委会召开扩大会议，传达泰州市第六次党代会精神，重点传达泰州市委书记朱立凡所作的市委报告和在中共泰州市第六届委员会第一次全体会议上的讲话。

**29 日** 十三届市委首轮巡察工作动员部署会召开。按照巡察计划安排，十三届市委首轮巡察将对农业农村局（含下属粮种场社区、果园场社区）及供销总社 2 个部门开展常规巡察，并采用"镇村同巡"的方式对大营镇、合陈镇、竹泓镇、新垛镇及所辖 45 个村（社区）进行巡察，同步对已巡察的竹泓镇 2 个村、新垛镇 3 个村开展巡察"回头看"。巡察期间，同步开展选人用人和意识形态的专项检查。

△ 兴化市召开党外干部座谈会，市委书记方捷与党外干部代表座谈交流，倾听他们的心声，并对与会人员工作成长提出希望和要求。

**30 日** 为期三天的全市领导干部党史学习教育专题培训班在完成既定学习任务后圆满结束。市委副书记、代市长殷俊在结业式上作小结讲话。

△ 兴化市举行烈士纪念日公祭活动。市四套班子全体负责人、原四套班子老领导代表、市级机关部门工作人员代表、社会各界人士代表、驻兴化部队官兵、军干所老战士和烈属代表、学校师生代表到庄严肃穆的千秋广场，向先烈们表达无限的哀思。

**是月** 省河长办、省引江河管理处到兴化检查"清剿水葫芦、改善水环境"专项行动落实情况。

## 10 月

**8 日** 市委书记方捷主持召开市委深改委第二次会议，审议通过《国家不锈钢制品质量监督检验中心（兴化）市场化改革方案（讨论稿）》《兴化市关于推进生态环境治理体系和治理能力现代化的实施意见（讨论稿）》等事项。

**9 日** 市委书记、市人武部党委第一书记方捷主持召开市委常委议军会，听取驻兴化部队武装工作情况汇报。会议原则同意人武部提请市委常委会研究解决的相关事项。

△ 市委书记方捷主持召开市委常委会会议，学习习近平总书记在陕西榆林考察时的重要讲话精神，传达省委涉粮专项巡视巡察工作动员部署会精神，听取市政协"有事好商量"协商议事工作情况汇报，研究《加强兴化市新型农村社区建设的实施方案》等事项。会议还听取了兴化市 2021 年第二批及第三批 2000 万元以上政府投资项目建设计划初步安排的汇报，研究《2021 年招商引资项目建设工作考核办法》。

△ 市委、市政府召开全国文明城市创建点评会。与会人员观看了兴化市文明城市创建存在问题视频；市委常委、宣传部部长花再鹏通报了第三方测评问题反馈情况；测评排名靠后的单位、镇街、社区作了表态发言。

**10 日** 市委、市政府和泰州供电公司在兴化经济开发区中华食谷 A 区举行兴化市全域"一企一策"节能降碳技改启动会。启动仪式上，中华食谷节能降碳技改项目正式开工。活动中，市供电公司介绍兴化市全域"一企一策"节能降碳技改服务方案；市委常委、常务副市长常冬海与泰州供电公司副总经理白少锋签订"一企一策"节能降碳战略合作协议；上海东锦集团鼎烹（兴化）食品有限公司总经理丁志尚、泰州供电公司总经理徐春社作发言。

△ 兴化市组织市级机关部门单位党员干部前往南京国际博览中心参观"百年征程、初心永恒"中国共产党在江苏历史展。

**12 日** 新材料与先进制造协同创新基地揭牌仪式在申源集团有限公司举行。清华大学教授许庆彦和副市长沈德才为新材料与先进制造协同创新基地揭牌。

△ 兴化市举办"我为群众办实事"新闻发布会。新闻发布会上，6 个首批示范项目的相关负责人运用 PPT、短视频等方式，分别介绍了项目情况。会议邀请了《泰州日报》、泰州电视台、《兴化日报》、兴化电视台、兴化广播电台、兴化发布、今日兴化、中国兴化政府网和微兴化、图说兴化、逛兴化自媒体平台等媒体参加，并公布了全市筛选出的第二批 18 件"我为群众办实事"重点项目。

△ 泰州市委联动巡察组对兴化市涉粮部门（单位）及相关国有企业开展专项巡察工作动员会召开。会上，泰州市委联动巡察组组长王权就即将开展的巡察工作作了讲话并提出具体要求。兴化市委书记方捷主持会议并作表态发言。

**13 日** 泰州市委书记朱立凡，兴化市委书记方捷，市委副书记、代市长殷俊共同按下启动通水按钮，周庄增压泵站进水闸门缓缓升起，兴化长江引水工程全线正式通水。

△ 广西忻城县委副书记、县长沈国章率党政考察团到兴化市参观考察工业发展和乡村振兴等方面的情况。

△ 兴化市召开全市农村生态河道整治现场推进会。会前，与会人员集中观摩了沙沟镇子婴河、仲李河、铁岸河、龙江河等县乡级河道整治现场，直观感受生态河道建设所展现的自然生态景观。推进会上，市效能办通报了前阶段农村生态河道整治督查情况。沙沟镇、永丰镇、周庄镇、兴东镇分别作交流发言。

**13—15 日** 市委书记方捷率有关部门和企业赴辽宁省沈阳市开展"高校院所行"系列活动。

**14 日** 兴化市召开城乡供水一体化工作推进会，检查交流前期布置工作完成情况，查找短板，明确要求，压实责任，确保如期完成城乡供水一体化工作目标。

△ 泰州市"仪表之礼"观摩示范活动暨 2021 年兴化

市“新时代水乡好少年”颁奖仪式在景范教育集团文峰校区举行。

△ 市委副书记、代市长殷俊带领相关部门负责人实地督查污水处理提质增效“333”行动开展情况。

**16日** 第十五届中国·兴化郑板桥艺术节开幕式在昭阳剧院举行。市委书记方捷宣布第十五届中国·兴化郑板桥艺术节开幕。原南京军区政委、党委书记方祖岐，江苏省人大常委会原副主任、江苏省扶贫“三会”理事长丁解民，作家、江苏省作家协会主席毕飞宇，上海市书法家协会名誉主席周志高，泰州市相关部门领导，兴化市四套班子全体负责人员，市级机关、各乡镇(街道)、开发区负责人员，机关干部代表、文艺界代表、青年群众代表，以及部分媒体参加开幕式。

△ 市政府召开农村公共基础设施管护领导小组第三次会议。市发改委汇报全市农村公共基础设施管护机制落实考核指标工作情况。参会部门单位交流本部门制定政策措施或配套制度的进展以及管护清单制定实施情况。

**17日** 原南京军区政委、党委书记方祖岐将军到省兴化中学，将自己所著的《家国情怀》散文集赠送给母校。

**19日** 市第十六届人大常委会召开第四十一次会议，听取和审议市人大常委会关于召开市第十七届人民代表大会第一次会议的决定、市人大常委会关于市第十七届人大代表名额分配方案以及市人大常委会主任会议关于设立乡镇选举委员会的议案等事项。会议对有关专项工作报告进行满意度测评，通过有关决定决议、议案、方案和审议意见。会议还通过了有关免职事项。

△ 泰州市政协副主席王金国、卞赋章带领相关专委会负责人到兴化开展“走近委员”活动。

△ 市委书记方捷，市委副书记、代市长殷俊带领相关部门乡镇负责人实地督查国省考断面水环境。

**20日** 市委书记方捷主持召开市委理论学习中心组学习会议，观看学习《生命重于泰山——学习习近平总书记关于安全生产重要论述》电视专题片，学习习近平总书记在中央人大工作会议上的重要讲话精神等内容。

△ 泰州市委书记朱立凡先后到兴化市李健粮油贸易有限公司、兴化北郊粮食储备库专题调研秋粮收购工作。在随后召开的座谈会上，市委书记方捷汇报了关于兴化市2021年以来涉粮工作的思路和举措。朱立凡与部分粮食购销企业和种粮大户交流，就做好当前秋粮收购工作听取他们的意见建议。

△ 市委书记方捷主持召开市委常委会会议，学习习近平总书记关于统计工作最新重要讲话指示精神和中央“三个文件”精神及国家统计局查处典型案例的情况通报，研究《兴化市推进纪检监察监督“三色清风卡”工作实施方案》等事项。会议还传达学习了中央人才工作会议精神和全省海外引才工作推进会议精神。

△ 兴化市召开村党群服务中心“规范＋提升”建设推进会。会上，合陈镇、海南镇、大邹镇、新垛镇等4个乡镇围绕“六个规范化”要求，对标“四常一好”目标，就村党群服务中心“规范＋提升”建设工作作表态发言。近年来，全市上下牢固树立“大抓基层、夯实基础”的工作导向，在党群服务中心建设上按下“快进键”，花大力气、下硬任务，取得了较好的成效。

**21日** 市委副书记、代市长殷俊带领相关部门负责人实地督查全市2021年部分民生实事项目的进展情况。

△ 兴化市召开市、乡(镇)两级人大换届选举工作培训会，对熟悉运用换届选举信息系统等相关工作专题培训。

**22日** 市政府举办“抓住碳中和发展机遇 推动经济高质量发展”专题讲座，进一步引导广大干部科学把握新发展阶段，深入贯彻新发展理念，加快构建新发展格局，推动兴化高质量发展。江苏省人大常委会民族宗教侨务委员会主任、东南大学长三角碳中和战略发展研究院院长朱晓明应邀授课。

△ 兴化市召开全国文明城市创建硬件组工作暨环境专项整治推进会。会前，市领导带领与会人员先后到天宝大酒店北门、人民医院北门、八里新区、国际华城小区、城西农贸市场、海德北街和市未成年人成长指导中心检查文明创建工作。会上，相关部门汇报了文明城市创建硬件项目建设进展、存在问题和下一步工作打算。

△ 市委副书记、代市长殷俊主持召开市政府第五十六次常务会议，传达学习习近平总书记关于统计工作最新重要讲话指示精神和中央“三个文件”精神以及国家统计局查处典型案例的情况通报，传达学习习近平总书记关于粮食安全的重要讲话和重要指示批示精神，听取关于全市粮食生产安全责任制落实情况的汇报。会议讨论并原则同意《兴化市工业企业“亩均论英雄”改革成效考核评价办法(试行)》。会议还听取讨论了《兴化市深化农村公路管理养护体制改革实施方案》《江苏兴化里下河国家湿地公园管理办法》《兴化市农村生活污水治理设施运行维护管理办法》等其他事项。

△ 兴化市举行“星辉昭阳”青年人才交流大会暨第六届网络销售创业大赛启动仪式。

**23日** 市委副书记、代市长殷俊带领政府办、卫健委、公安局、疾控中心等部门单位负责人以“四不两直”方式深入社区、车站、医院、商场和街道防控办，实地检查疫情防控工作。

**25日** 市委书记方捷带队调研新时代文明实践工作情况。方捷先后到古砖场村新时代文明实践站、金岛社区新时代文明实践站、昭阳街道新时代文明实践所、市新时代文明实践中心等地，听取相关情况的介绍和汇报并提出具体要求。

△ 全市首届家庭服务业职业技能大赛落下帷幕，参加决赛的80名选手同场竞技，分为四个工种进行技能水平比试。市委常委、常务副市长常冬海为大赛获奖选手颁奖。

**26日** 由市委宣传部、市文学艺术界联合会、市文体广电和旅游局主办，扬州八怪书画院、郑板桥纪念馆承办的“全国当代翰墨名家邀请展”在市博物馆开展。

△ 市政府专题召开创建省级安全发展示范城市迎检工作布置会，切实做好兴化市创建省级安全发展示范城市工作，以最优的姿态、最好的现场、最全的台账迎接省级验收，确保首创必成。会后，应急管理部信息研究院高级工程师周刚就如何做好现场点位的迎检工作为大家作专题辅导。

△ 省农巡办到兴化开展为期一周的省级农村公路纪检监察巡查，从源头上预防和遏制农村公路领域的腐败和作风问题。

**27日** 市政府召开金融工作例会暨金融惠企“三走进”集中签约活动。会上，市金融监管局通报“普惠型金融领域贷款余额占比”情况，对金融服务实体经济竞赛和金融惠企“三走进”等工作进行部署安排；人民银行通报金融运行情况，布置下一阶段金融重点工作。市委常委、常务副市长常冬海肯定了金融部门服务地方经济发展所取得的成绩，并就如何做好下一步工作提出要求。

△ 市应对新型冠状病毒肺炎疫情防控工作领导小组办公室召开专题会议，听取当前全市疫情防控工作开展情况汇报。会上，市公安局、发改委、卫健委、市场监管局、工信局等部门汇报了当前全市疫情防控相关情况，并就需要协调解决的问题进行了研究。

△ 东台市委书记杨雪峰率党政代表团到兴化市考察交流。在兴化期间，东台市党政代表团还考察了市博物馆、郑板桥故居等现场。

**28日** 市政协召开十三届三十一次常委会议，听取市纪委监委、市公安局2021年工作情况的通报，并进行协商；听取市政府关于推动健康食品产业高质量发展建议案的答复等事项。会议通过《关于召开政协兴化市第十四届委员会第一次会议的决定(草案)》。

△ 市委、市政府专题召开新《中华人民共和国安全生产法》宣贯会。泰州市应急管理局副局长王建春受邀为与会人员解读新《中华人民共和国安全生产法》。

**29日** 市委书记方捷主持召开市委常委会会议，学习习近平总书记在中共中央政治局第三十三次集体学习和在《生物多样性公约》第十五次缔约方大会领导人峰会上的重要讲话精神，研究常态化开展扫黑除恶斗争巩固专项斗争成果相关工作等事项。会议还听取讨论了关于调整国安教育培训中心建设规模的情况汇报、关于城投公司与供电公司合作投资开发区等企业屋顶光伏发电项目的情况汇报等事项。

△ 市十六届人大常委会召开第三十一次主任会议，听取市政府关于全市农村人居环境整治长效管护机制落实情况的汇报。会上，相关单位部门表态发言，部分人大代表提出了加大管护投入、强化资金保障、加强规划引领、发动依靠群众等方面的意见和建议。

**30日** 江苏省庆祝中国共产党成立100周年“百年百场”优秀群众文艺作品巡演(兴化专场)在昭阳剧院上演。

△ 市委副书记、代市长殷俊主持召开市自然资源和规划管理委员会第十五次会议，听取讨论关于葛家安置房三期、郭家安置房设计方案、部分地块公开挂牌的情况汇报。

**是月** 市选举委员会召开第一次会议，研究人大换届选举有关事项。会议讨论通过了市、乡(镇)两级人大换届选举工作日程、选举日，通过了市选举委员会办公室内设机构人员名单和市级机关各口、街道选举工作领导小组成员名单。

**是月** 兴化市审议通过《兴化市行政调解工作实施方案》，开启了全市高质量推进行政争议的实质化解的“兴化模式”。

## 11月

**1日** 泰州市委常委、常务副市长刘浩带领相关部门到兴化市调研秋粮收购和统计督察整改工作。

**3日** 市委书记方捷，市委副书记、代市长殷俊带领相关部门负责人到戴南镇调研在建拟建重点项目，了解项目推进情况，现场会办、协调解决矛盾问题。

△ 省“保Ⅲ增Ⅲ”溯源整治专项督查第五督查组到兴化督查全市国省考断面“保Ⅲ增Ⅲ”达标整治工作情况，并对水污染防治攻坚工作进行指导。

**4日** 市委书记方捷带领市发改委、市农业农村局、兴粮集团等单位主要负责人，到钓鱼国家粮食储备库、北郊国家粮食储备库，实地调研全市秋粮收购情况。

△ 兴化市举办第五期“一线实干”讲习所。讲堂上，市委组织部通报了全市当前高质量考核指标完成情况。市商务局、市医保局、大垛镇、陈堡镇介绍各自在高质量考核工作方面的具体做法。活动现场，参会人员就高质量考核有关问题，现场与5位主讲人进行互动交流。

△ 市委书记方捷采用“四不两直”方式到村、防控专班督查乡镇(街道)疫情防控措施落实情况。督查中，市领导到东方广场家得乐超市检查了人员密集场所疫情防控工作，针对发现的问题现场提出了整改要求。

△ 兴化市召开城乡建设用地增减挂钩工作推进会，会前，与会人员实地观摩了陈堡镇蒋庄村增减挂钩项目、大营镇整村连片增减挂钩试点地块和新村惠民项目，详细了解了项目实施面积、投资规模以及居民生产生活改善等情况。会上，市自然资源和规划局通报了全市城乡建设用地增减挂钩工作情况。

**5日** 兴化市召开全市高质量考核工作推进会。会上，牵头部门作情况通报，重点部门、乡镇作表态发言。市委副书记、代市长殷俊针对经济工作、财税工作和高质量考核三个方面，作具体分析总结。

△ 兴化市举行“家安”行动暨“平安家庭”建设工作推进会。会上，一批维权和议事会先进集体、维权先进个人代表、优秀家事调解员、最美议事人、平安家庭示范户获

得了表彰。

**7日** 市政府召开疫情防控工作专班业务专题培训会。会上,市防控办、市卫健委、市公安局相关负责人分别围绕工作专班能力提升、全员核酸检测能力、流调溯源工作进行了专题培训。

**8日** 市人大常委会主任吉天鹏、副市长王辉到安丰镇调研粮食安全责任制落实和秋粮收购工作情况。

**9日** 副省长潘贤掌一行到兴化市调研。在兴化市现代农业产业示范园,潘贤掌一行参观了生态综合种养示范基地,详细了解生态综合种养产量及效益情况。在兴达年产35万吨高性能子午线轮胎用钢帘线扩建项目现场,潘贤掌详细了解项目建设情况。在创新兴达体验中心,听取相关负责人关于兴达发展历程、企业文化、核心产品等方面的介绍。

△ 泰州市委书记朱立凡带领相关部门负责人到兴化市调研基层社会治理、粮油保供、群众居住条件改善等民生工作。

△ 兴化市召开全市乡镇(街道)未保工作站规范化建设现场推进会。与会人员先后观摩了昭阳街道海池社区和英武社区儿童关爱之家、林湖乡未保工作站等示范现场,市民政局负责人就具体工作进行部署。

△ 兴化市在吾悦广场南侧广场举办2021年度"119"消防宣传月启动仪式。

△ 市委副书记、代市长殷俊带领市城管局、市监局、住建局、公安局等相关部门负责人到政务服务中心、嘉鸿农贸市场、五里西路等地实地督查文明城市创建工作,现场协调指导解决问题。

**10日** 兴化市召开乡村振兴双月工作推进会。会前,与会人员集中观摩了省级现代农业产业园区综合种养基地及林湖乡铁陆村、西丁村,竹泓镇冯家村等现场,实地了解农业产业园区建设水平和农村人居环境整治情况。在随后召开的推进会上,副市长刘汉梅主持会议并通报了乡村振兴双月考核情况。

△ 市委副书记、代市长殷俊主持召开市自然资源和规划管理委员会第十六次会议,听取讨论关于文峰路东侧地块、兴姜河西路西侧地块、戴南镇一宗经营性用地公开挂牌的情况汇报等事项。

**11—13日** 由泰州市淮剧团带来的原创大型无场次现代淮剧《杨根思》在昭阳剧场上演,方捷、殷俊等市四套班子领导观看了演出。

**12日** 兴化市召开基层党建"书记项目"观摩推进会。会前,与会人员实地观摩了昭阳街道、林湖乡、昌荣镇、千垛镇的"书记项目"。会议充分肯定了基层党建"书记项目"的成效并提出具体要求。

**14日** 兴化市召开全国文明城市创建工作布置会。会上,市创建办从实地考察和问卷调查两个方面作业务辅导。

**15日** 市应对新型冠状病毒肺炎疫情防控工作领导小组办公室召开晨会,听取全市各防控组主要负责人汇报各自工作开展情况。会上,学校防控组、企业防控组、农村防控组、公安防控组等汇报了当前疫情防控相关情况,并就需要协调解决的问题进行了研究。

△ 市委书记方捷带队调研全市2022年城建计划。方捷详细询问了解相关情况,听取项目负责人关于城建计划的介绍。在随后召开的座谈会上,市自然资源和规划局汇报了2022年城建计划(征求意见稿)相关情况,与会人员针对各个项目进行了深入讨论并提出意见和建议。

**16日** 第十五届中国·兴化郑板桥艺术节——"一枝一叶总关情"全国中国画写意花鸟画邀请展在市博物馆开幕。

△ 市委书记方捷主持召开市委理论学习中心组学习会议,市委副书记徐立华领学中国共产党第十九届中央委员会第六次全体会议公报。市委常委、宣传部部长花再鹏领学习近平总书记在中共中央政治局第三十次集体学习及第三十四次集体学习时的重要讲话精神。市委常委、常务副市长常冬海领学《求是》杂志文章:《新发展阶段经济工作怎么干?——习近平同志在河北、福建的经济工作实践与启示》。市领导沙顺喜、常军、邓志方、沈德才就党史学习教育作书面交流。

△ 市第十六届人大常委会召开第四十二次会议。市人大常委会副主任马元连传达中央人大工作会议精神。市人大常委会办公室作关于《兴化市人民代表大会志(1954—2019)》编纂情况的说明。会议听取了有关人事任免议案和辞职、免职事项。

△ 兴化市千垛镇东罗村入选农业农村部公示的2021年中国美丽休闲乡村名单,成为全市第一个获批的中国美丽休闲乡村。

**17日** 泰州市人大常委会常务副主任、党组副书记杨杰,泰州市人大常委会副主任邹祥凤,泰州市人大常委会秘书长李卫国一行到兴化市调研换届选举工作。

△ 兴化市举行兴严桥建成通车仪式。市委书记方捷讲话时以大桥开通为契机,通过提出"四问"谈党员干部的作风建设问题。

**18日** 中国工程院公布2021年院士增选结果,兴化骄傲——中国交通建设股份有限公司总工程师林鸣上榜。

△ 市政府与南京农业大学举行全国农业科技现代化先行县(兴化)共建签约仪式。农业农村部科教司副司长孙法军以视频方式出席活动并讲话。南京农业大学校长陈发棣和兴化市长殷俊共同为南京农业大学兴化乡村振兴研究院揭牌。

△ 全省贸易统计工作暨农民专业合作社列统工作现场会在兴化市召开。会前,参会人员实地观摩了垛田街道建顺果蔬专业合作社、永丰镇华鑫水产养殖专业合作社、永丰镇飞瀚水产品专业合作社,详细了解合作社的经营品种、种养规模、销售模式等。会上,市长殷俊介绍了全市农民专业合作社列统工作情况。省统计局副局长费丽明对兴化市农民专业合作社列统工作表示肯定。

**19日** 市委书记方捷会见由中国光大环境(集团)有

限公司执行董事、副总裁，中国光大绿色环保有限公司行政总裁钱晓东率领的考察团一行，双方就探寻合作机会进行良好交流。

△ 兴化市召开全市领导干部依法行政宣讲会。会议邀请泰州市中级人民法院审判委员会委员、行政审判庭庭长顾金才作"用法治思维和法治方式推动社会治理现代化"主题宣讲。

**20日** 市委书记方捷主持召开市委常委会会议。会议研究讨论了《关于深入学习贯彻党的十九届六中全会精神的通知(征求意见稿)》。市委副书记、代市长殷俊在会上对当前疫情防控、安全生产、文明城市创建等重点工作提出进一步要求。

**22日** 市人大召开全市市、乡(镇)两级人大换届选举工作转段动员暨推荐泰州市第六届人大代表候选人初步人选会，总结回顾前一阶段工作情况，进一步明确做好下一阶段工作要求，并部署做好泰州市第六届人大代表候选人初步人选推荐工作。

△ 兴化市与泰州海事局举行共同推动兴化市航运经济高质量发展战略合作协议签约仪式。市委副书记、代市长殷俊，泰州海事局局长林翔分别代表兴化市人民政府和泰州海事局签订共同推动兴化市航运经济高质量发展战略合作协议。副市长沈德才主持签约仪式，并介绍了兴化市水运发展相关情况。

**23日** 市应对新型冠状病毒肺炎疫情防控工作领导小组办公室召开晨会，研究"祥泰行动"3号应急演练方案，对常态化疫情防控工作再部署、再强调。

**24日** 省人大常委会人代联委主任、省选举办公室副主任杨勇一行到兴化调研换届选举工作情况。

**26日** 市委副书记、代市长殷俊主持召开市政府第五十七次常务会议，听取讨论关于城镇污水处理提质增效整改情况的汇报、《兴化市工业经济、开放型经济奖励实施办法》、关于千垛景区2021年度基础设施提升工程建设方案的情况汇报等事项。会议还听取讨论了关于调整2021年度城区住房保障标准的情况汇报、关于全面建立乡镇(街道)权力清单有关情况的汇报、《全面推行林长制工作方案》《兴化市改革完善医疗卫生行业综合监管制度实施方案》等其他事项。

△ 兴化市召开全国文明城市创建实地测评工作分析会，分析现场反馈的问题，及时总结经验，加快补强短板，扎实做好全国文明城市创建常态长效工作。

△ 市委副书记、代市长殷俊主持召开全市应对新型冠状病毒肺炎疫情防控工作领导小组会议。会上，副市长刘汉梅传达了泰州市疫情防控调度会议精神；市疫情防控领导小组"一办十三组"和有关街道、部门汇报交流了本轮疫情发生以来各自所做的工作和下一步工作打算；与会市领导就如何更好应对疫情提出了意见和建议。

△ 市第十六届人大常委会召开第三十二次主任会议，听取关于未成年人关爱保护工作情况的汇报和关于市检察院未成年人关爱保护工作的调查报告。与会人员围绕全市未成年人关爱保护工作提出意见和建议。

**27日** 兴化市召开全市冬春治污攻坚暨突出环境问题整改推进会。会上，市委常委、政法委书记李蓓领学了《中共中央、国务院关于深入打好污染防治攻坚战的意见》；生态环境局传达了上级会议精神，并通报了高质量考核有关指标、省生态环境厅溯源监测以及突出环境问题整改工作情况；市效能办通报了重点断面3公里范围有关乡镇蟹塘养殖尾水偷排情况；相关部门、镇街作表态发言。

△ 市委副书记、代市长殷俊采用"四不两直"的方式到超市、药店和小区督查疫情防控措施落实情况。

**29日** 学习贯彻党的十九届六中全会精神中央宣讲团宣讲报告会在南京举行。会议以视频会议形式召开，方捷、殷俊等在兴市四套班子领导在兴化市设立的分会场收听收看报告会。

△ 兴化市举行"点亮英雄之光 汇聚奋进力量"——"致敬英雄杨根思、弘扬'三个不相信(不相信有完不成的任务，不相信有克服不了的困难，不相信有战胜不了的敌人)'"党史学习教育特色线上直播专题活动。

△ 市委副书记、代市长殷俊到2021年第一批次房屋征收部分项目现场实地督查房屋征收工作进展情况。

**30日** 市委召开全市领导干部大会，迅速传达学习贯彻省第十四次党代会精神。会上，市委书记方捷还就疫情防控工作、冲刺年度目标、谋划明年工作、稳定社会大局等当前重点工作作了强调。

**是月** 银行业保险业支持乡村振兴试点示范提质扩面活动在安丰镇举行。

**是月** 泰州市委常委、常务副市长刘浩带领相关部门负责人到兴化市专项调研兴达高性能子午线轮胎用钢帘线扩建项目。

**是月** 兴化市在永丰镇举办"东方黑格尔——刘熙载"文化座谈会，纪念刘熙载先生逝世140周年。

## 12月

**1日** 兴化市召开市委党建工作领导小组会议暨基层党建"书记项目"年终述比会。根据最终得分排名，昌荣镇、戴南镇、林湖乡、沈坨镇、大营镇、沙沟镇6个乡镇获得基层党建"金质奖"书记项目。市委书记方捷为获奖乡镇颁奖，并就如何进一步抓好"书记项目"提出具体要求。

△ 市委书记方捷以"四不两直"方式深入乡镇督查镇村污水管网建设情况。

**2日** 市委书记方捷主持召开市委常委会会议，学习习近平总书记在中央全面深化改革委员会第二十二次会议上的重要讲话和关于档案工作的重要批示精神。会议听取并原则同意《关于落实泰州市基层减负"136"专项行动的实施方案》《关于十四届市政协人事安排的意见》。会议听取了共青团的工作汇报和千垛镇、兴粮集团关于巡察整改情况汇报。

△ 兴化市慈善医院慈善医疗救助项目签约仪式在

市人民医院举行。泰州市慈善总会副会长叶海波、市慈善总会副会长薛宏金、市人民医院院长张彤签订了慈善医疗救助项目协议书。市委常委、常务副市长常冬海主持签约仪式并讲话。

**3日** 市委书记方捷到市新时代文明实践中心向乡镇部门干部、基层群众代表、市委宣讲团成员宣讲党的十九届六中全会精神。

△ 市政府召开非法码头整治总结会。截至2021年11月30日,全市非法码头整治任务已经圆满完成。

**4日** 由市新时代文明实践中心主办,理论宣讲志愿服务分队、文化文艺和体育志愿服务分队承办的十九届六中全会专题道德讲堂总堂活动举行。

△ 省委党史学习教育第三巡回指导组组长葛平一行到兴化市调研指导党史学习教育工作。汇报会上,市委书记、市委党史学习教育领导小组组长方捷汇报全市党史学习教育开展情况。葛平对兴化市前一段党史学习教育给予充分肯定。

△ 开发区举行项目签约仪式,由苏州清智科技装备制造有限公司计划投资2.8亿元的高端装备制造项目落户开发区。

**6日** 兴化市召开学习贯彻党的十九届六中全会精神宣讲工作动员会。会上,市委宣传部相关负责人对全会精神宣讲工作安排进行通报说明。

△ 兴化市召开2022年度全市党报党刊发行工作会议,部署安排2022年度党报党刊征订发行工作。

△ 曲水县委副书记、县长汤官中率领党政代表团到兴化参观考察。在兴化期间,曲水县代表团先后参观了金桥焊材智能化工厂、泰州市水上运动训练基地、陈堡镇特色田园乡村唐庄村、调味品产业集聚区、市博物馆和金东门历史文化街区等地,了解兴化市特色产业发展、田园乡村和历史文化名城建设。

**8日** 兴化市开展"祥泰行动"3号应急预演。

**9日** 学习贯彻党的十九届六中全会精神省委宣讲团宣讲报告会在兴化市举行。省委宣讲团成员、省委宣传部副部长赵金松作宣讲报告。市委书记方捷主持宣讲报告会并讲话。宣讲报告会结束后,赵金松与基层党员干部代表、市委宣讲团成员围绕学习贯彻党的十九届六中全会精神进行互动交流,对大家关心的问题现场解答阐释。

△ 兴化市开展2021年城镇燃气突发供气事件应急救援演练。

**10日** 省生态环境厅副厅级环境监察专员尹荣尧带领督查组到兴化督查指导民主村国考断面"保Ⅲ增Ⅲ"达标攻坚工作。

**11日** 市委副书记、代市长殷俊调研戴南镇和开发区,要求两地围绕固定资产投资等经济指标,切实抓实抓好2022年产业项目。

**13日** 兴化市十六届人大常委会召开第四十三次会议。会议传达学习了党的十九届六中全会精神;听取并审议了关于市、乡(镇)两级选举委员会部分组成人员辞职的情况说明;听取并通过了关于接受兴化市市、乡(镇)两级选举委员会部分组成人员辞职的决定(草案)。

△ 兴化市开展"祥泰行动"3号指挥系统"合成"演练活动。

△ 省产改工作调研评估组到兴化调研产业工人队伍建设改革工作。在兴化期间,调研组到拉面说、东锦集团鼎烹世家(兴化)食品科技有限公司、伽力森主食等企业深入车间调研座谈,了解企业在产改工作中的创新举措,并对兴化市相关工作给予了充分肯定。

**14日** 由泰州市委党校、泰州市哲学学会联合举办的"全面融入双循环发展格局"理论研讨会在兴化召开。活动中,泰州市哲学学会负责人作2021年学会工作报告,并对党的十九届六中全会精神进行了解读;泰州市委党校经济教研室讲师对"习近平新时代中国特色社会主义经济思想"进行解读;部分优秀论文代表现场交流发言。

**15日** 市委书记方捷主持召开市委审计委员会第六次会议。会上,市审计局汇报了《2020年度市本级预算执行和其他财政收支审计查出问题的整改情况报告》、2022年度审计项目计划(草案),与会人员进行了审议讨论。

△ 市委书记方捷主持召开市委深改委会议,审议《兴化市土地要素市场化配置管理办法(试行)》和《关于改革完善社会救助制度的实施方案》。

△ 市委书记方捷主持召开市委常委会会议,传达学习中央经济工作会议精神,研究关工委工作及与中再生战略合作、江苏合众资产收购相关事项。

△ 市政府召开宁盐高速征地工作动员会。副市长沈德才参加会议并讲话。会上,相关单位汇报项目进展情况,参会部门乡镇交流发言。

**16日** 市委副书记、代市长殷俊主持召开市自然资源和规划管理委员会第十七次会议,听取讨论关于部分地块公开挂牌出让的情况汇报,关于国安教育培训中心规划设计方案的情况汇报等事项。会议还对沈坨镇一宗经营性用地(商业)公开挂牌出让等事项进行了讨论。

**17日** 中国作家协会第十次全国代表大会全国委员会第一次全体会议选举产生新一届主席团,兴化籍作家毕飞宇当选为副主席。海南省作协主席、兴化籍作家梅国云当选中国作协十届全委会委员。

△ 兴化法院召开虚假诉讼整治典型案例新闻发布会,通报全市防范和打击虚假诉讼活动开展情况,并发布6起虚假诉讼典型案例。兴化法院相关负责人还分别就套路贷虚假诉讼经常出现的案件类型以及兴化法院虚假诉讼治理下一步工作举措等问题回答了媒体记者的提问。

△ 兴化市组织开展常态化疫情防控应急演练。

**20日** 中国少年先锋队兴化市第五次代表大会胜利召开。市委书记方捷参加大会开幕式。会议期间,与会代表听取并审议了市第四届少工委所作的《领巾飘扬心向党 强国有我梦启航 为兴化建设新时代鱼米之乡时刻准备着》工作报告,大会选举产生了新一届少工委。

**20—21日** 泰州市政协之友联谊会2021年年会在

兴化市召开。会上,来自泰州市及各市区政协之友联谊会负责人分别就2021年工作情况和2022年工作思路开展了交流。与会人员实地参观了兴化经济开发区的安井食品、伽力森主食等食品企业。

**21日** 泰州市以视频会议形式召开学习贯彻省第十四次党代会精神省委宣讲团宣讲报告会。市委书记方捷等市四套班子全体领导同志,市法院院长、市检察院检察长,各乡镇(街道)党(工)委书记,市级机关各部门主要负责人,市委宣讲团成员代表在兴化市设立的分会场参加会议。

△ 市委书记方捷给全市领导干部上廉政党课,通过一系列警示教育,教育引导全体党员干部知敬畏、守底线,不断提高拒腐防变和抵御风险的能力。

△ 兴化市以视频会议形式召开全市新冠肺炎疫情防控工作推进会。会上,副市长刘汉梅对下一阶段疫情防控工作作动员部署。各乡镇(街道)、单位部门以书面交流的方式作表态。

**22日** 市政府召开12月份交通工程联席会。与会人员参观了阜溧高速建湖至兴化段以及351省道上跨新长铁路大桥施工现场,各项目分管负责人在会上汇报各项工程建设进展情况。

**23日** 兴化市召开2021年度军政军民座谈会暨"最美退役军人""最美军嫂"表彰会议。

△ 市老干部艺术团举行建团30周年庆祝大会暨文艺会演。庆祝大会上,方捷代表市四套班子发表讲话。文艺会演期间,老干部艺术团与社区签订共建协议,并对部分艺术团成员进行了表彰。

**24日** 市委书记方捷主持召开市委常委会会议,学习省委书记吴政隆在省委常委会集体学习习近平总书记重要讲话和重要法规重要文件时的讲话。会议听取并原则同意《关于在全市开展法治宣传教育的第八个五年规划(2021—2025年)》。

**25日** 由中国小说学会主办、兴化市委宣传部承办的"中国小说学会2021年度好小说"评议会举行。陈彦的《喜剧》等5部长篇小说,艾伟的《过往》等10部中篇小说,铁凝的《信使》等10篇短篇小说,骁骑校的《长乐里:盛世如我愿》等10部网络小说,石钟山的《贩梦者》等10篇小小说·微型小说入选。

**26日** 市委副书记、代市长殷俊主持召开市政府第五十八次常务会议,传达《关于做好2022年元旦春节期间有关工作的通知》,全省新冠肺炎疫情防控工作、安全生产电视电话会议和泰州续会会议精神,听取讨论《政府工作报告》、2022年市政府为民办实事候选项目等事项。会议讨论并原则同意《关于加快推进养老服务高质量发展的实施意见》。会上还学习了国务院办公厅、住建部有关问题的通报,并讨论了2021年第四批政府投资项目建设计划等其他事项。

△ 江苏兴达公司年产35万吨高性能子午线轮胎用钢帘线扩建项目(一期)电镀线正式开车运行,自此该项目一期工程已全线投产运行。

**27日** 市政协第十三届委员会常务委员会召开第三十二次会议。会议听取了市政府关于《政府工作报告》起草情况的说明,讨论通过了市政协十三届常委会工作报告和提案工作情况的报告及两个工作报告的报告人。与会人员围绕政府工作报告、法院工作报告和检察院工作报告、2021年国民经济社会发展计划执行情况和2022年国民经济社会发展计划草案报告、2021年预算执行情况和2022年预算草案报告(征求意见稿)进行协商讨论,并提出了相关意见建议。会议协商通过了市政协十四届一次会议有关事项,讨论通过了《致离任委员的一封信》,并通过有关人事事项。

**28日** 戴南镇领导干部会议召开,宣布泰州市委、兴化市委关于戴南镇领导班子调整变动的决定。

**29日** 兴化市召开"党建引领 共兴共富"金融助推乡村振兴暨"兴村易贷"产品发布会。会议宣读了"党建引领共兴共富"三年行动计划实施方案;市委常委、组织部部长刘洪,副市长王晓秋共同为"中共兴化市乡村振兴金融服务委员会"揭牌。

**29—30日** 泰州市委组织开展全市"三比一提升"项目建设现场观摩活动。在12月29日的活动中,泰州市委书记朱立凡带领项目观摩A组,泰州市委副书记汤成快带领项目观摩B组到兴化市现场观摩项目建设情况。

**30日** 市第十六届人大常委会召开第四十四次会议,听取和审议相关报告、议案,相关事项说明,以及开展专题询问。分组审议后,各小组汇报审议情况;通过了关于召开市十七届人大一次会议的有关事项;通过了有关工作报告;通过了代表资格审查报告;对有关专项工作报告进行满意度测评;通过了有关任职事项;对有关人事任免事项进行表决,并颁发了任命书,举行了宪法宣誓仪式。

△ 省政府信访局副厅职信访督查专员刘建带队督查兴化市信访工作。刘建一行实地督查了昭阳街道人民来访接待中心和市人民来访接待中心,并对兴化市信访工作给予了充分肯定。

**31日** 《兴化年鉴(2020)》在中国地方志指导小组举办的第八届全国地方志优秀成果(年鉴类)评比工作中获得县级综合年鉴一等奖。

△ 市委副书记、代市长殷俊带领相关部门单位负责人到小区和建筑工地,实地督查安全生产和疫情防控工作。

△ 兴化市举办兴化市银北门"品蟹一条街"开街仪式。仪式上,市领导向品蟹一条街入驻餐饮单位、"兴化大闸蟹"区域公用品牌授牌使用单位代表进行授牌,并举行银北门"品蟹一条街"旅游项目签约仪式。

## 城市概览

**【地理位置】** 兴化市位于江苏省中部,里下河地区腹地。地处北纬32°40′~33°13′,东经119°43′~120°16′。东邻大丰、东台,南接姜堰、江都,西与高邮、宝应为邻,北与盐都隔界河相望。境内地势低平,河网密布。政区东西最长、南北最宽各55千米。总面积2393.35平方千米,其中陆地面积1949.65平方千米,占总面积的81.46%;水域面积443.7平方千米,占总面积的18.54%。

(孙东圣)

**【自然资源】** *土地资源* 2019年末,全市第三次国土调查统一时点总面积359.2504万亩。其中,农用地251.1616万亩,建设用地48.2156万亩,未利用地59.8732万亩。全市农用地中耕地172.6561万亩,占总面积的48.06%;园地1.6291万亩、占0.45%;林地7.1665万亩、占1.99%;草地0.9743万亩、占0.27%;建设用地中:商业服务业用地1.1578万亩、占总面积的0.32%;工矿用地8.4614万亩、占总面积的2.36%;住宅用地24.9016万亩,占总面积的6.93%;公共管理与公共服务用地1.8117万亩,占总面积的0.50%;特殊用地1.3419万亩、占总面积的0.37%;交通运输用地6.6227万亩、占面积的1.84%;水域及水利设施用地3.9184万亩,占总面积的1.09%。未利用地中:湿地0.3398万亩,占总面积的0.09%;水域及水利设施用地58.8990万亩,占总面积的16.39%(其中河流55.7553万亩、湖泊2.8331万亩,分别占总面积的15.52%和0.79%)。

*矿产资源* 2021年末,全市已发现各类矿产6种,其中查明资源储量的有3种,列入兴化市矿产资源储量统计表的矿产地共11处,已利用的矿产地10处。

*水资源* 兴化市2021年全年降水量26.70亿立方米,上年年降水量15.27亿立方米,与上年比较多74.9%,多年平均年降水量为24.62亿立方米,与多年平均比较偏多8.45%。梅雨量较常年显著偏多,全年雨量492.7毫米,多年平均236.8毫米,较常年偏多108.1%。地表水年径流量8.447亿立方米,多年平均年径流量6.27亿立方米。与多年平均比较多34.72%,浅层地下水资源1.987亿立方米。全年人均水资源量916立方米。

*森林资源* 截至2021年底,全市林木覆盖面积为59.32万亩;其中有林地面积40.57万亩、特灌林地面积2.61万亩、四旁树折算面积16.14万亩,核减大水面86.76万亩后,林木覆盖率为21.77%,森林覆盖率12.02%。

全市湿地总面积91.1万亩(不包括提水养殖面积),自然湿地面积38.78万亩,截至2020年底,受保护自然湿地面积达20.1456万亩,自然湿地保护率达52%。

(徐兴旗)

**【气候特点】** 2021年,兴化市气候特点:气温偏高,降水偏多,日照偏少。

*气温* 年平均气温16.6℃,较常年偏高0.9℃,除4月、7月、8月、11月偏低或持平外,其余月份偏高。年极端最高气温37.2℃(6月7日),年极端最低气温-12℃(1月8日)。

*降水* 年总降水量1193.2毫米,比常年偏多10%,除6月、8月、9月、10月偏多外,其余月份偏少,其中7月份降水量异常偏多。全市6月13日入梅,较常年偏早(常年6月19日),7月11日出梅,较常年偏早(常年7月13日),梅期28天,梅期略偏长(常年25天)。全市梅雨量分布不均,城区梅雨量220.7毫米,较常年偏少近两成,有13个站点梅雨量达300毫米以上,最多444.2毫米,出现在戴南镇张郭。

*日照* 年日照时数1943.2小时,较常年偏少167.3小时,年日照百分率44%,其中:1—2、11—12月份较常年偏多,其他各月均较常年偏少。

*暴雨* 年内出现暴雨6次,出现在7月5—6日(122.9毫米)、7月16—17日(94.8毫米)、7月26—27日(105毫米)、7月28日(104.5毫米)、7月29日(82.9毫米)和8月30日(69.9毫米)。

*高温* 年内出现≥35.0℃的高温

日数7天,分别出现在6月6—7日,7月10日、12—14日、8月31日。6月7日出现年极端最高气温37.2℃。

寒潮 年内出现寒潮7次,分别出现在1月6—8日,2月15—16日,11月7—8日、22—23日、29—30日,12月16—18日、25—29日。

（葛　蕾）

【历史沿革】 兴化古称昭阳,又名楚水,历史悠久。南荡遗址文物证明,在4000多年前的新石器时代兴化就有人居住。春秋、战国时期为吴楚之地。周慎靓王时为楚将昭阳食邑。秦为九江郡地。汉至隋唐历属临淮、广陵、江都。兴化建县始于公元920年,五代吴武义二年(920),划海陵县北设招远场,不久改招远场为兴化县。故有“昭阳古邑”“海陵旧址”之称。北宋时期,初属扬州,改隶泰州。宋建炎四年(1130),升高邮为承州,割兴化而属之。明清时代属扬州府高邮州。1912年废府制,兴化直隶江苏省。1941年2月兴化成立抗日民主政府,先后隶属苏北临时行政委员会、苏中行政委员会、苏中第二行政区。抗日战争、解放战争期间,曾建立过“兴东县”“溱潼县”“沙沟县(市)”,后撤销并入兴化(一部分并入东台、泰县)。1948年12月,兴化解放,属苏皖边区二专署领导。1949年5月兴化隶属苏北扬州专区。1950年1月兴化隶属泰州专区。1953年1月泰州专区撤销,兴化隶属扬州地区。1983年3月扬州地区撤销,兴化属扬州市。1987年12月兴化撤县建市,仍属扬州市。1996年隶属新设立的地级泰州市。

【行政区划】 至2021年12月,全市设有乡镇及街道26个:昭阳街道、戴南镇、大垛镇、荻垛镇、戴窑镇、合陈镇、昌荣镇、陶庄镇、海南镇、大邹镇、永丰镇、安丰镇、新垛镇、钓鱼镇、大营镇、沙沟镇、千垛镇、中堡镇、兴东镇、陈堡镇、周庄镇、垛田街道、竹泓镇、林湖乡、沈坨镇(撤销张郭镇、茅山镇,设立新的戴南镇)。设有江苏省兴化经济开发区(临城街道),居民委员会60个,村民委员会463个。

【人口状况】 年末常住人口112.66万人,比上年减少了0.26万人;常住人口城镇化率58.14%,比上年末提高0.54个百分点。户籍人口150.84万人,比上年减少1.91万人。户籍人口中,当年出生7355人,人口出生率为4.88‰,比上年下降3.07个千分点;死亡13125人,人口死亡率8.7‰,比上年下降0.99个千分点;人口自然增长率为-3.82‰。

【民族宗教】 全市人口以汉族为主。全市有苗族、壮族、回族等42个少数民族,少数民族常住人口2784人,流动少数民族人口1012人。少数民族有苗族、土家族、壮族、侗族、彝族、回族、满族、布依族、白族、哈尼族、蒙古族、拉祜族、黎族、傈僳族、仡佬族、水族、瑶族、朝鲜族、藏族、傣族、佤族、羌族、畲族、仫佬族、土族、布朗族、鄂温克族、独龙族、景颇族、纳西族、鄂伦春族、哈萨克族、怒族、普米族、达斡尔族、德昂族、俄罗斯族、珞巴族、毛南族、维吾尔族、锡伯族。

（孙东圣）

【传统文化】 兴化传统文化往上可追溯至楚汉文化。

兴化方言属江淮方言区。明初,大批苏州移民迁入,因此兴化方言亦含有吴语成分。

兴化饮食属“淮扬菜系”,烹调以炖、焖、蒸、烧、炒见长,特色菜肴有:炒乌鱼片、醉蟹清炖鸡、醋熘鳜鱼、蟹黄包子、沙沟春卷、沙沟大鱼圆、松花皮蛋、兴化熏烧、戴南香肚、安丰三腊菜等。

明代兴化就有昆曲联社。清同治年间至民国初年,徽剧和京剧班社盛极一时。1946年,解放区建有农民剧团。中华人民共和国成立后,先后成立的班社有20多个。1955年,在兴化登记有8个剧团。剧种含淮剧、扬剧、京剧、越剧等,另有木偶剧、杂技、曲艺等演出团体。后经撤并调整,于1987年恢复兴化淮剧团至今。

兴化在长期的历史进程中逐渐形成了水乡的特色文化,留传下的非物质文化遗产非常丰富。解放初期,茅山号子曾经唱进中南海,林湖栽秧号子“格上段”被艺术院校选入音乐教材。历代民间艺人薪火相传,大营捏面人、竹泓船艺、麦草编织等民间艺术长盛不衰。庙会等传统文化习俗,随着时代变迁被赋予新的内涵,荡湖船、高跷、莲湘、龙舞等传统文化节目不断推陈出新。

【历史名人】 兴化历史悠久,据影山头出土的文物考证,境内人类生存史可追溯到新石器时期,距今5500—6300年。沧海桑田、斗转星移,这方神奇的土地孕育了一批又一批人杰,名闻遐迩。他们中有古典文学巨著《水浒传》作者施耐庵,明代三任宰辅高谷、李春芳、吴甡,明“嘉靖七子”之一、文学家宗臣,“东海贤人”韩乐吾,清代画派“扬州八怪”中的代表人物郑板桥、李鲜,文艺理论家、“东方黑格尔”刘熙载,经学家、扬州学派早期代表人物任大椿、顾九苞,国学大师李详,江淮名医赵海仙等。近代,从兴化走出去的学者还有生物学家李继侗、化学家钮经义、地理学家李春芬等。作家毕飞宇、费振钟、王干,佛学大师霜亭、震华、慈舟,政经、军事名人袁木、戴凤举、蔡祖铭、解厚铨、王凤银及国际象棋大师谷笑冰、侯逸凡等。兴化文化积淀深厚,人才辈出,自南宋咸淳年间至清末光绪时期,有262人中举,105人中进士,文武状元各1人,分别是李春芳和解学熊,在苏北县市罕见。

施耐庵(约1296—1370),名彦端,字耐庵,元末明初大文学家,《水浒传》作者。为元至顺辛未进士,曾官钱塘二载,以不合当道权贵,弃官归里,闭门著述。卒后葬兴化新垛施家桥。1957年施耐庵墓被公布为江苏省第一批省级文物保护单位。

高　谷(1391—1460),字世用,号育斋。明永乐十三年(1415)进士,选庶吉士,授中书舍人,正统十年(1445)任工部右侍郎,入内阁参与机要。后升任谨身殿大学士。一生历事永乐、洪熙、宣德、正统、景泰五朝,被尊称为“五朝元老”。

李春芳(1511—1585),字子实,号石麓,别号华阳洞天主人。明嘉靖二十六年(1547)状元,任翰林院修撰。嘉靖四十四年(1565),以礼部尚书加太子太保兼武英殿大学士入阁。隆庆二年(1568)任内阁首辅。著有《贻安堂集》《宗藩条例》《明隽》等。一说曾校订《西游记》。

宗　臣(1525—1560),字子相,文学家。明嘉靖二十九年(1550)进士,授刑部主事,调吏部文选司。后任福建布政参议,升按察副使、提督学政。其诗文主张复古,与李攀龙、王世贞齐名,为"嘉靖七子"之一。著有《宗子相集》十五卷,其中的《报刘一丈书》被收入《古文观止》。

吴　甡(1589—1670),字鹿友,号专愚,晚年号柴庵。明万历四十一年(1613)进士,天启元年(1621)任山东潍县知县,崇祯初年任御史,崇祯十五年(1642)升任礼部尚书,兼东阁大学士。著有《柴庵疏稿》《安危注》等。

韩　贞(1509—1585),号乐吾,兴化戴窑韩东村人,世代以烧窑制陶为业,幼家贫。曾拜泰州著名理学家王艮为师,因其笃学力行,品德高尚,深得王艮赞赏。乐吾一生以道德为楷模,极力宣扬"助人为乐"和乐天安命思想,且躬行力践,表正一乡,善行无数,被誉为"东海贤人"。卒后远近赴吊,哀声彻野,邑人在城内建韩公祠祀之。有《韩乐吾先生遗集》存世。

李　鱓(1686—1762),字宗杨,号复堂,又号懊道人。康熙举人,清代著名书画家,"扬州八怪"之一。康熙五十二年(1713)被选入内廷,为南书房行走,供奉内廷书画。擅长花卉虫鸟,形成任意挥洒"水墨融成奇趣"的独特风格。长期往来扬州、兴化之间,以卖画为生,终老扬州。

郑　燮(1693—1766),字克柔,号板桥。清代书法家、文学家,"扬州八怪"代表人物,康熙秀才、雍正举人、乾隆进士,曾任山东范县、潍县知县,后辞官归里,卖画为生。郑板桥诗书画被世人誉为"三绝",擅画兰竹,以草书中竖长撇法运笔,体貌疏朗、风格劲峭。书法以隶为主,独创一格,谓之"乱石铺街"体。诗词言情述事,直抒胸臆,多写民间疾苦。

任大椿(1738—1789),字幼植,又字子田。清代经学家,"扬州学派"早期代表人物。乾隆三十四年(1769)进士。曾任礼部仪制司主事,《四库全书》纂修官。学术上在考证名物制度、搜辑小学佚书方面有很高成就。撰有《弁服释例》《字林考逸》《小学钩沉》诸书。

刘熙载(1813—1881),字伯简,号融斋,晚年号寤崖子。道光进士,后任翰林院庶吉士,入值上书房。同治三年(1864)任广东学政,后主讲上海龙门书院。学问渊博,通晓经史、天文、算法、字学、韵学,工诗词,著有《艺概》《昨非集》《说文叠韵》等九种,为清代杰出的文艺理论家。

赵履鳌(1830—1904),字海仙。清末淮海医派杰出代表,精于内科,善于治疗疑难杂症,弱冠时即医名大震。医德高尚,救死扶伤,时人誉为"赵半仙"。有《寿石轩医案》《霍乱辨正》等存世。

**【人文景点】** 全市拥有文物古迹230多处,其中文物保护单位92处,包括:全国重点文物保护单位3处,即上池斋药店、蒋庄遗址和兴化垛田;省级文物保护单位有12处,即李园、兴化城墙、万兴大典、杨家大院、成氏宅第、施耐庵墓、郑燮墓、影山头遗址、郑板桥故居、赵海仙洋楼、兴化东岳庙大殿和万盛桥;市级文物保护单位77处。省级历史文化街区2处,即东门历史文化街区和北门历史文化街区。国家AAAA级旅游景区2处,即郑板桥—范仲淹纪念馆和李中水上森林。国家历史文化名镇1处,即沙沟镇。全国乡村旅游重点村1处,即碧水东罗。著名景点还有千垛菜花景区、徐马荒、乌巾荡湿地公园、拱极台、万亩荷塘、施耐庵陵园、郑板桥林园等。

非物质文化遗产丰富,截至2021年底,入选各级"非遗"保护名录124项。传统木船制造技艺、茅山号子、清明节(茅山会船)3项入选国家级"非遗"保护名录,省级"非遗"保护名录12项,泰州市级"非遗"保护名录33项,兴化市级"非遗"保护名录76项。

新春舞龙大赛、乌巾荡龙舟大赛、广场舞大赛、千垛菜花旅游节、施耐庵文学节、郑板桥艺术节、茅山会船节、荷文化旅游节、沙沟美食节、中堡捕捞节、碧水东罗农民丰收节、古朴唐庄农民丰收节、八字桥文旅休闲街区和银北门"品蟹一条街"、儒学文化街区等展示、展演、展销等节庆活动丰富多彩,影响深远。

(刘红兵)

## 兴化特产

**【兴化干丝】** 兴化干丝是兴化市的特色产品之一,在当地已有数百年的历史。从古到今,从城市到村镇,从

兴化干丝。

酒楼食肆到寻常居家，每逢早餐，或三五好友，或自家成员，围坐品茗细啖干丝，其乐融融。兴化干丝为纯手工制作，选用兴化本地优质黄豆，先经过浸泡、磨浆、晃浆、烧浆、点卤、浇百叶、榨百叶、剥百叶等诸多工序制作成百叶，其中点卤是整个工艺流程中最为关键的步骤，直接影响百叶的质量；然后切成丝状，松软细腻，口感极佳。

**【兴化茨菇】** 茨菇又称茨菰、慈菇等，多年生挺水草本植物。生长于兴化水田。株高 50 厘米至 100 厘米。叶似箭头，地下有肉质球茎，黄白色或青白色，可作蔬菜食用，富含钾、磷、锌等微量元素，食之可生津润肺，补中益气，是无公害绿色保健食品中的上等珍品。泽国兴化，气候温和，阳光充沛，水网密布，便于浇灌，土壤肥沃，为褐粘土，适合茨菇生长。这里出产的茨菇，质高量大。可烧可炒可煮，营养丰富，食味上佳。如茨菇烧肉、茨菇炒大蒜、茨菇咸菜汤等。兴化茨菇，作为无公害农产品，已走进千家万户，伴随着水乡儿女的成长。

**【兴化猪头肉】** 兴化猪头肉肉质特别，肥而不腻，很多人对猪头肉情有独钟。兴化猪头肉是兴化卤菜摊位上必不可少的美味。里下河一带习惯称卤味烧制的肉食为熏烧。将选好的兴化本地猪头洗净，镊去细毛，

兴化面条。

割下双耳，挖出口条，劈开猪头，取出猪脑，浸泡在清水中，漂去血渍，用热水浸泡或下水锅煮半小时，捞出洗净后，整片放到大口锅或木甑子里，倒入熬制好的老卤汁，加上五香、八角、桂皮、花椒、葱姜、酱油、精盐及清水，先用旺火烧沸，再用文火煨煮 2～3 小时至肉酥烂。烧制的火候与时间要恰到好处，以能用手将骨肉扒离为准。熏烧好的猪头肉表面油光，色泽红润，香味独特，精肉鲜香，肥肉酥烂，肉质醇美，别有一番风味。

**【兴化面条】** 兴化是中国传统主食专用小麦的最优势的生产区域之一，兴化红皮小麦出粉率高、粉色白、灰份低；面筋数量适中，稳定性高，面团弹性好。食用品质好、色香味纯正。在中国历届中筋蒸煮类小麦品质评比中均列前茅。用兴化红皮小麦通过传统石磨，采取低速低温研磨加工而成的兴化面条，最大程度地保留了兴化红皮小麦中各种营养物质，保留了兴化红皮小麦的原汁原味。兴化面条麦香浓郁，口感与弹性较佳，非常适合华东、华南广大消费的口味需求，在中国南方诸省十分畅销，具有较高的知名度和影响力。

（孙东圣）

# 中国共产党兴化市委员会

## 综　述

【概况】 2021年,市委把深入学习贯彻习近平新时代中国特色社会主义思想作为统领一切的总纲,全面落实党的十九大和十九届二中、三中、四中、五中、六中全会精神和中央、省委、泰州市委决策部署,深入贯彻新发展理念,牢牢把握稳中求进工作总基调,全年经济运行呈现稳定态势,实现地区生产总值超千亿元、增长10.5%,一般公共预算收入46.16亿元、增长11.3%,入选中国县域经济百强市、全国综合实力百强市、中国工业百强市。规模以上工业产值、工业增加值、工业开票销售分别增长31%、12.5%、26%,新增规模以上工业企业134家、居泰州第一。

【市委第十三届党代会】 2021年7月20日,中国共产党兴化市第十三次代表大会开幕。深入学习贯彻习近平总书记视察江苏重要讲话指示和在庆祝中国共产党成立100周年大会上的重要讲话精神,总结过去五年工作,谋划今后五年任务。市委书记方捷代表中共兴化市第十二届委员会向大会作《接续奋斗 再创辉煌 把幸福兴化建成老百姓希望的模样》的工作报告。大会选举产生33名中共兴化市第十三届委员会委员、15名中共兴化市纪律检查委员会委员,以及87名出席中共泰州市第六次代表大会代表。选举产生6名中共兴化市第十三届委员会候补委员;通过中国共产党兴化市第十三次代表大会关于中国共产党兴化市第十二届委员会报告的决议和中国共产党兴化市第十三次代表大会关于中共兴化市纪律检查委员会工作报告的决议。

## 市委重要会议

【市委十二届十次全体会议】 2021年1月5日,市委召开十二届十次全体会议。高举习近平新时代中国特色社会主义思想伟大旗帜,深入贯彻习近平总书记视察江苏重要讲话指示精神,回顾总结过去一年的工作,研究部署"十四五"和今后工作,动员全市上下承前启后、接续奋斗,持续深化"强富美高"新兴化建设,全面建设社会主义现代化新征程。市委书记、市长方捷代表市委常委会作《深化四大转型 建设幸福兴化 奋力谱写繁荣繁华梦水乡高质量发展新篇章》的工作报告。全会审议通过《中共兴化市委关于制定兴化市国民经济和社会发展第十四个五年规划和二〇三五年远景目标的建议(草案)》。

【全市安全生产暨消防工作会议】 2021年2月26日,市委、市政府以视频会议形式召开全市安全生产暨消防工作会议。市委书记方捷指出,要压实党政领导、部门监管、企业主体"三方责任"。推动安委办、专治办、

2021年3月4日,全市农村工作会议召开。　(市融媒体中心/供图)

巡查办“三办合一”，开展高密度、高频次的巡查督查。严格落实安全生产“一票否决”制度，充分发挥考核指挥棒作用。市委常委、常务副市长常冬海主持会议。市委全体常委、市人大常委会主任、政协主席、市政府全体负责人参加会议。

**【全市农村工作会议】** 2021年3月4日，市委、市政府以电视电话会议形式召开全市农村工作会议。市委书记、市长方捷指出，要加强党对“三农”工作的领导，汇聚各方资源力量推进乡村全面振兴。坚决落实重农强农要求，加强和改进乡村治理，推进平安乡村、法治乡村建设，加强农村思想道德建设，拓展新时代文明实践中心建设，推进农村移风易俗。市委副书记、副市长王英俊主持会议，市委副书记徐立华作工作报告。市四套班子全体负责人参加会议。

**【全市断面长制暨突出环境问题整改工作推进会】** 2021年3月15日，召开全市断面长制暨突出环境问题整改工作推进会。市委书记、市长方捷指出，要着眼点线面、统筹市镇村，注重“岸上与岸下齐抓、上游与下游共管、治标与治本兼治”，打好控源截污、环境整治、清淤疏浚、引水活水、景观提升等一套“组合拳”，既管好流动的河水，又管好定点的监测；既保护好车路河、卤汀河、南官河等“大动脉”，也要畅通乡级河道、村庄河流等“毛细血管”。做好河道保洁管护、污水管网建设、污染源头防控、跨界协同共治等工作。副市长牛世杰主持会议。市领导吉天鹏、徐立华、马元连、刘春龙、常冬海、刘洪、常传林、刁德林、刘汉梅、沈德才、邹祥龙参加会议。

**【全市交通运输工作会议】** 2021年3月16日，市委、市政府召开全市交通运输工作会议，回顾总结“十三五”及2020年交通运输工作，研究部署2021年目标任务。市委书记、市长方捷要求，要牢牢把握“人民满意”这一根本目标，牢牢把握“保障有力”这一基本要求，牢牢把握“一体融合”这一发展规律，在“融合”上动脑筋，在“协同”上做文章，在“组合”上下功夫，发挥不同运输方式的比较优势，以系统思维打造公铁水空立体交通。市委常委、常务副市长常冬海主持会议。市领导余建年、邹祥龙参加会议。

2021年3月16日，全市交通运输工作会议召开。

（市融媒体中心/供图）

**【全市政法（信访）工作暨平安兴化建设工作会议】** 2021年3月16日，市委、市政府召开全市政法（信访）工作暨平安兴化建设工作会议，回顾总结2020年工作情况，研究部署2021年工作任务。市委书记、市长方捷指出，要注重系统观念、法治思维、强基导向，奋力推进兴化政法工作高质量发展，努力建设更高水平的平安兴化、法治兴化。市委常委、政法委书记马元连作工作报告。副市长、公安局长刁德林主持会议，并宣读相关表彰决定。市领导翟云峰、邹祥龙参加会议。

**【全市党史学习教育动员会议】** 2021年3月19日，召开全市党史学

2021年3月16日，全市政法（信访）工作暨平安兴化建设工作会议召开。

（市融媒体中心/供图）

习教育动员会议。市委书记、市长、市委党史学习教育领导小组组长方捷强调,要在全市上下迅速兴起党史学习教育热潮,学史明理、学史增信、学史崇德、学史力行,以昂扬奋进的态势开启全面建设社会主义现代化新征程,以优异成绩迎接中国共产党成立100周年。市委副书记徐立华主持会议。市四套班子全体领导,市法院院长、市检察院检察长;各乡镇(街道)、开发区党(工)委书记、开发区管委会主任,市级机关各部门、直属单位主要负责同志参加会议。

**【全市河长制工作推进会】** 2021年4月2日,召开全市河长制工作推进会。市委书记、市长方捷强调,要抓好水的工作,写好水的文章,常抓不懈、久久为功,持续擦亮兴化水生态底色。市委副书记徐立华作全市河长制工作报告。市委副书记、副市长王英俊主持会议。市四套班子全体负责人参加会议。

**【2020年度综合考核总结表彰大会】** 2021年4月10日,召开2020年度综合考核总结表彰大会。市委书记、市长方捷在会上强调,全市上下坚持"实"字当头、"干"字为先,敢闯敢拼、善作善为,确保"十四五"首战必胜。市委副书记徐立华主持会议。市委常委、常务副市长常冬海宣读《关于表彰2020年度先进集体、先进个人的决定》《关于2020年度改革创新奖获奖项目的通报》。市四套班子全体负责人员,各乡镇(街道)党(工)委书记、乡镇长(办事处主任)、开发区管委会主任,市级机关各部门单位主要负责人,受表彰的先进集体和个人,农业、工业、服务业、建筑业重点企业负责人代表参加会议。

**【部分行政区划变更工作动员大会】** 2021年4月16日,召开部分行政区划变更工作动员大会。市委书记、市长方捷强调,要通过区划调整切实调出转型新动能,调出发展新空间,调出干部群众新风貌,举全市之力再造一个新戴南、闯出一番新天地。市委副书记徐立华主持会议,宣读上级关于同意兴化部分行政区划变更的批复。市四套班子全体负责人参加会议。

**【全国文明城市创建动员大会】** 2021年4月29日,召开全国文明城市创建动员大会。市委书记、市长方捷要求,全市上下要思想不松、标准不降、力度不减,坚决打赢这场攻坚战、持久战,努力交出一份全国文明城市创建的精彩答卷,为兴化再添一块闪亮的"金字招牌"。市委常委、宣传部部长刘春龙主持会议并代表创建领导小组作创建工作部署。市四套班子全体负责人参加会议。

**【全市深化工业企业"亩均论英雄"改革工作部署会】** 2021年5月15日,召开全市深化工业企业"亩均论英雄"改革工作部署会。市委书记、市长方捷指出,要提高站位,以长远眼光看待"亩均论英雄"改革。要统筹兼顾,以务实举措推动"亩均论英雄"改革。要蹄疾步稳,以完善机制保障"亩均论英雄"改革。市领导夏爱东、刘洪、常军参加会议。

**【全市党建工作会议】** 2021年5月28日,召开全市党建工作会议。市委书记、市长方捷强调,要拧紧责任链条,真正把党建工作作为应尽职责、分内之事。找准党建工作与经济社会发展工作的结合点和切入点,切实以党建统领工作、推动工作。要严格督查考评,加大党建工作巡查督查的密度和深度,推动各级党组织和领导干部真抓真管、敢抓敢管、严抓严管,以新业绩新成果向中国共产党成立100周年献礼。市委副书记殷俊主持会议。市委常委、宣传部部长刘春龙,市委常委、统战部部长李蓓,市委常委、组织部部长刘洪,分别作工作报告。市领导吉天鹏、沙顺喜、徐立华、马元连、常冬海、花再鹏、常军参加会议。

**【全市推进"亩均论英雄"改革重大项目集中签约仪式】** 2021年6月25日,市委、市政府举行全市推进"亩均论英雄"改革重大项目集中签约仪式。市委书记方捷强调,要认识到服务项目就是服务兴化高质量发展。用心用情提供全方位的服务,深入项目建设现场"嘘寒问暖",提供全周期的服务,为项目建设、企业发展提供高质高效、专业专注的帮办服务。此次签约活动共达成签约项目51个,计划总投资122亿元。其中5亿~10亿元项目13个,10亿元以上项目1个,外资项目3个。市四套班子领导与各地的客商代表参加。市委副书记、代市长殷俊主持集中签约仪式。

**【全市乡村振兴重点工作推进会】** 2021年7月16日,召开全市乡村振兴重点工作推进会,回顾总结5—6月份工作成效,研究部署下一阶段乡村振兴重点任务。市委书记方捷强调,要把实施乡村振兴战略作为解决社会主要矛盾的重要途径,作为建设现代化经济体系的重要内容,率先在乡村振兴工作中取得实质性进展,为全省乃至全国的乡村振兴作出有益探索、提供可行路径。市委副书记、代市长殷俊主持会议。市委副书记徐立华参加会议。

**【全市新冠疫情防控和疫苗接种工作推进会】** 2021年7月25日,召开全市疫情防控和疫苗接种工作推进会。市委书记方捷指出,要认识到疫情防控工作的重要性紧迫性,时刻紧绷疫情防控这根弦,切实增强政治责任感和工作敏感性,按照中央和省委、泰州市委部署要求,始终把人民群众生命安全和身体健康放在第一位。严格落实疫情防控属地、部门、单位、个人"四方责任",以铁的纪律、严的作风抓好各项工作落实,做到守土有责、守土负责、守土尽责,坚决打赢疫情防控阻击战。副市长丁春华主持会议。市领导殷俊、花再鹏参加会议。

**【全市政法队伍教育整顿总结大会】** 2021年7月27日,全市政法队伍教育整顿总结会暨"回头看"部署会召

2021 年 9 月 7 日，全市创建省级双拥模范城“九连冠”动员部署会召开。
（市融媒体中心/供图）

开，全面总结教育整顿工作成效，研究部署教育整顿“回头看”工作。市委书记方捷强调，要持之以恒深化问题整改，推动教育整顿落地落效。保持思想不松、力度不减、标准不降，全面打好“清零战”，着力推动“长久立”，扎实开展“回头看”，切实抓好重点线索办结销号、顽疾整治清仓见底。市委常委、政法委书记李蓓主持会议。市委常委、市纪委书记、市监委代主任常军参加会议。

**【新冠疫情防控专题布置会】** 2021 年 8 月 3 日，市委书记方捷主持召开疫情防控专题布置会，传达省委常委会会议精神，部署下一步疫情防控工作。方捷强调，疫情就是命令，防控就是责任，大家要守土有责、守土尽责，切实抓好每个岗位、每个环节、每个人，从严从紧落细落实各项工作，坚决打好打赢疫情防控阻击战。市四套班子全体负责人参加会议。

**【市委党建工作领导小组（扩大）会议】** 2021 年 8 月 24 日，市委书记方捷主持召开市委党建工作领导小组（扩大）会议。方捷强调，要把“党建为民”作为党建工作的底色，让党建更有说服力和生命力。会议研究讨论并原则通过《关于建立“1＋3＋N”党建工作机制的通知（讨论稿）》。会议研究讨论通过《兴化市党员激励试点工作实施方案》。市领导徐立华、刘洪、花再鹏、常军参加会议。

**【全市创建省级双拥模范城“九连冠”动员部署会议】** 2021 年 9 月 7 日，召开全市创建省级双拥模范城“九连冠”动员部署会议。方捷要求，要当好拥军强军“服务队”、争做“排头兵”、打造社会拥军“升级版”。把社会化拥军作为改革创新双拥工作的有效抓手，注重政府行为与社会行为有机结合，在内容上更丰富、形式上更多样、示范作用上更凸显，全面形成社会力量关心关爱军人和优抚对象的新态势。会上，市委常委、政法委书记李蓓部署双拥创建工作。市委常委、人武部政委张海林宣读创建省级双拥模范城“八连冠”先进集体、先进个人的表彰决定。市委副书记、代市长殷俊主持会议。副市长刘汉梅参加活动。

**【2021 年教师节表彰大会】** 2021 年 9 月 9 日，召开 2021 年教师节表彰大会。市委书记方捷强调，要以第 37 个教师节为新起点，全力叫响“兴有优教”的教育品牌，扎扎实实办好人民满意的教育。市委副书记、代市长殷俊主持会议。市委常委、宣传部部部长花再鹏宣读受到省、泰州市表彰的先进集体和优秀教师名单以及兴化市 2021 年“十佳师德模范”名单。市领导沙顺喜、常传林、丁春华、刘玲洁参加会议。

**【庆祝双乐股份 A 股上市暨全市企业上市（挂牌）工作推进会】** 2021 年 9 月 15 日，召开庆祝双乐股份 A 股上市暨全市企业上市（挂牌）工作推进会。市委书记方捷为双乐公司深交所创业板上市颁奖。方捷强调，各乡镇街道、各个园区、各部门单位以及各位企业家都要充分认清企业上

2021 年 7 月 25 日，全市疫情防控和疫苗接种工作推进会召开。
（市融媒体中心/供图）

市的重要意义，牢牢把握好国家资本市场的政策机遇期，切实把企业上市作为加快产业转型升级发展的关键一招，为兴化市经济发展注入新动力。市领导吉天鹏、沙顺喜、李蓓、牛世杰、余建年、沈德才、丁永明参加会议。

**【全国文明城市创建工作点评会】** 2021年10月9日，市委、市政府召开全国文明城市创建点评会。市委书记方捷指出，要提高认识，把幸福兴化建成老百姓希望的模样，要始终保持初心、坚定信心，持续发力、久久为功，确保全国文明城市首创必成、首战必胜。市委副书记、代市长殷俊主持会议。市委常委、宣传部部长花再鹏通报了第三方测评问题反馈情况。市四套班子全体负责人参加会议。

**【兴化市全域“一企一策”节能降碳技改启动会】** 2021年10月10日，市委、市政府和泰州供电公司在兴化经济开发区中华食谷A区举行兴化市全域“一企一策”节能降碳技改启动会。市委书记方捷指出，“一企一策”节能技改，项目大有前景，产业大有可为，要大力推广。各乡镇街道特别是两区三园，加快实现企业绿色低碳发展的规模效应，为兴化绿色转型探索发展道路。副市长沈德才主持启动仪式。市委常委、开发区党工委书记牛世杰参加活动。

**【全市领导干部大会】** 2021年11月30日，召开全市领导干部大会。市委书记方捷指出，要增强生态优先、绿色发展的行动自觉，围绕“江苏大公园、人文梦水乡”目标，探索具有兴化特色和内涵的现代化建设路径，努力建设生态品质优良、生态经济活跃的新时代鱼米之乡。市四套班子全体成员，市委委员、候补委员，市法院、检察院主要负责人，各乡镇(街道)党(工)委书记，市委各部委办、市各委办局、市各直属单位主要负责人参加会议。

## 重要活动

**【山西省阳泉市郊区党政代表团到兴化考察】** 2021年4月22日，山西省阳泉市郊区区委书记王晓丽率党政代表团到兴化参观考察。双方签订友好合作备忘录缔结友好市(区)。市领导方捷、李蓓、牛世杰参加活动。

**【中国·兴化健康食品产业推介会】** 2021年5月19日，在深圳举办中国·兴化健康食品产业推介会，面向粤港澳大湾区发出了携手共进的诚挚邀请。市委书记、市长方捷表示，热忱期盼与企业家深化交流合作，在项目建设上拓展合作空间。将提供“无事不扰、有求必应”的优质服务，与兴化携手发展、共赢未来。副市长、开发区党工委书记沈德才主持推介会。市委常委、统战部部长李蓓，市委常委、组织部部长刘洪，副市长刘忠、市人大常委会党组成员杭爱兵参加推介会。

**【深圳投资环境推介会】** 2021年5月21日，举办兴化(深圳)投资环境推介会。市委书记、市长方捷表示，用体系化政策、契约式服务，让企业在兴化安心做自己的事业。真诚期待深圳各界朋友通过此次交流，进一步关注兴化、走进兴化、投资兴化，为兴化高质量发展注入新活力、增添新动能。市委常委、组织部部长刘洪主持推介会。市委常委、戴南镇党委书记、高新区(筹)党工委书记夏爱东，副市长、开发区党工委书记沈德才，副市长刘忠，市人大常委会党组成员杭爱兵参加推介会。

**【党政代表团赴顺德学习调研村改经验】** 2021年5月22日，市委书记、市长方捷率领兴化市党政代表团到佛山市顺德区，学习顺德村级工业园改造提升的成功经验。方捷要求兴化市有关部门和乡镇认真学习顺德村改精神、借鉴成功经验，结合兴化市实际，探索推进工业园区改造升级，为高质量发展腾出宝贵空间。顺德区委常委、区村改办主任梁伟沛陪同调研。市委常委、统战部部长李蓓，市委常委、戴南镇党委书记、高新区(筹)党工委书记夏爱东，市委常委、组织部部长刘洪，副市长、开发区党工委书记沈德才，副市长刘忠，市人大常委会党组成员杭爱兵参加活动。

**【省委党史学习教育第三巡回指导组到兴化巡回指导】** 2021年6月23日，省委宣传部机关党委副书记、省委党史学习教育第三巡回指导组副

2021年5月19日，市委、市政府在深圳举办中国·兴化健康食品产业推介会。
(市融媒体中心/供图)

组长李志益带队到兴化，巡回指导兴化市党史学习教育工作。李志益对兴化市开展党史学习教育的做法和取得的成效给予肯定，希望兴化市充分拓展红色载体、文化载体、活动载体，策划设计群众广泛参与的主题活动，提升党史学习教育的互动性、吸引力和感染力。市领导方捷、刘春龙参加活动。

**【省政协领导到兴化考察湿地生态保护工作】** 2021年7月14日，省政协副主席、党组副书记阎立一行到兴化实地考察湿地生态保护工作。阎立表示，希望兴化市采取全面保护、科学修复、合理利用、持续发展的工作思路，严格保护好湿地资源。加大宣传力度，切实提高全民湿地保护的自觉性。泰州市领导卢佩民、王金国，兴化市领导方捷、沙顺喜、王福全陪同考察。

**【泰州市委书记朱立凡到兴化督查疫情防控工作】** 2021年8月17日，泰州市委书记朱立凡到兴化督查疫情防控工作。朱立凡表示，要加强外来人员登记管理，做好工作人员和居家隔离人员的生活物资保障工作；高度重视发热门诊和医疗机构监测预警作用，严格闭环管理，严格落实"早发现、早隔离、早报告、早治疗"要求，确保万无一失。泰州市委常委、秘书长张余松，副市长王学锋，兴化市领导方捷、殷俊、花再鹏、丁春华参加活动。

**【泰州市委副书记、代市长万闻华到兴化调研】** 8月20日，泰州市委副书记、代市长万闻华到兴化市调研。她强调，兴化要按照泰州市委决策部署，立足资源禀赋优势，以实干求兴、担当强化的决心和信心，奋力跨越赶超，实现洼地崛起，为泰州市高质量发展多作贡献。兴化市领导方捷、殷俊、常冬海、牛世杰、沈德才参加活动。

**【省政协副主席王荣平到兴化考察】** 2021年9月10日，省政协副主席王荣平一行到兴化，就"发挥各级供销合作社在促进农村产业融合发展中的作用"主题实地考察。泰州市政协主席卢佩民，副主席、市工商联主席刘汉秋，秘书长沈惠彪，兴化市委书记方捷，政协主席沙顺喜，副市长刘汉梅，政协副主席王福全及秘书长金国明参加活动。

2021年9月10日，省政协副席王荣平（前右二）一行到兴化就"发挥各级供销合作社在促进农村产业融合发展中的作用"主题实地考察。
（市融媒体中心/供图）

**【方捷殷俊带队赴常州今创集团考察】** 2021年9月10日，市委书记方捷，市委副书记、代市长殷俊带队赴常州今创集团考察，在双方已有合作的基础上，寻求进一步拓展合作的广度和深度。市领导李蓓、夏爱东、牛世杰参加活动。

**【泰州市委书记朱立凡带队到兴化督查项目建设】** 2021年9月13日，泰州市委书记朱立凡带领项目督查A组，泰州市委副书记、代市长万闻华带领项目督查B组，到兴化市现场督查项目建设情况。朱立凡要求，兴化要坚持绿色发展、深耕细作，以调味品产业集聚区建设为重点，叫响"世界鲜、兴化造"品牌。要瞄准市场需

2021年9月10日，市委副书记、代市长殷俊（前右一）在常州今创集团考察。
（市融媒体中心/供图）

求和产业发展趋势,加大技术创新力度,提升产品附加值和核心竞争力,更好为区域经济发展赋能。兴化市委书记方捷、代市长殷俊参加活动。

**【泰州市乡村振兴重点工作现场推进会在兴化召开】** 2021年9月22日,泰州市乡村振兴重点工作现场推进会在兴化召开。泰州市副市长陈明冠希望泰州各市区充分借鉴兴化的成功经验,在规划、招商、上争和考核等重点领域精准发力,提高乡村振兴组织领导水平,切实补齐工作短板,推动乡村振兴走在全省前列。兴化市委副书记徐立华、副市长刘汉梅参加活动。

**【兴化长江引水工程全线通水】** 2021年10月13日,兴化长江引水工程全线正式通水。泰州市委书记朱立凡向兴化长江引水工程全线通水表示祝贺。通水运行仪式上,兴化市委书记方捷汇报了试运行期间水质检测的情况。

**【兴化市委书记方捷率队赴沈阳开展“高校院所行”活动】** 2021年10月13日至15日,市委书记方捷率有关部门和企业赴辽宁省沈阳市开展“高校院所行”系列活动。方捷指出,通过“高校院所行”系列活动,希望能和高等院校、科研院所不断拓宽合作领域,优化合作模式,丰富合作内容。兴化市相关企业负责人分别围绕各自产业领域,与高校院所科研人员展开深入交流,并初步达成了一批产学研合作意向。市委常委、戴南镇党委书记、高新区(筹)党工委书记夏爱东,市委常委、组织部部长刘洪,市委常委、开发区党工委书记牛世杰,副市长沈德才、孙玲玲参加活动。

**【第十五届中国·兴化郑板桥艺术节开幕】** 2021年10月16日,第十五届中国·兴化郑板桥艺术节开幕式在昭阳剧院举行。原南京军区政委、党委书记方祖岐,江苏省人大常委会原副主任、江苏省扶贫“三会”理事长丁解民,作家、江苏省作家协会主席毕飞宇,上海市书法家协会名誉主席周志高,泰州市相关部门领导,兴化市四套班子全体负责人员,市级机关、各乡镇(街道、开发区)负责人员,机关干部代表、文艺界代表、青年群众代表,以及部分媒体参加开幕式。市委副书记、代市长殷俊主持开幕式。

**【泰州市委书记朱立凡到兴化专题调研秋粮收购工作】** 2021年10月20日,泰州市委书记朱立凡到兴化专题调研秋粮收购工作。朱立凡强调,要落实好“把中国人的饭碗牢牢端在自己手中”的要求,坚决扛起维护粮食安全的重大政治责任,抓好秋粮收购工作,提升粮食安全保障能力。泰州和兴化市领导徐克俭、方捷、殷俊、常冬海参加调研活动。

2021年9月13日,泰州市委书记朱立凡(前左三)带队到兴化督查项目建设。 (市融媒体中心/供图)

**【东台市党政代表团到兴化考察交流】** 2021年10月27日,东台市委书记杨雪峰率党政代表团到兴化考察交流。双方共同召开区域融合发展座谈会,推动两地联动发展,携手探索高质量发展的特色路径,共创两地更加美好的明天。兴化市领导方捷、常冬海、夏爱东、刘忠参加活动。

**【副省长潘贤掌到兴化调研】** 2021年11月9日,江苏省副省长潘贤掌一行到兴化调研。泰州市委书记朱立凡,泰州市委常委、市委秘书长徐克俭,泰州市副市长陈明冠,兴化市领导方捷、殷俊、徐立华、夏爱东、刘汉梅参加活动。

**【泰州市委书记朱立凡到兴化调研民生工作】** 11月9日,泰州市委书记朱立凡带领相关部门负责人到兴化调研基层社会治理、粮油保供、群众居住条件改善等民生工作。朱立凡强调,要坚持以人民为中心的发展思想,全面落实泰州市第六次党代会的部署要求,坚定不移增进民生福祉,打造共建共治共享基层社会治理新格局。泰州市领导汤成快、孔德平、徐克俭,兴化市领导方捷、殷俊、李蓓、常冬海参加调研。

**【市委书记方捷会见光大集团考察团一行】** 2021年11月19日,市委书记方捷会见中国光大环境(集团)有限公司执行董事、副总裁,中国光大绿色环保有限公司行政总裁钱晓东率领的考察团一行,双方就探寻合作机会作了友好交流。市领导李蓓、刘忠参加活动。

**【省委宣讲团到兴化宣讲党的十九届六中全会精神】** 2021年12月9日,学习贯彻党的十九届六中全会精神省委宣讲团宣讲报告会在兴化举行。省委宣讲团成员、省委宣传部副部长赵金松作宣讲报告。市委书记方捷主持宣讲报告会并讲话。市委书记方捷指出，全市上下要以此次宣讲为契机，把学习好、宣传好、贯彻好党的十九届六中全会精神，作为当前和今后一个时期的首要政治任务，切实把思想和行动统一到中央和省委决策部署上来。市领导吉天鹏、沙顺喜、马元连、刘春龙参加活动。

【泰州市委书记朱立凡带队到兴化观摩项目建设】 2021年12月29日至30日，泰州市委书记朱立凡带领项目观摩A组，泰州市委副书记汤成快带领项目观摩B组，到兴化现场观摩项目建设情况，A组和B组现场观摩了众拓新材料集中冶炼项目、金桥焊材项目、紧固件产业园项目、兴达年产35万吨高性能子午线轮胎用钢帘线扩建项目等。兴化市委书记方捷，市委副书记、代市长殷俊等市领导参加活动。

（朱　浩　赵　宸）

## 巡　察

【巡察全覆盖】 做好十二届市委第十一轮巡察，发现问题2889个，移交问题线索1377条。组织开展十三届市委首轮巡察工作，对6家单位和47个村（社区）进行常规巡察，发现问题145个，移交问题线索51条。持续深化“当面沟通交办、市领导全程跟踪督办、市委常委会听取整改汇报、共性问题联动整改”四项机制，组织6家被巡察党组织向市委常委会汇报巡察整改情况，向分管或挂钩市领导发函75份，推动28家单位解决60个重点问题。

【巡察整改】 定期组织巡察整改量化评估，对6个乡镇（街道）、27个村（社区）开展巡察整改成效群众评议，征集意见建议32条，推动巡察整改主体责任。严格落实《关于建立市委巡察工作协作机制的意见》，持续巡纪联动、巡审联动、巡信联动，对校园保安队伍、行政败诉案件、违法用地等领域实施“微巡察”，召开分析研判会24次，形成专题报告7份，提出整改建议20条。

（杨小鹏）

## 组织建设

【概况】 截至2021年底，全市共有4014个党组织，其中基层党委85个；党工委9个；党组44个；党总支558个（其中乡镇党总支445个）；党支部3318个（其中乡镇党支部2106个，城区党支部1212个）；党员76778名（其中乡镇农村党员51870名、城区党员24908名）；全年新发展党员1729名。有副处级以上干部43名；正副乡科职级干部1268名，其中市级机关在职536名，乡镇在职312名；转任非领导职务干部420名。

【建党百年系列活动】 谋划“献礼百年”系列活动，扎实开展“百年回眸、百尺竿头、百炼成钢、百堂党课”“四百”行动，推介先进基层党组织、优秀共产党员典型，评选表彰“优秀共产党员”124名，“优秀党务工作者”118名，“先进基层党组织”122个，累计向7394名健在老党员发放“光荣在党50年”纪念章。开展“跨越时空的对话”老党员访谈活动，拍摄《我身边的共产党员》视频宣传短片，《洋葱里的小康梦》作为省委组织部“乡村振兴 on the way”系列作品获中组部第十六届全国党员教育电视片微视频类二等奖。

【队伍建设】 执行《干部选拔任用条例》，完善干部考察评价体系，探索建立“三访三评”工作机制，运用实绩“阳光评议”和“政治体检”结果，深入了解领导班子运行情况和领导干部日常表现，3次被《江苏组工信息》《组工研究》专题推介。全年共提请市委常委会讨论干部9批次，其中提拔正乡科职级31人、副乡科职级101人，进一步使用41人，晋升四级调研员12人。23个乡镇于5月底、市委于7月底完成党委换届。

【教育培训】 组织开展“砥砺奋进新征程 聚力共筑水乡梦”基层干部主题培训，统筹全市乡镇（街道）、部门单位举办重点班次41期。举办“深化四大转型 建设幸福兴化”全市领导干部读书班、“一线实干”讲习所、第十四期青年干部培训班、第十六期新任领导干部培训班等主体班次。创新青年干部培训班形式，系统开展理论学习周、专题调研月、金融小专班等培训活动，全年共举办主体班次4期、专题班次61期，开展“悦阅书香”赠书活动4次，选派人员参加上级调训26批，培训各层级干部25600多人次。

【管理监督】 坚持从严管理监督干部，不断强化巡视巡察整改效能，优化监督管理，完成经济责任审计项目11个，对6名领导干部实施关爱提醒，收集整理干部监督负面信息386条，组织开展内部审查和联合预审270人。注重规范选拔任用干部，先后对7家单位开展选人用人专项检查，对3家单位的整改落实情况进行“回头看”，量化评估16个单位的整改落实情况，提升整改质效。

【宏观管理工作】 以完善干部管理机制为抓手，严把“编制关、职位关、年限关”，全年备案中层干部1066人次。加大“双百双筑”年轻干部计划培养力度，破除职级晋升照顾平衡、论资排辈思维枷锁，在三、四级主任科员常态化晋升工作中实行“两提一考”模式，全年共110名拟晋升人员通过测试，其中88人按程序常态化晋升。印发《关于进一步深化落实“三项机制”工作的通知》，全年收集典型案例261篇，市内编印4期。开展干部人事档案“三专三星”考评活动，全市各管档单位均达到“星级”标准。

【基层组织建设】 组织“乡村振兴青年人才”招录，公开选聘村党组织书记3名，集中招录“双一流”建设高校优秀毕业生6名、村后备干部151名，安排8名“定制村干”到村（社区）

2021 年 12 月 10 日，泰州市举行第三届乡镇党委基层党建书记项目现场述比活动，兴化市 2 个基层党建“书记项目”获评泰州“十佳书记项目”。

（市委组织部/供图）

工作。以“书记项目”推动基层治理能力提升，2 个基层党建“书记项目”获评泰州“十佳项目”。出台党建引领发展壮大村级集体经济三年行动计划，实施 196 个“一百加十”村级发展项目，聚合各类资金 2.68 亿元。完成 523 个村(社区)“两委”换届选举，“一肩挑”达 100%。选出兴化党代表 395 名、泰州党代表 87 名，成功推荐省党代表 3 名。建立“1+3+N”党建工作机制，推动形成基层党建全链条工作闭环。依托“规范+提升”建设优化 523 个村(社区)党群服务中心功能，借助“城市社区人气集聚计划”打造 76 个党建睦邻点，推进“寻梦‘四色’水乡”创建形成 15 个机关党建示范品牌。组织党建引领发展壮大村级集体经济项目路演活动，相关做法被央视《朝闻天下》栏目宣传报道。

**【党员管理和队伍建设】** 围绕党员教育“奋斗”主题，分 46 个班次对各乡镇 13900 多名党员开展集中轮训。践行“两在两同”建新功行动，成立 40 个“防疫先锋”临时党支部、14 支党员先锋“兴”动队投身防疫一线。深化在职党员“五带三星”、无职党员设岗定责活动，开展志愿服务活动 2.2 万多次。制定《兴化市党员激励办法(试行)》，投入 200 万元用于关爱慰问困难党员和激励表现突出党员。开展“万件微实事、民生微服务”活动，办理微实事 5.3 万多件。“日周月”活动被省委《决策参考》作为单条信息刊用，“百千万行动”被《新华日报》重点报道，8 个办实事项目获评泰州市优秀案例。

**【公务员管理】** 坚持按编按需，科学设置招录条件，加强公务员队伍建设，优化公务员队伍结构，全市新录用公务员 139 名。坚持从严从实，突出公务员登记精准化。畅通国有企事业单位人员、优秀村党组织书记进入公务员队伍渠道。加大公务员管理信息化建设，完成全市公务员(参照管理人员)信息维护及年报统计工作。

**【综合考核】** 全面落实公务员平时考核制度，把平时考核结果与年度考核结果挂钩。健全鼓励激励机制，及时运用“向上攀登红旗”“慢进退步黑牌”奖励办法。推动落实各项鼓励激励举措，及时兑现上级综合表彰以及高层次荣誉奖励。规范执行公务员工资福利待遇，提高乡镇工作补贴标准，调整住房补贴基数，核定绩效奖金标准，全面清理超出国家明确规定范围和标准发放的工资津贴补贴等。

**【人才工作】** 举办“才智兴化”国家级高层次人才兴化行活动，入选泰州市“双创计划”28 人，实现国家级创业人才零的突破。开展第十四批科技镇长团选派，从省级机关和高校院所引进 11 名人才到兴化挂职。制定《“十四五”人才发展专项规划》，出台《加快人才集聚助推产业强市六条政策》和《优秀教育人才奖励办法(试行)》。实施人才工作年度“十大工程”，出台《兴化市人才发展专项资金管理办法》，人才发展专项资金由 2000 万元提升至 4000 万元。出台《事业单位高层次和急需紧缺人才引进实施办法》，创新

2021 年 11 月 19 日，央视《朝闻天下》栏目报道兴化市党建引领发展壮大村级集体经济三年行动计划。

（市委组织部/供图）

2021年10月14日，市委书记方捷（右二）带队开展高校院所产学研对接。（市委组织部/供图）

人才引进新方式。举办企业转型与创新管理高级研修班和新生代企业家培训班，评选表彰8名“创新创业杰出企业家”。20人入选2021年兴化市“突贡专家”，资助167名市级乡土人才，被《组织人事报》整版报道。

**【自身建设】** 把政治建设摆在首要位置，聚力“两争一前列”，开展组工业务培训，健全机关内部管理制度，完善部务会议事规则。强化组工信息宣传和舆情监测处置，优化“板桥先锋”“兴化党建”平台管理，开设“组工论坛”。持续深化科室挂钩联系基层党建工作制度，注重组工干部工作质效平时考核，提升组织工作实效。始终从严治部、从严律己、从严带队伍，编印《组工印记》。组织开展“祭英烈”“找寻红色印记”主题活动，树立组织部门良好形象。

（徐　燕）

## 宣传教育

**【概况】** 市委宣传部加强各项宣传舆论工作，全力举旗帜、聚民心、育新人、兴文化、展形象，兴化市被评为“全省基层党员冬训工作示范市”，成功创成全国文明城市提名城市，获评《江苏省社会科学普及促进条例》实施工作成绩显著单位。

**【理论教育】** 市委宣传部以中心组学习为抓手，抓好各级领导班子的理论学习，全年市委理论学习中心组集中学习24次、专题研讨交流6次。组织开展“践行嘱托开新局——奋斗有我”演讲比赛暨“飞燕”名嘴选拔赛，开展理论宣讲活动3000余场，理论宣讲视频和多篇报道先后在学习强国平台推出。推动党的创新理论大众化“学习强国”平台，覆盖率达到100%，推出网上理论微宣讲阵地——“指尖讲堂”，获评“全省基层党员冬训工作示范市”。

**【意识形态工作】** 市委宣传部开展庆祝建党百年“红色氛围大营造”“奋斗光荣 劳动最美”“我是党的螺丝钉”“青春向党 奋斗强国”“永远跟党走”等宣传活动，“我与国旗合个影 我为祖国送祝福”活动征集优秀照片1000多张，登上《新华日报》头版头条。对9个乡镇（街道）、7家单位部门开展意识形态工作专项检查，加强社科、舆论、文化等各类阵地管理，“扫黄打非”工作相关文章被省《工作简报》刊载。落实24小时值班制度，回复网民意见建议诉求1500余条，舆情回应处置率达100%。定期梳理排查、防范化解潜在舆情风险。开展“网安2021”兴化行动，处置网络安全事件17起。开展“网眼看兴化·大V家乡行”“一心向党e路同行”网络文化活动，浏览量超2000万次。开展互联网违法和有害不良信息举报工作。

**【党史学习教育】** 举办“水乡风云 峥嵘岁月”中国共产党兴化百年历史

2021年5月27日，兴化市举办“百年红色故事少年说”暨青少年红色故事讲解活动。（市委宣传部/供图）

2021年6月14日，在市博物馆举办“奋斗百年路 启航新征程”名家书画展。　　（市委宣传部/供图）

展览。邀请时代楷模赵亚夫和兴化老市委书记吕振霖做专题报告。举办“奋斗百年路 奋进新征程”名家书画展、摄影展、专题朗诵会，开展“百年恰风华”“强国有我 奋斗青春”“我心中的英雄”主题征文，组织“百年百人”党史系列纪录片拍摄和“红色百年”文化惠民精品文艺演出，《焦裕禄》《送粮》《沙家浜》《党的女儿》等一批红色经典搬上舞台。开发上线“我的兴化”民生互动平台，确定636个泰州备案项目。推动“百千万”系列工程，攻坚118个重点项目，组建1042支党员突击队，完成16900多件民生微实事。打造500余米“党史一条街”、“百公里”党史红色教育线路，开发苏中公学、东浒村党员组织生活馆等16个现场教学点。发动6万名党员参加庆祝建党百年线上知识竞赛，列全省县(市、区)第五。“渔家星火·青少年学习社线路”受到央视新闻直播间点赞，“薪火‘勇’传·青闯高地”青年学习社线路被江苏电视台报道。

**【舆论宣传】** 做好疫情防控的宣传工作，多形式开展夺取“双胜利”等主题宣传，组织千垛菜花旅游节、郑板桥艺术节等活动宣传，营造推动高质量发展的浓厚氛围。开展“致敬红色百年”全面建成小康社会成就宣传。推进媒体融合，顺利通过省融媒体中心建设验收。办好《问政兴化》《到底为什么》《应该怎么办》等舆论监督栏目，推动问题有效解决。加强宣传策划，拍摄的《大美中国·春》在江苏兴化篇央视一套播出，《远方的家》央视国际频道走进兴化。2021年以来，在央视、省媒体用稿1365篇，学习强国学习平台用稿434篇，其中全国平台36篇。兴化名列人民日报社评选的2021年全国城市热度排行榜第32位。

**【文明创建】** 兴化市创成全国文明城市提名城市，开展月度点评会，落实“五长共治”，顺利通过江苏省文明城市年度测评。19个乡镇211个村、121家单位、19个社区、19所学校分别获评泰州市文明村镇、文明单位、文明社区、文明校园。开展先进典型培树宣传活动，1人获评中国好人，2人获评江苏好人，1人当选江苏最美人物，1人当选江苏省新时代好少年，1人当选感动泰州十大人物。

提档升级新时代文明所(站)，新时代文明实践志愿服务菜单105项，举办志愿服务大集12场。2名志愿者、1个志愿服务项目、1个志愿服务组织、2个社区、1个志愿服务站点被表彰为泰州市学雷锋志愿服务“五个一批”先进典型。组织开展“四史”学习教育主题专场道德讲堂总堂5场，两场道德讲堂总堂活动全程视频被江苏文明网收录。

开展未成年人思想道德建设实事10件、“八礼四仪”观摩示范活动6场，承办泰州市级观摩活动1场。评选表彰10名“新时代水乡好少年”，3名同学获评泰州市“新时代好少年”，

2021年6月23日，兴化市“劳模工匠进校园”宣讲活动在兴化中等专业学校举行。　　（市委宣传部/供图）

1名同学当选“江苏省新时代好少年”。1所学校获“童声里的中国”少儿歌谣创作大赛优秀组织奖，3名同学获“童真里的色彩”儿童画创作大赛优秀奖。

**【文化建设】** 市委宣传部组织文艺精品创作，改编本土原创优秀文艺作品《垛上》，电影《垛上花》在全国公映。推出大型实景演出《垛上谣》、历史情景剧《板桥放粮》《施公断案》，创作音乐作品《百姓的事大于天》。升级改造市图书馆、体育馆，推进新区文化艺术中心、体育中心建设。开展全民阅读活动近千场次，组织文化惠民演出463场。举办第十五届中国·兴化郑板桥艺术节。举办里下河民歌大会、龙舟大赛、“里下河文化记忆”非遗项目展示暨民俗文艺展演。推进国家历史文化名城申报，设计建设蒋庄遗址临时展馆。出版《兴化文化丛书》第一辑，制定《兴化市“中国文学之乡”建设三年行动计划(2021—2023年)》，开展“驻城作家计划”“兴化文学课堂”“毕飞宇工作室·小说沙龙”等活动，评选发布2021年度中国小说排行榜。

（吉丹瑾）

## 统一战线工作

**【概况】** 在市委的坚强领导下，全市统一战线紧扣深入学习贯彻习近平总书记新时代中国特色社会主义思想，聚焦贯彻落实上级统战工作的部署要求，服从服务市委工作大局，审议通过《2021年度全市统战工作要点》。持续开展“同心圆·梦水乡”系列品牌活动，巩固大统战格局，彰显担当作为，为高质量发展贡献统战力量。

**【思想政治建设】** 市委统战部组织党外人士参加市委情况通报会、《政府工作报告》征求意见座谈会、迎新春茶话会等，引导统战成员认清形势、坚定信念、凝聚共识。落实省有关特约人员工作意见，加强特约人员的教育管理和履职考核。做好市政协换届工作，各乡镇(街道)、有关部门共提名拟推荐委员人选347名，不合格取消3名。提交讨论十四届市政协委员初步人选344名，其中党内136名，党外208名，女性106名。十三届委员继续提名123名，新提名221名。

**【党外协商】** 市委统战部发挥统一战线的重要作用，以党外干部的教育培养为抓手，制定实施2021年度党外协商计划，举办党外人士学习会、全市统战各界人士座谈会等活动。2021年有党外领导干部27名(副处职级6名、正局职级5名、副局职级16名)，人大、政府、政协、法院、检察院和10个政府部门均配备党外领导干部。指导九三学社中央在千垛镇东罗村挂牌建立“乡村振兴实践基地”，标志着九三学社助力乡村振兴社会服务项目在兴化正式启动。

**【统战载体创新】** 市委统战部组织新的社会阶层人士代表赴省社院开展培训。组织知联会专家服务团深入乡镇(街道)开展健康知识科普讲座和义诊活动。打造网络人士“e路同行 兴好有你”工作品牌，组织网络作家走进沙沟，传播沙沟的红色精神，用网络文学讲古镇沙沟精彩故事。举办“书百米长卷·庆百年华诞”书画展、“赞美祖国·歌颂党”主题诗词征集赛、“翰墨浓情谢党恩——李劲松渔人鱼画作品展”主题画展、“学党史·颂党恩”进校园等主题活动。组织网络人士开展“网眼看兴化 大V家乡行”“一心向党 e路同行”等活动。组织新媒体从业人员制作抖音短视频、“土味大喇叭”等，做好宣传报道工作。组织蒲公英影视抖音直播平台公司等新媒体帮助万丰农场等开展网上销售，解决农产品滞销问题。

**【民营经济】** 市委统战部组织开展非公经济代表人士综合评价工作，联合13个评价单位，完成400人次综合评价。开展“访百企千商、促改革发展”民营企业服务月系列活动。举办民营企业家研修班、企业家早茶峰会优化营商环境。协助开展市工商联十二届换届工作，2021年有执委118名，其中主席(会长)1名、常务副主席1名，专职副主席(副会长)2名、企业家兼职副主席16人，常委25名，执委73名。组织引导民营经济人士参与乡村振兴、光彩事业和公益慈善事业，在年内的南京、扬州疫情防控中，组织商会、民营企业多方筹措帮扶物资近百万元。

**【队伍建设】** 市委统战部巩固拓展党史学习教育成果，助推统战工作健

2021年9月27日，市委统战部组织党外人士参加市委工作情况通报会。

（市委统战部/供图）

2021 年 3 月 25 日，市委统战部组织网络人士开展"网眼看兴化 大 V 家乡行"采风活动。（市委统战部/供图）

康发展。举办统战干部培训班，增强统战干部的理论素养和业务能力，提高统战干部综合素质。做好信息宣传工作，年度共计采用宣传稿件 62 篇，其中"学习强国"2 篇，人民网 1 篇，中国统一战线杂志公众号 1 篇，《新华日报》8 篇，省统网站、省统微信公众号 45 篇，《华人时刊》3 篇，"华人之窗"微信公众号 2 篇。

（张雅淇）

## 农村工作

**【农民收入增加】** 全面贯彻中央一号文件和各级农业农村工作会议精神，将促进农民增收作为"三农"工作的中心任务，对标高水平全面建成小康社会，出台《关于全面推进乡村振兴加快农业农村现代化的实施意见》《2021 年促进乡村振兴产业发展奖补办法》，落实一系列强农惠农富农政策。2021 年，全市共计发放农业支持保护补贴(耕地地力保护)1.22 亿元，补贴农户 25.07 万户；发放实际种粮农民一次性补贴 3041.02 万元，补贴种粮农户 6.98 万户；发放稻谷实际生产者补贴 8157.36 万元，补贴种植户 5.98 万户。全市农村居民人均可支配收入达 25835 元，同比增长 11.3%，收入比降至 1.88∶1。

**【农民负担监管】** 下发《关于做好 2021 年度农民负担落实工作的通知》，全市落实农民负担 119 个村，"一事一议"筹资筹劳共计 596 万元，发放农民负担监督卡 39.5 万册，农民负担费用专用票据 4000 本。推进 2021 年村级公益事业建设"一事一议"财政奖补项目建设，新建奖补项目 287 个。

**【村级集体经济发展】** 推进村级集体经济发展建设，出台《兴化市党建引领发展壮大村级集体经济三年行动计划(2021—2023 年)》，全市投入资金 0.6 亿元，共为 80 个村培植七大类 39 个集体经济发展项目，其中光伏电站类项目 46 个村，机械(烘干、冷库)设备类项目 12 个村，标准化厂房类项目 11 个村，冷链仓储类项目 6 个村，商铺类项目 2 个村，乡村旅游类项目 2 个村，渔塘整治类项目 1 个村。2021 年，兴化市 463 个行政村和 9 个涉农社区，村级集体总收入达 10.01 亿元，其中，经营性收入 3.73 亿元，村平均收入 78.97 万元。集体经营性收入超 100 万元以上的村 86 个，35 万～100 万元的村 234 个，35 万元以下的村 152 个。

**【农村集体"三资"管理】** 控减村级债务，推进村级债务两年行动计划，截至 2021 年底，全市农村集体"三资"管理平台债务 4.211 亿元，比年初 7.120 亿元下降 40.86%。强化农村"三资"问题专项整治，根据《泰州市农业农村局关于开展农村集体"三资"管理市级抽查审计的通知》要求和纪委巡察反馈问题，对全市 70 个村的 2019 年度、2020 年度的村级财务进行审计。强化村级三资平台监管，定期对预警平台发生的预警信息开展督办，对全市的 7 个乡镇 44 条合同履行异常、5 个乡镇村级财务不及时公开进行督办交办。昌荣镇"以百姓心为心 打造乡村治理样板区"的乡村治理模式成功入选首批省级乡村治理典型案例。

## 侨务工作

**【概况】** 兴化市侨务办贯彻落实中央和省委、市委关于侨务工作的决策部署，紧扣中心，紧贴自身工作实际，不断创新方法机制，着力推动"以侨为本，亲情服务"的工作理念，主动作为、克难奋进，各项工作取得新进展。

**【侨务进"三区"】** 加强日常指导，进一步健全基层侨务工作网络，完善侨务工作阵地设施，打造完善文峰社区、西霞社区、长安社区、英武社区、文林社区"新侨之家""社区侨务宣传角""侨胞之家"及兴化中学"华文交流活动中心"等侨务服务工作平台。放大市人民医院"王存玉院士工作室"效应，努力在人才培养与交流、邀请中外知名专家到兴讲学义诊等方面作出积极贡献。全面开展为侨服务活动，利用网络向海外朋友定期发送兴化信息；组织侨眷属代表赴沙沟开展"追寻革命足迹，永葆红色精神"主题活动。全面开展为侨服务活动，常态化走访慰问侨眷属代表，组织"侨之缘艺术团"分赴社区开展"侨心永向党・共圆中国梦""心系祖国・情系故乡"慰问演出，用先进文化汇聚海内外力量助力兴化发展。组织开展"天涯同心 侨爱同行"为侨服务系列活动，举办侨之缘艺术团与芝加哥华人艺术团《圆梦——永远的丰碑》云端专场演出及中秋国庆走访慰问侨企和侨眷属、中医惠侨、侨法宣传进社区等活动。开展联谊交流，畅谈感想体会，广集意见建议，感受兴化经济社会发展变化。

**【联络工作】** 深化同港澳台海外交流合作和情感联络，开展港澳台人士、海外同乡社团“家乡行”“兴台一家亲”等活动。持续做好到兴探亲、旅游、考察、经商的侨胞的接待工作。2月7日，春节期间，市侨联、市侨办组织开展“访侨眷暖侨心”活动，受到广大侨界人士和社会各界的一致好评。3月16日，泰州市侨联党组书记、主席吉江平，泰州市侨联党组成员、副主席吴焱，党组成员、四级调研员宗斌，秘书长、四级调研员沈玥及办公室主任朱大华一行5人兴化调研。3月26日，南通大学侨联主席石健一行到兴化市考察调研，双方就推进落实侨联服务、工作机制、政策支撑以及“地方侨联＋高校侨联＋校友会”工作机制进行交流探讨。4月23日，市侨联、市侨办组织开展党史学习教育暨“第26个世界读书日”活动，民宗界代表、侨台界代表、台属、侨眷属代表共120人参加。5月27日，省侨联海外嘉宾团（由南美洲的委内瑞拉、欧洲的法国、匈牙利、斯洛伐克以及东南亚泰国等国的侨领组成）一行10人，到兴化考察调研。10月14日，市侨联、侨办组织开展2021年“天涯同心·侨爱同行”喜庆重阳节，体检保健康——中医惠侨志愿服务暨侨法宣传进社区活动。长安社区20多名侨眷属和留学生家长到市中医院进行了一次免费的健康体检。11月11日，召开留学（归国）人员联谊会成立大会。全市各界的20余位留学人员代表，以及有关单位特邀代表共50人参加。11月23日，市侨联组织新联会部分文史专家、书画家走进戴南镇裴马村，就“勾画美丽乡村·助力文化振兴”主题开展观摩研讨和采风创作活动。12月8日，兴化市首家基层侨联组织成立大会在文峰社区召开，将进一步发挥侨联组织以侨架桥，凝侨心聚侨力，引导广大侨界群众主动融入全市发展大局，发挥自身独特优势，在助力兴化高质量发展、把“幸福兴化建成老百姓希望的模样”进程中凝聚侨界智慧、展现侨界作为、贡献侨界力量。

**【交流交往】** 以增进亲情为纽带，加强经济文化各领域交流，进一步推进港澳台和海外统战工作。开展“走出去、请进来”活动，扩大“侨之缘”影响力，举办“祖国好·家乡美”美国兴化同乡会经贸文化交流、“兴台一家亲”兴化投资环境恳谈会、友好城市互访等活动，努力提升兴化市在海外的知名度和美誉度，鼓励海外侨胞发挥资源丰富、联系广泛的优势，继续回乡投资、参与家乡建设，为兴化市优势产业和名优产品拓展国际市场、建立国际营销网络体系牵线搭桥，广泛宣传兴化、增进感情、促成合作。同时，继续为在兴化市投资创业、定居常住、学习工作的海外同胞以及归国留学人员做好服务，为其办实事、做好事、解难题。

（王振安）

## 对台事务

**【概况】** 兴化市台办坚持以党的十九大精神和习近平总书记对台工作重要思想为指导，贯彻落实中央和省委、市委关于对台工作的决策部署，紧扣中心，结合实际，创新方法，着力推动对台经贸合作和涉台服务，主动作为、克难奋进，各项工作取得新进展。

**【对台经贸】** 受疫情影响，未能赴台商密集区组织招商活动，按照“精、准、实”的要求，在招商理念、招商方法、招商措施上进一步创新，加强与台湾岛内的联系，宣传推介2021年出台的“农林22条措施”及兴化市对台招商政策；通过电话、微信、上门拜访等方式与上海兴化商会、苏州台办、昆山兴化商会以及一些家乡能人加强互动交流，增进感情，及时向他们介绍兴化经济社会发展的变化情况，推介兴化的投资环境和重点产业，恳请他们为兴化的招商引资牵线搭桥。年内，顶康公司新投入3500万美元建设元富食品项目，将现有的6条自动化生产线增加到8条，并配套引进自动传输系统，自动包装设备、自动仓储设备，在更多的生产环节实现“机器换人”，投产达效后可实现年产量18000吨，年开票销售5亿元以上，纳税3000万元以上。

**【交流交往】** 立足全市实际，有的放矢打好对外交往交流“组合牌”，不断促进对外交往交流工作取得新的实效。年初，泰州市台办和兴化市台办联合举办“品经典曲目·传优秀文化”两岸戏曲票友交流活动，拓展“梅香两岸·京韵传情”交流品牌，来自省对台交流基地梅兰芳纪念馆的京剧名家、兴化淮剧团的淮剧老师、淮扬小调“板桥道情”表演嘉宾与在泰台商代表、台胞戏曲爱好者开展互动，交流中华国粹技艺，共叙两岸同胞情谊。组织兴化市台属开展“追寻革命足迹，永葆红色精神”“百年征程繁华景·同心圆梦扬帆行”“庆中秋迎国庆”活动，进一步增强与党同心同向同行的信心和决心。做好到兴探亲、旅游、考察、经商的台胞的接待工作。

**【服务台企】** 市台办本着“协调好、服务好、联络好”的原则，帮助台商解决生产生活中的实际问题，通过“优化服务＋营造环境＋配套措施”的方式，“听需求、解疑问、搭平台”的形式，促成金融部门与侨台企业联姻，增强双方合作，推进共同发展。

**【对台宣传】** 利用网络途径向台湾岛内的朋友定期发送介绍兴化的信息。开展涉台教育进社区、进校园活动，利用现代多媒体技术，从台湾的历史、地理、人文等多角度切入，培育广大群众在和平统一信念上、在祖国统一进程中不受错误思想误导，并制作宣传展板10余块，分专题介绍了台湾概况、台湾风物、宝岛风光、台湾问题的由来、两岸关系发展历程、中央对台方针政策、在新的历史起点上推动两岸关系和平发展的新理念新主张新要求等涉台知识和对台工作情况。2021年下半年，在昭阳街道长安社区开展涉台教育进社区活动，活动邀请辖区内热心公益事业的居民组长、老干部、老党员和社会志愿者以及附近群众参加，在社区城市广角设立固定宣传栏，发放宣传资料200余份。通过系列教育活动，进一步加深广大群众对台湾的了解，增强祖国统一的凝聚力，让更多的群众了解台湾历史和当前两岸面临的现实严峻复杂形势，进一步激发了全体市民爱国热情，把关心台湾问题根植于心中。

（王振安）

## 老干部事务

**【概况】** 市委老干部局以“六有一提升”“银发生辉”“三有一落实”“素质提升”四大工程为抓手，围绕中心服务大局，结合党建工作，落实精准化服务理念，推动老干部工作高质高效发展。

**【学习教育】** 市委老干部局加强政治引领，突出政治要求，依托老年大学活动中心、老干部党支部等学习教育主阵地，举办市委工作情况通报会、离退休干部党支部书记培训班，组织收看全国、全省离退休干部线上报告会等，开展学习交流，集体观看《百炼成钢：中国共产党的100年》纪录片，组织参观红色教育基地新四军纪念馆，邀请离休干部讲红色故事，引导离退休党员干部增强“四个意识”，坚定“四个自信”，做到“两个维护”。做好党的创新理论进支部、进课堂、进头脑工作，通过“我看建党百年新成就”座谈交流、参观考察全市经济社会发展情况和党建工作调研等方式，增强抵抗思想“滑坡”的免疫力。组织离退休干部党员围绕重大理论观点、重大决策部署、重大战略思想学习讨论，引导老干部严守政治纪律和政治规矩。

2021年6月21日，市原四套班子老领导参观考察省级特色田园乡村东浒村。

（薛峰/摄）

**【党组织建设】** 市委老干部局开展党支部“标准＋示范”建设。出台《兴化市离退休干部党建工作议事协调会议制度》和《兴化市离退休干部“党建联盟”实施方案》，整合离退休干部党建资源、凝聚工作合力，先后在市老年大学、市关工委、市老干部艺术团等7个老干部团体中建立党组织，扩大离退休干部党的组织覆盖和工作覆盖。形成“工委＋社区＋社团”的组织体系。在全市开展党建示范点创建工作，指导离退休干部党组织星级化创建和达标创优工作。举办全市离退休干部党支部书记培训班、党建工作示范点授牌仪式，2021年，全市共评定命名市“四星级离退休干部党组织”22个，市“离退休干部党建工作示范点”12个，泰州市“五星级离退休干部党组织”4个，省“六有一提升示范党支部”1个，省“百佳离退休干部党支部”1个，形成争创示范支部的良好氛围。

2021年10月28日，全市离退休干部党支部书记培训班开班。

（薛峰/摄）

【发挥老干部作用】 市委老干部局牵头打造“银发生辉”志愿服务队伍，联合市老年大学对70周岁以上低保、三无、空巢、独居老人开展“倾情助老”活动。结合节假日、特殊日子开展“送温暖送关爱”文艺演出11场，捐赠生活用品120份、捐款8000元。捐款帮扶困难大学生，赠送学习用品150份。注重发挥老干部的经验优势、专业优势，将离退休干部志愿者按照科技、农业、医疗、教育等专业进行分类，吸纳人才110名(其中科技人才24名、农业人才20名、医疗人才37名、教育人才29名)。推进“党建引领+志愿服务”，26个乡镇(街道)离退休干部党支部书记兼任关工委和“银发生辉”志愿服务队负责人，实现“党建+志愿”共融互促。组织930多名老干部、老党员加入党员志愿服务队、社会组织和“红色业委会”，参与居民议事协商、社区管理服务、文明城市创建等活动。离退休干部潘坚、樊才林、邵德成等人获省、市级老干部工作先进个人和“最美”老干部志愿者称号。

(瞿国蓉)

## 机构编制管理

【机构编制管理】 市委编办规范事业单位股级职数管理，对市商贸服务中心、市残疾人就业管理处等多家非新设立事业单位核定领导职数，核增股级职数62名。市人民政府扶贫工作办公室更名为市乡村振兴局，市文旅局增挂市文物局牌子，市发改委增设“营商环境科”，市委办公室增设内设机构“专用通信科”，市住建局增设“建筑工程招投标监管科”，财政局增设“政府采购管理科”，市发改委、工信局等7个重点部门的相关内设机构加挂“统计科”牌子。规范领导职数管理，完成自然资源监察大队、里下河国家湿地公园管委会、机关事务服务中心、乡村振兴局等单位领导职数预审工作，完善全市科级以上领导职位职数名录数据库。

2021年6月6日，兴化市乡村振兴局挂牌成立。 (市委编办/供图)

【事业单位法人登记】 做好设立、变更登记，办理事业单位设立登记39个，变更登记114个，注销登记35个。完成全市473家事业单位年度报告工作。推进2021年度中文域名注册和续费管理工作，新注册中文域名120个，其中政务类域名11个、公益类域名109个，注册年限均为1年。续费中文域名428个，其中政务类域名80个、公益类域名348个，续费年限均为1年。

【基层“三整合”改革】 印发《兴化市乡镇(街道)权力事项清单目录》，赋予戴南镇权力事项457项，其他乡镇(街道)190项。推进相对集中许可权改革，将市行政审批局“反委托”给市监局行使的4项行政权力，委托乡镇(街道)行使。制定《安丰镇“三整合”改革评估指标》参考目录十大项86条，指导安丰镇创建全省“三整合”改革示范乡镇。

【事业单位改革】 按照中央深化党政机构和深化事业单位改革精神，对市政府办、发改委所属事业单位进行整合，撤销事业单位10家，新设立3家事业单位，盘活闲置编制16名、副科级领导职数2名。深化自然资源规划管理体制改革。撤销25个基层自然资源所，按片区整合设置9个自然资源规划分局。

【综合行政执法体制改革】 按照上级改革精神，对交通运输、农业农村、文化市场、市场监管、应急管理、城市管理等6个领域综合执法队伍进行“回头看”。在市农业综合行政执法大队增挂市渔政执法大队牌子。明确由市自然资源监察大队以市自然资源和规划局名义统一行使自然资源和规划、测绘领域执法职能。

【民生领域机构编制保障】 出台《兴化市紧密型医共体统筹编制和人员使用管理实施意见》，推进“县管乡用”，提升医疗卫生人才资源配置效率。统筹下达机关事业单位用人计划1492名，其中教育卫生系统用编计划586名、备案制计划375名。设立新时代文明实践指导中心、文物保护中心、乡村振兴培训中心等。统筹推进新戴南镇机构设置，整合重组职能机构。分割设立4家幼儿园，新设立21家公办幼儿园，有效缓解入园难问题。为保障弱势群体合法权益，成立未成年人关爱保护中心、法律援助中心、社区工作服务中心等3家机构。

(邱伟良)

## 党史方志档案

【概况】 市党史方志办坚持以习近平新时代中国特色社会主义思想为指导，

以党史学习教育为抓手,统筹推进党史、地方志、档案三大主责主业,全力支持全面参与疫情防控、创建全国文明城市等全市中心工作,较好地完成各项年度目标任务。

**【党史编研宣教】** 编撰出版《中国共产党兴化历史(1978—2002)》,为党史学习教育再添本土教材。举办"学党史·感党恩·跟党走"党史知识竞赛答题活动,共收到社会各界有效答题200余份。通过复核和实地调研,组织编写《红色印记——兴化市红色资源调研普查》。开展《百年百人》微视频采集活动,完成32人58集拍摄视频,在主流媒体平台展播。向市领导,机关、乡镇和社区村居赠阅党史红色书籍2000多册。整合党史、档案等现有资源,承办"水乡风云 峥嵘岁月——中国共产党兴化百年历史"展览,展出500余件展品,参观人数达10万人次。

市党史方志办承办"水乡风云 峥嵘岁月——中国共产党兴化历史"展览。图为2021年6月29日开幕式,市党史方志办主任高松陪同市领导参观展览。

(市党史方志办/供图)

**【地方志书编纂】** 加强督查指导力度,每月组织进度追踪,多次对《兴化人大志》《昭阳镇志》进行编纂业务指导培训,提出修改意见,《兴化人大志》已出版。先后对10多家镇村志志稿进行多次审稿和反馈,总审稿量和反馈量400余万字,保证名镇名村志的编纂质量。截至12月底,17家完成初稿撰写,4家完成终审,6家完成复审,11家完成初审,3家正式出版。

2021年6月30日,《沙沟镇志》出版发行。图为发行仪式。

(市史志办/供图)

**【年鉴出版】** 推动编纂《兴化年鉴(2021)》。对照省精品年鉴培育单位的要求,在设计和编纂过程进行调整优化,全书共设25个栏目、250多个分目、1400多个条目。注重精益求精,多用图表、图片形式反映基础数据、微观数据。突出图片效果,延续旅游特色及农业特色。随文图片注重图片质量,更加关注民生,突出水乡文化、旅游特色,反映千垛菜花旅游节、郑板桥艺术节、农民丰收节、江苏民营企业百强发布会等大事要事喜事,全方位展现过去一年全市在政治、经济、文化、生态等各方面取得的成就。

**【馆库资源扩充】** 克服馆库面积不足、硬件设施不到位等现实因素,接收出生医学证明档案16.4万件、2020年婚姻登记档案2万件进馆。完成乡镇进馆档案共计120万页的扫描,对已扫描进馆的婚姻档案、出生医学证明档案的电子数据进行挂接,实现馆藏档案数字化查阅全覆盖。

**【档案查询接待】** 2021年全年共接待查阅档案5000人次,调阅婚姻、招工、任职等各类档案4万卷次、5万多件,为案件查办、企业上市、土地拆迁等提供档案材料。

**【档案服务指导】** 指导农商行、金融管理局、卫健委、扶贫办、行政村(社区)、有关宗教场所做好档案的收集和规范化整理;推进村级(社区)建档;指导30家单位等级证书到期单位通过星级复查。

2021 年 6 月 9 日，市党史方志办组织开展“6・9”国际档案日宣传活动。

（市党史方志办/供图）

【档案文化宣传】　组织开展“6・9”国际档案日宣传周活动，展示全市经济发展变化，发放档案编研资料和宣传品 5000 多份。开展“百年恰是风华正茂——江苏省百名重要人物档案征集展示活动”，累计征集 100 多名革命时期人物材料，收集线索 20 多个，梳理重要名人线索 25 名，收集兴化海内外名人信息近 200 条。开展周庄镇东浒村、戴南镇茅山村口述史采集、建档。

（孙东圣）

## 党　校

【概况】　市委党校贯彻落实《中国共产党党校（行政学院）工作条例》，坚持党校姓党，突出主业主课，发挥干部教育培训主阵地主渠道作用。全年共举办各类培训班 58 期，培训人数 7821 人次，下基层理论宣讲 194 场次，受教育人数 62223 人次，开展实地调研 9 次，被泰州市委党校表彰为优秀基层党校。

【干部培训】　兴化市委党校与团市委、政法委、河长办、退役军人事务局联合成立青马学院、网格学院、河长制学校、退役军人党校等，新筹建乡村振兴培训中心。开展集中调研 12 次，梳理 39 处红色地标，开发李健烈士陵园、苏中公学、里下河第一个农村党支部等 16 个现场教学点，谋划 5 条红色党史教学线路。与扬州大学达成合作办学共识，举办在职学历教育本科班。

【理论宣讲】　兴化市委党校形成 7 个专题共 74 门课程的教学菜单，党史学习教育开展以来，编印党史教育专题课程体系、习近平总书记在庆祝中国共产党成立 100 周年大会上的重要讲话精神专题教学菜单，全体 14 名教师受聘为党史学习教育市委宣讲团成员，定期推送微党课，畅通党史学习教育“最后一公里”，共推送 9 期文字稿，拍摄“‘兴’火相传百年行”系列微视频 6 个，拍摄中国共产党成立 100 周年精神微宣讲视频 4 期，在“兴化发布”公众号“指尖讲堂”专栏连载 4 期。

【教学科研】　兴化市委党校围绕全市经济社会发展开展实地调研。实施“一线培优”计划，把“四大转型”作为培养青年教师的“主战场”。实施“青蓝工程”“名师工程”，10 名优秀教师与青年教师结对。开展年轻教师“成长论坛”等活动，开设“一线培优”“‘心声’年轻教师话成长”“‘我想对党说’七一感言”等专栏，共登载 18 期。选聘 40 名党政干部、专家学者以、乡土人才，成立兼职教师师资库。在上海交通大学举办“市委党校专兼职骨干教师教学能力提升专题班”。1 人被评为泰州市“十佳网评员”，1 人在泰州党校系统精品党课赛课中获二等奖。

【服务保障】　兴化市委党校围绕干部教育培训、日常管理等工作，做好后勤服务保障工作。全年共接待培训班次 39 期，培训 6491 人次，就餐 7600 人次，住宿 128 人次。

（栾　芳）

## 信　访

【概况】　2021 年，兴化市信访局坚持贯彻中央、省市决策部署及习近平总

2021 年 4 月 12 日，全市召开信访工作联席会议暨重点信访问题责任交办会。

（市信访局/供图）

2021年2月28日,市委书记方捷(中)集中会办市领导“六个一”挂钩信访积案。 (市信访局/供图)

书记关于加强和改进人民信访工作的重要思想,围绕中心、服务大局,为全市经济社会持续健康发展营造了和谐稳定的社会环境。全年共办理群众来信6363件,其中上级转交来信1350件、本级收信5013件;接待群众来访2063批6428人次,其中集访215批3913人次。

**【初信初访办理】** 高度重视初信初访,加快初信初访事项转送、受理、办结速度,严格落实信访工作责任制,坚持做到“诉求合理的解决问题到位、诉求无理的思想教育到位、生活困难的帮扶救助到位、行为违法的依法处理”,加强初信初访办理过程中与信访群众的沟通联系,力争将信访问题化解在萌芽状态。年内全市初信初访5879件,其中上级转交766件,本级自收5113件;其中求决申诉类978件,化解914件,化解率达93.46%。

**【重复访集中治理】** 按照中央、省、市关于集中治理重复信访化解信访积案专项工作的部署要求,围绕“一升两降三加强”工作任务。截至12月底,市信访局对国家信访局交办的325件重复信访件,对省交办的235件重复信访件,进行逐一交办。

**【“六个一”信访积案化解】** 按照《市四套班子领导挂钩“六个一”工作制度》要求,市信访联席办对近年来的信访工作中的重点人员、重点群体、重点问题、重点领域进行全面摸排,共梳理出36件重点信访事项,分别由市四套班子领导包案。年内,36件市领导挂钩信访积案已化解28件,其余8件均由市分管领导牵头并落实工作专班。

**【城乡建设领域专项整治】** 按照省和泰州市信访联席办部署,开展“城乡建设领域信访问题专项整治”行动,实行“一类一策、一项一策、一案一策”。年内,上级交办城乡建设领域信访问题125件,顺利化解119件。

**【人民满意窗口创建】** 结合兴化市实际,对照《关于“人民满意窗口”建设质量提升工程的实施意见》,制定印发《兴化市“人民满意窗口”建设质量提升工程创建规范汇编》,推进信访满意窗口向基层延伸,全市已有21个乡镇(街道)、4个部门创建达标。

(陈筠洲)

## 保　密

**【保密宣传】** 2021年,市保密局坚持统筹发展和安全,突出定密、网络保密、涉密人员“三大管理”。开展全民国家安全教育日密码安全宣传教育活动,利用主流媒体和新兴媒体扩大宣传面,通过LED显示屏、宣传栏、转发保密小知识等形式,开展多样的宣传教育活动。

**【保密检查】** 开展“保密伴我行、护航新时代”保密征文活动,共撰写、收集征文30篇。组织开展保密自查自评活动,重点检查政法委、公安局等重点涉密部门。开展高考、中考保密检查,实地查看试卷保密室、防盗门窗、视频监控等硬件设施,及试卷运送和临时存放等保障情况;开展全市微信泄密专项整顿行动,加强互联网社交媒体保密管理。履行保密管理职责。全年共保障69场涉密视频会议,共产生涉密文件60余份;两次组织清退、回收并销毁全市涉密文件、内部资料、红头文件共计3000余份。

(瞿宗明)

## 综 述

【概况】 2021年，市人大常委会在中共兴化市委的坚强领导下，坚持党的领导、人民当家作主、依法治国有机统一，立足“四个机关”职能定位，切实履行法定职责，为推动全市经济社会高质量发展和高效能治理作出贡献。市人大常委会依法履职、实干作为，全年共召开常委会会议10次，主任会议8次，听取审议工作报告18项，开展视察、调研16次，受理群众来信32件、来访18人次，圆满完成了市十六届人民代表大会第五次会议确定的目标任务。

【人大常委会建设】 2021年，市人大常委会坚持把党的领导贯穿于人大依法履职的全过程。研究出台《加强新时代人大工作和建设实施意见》《人大讨论决定重大事项实施办法》等多项制度性文件，严格按决定有序推进。坚持把贯彻市委意图作为人大政治责任。通过人大制度和人大工作把民主决策、民主选举、民主监督等有效贯通、有机衔接。围绕行政区划调整、财政预决算执行等重大事项，作出相关决议决定。坚持党管干部原则与人大任免的有机统一，严格执行任前法律知识考试、拟任职发言和向宪法宣誓等制度，有序开展“两院”拟任职人选任前审核。强化任后监督，督促人大任命人员依法履职尽责、为民担当实干。做好人大换届选举工作，严格规范、依法有序推进。常态化开展审计查出问题整改情况专题询问，跟踪督查整改事项落实，增强监督刚性。

【加强议案办理监督】 2021年，对20件重点建议进行“回头看”，确保承诺不落空、件件有回音，议案建议满意和基本满意率为100%，办成率逐年提高。及时回应全市人民热点问题关切，把反映比较集中的建议纳入常委会监督议题，部分重点建议开展“专题询问式”督办，坚持不跨年度、全流程督办。组织开展《兴化市人民代表大会志(1954—2019)》编纂工作，历时三年正式出版发行。开展制度优化工作、使制度更加规范高效，制订和修订了“三会”议事规则、执法检查、满意度测评等1+7项制度。坚持正确监督、有效监督，积极探索“专题询问+评议测评”“代表视察+集中评议”等多种监督方式组合运用，避免“一审了之”“一议了之”，强化监督效果。

## 市人大重要会议

【市十六届人民代表大会第五次会议】 1月10日至14日，兴化市第十六届人民代表大会召开第五次会议。大会应出席代表424名，因事缺席代表11名，实到会代表413名。大会共收到代表提出的议案、建议256件。会议听取和审议了市人民政府和市人大常委会及法院、检察院的工作报告，审议了“十四五”规划纲要和市政府计划、预算及两件议案办理情况；审议了市人大法制、财政经济、社会建设委员会的书面工作报告。审议了2020年市政府民生实事项目完成情况和2021年市政府民生实事候选项目形成情况的书面报告，票决2021年市政府民生实事项目。会议期间，对2020年度先进代表小组、代表履职先进个人、优秀代表议案建议、代表议案建议承办先进单位和个人进行了表彰。会议选举马元连为兴化市人大常委会副主任，并举行新当选人员向《中华人民共和国宪法》宣誓仪式。市委书记方捷代表市委作闭幕讲话。

【市十六届人大常委会会议】 年内，市十六届人大常委会召开10次会议。

第三十五次会议 1月9日召开，会期半天。市人大常委会主任吉天鹏，副主任翟云峰、邓志方、余建年、常传林和委员共38人出席会议。市委常委常冬海，市政府副市长刁德林，市政协副主席王福全，市监委副主任李文赋，市法院院长张伟，市检察院检察长张红成，市政府办负责人，人大街道工委负责人，部分市人大代表列席会议。会议由吉天鹏主任主持，共完成4项议程。会议听取了市人大常委会代表资格审查委员会关于代表资格审查的报告和补选泰州市人大代表的议案;初审了市政府关于2020年市政府民生实事项目完成情况和2021年市政府民生实事候选项目形成情况的报告;听取了有关人事任免议案和辞职事项。经过审议,会议表决通过了对代表资格审查的报告,补选丁海涛、高卫东、仇海华、徐春社、刘洪5名同志为泰州市第五届人民代表大会代表,待泰州市人大常委会依法进行代表资格确认。会议还表决通过了有关人事任免和辞职事项。

第三十六次会议 2月24日召开,会期半天。市人大常委会主任吉天鹏,副主任马元连、邓志方、余建年、常传林和委员共40人出席会议。市人大常委会党组成员翟云峰,市政府副市长刁德林,市政协副主席王福全,市监委副主任李文赋,市法院院长张伟,市检察院检察长张红成,市政府办、编办、审计局、行政审批局、信访局、发改委、人社局、统计局、市场监管局、工信局、商务局、应急管理局、科技局、财政局、税务局、地方金融监管局、住建局、城管局、交通运输局、生态环境局、自然资源和规划局、农业农村局、水利局、供销总社、气象局、教育局、文体广电和旅游局、卫健委、医疗保障局、公安局、司法局、民政局、退役军人事务局负责人,人大街道工委负责人,部分市人大代表列席会议。会议由吉天鹏主任主持,共完成2项议程。会议通报了市委批转的《兴化市人大常委会2021年工作要点》,听取了市政府关于行政执法规范化建设工作情况的汇报及市人大常委会监察和司法工委相关调查报告。经过审议,会议对市政府关于行政执法规范化建设工作情况的汇报进行了满意度测评,表决通过了关于市政府行政执法规范化建设工作情况的审议意见。

第三十七次会议 4月30日召开,会期一天。市人大常委会主任吉天鹏,副主任邓志方、余建年、常传林和委员共39人出席会议。市人大常委会党组成员翟云峰,市委常委、市政府常务副市长常冬海,副市长刘汉梅、牛世杰,市政协副主席王福全,市监委副主任李文赋,市法院院长张伟,市检察院检察长张红成,市政府办、审计局、发改委、市场监管局、工信局、商务局、财政局(国资办)、住建局、自然资源和规划局、城管局、交通运输局、生态环境局、农业农村局、水利局、供销总社、卫健委、教育局、公安局、开发区、戴南镇、农产品品牌建设运营中心、兴粮集团、兴化大闸蟹行业协会、兴化市大米行业协会负责人,相关报告履职人员,不是常委会组成人员的人大街道工委负责人,戴窑镇、永丰镇、安丰镇人大主席,部分市人大代表列席会议。会议由吉天鹏主任主持,共完成7项议程。会议听取了市政府关于2020年国有资产管理情况综合报告和2020年国有自然资源资产管理情况专项报告,以及市人大常委会财经工委相关调查报告;听取了市政府关于全市推进农产品品牌建设情况的汇报和市人大常委会农村工委相关调查报告;听取了市政府关于2020年度环境状况和环境保护目标完成情况及重点环境问题整改情况的报告,以及市人大常委会环资城建工委相关调查报告,并开展了专题询问;听取了市人大常委会任命的9名"一府一委两院"人员的履职情况报告;听取了5名泰州市人大代表书面述职;听取了有关议案和确认、辞职事项。经过审议,会议对市政府3个专项工作报告和9名报告履职人员进行了满意度测评,表决通过了关于确认对兴化市第十六届人大代表胡朕源采取强制措施的决定、关于接受胡朕源辞去兴化市第十六届人大代表职务的决定、关于重新确定戴南镇人民代表大会代表名额的决定、关于设立戴南镇选举委员会的决定、关于2020年度国有自然资源资产管理情况的审议意见、关于推进全市农产品品牌建设情况的审议意见、关于2020年度环境状况和环境保护目标完成情况及重点环境问题整改情况的审议意见。会议还表决通过了有关人事任免和辞职事项。

第三十八次会议 6月11日召开,会期半天。市人大常委会主任吉天鹏,副主任马元连、邓志方、余建年、常传林和委员共39人出席会议。市委常委、市政府常务副市长常冬海,副市长丁春华,市政协副主席王福全,市监委副主任李文赋,市法院院长张伟,市检察院检察长张红成,市政府办、编委办、审计局、人社局、市场监管局、财政局(国资办)、税务局、住建局、城管局、交通运输局、生态环境局、自然资源和规划局、农业农村局、教育局、卫健委、医疗保障局、民政局、残联、人民医院、中医院、疾控中心、卫生监督所、妇幼保健院负责人,市人大财政经济委员会成员、社会建设委员会成员、人大街道工委负责人及候选人,海南镇、大邹镇、钓鱼镇人大主席及候选人,部分市人大代表列席会议。会议由吉天鹏主任主持,共完成6项议程。会议听取了市政府关于2020年财政决算草案的报告和关于2020年度市本级财政预算执行情况和其他财政收支的审计工作报告,以及市人大财政经济委员会相关初审报告;听取了市政府关于贯彻实施《中华人民共和国基本医疗卫生与健康促进法》的情况汇报,以及市人大常委会执法检查组相关执法检查报告;听取了4名泰州市人大代表书面述职;听取了有关人事任免和辞职事项。经过审议,会议对市政府3个专项工作报告进行了满意度测评,表决通过了关于批准2020年市本级财政决算的决议、关于2020年度市本级财政预算执行及其他财政收支审计工作情况的审议意见,以及关于检查《中华人民共和国基本医疗卫生与健康促进法》贯彻实施情况报告的审议意见。会议还表决通过了有关人事任免和辞职事项。

第三十九次会议 8月27日召开,会期半天。市人大常委会主任吉天鹏,副主任马元连、邓志方、余建年、常传林和委员共38人出席会议。市委常委、市政府常务副市长常冬海,市委常委、市纪委书记、监察委代理主任常军,市人大常委会党组成员杭爱兵,副市长刘汉梅,市政协副主席刘玲洁,市法院院长张伟,市检察院检察长张红成,市政府办、发改委、统计局、工信局、商务局、财政局、税务局、农业农村局负责人，市人大财政经济委员会成员、市人大常委会执法检查组成员，沙沟镇、千垛镇、中堡镇人大主席，部分市人大代表，相关报告履职人员列席会议。会议由吉天鹏主任主持，共完成6项议程。会议听取了市政府关于2021年上半年国民经济和社会发展计划执行情况的报告、市政府关于2021年上半年财政预算执行情况的报告，以及市人大财政经济委员会相关调查报告；听取了市政府关于贯彻实施《江苏省农村集体资产管理条例》的情况汇报，以及市人大常委会执法检查组相关执法检查报告；听取了10名市人大常委会任命人员的履职情况报告；听取了有关人事任免议案和辞职事项。经过审议，会议对市政府3个专项工作报告和10名报告履职人员进行了满意度测评，表决通过了关于2021年上半年国民经济和社会发展计划及财政预算执行情况的审议意见、关于《江苏省农村集体资产管理条例》贯彻实施情况的审议意见。会议还表决通过了有关人事任免和辞职事项。

第四十次会议 9月14日召开，会期半天。市人大常委会主任吉天鹏，副主任马元连、邓志方、余建年、常传林和委员共38人出席会议。市人大常委会党组成员杭爱兵，市委组织部、市委宣传部负责人，市人大常委会委办负责人列席会议。会议由吉天鹏主任主持，共完成3项议程。会议听取了市人大常委会关于市、乡（镇）两级人民代表大会换届选举问题决定草案和重新确定乡镇人大代表名额、设立市选举委员会的说明。经过审议，会议表决通过了关于市、乡（镇）两级人民代表大会换届选举问题的决定、关于重新确定全市乡镇人民代表大会代表名额的决定和关于设立市选举委员会的议案。

第四十一次会议 10月19日召开，会期半天。市人大常委会主任吉天鹏，副主任马元连、邓志方、余建年、常传林和委员共38人出席会议。市人大常委会党组成员杭爱兵，市政府副市长刁德林，市政协副主席刘玲洁，市监委副主任刘华斌，市检察院检察长张红成，市法院副院长居祥，市政府办、审计局、行政审批局、发改委、财政局、住建局、交通运输局、生态环境局、自然资源和规划局、农业农村局、水利局、教育局、文体广旅局、卫健委、公安局、司法局、昭阳街道、长江引水工程建设指挥部办公室、城投公司、交投公司负责人，市人大常委会委办负责人、人大街道工委副主任，竹泓镇、沈坨镇人大主席，部分市人大代表列席会议。会议由吉天鹏主任主持，共完成8项议程。会议听取了市人大常委会关于召开市第十七次人民代表大会第一次会议的决定草案的说明；听取了市人大常委会关于市第十七届人大代表名额分配方案的说明和关于设立乡镇选举委员会的议案；听取了市政府关于市十六届人大五次会议代表建议、批评和意见办理情况的汇报，及市人大常委会人代联工委相关调查报告；听取了市政府关于全市"七五"普法工作情况的报告，市人大常委会监察和司法工委相关调查报告和关于开展第八个五年法治宣传教育的决议（草案）的说明；听取了市政府关于《兴化市2021年市级预算调整方案（草案）》议案的说明；听取了市政府关于"加快实施兴化长江引水工程建设"和"推进农村公路提档升级工程建设"两件议案办理情况的书面报告；市人大常委会组成人员36人出席第二次全体会议，听取了有关人事免职事项。经过审议，会议对市政府关于市十六届人大五次会议代表建议、批评和意见办理情况的汇报和关于全市"七五"普法工作情况的报告进行了满意度测评，表决通过了关于召开兴化市第十七次人民代表大会第一次会议的决定、关于设立戴窑镇等22个乡镇选举委员会的议案、市第十七届人大代表名额分配方案、关于开展第八个五年法治宣传教育的决议、关于批准兴化市2021年市级预算调整方案的决议和关于代表建议办理工作情况的审议意见。会议还表决通过了有关人事免职事项。

第四十二次会议 11月16日召开，会期半天。市人大常委会主任吉天鹏，副主任马元连、邓志方、余建年、常传林和委员共37人出席会议。市人大常委会党组成员杭爱兵，市政府副市长刁德林，市监委副主任刘华斌，市法院院长张伟，市检察院副检察长曹军，市政府办负责人，市人大常委会委办负责人、街道工委负责人，市人大机关老干部代表，海南镇、兴东镇人大主席，部分市人大代表列席会议。会议由吉天鹏主任主持，共完成3项议程。会议传达学习了中央人大工作会议精神，举行了《兴化市人民代表大会志（1954—2019）》首发仪式，听取了有关人事任免和辞职事项。经过审议，会议表决通过了有关人事任免和辞职事项。

第四十三次会议 12月13日召开。市人大常委会主任吉天鹏，副主任马元连、邓志方、余建年和委员共33人出席会议。市人大常委会党组成员杭爱兵，市委组织部、市人大常委会委办负责人列席会议。会议由吉天鹏主任主持，共完成2项议程。会议传达学习了党的十九届六中全会精神，听取了关于市、乡（镇）两级选举委员会部分组成人员辞职的情况说明。经过审议，会议表决通过了关于接受兴化市市、乡（镇）两级选举委员会部分组成人员辞职的决定。

第四十四次会议 12月30日召开，会期一天。市人大常委会主任吉天鹏，副主任邓志方、余建年、常传林和委员共37人出席会议。市委常委、市政府常务副市长常冬海，市人大常委会党组成员杭爱兵，市政协副主席刘玲洁，市监委副主任刘华斌，市检察院检察长张红成，市法院副院长居祥，市委组织部、市政府办、审计局、发改委、人社局、统计局、工信局、商务局、财政局（国资办）、税务局、住建局、城管局、交通运输局、生态环境局、自然资源和规划局、农业农村局、水利局、教育局、卫健委、医保局负责人，大垛镇、荻垛镇、陶庄镇人大主席候选人，部分市人大代表列席会议。会议由吉天鹏主任主持，共完成10

项议程。会议听取了市人大常委会关于召开市第十七届人民代表大会第一次会议有关事项的说明;听取了市选举委员会办公室关于市、乡(镇)两级人大代表选举工作的情况报告;听取了市人大常委会代表资格审查委员会关于市第十七届人民代表大会代表资格的审查报告;听取了市人大常委会办公室关于市人大常委会工作报告的起草说明;听取了市政府办公室关于政府工作报告起草情况的说明;初审了市法院、检察院工作报告和市人大法制委员会、财政经济委员会、社会建设委员会工作报告;听取了市政府关于兴化市2021年国民经济和社会发展计划执行情况和2022年国民经济和社会发展计划草案的报告、关于兴化市2021年预算执行情况及2022年预算草案的报告,及市人大财政经济委员会相关初步审查报告;听取了市政府关于2021年市政府民生实事项目落实情况和2022年市政府民生实事候选项目形成情况的报告;听取了市政府关于2020年度市本级预算执行和其他财政收支审计查出问题整改情况的报告,及市人大常委会财经工委相关调查报告,并开展专题询问;会议还听取了有关人事任免和辞职事项。经过审议,会议对市政府关于2020年度市本级预算执行和其他财政收支审计查出问题整改情况的报告进行了满意度测评,表决通过了关于召开市十七届人大一次会议的有关事项、关于市第十七届人民代表大会代表资格的审查报告和相关工作报告。会议还表决通过了有关人事任免和辞职事项。

**【市十六届人大常委会主任会议】** 年内,市十六届人大常委会召开主任会议8次。

**市人大常委会主任会议议题**

表1

| 时间 | 会次 | 议题内容 |
|---|---|---|
| 1月9日 | 二十五 | 会议听取了市人大常委会办公室提请讨论的《兴化市人大常委会2021年工作要点》,要求结合会上所提意见建议,进一步修改完善,报请市委批转,并在市十六届人大常委会第三十六次会议上通报。 |
| 3月2日 | 二十六 | 会议分别听取了市自然资源和规划局方晓春局长受市政府委托所作关于2021年度基金安排的城建项目情况的汇报、市交通运输局王勇局长受市政府委托所作关于2021年度基金安排的交通项目情况的汇报。 |
| 3月17日 | 二十七 | 会议听取了刘汉梅副市长所作的关于全市退役军人服务保障情况的汇报及市人大常委会社会建设和教科文卫工委邹源主任所作的相关调查报告。会议还听取了市政府常冬海常务副市长所作的落实《关于2019年度行政事业性国有资产管理情况的审议意见》情况的报告,市政府牛世杰副市长所作的落实《关于兴化市2018—2020年突出环境问题清单和整治方案报告的审议意见》《关于全市2019年度环境目标完成情况和“263”专项行动实施情况的审议意见》《关于检查〈中华人民共和国土壤污染防治法〉贯彻实施情况报告的审议意见》情况的报告。 |
| 5月20日 | 二十八 | 会议听取了市法院张伟院长所作的执行工作情况汇报及市人大常委会监察和司法工委王志华主任所作的相关调查报告。会议还听取了市政府办公室王迅主任受市政府委托所作的落实《关于代表建议办理工作情况的审议意见》情况的报告,市法院张伟院长所作的落实《关于矛盾纠纷多元化化解工作情况的审议意见》情况的报告。 |
| 7月23日 | 二十九 | 会议听取了刘忠副市长所作的关于全市物业管理工作的情况汇报及市人大常委会环资城建工委楼悦主任所作的相关调查报告。 |
| 9月27日 | 三十 | 会议分别听取了人社局、退役军人事务局、工信局、统计局、残联2020年部门决算情况和“创业富民引导资金”“园区建设奖补资金”管理使用情况的汇报,以及市人大常委会财经工委关于2020年度5个部门决算和2个财政专项资金使用情况的调研报告。 |
| 10月29日 | 三十一 | 会议听取了刘汉梅副市长所作的关于全市农村人居环境整治长效管护机制落实情况的汇报及市人大常委会农村工委许宏亮主任所作的相关调查报告。 |
| 11月26日 | 三十二 | 会议听取了市检察院张红成检察长所作的关于未成年人关爱保护工作情况的报告及市人大常委会监察和司法工委王志华主任所作的相关调查报告。 |

## 市人大重要活动

**【人大代表视察】** 年内,市人大共组织6次代表视察。

**【代表议案和建议、批评及意见办理】** 十六届人大五次会议期间代表提出的256件建议已全部办结,满意率和基本满意率达100%。市政府及各承办单位健全办理激励约束制度,不断完善督办考核机制,营造“褒先促后”的办理氛围,确保办理工作整体有序推进,切实加强办理成果转化。针对代表们高度关注的推进区域治理现代化、加强招才引智、优化营商环境、促进民营经济、实体经济发展、重大基础设施、城市建设管理、农业农村发展等方面工作，各承办单位以解决问题为导向，突出抓重点、热点和难点问题，将办理代表建议与中心工作、重点工作结合起来，推动一大批政策措施落地见效，以实实在在的工作成效推动代表建议的办理落实。

市人大代表视察一览表

表 2

| 时间 | 活动内容 |
|---|---|
| 3 月 | 视察全市交通建设情况 |
| 5 月 | 视察气象灾害防御工作 |
| 7 月 | 视察工业重大项目建设情况 |
| 9 月 | 1. 视察代表议案建议办理情况<br>2. 视察民生实事项目落实情况 |
| 11 月 | 视察消防工作 |
| 12 月 | 视察社会养老体系建设情况 |

【人大宣传和理论研究】 开展人大知识竞赛、履职征文、履职成果图片展等活动，扩大人大工作的影响力和公众的参与度。《兴化市人民代表大会志(1954—2019)》全面客观记录历届人大及其常委会履职成就，探索地方人大工作的历史轨迹和发展规律，启迪新时代地方人大工作创新发展，已出版发行。全年在国家、省市级媒体发表宣传稿件 90 余篇，信息报送和采用量居泰州前列，进一步提高了人大工作的透明度和影响力。

【人大代表联络】 围绕区域改革发展中的重大事项和社会关注的热点难点开展形式多样的活动，开展代表回选区访选民活动，实现届内代表向选民述职全覆盖。开展“五级人大代表回选区(选举单位)访选民”活动，组织代表建言献策，推动解决了一批民生热点、难点问题。开展民生实事票决制，组建 10 个代表监督小组对十大民生实事项目进行“一对一”监督，帮助协调解决矛盾问题，推进实事项目顺利实施。重视抓好代表议案建议督办，本届代表提出的关于“加快实施兴化 158 万人民饮用长江水工程”和“推进农村公路提档升级工程建设”两件议案以及 20 件“回头看”建议全部办成。加强对乡镇、街道人大工作的联系指导。推进人大代表工作站(家)规范化建设，在乡镇(街道)实现全覆盖的基础上，加强阵地建设，深化拓展平台功效。加强人大任命人员履职考评，组织对 19 名“一府两院”和“两院”任命人员、10 名泰州市人大代表向常委会报告履职；依法做好人事任免和“两院”拟任职人选任前审查工作，确保人事任免工作依法规范。一年来任免国家机关工作人员 90 人次，接受辞职 7 人次，补选代表 6 人次。精心组织指导市、乡(镇)两级人大换届选举工作，依法选举产生 446 名新一届市人大代表。

【监察和司法(法制)工作】 听取审议市政府关于“七五”普法工作情况报告，作出《关于开展第八个五年法治宣传教育的决议》。听取审议市政府行政执法规范化建设情况汇报，听取市人民法院执行工作情况报告，加强执法监督，营造良好法治环境。听取市检察院未成年人关爱保护工作情况的汇报，推动以良好法治环境护航未成年人健康成长。组织人大代表视察社会养老体系建设情况，着力推进“兴有颐养”工程，加快提升全市养老服务发展水平。配合泰州市人大做好《泰州市河长制工作条例》《泰州市献血条例》等地方性法规的立法调研工作。推进《泰州市垛田保护条例》的宣传贯彻实施。依法对《兴化市道路货物装载源头超限超载管理实施细则》《兴化市国有土地上房屋征收补助和奖励办法》《兴化市国有土地上房屋征收评估细则》《兴化市房屋征收重置价格和房屋征收装饰装潢及附属物补偿标准》等规范性文件进行备案审查，维护国家法制统一。

2021 年 9 月 15 日，召开全市市、乡(镇)两级人大换届选举工作会议。
(市人大办/供图)

【财经(预算)工作】 实施 2020 年度财政决算执行情况监督，为做好常委会听取和审议市政府 2020 年市本级财政决算草案和 2020 年预算执行审计工作情况做好准备工作，并就审计查出问题整改情况，持续开展监督，在常委会会议上对审计查出问题整改情况进行审议，并作了专题询问。开展计划国民经济和计划执行情况监督。为了解全市全年计划、预算的执行情况，做好人大会议审查计划、预算草案等相关报告的工作，开展走访调研。加强部门预算执行及专项资金管理使用情况监督。为细化人大预决算审查工作，提高审查监督的针对性，对统计局、人社局、退役军人事务局、工信局、市残疾人联合会等 5 个部门的决算和“创业富民引导资金”(人社局)、“园区建设奖补资金”(工信局)等 2 个财政专项资金管理使用情况进行了审查调研，为主任会议审议做了充分准备。实施国有资产管理工作监督。听取了市人民政府所作的《关于兴化市 2020 年度国有资产

2021 年 7 月 7 日,泰州市人大在兴化专题调研乡村治理工作座谈会。

(市人大办/供图)

管理情况的综合报告》和《关于兴化市 2020 年度国有自然资源资产管理情况的专项报告》。推进预算联网监督系统提升建设。在落实办公场所和配置办公设备的基础上,与用友软件公司、电信公司联系对接,确定平台建设具体合作方案,健全完善人大监督系统平台。重点对财政、国资、税务、审计等部门数据对接协调,进行数据收集整理录入,实现实时性监控常态化运行,并与泰州市人大预算联网监督系统上下贯通。

**【农村工作】** 深入学习中央和省农村工作会议决策部署,围绕市十六届人大五次会议确定的目标,立足农业农村高质量发展,全面实施乡村振兴战略。关注农产品品牌的建设,开展推进全市农产品品牌建设情况调研。开展《江苏省农村集体资产管理条例》贯彻实施情况的执法检查,高质量推动乡村振兴战略实施。开展关于农村人居环境整治长效管护机制落实情况调研,全面了解农村环境整治长效管护机制落实情况。上下联动,开展渔业法"一法一条例"执法检查,提高遵法守法意识,重视渔业资源增殖和加强养殖水环境监测,强化水产品质量安全监管,严厉打击渔业非法捕捞行为,加强执法能力建设,注重安全质量监管。开展全市水产养殖污染防治的调研,进一步推进全市渔业产业可持续生态化发展。开展气象灾害防御工作视察,着力健全预警联动工作机制,为经济社会发展创造良好条件。视察兴化市水利重点项目工程——洼地治理项目,推动乡村振兴,促进全市生态经济的高质量发展。

**【环资城建工作】** 紧紧围绕常委会确定的工作目标,通过组织人大代表视察、调研、座谈等方式,审议重大事项,加强专项工作监督。配合泰州市人大执法检查组,继本届人大 2018 年固废法执法检查后,再次就《固体废物污染环境防治法》开展执法检查,推进生态环境持续改善。紧紧围绕中央、省环保督察及"回头看"反馈问题和三级人大常委会审议的突出环境问题清单进行督查调研,有力推动打好污染防治攻坚战。组织代表视察了全市交通建设情况,服务乡村振兴战略、助推脱贫攻坚。对代表提出的《关于推进农村公路提档升级工程建设的议案》《关于加快实施兴化 158 万人民饮用长江水工程的议案》等重点议案进行跟踪督查;对 2021 年市政府十件实事中涉及到环资城建方面的民生工程进行跟踪督查。推进全市镇村污水处理设施建设和常态化运行,推动市人大代表督查镇村污水处理设施建设运行工作,推进城乡建设品质提升。进行物业管理的专题调研,并将之确定为主任会议议题和接待代表日活动的主题。围绕"生态文明建设"的目标定位,开展 2021 年度环境状况和环境保护目标完成情况及重点环境问题整改情况的调研;围绕"乡村振兴"战略的目标定位,对全市特色田园乡村建设情况开展调研;围绕"国省考断面水质"问题,对部分乡镇污水处理工作情况开展调研。

**【社会建设和教科文卫工作】** 从人大工作实际出发,持续聚焦"兴有优

2021 年 3 月 17 日,市人大代表视察全市交通建设情况。

(市人大办/供图)

教”“兴有良医”“兴有颐养”“兴有益助”等民生工程实施任务和社会建设领域各项民生实事，致力于社会主义民主法治建设和加强社会建设与创新社会治理。精心组织执法检查。开展《基本医疗卫生与健康促进法》执法检查，推动医疗卫生与健康服务相关法规政策的落地见效。开展调查研究。对全市退役军人服务保障、进一步减轻义务教育阶段学生作业负担和校外培训负担、学校课后延时服务等工作情况进行调研。强化视察组织工作。组织部分市人大代表视察全市消防工作情况，实地察看得胜湖专职消防队、吾悦广场消防控制室、锁龙安全文化体验基地等处。支持部门工作。走访市人社局、人力资源产业园等部门单位，着重关注促进就业这一最大的民生工程，推动政府促进就业工作效能的进一步提升。参加城乡居民基本医疗保险筹资动员、初中校长述职、安全生产等政府及部门的专项工作会议或活动，参与了解人大任命的相关部门主要负责人的履职情况。做好专委日常工作。

2021 年 9 月 10 日，江苏省人大到兴化调研预算审查监督和国资管理监督情况。（市人大办/供图）

认真细致地做好在兴化召开的泰州市人大社会建设工作座谈会暨泰州市五届人大社会委第六次会议的实地考察现场准备和会务工作。全面开展工作联动。负责省人大常委会副主任许仲梓和教科文卫委、外事委领导到兴化市视察和调研的各项准备工作。接待河南省新乡市、山东省肥城市等地人大到兴化市考察文化旅游、中医事业等发展情况，并开展工作交流。与市妇联协作，举办《江苏省家庭教育促进条例》专题辅导讲座。

（翟欣颖）

## 综 述

**【概况】** 2021年,兴化市人民政府在泰州市委、市政府和兴化市委的坚强领导下,深入学习贯彻习近平总书记对江苏工作重要指示精神,全面落实党中央、国务院和省、泰州市决策部署,牢牢把握稳中求进工作总基调,紧紧依靠全市人民,较好完成了市十六届人大历次会议确定的目标任务。

全年实现地区生产总值1020.94亿元;一般公共预算收入46.16亿元,增长11.3%,入选中国县域经济百强市、全国综合竞争力百强市、中国工业百强市。实现工业开票销售1010.4亿元,入库税金28.5亿元;规上工业中三大主导产业完成产值638.8亿元,其中不锈钢产业完成产值357.9亿元,健康食品产业完成产值178.2亿元,装备制造产业完成产值102.7亿元。兴达钢帘线及45家成长型企业完成开票销售385.4亿元,入库税金11.1亿元。

全年建设高标准农田6.5万亩,新建排涝站5座、圩口闸16座、机耕桥114座、电灌站43座、机耕水泥路125.7千米。全年完成粮食种植面积243.4万亩、产量24.87亿斤,同比增长0.16%、0.08%。生猪存栏19.156万头、出栏30.366万头。全方位打造以“千垛百味”“兴化大米”“兴化大闸蟹”为重点的兴化地理标志农产品,“千垛百味”商标成功注册。举办“千垛百味”区域公用品牌发布仪式。连续第四年举办“稻香蟹肥 和美兴化”中国农民丰收节。

第三产业增加值482亿元,占GDP比重为47.2%。全市规上服务业企业达115家,新增规模以上服务业企业25家,完成规上服务业企业月度新增11家。实现服务业税收收入29.6亿元,同比增长23.9%,增幅为近五年同期最高。恒兴科技园列为省服务业重点项目,完成一期投资4.5亿元;城东新区体育中心、不锈钢再生资源市场等10个项目列为泰州市服务业重点。长九国际大酒店投入运营。兴化经济开发区成功入选“第二批江苏省先进制造业和现代服务业深度融合试点单位”。

重组专业招商队伍。深入实施市领导挂钩服务专班、项目预审等制度,修订完善招商引资考核办法。成功举办“走进深圳”专题招商、“亩均论英雄”改革重大项目集中签约仪式等重大招商活动。新签约亿元以上项目164个,其中5亿元以上项目31个。“三比一提升”成效显著,新开工5亿元以上项目14个、新竣工15个。开放型经济持续发力,实际利用外资2.23亿美元,进出口总额11.17亿美元,对外投资总额4652万美元,新批孟加拉中秉泰境外投资项目1个,实现外经营业额2140万美元。

全面向环境污染宣战,环境整体质量总体稳定,$PM_{2.5}$平均浓度31微克/立方米,地表水国省考断面优III比例75%,城镇集中式饮用水水源水质达标率100%。制定《兴化市生态文明建设规划(2021—2025)》《兴化市关于推进生态环境治理体系和治理能力现代化的实施意见》《兴化市生态环境保护责任清单》等系列文件,生态文明建设和生态环境治理的“四梁八柱”不断夯实。以改善生态环境质量为核心,狠抓源头治理、减污降碳,突出精准治污、科学治污、依法治污,深入打好污染防治攻坚战。积极推进城镇污水治理提质增效精准攻坚行动,铺设乡镇污水管网865千米,提升改造乡镇污水处理厂7个。推广垃圾分类试点,建成28个垃圾分类达标小区;生活垃圾焚烧项目并网发电,建成飞灰填埋库;生活垃圾无害化处理率达100%。加快城市更新步伐,实施88个房屋征收(搬迁)项目,完成37个老旧小区综合改造、40个小区环境“微整治”。新改建农贸市场7个、公厕38个。

基础设施更加完善。阜溧高速兴化段项目按计划建设有序推进。做好盐泰锡常宜铁路工可行性方案、线路初步设计论证。县、乡村道危桥改造项目均已进场施工。建设城乡公交停靠站台400座,购置新能源公交车60辆。打造智慧停车管理平台,新增机动车停车位9654个。做好宁盐高速先导段项目开工建设。跟进国道344改扩建、省道125建设、省道333完善、张周公路省道231至边城段项目建设。打造幸福河(段)100条;开展水环境整治“突击月”和河道、公路沿线垃圾专项清理“百日赛”两个专项行动；建成3个河长制标准化镇街、4所村级河长制工作站、12处河长制主题公园；率先成立全国县级第一所“河长制学校”，建成全省首个县级水利文化馆和水情教育基地。

富民惠民力度加大。全市建档立卡低收入人口人均可支配收入增幅达20%以上，268个经济薄弱村村级集体经营性收入平均增幅达30%以上。城乡居民最低生活保障标准由710元/月提高至740元/月，特困供养由852元/月提高至962元/月，临时救助标准由每户每年最高4000元提高到8880元。开展农房安全隐患整治，全市乡镇(街道)216户D级危房，全部实现清人和停用目标。退役军人服务保障体系逐步完善，全市26家乡镇(街道)全部创成全国示范型退役军人服务站，全年帮扶困难退役军人400余人；接收军队转业干部及政府安排工作条件的退役士兵；举办4场退役军人专场招聘会，提供岗位3000多个，达成意向150多人。

公共服务不断优化。坚持外防输入、内防反弹，常态化抓好疫情防控各项措施，保持指挥体系高效流畅运转。提高市民个人防护意识，全力以赴接种新冠疫苗，努力构建全民免疫屏障，获得疫情防控和经济社会发展阶段性胜利。稳步推进“双减”政策，全面推行课后服务，新(改扩)建幼儿园13所，兴化中学新校区正式启用。开工建设公共卫生医疗中心、妇女儿童健康中心，中医院南亭路院区正式运营，建成省、泰州市农村区域性医疗卫生中心各1个。

深入开展安全生产专项整治，全面落实国家“三年大灶”各项任务，开展“1+2+9”安全生产专项整治，以创建首批省级安全发展示范城市为抓手，全年安全生产事故起数、死亡人数分别下降61.11%和28.57%，实现“双下降”目标任务。全年共检查生产经营单位16895家，排查治理安全隐患37039项，责令企业停产83家，关闭取缔21家。开展安全生产“亮剑·2号”和“亮剑·3号”百日攻坚行动，共执法检查企业870家，排查整治安全隐患4250项，事前立案400起，罚款1221.735万元。深入开展危化品使用安全专项治理行动，共检查企业5374家次，排查治理安全隐患6541项。统筹推进防灾减灾各项任务，圆满完成第一次全国自然灾害综合风险普查试点工作，全年未发生森林火灾事故，昭阳街道海池社区创成全国综合减灾示范社区。

(郑开振)

**【民生实事】** 2021年，市政府顺利实施民生实事项目22项。

**兴化市2021民生实事项目信息表**

表3

| 序号 | 建设内容 | 牵头单位 | 所属乡镇(街道) | 所属社区(村) |
|---|---|---|---|---|
| 1 | 新增100个行政村建有污水处理设施 | 住建局<br>城投公司 | 涉及所有乡镇 | |
| 2 | 打造100个集聚提升类村庄 | 农业农村局 | 戴窑镇(5处)、合陈镇(5处)、永丰镇(4处)、大营镇(2处)、新垛镇(2处)、安丰镇(9处)、大邹镇(3处)、沙沟镇(2处)、钓鱼镇(4处)、中堡镇(3处)、千垛镇(7处)、海南镇(3处)、昌荣镇(1处)、开发区(7处)、周庄镇(4处)、陈堡镇(3处)、戴南镇(5处)、沈坨镇(3处)、陶庄镇(4处)、兴东镇(6处)、林湖乡(3处)、垛田街道(4处)、竹泓镇(4处)、大垛镇(3处)、获垛镇(3处)、昭阳街道(1处) | 戴窑镇:窑东村、舍阳村、恒和村、刘丰村、洪亮村<br>合陈镇:陆谦村、幸福村、娄子村、许港村、锦贤村<br>永丰镇:兴盛村、东棒徐村、东倪村、四塔村<br>大营镇:屯南村、洋子村<br>新垛镇:李施村、新东村<br>安丰镇:双联村、黄庄村、李东村、黎明村、东新合村、九丰村、沈曹村、朝阳村、钟祁村<br>大邹镇:芦家坝村、吴家村、沈五村<br>沙沟镇:高桂村、光耀村<br>钓鱼镇:中朝村、檀孙村、南芙蓉村、钓鱼村<br>中堡镇:东荡庄村、龙江村、朱野村<br>千垛镇:房石水村、夏广村、北沙村、姜戴村、荡朱村、丁沙村、李南村<br>海南镇:胡老村、西荡村、北蒋村<br>昌荣镇:双星村<br>开发区:刘陆村、民富村、南塘村、老阁村、北郊村、南官村、董家村<br>周庄镇:官庄村、东坂伦村、薛庄村、周泽村<br>陈堡镇:陈家堡村、武泽村、宁乡村<br>戴南镇:罗顾村、季家村、管家村、张万村、蒋庄村<br>沈坨镇:李默村、金唐纪村、薛鹏村<br>陶庄镇:陶南村、幸福新村、三和庄村、夏北村<br>兴东镇:张沙村、新中村、高新村、联发村、湖北庄村、东鲍村<br>林湖乡:湾朱村、朱陈庄村、朱胖村<br>垛田街道:凤凰垛村、王横村、湖东村、新钱村<br>竹泓镇:竹二村、竹一村、新港村、尖沟村<br>大垛镇:陈下村、从六村、吴杨村<br>获垛镇:唐港村、金石村、兴陈村<br>昭阳街道:城北村 |

续表3

| 序号 | 建设内容 | 牵头单位 | 所属乡镇(街道) | 所属社区(村) |
|---|---|---|---|---|
| 3 | 维修改造王家塘东区、城北新村、建行家属区、苏源小区、张阳南区等10个老旧小区 | 昭阳街道 | 昭阳街道 | 迎丰社区、文峰社区、南沧社区、海池社区、英武社区、新阳社区、牌楼社区 |
| 4 | 修缮改造历史街区危旧房4000平方米 | 住建局 | 昭阳街道 | 长安社区、文峰社区、新义社区 |
| 5 | 三水家园、五里亭家园、新杨花苑安置房主体封顶,新增安置房1600套;新开工安置房1000套 | 住建局<br>城投公司 | 三水家园安置房:昭阳街道<br>五里亭家园:昭阳街道<br>新杨花苑安置房:垛田街道 | 三水家园安置房:文林社区<br>五里亭家园:五岳村<br>新杨花苑安置房:杨花村 |
| 6 | 实施沧浪公园、兴健园、拱极台改造和直港河南延两侧景观步道、兴姜河西侧滨河步道工程 | 住建局 | 昭阳街道 | 文峰社区、沧浪社区、英武社区、景范社区、金岛社区 |
| 7 | 新改建停车场4处,新增小汽车停车位380个 | 交投公司 | 昭阳街道 | 妇幼保健院停车场(长安社区)<br>昭阳剧院西侧停车场(景范社区)<br>文峰大桥西侧生态停车场(景范社区)<br>王家塘炒米垛停车场(文峰社区) |
| 8 | 建成城镇小区配套幼儿园10所 | 教育局<br>开发区 | 阳山幼儿园:开发区(临城街道)施耐庵幼儿园:开发区(临城街道)<br>昭阳街道、垛田街道、临城街道、开发区 | 阳山幼儿园:阳山社区<br>施耐庵幼儿园:五里亭社区<br>张阳、张皮村、文昌、董家村、五里亭、阳山、小戚 |
| 9 | 开工建设将军庙路小学、创业路初中、第二实验小学西鲍校区 | 教育局<br>文旅公司 | 垛田街道、临城街道、兴东镇 | 莲溪湖社区、东郭村、平旺村 |
| 10 | 完成12所义务教育阶段学校教室灯光改造 | 教育局 | 完成全市所有63所公办法人学校教室照明改造,共改造2189间教室,共计1221.462万元 | |
| 11 | 建成省级“儿童关爱之家”2家、市级3家,购买社会组织连锁化运行“儿童关爱之家”10家;培育儿童关爱社会组织4家 | 民政局<br>团市委 | 昌荣镇、垛田镇2家省级儿童“关爱之家”已建成;参照省标,在昭阳街道、戴窑镇建设3家市级儿童“关爱之家”,也已完成.培育的社会组织有4家:兴化市予爱社会工作事务所(昭阳)、兴化市海燕社会服务中心(千垛)、兴化市澍缘社会服务中心(戴南)、兴化市幸福戴南共享公益协会(戴南) | 涉及各乡镇村居 |
| 12 | 改造“梦想小屋”30户,开设公益暑托班30个班次 | 教育局<br>关工委 | 涉及24个乡镇 | 陶庄镇(13处)、中堡镇(9处)、茅山镇(6处)、周庄镇(15处)、大垛镇(6处)、海南镇(8处)、昌荣镇(1处)、兴东镇(1处)、昭阳街道(1处)、千垛镇(5处)、永丰镇(2处)、合陈镇(1处)、临城街道(1处)、新垛镇(1处)、大营镇(2处)、钓鱼镇(2处)、沈坨镇(2处)、竹泓镇(10处)、陈堡镇(3处)、戴窑镇(3处)、大邹镇(1处)、安丰镇(4处)、获垛镇(2处)、林湖乡(2处) |

续表 3

| 序号 | 建设内容 | 牵头单位 | 所属乡镇(街道) | 所属社区(村) |
|---|---|---|---|---|
| 13 | "双提升双改造"乡镇敬老院 10 家 | 民政局 | "双提升双改造"乡镇敬老院 10 家:永丰敬老院、陈堡敬老院、大邹敬老院、林湖敬老院、沙沟敬老院、中堡敬老院、周庄敬老院、合陈敬老院、竹泓敬老院、垛田敬老院 | |
| 14 | (改)建城乡公交站台 400 个;实施农村公路安全生命防护工程,建成 198 公里安防设施 | 交通运输局<br>交投公司 | 涉及 1 个省道、1 个国道、3 个街道、1 个开发区、15 个乡镇 | 昭阳街道(80 个)、垛田街道(41 个)、临城街道(17 个)、开发区(40 个)、千垛镇(34 个)、G344(14 个)、S231(24 个)、兴东镇(17 个)、戴南镇(82 个)、昌荣镇(8 个)、大垛镇(4 个)、陈堡镇(9 个)、大邹镇(3 个)、戴窑镇(7 个)、钓鱼镇(8 个)、海南镇(2 个)、沈纶镇(4 个)、陶庄镇(10 个)、永丰镇(5 个)、竹泓镇(4 个)、安丰镇(5 个) |
| 15 | 开工建设公共卫生医疗中心、妇女儿童健康中心 | 人民医院 | 千垛镇<br>临城街道 | 顾赵村<br>施耐庵社区 |
| 16 | 移址新建医疗保障便民服务中心 | 医疗保障局 | 昭阳街道 | 官河社区(2022 年 11 月份完成搬迁) |
| 17 | 实施职工医保补充保险 | | 涉及全市 | 2021 年 7 月 1 日已在全市范围内正式实施 |
| 18 | 开展文化惠民演出 500 场,引进精品剧目公演 6 场 | 文体广旅局 | | |
| 19 | 建成韬奋书屋,完成图书馆升级改造 | | | |
| 20 | 建成陈堡草荡泰州市水上运动训练基地 | 文旅公司 | 陈堡镇 | 曹黄村、宁乡村、校果村、唐庄村 |
| 21 | 完成新区体育馆、兴化游泳馆升级改造 | | 昭阳街道 | 五岳社区 |

**【决策咨询】** 2021 年,市政府办紧紧围绕全市工作大局和政府各项工作,强化大局观念,增强服务意识,不断拓宽思路、创新机制、强化措施,始终坚持以更高标准、更高质量、更高效率,切实履行综合协调、参谋助手、督查督办、保障服务等职能。深入一线开展调研,为政府决策提供重要参考。全年共完成各类文稿 200 余篇,包括政府工作报告,市政府专题工作会议讲话,各类向省、市的工作汇报材料、督查检查材料等,充分发挥了以文辅政的作用。扎实推进电子政务建设,全年录入各类信息 15400 余条,发布各类政务信息 700 余条,完成各类专题报道 200 多篇,开展"在线访谈"6 期,意见征集 30 次,录制新闻发布会 3 期,发布"政策简明问答"12 期,完成微信矩阵榜单 12 期。信息服务保量提质,编发普刊 36 期,工作专报 6 期,专刊 130 期,上报信息 700 余条、被泰州市政府办采用 117 条、被省政府办公厅采用 103 条、被国务院办公厅采用 9 条。其中《兴化反映推进医养结合进展成效明显仍面临部分困难问题》《兴化市政府引导基金发展情况及困难问题》等 6 条信息获国务院领导批示,在泰州市级考核中位居前三。

(陈占群)

## 市政府重要会议

**【市政府第四十三次常务会议】** 1 月 8 日,市委书记、市长方捷主持召开市政府第四十三次常务会议。听取和讨论了 2021 年《政府工作报告》等事项。

**【市政府第四十四次常务会议】** 1 月 17 日,市委书记、市长方捷主持召开市政府第四十四次常务会议。听取关于兴化中学新校区 PPP 项目概算调整情况的汇报。

**【市政府第四十五次常务会议】** 2 月 5 日,市委书记、市长方捷主持召开市政府第四十五次常务会议。听取和讨论了《关于进一步深化安全生产三年专项整治工作的意见》等事项。

**【市政府第四十六次常务会议】** 3 月 3 日,市委书记、市长方捷主持召开市政府第四十六次常务会议。听取和讨论了《关于全面推进乡村振兴加快农业农村现代化的实施意见》等事项。

**【市政府第四十七次常务会议】** 3 月 26 日,市委书记、市长方捷主持召开市政府第四十七次常务会议。听取和讨论了《兴化市道路货物装载源头超限超载管理实施细则》等事项。

2021 年 7 月 27 日，市委副书记、代市长殷俊(中)主持召开市政府第五十二次常务会议。（市融媒体中心/供图）

**【市政府第四十八次常务会议】** 5 月 8 日，市委书记、市长方捷主持召开市政府第四十八次常务会议。听取和讨论了《兴化市工业投资项目预审评估实施办法》等事项。

**【市政府第四十九次常务会议】** 6 月 8 日，市委书记、市长方捷主持召开市政府第四十九次常务会议。听取和讨论了《2021 年招商引资项目建设工作考核办法》等事项。

**【市政府第五十次常务会议暨市安委会会议】** 6 月 18 日，兴化市召开市政府第五十次常务会议暨市安委会会议。传达学习习近平总书记关于湖北十堰市燃气爆炸事故的重要指示和李克强总理批示精神，贯彻落实国家、省、泰州市会议部署要求，对安全生产工作特别是全力确保“七一”前后全市安全生产形势平稳可控进行再动员、再部署、再推进。

**【市政府第五十一次常务会议】** 6 月 24 日，市委副书记、代市长殷俊主持召开市政府第五十一次常务会议。听取和讨论了《关于全面加强危险化学品安全生产工作的实施意见》等事项。

**【市政府第五十二次常务会议】** 7 月 27 日，市委副书记、代市长殷俊主持召开市政府第五十二次常务会议。听取和讨论了《兴化市乡镇(街道)、开发区行政主要负责人分管安全生产工作制度》等事项。

**【市政府第五十三次常务会议】** 8 月 20 日，市委副书记、代市长殷俊主持召开市政府第五十三次常务会议。听取和讨论了关于部分国省考断面沿河村庄生活污水治理项目建设情况的汇报等事项。

**【市政府第五十四次常务会议】** 8 月 26 日市委副书记、代市长殷俊主持召开市政府第五十四次常务会议。听取和讨论了《关于推进我市公共资源交易监管体制机制改革的工作建议》等事项。

**【市政府第五十五次常务会议】** 9 月 16 日，市委副书记、代市长殷俊主持召开市政府第五十五次常务会议。听取和讨论了关于当前全市节能形势的情况汇报等事项。

**【市政府第五十六次常务会议】** 10 月 22 日，市委副书记、代市长殷俊主持召开市政府第五十六次常务会议。听取和讨论了《兴化市深化农村公路管理养护体制改革实施方案》等事项。

**【市政府第五十七次常务会议】** 11 月 26 日，市委副书记、代市长殷俊主持召开市政府第五十七次常务会议。听取和讨论了关于全面建立乡镇(街道)权力清单有关情况的汇报等事项。

## 市政府重要活动

**【2021 中国・兴化千垛菜花旅游节】** 3—5 月，兴化市举办 2021 中国・兴化千垛菜花旅游节。

**【推进“亩均论英雄”改革重大项目集中签约仪式】** 6 月 25 日，兴化市举

2021 年 3 月 18 日，2021 中国兴化千垛菜花旅游节开幕。（市融媒体中心/供图）

2021 年 6 月 25 日，兴化市举行推进“亩均论英雄”改革重大项目集中签约仪式。 （市融媒体中心/供图）

行推进“亩均论英雄”改革重大项目集中签约仪式，此次签约活动共达成签约项目 51 项，计划总投资 122 亿元。

**【首家 A 股上市企业】** 7 月 29 日，双乐颜料股份有限公司在深圳证券交易所创业板上市，成为兴化市首家 A 股上市企业。

**【长江引水工程全线贯通】** 10 月 13 日，兴化市举行兴化长江饮水工程通水运行仪式，兴化长江引水工程全线贯通，全市人民喝上了长江水。

**【“稻香蟹肥 · 和美兴化”2021 年中国农民丰收节】** 9 月 22 日，兴化市举办“稻香蟹肥 · 和美兴化”2021 年中国农民丰收节泰州（兴化）主场活动。以兴化地区特色田园乡村、优质农产品推介为主要内容，立足特色乡村，欢庆丰收节日，唱响“庆祝丰收、弘扬文化、振兴乡村”的主旋律。

（郑开振）

## 依法行政

**【概况】** 市司法局贯彻落实习近平法治思想，坚持在法律轨道内推进疫情防控，推进行政执法监督协作机制，推进行政执法“三项制度”工作，严把市政府重大行政决策关口，强化行政复议监督纠错职能，推动公共法律服务资源不断向基层延伸。

**【市政府重点项目协议合法性审查】** 参与市政府重点项目协议的合法性审查，涉及项目主要有“兴化新区高级中学 PPP 项目”“兴化市中医院南亭路分院一期 PPP 项目”“江苏省兴化市长江引水工程 PPP 项目”“戴南循环经济产业园区污水处理等建设 PPP 项目”，重点审核这些项目在实施过程中发生的项目变更等问题；以及《兴化市工业项目投资建设协议》《盐泰锡常宜铁路兴化站和安丰站土地综合开发框架协议》《兴化市人民政府与中铁十局集团有限公司战略合作框架协议》《泰州（兴化）产业创新服务综合体协议书》等重大项目的协议审核，出具专业审慎的法律意见，有效保障市政府重大民生 PPP 项目、基础设施建设等重大项目依法推进，取得了较好的法律和社会效益。

**【市政府重大行政决策合法性审查】** 全面贯彻落实《江苏省重大行政决策程序实施办法》，制定《2021 年兴化市政府重大行政决策事项目录》，对市政府重大行政决策事项进行规范化管理；对接各个重大行政决策实施单位，对重大行政决策实施文本合法性审查。2021 年共出具市政府重大行政决策事项合法性审查意见书 60 份，审核事项包括市政府重大项目行政协议 13 份，涉及市政府重大项目 8 个，市政府征收补偿类决定 15 份，市政府其他重大行政举措、重大规划等 32 份，有效把控市政府重大行政决策的程序及内容的合法性，提升了市法治政府建设水平。

**【市政府法律顾问】** 进一步贯彻落实《江苏省委办公厅、省政府办公厅印发〈关于推行法律顾问制度和公职律师公司律师制度的实施意见〉的通知》的有关规定，及时完成市政府法律顾

2021 年 9 月 22 日，兴化市举办“稻香蟹肥 和美兴化”2021 年中国农民丰收节泰州（兴化）主场活动。 （市融媒体中心/供图）

问委员会的调整工作，共聘用市政府常年法律顾问12人，组织市政府法律顾问参与市政府重大决策法律论证、重要行政规范性文件审核和重大涉法问题、涉及改革稳定重要事项、重大突发社会公共事件等，先后共参与法律咨询31次，涉及市政府重大项目8个，市政府其他重大行政举措22项，共出具顾问法律意见书52份。

**【行政复议及行政应诉】** 严把案件质量关，化解行政复议，促推进依法行政，促进社会和谐稳定。2021年共收到行政复议申请64件，受理54件。所结案件中，撤销、撤销并责令重新处理、确认违法12件，直接纠错率达22.22%，因和解、调解，申请人撤回申请终止17件，综合纠错率达53.70%。2021年，市政府经复议被列为被告行政诉讼案件共12件，结案9件，其中一审法院裁定驳回起诉3件，准予撤诉3件；二审法院裁定驳回上诉3件。所结案件中，行政机关负责人出庭应诉率达100%。

**【行政执法监督】** 严格落实行政执法"三项制度"，推进乡镇赋权和机构改革工作。组织开展新《行政处罚法》、行政执法文书制作与规范专题培训班，推动行政执法监督系统平台的运用。开展营商环境类政策规范性文件清理工作，及时提出修改和废止建议。出台《全面推行证明事项告知承诺制实施方案》和《全面推行涉企轻微违法行为不予处罚和一般违法行为从轻减轻处罚清单实施意见》，规范涉企行政执法。

**【行政执法争议协调】** 着力化解行政执法争议，切实提高行政执法效率，认真落实《兴化市行政执法争议协调办法》。2021年，共计启动行政执法争议协调工作10次，涉及安全生产、水行政管理、城市管理等方面，通过召开行政执法争议协调会，出具书面协调意见书等方式，解决行政执法机关之间的权限争议，防范行政执法机关不作为、乱作为，提高行政执法效率，推进依法行政。

**【行政执法与刑事司法衔接】** 发挥信息平台数据共享、案件有效监督的作用，落实案件网上移送、网上受理和网上监督。通过召开"两法衔接"工作协调会、座谈会等形式，学习《中华人民共和国刑法修正案(十一)》，研究涉安全生产领域的违法行为的查处办法，分析全市"两法衔接"中存在的问题。全年各行政机关共移交涉嫌刑事犯罪的案件15起，有效地打击违法犯罪行为。

(蔡雨萱)

# 人　事

**【人才引进】** 2021年兴化市发放人才生活补贴131.9万元，127人受益。全年发放购房券25张，金额140万元，兑付购房券24张，金额140万元。发放住房租赁补贴44人，金额8.45万元。开展人才生活租房补贴申领，审批52人，金额32.22万元。全年共引进高层次人才287人。

**【专家引智】** 组织开展第二届突出贡献中青年专家推荐选拔工作，18名人才入选兴化突出贡献专家。江苏海宇机械公司新批准设立江苏省博士后创新实践基地，全年共有5名博士后人员进入兴化市博士后科研工作站(博士后创新实践基地)工作。

**【高技能人才培养】** 全年新增高技能人才963人。依托各乡镇和重点骨干企业，深入督查指导，运用政府购买培训成果等激励政策，推进高技能人才培训鉴定工作的开展。组织技能鉴定发证5170人，其中高级工849人，技师114人。全年组织补贴性职业技能培训26169人。成功举办兴化市家庭服务业职业技能大赛。

**【机关事业单位管理】** 执行上级有关规定，继续做好"吃空饷"专项治理常态化管理工作，对群众举报的问题及时进行调查处理。规范事业单位岗位的聘用及管理工作，全年完成事业单位岗位聘用2471个，签订(变更)合同7413份。统筹推进教育系统人事管理工作创新，持续推动义务教育学校教师"县管校聘"工作，建立能上能下的岗位聘用机制。

**【人事公开招录】** 坚持公开平等、竞争择优原则，做好事业单位人员公开招聘工作。实施标准化操作，通过强化基层卫生单位招聘、开展校园招聘等系列措施，进一步提高考录工作管

2021年10月20日，市人社局组织企业赴高校开展人才招聘活动。

(市人社局/供图)

2021 年 10 月 25 日，市人社局成功举办全市家庭服务业技能大赛。

（市人社局/供图）

理水平。全年发布各类公开招聘公告 31 次，招录事业单位工作人员、卫生系统备案制人员、编外合同制用工共 635 人。其中，综合事业单位 85 人，教育系统 186 人，卫生系统 274 人（含备案制人员），编外合同制 90 人。考试规范完成率 100%。

【专业技术队伍建设】 在泰州市区范围内率先开展首期健康食品行业专业技术人员继续教育公益性培训班。对企业新取得高、中级职称的专业技术人员进行奖励，奖励标准正高级 5000 元、副高级 3000 元、中级 2000 元，共发放奖励 391000 元。2021 年共审核、推荐申报高级职称 591 人次（其中正高 46 人次），申报中级职称 838 人次，申报初级职称 1156 人次，办理职称初定 635 人次。先后组织 2 次乡土人才初级职称评审，乡村振兴技艺师人数 606 人次；组织专业技术人员公需科目培训 15269 人次，专业技术人员继续教育年度审验 13686 人次。

【工资、工考和退休管理】 完成全市 16000 多名事业单位工作人员薪级工资正常晋升及 1300 多名编外合同制人员聘任期工资调整。组织发放教育系统事业人员交通费，保障全市教师的收入。联合相关部门开展机关事业单位违规发放津贴补贴检查、公立医院绩效工资发放情况专项检查，通过现场查账的方式，先后 2 次对全市 24 家乡镇（街道）、部门的机关事业单位“三公”经费、违规发放津贴补贴和工会福利情况开展专项检查。做好机关事业单位工勤人员继续教育网上培训及工勤技能岗位技术等级考评工作。办理事业单位工作人员退休手续 413 人，发放丧葬费抚恤金 218 人，审批遗属补助 32 人。

（陈　华）

## 政务服务

【概况】 市行政审批局推进“放管服”改革，加快“不见面审批”标准化建设，提高“互联网＋政务服务”平台运作水平，推动公共资源交易有序发展，促进政务服务便利化。全市办结新设企业 5962 户，变更企业 3467 户，注销企业 1595 户，其他 521 户，合计 11545 户。办理“食品经营许可证”605 件，注销 51 件，完成小作坊行政许可 18 件；办理“药品经营许可证”112 件、“三类医疗器械许可证”40 件；注销 10 件；文化类行政审批完成 61 件，完成“粮食经营许可证”行政许可 46 件；接受公、检、法、司、纪检委、各企业、个人查调档案 3500 余次；进行现场踏勘 100 余次。完成备案企业投资项目 326 个，其中新建项目 250 个、技改项目 76 个。核准企业投资项目 12 个；办理商品房预售许可 20 份，同比减少 16%，预售商品房面积约 50.47 万平方米，同比减少 9.17%。发放燃气经营许可证 6 份，同比增长 200%。占用、挖掘城市道路许可证 8 份，同比增长 250%。新建民用建筑建设防空地下室审批 7 份，允许人防异地建设审批 46 份，同比增长 328%；发放施工许可证 135 份，同比减少 2.88%。

【改革深化】 市行政审批局建立“省内通办”“跨省通办”联动机制，落实企业开办、开便利店、新生儿出生等 18 项“一件事”改革任务，办理总量达 34179 件；对涉及省一级 18 家部

2021 年 4 月，市行政审批局设立的工业项目“拿地即开工”服务窗口。

（市行政审批局/供图）

门、89个事项“省内通办”“跨省通办”;对涉及跨省通办服务事项24项,服务范围覆盖到全市26个乡镇(街道)为民服务中心;与浙江平湖、扬州市广陵区等地签订合作协议,成功办理内资企业及分支机构注销、变更登记。

**【审批服务提质增效】** 市行政审批局创新企业开办“五零”服务,实现“营业执照、公章刻制及银行开户、税种核定、社保和公积金账户开户”等开办全程“零成本”。打造“一证准营”新模式,覆盖药店、医疗器械、娱乐场所等7种行业,设立“一业一证”综合受理窗口,2021年共发出56张“行业综合许可证”;印发《兴化市工业项目“拿地即开工”容缺预审实施办法》,从立项到施工许可证核发14个环节30个工作日内办结,2021年共发放施工许可证135份;共核准企业投资项目13个、计划投资98亿元;备案项目398个、计划投资295亿元;发放工程总建筑面积172.98万平方米,同比减少5.67%;发放工程总造价35.43亿元,同比减少18.10%。开展《入驻市政务服务中心窗口部门“局长进窗口服务日”活动实施方案》,各部门领导接待群众415人次,接件280件,解决271件,解决问题56个,收集有效建议47条。认领标准化事项共计1939项,已编制1939项,政务服务事项认领率99.27%(不含化公共服务事项)。六类行政权力事项入库完整率100%,公共服务事项入库完整率100%,办事指南完整度100%。推动线上线下一体化政务服务平台融合发展,明确“一件事”改革任务18项,市卫健委、退役军人事务局、住建局、医保局、人社局、民政局、自然资源和规划局、农业农村局、行政审批局等单位牵头共计13个“一件事”公布,产生线上或线下运行案例15237例。“互联网+监管”数据736条,覆盖率为95.65%,位于泰州第三位。行政许可事项压缩度95.4%,许可事项中即办件事项比例为92.21%,位于泰州第二位。

**【“不见面审批(服务)”改革多元化】** 市行政审批局推行工程建设项目“不见面开标”,2021年共299个项目采用“不见面开标”,“不见面开标”率达96.32%。推行企业开办“五零”服务,办理时限从省要求的3个工作日压缩为0.5个工作日,为2602家新设企业提供“五零”服务,节约企业开办成本332.3万元;不见面办理情况占比99.6%,位于泰州第二位。12345政务热线工单诉求满意率99.59%,及时率98.23%;省级工单办结率100%,及时率100%,满意率94.37%。

**【强化窗口考评】** 制定《兴化市政务服务中心窗口(分中心)及工作人员考核办法》,开发应用智能管理考核系统。坚持“日考核、周通报、月评优、年评先”考核管理模式,推进“好差评”向乡镇(街道)为民服务中心覆盖。2021年,累计收到各类评价数据587909条,其中二维码评价16021条,办件评价572857条,好评率99.9%,差评回访整改率达到100%。

**【政府采购电子化】** 优化政府采购营商环境,推进政府采购全程电子化,实现全市政府采购“不见面开标”,上线政府采购不见面系统,完成政府采购项目1668项,预算金额25.62亿元,成交金额24.14亿元,节约资金1.48亿元,节约率5.77%;完成国资出租(让)项目92项,评估总价579.69万元,成交价841.81万元,溢价262.12万。

**【助力重点项目】** 推进重点民生项目,设立“绿色通道”,压缩各采购环节时限。全年共完成政务云系统采购、电子商务进农村、垃圾填埋场积存渗滤液处理服务、政府购买居家养老上门服务、“护航成长”儿童关爱保护、河道水环境保洁等项目。

**【工程招标】** 工程项目实施“不见面开标”,工程招投标全程电子化,推行投标电子保函业务,降低企业成本。完成张皮安置房(含周边道路)项目、兴健园景观改造提升工程、昭阳湖沉水长廊等9处亮化景观提升工程、老旧小区改造工程、张垛花园(张皮安置房)项目EPC总承包等城建项目。全年共收到997家投标单位各类保证保险、银行保函6420份,为企业减少资金占用成本19.3亿元。

(杨 帆 肖婷婷)

## 电子政务

**【政府网站和政务新媒体】** 做好政府网站信息发布,全年共录入各类信息15403条,部门、乡镇动态栏目和公告栏目信息审核通过2500条、1600条。全年上报省政府、泰州市政府信息1303条,被采用256条。被泰州评为全市政府网站信息工作先进单位,被省政府表彰为全省政府网站工作先进单位,在中国优秀政务平台推荐及综合影响力评估中获2021年度中国优秀政务网站称号。围绕经济发展、改革创新、群众关心,以政府网站为主体、以“中国兴化政府网”微信公众号为主阵地,打造“指尖上的网上政府”,全年共编辑发布各类政务信息700多条;转发各类时政要闻200多篇次;发布“党史学习教育”“巩固创卫成果 建设健康兴化”等各类专题报道200多篇。政务新媒体管理进入常态化,对多次出现问题且整改不到位的政务媒体予以关停,政务新媒体数量由24家清理整合至13家。通过云监测平台进行24小时不间断监测,每日检测和月度检测,形成月度报告12期,完成泰州市季度检测整改4期,完成省抽测检测整改1期。

**【政务公开】** 下发《市政府办公室关于印发2021年政务公开工作要点的通知》,全年公开市政府、政府办文件21份,规范性文件4份,政策解读14份。开展“在线访谈”6期,征集意见30次,录制新闻发布会3期。发布“政策简明问答”12期,完成微信矩阵榜单12期。组织编制、审核政务数据资源目录700余个。制定完成26个试点领域、33个部门、乡镇(街道)政务公开事项目录、各领域政府信息主动公开补充目录、基层政务公开事项标准目录及基层政务公开事项标准目录,减少两个乡镇目录,涉及466个条目。乡镇(街道)开展相对集中处罚权改革,调整25个目录,涉及2143个条目。编制完成面向村(居)政务公开事项目录10条。规范受理范围、申请及公开程序,省政府政策文件库上传相关政策文件21条。受理政府信息依申请公开48件,办结48件,召开依申请公开办理协调会3次。

**【大数据管理】** 加强党政协同办公系统运维管理和电子政务外网安全管理。联合电信、移动等单位不定期进行网络巡检,及时排除网络故障隐患。指导部门乡镇做好终端安全工作,处理电子政务网络和软件系统故障,全年未发生安全事故。加强电子政务外网安全检查,及时做好通报和整改。通过户外LED屏公开及网络安全宣传,发放提示贴5000余份。根据《兴化市电子政务项目管理办法(试行)》,对金额1.428亿元的27个项目进行评审,共节约财政资金约2100万元。建立完善本地专家库,全年开展评审54次。推进本地政务云平台建设,完成平台项目招标,对已建成的机房、系统、平台等逐步迁移到政务云平台。

(陆彩萍)

## 外　事

**【概况】** 市政府外事办做好全市涉外疫情防控工作,服务好"三外"企业,为全市经济社会发展做出贡献。深化对外交流,促进对外合作。联系"三外"企业、侨领,制定友城交流五年规划清单。与文体广旅局、博物馆联合,打造兴化"五色参访路线"。推荐兴化1家涉外企业负责人和3名优秀海外学子参加"泰州市友好使者"评选。外事办1名负责人获评泰州市表彰的"全市抗击新冠肺炎疫情先进个人"。

**【涉外疫情防控】** 2021年,外事办通过信息摸排、接驳转运等方式,对到兴化外籍人士、到兴化人员做到全掌握、零遗漏。落实涉外防控昆山转运专班和兴化接驳专班人员培训轮换和物资补给等工作,昆山专班接回兴化籍入境来泰人员共214人,兴化入境人员接驳专班接回兴化籍入境来兴人员近300人。组织开展"春苗行动",协调驻外使领馆帮助江苏兴达钢帘线(泰国)股份有限公司等境外兴化企业工作人员100多人接种新冠肺炎疫苗。

**【涉外企业服务】** 深入"三外"企业宣传APEC商务旅行卡,提供上门业务指导,对办理企业实施跟踪办理。帮协助企业搭建海外法律服务平台,与北京盈科(泰州)律师事务所建立"一对一"海外法律服务。落实"六稳""六保"要求,切实服务"三外"企业,多次陪同上级领导对兴化市相关企业开展走访调研活动。

(许　珺)

## 机关事务管理

**【概况】** 2021年,市机关综合保障服务中心更名为市机关事务服务中心。市机关事务服务中心进一步夯实职能、规范管理、优化服务、转变作风,保障党政机关单位部门高速运转,践行机关事务"工匠"精神,提升保障党政机关高效有序运转的能力和水平。

**【公务用车保障】** 市机关事务服务中心推进公车标识化、信息化、平台化管理,与行政中心集中办公区域外的党政机关签订公务用车派驻确认书。深化公车制度改革,实现公务出行社会化、市场化,招标确定5家公车社会化租赁定点供应商。全年累计审批购置新能源汽车30辆。严格控制维修、油耗,全年维修费下降10%以上。

**【基建房产保障】** 完善党政机关办公用房集中统一管理体制机制,开展办公用房安全隐患排查整治、事业单位办公用房管理情况调研、办公用房信息统计报告、办公用房书面调研工作。在节假日期间组织开展办公用房专项督查。对交通综合执法大队、婚姻登记处、农技中心等单位的维修改造项目,进行实地勘察,并提交建议意见。完成市政府五号楼库房,机关食堂、1号会议室空调,3号楼防火

2021年9月,市机关管理服务中心组织办公用房督查。

(市机关事务管理中心/供图)

2021 年 12 月,市机关管理服务中心组织节能业务培训。

(市机关管理服务中心/供图)

门更换、周转房屋面消防管道冻裂抢修等系列维修项目。

【财务保障】 从抓好预算管理入手,落实预算编制、分解、执行工作,科学编制经费使用计划,配合归口管理单位做好部门预决算网上公示。加强支出管理,控制支出规模,按季度上报“三公经费”支出情况表。做好财务结报和财政非税票据管理,全年受理报账业务 6470 多笔,审核原始单据近 4 万余张,开立非税票据 151 份。

【公共机构节能管理】 市行政中心创建为“省级公共机构节能示范单位”,指导 14 家机关单位创建节约型机关。制定《关于全市公共机构带头做好节能降耗工作的通知》,办公室空调、办公区域景观照明、户外显示屏等耗能设备全部关闭。与供电公司签订战略合作意向框架,行政中心屋面安装太阳能光伏发电板供应行政中心用电,全年可以实现发电 80 万千瓦时。2021 年建筑面积均能耗较去年下降 0.08 千克标准煤/平方米,公共机构单位建筑面积能耗指标下降 1.2%。

【会议服务】 完成市“两会”、招商引资、旅游节等重要会议、重大活动的服务保障,完成行政中心主会场和 6 号会议室的高清视频改造项目。

【物业服务】 按照“三定”(定人员、定楼层、定目标)的要求进行全天候服务,确保各楼道、玻璃、路面等清洁干净,不留死角。按时安排专人对各类花草树木修剪养护及病虫防治,全年共组织 4 次以上。定期对行政中心水、电、空调、厕所、网线等耗能系统等进行检修保养,全年满意率达 98%以上。

【安保服务】 坚持预防为主、人防技防、“亮码测温”相结合,执行 24 小时值班制,定人定岗,全方位昼夜轮班巡查,履行来客来访登记制度,全年访客登记办事人员共 2 万多人次。完善设施织密防线,采用自动识别系统对进出车辆进行管理。加强消防安全管理,完善消防安全监控设施设备;开展消防、防汛和反恐技能培训,提升应急处置能力。

【餐饮服务】 强化成本核算,严格采购渠道,从紧从严高效率利用食材,由原来的中份供应改成小份供应。机关二楼餐厅严格按照公务接待标准和要求,深度挖掘兴化地方特色菜肴烹饪潜力,因地制宜,并结合来宾年龄、地域、饮食喜好等个性化差异,合理安排菜谱,做到“老菜新做、老菜新吃”。完成了“千垛菜花”旅游节、招商引资等活动的餐饮服务,有效保障了市四套班子及有关单位部门工作接待,全年共服务约 7.6 万人次。

(李　飞)

2021 年 6 月,市机关管理服务中心组织消防演练。

(市机关管理服务中心/供图)

## 综　述

**【概况】** 2021年初，市政协第十三届委员会共有委员302人。年内，1名委员去世，1人被撤销委员职务，3人补选为市政协委员。至年末，全市共有政协委员303人。一年来，市政协坚持以习近平新时代中国特色社会主义思想为指导，在中共兴化市委的坚强领导下，团结带领全体政协委员，深入贯彻落实中共十九大和十九届二中、三中、四中、五中、六中全会精神，紧紧围绕市委中心工作，切实履行政治职能，圆满完成年度各项工作任务。全市建立"有事好商量"协商议事室549个、委员工作室38个、社情民意信息联系点17个。创新实施民生"微实事"项目，征集并实施城区民生"微实事"项目70个，全年共召开市政协常委会议4次、主席协商会议2次，组织专项视察4次、对口协商4次，为推动全市经济社会高质量发展、高水平全面建成小康社会做出贡献。

**【协商议政】** 聚焦"十四五"规划实施中的重大问题，组织开展"工业企业智能化转型"和"健康食品产业高质量发展"议政性常委会议2次；"镇村污水处理设施运维机制"和"全域旅游示范区创建"主席协商会议2次；"高标准农田建设""城建交通重点项目、省运会水上比赛场地项目""基层人民武装工作""提案办理落实情况"等集中视察4次。

**【民主监督】** 研究制定《民主评议工作实施办法》，规范民主评议工作流程和结果运用。政协常委会第三十一次会议听取了市民主评议法院、卫健委工作情况的报告，市法院、市卫健委主要负责人分别就整改落实情况作报告，并进行满意度测评。开展民主评议市人社局提案办理工作，提高提案协商办理监督实效。

## 重要会议

**【市政协十三届五次会议】** 1月10日至13日，政协兴化市第十三届委员会第五次会议在兴化召开。会议听取和讨论市委书记、市长方捷的讲话；听取和审议政协兴化市第十三届委员会常务委员会工作报告和提案工作情况的报告；列席市十六届人大五次会议第一次全体会议，听取并讨论市政府工作报告及其他报告；举行大会协商发言；听取市政协十三届五次会议提案初步审查情况的报告；会议选举刘春龙为政协兴化市第十三届委员会副主席，审议通过大会决议。

**【市政协十三届委员会常务委员会会议】** 2021年，市政协十三届常委会共召开4次会议。

第二十九次会议　6月23日召开，听取市财政局关于全市2020年

2021年1月11日，市政协十三届五次会议经济组、科技组讨论会场。
（市政协办/供图）

财政决算情况的报告、市审计局关于2020年财政预算执行及其他财政收支审计情况的报告，听取市政府关于兴化市工业企业智能化转型的通报，听取市政协经科委关于工业企业智能化转型的调研报告，并就有关事项进行协商。审议通过《中国人民政治协商会议兴化市委员会协商工作规则》(草案)。

第三十次会议　8月26日召开，听取《关于2021年上半年全市国民经济和社会发展计划执行情况的报告》《关于2021年上半年财政预算执行情况的报告》，听取市政府关于健康食品产业高质量发展情况的通报，听取市政协经科委关于推进健康食品产业高质量发展的调研报告。会议审议通过《关于推进健康食品产业高质量发展的建议案》(草案)。

第三十一次会议　10月28日召开，听取市纪委监委、市公安局2021年工作情况的通报，并进行协商；听取市政府关于推动健康食品产业高质量发展建议案的答复听取市政府关于提案办理情况的通报；听取民主评议部门工作和部门提案办理工作情况的报告；通过《关于召开政协兴化市第十四届委员会第一次会议的决定(草案)》等事项。

第三十二次会议　12月27日召开，会议协商讨论政府工作报告、法院工作报告、检察院工作报告、2021年国民经济社会发展计划执行情况和2022年国民经济社会发展计划草案报告、2021年财政预算执行情况和2022年财政预算草案报告等5份报告的征求意见稿；讨论通过市政协十三届常委会工作报告和提案工作情况的报告(讨论稿)及两个工作报告的报告人；听取各专委会报告2021年工作；政协常委、委员小组组长述职及点评；协商通过市政协十四届一次会议有关事项；讨论通过《致离任委员的一封信》；通过有关人事事项。

**市政协主席协商会议**

表4

| 会次 | 时间 | 议题内容 |
|---|---|---|
| 十七 | 5月8日 | 会议听取全市镇村污水治理项目建设运维情况的汇报，并进行专题协商。 |
| 十八 | 7月23日 | 会议听取全市国家全域旅游示范区创建工作的汇报，并进行专题协商。 |

## 重要活动

**【“有事好商量”协商议事】**　一年来，市政协充分发挥637个“有事好商量”协商议事室和委员工作室作用，重点围绕“老旧小区改造、交通出行畅通、人居环境整治、教育医疗改善、社会治理”等群众身边的操心事、烦心事、揪心事，集中组织民生专题和“完善村规民约 树立文明新风”专题协商议事月等活动，开展协商议事活动1800余场次，参与群众3.8万余人，形成了村规民约150多个，助力解决基层民生问题730多个。市政协向全体委员广泛征集了长安大桥新建桥梯、增设健身器材、设置共享便民晾衣架、增设沿河道路防护栏、小区环境微整治等5大类10项民生“微实事”项目，报经市委市政府同意，交由相关部门实施。经过15场“微协商”活动后，70个民生“微实事”项目11月底全部实施到位。

**【市政协主席走访活动】**　年内，市政协共组织3次主席走访活动。

**政协主席走访活动情况**

表5

| 序号 | 时间 | 活动内容 |
|---|---|---|
| 1 | 5月21日 | 走访农业农村局 |
| 2 | 5月25日 | 走访退役军人事务局 |
| 3 | 12月7日 | 走访检察院 |

**【专题活动】**　2月25日，市政协在市委党校举办“喜迎建党百年”庆元宵书画笔会活动。

3月31日，第十三届全国政协常委、全国政协经济委员会副主任杨伟民和全国政协原副主席王志珍到兴化考察调研，泰州市政协主席卢佩民，秘书长沈惠彪参加。

4月1日，省政协理论研究会会长、省政协原副主席徐鸣到兴化考察调研，泰州市政协副主席祝光，市政协主席沙顺喜参加。

4月2日，全国政协教科卫体委员会副主任、江苏省政协原主席张连珍到兴化考察调研。

4月8日，泰州市政协副主席颜忠林率调研组到兴化就“推进农村富民增收”开展专题调研，全面了解兴化市农村富民增收情况，听取基层意见和建议。

4月23日，人民政协报社党委副书记、副总编辑张宝川到兴化调研兴化市“有事好商量”平台提升工作，省政协研究室副主任陈宏，泰州市政协副主席奚爱国等领导陪同调研。

4月27日，泰州市政协五届六十次主席会议在我市召开，通过走访视察、座谈协商，全面了解兴化市经济社会高质量发展情况。

5月3日，全国政协副主席刘新成到兴化考察调研。

7月7日，市政协召开党史学习教育交流研讨会，深入学习贯彻习近平总书记在庆祝中国共产党成立100周年大会上的重要讲话，并就学习贯彻进行部署。

7月14日，省政协副主席、党组副书记阎立一行到兴化，实地考察湿地生态保护工作。

7月30日，市政协举行“圆梦明天”优秀学生和教师团队表彰奖励大会。

10月19日，泰州市政协副主席王金国、卞赋章带领相关专委会负责

2021 年 10 月 9 日，市政协举办“老年集中区合理增设便民座椅，营造创文良好氛围”“有事好商量”专题协商议事活动。　（市政协办/供图）

人到兴化市开展“走近委员”活动。

11 月 24 日，市政协举办 2021 年度“委员活动日”专题学习报告会，深入学习宣传贯彻中共十九届六中全会精神。

**【委员视察】** 年内，市政协委员共组织 4 次视察。

3 月 24 日，市政协组织部分政协委员对全市高标准农田建设项目进行专题视察。实地视察沈坨镇、周庄镇等高标准农田建设项目。

9 月 27 日，市政协组织部分委员对城建交通重点项目、省运会水上比赛场地项目建设情况进行视察。

10 月 26 日，市政协组织部分委员视察市政协十三届五次会议以来有关提案办理落实情况和民生“微实事”项目。

11 月 18 日，市政协组织部分委员视察人民武装工作。

**【对口协商】** 5 月 25 日，市政协学习文史委组织部分委员与民宗局就“加强宗教教职人员队伍建设”进行对口协商。与会委员建议：加强宗教教职人员政治引导，教育他们爱国爱教，接受党的领导；加强宗教理论学习与研修，做到学识上有造诣；提高管理水平，增强自办自养能力；加强道德修炼，养成高尚情操，以自己的言行为信徒树立典范，促进宗教内部和谐与社会和谐。

6 月 18 日，市政协学习文史委组织部分委员就非遗传承人队伍建设与市文体广旅局进行对口协商。与会委员建议：针对非物质文化遗产各项目的特点，制定相应的保护措施，在规划布点、项目保护和发展文化产品上给予必要的政策支持；发挥好舆论导向作用，普及非物质文化遗产知识，增强全社会保护意识；注重与旅游业发展、文化产业发展、“乡村振兴”建设融合，坚持在传承中发展、在发展中传承；加强传承人队伍建设，培养专业人才、推进非遗保护传承，完善四级非遗传承体系建设，加强对优秀传承人政策扶持和资金帮扶，充分调动传承人的传承积极性。

6 月 22 日，市政协社会法制委组织部分委员就大气污染防治工作与生态环境局进行对口协商。与会委员建议：加强环保科学知识的宣传普及，推进群众科学素质建设，将环保工作任务变成全社会的自我意识；细化上级考核指标的分解，压实各方责任，借鉴网格化社会治理模式，形成条块合力；利用监测及排放清单数据，全面分析原因，狠抓问题整治，强化源头治理、深入攻坚；加强部门联动，形成常态化联动机制，锤炼治理合力。

8 月 19 日，市政协教卫文体委组织部分政协委员，就全市“城区学前教育在建项目的推进”情况进行对口协商。与会委员建议：对已确定项目要加快推进，教育部门要主动对接项目建设，加强协调、有序推进；提升办园品质，加强内涵建设。硬件设施投入固然重要，但配强配足园长、教师队伍才是关键。坚持立德树人，从市级层面进行统筹，通过以老带新，努力建设一支高素质幼儿教师队伍；继续强化政府

2021 年 9 月 27 日，市政协委员视察省运会水上比赛场地建设项目。

（市政协办/供图）

2021年10月26日,市政协委员视察长安社区智慧停车场建设情况。
（市政协办/供图）

主体责任,推动建立完善全市学前教育财政保障机制和稳定增加机制。

【提案工作】 市政协十三届五次会议以来,政协委员共提交提案390件,立案374件,其中集体提案16件,委员个人和联名提案358件。提案经46个承办单位办理,截至2021年6月底已全部办复,其中已经解决或采纳的246件,列入计划拟解决或采纳的120件,短期内不具备条件采纳落实、列入工作参考的8件。从委员对提案办复的反馈意见看,满意和基本满意率为100%。

【社情民意信息工作】 全年共收集122名委员反映的各类社情民意信息190件,编印简报12期,上级政协采用21件,《地级市农科院所服务农业产业科技支撑能力尚显不足》《滥用“属地管理”增加基层负担亟需引起重视》《高标准农田建设存在问题需引起重视》3件信息被全国政协采用。

【学习文史对外联谊委员会工作】 开展学习培训,提升履职能力。“委员活动日”邀请江苏省委党校党史党建教研部蔡宗溢博士作“学习贯彻十九届六中全会精神”专题报告会,帮助委员深入学习理解六中全会精神,提高委员学习理解全会精神的思想自觉、行动自觉,确保将党的决策部署转化为委员履职尽责的实际行动。立足市情和政协文史资料,创新文史工作思路,拓宽发挥作用渠道,推动存史和资政功能齐头并进。克服疫情带来的各种不利影响和困难,遍阅典籍,反复求证,出版《兴化民俗》。做好《兴化非遗》文史资料征集工作,完成初稿100多篇,文字20余万字。编印《兴化历史文化研究》2期,组织撰写《泰州历代名人(第三集)》兴化名人传记。完成泰州市政协编写计划中关于魏源、震华、莲溪、陈邦贤、赵海仙、徐德培等兴化名人传记,如实反映他们在仕途、宗教、艺术、医学、植物学等领域的杰出成就。充分利用现有文史资料资源,向部分单位部门、泰州市档案馆和泰州市图书馆合作的开放书屋、兴化政协委员书房、扬州疫情集中隔离点、文史工作者、市政协咨政专家、在外文化名人等赠送书籍,宣传推介兴化历史文化,提升政协文史工作的品牌影响力。围绕“加强非遗传承人队伍建设”与职能部门开展对口协商,针对少数民族非遗发展资金规模小、使用效率不高、发展后劲不足等问题,专委会组织部分委员认真开展调研。广泛开展交流活动,搭建联谊交友平台。举办“喜迎建党百年”和“助力文明城市创建”等公益书画活动。组织侨台组委员参与侨胞台胞联谊,走访台胞和台资企业。加强与社会知名人士的联络、联谊和服务,中秋节前夕,在主席和分管主席的带领下,走访社会知名人士。

【社会法制委员会工作】 围绕重点议题,组织专题协商。就全市镇村污水处理设施运维机制开展专题调研,在市政协召开的十三届十七次主席协商会议上进行了专题协商。围绕全市党风廉政建设和反腐败工作、打击严重刑事犯罪和经济犯罪工作,在政协三十一次常委会议上进行了专题协商。结合政法队伍教育整顿“回头看”活动,紧扣“两聚、两改、一提升”(聚焦短板,聚力整改,推动法院工作改革创新、改进作风,不断提升人民群众的满意度和获得感),组织开展民主评议法院工作,广泛征求社会各界对法院工作的意见建议。针对2021年全市空气质量问题,与生态环境局就大气污染防治工作进行对口协商。充分发挥板桥竹石园“有事好商量”协商议事室的新阵地、新平台、新载体的作用,组织委员履职小组围绕“老年集中区合理增设便民座椅 营造创文良好氛围”“不让老人被二维码抛弃”“枫林生态园环境整治”等民生实事议题,开展协商议事活动,推动协商民主在界别、乡镇(街道)、村制度化落实,助力基层社会治理提质增效。深入开展调查研究活动,组织委员围绕农村食品安全、丰富惠民“文化圈”、深化城乡垃圾治理等群众关心关注的热点难点问题开展专题调研,形成专题调研报告1篇、全会协商发言材料3份。精心组织委员视察活动,实地了解城建交通重点项目、基层武装部规范化建设等情况,助推城建交通及基层人武工作的有效推进。加强与对口联系部门的互动,牵头联系了主席走访市检察院、退役军人事务局,实地了解部门工作开展情况,并交流意见。持续开展“三走访三促进一联系”活动。开展“普法进社区”活动,在新义社区进行了《老年人消费权益保障》宣讲,弘扬中华民族敬老、养老、助老的美德,引导社区老人学法、守法、懂法、用法，切实帮助老年人解决法律困惑和问题。

【经济科技委员会工作】 聚焦中心大局，开展协商议政。组织委员就“加快推进工业企业智能化转型”，开展调查研究，在市政协十三届二十九次常委会议上进行专题协商，并形成协商意见。围绕“健康食品产业高质量发展”，组织委员开展调研，向政协咨政专家征求意见，并在十三届三十次常委会议上进行专题协商，提出“以科学规划引领健康食品产业提升能级、以政策集成全力支持中国健康食品产业名城建设、以优质增量增添健康食品产业高质量发展动能、以持续创新激发健康食品产业高质量发展活力”等意见建议，并形成《建议案》。市委、市政府主要领导分别批示。在十三届三十一次常委会议上，市政府专门就《建议案》的办理落实情况进行了答复。市委、市政府拟专题研究《打造中国健康食品产业名城的支持政策意见》，全方位支持经济开发区加快发展，助推中国健康食品产业名城建设。紧贴民生，关注难点，精心组织协商议事。十三届二十九次常委会议就全市 2020 年财政决算、预算执行及财政收支审计情况进行协商，提出“大力培植税源经济、加大财政支出管理、有效管控政府债务”等意见建议。十三届三十次常委会议就 2021 年上半年全市经济社会发展情况及上半年财政预算执行情况进行协商。围绕“中小企业安全生产标准化贯标”、“农村公益事业建设投入机制”、“银企对接纾解疫情影响下的企业融资难题”、民营企业参与“万企联万村，共走振兴路”行动、“助力不锈钢物品回收产业发展”开展专题调研和协商议事。开展“三走访三促进一联系”活动，密切与对口部门的工作联系，联系安排主席走访市农业农村局，组织部分委员视察全市高标准农田建设项目。开展界别特色活动，组织企业家委员赴南通张謇企业家学院参加“弘扬张謇实业报国精神，投身国家‘一带一路’建设”专题研修班学习，学习弘扬张謇企业家精神。科技组联合中医学会特邀南京医科大学教授开展“送科技进中医院”活动，为 150 余名患者听诊检查，耐心解答患者的病情咨询。

【教育卫生文化体育委员会工作】 围绕“国家全域旅游示范区创建”工作，组织委员调研，在市政协十三届十八次主席协商会议上进行专题协商。就“全市基层医疗机构情况”“集团化办学”“省运会水上比赛场地项目”等议题组织委员开展专题调研。做好民主监督工作，组织委员开展民主评议卫健委活动，帮助部门提升工作质效。举办“圆梦明天”优秀学生和教师团队表彰奖励大会，采用网络直播的方式进行，近 8000 人在线观看，激励全市广大师生弘扬“垒土成垛、择高向上”的兴化精神，推动教育事业再攀新高。组织委员就“城区学前教育在建项目的推进”与教育局进行对口协商。组织委员视察省运会水上比赛场地项目建设情况，为委员知情明政增添助力。开展“送医、送教、送文化”进基层活动，组织医卫组的专家委员分别于 3 月 25 日、6 月 1 日、10 月 14 日，先后到戴窑镇灯塔村、陶庄镇南柯堡村、戴南镇徐顾村开展“健康基层行”活动；2 月 26 日，文艺新闻组委员走进千垛镇东罗村开展“三下乡”活动，向村民赠送《兴化历史文化 100 问》、兴化旅游全域地图等材料；11 月 26 日，教育组委员来到大垛镇中心校，开展“卓培项目”主题送教活动。督促指导界组、乡镇开展“有事好商量”协商议事活动，助推解决基层民生难题。

【提案委员会工作】 加强引导，严格审查，着力提升提案质量。围绕市委、市政府工作中心工作，提炼精选提案选题参考条目，引导委员小组发挥自身界别优势，开展提案调研协商，发挥集体智慧，提出高质量的集体提案，全年共征集集体提案 16 件。开展优秀提案评选活动，编印《精品提案汇编》，激励委员树立精品意识，撰写高质量提案。坚持立案标准，严格审查立案。对不符合立案标准的提案，分别作出撤案、转为社情民意信息等处理意见；加强与提案者的沟通，对不规范不完善的提案，主动与委员和相关部门协商，提出修改意见，保证立案提案的质量。组织提案委员会成员走访承办单位，督促承办单位主动与委员沟通协商，采纳提案中的意见建议，将提案办理协商的过程同政策制定、思路转化和工作提质结合起来，推动提案办理工作的高质量发展。组织委员开展专题视察，了解提案办理进度和落实情况。开展民主评议市人社局十三届一次会议以来的提案办理工作，对人社局五年来的提案办理工作进行“回头看”，有效促进了一批办理具有长期性、复杂性和反复性提案建议的落实。针对委员反馈不满意的提案，与提案者及承办部门开展背靠背协商，就提案办理存在的困难和问题充分沟通，促进提办双方在二次办理过程中形成共识。坚持以问题为导向，强化跟踪服务机制。扩大公开平台，在政协网站公开的基础上，通过政府网站将重点提案内容与办理复文同步公开，主动接受社会监督，进一步扩大提案工作的社会影响力。督促东北片乡镇、村（居），认真开展“有事好商量”协商议事活动，努力推动政协协商同社会治理有机融合，帮助基层群众解决身边的问题。

（华　磊）

# 中国共产党兴化市纪律检查委员会·兴化市监察委员会

## 综　述

【概况】 2021年,在上级纪委和市委坚强领导下,全市各级纪检监察组织忠实履行党章和宪法赋予的职责,紧紧围绕中心、服务大局,坚定不移正风肃纪反腐,充分发挥监督保障执行、促进完善发展作用,有力保障全市经济社会高质量发展。

【市纪委十二届六次全体会议】 2021年2月8日,中国共产党兴化市第十二届纪律检查委员会召开第六次全体会议。按照中央纪委五次全会、省纪委六次全会、泰州市纪委六次全会和兴化市委十次全会部署,回顾总结2020年纪检监察工作,部署2021年重点任务。市委常委、市纪委书记、市监委主任金永忠代表市纪委常委会作工作报告。会议审议通过了市纪委十二届六次全会工作报告和全会决议。

## 纪检监督

【政治监督】 深入学习贯彻党的十九届六中全会精神,引导全市纪检监察干部深刻领会“两个确立”的决定性意义,进一步增强坚决贯彻落实全面从严治党战略方针的政治自觉。聚焦疫情防控,开展监督检查93轮次,督促解决问题235个,批评教育帮助和处理17人,对3起典型问题进行公开通报,推动疫情防控责任落到实处。聚焦耕地保护,做好省纪委交办违法用地问题调查处置,对9名党员干部实施追责问责。聚焦粮食购销领域,移送起诉6人,给予党纪政务处分51人,相关建议转报中央纪委、省委办公厅,工作成效得到泰州市纪委主要负责人批示肯定。

2021年1月14日,全市党员干部警示教育大会召开。

(市纪委监委/供图)

【日常监督】 构建“1+4+N”大监督格局,督促各级党组织和纪检监察组织制定履责“三张清单”,严格督查履责情况,精准规范问责追责,实施问责党组织3个、党员干部47人。开展“中梗阻”专项治理,深入排查问题线索84条,批评教育帮助和处理102人,给予党纪政务处分68人。定期研判信访举报和巡察调研情况,就苗头性、倾向性问题形成11份专题报告供市委决策参考。建立市纪委常委会督查督导制度,扎实开展“下沉式”监督调研15次,推动解决污水管网、耕地保护、河道整治等突出问题13个。

【政治生态净化】 深化运用“兴廉评”系统,加强政治生态监测预警评估,发出负面清单106份、预警通知书51份,推动疫情防控、安全生产、污染防治等领域问题有效解决,全市政治生态持续向好,群众对党风政风满意度不断提升。加强容错纠错和

2021 年 11 月 3 日，市纪委监委到桂山村进行财务公开栏检查工作。（市纪委监委/供图）

失实检举控告澄清正名工作，先后对 6 人进行容错纠错，对 11 名受到失实检举控告的党员干部澄清正名，为敢于担当的干部撑腰鼓劲，取得良好的政治、纪法和社会效果。

**【“四风”纠治】** 紧盯重要时间节点，深入整治违反中央八项规定精神问题，严格落实泰州市纪委“十条禁令”要求，重点围绕收受礼品礼金、违规吃喝、公款旅游、违规使用公车等问题开展监督检查，坚决防止“四风”问题隐形变异、反弹回潮，查处违反中央八项规定精神问题 88 起 123 人，给予党纪政务处分 100 人，通报曝光典型问题 42 起，持续释放越往后执纪越严的强烈信号。

**【信访积案“清零”】** 坚持把为民纾难解困作为信访工作的出发点和落脚点，通过领导包案、挂牌督办、当面约谈等方式，成功化解 44 件疑难复杂信访，同时扎实开展“两有两提升”活动，实现全年信访举报同比下降 21.9%，赴省进京访同比下降 50%，历年来积压的 283 件信访全部优质“清零”，连续三年获评全省纪检监察信访举报优质交办件。

**【群众“急难愁盼”问题解决】** 聚焦妨碍惠民政策落实的突出问题，围绕养老惠民、120 院前急救、安培、驾培、物管等方面，以“小切口”推进专项整治，排查问题线索 124 条，批评教育帮助和处理 142 人，给予党纪政务处分 79 人。自觉从百年党史中汲取力量，积极帮助挂钩联系乡镇、社区解决村庄亮化、农桥维修、爱心助学等 127 个“微心愿”，进一步推动“我为群众办实事”实践活动走深走实，工作成效被人民网、党史学习教育官网宣传推介。

## 体制机制建设

**【四项监督统筹】** 充分发挥党内监督引领作用，建立“室组”联动监督、“室组地”联合办案机制，完善对派驻机构、基层纪检组织的联系指导机制，构建在制度规范、运转机制、人员力量上联动协同的“一盘棋”监督格局，《兴化市强化“室组地”联动坚决斩断伸向国有粮食企业的“黑手”》经验材料被省纪委、泰州市纪委专刊采用。

**【监督触角延伸】** 发挥派驻监督“探头”作用，对 51 家机关部门和 7 家市属企事业单位实现监督全覆盖，派驻机构全年开展监督检查 870 余次，约谈被监督单位人员 293 人次，健全制度 17 项。推动监察监督向基层延伸，完成第七派出监察员办公室示范点建设任务，8 个监察员办公室政务立案 119 件，《推进农村敬老院专项整治，让“老有所依”真正落到实处》入选全省派出监察员办公室工作典型案例汇编。

2021 年 4 月 16 日，市纪委监委工作人员深入基层推动解决群众“急难愁盼”问题。（市纪委监委/供图）

2021年7月8日,市四套班子领导参观警示教育馆。

(市纪委监委/供图)

【推进"三不"一体】 坚持无禁区、全覆盖、零容忍,坚持重遏制、强高压、长震慑,坚持受贿行贿一起查,一体推进不敢腐、不能腐、不想腐。扎实开展扫黑除恶监督执纪问责和政法队伍教育整顿,严惩滥用职权、徇私枉法行为,《兴化市从严执纪问责为政法队伍教育整顿提供纪律保障》经验材料被省纪委专刊采用。围绕加强粮食系统内部监管、公共维修基金监管、税款征收监管等发出纪检监察建议43份,在公务用车、特困人员供养、医保等领域推动制定"小特精"制度24个,向兴粮集团、民政局、税务局3家单位制发监察建议的经验做法被《中国纪检监察报》推介。协助市委召开领导干部警示教育大会,播放警示教育片《沦陷之痛》,让党员领导干部中的"关键少数"受到震撼和教育。组织开展板桥清廉思想研讨、参加全国廉政农民画大赛、制作VR兴化廉洁地图等活动,廉洁文化宣传片《水文廉脉青竹风》获评全省优秀微视频。加强对外宣传工作,省级以上媒体采用稿件66篇,中央级媒体采用13篇,被中央纪委国家监委评为宣传工作先进单位。

## 干部队伍建设

【选人用人】 拓宽选人视野和渠道,通过招考、选调等方式,充实19人到纪检监察队伍。坚持唯实唯勤的选人用人导向,激励干部担当作为,突出思想政治和能力素养建设,着力锻造政治素质高、忠诚干净担当、专业化能力强、敢于善于斗争的纪检监察铁军。

【能力培养】 在系统内深入开展"争先进位、争创品牌、争作贡献"主题实践活动,引导全市纪检监察干部找标杆、补短板、转作风、创品牌。严格落实全员培训要求,以"小班化""点对点"个性化培训为特色,打造"打铁人讲习所"融合培养平台,分层分级组织培训23次,参训2100余人次。

【内部监管】 严格落实重大事项报告、工作实绩考核、审查调查人员抽调等制度,不断完善干部廉政档案,规范日常行为。强化干部管理监督,严格执行省纪委"八严禁"要求,对涉及纪检监察干部的信访举报和问题线索,坚持有信必办、有案必查,严防"灯下黑"。

(杨小鹏 黄 薇)

# 群众团体

## 兴化市总工会

**【概况】** 2021年，市总工会紧紧围绕“全省有位置、全国有影响”目标任务，倾力打造“文化工会”“活力工会”“智慧工会”“阳光工会”，各项工作稳步推进，取得明显实效。

**【职工教育】** 举办“永远跟党走·奋进新征程”“五一”劳模表彰大会暨职工文艺汇演，开展“永远跟党走——了不起的劳动者”，“践行社会主义核心价值观”读书征文、专题演讲等系列宣传教育活动。分层分类打造精品职工书屋，1家单位职工书屋被中华全国总工会授予“2021年全国工会职工书屋示范点”称号。组织2021年省级劳模推荐评选和兴化市级劳模评选表彰工作，推荐评选7名省级劳模和95名兴化劳模，举办“文明职工、文明班组、最美兴化职工”评选活动，为全市职工队伍精神文明建设选树典型和榜样。

2021年4月29日，市总工会举办“永远跟党走·奋进新征程”“五一”劳模表彰大会暨职工文艺汇演。（市总工会/供图）

**【职工发展】** 组织开展“建功十四五·奋进新征程”主题劳动竞赛活动30余场，帮助500名职工实现学历提升、职业资格晋升。举办全市十大工种技能操作大赛，其中1人获泰州审计内审一等奖，2人获国审组二等奖。组队代表泰州市参加全省机器人操作工大赛，获全省个人操作第7名。开展“三十”评比和群众性技术创新活动，4项入选泰州市十大“科技创新成果”“先进操作法”和“发明专利”。兴达公司刘建华的“内收线可控恒张力钢丝捻制工艺技术研发”获评江苏省职工十大科技创新成果、江苏省科学技术三等奖。6家单位获评泰州市“泰州市安全生产专题职代会三十家优秀案例”，1家单位获评“泰州市安全生产专题职代会十大优秀案例”。建成10家户外劳动者“安康·爱心驿站”，新阳社区工会户外劳动者服务站点当选为“全国最美工会户外劳动者服务站点”，市总工会在全省职工安全生产教育暨“安康驿站”建设工作推进会上作典型经验交流。

**【职工服务】** 开展生活救助、助学救助、医疗救助等帮扶救助，发放慰问金和慰问物资95.42万元。开设“家”课堂职工就业创业培训50期，有72人晋升为技师，91人晋升为高级工。在全市选树15家“五一创业岗”典型，发放助力就业创业红包23.5万元。为产改企业、重点企业一线职工赠送意外伤害保险853人，健康体检710人，为“八大群体”赠送暖心包200份。已有189名工会会员享受到了专享保障救助，129名一线职工赴省职工（劳模）参加休养活动。在市企业劳动用工监督评估专项服务行动，被省总工会授予“全省劳动法律监督工作示范单位”称号，法工部负责人被省协调劳动关系三方委员会评定为“2021年江苏省金牌劳动关系协调员”。落实小微企业工会经费全额返还支持政策，覆盖企业3025家，返还金额808.04万元。

2021年8月28日，市总工会举办全市十大工种技能操作大赛。

（市总工会/供图）

【改革创新】 开展非公企业"三创争两提升"活动、"党工共建幸福家"活动。制定下发《关于进一步加强乡镇(街道)、开发区(园区)工会规范化建设的实施意见》，新增265家小微企业工会组织。聚力打造"五色康乃馨"服务品牌，在全市建成20家女职工康乃馨服务站，新义社区康乃馨服务站被评为首批省级康乃馨服务站示范点，相关做法在全省工会女职工康乃馨服务平台建设现场会作经验交流发言。

（金　蕾）

## 共青团兴化市委员会

【概况】 兴化团市委严格按照市委和泰州团市委相关工作部署，坚持以习近平新时代中国特色社会主义思想为指引，团结带领全市各级团组织进一步解放思想、戮力同心、砥砺前行，推动全市共青团工作纵深突破、落地见效。2021年，共发展团员1937人，全市团员总数为32901人，基层团委58个，基层团工委4个，团总支102个，团支部1821个。

【青少年思想道德建设】 以"两个层次、四个专题"为重点，开展"学党史、强信念、跟党走"主题教育、"青年讲师团全市行""校地共建进社区""百年党史青春说""百名团干讲党史"等各类宣讲963场，覆盖5.3万人；开展线上"青年大学习"，年内超百万人次参与学习。

【宣传教育】 开展"青年五四奖章""两红两优""身边的好青年"等评选表彰活动，7人获省级表彰，25人获泰州市级表彰，1人获泰州青年五四奖章，2人获提名；开通"兴化共青团"视频号，组建"兴小团""兴小队"青年主播团，推出"把兴化读给你听"系列20期，其中《党旗飘扬 红"兴"闪闪》红色故事讲述专栏入选"2021年度泰州十佳网络文化活动"；录制"'兴'火相传百年行""我唱队歌给党听""争做红领巾讲解员"系列原创音视频134部，其中"'兴'火相传百年行"成功入选泰州市党史学习教育典型案例，兴化团市委获"百年风华·奋进青春"江苏优秀短视频展播大赛优秀组织奖。

【全市中心工作参与】 开展"青绘乡村"青年文化创意设计大赛兴化蒋庄基地集训营活动；帮助农户销售滞销农产品近6吨。开展"新农菁英"直播带货及大赛活动13场，累计成交3411笔，成交金额约39万元。成立泰州市首家金融系统青年工作委员会，服务全市17家银行、5家保险机构、3家证券公司的800余名青年职工。承办泰州市暨兴化市"梦想小屋"建设工作，101户"梦想小屋"已交付使用。组织211个团队10169人参与"99公益日"活动捐款，总筹款26万余元。

【青年就业创业】 开展"政企对话""银企对话"活动，组织37名企业家参加新生代企业家传承与创新高级研修班，1名创业青年入选国家级创

2021年4月30日，沙沟镇少先队员在"渔家星火"青年学习社开展红色足迹寻访活动。

（团市委/供图）

2021 年 10 月 31 日，拉萨青年代表团到兴化指导交流。

（团市委/供图）

业导师、2 名创业青年入选省级创业导师。承办第十七届“振兴杯”全国青年职业技能大赛泰州市选拔赛(车工项目)，2 个青创项目分获泰州市第七届蜂鸟青年创客大赛乡村振兴组和创业组第二名，兴化共青团获泰州市第七届蜂鸟青年创客大赛优秀组织奖，2 个青创项目分获 2021 年“创青春”江苏青年创新创业大赛二等奖、三等奖。开展送贷上门、青融资本对接活动，共发放“新农菁英”贷款 9889.8 万元。

**【青年发展】** 开展“河小青”，千余名志愿者参与“保护母亲河 净滩行动”“共植石榴树”“美丽中国 青春行动”“全兴为你‘益’路相随”“千垛小导游”等志愿活动，成立各类型青年突击队 63 支，团员先锋岗 41 个，共有 2800 多名团员团干、青年志愿者参与。开展“好 Young 兴推官”系列活动 2 场；全国 40 多个地区 60 多所高校的 313 名兴化籍高校学子参加“青鸟归兴”暑期实践活动；深化“联青服务站”和“团代表联络站”建设，通过 26 个青年议事室，常态化联系 1000 余名青少年；组织 74 名委员和团代表履行联系青年职能，帮助解决青年诉求 34 个。

**【重点青少年群体服务】** 开展实施“梦想改造+”关爱计划，构建“‘兴’星点灯”关爱体系，组建“星光伙伴”帮扶团队 327 名团干部，开展关爱活动 103 场，走访慰问 1026 次，送出关爱物资累计 15.2 万余元。开设“青仔公益暑托班”41 个，1240 余名学生报名，切实解决暑期“看护难”问题。

**【基层团组织建设】** 持续扩大“两新”领域组织覆盖面，新建非公企业团组织 91 家、社会组织团组织 82 家。发挥“青年之家”作用，规范活动开展频次，实现“青年之家”云平台常态化活跃，累计 2.5 万人次参与、8.8 万人次转发。

（张　聪）

## 兴化市妇女联合会

**【概况】** 2021 年，兴化市妇联以联系服务妇女儿童为工作生命线，为妇女儿童办实事、解难事。被评选为江苏省三八红旗集体，获得第三届江苏女性融媒体创意大赛全国邀请赛优秀组织奖、江苏省妇女儿童基金会“99 公益・网络募捐”优秀项目奖。

**【思想政治教育】** 市妇联紧扣“奋斗百年路 启航新征程”主题，深化“百千万巾帼大宣讲”活动，举办形式多样的宣讲活动 90 多场，覆盖 12000 多人次。开展“兴联心”巾帼志愿服务 500 余次。举办各类公益技能培训，受益人数达 2000 人次。联合退役军人事务局开展了“最美军嫂”评选表彰活动，弘扬“军爱民、民拥军”优良传统。联合市品质办、文明办、市场监管局表彰了 30 户“品质家庭”。举办“‘疫’起共读 阅享时光”亲子共读视频和“百年辉煌 幸福我家”唱支歌儿献给党歌曲征集活动，在全社会营造爱党爱国爱家的良好氛围。

**【高质量发展助力】** 市妇联深化“巾帼文明岗”创建活动，垛田街道文化站等 6 个岗组被评为“泰州市巾帼文明岗”，交通运输局 23 路车组被评为

2021 年 11 月 5 日，召开全市“家安”行动暨“平安家庭”建设工作推进会。

（杨桂宏/摄）

“省巾帼文明岗”。开展“巾帼绘红图 巾帼颂党恩 巾帼建新功”主题活动，以红色故事激励广大岗员“比、学、赶、帮、超”。开展“春风送岗 金牛迎春”庆三·八女性就业专场招聘会，提供岗位683个。联合市农业农村局开展巾帼示范基地创建申报工作，评选出24个兴化市巾帼示范基地，2个江苏省巾帼示范基地，7个泰州市巾帼示范基地，共获得扶持资金20万元。开展“泰美小院(园)”活动，50户家庭被评选为兴化市“泰美小院(园)”示范户。

【社会治理参与】　召开“家安”行动暨“平安家庭”建设工作推进会。深入开展“巾帼关爱 暖冬行动”系列活动，组织巾帼志愿者为困境妇女儿童送去慰问物资50多万元。联合融媒体中心开展“把爱带回家”儿童关爱服务活动，为51名困境孩子实现新年愿望。“六一”期间，市妇联统筹协调，市四套班子领导分9组带领各部门主要负责人走访慰问城乡学校，发放慰问金28.54万元。实施“兴联心”维权联盟强基工程。联合市慈善总会实施“兴联心”慈善助童成长项目，为31名困境儿童发放62000元资助金。举办兴化市第二届“兴联心”关爱儿童公益项目创意大赛，募集17万元推动全市27个公益项目实施。“9·9”公益日期间，开展“兴联心助童成长”“关爱妇儿泰州在行动”等项目募捐，捐赠爱心款70多万元。

【组织建设】　织密基层组织网络，以村(社区)“两委”换届为契机，推动女性进两委，全市村(居)两委成员、负责人中女性比例均比上届有所提高，村妇联主席配备率100%。新建市信访局、消防大队、金融局3个机关妇联。开展“垛上花·好姊妹”文创微家各类活动，传承水乡文脉，培育良好家风。开展“‘执’她力量 巾帼建新功”活动，积极承办活动36场次。举办基层妇联干部赋能培训班，增强基层妇联干部履职能力。邀请省市专家开设社工专题培训，提升基层妇联干部及社会组织负责人项目化服务妇女儿童的业务能力和水平。深化“妇联邀您回娘家”系列活动，建立直接联系服务群众制度，邀请1000多千名妇女群众代表回娘家看变化、话家常、提建议。

（胡　琴）

# 兴化市科学技术协会

【概况】　市科协围绕“聚力高质量发展、致力高效能治理”两大主题，圆满完成了年度各项目标任务。全市共有市级学会14家，乡镇(街道)科协26家，园区和企业科协65家，农技协78家。

【人才服务】　发挥桥梁纽带作用，苏州大学在兴化中学建立苏州大学硕士专业学会研究生实践基地。2名科技工作者成为泰州市青年科技人才托举工程对象。水产学会张凤翔获得“最美科技工作者”“最美泰州人”“典赞·科普泰州”十佳科普人物称号。“全国科技工作者日”期间，到科研、农技、卫生、教育一线走访慰问30多名科技工作者，围绕农业发展、科技研发、青少年科技创新等主题召开科技工作者座谈会。

【创新驱动】　第二届江苏国际铸造产业科技论坛在兴化市成功举办，有8家企业签订技术合作协议。10月11日至12日，争取清华大学许庆彦教授团队支持，联合省铸造学会、泰州科协等单位在申源特钢成立协同创新基地，在新材料和先进制造等领域带动和提升全市产业核心竞争力。市科协采取“备案制”方式，推动园区、企业科协自主建设，“科创中国”创新资源共享平台新增企业42家，新建企业科协10家，培育重点企业科协5家，新注册使用科技信息库企业50家，专业应用典型案例5个，组织50家企业参加陈堡镇创新资源培训班。企盟计算机软件、板桥软件2家公司参加2021年中国创新方法大赛，并获得优胜奖。推荐江苏海宇机械有限公司等5家企业参加泰州市“讲理想、比贡献”项目立项。

【全域科普】　第六届青少年科技创新市长奖颁奖仪式上，兴化市获得2个市长奖、1个市长奖提名奖、1个科技辅导奖和1个创新教育摇篮奖。在泰州市青少年机器人竞赛中，22支队伍获市级奖，5支队伍获省级奖。第二实验小学、昭阳湖初级中学、唐刘学校获得泰州市“优秀科技社团”称号。在第32届江苏省青少

2021年4月10日，市科协组织专家教授为海宇公司开展技术服务。

（市科协/供图）

2021年7月，市科协组织"童心向党、科技筑梦"夏令营活动。

（市科协/供图）

年科技创新大赛中，兴化市科协获得基层赛事优秀组织奖。第33届江苏省中小学生"金钥匙"科技竞赛活动和第九届金钥匙儿童科学创想画活动，40多所学校参加。在"诗词里的科学"网络挑战赛中，景范学校、实验小学、板桥初级中学等学校参加，人数1000多人。兴化中学、实验小学获得"青少年科学教育综合示范学校"称号。中国农技协命名的"江苏兴化大闸蟹科技小院"落户安丰苏红大闸蟹有限公司。林湖乡峰林果蔬种植家庭农场和建锋水产销售有限公司被命名为泰州市科普惠农服务站。参加全国(江苏)农民科学素质网络知识竞赛和江苏省公民科学素质大赛，参加人数、参赛人次列泰州第一。

【改革深化】 市科协被省科协授予"2021年度实施'县级科协创新发展能力提升计划'优秀单位"称号。开展"基层组织建设提升年"活动，信息员注册2551人，日常活跃2480人，传播量达20555人次，为泰州市三市四区之首。开展"优秀学会"评估工作，设置思想建设、组织建设、业务建设、制度建设4个板块24项要点，加强指导督查，严格考核评估，推动学会活动常态化、服务会员精准化。

（苏慧勤）

## 兴化市归侨侨眷联合会

参见"中共兴化市委"之《侨务》。

## 兴化市工商业联合会

【概况】 2021年，兴化市工商联积极应对新冠疫情带来的严重影响和巨大挑战，切实发挥工商联统战性、经济性、民间性的优势和桥梁、纽带、助手的作用，牢牢把握"两个健康"工作主题，为奋力夺取疫情防控和经济社会发展"双胜利"，高水平建成小康社会，开启现代化建设新征程做出新贡献。

【学习培训教育】 举办专题学习报告会，鼓舞广大企业家攻坚克难、砥砺前行，进一步增强发展信心、明确努力方向。组织非公企业家瞻仰严昌荣烈士墓，参观"苏中公学"等本地红色教育基地等。举办"永远跟党走"文艺汇演，组织民营企业编排"民营企业心向党"诗画等活动。

【政企沟通平台搭建】 构建民营企业服务"1+N"机制。举办民营科技企业专场"企业家早茶峰会"，联合税务局开展"心体验 新建议 星服务"税费服务体验师活动暨"春雨润企"税费服务企业座谈会。联合市司法局开展"万所挂万企"活动，推荐2人担任新成立的泰州市商会商事调解中心特约调解员，完善多元化解决民营企业商事纠纷机制等。

【参政议政】 开展"有事好商量"活动，实现工商联界委员挂钩联系村(社区)全覆盖，推进协商民主向基层延伸。5月，组织工商组政协委员赴海南镇开展民营企业参与"万企联万村 共走振兴路"行动专题协商议事活动。9月，组织政协委员到垛田街道杨荡村就该村的自来水管网改造实地考察，推动协商民主在基层联动发展。

【组织建设】 一体推进市工商联(总商会)和乡镇(街道)商会换届工作。依照《市委统战部关于市工商联(总商会)和乡镇(街道)商会换届工作的实施意见》，召开换届工作动员会，组织各乡镇统战委员观摩沈坨镇商会换届大会。12月27日，召开兴化市工商业联合会(总商会)第十二次会员代表大会，选举产生市工商联(总商会)第十二届执行委员会。同日，市工商联(总商会)第十二届执行委员会第一次会议选举产生常委会委员会及主席(会长)、副主席(副会长)等，全市26个乡镇(街道)及市工商联(总商会)顺利完成换届工作。

（耿洪盛）

## 兴化市文学艺术界联合会

【阵地建设】 2021年，市文联围绕充满兴化地方元素、独具兴化文化个性的文艺品牌打造，确立"中国小说之乡"品牌建设，持续推进"垛田农民画"品牌发展。推进乡镇文联建设，在戴窑镇、沙沟镇、戴南镇、昭阳街道、开发区临城街道等举行乡镇(街道)文联成立大会及揭牌仪式。2021年度新增中国作协会员2名、省作协会员7名，新增省美协会员5名。邀请文艺名家毕飞宇、庞余亮、姜广平、纪松、李修文、胡学文等走进兴化开设“兴化文学课堂”专题讲座，组织各协会优秀会员外出采风，举办多地书法联展交流活动，为文艺人才成长营造了良好氛围和提升空间。

**【文艺活动】** 开展两期“作家驻城计划”(首次邀请了美国著名作家大卫·范恩，2021年邀请了国内著名作家李修文)。连续举办张清华、西川等名家诗歌朗诵会，组织文艺界人士参与千垛菜花旅游节、郑板桥艺术节、施耐庵文学节和建党100周年等系列活动，组织文艺家撰写《兴化文化史稿》《兴化文学丛书》，传播先进文化，组织实施2019—2020年度“郑板桥文艺奖”作品申报评选工作，发动本土文艺界人士积极申报作品近百件，奖励作品30余件(篇)。加大对兴化籍作家尤其是以兴化为题材的精品文艺创作和转化，现代淮剧《雪域烛印》受到社会各界广泛关注；歌曲《百姓的事情大于天》传唱兴化大街小巷；杨天民摄影作品《马背汉子》入选中国摄影家协会第28届国展；根据刘春龙长篇小说《垛上》改编的电影《垛上花》全国公映；与国内知名团队合作签约纪录片《郑板桥》，提升板桥文化在全国的影响力。

(吉丹瑾)

2021年3月2日，市残联在全国爱耳日期间开展爱耳日活动。

(市残联/供图)

## 兴化市残疾人联合会

**【概况】** 2021年，兴化市有各类残疾人10.98万人，占全市总人口的7.1%，持证残疾人30930人，其中，视力残疾4527人，听力残疾1007人，言语残疾48人，肢体残疾15806人，智力残疾4794人，精神残疾3533人，多重残疾1215人，一级、二级重度残疾18279人。

2021年12月31日，举行第三代智能残疾证首发仪式。

(市残联/供图)

**【社会保障】** 市残联开展挂钩帮扶两类监测残疾人“结穷亲办六条”活动，走访41户帮扶对象，慰问帮扶289人次，制定5个集体帮扶项目。发放残疾学生及残疾人子女教育补贴66.85万元，惠及残疾人子女、残疾学生共268人；残疾人创业补贴发放19.5万元，惠及残疾人企业4家、个体25家。做好残疾类别等级评定工作，全市参评人数共计6935人；推进三代残疾人证(智能化)换发工作，大邹镇922张第三代残疾人证。全年共受理举报19次，接待来访来电50件、64人次。开展残疾人家庭收入状况调查，完成94户残疾人家庭入户调查工作。

**【康复医疗】** 市残联为全市367名0—14岁残疾儿童提供免费康复服务，家长康复满意度达98%。协助卫健部门，由市第四人民医院派出专家组对全市26个乡镇近700名贫困精神病免费送药患者进行健康体检。完成贫困精神病患者免费送药618人；大力推进“公办康复中心”服务模式优化升级，积极引导社会力量、社会资本、社会资源向残疾儿童康复服务领域集聚，公办康复中心综合医疗、教育、康复资质于一体，新

2021年5月14日，全国助残日期间市残联在特殊教育学习开展扶贫活动。（市残联/供图）

的残疾儿童康复服务阵地已初具规模。残疾儿童康复服务流程更加科学，服务对象更加个性化，服务形式更加高效；“三助一给”项目再上新高度，发放适配辅助器具1443件；实施贫困白内障免费手术224例，手术成功率达100%；积极协助卫健部门继续做好残疾人家庭医生签约服务、社区康复站规范化建设和残疾预防等工作。

**【就业培训和扶贫】** 2021年，举办残疾人实用技能培训班，做好普法宣讲培训班，全市120名残疾人工作者参加培训；教育培训采取“职业技能＋互联网＋直播带货”的创新模式，重点以农村残疾人实用技能为主向自媒体领域拓展，联合垛田街道、合陈镇、昌荣镇、沙沟镇、中堡镇等乡镇举办了实用农用技术、水产品养殖、辅助性就业手工操作等5期技能培训，培训人数364人，超额完成年度泰州市下达的培训200人指标，通过一系列培训活动，让更多残疾人能够参加辅助性就业和实现居家就业；高标准完成残疾人就业保障金年审工作，联合市财政局、税务局出台《关于开展2021年按比例安排残疾人就业年审暨残疾人就业保障金征缴工作的通告》，2021年按比例安排残疾人就业年审108家企业，安置残疾员工416人，全年共计征收残疾人就业保障金1853.16万元；为进一步促进残疾人实现就业，帮助残疾人和企业牵线搭桥，举办了3期残疾人网络招聘会，共有30家企业参加招聘，提供200个岗位；全市新增残疾人实名制就业任务231人，实际完成332人，提前超额完成了省、泰州残联下达的就业创业目标任务，取得了良好的社会效果。依托全市28家乡镇（街道）“残疾人之家”，全年开展残疾人日间照料工作，并在此基础上进一步丰富残疾人托养形式，以购买第三方服务形式尝试性开展残疾人居家托养服务，并将此项工作列为全市党史学习教育“我为群众办实事”项目扎实开展。精准确定服务对象、科学制定工作方案、公开招聘高质量队伍，在昭阳街道全面实施158名居家托养对象服务，已完成162人服务，此项工作因启动早、措施实、见效快，得到省市领导一致好评，让残疾人“零距离”享受到优质、高效的居家托养服务，感受到党的温暖。

**【宣传文体】** 2021年，市残联主要负责人走进“12345政风热线”栏目，线上与残疾人朋友进行互动；充分运用社会媒体、报刊、新媒体、网络等，宣传残疾人工作创新做法、经验成效。在学习强国、央广网、交汇点、《人民日报》、中国东海网、新浪网等全国知名网站发表文章36篇、兴化新媒体发表文章49篇，在市县两级报纸发表文章16篇，电视台播出助残新闻23条，“兴化市残联”公众号全年共计发布信息469条；组织开展

2021年9月27日，市残联开展残疾人文化五个一活动。（市残联/供图）

残疾人文化进家庭“五个一”活动,积极鼓励广大残疾人朋友走出家园融入社会,激励残疾人自尊自强自信自立,让广大残疾人朋友感受到社会的关爱和党的温暖,助力残疾人文化事业的蓬勃发展;积极参加泰州市第二届残疾人趣味运动会,市残联获得“最佳组织奖”;在全国第十一届残运会暨第八届特奥会比赛中,兴化市聋人自行车运动员徐晓文获得了1金2银的好成绩,其中两项成绩打破全国纪录,听力二级残疾人运动员王鑫在游泳比赛中获1金2银1铜,展现了兴化残疾人运动员身残志坚、自强不息的精神面貌。

(朱 峰)

2021年5月8日,世界红十字日广场宣传活动。 (市红字会/供图)

## 兴化市红十字会

**【概况】** 2021年,市红十字会贯彻上级红十字会工作要求,围绕中心,服务大局,聚焦主业,主动融入社会治理,参与疫情防控、文明城市创建常态化值守等,各项工作均取得新进展、新成效,发挥党和政府在人道领域助手的作用。

**【组织建设】** 扩大基层组织覆盖面,推进乡镇(街道、开发区)、学校、医疗机构等建立红十字会基层组织。2021年10月26日,组织市机关各单位和乡镇(街道)、开发区分管负责人前往无锡江南大学参加为期5天的红十字干部能力培训班,提升基层红十字会专兼职干部的综合素质和能力。

**【博爱家园】** 市红十字会在“博爱家园”项目建设中,以乡镇与新时代文明实践中心(所、站)相结合的方式,共建成23处。

**【红十字宣传】** 借助“3·5学雷锋日”、“5·8”世界红十字日、“6·14”世界献血者日等纪念日,组织志愿服务队到社区进行助老、慰问、帮扶活动。强化红十字业务知识宣传,多渠道、多层次地加大对无偿献血、捐献遗体(器官)、造血干细胞及艾滋病知识的宣传、动员、组织工作。

**【筹资】** 开展“博爱万人捐”活动,共筹集捐款资金173.3万元。疫情防控及河南水灾,接受款物捐赠合计90.7万元。严格落实捐赠款物管理、使用、公开及反馈制度,及时准确地向捐赠人反馈信息,并向社会公布捐赠及使用情况。

**【人道救助】** “红十字博爱送万家”活动,慰问困难群众818户,受益群众1636人,发放慰问金及物资合计53万元。“红十字博爱助医”项目,对45名重大疾病患者发放救助金13.6万元。泰州红十字会“护佑天使”和国家红总会“小天使”项目,对11名白血病患者发放救助金44万元。

**【救护培训】** 2021年共完成初级救护员培训1410人,普及性救护培训34181人。

**【生命工程】** 2021年共完成造血干细胞采样入库110例,遗体器官捐献登记1485例。

(张 磊)

## 政法委及综治

【概况】 2021年，全市政法和平安建设工作贯彻落实中央和省、泰州市政法工作会议部署要求和市委全会精神，坚持以加强党对政法工作的绝对领导为统揽，围绕一手抓好疫情防控、一手抓好经济社会发展，全力推进市域社会治理、防范化解重大风险、加强政法队伍建设等重点工作。社会治安满意率、群众安全感率均位居全省前列。

【平安建设兴化】 出台《兴化市加强未成年人关爱保护工作实施方案》，实施“大手拉小手”行动，落实“一人一方案”精准帮扶，经验做法被民政部、中央电视台宣传推介。推进平安“双六”工作，印发“六安”行动、“六无”村(社区)建设实施方案，开展“家安、路安、校安、业安、食安、医安”等系列平安创建活动和“无刑事案件、无邪教、无涉毒、无信访、无安全事故、无特殊人群漏管失控”创建活动。创新肇事肇祸严重精神障碍患者服务管理工作机制，实现医治无障碍、生活救助无担忧、服务管理无盲区、责任落实无死角、肇事肇祸案(事)件有效压降等目标。2021年，全市未发生一起严重精神障碍患者肇事肇祸案(事)件。

【市域社会治理】 2021年8月31日，市区域社会治理现代化综合指挥中心挂牌成立，是市委、市政府直属公益一类事业单位，机构规格相当于正科级。整合网格化管理、“12345”政务热线、数字化城市管理监督指挥中心职责，挂市大数据中心、市网格化服务管理中心牌子，由市委政法委代管。出台《2021年推进市域社会治理现代化建设更高水平平安兴化工作考核办法》，对26个乡镇(街道)进行考核，稳步推进市域社会治理现代化建设。坚持“大数据＋网格化＋铁脚板”治理机制，制定《兴化市网格化服务管理水平高质量考核评价实施细则》，突出网格化知晓满意率考核、“四中心”一体化建设考核、社会治理“一票否决”制考核，网格化工作成效提升。印发《兴化市新一代雪亮技防工程建设实施意见》和《兴化市铁路沿线开展排查整治专项行动方案》，实现雪亮智慧技防校园基本版比例达到80％、小区基本版比例达到50％；整治铁路沿线安全隐患8起，调处涉路矛盾纠纷1起。

【重大风险防范化解】 严格落实风险防控“四项机制”，开展“排风险、见清单、除隐患、保稳定”专项行动，全年共组织联合研判29次、战时研判27次、专题研判17次；开展社会稳定风险评估备案43个，提前预防风险6个。开展全市社会稳定风险防控业务培训和社会稳定风险评估工作培训，提升综合性风险防控能力。

【扫黑除恶专项斗争】 市委政法委以建设“无黑城市”为抓手，深化扫黑除恶“六建”行动，坚持深挖根治和长效常治“两条线”齐头并进，努力推动扫黑除恶专项斗争规范、有序、高效开展。制定印发《兴化市常态化开展扫黑除恶斗争巩固专项斗争成果的实施意见》《建立扫黑除恶斗争领导小组》《建立扫黑除恶斗争工作专班》等文件，明确开展扫黑除恶斗争的目标任务和要求，通过市委常委会会议审议。坚持“打击为先、防控为基、监管为重、立制为本、明责为要”，扎实推进信息网络、自然资源、工程建设、交通运输“四大行业领域”专项整治。

【执法监督】 市委政法委对近年来进京赴省涉法涉诉信访案件、容易滋生顽瘴痼疾、司法腐败、执法不公的案件进行评查，发现7大类38个问题，已完成整改。出台《关于进一步规范兴化市委政法委案件协调工作机制的通知》，规范协调审批程序，坚决贯彻落实“三个规定”要求，明确协调范围和内容。开展《中华人民共和国社区矫正法》和《中华人民共和国未成年人保护法》贯彻落实情况执法检查，对戴南法庭、戴南公安分局、戴南司法所等3家单位开展执法评议。制定印发《关于进一步加强司法救助工作的通知》，规范司法救助工作流程，发挥司法救助化解矛盾帮扶困难的作用，全年共救助152

人，使用救助资金 99.94 万余元，化解矛盾 69 件。

【国家安全人民防线】 2021 年，市委政法委以“4·15”全民国家安全宣传日、“11·1”《中华人民共和国反间谍法》颁布纪念日、“12·4”宪法日为契机，把开展国家安全宣传教育与法治宣传教育有机结合，普及《中华人民共和国国家安全法》《中华人民共和国反间谍法》《江苏省反间谍安全防范工作条例》《反间谍安全防范工作规范》等法制法规。推动“网格化+人民防线”，让“小网格”在国家安全宣传教育中发挥“大作用”，结合网格员日常巡查走访，宣传普及国家安全法、突发事件应对法、生物安全法、反恐怖法、网络安全法等知识，增强全民反奸防谍意识。

【政法队伍教育整顿】 落实中央决策部署和省市委工作要求，紧扣“三个环节”，聚焦“四项任务”，发扬“延安整风”精神。先后 3 次常委会专题研究部署，组织召开推进会、联席会等会议 50 余次。召开查纠整改部署会、政策宣讲会 70 余场次，开展谈心谈话两轮次 2500 多人次，政法各单位班子成员撰写“政治忠诚”剖析材料 103 份，开展专题民主生活会和组织生活会 109 次，悬挂摆放展板、标语、横幅 6000 余个，开展专项宣传 50 余场次，印制《向兴化市政法干警及家属的一封公开信》1500 余份，组织干警填报《个人自查事项报告表》两轮次 2719 份。推进基层教育整顿，工作组 8 轮次深入一线庭室所队了解情况，推动 127 项民生实事全部落实。

【市法学会工作】 市法学会召开第二届一次会长办公会，讨论通过《市法学会会长办公会议议事规则》等制度。开展“双百宣讲”专题活动和市政法系统“法企共建、护航发展”主题实践活动。组织兴化司法部门踊跃申报泰州法学会法学研究课题，成功立项 16 个课题，其中 8 个课题成功通过评审。建立兴化市法学会重大公共决策论证、重大风险防控、重大项目建设、重大矛盾纠纷调解和重大信访积案化解、护航不锈钢产业发展五大法律咨询专家库，发挥法学会在平安兴化、法治兴化建设中的职能作用。梳理总结兴化市法学会典型做法，向泰州市法学会报送报道 25 篇，被省法学会“江苏法学”微信公众号采用 15 篇。

（张 华 王 明）

## 公 安

【概况】 市公安局按照中央和省、市决策部署，推进“战疫情、防风险、保安全、护稳定、促发展”各项工作任务，努力为全市创造安全稳定的经济社会环境。2021 年，市公安局被泰州市委市政府表彰为“扫黑除恶专项斗争工作集体二等功”“2018—2020 年度泰州市文明单位”，被兴化市食安委评为“2020 年度食品安全工作先进单位”，被兴化市委办评为“2020 年度全市党委系统信息工作先进单位”。

【社会稳定维护】 维护政治安全坚决有力。严密意识形态领域管控，严厉打击邪教组织地下活动，坚决守牢暴恐案事件“零发生”底线。重大安保维稳坚决有力。圆满完成庆祝中国共产党成立 100 周年、党的十九届六中全会、省第十四次党代会等系列重大安保维稳任务。全力推进涉法涉诉信访积案化解，顺利完成“百日攻坚摘牌行动”，全市未发生有影响的重大群体性事件和个人极端暴力案事件。公共安全监管坚决有力。深化道路交通、群租房、危险物品等专项整治。2021 年，全市道路交通亡人事故起数、死亡人数同比分别下降 29.67%、30.7%，连续 6 年 83 起重大交通肇事逃逸案件全破，车驾管源头管理工作连续 3 年排名泰州第一，工作成效位于全省前列，全市道路交通安全形势平稳向好。

【违法犯罪打击】 2021 年，共破获各类刑事案件 914 起，抓获刑事作案人员 1227 人、在逃人员 104 名。连续 22 年 149 起命案全破，命案破获率位居全省县级公安机关第二。推进“云剑”“断卡”行动，抓获涉诈犯罪嫌疑人 487 名，快速止付、冻结达 9000 万元，捣毁电信网络诈骗犯罪窝点 6 个，兴化市电信网络诈骗压降发案数、挽回损失数及打处绩效均列泰州第一。打击“黄赌毒”违法犯罪行为，全年共侦办娼赌刑事案件 90 起，捣毁涉娼窝点 18 处；查处涉假案件 4 起，涉毒刑事案件 35 起，铲除罂粟 3 万余株，连续五年禁毒打处绩效位列泰州第一。

2021 年 12 月，公安民警在街面巡逻。（市公安局/供图）

2021 年 4 月 11 日，市公安局快速破获电信网络诈骗获赠锦旗。

（市公安局/供图）

【重大风险防控】 2021 年疫情期间，全面摸排返兴涉疫数据，累计核查流转数据 21 万余条，协助属地乡镇街道落实居家隔离措施 2.5 万人次。围绕“天蓝、水清、食安”工作目标，共侦办食药环犯罪案件 45 起，抓获犯罪嫌疑人 134 名，捣毁各类黑作坊、黑窝点 25 处，扣押包装、原料 20 余吨。加强污染移动源管控、老旧车的淘汰、“两客一危”等治理。严打非法集资、涉税、洗钱等犯罪活动，全年累计排查风险企业、养老企业 114 家，完成农村信用合作联社风险监测评估 8 家；成功侦破“1·6”虚开增值税专用发票案、“蚂蚁搬家”式境外洗钱案，涉案总值 5 亿余元；抓获猎狐逃犯 4 人，境外追逃专项考核在泰州保持领先位置。

【基础社会治理】 市公安局以实施“强基融网”“全域织网”攻坚为牵引，持续深化“警网格”融合，建成 14 家“平安前哨”指挥室、170 家“平安前哨”工作站。全域管控推进道路交通治理，累计查处各类交通违法 65 万余起，行政处罚不文明养犬 74 人。食药部门申报《专业化牵引、体系化作战、制度化保障，加快构建打击环境污染犯罪新机制》项目，入围全省“六六战略”先进实践示范点培育名单。交警部门申报《不停车动态称重检测关键技术研究及应用》项目，获评全省科技强警优秀奖。禁毒部门申报《打造县域毒品治理示范城》项目，获评泰州市公安局改革创新一等奖。

【公安改革深化】 市公安局投资 3.6 亿元，建设集人民警察学校、民警实战训练基地、青少年法制培训学校等功能于一体的“国安教培中心”。深入推进公安“放管服”改革和“互联网＋公安政务服务”，完成派出所“综合窗口”建设试点工作，推动公安窗口进驻乡镇（街道）便民中心，实现长三角户口迁移业务全域通办。

【公安队伍建设】 市公安局制定出台《执法责任审计制度》等 20 项制度，查结各类线索 179 条。提升全警的综合实战能力，组织岗位练兵 24 场 500 余人次。畅通民警职级晋升渠道，完成晋升职级三批次 475 人；建立健全民警维权机制，依法查处阻碍依法执行职务违法嫌疑人 23 人。在国家级、省市媒体发表稿件 475 篇，先后涌现出“江苏省先进工作者”朱克家、“江苏最美辅警”宋俊松等一批先进典型，44 个集体、137 名个人被表彰嘉奖。政治处获评全省公安机关民警的“好娘家”，并记集体二等功。

（张志杏）

## 检 察

【概况】 市检察院以“品质兴检”为目标，以“拼搏兴院”为抓手，忠实履行宪法、法律赋予的职责，强化司法办案，着力加强法律监督、自身监督和队伍建设，各项工作取得新成效。相关工作被省级以上纸质媒体报道 63 次，被上级领导批示肯定 5 次，连续三年被最高检察院评为“全国检察

2021 年 11 月，“有事就办”公安服务队深入企业提供政务服务。

（市公安局/供图）

宣传先进单位”。涌现出“全国检察宣传先进个人”“全国普法工作先进个人”等众多先进典型。泰州市业务竞赛中,7人被评为标兵、能手,院机关2次获组织奖。

**【刑事检察监督】** 市检察院批捕221人,起诉725人,不捕不诉率呈上升态势;监督立案、监督撤案同比分别增长25%、61%;纠正漏捕漏诉,同比上升23%。办理故意杀人、强奸、抢劫等侵害人身安全的严重暴力犯罪案件18件20人。起诉盗窃、诈骗、敲诈勒索等多发性侵财犯罪99件114人。助力防范化解金融风险,办理金融诈骗、妨碍金融管理秩序犯罪案件16件32人。开展电信网络诈骗“断卡行动”,严厉打击非法收购、贩卖“两卡”违法犯罪活动。保持对黑恶犯罪高压态势,办理一起8人恶势力犯罪集团案件。严厉打击食药安全犯罪,共办结涉食药生产销售伪劣产品、假冒注册商标等犯罪案件9件21人,追捕追诉7人,监督立案1件。

**【刑事执行监督】** 市检察院加强刑事执行检察监督,监督不当暂予监外执行案件2件2人。监督社区矫正对象脱管4件4人,监督漏管2件2人,监督收监执行27件27人。书面纠正监管活动违法情形数13件13人。纠正监外执行不当11件11人。办理财产刑执行监督案件23件23人,督促履行财产刑29万余元。办理重大案件讯问合法性核查案件3件3人。移送职务犯罪线索4件。不符合条件或者情形消失的罪犯依法监督收监执行9人,其中纠正骗取暂予监外执行2人。

**【民事行政检察】** 市检察院加强民事审判监督,受理民事监督案件141件,同比上升127%。监督审判执行活动违法49件,同比上升63%。推进行政争议实质性化解,办理行政非诉执行案件同比上升66.7%。办理公益诉讼案件56件,同比上升25%。打击破坏生态资源和污染环境犯罪,办理污染水环境案件8件23人。走访排查全市21个乡镇、34个村、112家企业,发现垃圾违法收集处置、河道污染、污水管网运行不畅等线索38处,制发检察建议39份,清除垃圾1600余吨,清理河道17条,恢复污水管网4处,收缴水资源费15.4万元、生态修复费18.1万元。牵头出台《兴化市垛田联动保护协调机制运行办法》,形成对垛田保护合力。护航全域旅游做法被《江苏法治报》头版报道。“水清检蓝”工程被人民网、《新华日报》、《江苏法治报》、《检察日报》等媒体报道。

**【控告申诉检察】** 市检察院办理控告案件24件;办理刑事申诉6件、国家赔偿案件1件。律师代理和参与化解涉法涉诉信访案件20件;进行公开审查11件;参与刑事和解(人民调解)10件;完成反向审视5件;重点重复信访化解率为100%。办理司法救助案件57件,发放司法救助金43.2万元。

**【综合治理】** 市检察院持续擦亮“小翁姐姐”品牌。受理未成年人审查起诉案件33件52人,提起公诉18人、相对不起诉4人、附条件不起诉30人,附条件不起诉率57.69%、不起诉率65.38%。推进出台《兴化市加强未成年人关爱保护工作实施方案》,实施“大手拉小手”行动,实现对特殊未成年人“一人一方案”精准帮扶。促成刑事案件和解4件。刑事案件的办理认罪认罚从宽适用率达96.68%。办理支持起诉农民工讨薪案件51件,涉及人员99人;支持起诉老年人要求子女支付赡养费案件3件。发送安全生产等社会治理类检察建议11件。市禁毒委员会制发《全市非法种植毒品原植物专项整治行动方案》,开展为期6个月的专项整治,集中销毁2万株罂粟。

**【检务公开】** 市检察落实代表委员联络制度,走访代表委员600余人次。举办“检察开放日”活动3次,当面收集代表委员、企业家代表意见建议20余条。主动公开重大案件信息1145条,公开案件程序性信息1519条,公开法律文书751份。撰写法治故事82篇,拍摄微视频14部,被省级以上新媒体转发192次,4个视频获央视频转发。开展各类普法活动60次,惠及群众15000多人。在中央、国家级媒体发表文章9篇;在《江

2021年6月1日,市检察院组织学生参观泰州市检察普法中心。
(市检察院/供图)

2021年6月9日，市检察院邀请人大代表参加检察开放日活动。

（市检察院/供图）

苏法治报》《新华日报》等省级媒体刊登文章63篇。在“学习强国”“交汇点”“中国检察官”等平台发表各类文章192篇。

【队伍建设】 市检察深化党史学习教育，开展党史集中学习活动27次，开展各层级学习活动340多次。实施“苗圃工程”，开展网络培训26期，培训448人次；开设“兴检大讲堂”15期、“小课堂”22期。开展“青蓝结对”，结成12对师徒。在上级组织的业务竞赛中，7人被评为标兵、能手，院机关2次获组织奖。

【检务督察】 市检察邀请派驻纪检监察组列席党组会、检委会。狠抓从严治检，坚持“刀刃向内”，“五必谈”谈心谈话136人次；组织2轮258人次的顽瘴痼疾专项整治自查，开展提醒谈话6人次。开展案件集中检视活动5次，全年发布通报8期，通报各类瑕疵问题32个。坚持“当下治”和“长久立”相结合，建立健全制度机制23项。

（卜铁进）

## 法 院

【概况】 2021年，兴化市人民法院牢牢把握司法为民、公正司法公正主线，聚焦审执工作，推进司法改革，服务发展大局，强化自身建设，各项工作取得新进展。

【刑事审判】 市法院新收各类刑事案件699件，审结693件。克服疫情阻力，畅通疫情期间涉黑涉恶案件审理的“绿色通道”，推进驻所法庭、“云法庭”建设，做好案件的线下庭审工作。加大对群众关注度较高的粮食、教育、城建领域职务犯罪的惩处力度，高效审结粮食系统邹某某等一批贪污腐败案，严惩靠粮吃粮的“蛀虫”，审结教育领域黄某某等职务犯罪案件，为反腐败斗争提供强力司法支撑。

【民商事审判】 市法院新收民商事案件9741件。面向全市青少年开展“法官进校园”“模拟法庭”等法治宣传13次。加强对9个行业调委会的指导，基本实现民商事纠纷调解全覆盖，医患纠纷人民调解委员会被省高院评为类型化纠纷诉调工作先进集体。发挥破产法律制度、释放主体活力，成功化解债权22亿元，盘活土地641.73亩，实现交易税收640万元，防范打击虚假诉讼，全年综合运用司法手段惩戒18人次。为“再造一个新戴南”提供保障。成立各类专班，对国资经营权、农村土地性质改变等问题提供法律支持，被市考核办授予“向上攀登红旗”。加强庭审和裁判文书公开，互联网庭审直播7856件，在“中国裁判文书网”发布裁判文书5553件，司法公开业绩位于泰州前茅、全省前列。

【审判执行】 市法院开展“小标的民生案件”等专项执行行动19次，搜查被执行人住所178户，拘传81人。执行完毕10万元以下首次执行案件1415件，到位金额4283.69万元，扎实兑现群众“真金白银”。

2021年7月，兴化法院通过基层党组织互联共建，为民营企业保驾护航。

（市法院/供图）

【服务发展】　市法院疫情期间，保障企业纾困减负；为经济困难当事人缓、减、免诉讼费42.17万元，向23名经济确有困难的当事人发放司法救助金34.32万元，扶危救困暖人心，依法化解追索劳动报酬纠纷343件，为农民工追回劳动报酬848万元。

【司法举措】　市法院充实"铁脚板"团队，持续打造人民法庭工作品牌，在西鲍法庭开设"农渔旅"司法服务点，常态化解涉农、涉旅纠纷。安丰法庭推行农村电商"法律驿站"，护航电商销售额近10亿元，戴南法庭成立"钢需"法律智囊团，助力辖区企业转型升级；开发区法庭打造"舌尖安全"护航所，构建食品企业多元化司法保障平台。借助线上平台、12368诉服热线，实现案件"一网通办""一号通办""一地通办"，设立诉讼服务分中心，在人民法庭开通直接立案渠道，实现涉农、涉地纠纷即时审查、快速审理，一站式便民改革经验获评江苏省优秀司改案例。

【队伍建设】　市法院坚持把政治建设摆在首位，引导全院干警捍卫"两个确立"，筑牢"四个意识"，坚定"四个自信"，做到"两个维护"。深入融合党建与业务，组织"五味学习"，开展"叩问三心"大讨论，引导牢固树立为民宗旨，提升干警政治站位。组织"庸懒散"专项治理，从上下班考勤、着装规范、司法礼仪、庭审纪律等细节方面抓起，对不规范行为进行曝光、追责。开展执行领域"治顽疾、疏梗阻、振作风"行动，集中治理期间共发放执行款6213万元，相关工作获选市纪委"小特精"优秀项目。选任16名支部纪检委员，实施"嵌入式监督"新机制，为中层干部划清履职"黄线"和行为"红线"。

（熊芳菲）

2021年3月18日，市司法局送法进千垛景区。　（市司法局/供图）

2021年7月17日，市司法局开展"718行动"普法志愿服务进基层　（市司法局/供图）

## 司法行政

【概况】　2021年兴化市司法局全面贯彻落实习近平法治思想，以服务高质量发展为主线，认真履行"一个统筹、四大职能"，为建设法治兴化提供优质法律服务和坚实法治保障。

【法律援助】　深化"法律扶贫""法援惠民生""百日维薪""法援邮路真情守护"系列活动。进一步扩大法律援助范围，将民事法律援助事项范围覆盖至涉及公民人身权利保护、财产权利保护等基本民生领域。全年共接待群众来访来电法律咨询5348余人次，办理法律援助案件1828件，挽回经济损失2000余万元，万人受援率稳定在万分之十五以上。7篇法律援助案例获司法部、省司法厅采用。

【法治宣传】　强化"谁执法谁普法"工作责任制落实，组建习近平法治思想宣讲团，出台全市"八五"普法规划。大力实施"学法用法示范户""村(社区)法律明白人"培养提升工程，培育法律明白人2092名。建设高标准建设紫荆河宪法主题公园，创作法治书画作品3000余件，彰显法治宣传兴化地域特色。全年累计开展"幸福兴化·'典'亮生活""法治春风·润美花海""法润童心，关爱少年的你"等主题法治宣传活动500余场次，接受群众法律咨询6万多人次。截至2021年，创建成全国民主法治示范村2个，省级民主法治示范村241个，省级以上示范村（社区）创成率达46%。创建省级法治文化示范点3个，泰州市级法治文化示范点4个。

**【社区矫正】** 建实严密规范社区矫正体系。加强一体化建设，提升社区矫正“规范执法、分类管控、精准矫治”工作，实现县、乡两级社区矫正委员会全覆盖。率先出台《社区戒毒社区康复与后续照管融合发展工作实施细则》，打造融合发展“戴南模式”。探索社会力量参与社区矫正工作，通过购买社会服务，成立“心海慈航心理矫正工作室”，开展社区矫正对象分类心理辅导、损害修复工作；完善“五老”参与社区矫正工作机制；成立“兴化市未成年社区矫正对象损害修复和教育帮扶中心”。2021年全年新增社区矫正对象503人，解除矫正526人，在矫正776人。在册安置帮教对象4314人。在管的后续照管对象126人，全部管控到位。

**【专业调解】** 多元高效预防化解矛盾纠纷。完善“人民调解+”社会矛盾纠纷多元化解机制。督促乡镇依法履行主体职责，配齐配强调解员队伍，落实经费保障机制，开展农村人民调解组织备案工作。举办市、镇两级调解员业务培训，夯实工作能力水平。健全律师调解、公证、行政裁决等非诉纠纷解决方案。全年市镇村三级人民调解组织共受理各类社会矛盾纠纷19204件，成功调处18860件，调处成功率98.21%，调结的案件共涉及当事人41468人，调解协议涉及金额5.02亿元。无一起因处置化解矛盾纠纷不及时、不到位导致民间纠纷转化为刑事案件、治安案件及非法上访、越级上访发生。

2021年4月5日，举办“法治让生活更美好——12348，司法行政护航服务你我他”活动。 （市司法局/供图）

**【公共法律服务】** 出台《兴化市公共法律服务进园区实施方案》《关于开展“产业链+法律服务”提升法治化营商环境实施方案》，持续开展“法企同行”专项行动，组织6大法律服务团队广泛开展“公共法律服务进园区”等活动，为民营企业出具免费法治体检报告900余份，提供法律建议1200余条，疏解各类纠纷2000余起。召开“河蟹产业链+法律服务”现场会，提档升级“法蟹畅行”项目。出台律师队伍高质量发展扶持政策，受到省司法厅副厅长张武林批示肯定。

**【公证】** 市公证处紧紧围绕市委市政府的中心任务开展工作，充分发挥公证机构的服务、沟通、证明、监督作用，拓展金融、房地产领域公证业务，提供网络赋强、电子数据存管等公证业务，切实增强企业法治获得感。2021年共办理各类公证共计2065件，收费90万余元。

（蔡雨萱）

## 食品药品安全

【食品安全监管】 市委、政府高度重视食品安全工作,把食品安全工作纳入重要日程,依托"泰州市进口冷链食品申报追溯系统"和"江苏冷链系统",开展放心"进口冷链食品"守护行动,累计检查进口冷链食品生产经营者360家次,进入集中监管仓进口冷链食品1390吨。开展入市前食用农产品农残速测93920个,合格率99.99%,入市后食品快检13747批次,检出阳性81批次。开展食品生产领域风险排查,检查食品生产企业960家次,小作坊320家次,引入第三方技术机构对40家食品生产经营单位开展食品安全风险排查。开展食品安全风险监测507批次,合格率99.61%。加强农家宴备案管理,累计备案民间厨师652名、农家宴集体聚餐活动3614户次。组织实施食品抽检11501批次,不合格率1.55%,年度千人食品抽检率从上年"6.1/千人"提高到"10.1/千人"。

【食品安全专项整治】 组织开展食品安全"新春守护"行动、校园食品安全综合治理、农村假冒伪劣食品整治、食品领域"保安全、迎华诞"专项攻坚行动、长江禁渔专项整治等各项治理活动,累计检查各类种植养殖、食品生产经营单位2.4万户次,立案查办各类食品违法案件883件,向公安机关移送案件7件,省市场监管局督办食品案件2件,涉案货值超50万元食品件案1件。

【稽查执法】 开展重点整治,加大违法违规行为查处力度,加强警示震慑。全年检查特种设备生产经营使用单位1687家。对4家燃气公司开展压力管道安全巡查,如实记录压力管道运行、检修和日常巡检情况,对所有运行管道实时情况做到24小时在线监测。对全市21家液化气站开展交叉不定时突击检查,对充装无码、过期、报废、非自有产权瓶等行为进行严肃查处。开展起重机隐患排查专项整治,会同江苏省特检院泰州分院兴化所对全市在用桥、门式起重机进行全面排查,要求加装"双限位"装置,新出厂的起重机械验收时必须满足"双限位"装置要求。累计检查起重机2585台,安装高度限位装置1549台。开展全市医疗卫生系统及工贸企业的快开门式压力容器隐患排查。加强电梯检验检测工作,对696台电梯开展专项排查治理。推行电梯"保险+服务"新模式,督促使用单位每部电梯张贴特种设备使用标志、安全警示牌、乘梯安全注意事项、投保标志和96333信息牌等。召开船舶修造企业规范用气管理工作会议,加强气瓶安全管理,立案查处工业气站涉嫌充装无码瓶违法行为2件。开展"铁拳"专项执法行动,全年立案查处各类市场监管领域违法案件1076件,向公安部门移送涉刑案件7件。立案查处质量违法案件46件、计量案件4件、知识产权案件40件(其中商标侵权案件35件、专利案件5件)。组织开展"雳剑2021"药品违法违规行为专项行动和"化妆品专项"执法行动,开展药品监督性抽样251批次、医疗器械抽样15批次,实现对医疗器械生产、经营及使用环节的监督全覆盖。立案查处各类药品、医疗器械、化妆品违法案件77件(其中:药品13件、医疗器械20件、化妆品44件)。

【食品经营单位量化分级评定管理】 评定餐饮服务单位3862家、特殊食品经营单位550家,持证单位量化分级管理率达100%,A级优秀比例持续提升。评定泰州市农村食品规范化经营示范店20家,5家小作坊获得江苏省名特优小作坊命名,4家食品企业获2021年度"江苏精品"认证,26家食品企业获得工业经济奖补。

【"阳光惠民"系列工程】 建成小作坊集中加工区1个、"阳光食坊"9家、"阳光宴会厅"29家,餐饮服务单位实施"明厨亮灶"1539家,新入驻"泰州市食品安全阳光平台"餐饮服务单位(学校食堂)844家,其中98家实现"互联网+监管"模式。

【食品安全社会共治】 组织开展食品安全宣传周、保健食品"五进"科普宣传活动20次,发放宣传资料3.1

万份，群众对食品安全满意度位连续两年列泰州市首位。强化企业主体责任落实，食品生产企业自查报告率、食品安全管理人员考核参考率及合格率均达100%。全年累计举办各类培训72场次，培训人员4085人次。298家企业购买食品安全责任险。市市场监管局被第十九届中国食品安全大会组委会表彰为“食品安全普法先进单位”。

【药品、医疗药械和化妆品安全监管】开展新冠病毒检测试剂专项检查、医疗器械经营使用质量安全风险隐患排查治理、零售药店经营含兴奋剂药品专项检查，开展零售药店集中专项整治、医疗美容用药品医疗器械专项整治，开展儿童化妆品、美容美发单位专项检查。全市零售药店、医疗机构、高风险医疗器械经营企业检查覆盖率均达100%，对669家化妆品经营企业、美容院实现50%覆盖检查。严格新冠疫苗质量管理，对全市1个疾控机构、44个新冠疫苗接种点开展3次全覆盖监督检查。上报药品不良反应1818例，其中严重报告206份；医疗器械不良事件787例，其中严重报告55份；化妆品不良反应208例；药物滥用监测报告52份。

【安全用药宣传】 开展“安全用妆，美丽有法”为主题的全国化妆品安全科普宣传周活动和“安全用药，坚守初心”为主题的第14届全国安全用药月活动，接待群众1400余人次，发放《化妆品知识》《化妆品监督管理条例》《安全用妆温馨提示》《安全合理用药》等宣传手册4600多份。联合兴化市美容美发行业协会对兴化112家化妆品经营使用单位开展如何规范经营化妆品专题培训。联合兴化市药品质量协会对全市395名药店从业人员开展医药购销员培训。

（余友银）

## 安全生产

【概况】 市应急管理局坚持“人民至上、生命至上”，围绕“应急管理、抢险救援和防灾减灾救灾”三大职能，践行初心使命，完成各项工作任务。全年安全生产事故起数、死亡人数分别下降61.11%和28.57%。年内，兴化市应急管理局获兴化市委、市政府综合考核十佳标兵单位，泰州市委、市政府“2015—2021年度全市平安建设先进集体”，省安委办“‘2021年度安全生产月’活动先进单位”，省减灾办“2021年全省防灾减灾救灾工作先进集体”，省应急厅“2021年度新闻宣传暨学报用刊先进单位”，泰州市应急管理局“2021年度应急管理工作先进集体”等荣誉称号。

【压实责任】 市应急管理局按照“党政同责、一岗双责、齐抓共管、失责追责”要求，推行党政领导干部挂钩化解重大安全隐患制度，梳理全市39项重大安全隐患，分别提请34名市四套班子负责人挂钩，并督促全市26个乡镇（街道、开发区）289名党政领导干部同步挂钩化解本辖区重大（较大）安全隐患，实现市、镇两级党政领导干部化解重大（较大）安全隐患全覆盖。市四套班子负责人挂钩化解的39项重大安全隐患已完成整改36项，乡镇（街道、开发区）党政领导挂钩化解的293项已完成整改291项。出台《2021年乡镇（街道）、开发区和市安委会成员单位履行安全生产工作责任考核评价指标》。完善“1＋X”责任体系，及时调整优化市安委会、专业委员会成员，建立《安全生产警示提示、约谈、通报、述职、履职报告五项制度》。2021年以来共下发督办函55份，警示提示函7份，通过纪委“兴廉评”系统下发预警通知书2份；对6家乡镇协助分管负责人约谈。共受理有奖举报信访件1210件。

【专项整治】 出台《关于进一步深化安全生产三年专项整治工作的意见》，明确32项市级层面任务清单、89项重点行业领域任务清单、105项乡镇（街道、开发区）个性任务清单，逐条逐项细化工作方案。组织开展安全生产“保安全、迎华诞”百日攻坚、安全生产专项整治“双月会战”、岁末年初“百日会战”等行动，开展城区部分老旧小区住户燃气胶管专项整治，免费为2万多住户更换金属波纹管；开展全市商业大楼楼顶安全隐患联合整治、桃源市场安全隐患专项整治等专项行动；开展城区燃气安全专项检查，重点围绕餐饮场所燃气安全、小区车库违规使用燃气行为等方面进行整治。2021年以来，全市累计检查生产经营单位16533家，共排查隐患35219项，已整改隐患30169项，立案777起，罚款2037.36万元。

【执法监督】 开展安全生产“亮剑·2号”和“亮剑·3号”百日攻坚行动，共执法检查企业870家，排查整治安全隐患4250项，事前立案400起，罚款1221.735万元。开展危化品使用安全专项治理行动，共检查企业5374家次，排查治理安全隐患6541项。扎实开展危化品企业监管执法。2021年以来，共检查危化品企业101家次，发现隐患664条，其中重大隐患5条，下发《责令整改指令书》85份，《现场处理措施决定书》4份，责令停产4家次，立案8起，处罚金额37.725万元，隐患整改率100%。组织省冶金协会专家对46家5吨以上涉炉企业重大风险化解情况进行复核，共发现隐患1491条，已整改1452条，其中重大隐患212条，全部整改完毕。事前立案42起，行政处罚141.25万元。安全生产行政执法事前立案数、罚款金额、5万元以上案件数等关键指标，均保持泰州市前列。全年法制审核案件量约为400件，退回补充调查案件82件。强化安全生产行政执法与刑事司法衔接，移送危险作业罪案件3件。共执法检查企业965家，排查隐患4340项，其中重大隐患424项，均已落实停产整顿或停用相关设备、设施等现场处理措施，事前立案401起，罚款总额1225.835万元。

【基础建设】 市应急管理局建成应急通信专用网络，实现与国家、省、泰州市应急管理指挥平台系统互联互通。配备布控球2台,单兵和执法仪各10台。建成应急指挥五大业务系统,聘请专家团队服务指导,抓好城市风险评估和基础设施建设,已排查出风险源4283个。建成市应急指挥中心、安全文化教育体验基地,建成避难救灾标准场所230处、避难面积95万平方米,加固防洪圩堤450公里。按照"综合救援队伍管全面,专业救援队伍保领域,社会救援队伍补短板"的目标要求,统筹3大类队伍建设。建有乡镇一级专职消防站2家、二级消防站6家、三级专职消防站17家,24个城市社区微型消防站和467个村(社区)志愿消防队。成立社会组织"兴化市兴安应急救援服务中心"。组建危化品、供电、通讯、燃气等12支专业救援队伍。各乡镇(街道、开发区)建立26支民兵应急排,每支队伍30人左右。开展工贸企业生产安全事故应急预案备案,全年共受理备案企业181家,并发布1个总体应急预案、32个专项预案以及全部部门预案。开展2021年度兴化市危险化学品事故应急演练、兴化市供气突发事件应急演练,累计开展企业无脚本演练30家次。制订《兴化市应急管理局应急值守工作规定(暂行)》,明确7×24应急值守要求、值班人员应急值守职责,共接受电话举报48次,电话咨询200余次,12345网上信访工单56件,市长书记信箱3件,阳光信访1件。

【防灾减灾】 坚持预防为主,统筹推进防灾减灾工作,完成第一次全国自然灾害综合风险普查试点工作,指导昭阳街道海池社区创成全国综合减灾示范社区。顺利建成省级安全发展示范城市。强化森林火灾防范,全年无森林火灾事故发生。实施自然灾害惠民保险,共结案1319起,总赔付177万元,累计理赔率113%。

【"6·16"宣传教育】 组织开展安全生产月、"6·16"安全宣传咨询日、省级安全发展示范城市和新《中华人民共和国反间谍法》宣讲等活动。组织参观体验"兴化市安全文化教育体验基地",共组织62场次,2238人参观体验。组织特种作业人员考试,开展安全培训6110人次,其中特种作业考核合格1416人次,金属冶金企业主要负责人考核合格691人次,安全管理人员考核合格4003人次。2021年,获全省"安全生产月"活动先进单位、全省新闻宣传暨学报用刊先进单位荣誉称号。

(袁冠嵩)

## 消防安全

【概况】 兴化市消防救援大队加强大队班子建设,稳步推进执勤巡逻、政治教育、后勤保障和防火监督等工作有序开展,完成以防火、灭火和抢险救援为中心的各项任务。2021年,消防部门共接警出动1263起(其中火灾扑救360起,抢险救援903起),出动车辆2033辆次,出动警力9434人次,抢救被困人员115人,疏散被困人员248人,抢救财产价值4356.34万元。

【基础建设】 兴化市消防救援大队新建的戴南、安丰2家一级乡镇专职消防队正式投入执勤,戴窑、大垛、陈堡、千垛、钓鱼、沙沟6家二级乡镇专职消防队完成土建装修及办公生活设施采购。建成社区微型消防站24家、村(社区)志愿消防队467个。完成水域救援、轻型地震救援、低温雨雪冰冻灾害事故、"1+N"建筑消防设施操作专业队的建设,依托得胜湖政府专职队建立战勤保障分队。全年共开展重点单位"863"熟悉204次、联合演练4次、大中队级、专职队演练178次,修订重点单位数字化预案180家,制作小区作战熟悉图153家,防火巡查1540家。

【队伍管理】 兴化市消防救援大队坚持"两严两准"和"五个不动摇"队伍建设标准。2021年,大队被泰州支队评为2021年度执勤岗位练兵先进大队,五里西路消防救援站被评为先进消防站,得胜湖专职消防队被应急管理部消防救援局表彰为先进政府(企事业)专职队。在泰州全市防火岗位比武竞赛中夺得团体第2名,1人被记三等功,先后28人次受到上级的表彰奖励。

【防火监督】 制定出台《兴化市"十四五"消防事业发展规划》,围绕"四有"要求,落实"1+2+N"的人员配备标准,推进"一年小灶""三年大灶"专项整治。开展消防安全"百日攻

2021年10月19日,市消防救援大队开展全市大型商业综合体消防安全达标创建验收。
(市应急管理局/供图)

市消防救援大队建强基层消防救援力量。　　(市应急管理局/供图)

坚”“双月会战”“冬春火灾防控”“九小场所综合治理”“祥泰高层综合治理”“大型商业综合体和大型医疗建筑专项检查”等专项行动。2021年共检查单位1882家次，发现隐患或违法行为4109处(起)，督改4086处(起)，下发责令改正通知书1279份，临时查封单位24家，消防办案229起，责令“三停”19家，罚款220.16万元，拘留1人。整改并销案摘牌重大火灾隐患单位4家。新建市政消火栓100只，推广安装独立式感烟火灾探测报警器812只、简易喷淋128套、电气火灾监控系统133套、电动车集中充电装置120套。联合相关部门开展119消防、“五进”宣传月等大型宣传活动3次，建成微型消防体验点4处、科普教育基地1处、主题交通工具2辆；张贴海报及挂图2万余份；组织参观消防站、体验馆300余次、12000余人；消防窗口开通培训，培训演练100余次、2万余人；联合市融媒体中心开展专题访谈1次、隐患曝光6次，央视新闻投稿采用13条。

(陈红兵)

## 防震减灾

**【地震预防】** 做好地震台站日常运维工作。结合“5·12”防灾减灾日、“10·13”国际减灾日，联合社区开展地震应急演练，指导海池社区、金岛社区创建全国综合减灾示范社区。

**【第一次全国自然灾害综合风险普查试点】** 在泰州市自然灾害综合风险普查推进会议上，作为试点县分享普查经验。针对兴化市被国家抽取的28个村(社区)收集1120户家庭花名册开展调查，通过纸质问卷如实填报盖章并保留过程照片，按时完成国家规定的任务。正在整改历史灾害数据及配合泰州市局进行核查工作。指导垛田街道金岛社区开展全国综合减灾示范社区创建工作。并通过省、市质量核查。

(宗高翔)

## 网络安全

**【“网安2021”兴化行动】** 市委网信办根据“网安2021兴化行动”部署和要求，排查登记全市互联网基础资产，指导部门单位妥善处置网络安全事件17起，确保网络设备和业务系统稳定运行。

**【网络安全普法宣传】** 举办网络安全宣传周开幕式，举办网络安全专题培训班，邀请专家到兴化辅导授课，组织进社区、进校园、进广场等宣传活动120余场，发放宣传材料2万份，取得良好的宣传效果。

(吉丹瑾)

# 军　事

## 人民武装

【党管武装】　2021年,市人武部落实双重领导、党委议军、武装工作述职等制度,确保党管武装工作制度化、常态化、长效化。把习近平主席关于加强国防和军队后备力量建设的一系列重要论述,以及《中华人民共和国国防法》《中华人民共和国兵役法》《中华人民共和国民兵工作条例》等法律法规纳入市委理论学习中心组学习计划,组织四套班子"军事日"、党政机关干部进军营以及形式多样、内容丰富的军民共建活动,营造人人关心、人人支持武装工作的浓厚氛围。

【军事训练】　2021年,市人武部组织兴化市主要领导和军地联合指挥组成员进行国防动员课题观摩及演练。采取"基地轮训、岗位自训、参加集训""进入指挥场所、进入动员席位、进入战时角色、进入保障任务"的方法,持续75天完成10个批次的民兵训练任务。

【战备工作】　2021年,市人武部抓好重大节日和重要时期战备工作。在春节、元旦、五一劳动节、十一国庆节和上级指定的重要时机,落实战备要求。落实"值班首长—值班参谋"两级值班制度,乡镇武装部按要求落实民兵应急分队待命状态,常态化保持1个民兵应急排30人并落实战备装备要求,预防和处置各类突发情况。坚持把上级专项演练任务作为大抓练兵备战的有利契机,以临战姿态狠抓落实。

【兵员征集】　2021年,市人武部在征兵工作中,针对兵员学历要求高、政治条件兵数量多、疫情防控要求严的特点,坚持早筹划、早部署、早展开。坚持宣传工作全程发动、疫情防控全程落实、体格检查全程筛选、政治考核全程跟进、役前训练全程淘汰、廉洁督查全程参与,圆满完成兵员征集任务,其中大学毕业生征集比例和兵员质量较往年有大幅度提升。

【民兵整组】　2021年,市人武部按照后备力量调整改革部署要求,完成基干民兵编建任务,坚持加强领导抓整组,将任务细化分解到各成员单位,实现军地联合、齐抓共管。出动民兵参与疫情防控和劝导不文明行为等,为文明城市创建加油助力。

【基层武装部建设】　2021年,市人武部针对乡镇基层武装工作存在的短板弱项,在全市乡镇开展新一轮人武部达标建设,为乡镇统一制作"三室一库"制度牌、督导所有乡镇按编配齐装备器材,有效提升基层武装工作建设质效。组织武装工作例会和

2021年5月,组织开展民兵军事训练。　　（市人武部/供图）

武装工作考评，在会上讲评部署工作、检查软件资料、学习文件规定、组织业务培训；会后及时下发通报，表扬和批评均点到具体单位和个人，并公布各乡镇当季度武装工作得分情况，有效提升了基层武装工作建设质效。

（张寓寒）

## 武 警

**【概况】** 中国人民武装警察部队泰州支队执勤大队兴化中队（简称武警兴化中队）主要担负兴化市看守所外围武装警戒、处置突发事件和抢险救援等任务。中队官兵始终保持和发扬人民军队的优良传统，圆满完成上级赋予的各项任务。2021 年被武警江苏省总队表彰为“四铁”先进单位，多人受到支队级以上表彰并荣立三等功。

**【执勤训练】** 2021 年，武警兴化中队聚焦执勤战备工作，加强实战化训练，提高履职执勤能力，按照《新军事训练与考核大纲》和《武警部队军事训练“八落实”标准》科学组训，教育官兵牢固树立“危险就在身边，战斗随时打响”的意识，有效提高训练水平。

**【部队管理】** 2021 年，武警兴化中队坚持依法治军、从严治军，注重在精细上下功夫，狠抓部队正规化建设。开展以“贯彻落实新条令、塑造军队好样子”为主题的“条令年”活动，强化官兵条令意识，培养过硬军人作风，提升正规化、精细化管理水平，打牢建队基础。提升后勤保障综合效益，搞好后勤经费物资管理，落实账目及财务公开。

（李东伟）

2021 年 5 月 11 日，市法院、住建局、应急管理局在项目建筑工地上联合举办法治及防空防灾宣传教育活动。 （住建局/供图）

## 人民防空

**【宣传教育】** 2021 年，在第 13 个全国“防灾减灾日”开展防空防灾宣传，联合板桥初级中学开展防空防灾疏散演练活动。组织参加泰州市人防机动指挥所（跨）区域联动训练 5 次，完成“泰动—2021”国防动员演练服务保障工作。

**【人防工程】** 2021 年，全市竣工验收人防工程 3.23 万平方米，新增人防车位 729 个。投入 40 万元对 3 处人防工程及指挥所进行日常维修保养。

**【指挥通信】** 2021 年，市新增 2 台电声警报器，全市警报器覆盖市区及 64% 的乡镇街道，“9·18”全省防空警报统一试鸣，警报鸣响率达 100%。

（宗高翔）

## 环境质量

【概况】 2021年,兴化市环境质量总体保持稳定,城镇集中式饮用水水源水质达标率100%,主要河流水质达到相应功能区标准,城市环境空气质量优良天数比例81.4%,市区声环境质量达到《兴化市区域环境噪声标准适用区域划分》规定的标准。生态环境状况指数69.54,位居泰州首位、全省前列。

【水质】 水环境质量 2021年,兴化市境内总体水质较好,主要河流(卤汀河、横泾河、上官河、白涂河、蚌蜒河、车路河、兴姜河、海沟河、下官河、猪腊沟、大纵湖、兴盐界河、盐靖河)总体水质符合《江苏省地表水水域功能区划》划定的水质标准。兴化市自来水厂饮用水源水质达标率保持100%。

废水排放 2021年,兴化市工业废水排放总量377万吨;化学需氧量排放量为150.23吨,氨氮排放量为14.34吨。

【空气质量】 环境空气质量 2021年,兴化市环境空气质量状况良好,空气优良天数占监测总天数的81.4%。二氧化硫($SO_2$)、二氧化氮($NO_2$)年日均值为9微克/立方米、19微克/立方米,可吸入颗粒物($PM_{10}$)、细颗粒物($PM_{2.5}$)年平均浓度为61微克/立方米、31微克/立方米。

工业废气 2021年,兴化市二氧化硫排放量为164.3吨,氮氧化物排放量为383.2吨,颗粒物排放量82.3吨,挥发性有机物(VOCs)排放量81.5吨。

【声环境质量】 区域环境噪声 2021年,兴化市城区噪声环境质量

**2021年兴化市饮用水水质监测结果一览表**

表6

| | | | |
|---|---|---|---|
| 2021年 | 城区饮用水源达标率(%) | 自来水厂 | 100% |
| | | 第二自来水厂 | 100% |

**2021年兴化市环境空气优良天数统计结果一览表**

表7

| 时间 | 一级 | 二级 | 三级 | 四级 | 五级 | 六级 | 首要污染物 | 优良天数所占比例 |
|---|---|---|---|---|---|---|---|---|
| | 优 | 良 | 轻度污染 | 中度污染 | 重度污染 | 严重污染 | | |
| 2021年 | 95 | 202 | 59 | 7 | 0 | 2 | $PM_{2.5}$/臭氧 | 81.4% |

**2021年兴化市降水监测结果一览表**

表8

| 指标<br>年度 | 降水次数 | 降水量(毫米) | 降水PH均值 | 其中酸雨 | | |
|---|---|---|---|---|---|---|
| | | | | 次数 | 雨量(毫米) | pH均值 |
| 2021年 | 40 | 1059 | 6.20 | — | — | — |

注:降水pH值小于5.60时为酸雨

**2021年兴化市区域环境噪声数据统计表**

表9 单位:分贝

| 时间 | 网格大小(米×米) | 测定总数 | Leq | L10 | L50 | L90 |
|---|---|---|---|---|---|---|
| | | | 平均 | 平均 | 平均 | 平均 |
| 2021年 | 400×400 | 134 | 51.8 | 54.0 | 49.2 | 45.8 |

达到相应功能区标准。城区区域环境噪声平均值昼间为 51.8 分贝。

交通干线噪声　2021 年，兴化城区交通干线噪声平均等效声级为 64.7 分贝，不超过交通干线道路两侧标准。

【固体废物防治】　工业固体废弃物　2021 年，兴化市工业固体废弃物产生总量为 21.89 万吨，综合利用处置率为 99%。

## 环境资源保护

【土地管理】　市自然资源和规划局占补平衡耕地 164 亩，增减挂钩复垦耕地 888 亩。5 年内全市规划复垦 23223 亩，建新区 5038 亩，涉及除城区外的 24 个乡镇。编制《生态空间管控区域优化调整方案》《土地成片开发方案》获得省自然资源和规划厅批复，多个重点项目稳固落地，涉及 10 个开发片区，面积 21038 亩，有效保障发展用地需求。2021 年争取国家计划指标 1783 亩，土地征收（农转用）手续上报 3914 亩，已获批 8 个村镇批次和 3 个挂钩批次。全市国有建设用地供地 84 宗，工业用地 29 宗，面积 980 亩，出让金 24555 万元；经营性用地 13 宗，面积 845 亩，出让金 428594 万元；协议出让用地 6 宗，面积 8.5 亩，出让金 157 万元；划拨供地 36 宗，面积 1657 亩。兴达钢帘线扩建项目，争取用地空间规模周转指标 240 亩。全市工业用地 7966 宗，总面积 8.59 万亩，对综合评价为 C 类、D 类企业的抵押作出限定，全年盘活低效闲置工业用地 4500 亩。全市集体建设用地供地 37 宗，面积 544 亩，出让金 13399 万元。

2021 年 6 月 25 日，召开全市土地管理法律法规专题培训会。
（市自然资源和规划局/供图）

【执法监督】　年内，全市“销存量、遏增量、促长效”成效明显，“历史违法”问题真正成为历史。2019 年耕地保护督察整改到位 2074 亩，占比 92.13%；2019 年季度卫片执法检查整改面积占比 99.57%；2020 年季度卫片执法检查整改到位 65.93 亩，占比 59%；违法用地整改“清零”行动整改到位 1769.67 亩，占比 80.13%。12 月交办乡镇违法用地整改图斑 2136 亩，已完成整改 1835 亩。全市违法用地耕占比从 33.39% 降至 3.15%。全年报送文件合法性审查 7 份。完成政府规范性文件公平竞争审查 6 份、重大行政处罚决定法制审核 22 份、政府信息依申请公开答复 46 件。共审结 38 件行政诉讼案件、3 件行政复议案件。

（徐兴旗）

【退圩还湖】　市水利局按照退圩还湖实施方案，推进 6 个退圩还湖工程。其中洋汊荡退圩还湖一期、平旺湖退圩还湖二期、耿家荡退圩还湖工程因湖区涉及永久基本农田目前暂缓实施，花粉荡退圩还湖实施方案获得省水利厅批复，大纵湖退圩还湖实施方案暂缓编制，得胜湖退圩还湖工程已清退圩区 7.85 平方千米，聚泥成岛面积 600 亩任务已基本完成。

【水资源管理】　市水利局推动水资源管理各项政策措施落实，促进水资源管理能力提升，开展节水型社会创建活动，兴化市人民医院获得国家级“水效领跑”称号，泰州京城环保产业有限公司获得“江苏省节水型企业”称号；景范小学和实验小学被评为省级节水型学校。加强“两违三超”专项治理，加强水源地环境治理，保障全市供水安全。按照“应收尽收”的原则，全年征收水资源费 770 万元。

（周广学）

【国土绿化】　市自然资源和规划局成片造林面积 588 亩，更新造林 7248 亩，四旁植树 134 万株，森林抚育 5000 亩，农田林网控制面积 48941 亩，林木覆盖率提高到 22% 以上。做好村庄道路、河道庭院、公共绿地和农田林网建设，新建市绿化合格村 30 个。绿化示范村 10 个，新增 12 个省级绿美乡村。加强森林资源保护，开展美国白蛾防控现场演练，有力提升防控能力。林业工作获国家、省局专家领导肯定，1 人获“全国优秀测报员”称号。新建 13 个自然湿地保护小区，自然湿地保护率提高到 60% 以上。

【行政审批】　全年办理各类审批事项 321 件。全市交地即发证 15 宗，总面积 26 万多平方米，交房即发证 1073 套，涉及 5 个小区。

【生态建设】　编制完成《兴化市生态文明建设规划（2021—2025）（修编）》。开展生态文明建设示范市创建。戴南、昌荣等 8 个乡镇和昌荣镇

2021 年 3 月 11 日，兴化市启动卤汀河饮水安全绿盾工程。

（市环境保护局/供图）

盐北村、安仁村等 4 个村通过省级生态文明建设示范镇、村现场考核。截至 2021 年末，全市已建成 15 个省级生态文明建设示范镇(街)。李中水上森林挂牌“江苏省生物多样性特色体验地”。2021 年 10 月 8 日，兴化市委深改委第二次会议审议通过《兴化市关于推进生态环境治理体系和治理能力现代化的实施意见》，为建设生态品质优良、生态经济活跃的示范区提供支撑保障。

（徐兴旗）

## 污染防治

【水污染防治】 市生态环境局开展河道清淤专项整治行动，对断面周边的 88 条河道以及主要支流进行清淤。加强河岸管理，国省考断面沿线 100 米范围内秸秆落实离田管理，河坡两岸一律禁止扒翻种植。在重点断面涉及的 6 个乡镇开展畜禽养殖专项整治行动，对国省考断面 3 千米以内的畜禽养殖坚决取缔，对国省考断面 3 千米以外畜禽养殖全面推行达标养殖、达标排放，对断面支流内的畜禽养殖确保流出水体全部达标，关闭拆除畜禽养殖 392 家。严控水产养殖尾水排放，对兴盐界河、海沟河、雌港沿线 5 千米范围内的水产养殖排口全面实施封堵，10 户水产养殖场、529.4 亩水产养殖面积全面退养复垦。利用全市 472 个监测点，持续加强水产养殖尾水排放监测，确保及时掌控排水状况。完成 23 个集镇、周边村庄污水管网建设、7 个自建乡镇污水处理厂提升改造工程；完成永丰集镇生活污水接管至合陈镇污水处理厂工程；实现国省考断面上游 5 千米、下游 1 千米村庄污水治理设施全覆盖。建成戴南循环经济园污水处理厂(1 万吨/日)；开发区洁源污水处理厂二期(8000 吨/日)扩建工程正式运行。

【大气污染防治】 市生态环境局加强工业废气治理，完成 38 个园区排查整治、20 个储罐排查，51 家企业完成挥发性有机物综合治理，8 家企业完成源头替代项目，32 家锅炉完成低氮改造。开展精密铸造、食品加工、高温线缆、木船制造、印刷包装、加油站等 6 个行业挥发性有机物治理调查评估，16 家企业编制实施“一企一策”挥发性有机物综合整治方案。加强移动源治理。实施汽修行业挥发性有机物整治，将小散维修点(店)纳入监管和指导范围。严格机动车尾气排放审核，实施重型柴油车国家第六阶段机动车排放标准。加强扬尘治理。交通工程扬尘防治，码头全部配备雾炮车、洒水车等防尘设备。全市降尘量年均值 2.3 吨/平方千米・月。加强重污染天气管控。科学开展绩效分级和差别化管控，将全市 170 家涉气工业企业和 41 个工地全部纳入重污染天气应急减排清单，明确应急减排措施。

【土壤污染防治】 市生态环境局组织开展执行土壤污染状况调查工作，完成 91 个用途变为住宅、公共管理和公共服务类地块调查评审，建设用地安全利用率 100%。做好土壤审计整改工作，督促企业落实土壤和地下

2021 年 5 月 20 日，泰州市在兴化市千垛镇东罗村举行“5・22”国际生物多样性日宣传活动。

（市环境保护局/供图）

水自行监测等法定义务，组织对土壤污染重点监管企业周边土壤、地下水及农用地监督监测，及时更新重点监管企业名单。

## 环境监管

**【项目管理】** 市生态环境局做好“六稳”“六保”工作，促进企业环保达标排放。按照“三线一单”管控要求，年内共服务审批项目282个，完成2个项目入河排污口的初步论证、审核工作，接待建设项目咨询800余次。服务市重点项目60场次，完成化工行业核查15场次，核发排污许可证183份，注销排污许可证76份，督促900多家企业按照要求完成排污许可证执行报告。完成全市排污总量摸底调查，审核建设项目总量申请242份，审核完成12家重点企业强制性清洁生产工作。

**【环境宣传】** 加强新闻媒体宣传，在《兴化日报》《兴化新闻》开设专栏，及时报送生态环境新闻信息。开展《排污许可管理条例》专题普法培训。建立环境保护新闻发布会制度，扩大“生态兴化”微信公众号影响力。第50个“世界环境日”在长安北路举行“低碳生活，我是行动者”绿色骑行活动。开展环保设施公众开放日活动，让青少年现场感受垃圾无害化、资源化处理的奇妙过程，持续增强生态环境宣传的吸引力。

**【环境执法】** 加大环境违法行为处罚力度，全年出动执法人员2454人次，检查企业1201家次，下发行政处罚决定书171件，决定书处罚金额1810万元，运用新环保法四个配套办法及刑事司法移送案件14件。探索实行环境损害（修复）保证金制度，年内对15起案件追究生态环境损害赔偿。

2021年6月5日，第50个“世界环境日”，在长安北路举行“低碳生活，我是行动者”绿色骑行活动。（市环境保护局/供图）

**【环境监测】** 加强国省考断面水质监测工作，对民主村、张高村、胜利大桥三个断面上游的6个乡镇（加密镇间交界、重点支流）设置99个断面，每周监测一次。开展国省考断面污染源解析工作，对国省考断面周围3千米范围的排涝站及闸上水体进行溯源监测，编制《兴化市水质提升及精细化管控技术方案》。加强开发区监测监控能力建设，新建2个大气自动监测站、2个水质自动监测站。投入130多万新购置流动注射分析仪、化学需氧量自动分析仪、高锰酸盐指数自动分析仪、烟气采样器，监测能力得到提升。

**【固废危废整治】** 开展固废危废隐患排查整治，印发《兴化市危废固废处置领域“保安全、迎华诞”安全生产百日攻坚专项行动方案》《关于进一步强化固体废物管理的通知》等文件，持续推进危废贮存仓库手续问题整改，科源公司非法处置危废问题得到妥善解决，开发区（临城街道）古砖场村废弃厂房堆放填埋危废问题完成整改。印发《关于对危险废物产生企业和经营企业进行分级分类管理的通知》，推进危险废物全生命周期监控系统上线运行，开展危险废物规范化管理培训，不断强化企业危险废物管理。开展惠明公司危险化学品使用安全现场检查，扎实推进问题整改。

（汪春霞）

## 城乡规划

**【概况】** 市自然资源和规划局围绕“高质量编制国土空间规划、提高自然资源保护修复、增强资源精准配置供应、创新便民利民惠民服务举措、提高自然资源治理效能”,全力发力、久久为功,为全市高质量发展提供坚实的自然资源要素支撑。

**【土地复垦】** 泰州市局初验通过占补平衡164亩,增减挂钩复垦888亩。研制《宅基地退出市区购买商品房补助券发放暂行办法》《关于做好整块(连片)增减挂钩复垦工作的通知》,明确安置渠道、途径、建设模式,提升项目补助标准。坚持一体规划、科学编制全市镇村布局规划调整优化方案、增减挂钩五年专项规划、乡镇国土空间规划、“多规合一”实用性村庄规划,对各年度增减挂钩复垦地块和建新使用的规模进行明确,形成全市增减挂钩复垦专项规划成果,5年内全市规划复垦23223亩,建新区5038亩,涉及除城区外的24个乡镇。

**【国土空间规划】** 完成国土空间总体规划“三线”划定工作。推进乡村振兴,唐庄村等9个村编制完成“多规合一”实用性村庄规划,并报省厅备案,王横村等39个村庄规划完成专家论证。坚持绿色发展,科学布局,编制《兴化郊野公园体系规划及生态旅游系统提升规划》《兴化市得胜湖西地区空间研究及控制规划》《城北片区核心地段城市设计》《兴化市绿道系统规划》《空间(环城水系)专项规划》,启动编制《兴化市三园产业发展和布局规划》《兴化市国土空间生态保护和修复规划》,古城兴化更加宜居宜业。

**【城市品质提升】** 围绕“融合发展枢纽区、智慧人文活力区、田园水城示范区”定位,组织编制高铁新城控制性详细规划,配合编制地下管网、供电、水系、滨河空间、枢纽片区规划,配合开展“一湖六中心”方案设计。

**【历史风貌保留】** 形成《兴化龙津河历史地段保护整治规划与城市设计》《北门历史街区保护整治修建性详细规划》成果,启动报批《兴化市西门片区概念策划与保护整治规划》。恢复历史文化名镇名村遗存,完成沙沟历史文化名镇保护规划中期成果、戴窑历史文化名镇,焦庄、边城历史文化名村保护规划,启动省级名镇、历史文化名村申报。

**【深化改革】** 出台《兴化市“五未”土地认定标准和处置办法》,开展全市工业用地大调查,摸清全市工业用地7966宗,总面积8.59万亩,围绕全市生产力布局与发展规划,落实产业图谱和“两区三园”产业布局,实施土地要素全市域市场化交易,研制《土地要素化市场配置暂行办法》,倒逼各乡镇自力更生、自我挖潜,珍惜使用规模空间和土地指标,主动盘活使用低效土地。研制《兴化市工业企业转移登记暂行办法》,全年盘活低效闲置工业用地4500亩。加强新增项目批后监管,研制《兴化市国有建设用地批后监管工作办法》,实施履约告知、跟踪管理巡查、批后公示、管理警示四项制度。

**【行政审批】** 梳理整合建设、规划全部行政审批事项,业务骨干进驻行政审批中心服务窗口,一窗办理,闭环运行,模块化办公,流水式作业。全年办理各类审批事项321件。大力推进拿地即开工、交地即发证,将交地申请、权籍调查、交地确认、不动产登记申请多个环节压缩为“交地申请同步办理不动产登记”1个环节。全市交地即发证15宗,总面积26万多平方米,交房即发证1073套,涉及5个小区。

**【不动产服务】** 推行“受理即登簿”,实现“一次性”收取办事所需材料,“一站式”完成“转移+抵押”的不动产登记,一、二手房登记业务由原来3个工作日提速到1个小时办结,80%以上个人登记业务“立等可取”,工业企业登记等业务由3个工作日压缩为1个工作日办结。全市首例企业运用互联网现场抵押权登记,仅1个小时完成整个流程。

【农房发证】　立足加强工作协调，减少发证错误率，有效解决老庄基历史遗留权属问题，实施挂钩局长辖区包保、挂钩科室乡镇包保，每月下达月度任务。实行不动产中心“3＋1”工作法，即连续加班3个晚上，休息1个晚上。历时一年多，全市25.1127万宗农房全部登记、制证、发证到位，发证进度全省前列，“零费用 零缺席 零失误”兴化模式被《中国自然资源报》作为经验介绍、广泛推广。

【测绘地理】　编制全市“十四五”基础测绘规划，完成西安80转国家大地2000土地坐标转换，制作全市66处红色教育基地三维地理信息，对全市16个社区43个集聚点进行“外业测绘、内业处理”；组队参加泰州市测绘地理信息行业职业技能大赛，获团体三等奖。加强档案信息化管理，获省档案馆五星级档案认定。

【依法行政能力提升】　强化“有权必有责，用权受监督，违法要追究，侵权须赔偿”意识，举办法治讲座，组织系统执法人员参加普法考试，提高守法、用法、护法能力。城乡各类规划、土地征收补偿安置工作、重大建设项目规划方案等按法定程序应公开尽公开。严格落实规范性文件合法性审查制度，广泛征求多方意见，报司法局备案审查。全年报送文件合法性审查7份。严守行政执法公示、执法全过程记录，重大执法决定法制审核“三项制度”。完成政府规范性文件公平竞争审查6份、重大行政处罚决定法制审核22份、政府信息依申请公开答复46件。共审结38件行政诉讼案件、3件行政复议案件。

（徐思颖）

## 城市建设

【道路桥梁】　市住建局接线改造牌楼西路、板桥西路、老人医西侧支路、文昌路东延、文昌路改造、文旅紫薇府沿河支路、荡北路一标、二标、水乡路西延、施耐庵东路改造一标，十项工程竣工；兴严桥、牌楼西路小桥、文旅紫薇府沿河支路小桥、荡北路6座小桥、施耐庵一标小桥，10座桥梁竣工。

2021年9月1日，兴化市自然和资源规划局开展测绘周宣传活动。

（市自然资源和规划局/供图）

【市政服务】　维修路面约3150平方米、人行道约25500平方米、树池和路牙约3525米、新建和改造排水管道约2162米、沥青修补约2575平方米。维修突发桥梁栏杆撞坏16处，维修栏杆长度约35米。对泵房及周边排水管道进行排查、疏通、清淤。共疏通泵房周边排水管道约2600米，清淤约106立方米，清理检查井106座，收水井455座。完成清理路面及人行道暗钉82处，凸起物33处、清除浮浆65处约240平方米。对白涂河大桥北、九顷路文化宫西等位置低洼积水进行了整治，共维修路面约75平方米，新建改造管道约35米。

【城市照明】　完成结转工程板桥西路、文峰小学北侧支路、老人医西侧支路、文昌路白改黑、文昌路东延、牌楼西路路灯工程等，新增路灯125杆、261盏。改造荡北路、兴姜河西路、英武北路、水乡路西延等路段的路灯安装并亮灯，新增路灯352杆、

2021年12月22日，北水关大桥老桥拆除工程全部完工。

（市住建局/供图）

635盏。建成城区9处亮化景观工程,安装单灯控制的路灯杆达5411杆,老旧路灯控制箱及路灯专用变压器的维修更换高压柜6组、变压器4台,检测维护配电设施195台。共计维修路灯1068盏,夜间抢修突发故障89起,处理电缆故障72起,处理灯杆被撞20起。增装后街背巷路灯30盏,清洗灯具150个,对遮挡路灯8处区域进行绿化树木修剪,城市照明亮灯率和设施完好率都达99%以上。

【园林绿化】 完成南亭路东延、施耐庵东路、沧浪河西延滨河、卤汀河滨河、南亭路南侧(兴临路至英武路段)滨河、广电小游园、文正学校北围墙、凤凰公寓西北侧、新区中医院围墙西侧、农商行东北侧等道路、滨河、小区配套、桥头绿化、公共绿地绿化种植和各公园、道路、滨河绿化的新植补植和绿化改造、景观、拱极台公园和兴健园、海池河、沧浪河等城市休闲风光带,先后实施楚水西园绿化景观、昭阳路侧分带绿化(长安路至红星路)提升改造工程。栽植乔、灌木98个品种约38万株。截至年底,人均公园绿地面积达14.30平方米,城市建成区绿化覆盖率达41.45%,绿地率达38.69%,各类绿地总面积达1663.60公顷。

【燃气】 燃气经营企业做细做好入户安检工作,更换老化连接软管7800户。2021年,瓶装液化石油气已安检17608户,安检率59.4%。配合市商务局推进燃气报警装置安装,全市餐饮场所已安装燃气报警装置(含电磁阀)2369套。充分利用"泰州市智慧燃气监管平台",落实液化石油气实名制销售管理制度和配送服务制,完成30005户瓶装液化气用户数据信息录入。

【物业管理】 市住建局联合相关部门(单位)对10个老旧小区进行改造,总建筑面积259249平方米、115栋楼、3120户。完成35部电梯加装工作,创建2个省级美丽宜居住区。

# 乡村振兴

【概况】 开展金融支持乡村振兴对接活动,摸排新型农业经营主体、种养大户等融资需求,省金融支持新型农业经营主体名录1289家,泰州新型农业经营主体服务主体金融服务需求名单244家、贷款需求9812万元。开展"农户小额普惠信用贷款"推广工作,全市合计新增授信签约近5万户。开展新型农业经营主体信贷直通车系列推广活动,全市涉农贷款达415户,贷款金额2.95亿元。

【特色田园乡村建设】 按照"1+5+N"创建体系建设特色田园乡村,"1",即打造兴化全域示范市;"5",即其他地区5个示范片;"N",即若干点。7月、10月,2个村(戴南镇裴马村、戴窑镇新花园村)先后通过省厅验收命名。12月,安丰镇安东村、周庄镇殷庄村通过泰州市级验收命名。12月,千垛镇陈杨村等10个创建村通过市级验收命名。

【乡镇污水处理】 铺设乡镇污水管网865千米,配套安装提升泵站56座,提升改造自建乡镇污水处理厂7个。新增64个行政村建有生活污水处理设施,国、省考断面涉及村庄实现全覆盖,村庄接户率达35%。

# 房地产

【房产交易】 全市商品房批准预售面积约69.05万平方米、6432套,同比分别增长−4%、13%。完成商品房销售备案约68.18万平方米、5492套、65.31亿元,其中城区商品房销售备案约56.71万平方米、4710套、59.76亿元,同比分别增长约−5.95%、−5.2%、2.4%;乡镇商品房销售备案约11.47万平方米、782套、5.55亿元,同比分别增长约29.14%、40.6%、36%。全年共完成存量房交易合同备案3268宗,面积35.99万平方米,监管2077宗,监管资金52541万元。

**2021年兴化市存量房交易情况统计表**

表10

| 月度 | 成交套数 | | | 成交面积(平方米) | | | 网签合同均价(元) | | | 成交总金额(元) | |
|---|---|---|---|---|---|---|---|---|---|---|---|
| | 总套数 | 住宅 | 非住宅 | 总面积 | 住宅 | 非住宅 | 总均价 | 住宅 | 非住宅 | 总成交额(含非住宅) | 住宅成交总额 |
| 1月 | 255 | 246 | 9 | 27672.92 | 27304.53 | 368.39 | 7449.41 | 7465.17 | 6281.39 | 206147053.00 | 203833053.00 |
| 2月 | 273 | 266 | 7 | 30506.83 | 30099.04 | 407.79 | 7651.75 | 7672.46 | 6123.25 | 233430660.00 | 230933660.00 |
| 3月 | 590 | 577 | 13 | 65808.62 | 65000.99 | 807.63 | 8026.67 | 8025.58 | 8113.86 | 528223896.35 | 521670896.35 |
| 4月 | 452 | 437 | 15 | 50124.72 | 49248.87 | 875.85 | 7960.55 | 7970.33 | 7410.29 | 399020238.00 | 392529938.00 |
| 5月 | 242 | 234 | 8 | 25939.58 | 25139.20 | 800.38 | 8028.80 | 8084.81 | 6269.52 | 208263600.00 | 203245600.00 |
| 6月 | 321 | 308 | 13 | 34363.69 | 33574.69 | 789.00 | 7919.00 | 7911.63 | 8232.83 | 272126132.00 | 265630432.00 |
| 7月 | 319 | 311 | 8 | 35088.90 | 34596.75 | 492.15 | 8089.95 | 8098.00 | 7523.72 | 283867312.00 | 280164512.00 |
| 8月 | 196 | 187 | 9 | 21136.34 | 20752.38 | 383.96 | 8268.86 | 8292.47 | 6992.92 | 174773500.00 | 172088500.00 |

续表10

| 月度 | 成交套数 | | | 成交面积(平方米) | | | 网签合同均价(元) | | | 成交总金额(元) | |
|---|---|---|---|---|---|---|---|---|---|---|---|
| | 总套数 | 住宅 | 非住宅 | 总面积 | 住宅 | 非住宅 | 总均价 | 住宅 | 非住宅 | 总成交额(含非住宅) | 住宅成交总额 |
| 9月 | 183 | 178 | 5 | 19842.77 | 19574.99 | 267.78 | 8067.00 | 8071.09 | 7767.57 | 160071600.00 | 157991600.00 |
| 10月 | 138 | 133 | 5 | 15824.69 | 15374.47 | 450.22 | 8189.10 | 8239.63 | 6463.51 | 129589913.00 | 126679913.00 |
| 11月 | 176 | 170 | 6 | 18866.42 | 18198.46 | 667.96 | 8302.08 | 8282.05 | 8847.84 | 156630600.00 | 150720600.00 |
| 12月 | 123 | 120 | 3 | 14756.84 | 14199.11 | 557.73 | 8692.39 | 8681.69 | 8964.91 | 128272270.00 | 123272270.00 |
| 合计 | 3268 | 3167 | 101 | 359932.32 | 353063.48 | 6868.84 | 8002.66 | 8012.05 | 7520.31 | 2880416774.35 | 2828760974.35 |

2019—2021年兴化市二手房交易情况表

表11

| 时间 | 二手房(全) | | | 二手房(商品住宅) | | |
|---|---|---|---|---|---|---|
| | 成交面积(平方米) | 成交套数 | 金额(万元) | 成交面积(平方米) | 成交套数 | 金额(万元) |
| 2019年1—12月 | 413768.36 | 3742 | 265752.86 | 373342.56 | 3471 | 247058.95 |
| 2020年1—12月 | 371783.22 | 3495 | 257604.22 | 359384.17 | 3337 | 248743.20 |
| 2021年1—12月 | 359932.32 | 3268 | 288041.68 | 353063.48 | 3167 | 282876.10 |

【房屋安全隐患排查】 排查28个乡镇(街道)疑似存在安全隐患房屋2673幢,面积61.97万平方米;15个行业主管部门复查疑似存在安全隐患房屋509幢,房屋面积13万平方米。

(宗高翔)

## 城乡管理

【文明创建】 市城管局以创建全国文明城市、国家卫生城市复审、生态环保专项督查、省运会、千垛菜花节、板桥艺术节等重点活动为抓手,组织开展各类市容环境整治累计200余次,清理城区主次干道"牛皮癣"小广告1万余处,清理拆除破损及有安全隐患广告400余处,查处渣土运输车辆途中抛洒滴漏、车轮带泥行驶及随意倾倒等违法行为68辆次,城市道路可机械化清扫率超90%。2021年转运并终端处置城乡垃圾28.4万吨,生活垃圾无害化处理率达100%,清理河道水生植物、白色漂浮物11万立方米、河岸堆积物2050吨,清理雨水篦14000多个,清挖窨井9200多个,清淤600多吨,疏通下水道8万多米。

【违建防治】 全年共拆除违法建设182处,面积54013.13平方米,其中,新增违法建设23处,面积629.3平方米;拆除江浙商业广场、桃源市场内存在安全隐患的违章搭建,面积37270平方米;拆除存在安全隐患的商业楼顶违章搭建54处,面积为7111平方米;其他存量违法建设103处,面积9002.83平方米。

【公厕管护】 深化"厕所革命",完成3座公厕提档升级,新建2座公厕。优化公厕保洁制度,推行"一类公厕、旅游公厕全天候保洁,二类公厕每日保洁4次以上,三类公厕巡回保洁"的管理模式,将城区公厕打造成优质服务的"窗口",城市文明的"名片"。

【垃圾分类】 常态化开展城乡生活垃圾一体化管理工作,完成13个省级达标小区检查,达标率为100%,餐厨废弃物处理率达到100%。新增的28个垃圾分类达标小区已全部进入实施阶段。

【安全生产】 2021年,市城管局定期对"违法建筑""户外破损广告""携带液化煤气罐流动摊点"等安全隐患进行整治。全年拆除大型户外破损广告100余处,暂扣液化煤气罐30余只。

(姚俊栋)

## 交通建设

【概况】 截至2021年底,全市公路总里程达3075千米,其中:高速公路72.65千米,一级公路368.67千米,二级公路550.54千米,三级公路120.28千米,四级公路1962.86千米。航道总里程达959.99千米。其中,三级航道106.2千米,五级航道31.42千米,六级航道87.34千米,七级航道246.23千米,等外航道488.8千米。港口码头134个,码头泊位227个,码头总延长13339.29米。铁路里程达11.79千米,车站1个。

【工程建设】 全年实现工程建设投资28.5亿元。新开工建设阜溧高速建湖至兴化段。351省道上跨新长铁路立交项目、安丰镇九丰村至东郊村农村道路建设工程、戴南陈祁村至张郭罗磨村农村道路大中修项目、县道214千垛镇区段改造项目等建设完成。完成198千米农村公路提档升级、322座桥梁新改建。实施302县道大中修工程(原李中镇政府以西至高邮川青段)。投入1280万元建成不停车检查非现场执法系统并投入使用。投入4000万元新改建城乡公交停靠站台400座,投资5000万元完成守护公路安全项目建设。通扬线兴化至海陵段航道整治董家大桥项目建设完成。

**【执法监督】** 联合公安交警开展公路超载超限联合执法检查,设置国、省、县15个不停车检测非现场执法点,全天候检测超载超限车辆。加大重点源头企业超载超限监管,建立信息共享平台,共查处超载超限车辆164辆,公路超限率控制在0.11%;开展运输市场"打非治违、打非清零"等专项行动,查处各类违法违规运输行为118起。组织开展工程质量监督,实时跟踪工程建设质量检测,重点强化不达标、无资质商品混凝土监督,严禁不达标混凝土进入施工现场,共组织412批次质量监督执法检查。

**【运输管理】** 加大行业指导与管理,重点强化客运企业规范经营、安全管理等管控,督促企业按照行业规范不断提升服务环境,组织从业人员职业道德、从业规范、安全管理等教育培训。加大行业引导,组织开展驾培、维修市场专项整治行动,找不足补短板,保障运输市场秩序健康有序发展。共新办、审验运输业户3487户、车辆4788辆,培训驾驶员5832人次,180名维修技术人员取得高级工等级、310名维修技术人员取得中级工等级。投入6000万元购置新能源公交车60辆。2021年,兴化境内公路客运量0.12亿人次,客运周转量4.52亿人千米;货运量0.12亿吨,货运周转量18.24亿吨千米。

**【港航管理】** 组织开展全市非法码头整治行动,按照"规范一批、提升一批、取缔一批"的要求,牵头做好全市非法码头整治工作,拆除非法码头317个(含24个纳规、提升不到位自行拆除码头)、非法装卸设施26处,纳规整改码头131个(含48个持证码头)、暂予保留提升码头250个。拨付奖补资金3531万元。水路货物运输量0.61亿吨,货运周转量145.28亿吨公里;港口货物吞吐量0.0623亿吨,集装箱吞吐量14623标箱。组织开展全市航道船舶碰撞隐患排查,对桥梁缺少安全标志标识、净高净宽不足等隐患列出问题清单,落实整改方案。

**【公路管理】** 大力推进"路长制",坚持每季度开展农村公路建设、管理、养护、运行综合考核考评,建立"红黑"榜制,有力推动农村公路建设、管理、养护、运营环环紧密相连。全面开展守护公路安全行动,对全农村公路通行安全隐患进行地毯式排查,重点强化公路安全警示标志标识、临水临塘段安全防护设施、重点路段警示标志和减速装置等隐患排查,实行清单销号,圆满完成守护公路安全项目建设。

(王均建)

## 水利建设

**【概况】** 2021年,市水利局按照"提升党组织的服务水平、提升河长制运行质态、提升水利工程建设形象、提升退圩还湖工作成效、提升水旱灾害防御基础、提升水政水资源管理能力"的"六个提升"工作思路,坚持党政齐抓、城乡一体、建管并重、水岸同治,全面推进各项目标任务落实,取得较好成效。

**【河长制】** 市水利局以深化河长制为根本,以打造幸福河湖为重点,打造市、镇、村三级幸福河(段)100条。按照省河长办"清剿水葫芦、改善水环境"工作要求,出动各类打捞船舶130806次,出动车辆2140车次,出动人员222365人次,打捞水葫芦总量达175万多吨。投入资金52.72万元,第一阶段海沟河、雌港、兴盐界河清淤,清淤土方6.69万立方米;第二阶段对大营镇、合陈镇、新垛镇、安丰镇、永丰镇、戴窑镇88条支流进行清淤,清淤长度104.47千米,清淤土方87.8万立方米。2021年,兴化市挂牌成立全省第一所河长制学校;建成全省第一个县级水利文化馆,并成功创建省级水情教育基地。

**【城乡水利】** 推进重点水利工程建设,巾荡大桥主体工程完工,盐沙大桥主体工程已完成90%,下官河1、2标主体工程已完成95%;疏浚整治县乡河道4条,长16.76千米,土方26.58万立方米,建设护岸1.24千米;建设60座小型电灌站,疏浚河道7.4千米,拆建闸站1座;升级改造灌溉泵站43座,对142座电灌站进行了接电,维修137座电灌站。新建圩口闸16座、排涝站5座,维修圩口闸100座、排涝站50座,实施圩口闸电启闭改造100座;按照"四点五四式"标准,建设达标圩堤450千米。建设农村生态河道279条,总长1116.22千米,其中县级河道27条,228.84千米,乡级河道252条,887.38千米。推进退圩还湖工程。得胜湖退圩还湖工程已清退圩区7.85平方千米,完成聚泥成岛面积600亩。

**【水旱灾害防御】** 提升防洪排涝能力。受第6号台风"烟花"影响,兴化遭遇持续强降雨,7月29日21时兴化最高水位达2.95米。针对第6号台风"烟花"影响,市防汛抗旱指挥部于7月27日、28日、29日晚连续三次召开防汛抗台视频调度会议,并组织8个工作组分赴一线指导防汛抗台工作。累计巡堤人数达12000人次,撤离转移人员14428人,关闭圩口闸2789座,启动排涝站排水738座,实施科学排涝,合理控制圩内圩外水位落差,及时组织抢排涝水,保证全市安全度汛。

(周广学)

## 电力建设

**【概况】** 兴化地区全社会用电量77.26亿千瓦时,供电量76.30亿千瓦时,售电量73.55亿千瓦时,分别同比增长11.08%、11.07%、11.28%。电网最高负荷132.22万千瓦,同比增长3.30%。线损率3.61%。实现“八个不发生”的工作目标。“洋葱红国网绿”“智慧养殖”两个乡村振兴项目登上中国农民丰收节舞台,“洋葱书记”李廷胜获评“中国好人”。

【电力安全】 应对高温、高负荷、极端恶劣天气,优化电网控制策略和运行方式,连续四年实现35千伏以上线路“零外破”。“4·30”风灾期间70小时不间断修复110千伏用户专线6基倒塔故障,获向上攀登红旗奖。开展全社会用电安全“五个一”建设,建立兴化全社会用电安全管理体系。

【电网建设】 开展“一企一策”节能降碳服务。打造全楼宇居民类“瓶改电”示范项目,实现缤悦广场居住楼197户居民全电化厨房改造。众拓“集中冶炼”项目顺利投产,9项迎峰度夏工程按期投运。实施35个配网网架补强项目,新增921套配电自动化设备,年用户停电时长下降27%。升级改造垛田110千伏输变电工程三维设计示范工程。提升设备管理水平,无人机智能巡检县域全覆盖,改造兴化区域176千米特高压线路、输变配巡检覆盖率100%。

【电力行业营商环境】 推进“阳光业扩”“三零、三省”服务全覆盖,降低客户接电成本5639万元,高低压客户平均接电时长分别压缩至23.62和1.52个工作日。完成2022年省运会涉及会场供电线路隐患整治工作,查改8处缺陷。实施阳春公寓、新城南村等9个老旧小区供电线路改造。开展全国一流电力营商环境三年行动,在江苏能监办公布的全省大型供电企业优质服务指标中排名第二。

【电力行业经营管理】 推进网格化管理,设置7个配电运检抢一体化网格驻点,抢修资源配置更加集约,工作效率显著提升。深化同期线损管理,线损率降低0.18个百分点。加快不停电作业中心建设,开展带电作业2360次。

(陆范毅)

## 城乡信息化建设

【概况】 2021年,全市信息化建设加速发展,企业数字化转型持续推进。截至12月底,数字电视用户13.6万户,网络电视用户21万户,固定宽带用户43.18万户,全市固定电话用户8.71万户,全市移动电话用户113.39万户。全市新增上云企业50家,其中四星级上云企业3家、三星级上云企业47家。全年有389家规上企业完成两化融合评估诊断和对标引导工作;顶能科技有限公司、江苏特味浓食品股份有限公司等9家企业完成贯标,通过国家两化融合管理体系贯标评定。

【智改数转】 引导企业加快“智改数转”积极助力企业智能化改造。全面实施工业企业智能化及互联网赋能三年行动计划,建立“智能制造示范车间”“重点技改项目”企业培育库,定期邀请专家对库内重点企业开展智能化诊断。麦肯嘉顿、茂华纸品等2家企业获评省级智能制造示范车间。

【企业数字化转型】 举办“2021年兴化市智能制造工业互联网创新交流大会”等活动,促进服务机构和企业加强供需对接。获评星级上云企业50家,其中三星级上云企业47家、四星级上云企业3家。

【企业专精特新提升】 推动企业专精特新提升。新宏大集团获批2021年国家专精特新企业,兴东铸钢、新华合金、亚盛金属获评省级专精特新企业。双乐颜料入选2021年江苏省“质量标杆”名单。申源特钢、双乐颜料获评省级科技小巨人企业,聚鑫不锈钢等5家企业获评省级企业技术中心。

(杨 展)

## 综　述

**【概况】** 市农业农村局进一步完善农村基本经营制度，把促进农民增收作为“三农”工作的中心任务，出台《关于全面推进乡村振兴加快农业农村现代化的实施意见》《2021年促进乡村振兴产业发展奖补办法》等促进农民增收文件，做好农业重大项目推进、粮食丰产丰收、果蔬规模经营、畜牧业提质增效、渔业争创品牌等工作，不断提升农民的经营性收入。2021年，农村居民人均可支配收入达25835元，同比增长11.3%；城乡居民收入差距进一步缩小，收入比降至1.88∶1。

**【脱贫攻坚】** 2021年，坚持以习近平新时代中国特色社会主义思想为指导，贯彻落实中央、省、泰州市委一号文件精神，进一步巩固拓展脱贫攻坚成果，接续做好与乡村振兴的衔接工作。村级集体经济收入增长势头良好，农村居民人均可支配收入保持连续稳定增长，城乡居民人均可支配收入之比缩小至1.88∶1，位列泰州市第一。全市低收入人口人均可支配收入增幅达20%以上，全市村集体收入年增收1000万元。积极争取省、泰州市支持，通过竞争立项的方式上争省扶持村级集体经济发展试点项目19个，争取资金1140万元；上争泰州市扶持村级集体经济发展项目9个，争取扶持资金1132万元。竣工达产后，每年可增加村集体经营性收入1000余万元。全市帮扶资产账面总额2.08亿元，其中：经营性资产2.00亿元，非经营性资产0.08亿元；经营性资产年收益1305.84万元，年收益分配1279.44万元。开展防贫保险试点工作，参保乡镇(街道)达24个，投保总额资金达415.23万元，完成泰州市交年度目标任务的185%。组织开展“慈善千户关爱行动”，救助1420户、每户救助1000元，救助资金总额142万元。

**【农场高质量发展】** 加强家庭农场名录管理，全市录入名录系统的家庭农场达6717家。开展省市县示范家庭农场“三级联创”，积极组织在示范农场中推广运用省开发的家庭农场随手记App，新申报认定省级示范农场17家、泰州市级示范农场38家，组织申报评定兴化市级示范农场123家，兴化市王松家庭农场被列为省级家庭农场典型案例。做好省现代农业发展(家庭农场)项目建设和2020年度推进乡村振兴战略实施奖补申报兑现工作，向169个经营主体发放奖励资金370万元，切实提升全市新型农业经营主体发展质量。

**【农民合作社规范化建设】** 全面开展农民专业合作社空壳社清理，当年共注销长期未经营以及“家庭式”农民合作社1070家。按季度对全市农民专业合作社非法集资情况进行全面排查，组织各乡镇(街道)多渠道、全方面开展《防范和处置非法集资条例》宣传工作，确保合作社健康有序发展。制订出台《兴化市市级农民合作社示范社评定及监测暂行办法》，全市监测合格兴化市级以上示范社100家，当年新评定兴化市级示范社25家，申报认定泰州市级示范社16家，兴化市一鲜水产养殖专业合作社入选全省农民合作社典型案例。着力做好农民专业合作社升规入统工作，全市入统合作社达107家。加快培育农业社会化服务组织，推荐上报农业社会化服务组织典型1家，新申报认定家庭农场参与的社会化服务组织4家。

**【惠农减负】** 加快各项惠农补贴政策，全市共计发放农业支持保护补贴(耕地地力保护)1.22亿元，补贴农户25.07万户；发放实际种粮农民一次性补贴3041.02万元，补贴种粮农户6.98万户；发放稻谷实际生产者补贴8157.36万元，补贴种植户5.98万户。

**【农业保险】** 不断扩面大灾保险投保率，2021年小麦、水稻大灾投保率分别达52.8%、54.4%。不断巩固特色险种，实现螃蟹保险高位突破，全市内塘螃蟹保险参保面积达61.27万亩，保费6739.14万元。在沙沟镇试点新增池塘淡水鱼养殖保险，制订《兴化市淡水鱼试点实施方案》，13户参保，保费达21.2万元。全市共完成农险保费18727.96万元，其中主要种植业保费4848.42万元、高效农业保费

13879.54万元。积极开展保险理赔，其中受“烟花”台风影响农业保险报案276笔，支付赔款735万元；全市受暴雨影响水稻倒伏21.06万亩，理赔资金1861.8万元，全部打卡赔付到位，全面帮助稳定农业生产。

## 种植业

【粮油生产】 全市粮食播种面积243.41万亩、平均单产510.89公斤、总产24.87亿公斤，其中水稻播种面积123.66万亩、亩产631.7公斤、总产15.62亿公斤，小麦面积105.21万亩、亩产397.10公斤、总产8.36亿公斤，粮食面积和产量实现了恢复性增长，进一步提高了兴化粮食生产稳定度。全市油菜播种面积13.94万亩、平均单产198公斤、总产2.76万吨。

【蔬菜生产】 蔬菜播栽面积36.74万亩，产量90.69万吨；瓜果类播栽面积3.16万亩、产量8.61万吨。加强农业特色产业发展，推进省蔬菜标准园和绿色蔬菜基地评价，推广蔬菜全程绿色高效生产技术，提升绿色蔬菜供给能力，绿色蔬菜占比51.03%、产值11.63亿元。千垛镇千岛园果蔬专业合作社、江苏顶能食品有限公司和兴化宏升食品有限公司标准园建设通过省级验收；兴化兴华果蔬专业合作社、兴化邱斌果蔬种植家庭农场、戴窑镇小莫瓜果种植家庭农场、兴化好味稻种植家庭农场通过绿色基地评价。

【农药生产经营规范化】 通过查看安全生产制度落实、“三废”处置、安评环评、持证生产、助剂溶剂使用等情况，加大对辖区内3家农药生产企业检查力度，确保全年安全生产无事故。通过查看农药经营单位人员条件、经营场所和仓库面积、场所更改、各项规章制度落实、是否存在无证经营等情况，进一步规范农药经营行为。全年进行农药企业和农资经营门店检查20多次。

【农业实用技术推广】 农药使用以植保社会化统防统治工作为平台，开展统防统治与绿色防控融合发展，建立省级粮食、蔬菜、果树病虫绿色防控示范区7个；建立智能化预警系统，提高测报水平；推广高效低毒农药，减少农药使用，实现农药负增长，坚持“公共植保、绿色植保”理念，全力推进农药减量控害，2021年农药使用数量1544吨，连续6年保持下降，有效控制了农业面源污染。化肥使用贯彻落实江苏省“千村万户百企化肥减量增效行动”要求，实行有机肥和无机肥相结合，实施有机肥替代化肥项目；建立完善主要农作物科学施肥技术体系，以化肥减量增效试点县项目建设为抓手，集成推广化肥减量增效技术模式，全面推广测土配方施肥技术，减少化肥使用，控制施肥总量；优化施肥结构，科学运筹肥料，改进施肥方式，提高肥料利用率；实施国家耕地轮作休耕项目，轮作休耕0.54万亩。全年测土配方施肥面积260万亩次，覆盖率93%，化肥使用总量60510吨，呈连续下降态势。

【农业废弃物回收利用规范化】 全市26个乡镇(街道)建立农业废弃物回收站155个，其中废旧农膜回收点39个，在村组建立农业废弃物回收点300多个，形成市有回收中心、镇有回收站、村有回收点，布局合理、方便农户回收的市镇村三级废旧农膜回收利用网络体系。2021年，农用塑料薄膜使用量1725吨，其中棚膜使用总量1595吨，地膜使用总量130吨，回收总量37吨，废旧农膜回收率88.2%；农药使用量154.4吨，回收农药瓶(袋)1332.8万只、205.5吨，回收率83.2%。回收的农膜、农药包装物等废弃物全部处置完成，处置率100%。

【绿色高质高效示范片(点)创建】 兴化市实施部省粮油绿色高质高效行动整改制推进项目，落实水稻绿色高质高效创建部省级千亩以上示范片(点)32个，其中小麦11个，总面积1.27万亩，辐射带动面积11.09万亩，重点开展稻麦绿色优质高效技术攻关，集成推广优质高效、资源节约、生态环保的技术模式，发挥很好的示范带动效果，引领全市绿色高质高效创建工作的深入开展。

【省级现代农业产业示范园建设】 兴化市现代农业产业示范园获批2020年度省级现代农业产业示范园创建以来，累计投资1.92亿元，建设项目23个，在2021年绩效评价中位列全省第4位，省财政厅、省农业农村厅下发2020年省级现代农业产业示范园建设资金2000万元。以农为本、绿色发展，以增加优质农产品供给为目标，构建绿色稻米、健康生猪为主导，精品果蔬为特色，农产品加工物流、农业休闲观光为延伸的绿色农业产业发展体系，推广绿色农业生产模式，打造“绿色循环田园 科技示范农园”。

(徐永忠)

## 林 业

【林业资源总量增加】 全市完成非耕地成片造林面积588.6亩，更新造林7248.3亩。四旁植树134.45万株，实施森林抚育0.5万亩，新建农田林网控制面积7293亩，完善农田林网控制面积48941亩，圆满完成年度目标任务。全市建设市绿化合格村30个、绿化示范村10个，省级绿美乡村12个，林木覆盖率提高到22%以上。

【林木采伐管理】 强化古树名木保护，做好古树名木保护挂牌工作。截至12月底，全市办理林木采伐许可证152份，备案33份。强化湿地保护，开展湿地保护巡查，恢复湿地2400余亩，新建自然湿地保护小区13个，自然湿地保护率有望提高到60%以上。

【落实主责主业】 完成《兴化市湿地保护规划》《兴化市林木资源动态监测》《兴化市李中水上森林公园退化林修复规划》《兴化市“十四五”期间占用林地定额测算》的编制。《兴化市林地保护利用规划》和《兴化市林业发展“十四五”规划》待森林资源管理“一张图”与三调数据融合和省定林地指标下达后完善相关数据，组织专家评审。强化野外火源监管，开展森林火灾风险普查,加强森林防火重点单位预警监测体系和森林防火队伍建设,开展2场森林防火现场演练。

**【林业有害生物防控能力提升】** 建立林业有害生物监测防控体系,开展4场美国白蛾防控现场演练,加强林业有害生物监测预警、联防联治,全市林业有害生物防治面积10万余亩,绿色通道集中防治3.26万亩,美国白蛾监测、防治率达100%,叶片保存率达90%。全年签发检疫要求书110份,开展现场检疫4次,签发检疫证书4份。

(徐兴旗)

## 畜牧业

**【概况】** 12月底,全市生猪存栏19.16万头,其中能繁母猪1.64万头;家禽存栏1110.27万羽,其中蛋鸡996.48万羽、鸭鹅101.84万羽;羊存栏3.14万只;奶牛存栏8400头。全年生猪出栏30.37万头,猪肉产量2.31万吨,活家禽出栏877.05万羽,禽肉产量1.45万吨;羊出栏5.22万只,羊肉产量0.06万吨;牛出栏0.05万头,牛肉产量0.01万吨,生牛奶产量3.52万吨。

**【生态健康养殖】** 成立由具有中高级以上职称的技术人员组成的技术指导专家组,指导养殖户开展生态场创建工作。加强养殖场升级改造,全面提升养殖场的生态化水平,兴化温氏畜牧有限公司(茅山场)等9个场新创成江苏省畜牧生态健康养殖示范场,兴化市民怡生猪养殖有限公司等23个场新创成泰州市畜牧生态健康养殖场,54家养殖场获批省级示范场,1家养殖场获批部级示范场,全市累计创建畜禽生态健康养殖场313个,生态健康养殖比重达100%。

**【重大动物疫病防控】** 严格部署2021年春、夏、秋季三大重要防疫行动工作安排。设立专门的应急物资库28个。全年实验室共检测春防集中监测畜禽血液样品650份,平均免疫抗体合格率达98.31%;秋防集中监测畜禽血液样品470份,平均免疫抗体合格率达97.87%;常规监测畜禽血样6550份,平均免疫抗体合格率达90.21%;奶牛两病监测6941份。每两个月的第一周组织开展一次集中清洗消毒行动,截至12月底累计洗消场点数8766个,洗消面积1634.76万平方米,消毒药用量49.26吨。

**【检疫监管】** 根据《动物防疫法》有关规定,取消不承担动物、动物产品检疫职责或者因违法、违纪等原因不能任职的官方兽医资格53人,全市现有官方兽医110人。成立兽医行业行风专项整治领导小组和工作专班,印发《兴化市兽医行业行风专项整治实施方案》的通知,组织召开兴化市官方兽医行业行风专项整治工作会议。全市生猪运输车辆备案共35辆,确保生猪运输车辆可查可溯。开展生猪百日巩固行动,严厉打击违法违规调运行为,加强输入性动物疫病的风险防范。

**【规范无害化处理】** 全市19个无害化收集点正常运行,收集处理程序进一步规范,严格落实养殖场申请、官方兽医现场勘查、现场登记、现场拍照、现场采集资料,确保处置程序规范、补贴依据充分,处置及时有效,杜绝病死猪流入市场,降低疫情风险,保障食品安全。全共完成病死猪收集14424头,发放病死猪无害化收集处理补贴115.392万元;组织完成生猪扑杀1823头,发放扑杀补贴112.24万元。

**【企业标准化建设】** 推进屠宰场规范化管理水平和场区环境的提升,天宝屠宰场被评为省级标准化屠宰场,完成了国家级屠宰场的申报。年内,累计对3家屠宰企业共开展日常检查12次,每季度督促屠宰企业开展安全自查不少于1次,发现问题及时督促整改到位。

**【畜牧监管】** 根据省农药、兽药和饲料产品执法抽检的工作要求,结合泰州市农业农村局的通知要求,兴化市对全市兽药饲料企业进行"双随机一公开"检查,其中:开展兽药专项检查6批次及饲料企业专项检查4批次;饲料生产环节5批次、经营环节2批次的抽样送检工作。抽检结果合格率100%。开展农资打假行动,对13家饲料生产企业和30家饲料经营部进行拉网式检查,确保饲料产品质量安全。农业综合行政执法大队出动执法车辆11次,执法人员55人次,执法行动中发现1家饲料生产企业未附具产品质量合格证,货值4万元,并将违法产品进行销毁。全年累计出动136人次对辖区内生鲜乳企业进行检查,填写生鲜乳专项监管表109份。抽检17批次生鲜牛乳采样监测,合格率100%。

## 高标准农田建设

**【概况】** 2021年,建设高标准农田6.5万亩(含高效节水灌溉0.15万亩),总投资11487.5万元,其中:中央资金6115万元、省级资金4048万元、兴化财政资金1324.5万元。涉及戴窑、临城、大垛、沙沟、荻垛、千垛、周庄、戴南、陶庄、沈坨等10个乡镇(街道)。共完成新(拆)建圩口闸8座、排涝站2座、机耕桥110座、电灌站101座、硬质化机耕路127.549千米、过路涵洞367座、跨渠便桥534座,架设田间电力线路34.2千米,购置变压器25台。7月上旬,各施工单位全面进场施工。截至12月20日,2021年度6.5万亩高标准农田项目主体工程已全部完成,其中0.15万亩高效节水灌溉工程已完成单项工程四方验收。

**【项目建设】** 省和泰州市批复兴化市2021年度高标准农田建设项目10个。按照项目选项和计划编报有关规定,紧凑安排、提前启动并快速完成了项目选项入库、设计招标、初步设计编制、实施计划编报、施工图设计等前期工作。实施计划编报后,快速完成了工程预算编制招标、标底编制、工程招标工作。全市20个工程标段于2020年6月30日前全部招标完成，并同步完成了监理、跟踪审计、工程质量第三方检测等单位的招标。同时，提前启动实施机耕道路路基土方工程。5月12日，市委市政府分管负责人专题组织召开项目机耕道路土方工程实施布置会，明确要求利用1～2个月时间全面完成机耕道路土方工程建设任务，为机耕道路硬质化施工奠定了坚实基础。工程招标结束后，迅速组织施工单位进场施工。7月9日，在全省率先组织召开了项目开工动员暨业务培训会，为高效推进项目建设赢得了主动。按照泰州统一部署，结合兴化实际，组织开展项目建设“百日大会战”活动。9月1日，组织召开了“百日大会战”动员暨项目建设推进会。通过扣节点、抓进度，全市2021年度项目建设任务于12月底前全面完成，项目建设进度走在全省前列。已完成5个项目乡镇的单项工程四方验收和1个项目乡镇的县级初验工作，其他项目乡镇(街道)正在抓紧组织单项工程四方验收。

## 农业机械化

**【概况】** 全市农机总动力达131.067万千瓦，同比增长1.57%；农作物耕种收综合机械化率达到83.07%。拥有大中型拖拉机3555台，联合收割机2351台，高速乘坐式水稻插秧机2961台，复式播种机6138台，秸秆还田机2956台，渔业机械53652台，畜牧养殖机械9052台，林果业机械1075台。农作物机耕面积183.96千公顷、机播面积156.78千公顷、机械植保面积163.49千公顷、机收面积161.74千公顷。

**【粮食生产全程机械化示范市创建】** 以水稻、小麦两大粮食作物为对象，推广农机装备，提升主要农作物生产机械化水平，优化农机装备结构，强化技术培训，推进粮食生产全程机械化示范市创建，提高全市农机化服务能力和作业水平。2021年获“全国率先基本实现主要农作物生产全程机械化示范县”称号。

**【秸秆机械化还田及综合利用】** 2021年，三麦种植面积102万亩，秸秆机械化还田面积90万亩，还田率88%，其中大中型拖拉机秸秆还田面积70.8万亩，补助金额1770.85万元；秋季完成秸秆机械化还田面积74.9万亩，秸秆机械化还田率67%，秸秆还田补助资金1789万元。全市19个秸秆收集加工站收集利用秸秆10万吨。本地食用菌生产、奶牛养殖场、生物质能源、农户作为燃料等其他形式利用消耗秸秆5万吨左右，全年农作物秸秆综合利用率达95%以上。

**【农机两项工程实施推广】** 2019年度省现代农机装备与技术示范推广项目《虾蟹养殖机械化装备与技术集成推广应用》实施完成，通过项目验收。2021年省现代农机装备与技术示范推广项目《蔬菜生产机械化装备与技术推广应用》正式立项，围绕兴东镇香葱、大营镇洋葱种植和采收机械进行引进试验示范。

**【农机服务体系建设】** 建成沙沟镇“全程机械化＋综合农事服务中心”省级项目，并通过验收。2021年建设省级农机库项目7个，经过自主申报、资格审查、专家评审和社会公示，确定7个家庭农场省级农机库建设项目。

**【农机财政补贴】** 全年享受中央和省级财政农机购置补贴资金2252.57万元，市级财政配套补贴203.9万元，新增机具台数997台，受益户数558户。其中新增轮式拖拉机162台，高效植保机24台，水稻插秧机348台，谷物烘干机32台，旋耕播种机185台，联合收割机117台。

**【农机安全生产】** 全年共办理拖拉机联合收割机驾驶证180人，其中：拖拉机146人、收割机34人。农机“送检下乡”60天、300人次，注册登记轮式拖拉机197台、履带式联合收割机183台、手扶拖拉机运输机组8台；检验轮式拖拉机792台、履带式联合收割机683台、手扶拖拉机运输机组检验122台。签订农机安全生产责任书1900多份，发放法律法规宣传资料2100多份。参加农机综合保险3527台，其中手扶拖拉机运输机组参保166台、拖拉机和收割机参保2245台、烘干机参保1116台。

**【农机培训】** 举办农机驾驶人培训班32期计1965人次，其中市乡联训拖拉机、收割机操作员培训18期1016人；农机安全生产培训班2期计110多人次；全市镇村农机网格员培训班486人；与南京农业大学淮安研究院联合举办粮食生产全程机械化示范县创建业务培训班52人次；举办特色农业机械化培训2期82人。

## 农业产业化经营

**【农村土地改革】** 开展《农村土地经营权流转管理办法》宣传，研究制定《关于持续深化农村承包土地“三权分置”改革发展农业适度规模经营与服务的通知》，推进农村承包土地“三权分置”改革。组织示范家庭农场申报省级农村土地规模流转项目补助，全市24家家庭农场共计发放省级奖补资金94万元。推进农村承包土地经营权抵押，2021年发放抵押贷款192笔，贷款金额1.06亿元，为经营权放活提供了资金保障。

**【农村产权制度改革】** 开展农村集体产权制度改革“回头看”工作，对26个乡镇(街道)共排查91个问题，全部整改完善到位。全市26个乡镇(街道)145个村股份经济合作社实现了按股分红，分红总额达283.86万元，惠及成员43.5万人。2021年全市农村产权交易平台成交标段5452笔，成交金额8.82亿元，溢价5975万元。持续开展农村产权线上交易，乡镇覆盖率保持100%，线上成功交易3754笔，成交金额5.5亿元。2021年上半年，兴化市线上农村产权交易量、交易额分别名列全省县级市排名第一、第二。

（袁　野）

# 水产养殖

## 综　述

【概况】 兴化市位于江苏省中部,里下河地区腹部。境内水域辽阔,河道纵横,水网密布,水生资源十分丰富,其中水面近100万亩。养殖水体分河沟、湖荡大水面、池塘及生态共作四大类型,是全省水产养殖重要产区。与上海海洋大学、中国水科院淡水渔业研究中心建立战略协作关系,成立了国家河蟹产业技术创新战略联盟、中国河蟹互联网产业联盟,红膏公司、九寿堂公司分别建立江苏省渔业企业第一家国家级博士后工作站和科技创新实践基地(省级博士后工作站)。2021年,全市水产品总产量30.2万吨,连续32年位居全省内陆渔业县级之首;渔业经济总产值114.73亿元,同比增长6.74%。其中河蟹产量6.67万吨,统计现价产值44.7亿元。

【水产捕捞】 全市纳入"江苏省渔船信息系统"管理的渔业船舶4665艘,捕捞总产量1216.5万千克。印发《兴化市人民政府关于严厉打击电力捕鱼违法行为的通告》,持续打击电、毒、炸等非法捕捞,对违法对象建立"黑名单"制度,电捕鱼立案29宗。全年共年审捕捞许可证书3666本,征收渔业资源增殖保护费109.98万元。结合"河长制"工作加大执法力度,定期巡查河道,配合相关乡镇及部门对已拆除的定置渔具反弹现象,坚决予以彻底清理,巩固治理效果,2021年拆除各类定置渔具1200多条。

【水产生态】 渔业资源保护力度不断加大,开展冬春两季渔业资源增殖放流活动,在兴姜河、蚌蜒河、陈堡草荡、徐马荒景区等河段投放常规鱼类苗种约35万尾,促进兴化市水域渔业资源的修复和增殖。开展渔业安全生产专项整治和涉渔住家船安全整治行动,制订《兴化市渔业安全三年专项整治方案》,印发和张贴安全宣传材料2000余份,组织安全培训会议10次,参加人员1300多人次。组织开展渔业安全生产执法检查140天、安排人员570人次、检查(检验)渔业船舶4200艘,排查消除一般安全隐患86起。组织对全市26个乡镇(街道)渔业行业危化品使用情况进行抽查,检查水产养殖主体39家,全市无安全责任事故发生。

【水产经营】 全市水产专业合作社707个,家庭渔业小农场659个,乡镇渔业协会26个,水产品批发市场12个,省级渔业农业产业化重点企业5家、泰州市级农业产业化重点企业18家。继续发挥中国兴化河蟹价格指数的"风向标"服务作用,收集批发市场价格数据3960条,促进兴化河蟹市场保持稳定,全市河蟹市场交易总量超过15万吨,兴化大闸蟹线上线下销售额170亿元。加强"兴化大闸蟹"地理标志产品的使用管理,"兴化大闸蟹"集体商标授权75家企业使用。参加各类产品推介会,提高兴化水产品知名度。

## 水产品发展

【水产品科技推广】 围绕养殖结构调整组织全市开展渔业生产科技培训服务活动,创业富民专题培训1000人,落实创业扶持政策,打造优良创业环境。推广虾蟹降本提质增效模式,重点推广了虾蟹混养"兴化模式",建立展示基地2个,推广养殖面积2万亩。在全市建立水产养殖用药减量示范点22个,推进水产养殖用药减量行动和举办规范用药培训5期,累计受训养殖户500人次以上。在全市印发放水产养殖用药明白纸各2万份,印发用药减量技术资料5000份。建立科技入户示范乡镇17个、示范村68个、示范户400户,示范养殖面积2.8万亩。开展送科技下乡20次,发放技术资料4000份,赠送科学养殖杂志280套。

【水产品基地建设】 推进养殖尾水治理,示范推广养殖尾水异位修复技术。通过建设示范基地进行以点带面,同时通过乡村振兴指标分解到乡镇进行推动。2021年完成池塘生态化改造面积6000亩,建设安丰大闸蟹生态园、板桥故里公司养殖尾水达标排放排放示范点1500亩。加快推进“兴化昌荣河蟹生态养殖示范园”建设。新增设施渔业面积5711.5亩，水产健康养殖面积占比达到80.54%，优质水产品养殖面积占比达到87.12%。

【水产品质量品牌】 把水产品质量安全放在首要位置，对全市养殖企业和养殖合作社进行全面摸底登记，严格投入品使用监管，依法开展水产品质量监督抽查和水产苗种产地检疫，从源头上防止含有违禁药物或药残超标的水产品进入流通市场。印发《兴化市水产养殖用投入品专项整治三年行动方案》。规范水产养殖生产行为、强化水产养殖用投入品监管，坚持日常执法和专项执法相结合，共出动车辆32辆次，出动人员86人次，检查水产养殖主体189家，发放宣传单3000多份。组织参与农业部、省、泰州及兴化检测机构的水产品、苗种现场抽样，水产品质量抽检合格率达100%。以兴化大闸蟹为主题举办丰富多彩的节庆活动，组织参与北京、上海、西安、重庆、南京等地的部省市各类优质农产品推介展销活动，采取新媒体和传统媒体相结合进行形象广告宣传。以银北门历史文化街区为载体，以兴化大闸蟹为主题，投资1.5亿元精心打造“品蟹一条街”，2021年底正式开街。“兴化大闸蟹”抖音话题曝光1.1亿，头条话题曝光2700万，蟹微博阅读量约8500万，总体曝光2.22亿。

【水域生态环境保护】 全市26个乡镇(街道)的170个村，布设473个水产养殖塘口水质监测点，每年5月至次年1月定期进行取样监测，监测面积约2.8万亩。印发《关于规范全市水产养殖尾水排放工作的通知》，召开全市水产养殖清塘药塘生产管理工作会议，创新实施清塘药塘及尾水排放申报登记和准排制度。发放严控水草排放告知书和清塘药塘宣传和禁用药物“明白纸”，引导养殖户科学用药，严格按照清塘药塘技术规范进行清塘药塘，控减水体药物残留。参照双禁模式，落实水草排放、清塘药塘及水质监测网格化管控措施，建立了市、乡(街道)6至7级包保责任网络体系，乡镇村级层面制定乡规民约，形成市、乡、村三级群防群治网络，实现监管全覆盖。

## 特色水产养殖

【兴化大青虾产业】 形成兴化大青虾生产技术操作规程、无公害生产技术标准和绿色食品生产技术规程。1998年兴化建成江苏省第一个青虾养殖标准化示范区，1999年制定江苏省地方标准《池塘混养青虾抱卵亲虾》《池塘混养大青虾虾苗》《池塘混养青虾·商品虾标志、包装、运输》《池塘混养青虾配合饲料》系列标准，填补了江苏省农业标准化领域的空白。2006年建设江苏省兴化市青虾高效生态养殖全国农业标准化示范区。楚水、千垛、金沙沟牌青虾获国家级无公害水产品质量认定，楚水牌青虾、冻青虾等是江苏省名牌产品。“兴化大青虾”获得绿色食品、地理标志和集体商标使用权，被认定为江苏农产品区域公共品牌。2021年，兴化大青虾养殖面积57万亩，产量3619万千克、统计现价产值26.1亿元。

【兴化大闸蟹产业】 2008年中国渔业协会河蟹分会授予兴化“中国河蟹养殖第一县(市)”称号，2015年中国渔业协会河蟹分会授予兴化“中国河蟹第一市场”称号。2009年安丰、永丰、中堡和临城乡镇成为“中国河蟹之乡”。2006年和2013年中国渔业协会分别授予红膏大闸蟹有限公司“中国河蟹养殖大王”、“中国河蟹大王”称号。形成和完善了“提水、种草、投螺、稀放、调控”这一具有兴化特色的河蟹生态养殖模式，兴化河蟹品质享誉国内外。河蟹与青虾、小龙虾等混养面积扩大到55万亩以上，组织实施了60多个部省级渔业科技及服务体系、标准化项目。全市已培植10个在省内外有影响的兴化大闸蟹知名品牌，“泓膏”“亦鲜”“板桥”大闸蟹荣获“中国十大名蟹”称号，“兴化大闸蟹”获得地理标志和集体商标使用权。全国第一家河蟹价格指数在兴化上线发布，全国第一个“国家河蟹产业技术创新战略联盟”、全国第一个“中国河蟹互联网产业联盟”在兴化成立。“泓膏大闸蟹”荣获“江苏我最喜爱的著名商标”之一和中国驰名商标，红膏公司获全国绿色食品示范企业。2021年全市河蟹养殖面积63万亩，产量6670万千克、统计现价产值44.7亿元。

【兴化小龙虾产业】 推广小龙虾池塘养殖、稻田养殖、藕田养殖、提水养殖、虾蟹池塘混养等模式，按照小龙虾养殖标准，建立标准化养殖示范区，全市形成并推广虾蟹混养“兴化模式”8000多亩，每亩增加效益2000元以上。建设了中堡、海南、沙沟、千垛、林湖、陈堡等多个小龙虾规模养殖基地。推动“克氏原螯虾产业体系”建设，加快提升小龙虾生产科技水平，加速推进小龙虾产业持续健康发展，建成省小龙虾产业公共技术研发中心试验示范基地，克氏原螯虾产量列全省县级第一。2021年，全市小龙虾养殖面积37万亩，产量1819万千克、统计现价产值5.8亿元，兴化小龙虾成功获得国家地理标志产品认证。兴化小龙虾主要以初级加工为主，加工产品主要有冻熟龙虾仁、冻熟整只龙虾、速冻龙虾螯、速冻虾仁春卷、壳聚糖、氨基葡萄糖盐酸盐系列品种。以壳知味为代表的一批企业带动小龙虾加工业保持加速发展态势，加工能力持续增加。

## 省级渔业龙头企业

【江苏红膏大闸蟹有限公司】 江苏红膏大闸蟹有限公司创立于1988年，现为江苏省农业产业化重点龙头企业、江苏省绿色食品示范企业，建立江苏省渔业企业第一家国家级博士后工作站，形成股份化合作、生态化养殖、一体化生产、品牌化经营的“泓膏特色”，自有养殖面积10万亩，吸纳城镇、农村劳动力和下岗职工5000人，员工人均年收入2.1万元，在兴化带动养殖面积60万亩,从事养殖、经营人员4万人,“泓膏”品牌入选全国百佳农产品品牌,“泓膏大闸蟹”荣获中国驰名商标和“江苏我最喜爱的著名商标”之一。

**【江苏板桥控股集团有限公司】** 江苏板桥控股集团有限公司成立于2013年,注册本3000万元,是江苏省农业产业化重点龙头企业、江苏省民营科技企业。公司位于“中国河蟹之乡”——兴化市永丰镇刘葛开发区,占地面积7800平方米,建有板桥饲料厂、标准化办公大楼等硬件设施。现有65个高标准养殖基地,专业从事河蟹养殖,形成了“育苗—养殖—销售—加工”一条龙的产业链。公司有基地面积(包括自建及订单)15150余亩,带动农户总数4015户。共吸纳城镇、农村劳动力和下岗职工1万余人。员工年收入工资3万元左右。“板桥大闸蟹”在第四届中国名蟹大赛中被评为“中国十大名蟹”,“板桥”饲料获泰州市知名商标。

## 著名水产品

**【兴化大闸蟹】** 青壳、白肚、金爪、黄毛、膏红、脂满。蟹背呈青灰色、平滑而有光泽;蟹肚呈亮白色、有玉质美感;蟹腿绒毛黄而密且清爽,金爪肉感强,成熟期公蟹体内膏红似火、蟹脂细腻、嫩爽;母蟹蟹黄味美香酥、蟹肉饱满,口感鲜嫩,鲜中带甜。可加工蟹肉、蟹黄、蟹油。

2021年9月22日,在江苏兴化粮食产业园区,农民在展示兴化特色农产品大闸蟹。 (市农业农村局/供图)

**【兴化大青虾】** 个体大,品质纯正,色鲜、壳薄、肉嫩、个大、味美。体色为青蓝色并伴有棕绿色斑纹,体表光洁半透明,身体分20节,适应性强,繁育较快,虾肉嫩而鲜美,营养丰富,含有蛋白质、脂肪、糖类、灰分、钙、铁、维生素、硫胺素、桔黄素、尼克酸、细胞色素C和肌酸酐等。全身覆盖甲壳,鲜活食用,可加工成冻青虾、剪须虾、冻虾仁、虾籽、虾籽酱。

**【兴化小龙虾】** 肉质细嫩,味道鲜美,气味醇香。体色红亮,个体大,富有光泽,体表干净无污物,活力强。含有丰富的钙、磷、铁等微量元素,含有人体所需的多种维生素。烹调后壳色鲜红,肉色白嫩,可加工烹制成各式菜肴,甲壳类衍生品壳聚糖、氨基葡萄糖盐酸盐系列产品广泛应用于农业、食品、医药、烟草、造纸、印染领域。

**【兴化醉蟹】** 色如鲜蟹,放在盘中,栩栩如生。肉质细嫩,味道鲜美,且酒香浓郁,香中带甜,食之回味无穷,营养丰富,营养价值高。采取封缸浸泡法,经选料、浸养、干放、去绒毛、灌料、封缸、装坛制作。

**【兴化鱼圆】** 分红、白两种,细腻、鲜嫩、韧性。由鱼糜、生姜末和香葱末、盐加工制成。外表色泽金黄,内面肉色雪白,柔软、韧性,在水中长时间漂浮不沉,汤水清澈。

(吴艳丽)

## 工　业

**【概况】** 2021年，市工信局全力推动高质量发展各项指标争先进位，工业经济运行呈稳步增长态势。全年，征收期工业开票销售1010.4亿元，增长26.1%；工业入库税收28.5亿元，增长12.4%；规上工业产值828.8亿元，增长33%；规上工业增加值完成162.6亿元，增长11.2%；规上工业利润完成42.8亿元，增长53.4%。企业培育卓有成效，新增规上工业企业137家，纳税过千万元工业企业16家。实施1000万元以上技改项目109项。

**【企业改革】** 注重政策引领，制定出台《关于开展"五未"土地整治专项行动深化工业企业"亩均论英雄"改革的实施意见》，推动亩均办实体化运作，并将"亩均论英雄"考核纳入2021年度全市综合考核专项考核，权重5%。每季度召开改革工作推进会，落实"标准地"管理办法，指导各乡镇"一企一策"拿出可行性盘活提升方案。全年共盘活提升低效闲置工业用地5289亩，完成泰州市年度目标计划的174.4%。赴安井食品、新宏大集团、东华链条和豹翔机械等企业，实地采访拍摄"亩均论英雄"系列专题宣传片，多次赴戴南镇、开发区和陈堡镇等重点乡镇开展政策宣讲。及时总结经验做法，形成调研报告，并被省委改革办主办的江苏改革简报刊载。

**【两化融合】** 实施工业企业智能化及互联网赋能三年行动计划，建立"智能制造示范车间""重点技改项目"企业培育库，邀请专家对库内重点企业开展智能化诊断。麦肯嘉顿、茂华纸品等2家企业获评省级智能制造示范车间。举办"2021年兴化市智能制造工业互联网创新交流大会"活动，获评星级上云企业50家，其中三星级上云企业47家，四星级上云企业3家。新宏大集团获批2021年国家专精特新企业，兴东铸钢、新华合金、亚盛金属获评省级专精特新企业。双乐颜料入选2021年江苏省"质量标杆"名单。申源特钢、双乐颜料获评省级科技小巨人企业，聚鑫不锈钢等5家企业获评省级企业技术中心。

**【企业绿色转型】** 完善全市"双控"实施方案，2021年能耗强度达到省市目标，获"向上攀登红旗"奖。组织召开全市节能监测预警工作会议，共完成40余家重点企业和"两高"项目节能监察。鼓励企业资源综合利用，明璐金属资源、汇聚金属资源等2家企业开展废钢加工行业企业准入申报工作。兴业船艇获评省级绿色工厂。

**【服务企业发展】** 制定2021年度兴化市降本减负工作方案，累计为企业减轻负担16.6亿元。落实2020年度工业经济奖补资金2841.66万元、惠及企业149家。为全市124户中小企

2021年3月，市工信局开展企业能耗双控工作。　（市工信局/供图）

业提供172笔转贷业务，涉及转贷资金10.6亿元，降低企业运营成本。协助兴海特钢、华杰不锈钢、兴野食品、申源集团等4家企业申报2021年度省工业和信息产业转型升级专项资金项目，组织国家不锈钢制品质量监督检验中心申报省三星级中小企业公共服务示范平台。兴达钢帘线等6家企业获2020年度省技改综合奖补资金277.18万元。企业难题不断化解，贯彻落实“三服务一优化”活动，推动“我为群众办实事”实践活动。全年，共对10家企业反映的13个问题建档立卡，已全部办结。

【重点行业安全】 开展了船舶修造行业培训，严格做好特种作业人员从业上岗工作。定期开展安全生产现场检查，强化隐患排查治理。全年，对34家船舶修造企业现场检查219次，排查隐患1539条，整改1498条。服务美乐肥料和申隆锌业等2家化工企业做好新产品项目申报；协助锁龙消防开展新产品发布推介；服务泰州亚德胶粘制品公司做好化工重点监测点申报工作；做好永宁亚克力公司等企业化工行业调查甄别工作。开展“散乱污”企业整治专项行动，全年共关闭51家“散乱污”企业。

2021年4月，市工信局组织人员赴船厂督查安全生产。

（市工信局/供图）

【工业信息化建设】 2021年，兴化市信息化建设加速发展，数字电视用户13.6万户，网络电视用户21万户，固定宽带用户43.18万户，固定电话用户8.71万户，移动电话用户113.39万户。全市新增上云企业50家，其中四星级上云企业3家，三星级上云企业47家。全年有389家规上企业完成两化融合评估诊断和对标引导工作；顶能科技有限公司、江苏特味浓食品股份有限公司等9家企业完成贯标并通过国家两化融合管理体系贯标评定。

## 主导产业

【概况】 兴化市始终坚持把发展优势产业、提升产业层次作为工业经济转型升级的主攻方向，已形成不锈钢、绿色健康食品和装备制造三大主导产业，拥有规模以上企业413家。2021年，三大主导产业累计完成规模上产值638.79亿元，同比增长34.2%。其中，不锈钢、绿色健康食品、装备制造三大主导产业分别完成产值357.9亿元、178.17亿元、102.73亿元，分别增长39%、22.9%、39.6%。

【不锈钢产业】 兴化市不锈钢产业起步于20世纪60年代初的戴南镇，经过多年的发展与积累，形成了“三县七镇”千亿级的不锈钢产业集群，具备了“板、带、型、棒、线”和“管、阀、丝、钉”门类齐全的不锈钢产品生产能力，填补了国有大型不锈钢企业的产品空白，形成“小产品、大市场”的格局，从回收、熔炼、轧制、制品到商贸的完整产业链条。不锈钢产业2021年下半年产品需求旺盛，主要原材料镍板价格上涨40%、钢材上涨25%—30%，产品销售价格也比上年同月有较大上涨，2021年完成产值357.9亿元，同比增长39%。全行业共有1500多家不锈钢企业，既有兴达钢帘线这样的大型企业，也有申源、新宏大、兴海、星火等30家产销过亿元的骨干企业，还有1000多家中小企业分布于产业链上下游。兴达钢帘线公司钢帘线产量居国内第一、世界第二，约占国内市场的40%，在泰国投资的钢帘线项目正在建设之中，正式投产后产量将位居世界第一；围绕“再造一个新兴达”，兴达公司投资36亿元，实施年产35万吨高性能子午线轮胎用钢帘线扩建项目，计划用地面积约669亩，建筑面积约29万平方米，建成后，轮胎钢帘线年产能将超过100万吨。申源特钢公司生产的气门钢约占国内市场的30%；江苏兴海特钢公司的“以氮代镍”海工用高氮不锈钢线棒材代表了国际不锈钢的发展方向；江苏星火特钢有限公司与中国科学院金属研究所、北京钢铁研究总院等合作生产的短应力线扎机获得“国家科技进步一等奖”；江苏新宏大集团与南京大学、中国科学院材料研究所等多所高等院校建立了校企合作关系，研究出一批拥有自主知识产权的新产品，获批中国驰名商标。全行业拥有中国驰名商标2件、省著名商标8件、省名牌产品13个、省长质量奖企业1家、泰州市长质量奖企业2家。戴南科技园获评“国家级城市矿产示范基地”，戴南不锈钢制品获批“省区域名牌”、中国不锈钢制品产业集群入选“全国百佳产业集群”。建成国家级不锈钢制品质量检验中心、上海大学兴化特种不锈钢产业研究院。拥有1家国家级企业技术中心、2家国家级博士后科研工作站、4家省级企业技术中心、1家省级企业重点实验室、2家省级企业院士工作站、8家省级研究生工作站、18家省级工程技术研究中心。戴南不锈钢交易市场和戴南不锈钢交易城是全国最大的不锈钢原料集散地和华东地区最大的不锈钢制品交易中心,不锈钢综合物流中心被评定为省级重点物流园区,年吞吐量达到200多万吨。

**【绿色健康食品产业】** 近年来,兴化市开发区围绕建设中国健康食品产业名城,聚力发展健康食品产业,努力培育壮大健康食品产业。2021年,全区食品企业实现开票销售73亿元,占全区工业开票销售的39.2%。1—6月,全区规上食品企业实现开票销售42.5亿元,同比增长13.7%,占全区规上工业企业开票销售的53.3% 。产业体系初步构建。经过多年的发展,市开发区内集聚了五得利面粉、安井食品、伽力森主食、特味浓食品、华宝嘉豪、元富食品、兴野食品、拉面说、田园主义等一批知名食品企业,健康食品产业初步形成了调味品、火锅料食品、米面制品、水产制品、脱水蔬菜、乳制品、肉制品、方便休闲食品、功能食品、预制菜肴等系列产业集群。载体平台不断完善。加大健康食品产业载体平台建设力度。按照调味品产业集聚区建设规划,启动实施了首期3平方千米启动区建设,总建筑面积12.7万平方米的中华食谷A区已建成投入使用,引进7家企业入驻;与中国农业大学合作,在区内建立了中国农业大学(兴化)健康食品产业研究院。按照国家级标准建设的食品质量检测中心2020年通过CNAS国家实验室认可,2021年兴化市又对食品质量检测中心实施市场化改革,进一步提升检测服务水平。同时,园区供热管道、污水管网实现全覆盖,对企业集中供热、集中治污。集聚效应日渐显现。随着入区食品企业的不断增多,健康食品产业规模不断壮大,产业集聚效应也日渐显现。除在建的安井食品三期、大厨四宝、元富食品、味成食品、鼎一食品、润华食品等项目外,又成功招引了由江苏吉得利食品有限公司投资6.4亿元的吉得利食品项目,由泰州大成食品供应链管理有限公司投资1.2亿元的大成食品供应链项目等。

**【装备制造业】** 聚焦高端专用装备领域,鼓励和支持机械配件、基础件生产制造企业提升发展,打造产业链完整、基础技术自主研发能力强的高端专用装备部件总成制造基地,推动产业强基增效和转型升级,形成以整机制造龙头企业为牵引、零部件配套完善、产业链协作紧密的高端装备制造产业核心区。装备制造产业依托兴化市精密铸锻造产业园,推动装备制造产业向技术自主化、制造集约化、设备成套化方向发展,重点发展高档数控机床及精密加工机械设备,挖掘机、起重机等工程机械,高压大流量液压元件、液压系统,高效率纺纱织造、高性能纤维专用机械等纺织机械以及汽车零部件,打造百亿级装备制造产业集群。高端装备制造产业核心区以临城科技园区为基地,重点依托东华链条、兴利达齿轮、保利澳瑞凯、凯普特动力机械、苏美特纺织机械、兴业船艇等企业形成以高端装备制造业为主的“兴化制造”核心集群新格局。2021年装备制造产业完成产值102.73亿元,增长39.6%。

## 重要工业活动

**【工业“十佳百强”企业】** 兴化市10家企业上榜2021年度泰州市工业“十佳百强”企业名单。其中,兴达钢帘线、申源集团2家企业入选“十佳企业”,安井食品、双乐颜料等8家企业入选“百强企业”。

**【企业赴浙江学习考察】** 为进一步提升兴化市工业企业智能制造水平,3月18—20日,兴化市工信局组织市部分企业赴浙江参观考察,重点学习绍兴新昌、宁波慈溪两地创新发展和智能制造的先进经验做法。兴化市政协主席沙顺喜、副市长牛世杰及部分乡镇和机关负责人参加活动。

**【智能制造暨工业互联网创新交流会】** 3月29日,兴化市举办智能制

2021年3月18—20日,市工信局组织部分企业赴浙江调研智能化工作。（市工信局/供图）

2021年7月1日，市工信局在安丰镇召开惠企政策宣贯会。
（市工信局/供图）

造暨工业互联网创新交流会，全市乡镇（街道）工服中心、重点企业参加会议。

**【省工业信息安全专家对兴化市重点企业开展工业控制系统信息安全检查】** 7月21日，省电子信息产品监督检验研究院专家对兴化伽利森主食企业（江苏）有限公司、五得利集团兴化面粉有限公司等13家重点企业，开展为期4天的工业控制系统信息安全检查。

**【天津理工大学专家到兴化市调研】** 4月29日，天津理工大学新能源材料与低碳技术研究院丁铁院长一行8人，到兴化市考察调研该市氧化锌产业发展情况。专家组考察了申隆锌业、金孔雀公司等9家企业。在申隆锌业调研时，帮助该公司博士后实践基地遴选博士后进站工作达成初步意向，并对其超细鳞片状锌粉和高性能锌化物制品的生产工艺提出改进意见。

**【首期新生代企业家传承与创新高级研修班】** 6月20日，兴化市举办的首期新生代企业家传承与创新高级研修班在四川大学开班。全市37名重点企业参加培训。培训为期5天，围绕“爱国主义和革命传统教育”“新形势下的企业的机遇与挑战”“提高企业核心竞争力”“企业运营管理”“卓越领导力与执行力提升”等专题开展学习，同时在通威太阳能、西门子成都工厂进行现场教学。

**【工业互联网赋能企业宣贯会】** 7月1日，兴化市工信局在安丰镇召开工业互联网赋能企业宣贯会。飞月轴瓦、美鑫铸造、正福塑业等10家企业及第三方机构相关专家参加此次活动。江苏优特力科技服务有限公司总经理李爱平进行了主题为“两化融合管理体系升级版暨企业数字化转型基础知识”的授课，让企业能够更好理解和掌握政策的变化情况。中国移动兴化分公司工程师冯山奇进行了企业上云基础知识的辅导。江苏中辉科技有限公司产品总监朱家杰分享了工业互联网平台方案。会后，各家企业就各自信息化发展过程中遇到的难点、痛点、堵点进行了沟通交流，专家现场进行了现场答疑解惑。

**【“亩均论英雄”改革工作】** 7月24日，泰州工信局局长申强一行到兴化调研“亩均论英雄”改革工作。市工信局对全市规上企业和3亩以上规下企业实行“百分制”评价，划分“ABCD”四档，实施正向激励和反向倒逼。开展政策宣传解读，将“亩均论英雄”各项政策和实施细则汇编成册，开展集中宣讲。

**【省专家组对兴化2021年省级智能制造示范车间申报企业进行现场核查】** 11月11日，省专家组对兴化

2021年11月11日，省专家组对创建省级智能车间的企业进行现场认定。
（市工信局/供图）

市申报2021年省级智能制造示范车间的企业进行现场核查。核查组听取麦肯嘉顿(江苏)食品有限公司、泰州市茂华纸品有限公司2家企业对智能车间智能设备和设备联网、车间管理、产品追溯等内容的介绍,结合申报内容,实地查看了现场,详细了解企业智能车间建设情况,鼓励企业不断提升智能化装备水平。

**【降低中小企业成本】** 2021年,兴化市中小企业转贷应急资金共为124户中小企业提供转贷服务172笔计10.62亿元,年转贷规模首次突破10亿元大关。自2016年成立以来,已为兴化市236户中小企业提供转贷服务587笔计31.13亿元,为企业节省转贷成本3000万元以上。

(杨　展)

## 建筑业

**【建筑业服务与管理】** 开展建筑施工领域综合大检查,共检查房建项目41个、市政项目3个,建筑面积175万平方米,涉及本地施工单位22家、外地施工单位21家,本地监理单位4家、外地监理单位15家;共下发整改通知书29份,排查安全事故隐患115处。开展工程建设标后监管"百日攻坚"行动,共检查在建项目155个。向住建局法规科移送行政处罚案件92起,其中:未办施工许可2起、项目主要人员不在岗22起、违反农民工实名制管理规定11起、违法发包1起、违法转包2起、未取得预拌混凝土专业承包资质企业54起。联合市行政审批局共同对2018年1月以来实施的招投标项目进行了排查,初步建立工程项目清单,在建工程项目717个,其中房建345个、市政372个。

2021年3月22日,市住建局到建筑工地检查安全生产、扬尘管控工作。
(住建局/供图)

**【施工图审查】** 共审查房屋建筑工程勘察报告95项,一次性审查通过的3个项目,发现并纠正违反工程建设强制性条文3条,违反强制性标准87条;审查房屋建筑工程施工图设计文件105项,建筑面积约100.72万平方米,一次性审查通过1个工业项目,发现并纠正违反工程建设强制性条文91条,违反强制性标准610条。专项工程审查(含技防审查)项目70项,发现并纠正违反工程建设强制性条文41条。

**【绿色建筑及节能】** 按照绿色建筑标准设计并竣工的项目34项,居住项目12项,面积86.31万平方米,其中公共建设项目22项,面积47.89万平方米,合计134.2万平方米,绿建占比达100%。53家企业9大类20种建筑节能产品备案登记。

**【建筑业转型发展】** 2021年,市建筑业总产值突破600亿元、入库税收突破6亿元,宝鼎、舍得两家公司先后晋升房建总承包一级资质,8家建筑企业晋升二级资质,3家建筑企业进入泰州市建筑企业信用综合评价得分榜前十名。成功创建1个国家、3个省级和23个泰州市级优质工程,以及1个鲁班奖参建奖,实现了"从无到有"的历史突破。

(宗高翔)

# 商贸服务

## 商贸流通

【批发零售】 2021年1—12月,全市实现批发业商品销售额397.9亿元,同比增长53.3%,高于泰州市平均增速14个百分点,列泰州市第三;实现零售业商品销售额273.5亿元,同比增长39.4%,高于泰州市平均增速4.7个百分点,列泰州市第一。

【市场交易】 兴化市消费品市场稳步增长,各类专业市场年交易额达260亿元以上,戴南不锈钢市场、戴窑粮食市场、红星美凯龙、国际商城、富民农副产品交易市场、安丰国蟹市场、永丰河蟹市场、沙沟水产品批发市场等功能和配套设施进一步完善。其中网络零售额实现836916.7万元,同比增长22.1%。

【物流】 兴化市纳入江苏省物流公共服务平台监测的重点物流单位有35家,其中戴窑粮食交易市场纳入省物流园区类,6家物流企业纳入物流运行类,28家企业纳入重点企业物流类。戴窑粮食交易市场全年实现营业收入54.4亿元,同比增长2%,区内入住企业65家,纳税1298万元,同比增长6%。江苏中发物流股份有限公司高级项目经理叶轩被省发改委评为“2021年度全省物流行业先进个人”。

(马捷勋)

## 粮油经营

【粮油产业】 年内,全市列统粮食企业实现工业总产值106.2亿元,同比增长7.75%,主营收入103.1亿元,同比增长4.76%,利润3.95亿元,同比增长5.33%。全市累计市级以上农业产业化龙头企业19家,其中国家级2家、省级5家。粮食产业基础设施投资稳步推进,五得利面粉日产4000吨面粉生产线项目当年完成投资5亿元。“兴化大米”品牌建设卓有成效,入选2021年“中国好大米”区域公用品牌十强榜单;贤人贡米入选2021年度“中国好粮油”产品名单;四季香、光明天成入选2021年度“苏米生产基地”名单。

(夏福发)

【粮食购销】 全市国有购销企业粮食购销总量122.83万吨,全系统实现经济效益1177.51万元。粮食收购量24.58万吨,其中夏粮收购16.19万吨,秋粮收购8.39万吨。针对国家收储政策调整实际,围绕“有人收粮、有仓收粮、有钱收粮”,凸显国有粮食购销主渠道作用。全市优质优价收购粮食(稻谷)13.9万吨,投入收购补贴资金905.7万元,粮食优质品率明显增加,有效助农增收。

(徐小勇)

## 供 销

【概况】 市供销总社推进供销社综合改革,加快打造服务农民生产生活生态的生力军和综合平台,全系统实现销售总额256亿元、农副产品购进总额110亿元。综合业绩考核荣获全省“二十强县级供合作社”第一名、泰州市社系统“综合业绩考评特别贡献奖”。

【农业社会化服务】 市供销总社全系统推进薄弱基层供销社改造,建设“六有”基层社26家,实现乡镇全覆盖;完成改造升级基层供销社3家、现代农业综合服务中心4家;创建全国总社标杆基层社5家,打造综合服务供销社463家,建立村级基层供销社6家,建立庄稼医院2个。全系统有各类耕、栽、收、烘机械500多台(套),其中农业喷防飞机30多架,完成土地全程托管和半托管、菜单式农业社会化服务50万亩次,其中土地全托管14.8万亩,三项环节服务48.7万亩次。

【供销绿色生态服务】 兴化市汇农通农药集中配送管理服务公司行使主体职能,推进废旧农膜及农药化肥包装废弃物回收处置工作。全年回收废旧农膜622.05吨,回收率88.23%;农药包装瓶(袋)折合205.5吨,回收率95.2%;化肥袋17050只,废弃物处置率 100%，获市财政项目补助资金 385 万元。

**【河蟹收入保险】** 兴化“河蟹目标收入保险”先行纳入兴化市农业保险补贴，2020 年 8 月获批纳入全省高效设施农业保险奖补目录，河蟹养殖户仅用 30%的保费即可享受全额保险待遇。2021 年全市蟹塘投保面积在上年承保总量 10 万亩的基础上，扩大到 43.33 万亩，占河蟹养殖总面积 50%以上，遍布全市 18 个乡镇，参保蟹农 4912 户；保费 4333 万元，其中省、市财政补贴 3033 万元、蟹农缴纳 1300 万元；为蟹农提供风险保障 10.8 亿元，最终所有投保蟹农获赔金额 2776 万元，保单赔付率 64.07%。

**【兴化大米全产业链示范基地】** 市供销总社继续联合兴东镇流转土地 3800 亩，打造集生产、加工、销售于一体的“兴化大米全产业链示范基地”。基地全年产出大米 150 多万公斤。同时，在基地 1200 亩中实施农业可持续发展试验示范区项目——兴化市稻米产业示范园，实行农旅融合，总投资 2000 万元以上，其中财政项目资金 900 万元。

（朱　炜）

## 食盐烟草专营

**【概况】** 兴化市盐业有限公司创新经营思路，完善管控体系，打造淮盐品牌。全年实现盐的销售总量 33049 吨，其中小包装食盐 3199 吨，大包装食盐 28752 吨，实现销售收入 2344 万元。其中主营销售收入 1969 万元，非盐销售收入 375 万元。合格碘盐市场覆盖率 98%。

**【淮盐品牌打造】** 疫情期间，利用“3·15”消费者权益日、“5·15”碘缺乏病防治日、食品安全周等节日，开展云上宣传活动，积极培育民众“淮盐”品牌及科学食盐意识。紧扣“千年淮盐，家乡好盐”主题，抓好“淮盐品牌宣传”的宣传推广活动，在乡镇集贸市场、社区等人口密集地设立咨询台，布置展板，发放《食盐安全使用手册》，面对面地向消费者介绍淮盐的历史及品质，并进行淮盐知识有奖竞答等，提高消费者对淮盐的认知度。

（王　楷）

**【烟草专卖】** 兴化市烟草专卖局（分公司）贯彻落实省局（公司）“1345”高质量发展战略，持续推进泰州烟草“1245”高质量发展思路，聚焦重点，狠抓落实，推动兴化烟草高质量发展。全年共查获涉烟案件 570 起，卷烟 722.79 万支，总案值 818.99 万元。其中：5 万元以上涉烟案件 32 起，查处假私烟案件 43 起，假私烟 17.92 万支，总案值 23.34 万元。蝉联省、市、县三级“文明单位”称号。获“泰州市五一劳动奖状”。

**【烟草市场监管】** 聚力“五不一稳”目标，联合公安水警、交通运输水上执法等部门沟通协作，开展保护未成年人免受烟侵害“守护成长”专项行动，中小学校、幼儿园周边商户销售电子烟实现清零。开展“百日会战”“利剑 7 号、8 号”专项行动。依法取缔“虚假证”“僵尸证”“口袋证”等违规使用的许可证 261 份。贯彻《中华人民共和国行政处罚法》和行政执法三项制度，构建“四抓四促”新格局，推动案件管理规范高效。推进规范专卖管理人员行政执法行为三年行动，开展“六个严禁”宣誓、签订承诺书活动。严厉打击违法大户、隐形大户、长期非法收购倒卖等行为，依法取消违法大户经营资格 5 户，对 60 人次涉及真烟外流监管不到位予以考核问责。落地落实“好差评”工作机制，打造“兴舒畅”政务服务品牌。

（刘文杰）

## 住宿餐饮

**【概况】** 全市实现住宿业营业额 3.7 亿元，同比增长 25.6%，列泰州市第二；实现餐饮业营业额 32.6 亿元，同比增长 31.1%，列泰州市第二。兴化首家五星标准酒店——长九国际大酒店建成运营，天宝花园大酒店荣获“国家五钻级酒家”称号。沙沟水席馆”建成并投入使用。举办“沙沟金秋美食节”“安丰蟹文化美食节”““兴化名厨美食大赛（第四届）”，评出“兴化十大名厨”“兴化早茶”“板桥宴”及各类兴化特色美食专题亮相央视二套《消费主张》、央视十套《味道》栏目。“兴化早茶”宣传片于菜花节期间在南京城市频道播出。开办“兴化早茶”“板桥宴”首届技能服务培训班。

**【长九国际大酒店建设运营】** 兴化市长九国际大酒店由长九实业集团投资建设，是兴化首家按五星级标准设计建造的全服务型商务酒店，位于兴化市城南路与长安南路的交叉口，地理位置优越，紧邻万达广场等主要商业区。酒店占地面积 50 亩，总建筑面积约 9 万平方米，建筑高度达 120 米，地下 1 层、地上 24 层，外观采用全玻璃幕墙干挂，融合兴化水乡特性，打造兴化城南门户形象。酒店拥有 260 间豪华客房，拥有全日制餐厅、9 间不同风格的豪华餐饮包房；1 间 1500 平米、层高 9 米的豪华无柱式大宴会厅、4 间 400 至 700 平米左右的多功能会议厅并配以各型小会议室，另外还可提供空中草坪场地供户外婚礼仪式使用。酒店还拥有健身、瑜伽、室内恒温游泳池及 SPA 中心等综合健身休闲设施，是苏中地区地标性的五星级酒店。

（王学伟）

## 邮　政

**【概况】** 兴化市邮政公司全年累计实现业务收入 3.17 亿元，同比增长 21.6%，同比排名及完成率均列全区第一，收入规模首次进入全省县域排名前十。以网金业务为抓手，围绕婚庆经济项目倾力打好邮政特色服务牌，进行“6 个 1”生态圈、中大型商超、批发市场等场景的持续打造,其中春萍商超模式持续优化,快包业务领跑全区,量收规模稳居全区首位,以大闸蟹产业集群为突破口,以市场为导向做精做强各项渠道电商业务。“9·19”电商节期间,兴化草鸡蛋在点爆日率先突破万单,成为全国1000+培育产品中的万单项目;以千垛菜花旅游节契机,开放景区邮局,紧扣“建党百年”主题,以政务图书、“七进”图书、新媒体产品为抓手,将“四史”图书主题营销作为工作重点。

【普遍服务】 开展专项活动,郑板桥纪念馆、垛田街道、城南以及戴南支局的叠加业务产品展示柜及商品已配发到位。在47个支局和1个村邮站建成“扫黄打非”工作站,与景范学校共同建立“扫黄打非·护苗”工作站,让青少年学生远离非法违禁出版物,净化校园环境。在2021年度兴化市“扫黄打非”工作中表现突出,被评为“兴化市‘扫黄打非’先进集体”。开展电商扶贫,实现农产品进城;畅通销售渠道,推进协同合作模式。打造兴化小龙虾特色农产品进城项目,与家庭农场、线下商超等商户开展合作。

【邮政服务能力建设】 邮件处理中心利用现有11台伸缩皮带机、60米水平胶带机、3台60格人工集包笼等设备,提升邮件处理效率。在所有代理金融网点全面配置智能自助机具,利用“智慧大堂”系统,构建智慧大堂开发项目组,实现新增“引流号”助力活动获客。对乡镇部分代理金融网点进行改造,完善基础设施,解决员工食宿等问题34处,解决员工个人诉求13起。加强大闸蟹项目协同合作,金融河蟹经济项目和寄递大闸蟹项目共同策划,文传部与渠道电商合作销售约21万元大闸蟹券。借助国家级农村电商示范县建设,与政府部门对接打造三级物流体系,120个村级电商示范点已选址完毕,电脑、扫描枪以及货架已全部到货。截至年末,兴化邮政建成村邮站498个、村级邮乐购站点862个,农村快递代投自提点656个,农村邮路112条。

【邮政服务改革创新】 创新末端运营机制。按照“三个视角”“三大规律”引入市场化机制,在林湖营业部实行准加盟制,综合毛利率扭负为正。戴南营业部实施准加盟制,快包每日业务量从8月的4000件发展到万件以上。合并戴窑、林潭支局投递功能,由戴窑揽投资源统一调配。借助现有运营质量较佳的菜鸟驿社会自提点,叠加邮政自提业务。压降运输成本。加强运输资源的集中管控和统一调配,灵活调整自办与委办邮路,最大限度地发挥邮政自有人车的效用。实行自办+委办邮路配送,严格执行重量装载率、装载密度、件数装载率目标管控要求,大幅降低运输成本。

【“千垛菜花”旅游节邮品创新】 兴化市邮政公司紧抓千垛菜花旅游节契机,梳理出过往的老客户,确认客户是否有意向继续合作需求。此次千垛菜花景区共制作11块广告牌。开放“千垛菜花景区邮局”,陈列“水乡风光 美丽兴化”等系列明信片产品,提供冰箱贴、菜花摆挂件、景区特色邮折、邮册等各类文创产品以供游客挑择,同时还为游客加盖菜花风景邮戳,销售各类邮册、邮折及炭雕等函件产品。

【爱心助农】 因疫情影响,兴化市林湖乡峰林果蔬种植家庭农场的100多亩葡萄,无法外销。兴化市邮政公司了解到农场葡萄滞销的问题后,立即成立了“爱心助农小分队”,为果农出谋划策,邀请当地抖音网红达人深入葡萄园共同策划宣传方案,启用无人机对果园进行航拍,全景展现果园面貌。直播点击量突破2万人次,话题评论5000多条。联合实体超市开展“抗疫助农 邮政在行动”直销行动,邮政专车每日果园直达配送,超市设立专柜,无利润直供销售,“爱心助农小分队”每晚现场助力义卖。

(张兴华)

## 通信服务

### 中国电信股份有限公司兴化分公司

【概况】 中国电信股份有限公司兴化分公司(以下简称兴化分公司)以“求真务实,守正创新,志高鹏远,争先进位”的工作基调,党建考核列全区第一,年度业绩考核得分区县第一,公众用户满意度同业排名第一。推行组织机构改革,提升云网能力,增强企业内在动力。

【经营业务】 2021年,兴化电信主营业务收入26802万元,其中基础业务收入完成22830万元,新兴业务收入完成3972万元;全年新增天翼用户5.22万户,新增宽带用户3.51万户,宽带平均速率提升至201M,新增高清电视用户2.28万户。

【网络建设】 兴化电信共计投入资金5075万元,主要用于4G、5G基站、光纤宽带网络覆盖建设。全年新建5G基站173个,截至年底,兴化全区4G基站达到1028个,5G基站达到386个,4G信号覆盖率达到98.51%,MR覆盖优良升至96.21%。全年推进千兆宽带网络覆盖工作,新增千兆FTTH端口15.3万户,IP城域网出口增加了380G,达到1020G,实现千兆宽带全覆盖。

【客户服务】 兴化电信增强企业依法履责意识,强化营造良好的消费氛围,全年共处理中国电信服务热线10000号、12345服务热线、12315及各大媒体等各类咨询投诉10123件,处理及时率达100%,满意率达99.3%。连续三年获得“泰州市文明单位”荣誉称号,被泰州市放心消费创建活动领导小组办公室授予“2021年度泰州市放心消费创建先进企业”称号。

(张 凯)

## 中国移动通信集团江苏有限公司兴化分公司

**【概况】** 中国移动通信集团江苏有限公司兴化分公司(简称兴化移动)坚持嵌入式廉洁风险防控体系建设与经营发展两手抓,对内营造学纪、明纪、遵纪、守纪的良好氛围,对外围绕为客户创造价值为中心,实施业务和服务的领先战略,以市场为导向,以满足客户需求为出发点,与时俱进、开拓创新,实现企业效益的不断提高,已成为兴化地区最大的通信企业运营商。被全国总工会授予"职工书屋"、被江苏省精神文明指导委员会授予"江苏省文明行业"、被"江苏省文明单位",被省消协授予"诚信单位",被省物价局授予"江苏省价格诚信单位",被省总工会授予"模范职工之家""工人先锋号""全省厂务公开民主管理先进单位""江苏省安康杯竞赛优胜单位"称号。

**【网络建设】** 全年通信建设投资约4100余万元,用于基站、管网建设。新建5G基站181座,5G信号已覆盖主城区、各乡镇镇区;4G基站20座,室内分布91个,4G信号已经覆盖全市,城区网格测试覆盖率达99.48%,乡镇已达到98.97%;宽带新增覆盖2.8万户,城区、乡镇、行政村覆盖率99.2%以上;管道建设总长度22.46千米,布放光缆524千米。在网优建设方面,公司以打造精品网络和保持技术领先为宗旨,加快基站建设,进一步提高网络覆盖率,累计建设基站1300余座,所有基站均使用自建传输线路,通过网络维护代维,强化网络运行质量和覆盖效果。

**【客户服务】** 在窗口服务上,每月围绕"服务主题"开展系列活动,了解用户的需求和建议,提升服务水平、改善服务质量。聚焦重点人群抓服务,打造"党员先锋队",建立社区(村)服务经理联络体系,开展走进社区,服务孤寡老人、弱势群体、贫困家庭等活动。开展4G弱覆盖信号扫盲,加速覆盖5G信号,实现网络覆盖和性能成倍提升,实施老旧小区宽带设施改造,为客户提供高速的宽带服务。围绕重大活动,做好网络保障工作,为经济社会发展作贡献。

**【信息化建设】** 兴化移动围绕城市发展主线,推进物联网、云计算、人工智能等新兴技术,先后承建以智慧交通不停车超限检测、智慧水利基层防汛预报预警、智慧公安大数据服务中心、智慧国土三维地理数据采集、智慧消防(消防站智能化系统)、智慧农业畜禽粪污资源利用远程监控平台等民生项目。探索5G+工业互联网、人工智能、企业上云等解决方案,为企业提供云、管、端、用一揽子信息化服务,针对本地工业企业特点定制工业信息化产品,协助申源特钢等34家大中型企业实现上云。其中,承建的兴达钢帘线5G+智慧工厂项目在工业和信息化部主办的第三届"绽放杯"大赛中被评为全国百强,获优秀奖。

(宗　晨)

## 中国联合网络通信有限公司兴化分公司

**【概况】** 中国联合网络通信有限公司兴化分公司(兴化联通)坚持新发展理念,深入落实聚焦创新合作战略,按照高质量发展要求,培育强健互联网新基因,内通新生态,奋力开创新时代中国联通发展新局面,实现客户价值、企业价值和员工价值的提升。推进互联网营销转型,和多行业开展异业金融合作,通过双向引流和权益包装,为消费者释放更多实惠。以云计算、大数据、物联网为引领,结合传统业务、应用、云网一体化产品,通过"云+网+应用"集成服务,满足客户数字化转型需求。聚焦政务、教育、医卫、生态环境、交通、文旅、工业互联网、5G行业应用八大领域,推进创新业务规模效益发展。

**【网络建设】** 兴化联通以提升网络效能和用户网络感知为抓手,坚持科技创新和网络数字化转型。全年累计资金投入1500万元,新建传输光缆280公里、开通5G小区495个,室分系统6处,单站验证完成率100%,工程开通的同时同步开展网络优化。

**【客户服务】** 聚焦联通品牌,注重客户感知,以客户为中心,解决客户"急难愁盼"问题,形成服务闭环,加快构建大服务体系,打造高品质服务核心竞争能力;优化面向个人客户和家庭客户的宣传,突出面向企业客户和政府客户的宣传,创新传播路径,打造爆款宣传,加强宣传协同,由内及外擦亮品牌,打造科技、温暖、智慧央企实力形象。

(蔡小花)

# 电子商务

**【概况】** 实施电子商务"12345"及升级工程,构建量质并举、高效完备的电子商务经营服务体系,拓宽农产品出村入城通道,助力乡村振兴,促进农民增收致富。重点开展兴化大米、兴化大闸蟹、兴化生态菜籽油以及兴化脱水果蔬等特色农产品网络营销及推介,不断扩大全市农产品影响力,在26个乡镇(街道)分拨中心、463个村级电子商务服务站开展县乡村三级物流配送服务,打造"统仓共配"联盟,实现县乡村三级物流快递服务在乡村覆盖率达到100%。全年实现电子商务销售总额49亿元,其中农产品32亿元。

**【农村电商公共服务】** 建设电子商务公共服务中心,引入第三方的商标注册和认证服务,提供办公场所、产品供应链、仓储物流、企业孵化、数据分析、培训服务、直播带货、自媒体运维、网店服务、品牌培育、摄影服务、产品检测、软件开发、快递代发等服务。做好农村电商人才培训,根据培训对象不同分成5个层次,分解成7个板块。第一期共80余人领导干部和涉农涉电各市场主体负责人培训,两期共150人次普及培训,一期近50人电商服务站站长专题培训,全年完成电商培训2200人次,求助解难电话400多个,上门服务80多人次。

2021年11月12日,千垛百味 香飘万里”兴化市名特优农产品推介会(南京)暨兴化特色馆开馆。图为兴化农副产品展示柜。　(市供销社/供图)

2021年1月4日,出台《关于组织2020年兴化市电子商务发展扶持项目、兴化市大闸蟹电子商务销售奖励项目申报工作的通知》,合计补助(奖励)326.975万元。

**【线上农产品品牌打造】** 推广“直播带货+农业产业+新零售”模式,促进农产品出村入城。在上海、兰州、泰州等地集中展示推销了兴化特色农产品。9月22日,在江苏省兴化现代农业产业示范园举行的“稻香蟹肥 和美兴化”2021年中国农民丰收节上,组织省著名主持人成杰思等15名带货主播,通过淘宝、抖音、微博等平台推介特色农产品;举办直播带货走进乡村田头系列活动三场。推出一批网红龙头企业、网红农产品、网红打卡地。11月12日,由中共兴化市委、兴化市人民政府主办,兴化市供销合作总社、兴化市农产品品牌建设运营中心、江苏省农副产品展示展销中心承办的“千垛百味 香飘万里”兴化市名特优农产品推介会(南京)暨兴化特色馆开馆仪式,在江苏省农副产品展示展销中心举行。现场共有31个展位,500多种兴化名特优农副产品。省农展中心与兴化大米协会、兴化大闸蟹协会、梦之香(江苏)粮油工业有限公司、泰州市鼎煊食品有限公司、兴化市益民养蜂专业合作社、兴化市泓林果蔬专业合作社现场签约。兴化市昌荣镇盐北村粮食农地股份专业合作社、兴化市青初果蔬农民专业合作社、兴化市蒋庄村番茄专业合作社、兴化市大营镇联镇村红皮洋葱产业园、泰州兴果农业科技发展有限公司共5家企业被授于苏果超市生鲜供应基地牌匾。参会来宾及采购商和供应商代表以及媒体记者朋友共200多人参加活动。

(朱　炜　马捷勋)

## 对外贸易

**【概况】** 全市实现进出口总额11.17亿美元,同比增长50.9%,完成全年目标的131%。其中出口10.51亿美元,同比增长55.1%;进口6668万美元,同比增长6%。国家外贸转型升级基地特色产品脱水蔬菜出口1.08亿美元,同比增长5.88%,占全市出口额的9.67%。全年新备案进出口权的企业达125家,有进出口实绩的企业279家,其中,进出口额超亿美元企业1家,进出口额在1000万美元~1亿美元的企业15家,进出口额在500万~1000万美元的企业21家。组织全市50多家企业参加广交会、医博会、进口博览会等线上线下各类展会对接会,开拓国际市场。引导扶持60余家外贸企业运用阿里巴巴、亚马逊、中国制造网等跨境电商平台拓展海外业务,转变外贸发展方式,增订单、保出口,扩大国际市场。鼓励扶持外贸企业用好出口信用保险,全年共30余家小微企业(年出口50万~300万美元)免费申报“信保易”,运用政策性保险工具规避出口风险。引导符合条件的企业积极申报各级商务资金共计648.76万元,其中商务专项资金共计248.74万元,兴化市市级开放型奖励资金400.02万元,引导企业用好用活各级的资金补贴政策,帮助企业在开拓国际市场、提升自主品牌方面降低成本。

(马捷勋)

## 综　述

【概况】 2021年，市文体广电和旅游局立足“文体广旅，秀美生活”宗旨，加快推进全市文体广旅高质量发展，不断助推兴化国家全域旅游示范区创建工作。全市有省级旅游度假区1家，国家AAAA级景区2家，国家AAA级景区5家，省级生态旅游示范区1家，省级自驾游基地2家，全国乡村旅游重点村1家，江苏省乡村旅游重点村1家。旅行社设立社10家，分公司1家；四星级酒店1家，三星级酒店4家，泰州旅游接待金牌饭店1家，泰州旅游接待推荐饭店3家。成功举办2021中国·兴化千垛菜花旅游节、品蟹赏菊旅游季等节庆活动。对外开展旅游市场营销和品牌宣传工作，取得显著成果。2021中国·兴化千垛菜花旅游节期间接待国内游客约112.9万人次，品蟹赏菊旅游季等节庆活动期间接待游客60万人次。2021年全年接待游客约455万人次，实现旅游收入约29亿元。

【旅游规划】 完成《兴化市全域旅游发展总体规划》修编工作。完成水上森林景区经营权回购及千垛景区游客中心、观景廊桥、生态停车场建成使用，完成千垛景区和水上森林景区连接线提档升级景观工程，完成金东门、沙沟古镇等景点进行提档升级，提升施耐庵文化园与省特色田园施家桥村建设相结合。推进里下河国家湿地公园、乌巾荡省级旅游度假区、陈堡文体旅小镇、沙沟渔文化旅游风情小镇等在建文旅项目；有效结合大纵湖退圩还湖与生态修复，打造“幸福河湖”；徐圩、东罗、周韩、崇禄等特色田园乡村发展乡村旅游。以博物馆升级改造为契机，整合文旅元素，打造八字桥文旅休闲街区、银北门品蟹美食一条街。八字桥文旅休闲街区获批省级夜间文旅消费集聚区建设单位，被列为全省党史学习教育现场观摩点位。

2021年9月25日，举办品蟹赏菊旅游季开幕式。

（市文体广旅局/供图）

【旅游宣传营销】 组织投放中央电视台宣传广告，兴化城市形象广告片亮相CCTV-1《新闻联播》、CCTV-13《新闻直播间》，向全国展现兴化文化旅游形象。省内媒体方面，组织江苏卫视、泰州电视台等进行宣传。户外媒体方面，投放高铁、高速服务区、地铁、机场、公交车、公交站台、商圈大屏、高炮等宣传广告。新媒体方面，组织抖音、快手、微信公众号、微视频、携程等宣传。报刊方面，在《中国旅游报》《扬子晚报》《泰州日报》等平面媒体进行宣传，提升兴化文化旅游村。配合宣传部举办菜花节开幕式、“5·19”中国旅游日广场活动、裹粽子吆喝好生态活动、荷文化旅游节开幕式等。牵头举办长三角旅游推广周活动，在上海召开菜花节新闻发布会、在南京举办菜花节推介会、在常州奥特莱斯、兴化万达广场、吾悦广场举办菜花节路演推广活动，展现兴化文化旅游的发展成果。

**【旅游设施】** 2021年全市共验收AAA级旅游厕所4座。千垛景区提升改造无障碍通道设施，新增儿童活动设施、扩容码头排队系统、实现景区Wi-Fi全覆盖，新增6艘游船、打造昭阳里·花食店。李中水上森林景区完成回购，开展内部提升工程，修复内部地面、改造节点广场、出新桥梁和景观栈道、提升景观绿化，优化标识系统和监控系统。全年新增、改版旅游交通指示牌共37套，新改建验收3A级旅游厕所4座，全域旅游服务中心、智慧中心搬迁至乌巾荡旅游度假区。打造八字桥夜间文旅消费集聚区、"早晚六点半、蟹逅银北门"美食一条街，提供夜游新去处。长九饭店建成投入使用，乌巾荡温泉酒店收购工作有序推进。

## 旅游资源

**【千垛景区】** 全球重要农业文化遗产，全球四大花海之一，江苏省四星级乡村旅游区。景区自然地貌称之为垛，风景区里港汊密集，河如阡陌。"百六十里荷花田，几千万家渔鸭边"郑板桥曾经用这样的诗歌来告诉我们，千垛景区那个年代里，夏季荷塘的那种无边无垠的感受。如今，荷塘绿意更胜，每年四月，油菜花开，更有另一番浪漫光景，万亩油菜花海如漂浮于水中，云蒸霞蔚，水漾花娇，如梦如幻，煞是壮观。春去秋来，在这千垛田间，见万寿菊花，黄叶纷飞，妍丽雍容，在重阳雨后，闻菊酒，品肥蟹，看万花黄透，真可谓美不胜收。每逢季节变幻，千垛的独特自然环境与温差，共同形成了如梦似幻的平流雾奇观，百里垛田间，云雾缭绕，花朵氤氲，水雾幽郁，使人神荡魂销、分不清现实与梦境。

千垛景区　　（市委宣传部/供图）

**【李中水上森林景区】** 国家AAAA级旅游景区、省级生态旅游示范区、自驾游基地。船行林海里，云在水中飘，这是李中水上森林最大的特色。在船只上，栈道旁，看林中十万株杉树傲然参天，树梢之上，益鸟欢聚，鸣叫雀跃；沟壑内水光泛金，鱼翔浅底。每每黄昏来临，百鸟归巢，遮天蔽日，景象壮观。景区设有苏中最大的"雾森"景点，能有效结合森林环境产生被誉为"空气维生素"的负氧离子，在清新纯净的亭台小榭中，小憩品茗、纳凉闻莺，怡然自得，悠哉乐哉。

**【郑板桥·范仲淹纪念馆】** 国家AAAA级旅游景区。成立于1984年，是兴化收藏、保护、研究、展示文物和研究郑板桥、施耐庵、范仲淹的主要机构。纪念馆总面积25500多平方米，以历史文化特色为重点，除了藏品、古籍、古建筑、仿古建筑等看点外，还有郑板桥生平及其艺术成就展、施耐庵文物史料展、兴化历代名人史料陈列、当代兴化名人成就展等4个展馆。

**【沙沟古镇】** 国家AAA级旅游景区，中国历史文化名镇，位于兴化西北隅，地处泰州、盐城、扬州三市交界处。境内地势低洼，四面环水，有"一湖五荡"，至今仍保持独特的水乡风貌，曾经两度建市一度建县。现保存完好古民居72000平方米，古巷道75条，其中明清建筑36000平方米。大士禅林内有国内罕见的菩提圣树、元代香橼、万朵紫薇、百年银杏等许多珍贵稀有的名木古树，见证了古镇悠久历史。近几年，沙沟镇按照市委建设"文化兴化"的要求，明确"科学定位、错位竞争、特色发展"的思路，按照"保护传统格局，修旧如旧"的原则，加大对古镇投入和保护力度，重铸"金沙沟"的新辉煌。

**【金东门老街景区】** 国家AAA级旅游景区。金东门老街距今已有千年历史，明清以来，商业发达，日进斗金，街区因此得名"金东门"。街区保护面积5.33公顷，发展脉络分明，街巷肌理清晰，以东城门外大街为主轴，东西走向，长1200米，拥有完整的明清古建筑群和鱼骨状街巷体系，保持和沿袭了明清时期传统风格特色。金东门老街历史传承悠久，历史遗存丰富，原住民近5000户，分布有庙宇、府邸、牌坊、名人故居、商贾大宅、古树、古井等历史遗存，形成多元文化载体，堪称里下河地区保存最为完好的历史街区。

**【施耐庵文化园】** 国家AAA级旅游景区，是一个集生态休闲、旅游观光、文化体验于一体的大型综合旅游度假区。施耐庵文化园位于新垛镇，是以《水浒》作者、元末明初大文学家施耐庵故里——施家桥古村落、水浒文化以及水乡民俗等特色文化资源，依托省级文物保护单位——施耐庵陵园，打造的高等级旅游景区。施耐庵文化园规划面积12000亩，其中核心区面积 3445 亩，按照“突出区域特色，促进产业集群，提高竞争优势”的原则，建设特种水产养殖基地和现代化农业旅游观光园，水浒风情休闲娱乐中心，民俗文化休闲区、宗教文化旅游区、施耐庵·水浒度假村等。

**【乌巾荡风景区】** 乌巾荡风景区位于兴化市区北部，交通便捷，自然环境优越，是融休闲娱乐、水上旅游观光、农业观光、生态调节、文化旅游功能于一体的湿地生态保护区。乌巾荡拥有宽约 3.2 平方千米的水面和周边湿地地貌，围合空间面积约为 8.36 平方千米。区内现有乌巾荡湿地公园（国家 AAA 级旅游景区）、上方寺、水上乐园、兴化游乐园、乌巾荡温泉度假酒店等项目。

**【大纵湖度假区】** 大纵湖位于兴化市西北部、与盐城市交界，南北长约 6 千米，东西宽约 9 千米，呈椭圆形，总面积 30 平方千米。其中，中堡镇占湖区总面积的一半。风景区交通便捷，332 省道和 231 省道在湖区呈“十”字形交会，规划中的阜兴泰高速擦境而过。从湖区至南京禄口、上海虹桥机场约 2.5 小时，到扬州泰州、盐城机场仅 1 小时。

**【万亩荷塘】** 国家 AAA 级旅游景区。位于国家生态示范市、历史文化名城兴化西北部，省道大兴金公路（S332）与兴沙公路交界口往西 500 米，千垛镇刘沟村。2015 年，由泰州市九州营销策划有限公司投资开发，同年 7 月 28 日开园迎宾。景区是以“荷文化”为主题打造的生态旅游区，核心区域面积达 1200 余亩。兴化万亩荷塘景区，种植藕莲、子莲和花莲、王莲四大类 20 个品种 36 个品系，加之盆栽荷花，有近百个品种，分为观赏、食用两大类。漫步在景区的浮桥栈道上，随处可见不同品种、颜色各异的荷花、睡莲。初夏游览，湖水清清，小荷初露尖角，叶儿覆水含露，清丽可人；盛夏观赏，微风轻拂，碧波荡漾，荷红叶绿天蓝水清，满湖的荷花亭亭玉立，风随荷动，荷随风摆，花叶相依，情景怡人；秋天光顾，划着小舟穿行荷叶之中，船在水上走，人在画中游，别有情趣，形成兴化独有的“万亩荷塘绿，千垛菜花黄”自然景观。

**【徐马荒湿地】** 徐马荒又名“秋雪湖”，位于原西郊镇西部，距兴化城区 15 分钟车程。徐马荒总面积 11 平方公里，其中沼泽 4100 亩，陆地 1950 亩，森林 2800 亩，鱼塘 4820 亩。徐马荒是里下河地区少有的自然生态保护接近原始状态的地方，有“南有沙家浜，北有徐马荒”之说。徐马荒荒僻中见古朴，荒芜处有野趣。每到秋高气爽之际，水天一片，草木纵横，萧然起色，逸兴顿生。徐马荒有着大片大片的芦荡和宽广的荷塘，也有青砖路、木拱桥、游船、风车等人工痕迹。宽广的水域、连片的森林、原始的生态、多样的生物种类以及丰富的地域宗教、历史文化内涵。

**【郑板桥故居】** 郑板桥故居俗称“郑家大堂屋”，位于兴化东城外古板桥郑家巷 9 号。市级文物保护单位，原建于清代，1983 年重修。有门楼、堂屋、厦屋、书斋、厨房等组成，有天井两方。故居原为板桥之父郑立庵家居课徒之处，郑板桥出生和青少年时代生活、读书也都在这里。

**【赵海仙洋楼】** 赵海仙洋楼坐落于兴化市东城外大街家舒巷 15 号，是兴化当地名医赵海仙的住宅。这座晚清建筑中西合璧，相得益彰。洋楼内顺势而设兴化中医博物馆，是一个全面陈列和宣传兴化中医发展历史的综合馆。

**【状元坊】** 状元坊位于东城外大街，跨街而立，双柱单门，高大而壮观，门上书有“状元坊”三个金色大字。状元坊最初建造于明嘉靖廿六年（1547 年），其主人是明朝状元宰相李春芳。状元坊旁边的状元巷是李春芳早年生活的地方。

**【上池斋药店】** 全国重点文物保护单位。上池斋药店可称得上兴化地区杏林店铺中历史悠久，声名鼎盛的佼佼者。位于兴化市昭阳镇东城外大街 10 号，创立于清朝康雍年间，创建者为扬州人方石川。在深入考察兴化市场后，方石川毅然率族迁居兴化城，并在城门口黄金地段附近买房置业，开设药店，悬壶济世，并根据《史记扁鹊传》中“饮是以上池之水，三十日当知物矣”典故，定药号名称为“上池斋”。清乾隆十五年（1750），“上池斋”业主聘请被“扬州八怪”代表人物郑板桥誉为“邑中楷书第一”的书法家李培源为其书写店名，并将其制成金字招牌。

**【成家大司马府】** 成家大司马府是明朝兵部尚书成琎和五世孙成谐的故居。成琎在明永乐年间操劳国事、鞠躬尽瘁，成谐则在嘉靖朝为御外敌力战而死，成琎死后，明成祖朱棣赠封他为吏部侍郎，明洪熙皇帝朱高炽加封他为兵部尚书。四牌楼有匾额旌表其为“两朝忠荩”。

**【东岳庙】** 始建于明永乐年间，在里下河地区享有盛名，其大殿建筑的形制工艺被认为是我国古代建筑的杰作，尤其是后殿前部斜昂曲拱堪称斗拱之极品。传说中兴化籍状元宰相李春芳为表孝心，按照京城金銮殿的格局样式为父母修建了东岳庙大殿，以慰二老不能亲眼目睹紫禁皇城之憾。

**【四牌楼】** 兴化市级文物保护单位。这座全国少见的四柱四门的亭阁式牌楼建筑承载起这座千年古邑薪火相继的人文气度。四牌楼原名“四攒坊”，始建于明朝，清代以后更为今名。牌楼高 8.63 米，每边底宽 7.3 米，建筑面积 53.29 平方米。上悬 47 块匾额旌章兴化籍历史人物 75 人 81 人次，上自南宋“开科第一”，下迄民初“仁寿之征”，跨越五个朝代。

**【李园】** 李园位于兴化城内武安街 13 号，原为清咸丰年间祖籍高邮的扬州盐商李半园（约 1814—1881）迁居兴化后所建的私家园林。李园的典型建筑为“沧浪画舫”(又称船厅),形似船状,船首向西,船尾向东。厅内迎面有一落地罩,内外全部玻璃窗格,窗格外围以栏杆走廊,顺栏杆一溜长椅,可供游人小憩。

**【乌巾荡省级旅游度假区】** 拥有千垛景区、1号水路、乌巾荡湿地公园、乌巾荡温泉度假酒店、上方寺、千垛田园综合体、碧水东罗、千垛美路等观光旅游项目,建有各类旅游项目20个,满足游客度假的需求。

**【八字桥文旅休闲街区】** 为第二批江苏省省级夜间文化和旅游消费集聚区建设单位。包含兴化市博物馆、郑板桥·范仲淹纪念馆、李园、四牌楼、兴化县署等11个景点以及八字桥文化广场和商业街区两大文旅商集结区。景区打造了以垛田文化为核心的大型实景演出《垛上谣》、小淮剧《板桥放粮》《范公断案》,每天定时演出。

**【银北门“品蟹一条街”】** 位于兴化老城区东首,是江苏省历史文化街区,兴化首个以品蟹为主题的农文旅美食休闲街区。自古以来,银北门商业发达,其中仅百年老字号就有数十家。银北门历史文化街区包含1处省级、4处市级文物保护单位、6处不可移动文物和5处历史建筑。

## 旅游业态

**【旅游项目】** 完成《关于加快发展旅游民宿助力乡村振兴的指导意见(试行)》《兴化千垛万家旅游民宿培育发展计划》编修工作。重点培育发展的“千垛万家”民宿先导区、西北部民宿集聚区、田园乡村民宿特色带、城郊民宿拓展区等4个区域。在全市范围内选址,初步确定16家旅游民宿培育名单。精心培育千垛万家旅游民宿品牌,千垛镇芦圩里·乡居、千垛·朴宿、东罗亲子民宿、沙沟米仓客栈等精品民宿投入建设,大垛镇拙巧草堂民宿、陈堡镇老村部民宿建成运营。在《2020年兴化市旅游业发展引导专项资金考核办法》中增设乡村旅游线路补贴奖励条款,通过旅游业发展引导专项资金引导做大兴化乡村旅游市场规模。制定发布兴化乡村旅游一日游线路,配套奖补政策,日均组团游客逾500人,高峰期达1300人。

特色田园乡村徐圩村。　（市委宣传部/供图）

**【旅游品牌】** 乌巾荡旅游度假区获省政府批复同意设立为省级旅游度假区,命名为“江苏省兴化乌巾荡旅游度假区”。东罗入选2021年中国美丽休闲乡村,徐圩成功获评江苏省乡村旅游重点村。兴化入选首批江苏省文化和旅游产业融合发展示范区建设单位名单。指导大纵湖创建国家AAA级旅游景区,指导江苏振亚公司申报省工业旅游区,指导唐庄、徐圩、刘泽等特色田园乡村申报江苏省乡村旅游重点村。协助博物馆、李中水上森林、碧水东罗申报江苏省旅游景区和乡村旅游类纾困资金合计113.83万元。

**【全域旅游创建】** 主动学习创建先进示范。到周边金湖、大丰两个已经创成的国家全域旅游示范区学习借鉴创建工作先进经验。邀请省厅领导对兴化全域旅游创建工作情况进行指导。

## 旅游管理

**【旅游市场监管】** 加强旅游行业管理。举办2021年度兴化市导游(讲解)服务质量提升班、2021年度兴化市导游(讲解员)大赛。开展全市文化和旅游市场经营场所专项整治行动。联合市场监管局等相关部门对涉旅企业开展联合执法检查和专项整治行动,营造良好的旅游市场环境。做好涉旅投诉处理,特别是千垛菜花旅游推广活动期间的投诉处理,维护游客合法权益。强化旅游安全监管。千垛菜花旅游推广活动期间会同相关职能部门开展旅游安全大检查和专项整治行动,对安全隐患进行认真排查,并限期进行安全整改,做到防微杜渐。

**【旅游文明创建】** 利用“3·15”消费者权益保护日、“5·19”中国旅游日、“全国科普日”等公益宣传活动为有效载体进行文明旅游宣传,倡导广大游客采取低碳环保、文明的旅游方式,引导广大市民文明旅游,倡导旅游企业文明、诚信经营服务。

(刘红兵)

## 综　述

【概况】 2021年，全市共有银行、证券、保险、地方金融从业等金融机构66家。全市金融机构中，银行业金融机构17家：政策性银行1家、国有股份制商业银行6家、其他股份制商业银行9家、村镇银行1家。截至2021年末，全市银行机构本外币各项存款余额1234.66亿元，同比增长12.76%；各项贷款余额914.74亿元，同比增长19.88%。全市涉农贷款余额达633.22亿元，同比增长19.52%，普惠型金融重点领域贷款余额达267.65亿元，占各项贷款占比29.26%，同比增长1.66个百分点，占比总量列泰州第一。阳光征信惠农工程持续推进，“阳光e贷”全年累计授信129286户，授信金额106.99亿元，用信21117户，累计用信用金86.91亿元。推广应用“江苏省综合金融服务平台”，注册上线企业1345家，授信笔数1623笔，授信金额71.58亿元，授信金额居泰州第一。全市共有保险业从业机构36家：寿险从业机构17家，财险从业机构17家，保险代理公司1家，保险经纪公司1家。全市财产险承保金额突破8407.01亿元，保费收入累计7.83亿元，同比增长8.26%；人寿险承保收入累计12.45亿元。全市共有3家证券业机构。建立动态更新企业上市（挂牌）后备库，在库企业达31家。凯普特机械完成股份制改造，其中当年新增43家企业在江苏股权交易中心挂牌。全市共有地方金融从业机构10家：融资担保公司4家，小额贷款公司3家、农民资金互助社2家，典当行1家。为辖内农户、涉农企业提供担保5.44亿元，减免保费361.12万元。全年在保余额达1.034亿元，同比增加1.01亿元。

【双乐颜料股份公司上市挂牌】 双乐颜料股份有限公司成立于1994年11月，位于江苏省兴化市，并在中国精细化工泰兴开发园区建有生产基地。公司是国家高新技术企业，多项产品系江苏省高新技术产品，酞菁蓝干磨法列入国家火炬计划产业化示范项目。公司参加酞菁蓝、酞菁绿及红黄颜料等近30项国家、行业标准的制定和修订，获得颜料行业标准化先进单位。2020年度，公司实现营业收入13.54亿元，利润总额1.92亿元。领先的市场地位、规范的治理、良好的业绩、广阔的前景，让双乐股份敲开了资本市场的大门。2021年7月29日，双乐颜料股份有限公司“双乐股份”股票在深圳证券交易所创业板举行上市发行仪式，成为兴化市首家创业板上市公司，这是公司发展史上的一个重要里程碑、也是做精做优做强的新起点。

（沈桂祥）

## 银　行

### 中国人民银行兴化市支行

【概况】 人民银行兴化市支行围绕上级行工作部署，聚焦聚力，争先进位，履行职能，为兴化高质量发展提供金融支撑。截至2021年末，全市银行机构本外币各项贷款余额914.74亿元，比年初增加151.72亿元，增长19.88%。本外币各项存款余额1234.66亿元，比年初增加139.69亿元，增长12.76%。

【金融支持】 落实两项直达货币政策，全年累计为普惠小微企业延期本金62.93亿元，延期率74.89%；普惠小微信用贷款余额增加13.14亿元，新增占比26.72%。全年累计发放支农再贷款6亿元、支小再贷款2.19亿元。推动兴化农商行向兴化市热电厂投放全省首笔“货币政策工具＋财政资金贴息”支持的“碳排放权”挂钩贷款500万元；中国农业银行兴化市支行向江苏兴达钢帘线股份有限公司发放1000万元全国农业银行系统首笔碳排放权质押贷款。实施首贷倍增计划，建立新设企业、首贷户信息发布机制，新增普惠小微首贷户6000多户，贷款金额24.60亿元。严格落实利率明示政策，推动贷款利率下行。截至2021年末，各项贷款加权平均利率5.20%，比年初下降

0.21个百分点;其中,普惠小微贷款加权平均利率5.30%,比年初下降0.30个百分点。

**【金融服务】** 推动江苏银行兴化市支行与城投公司合作,发行江苏省首单乡村振兴票据,金额3亿元;恒丰银行与城投公司合作,发行泰州首笔"乡村振兴"债权融资计划,金额2亿元。建立粮食生产链和河蟹、淡水鱼养殖等乡村振兴特色支行,为特色农业提供金融服务。推进普惠金融服务点标准化建设,截至2021年末,建成普惠金融服务点375家。在全市银行对公网点设立小微企业账户投诉电话。配合相关部门打击治理欠薪行为,保障农民工工资支付。发放"云闪付"消费券109万元。做好新冠肺炎疫情防控和现金投放回笼工作,全年投放现金49.97亿元,回笼现金38.66亿元,轧差净投放11.31亿元。在安丰镇开展现金服务示范区建设,在城西农贸市场设立便民现金服务点。开展"银龄"金融服务行动,出台《兴化市银龄金融服务标准化建设工作方案》。开展"三信评比"工作,优化农村信用环境。

**【金融稳定】** 开展存款保险宣传,提升社会公众存款保险认知度。推动兴化农商行创新"惠村融资贷",解决村集体债务。加强房地产贷款集中度管理,建立房地产金融联席会议制度和利率定价自律机制。协助公安机关破获买卖银行卡案件,做好"境内可疑交易甄别"和"境外取现交易异常"案件上报及涉案账户协查,其中1例以"洗钱罪"立案定罪。与市公安局建立反假币信息交流与共享机制,合力打击假币犯罪。联合地方金融监管局、市公安局开展平安金融建设。

**【外汇服务】** 推进银行"365工程"建设,树立"风险中性"的经营理念。全年为涉外企业开办300多笔资本项目便利化业务,金额1700多万美元。推动跨国公司跨境资金集中运营业务,拓宽企业融资渠道。做好资本项目事后核查,货物贸易项下重点企业、标识企业和分项及报告业务监测的企业的非现场监测,服贸和个人外汇业务的监测核查,B类企业到期评估审核。移交检查服务贸易实质性违规企业并完成处罚。

(庞倩倩)

2021年9月29日,云闪付示范商圈建设暨"支付就用云闪付,兴化吾悦开心购"惠民活动新闻发布会暨启动仪式在兴化市吾悦广场举办。

(市人行/供图)

## 中国银行股份有限公司兴化支行

**【概况】** 中国银行股份有限公司兴化支行围绕全年经营效益预算目标,坚持"激发活力、敏捷反应、重点突破、奋力建设全球一流现代银行"和"高质量发展"工作要求,深入推进结构优化,坚持夯实客户基础。在全行员工的共同努力下,支行各项工作亮点频现,并逐步迈向良性发展的轨道。

**【负债业务】** 贯彻"做客户、强基础"理念,及早谋划全年业务发展,层层传导发展压力,细化考核激励方案,加大负债业务市场份额的拼抢,努力缩小与同业、系统内的差距。高度重视"存款立行"理念,以"做客户"为抓手,争揽新客户、大客户,深入市场,抢抓资金源头,以行政事业单位、拆迁项目和智慧工地建工代发为突破口加强代发项目营销,通过代发工资、代分红等方式拼抢存款市场份额,进一步做大做强存款规模。

**【资产业务】** 把握国家宏观经济调控政策,优化信贷结构,扶持中小企业和实体民营经济。贯彻执行消费金融转型发展策略,凝聚各专业队伍力量,源头获客,线上线下齐发力,通过重点代发薪单位深度营销线上中银E贷,定期走访营销线下随心智贷;加大对资产质量的监管,加强不良贷款的催收工作。

**【中间业务】** 创新思路,以产品为抓手,以市场为导向,2021年中间业务收入较2020年大幅度增长。各类理财产品、商户通、银行卡、第三方存管等产品均较2020年同期大幅度增长,开展国际结算空白户和低占比客户扫盲活动。

(解文倩)

## 中国工商银行股份有限公司兴化支行

**【概况】** 中国工商银行股份有限公司兴化支行围绕总行"48字工作思路"和"三个银行"目标,以强化党的建设为统领、以夯实客户基础为核心、以提升市场竞争力为目标,统筹推进客户拓展、信贷提升、风险管

2021 年 6 月，市工行组织人员进社区宣传金融知识。（市工行/供图）

控、队伍建设、战略落地，全力以赴提升市场竞争力，齐心协力抓好工作落实，坚持回归商业银行经营本源，不断强化转型发展，促进了全行业务经营健康稳步发展。截至 2021 年末，人民币各项存款余额 74.89 亿元，各项贷款余额 33.65 亿元，中间业务收入 0.27 亿元，实现净利润 0.74 亿元。

**【负债业务】** 围绕客户拓展和维护，着力扩大对公、个人客户市场份额。通过大额资金平台、工商企业通平台、名称预核准信息，加强源头业务拓展，全年新开人民币对公结算账户 1108 户。围绕重点领域、核心项目、系统客户，强化联动营销，促进公司存款的稳定增长。持续开展跟踪营销，拜访沟通，加强空白版块的客户拓展，成功上线新华书店 e 缴费项目，年末对公存款余额 20.18 亿元。充分发挥阵地营销、以客引客作用，强化重点产品的配置渗透，年末个人客户金融资产达 72.6 亿元，其中储蓄存款 54.7 亿元。

**【资产业务】** 面对信贷质量管控压力，坚持“一手抓拓展，一手抓清收”的战略部署，以客户为中心，以产品营销为目标，明确信贷经营思路，调整信贷投放结构。做到应诉尽诉，加快不良贷款清收处置工作，提高处置受偿率，加强潜在风险贷款压降和转化，控制不良率。在提升资产质量的同时，不放松市场拓展，大力发展普惠金融，支持实体经济。截至 2021 年末，公司贷款余额达 20.15 亿元；支持个人客户的发展，全年累计发放个人住房按揭贷款 3.95 亿元，发放公积金贷款 0.31 亿元。

**【中间业务】** 多措并举，内挖外拓，创新用新，加大中收考核，加速转型发展，实现艰难环境下经营效益的稳定增长，全年实现减值准备前利润 1.18 亿元，净利润 0.74 亿元。加强费用支出管理，全年营业费用 0.35 亿元。加强理财产品销售，营销代理类产品，截至 2021 年末，基金余额 1.16 亿元，保险余额 3.39 亿元，理财产品余额 8.1 亿元。

（裴建坤）

## 中国农业银行股份有限公司兴化市支行

**【概况】** 兴化农行以党建为统领，统筹抓好疫情防控和经营管理工作，被总行评为服务乡村振兴先进县域支行，被省分行评为年度先进集体、四好领导班子、信贷“三化二优”单位和安全保卫“三化三达标”单位，在全省农行县域考核排名第一。截至年末，全行本外币各项存款余额 174.94 亿元，比年初增加 27.73 亿元，同比多增 10.1 亿元；本外币各项贷款余额 73.24 亿元，比年初增加 19.25 亿元，同比多增 10.67 亿元；全年实现中间业务收入 8727 万元，同比多增 583 万元。

**【负债业务】** 聚焦负债业务高质量发展，抓牢客户建设和资金稳存增存。持续做好重点客户营销，对接工

2021 年 6 月，市农行青年志愿者普及金融知识。（市农行/供图）

2021 年 12 月 21 日，兴化市农商行获“金融赋能乡村振兴典范”称号。

（市农商行/供图）

商、税务、公安、医院等部门，强化客户和账户拓展；加快推进源头性营销和重点客户流量经营，抓好资金体内循环。同时，做好个人客户对接和维护，深入营销高净值客户，强化理财资金与个人存款的良性互动，从资产配置的角度出发，提高客户综合收益；进一步瞄准专业市场商户流量结算资金，把握资金回笼周期，加快调整互联网大背景下的渠道商户营销策略。

【资产业务】 调优信贷结构，加大实体经济和“三农”服务力度，扛起服务“六稳”“六保”政治责任。强化重点项目和重要客户营销，组织开展支行和网点层面的联动营销和分层营销。坚持“一项目一方案一授权”普惠信贷业务运作新模式，主动对接兴化市各类产业集群、成熟专业市场和“四类农业”，组织开展“万人进千村”、“百行进万企”活动，提升小微和“两户”服务力度。做好普惠金融业务，累计为 9 个乡镇制定金融服务方案，覆盖行政村 23 个，导入白名单 1469 户，用信 356 户，金额 1.07 亿元。截至年末，制造业贷款（银保监口径）余额 16.75 亿元、比年初增加 5.01 亿元；普惠贷款余额 14.77 亿元，较年初增加 5.6 亿元。

【风险防控】 强化内部管理，提升案防风控水平。全年实现不良贷款清收处置 1845 万元，不良贷款本息现金清收额 1758 万元。截至年末，全行不良贷款余额 1541 万元、不良率 0.21%，分别比年初下降 252 万元和 0.12 个百分点。切实提升反洗钱履职能力。开展消费者权益保护工作，安全生产、信访维稳、声誉风险等工作得到加强，全年未发生重大案件、责任事故和有影响的声誉风险事件。

（李晓健）

## 兴化农村商业银行

【概况】 截至年末，兴化农村商业银行资产总额 547.08 亿元、各项存款余额 467.2 亿元、各项贷款余额 337.84 亿元，比年初分别增加 45.54 亿元、45.85 亿元、44.67 亿元，增幅分别达 9.08%、10.88%和 15.24%。2021 年，兴化农商银行被总行评为“中国服务乡村振兴十佳县域银行”“金融赋能乡村振兴典范”“江苏省文明单位”“江苏农信纪检工作先进单位”等。

【业务经营】 实现营业收入 25.08 亿元，同比增加 1.03 亿元，增幅 4.29%；利润总额 5.03 亿元，同比增加 5002.64 万元，增幅 11.15%；净利润 4.17 亿元，同比增加 3789.32 万元，增幅 10.1%。推广农户小额普惠信用贷款，召开覆盖全市 26 个乡镇街道的宣讲推进会。截至年末，全行有效信贷客户数 6.31 万户，比年初增加 1.28 万户，增幅 25.44%，增量增幅均位居全省农商行前列。

【服务地方】 对全市 463 个行政村、1383 个自然网格进行评议，批量导入白名单预授信 15.34 万户、金额 164.85 亿元。推出“兴村易贷”“兴锋易贷”“农保 e 贷”等系列产品。实地走访 422 个政策性项目，累计发放贷款 148 户，金额 37 亿元。对全市镇村污水管网、兴化中学新校区、得胜湖退圩还湖等多个民生项目提供信贷支持。成立 60 支志愿服务队，携带移动 STM 上门服务 1510 余次。建立普惠金融服务点 494 个，并完成

2021 年 12 月 8 日，兴化市农商行获兴化市乡村振兴主办银行授牌。

（市农商行/供图）

11个“金融e站”的升级打造，实现空白行政村全覆盖。2021年累计减费让利1.72亿元，对外捐赠360万元，用于村镇和社区建设、孤寡老人和留守儿童帮扶、各类百姓活动支持等方面。实施“银医通”项目并接入乡镇卫生院支付系统，在“E路有我”平台上线兴化特色农产品，开展“大美江苏乡村行——蟹逅金秋，相芋兴化”直播带货。在全省率先成立乡村振兴金融服务功能型党委，被兴化市委市政府授予“乡村振兴主办银行”称号。

**【改革转型】** 开展“对标一流”管理提升行动，从先进的管理中要质量、要效益、要增长，与对标行张家港农商行签订战略合作协议，选派1名管理人员挂职锻炼、5名业务骨干跟班学习。围绕客户体验、员工满意度和网点效能提升，完成旗舰型3家、综合型37家、零售型12家、智能型8家的网点转型工作。强化技术底层建设，优化大数据平台建设、迁移基础数据平台、引进建模分析工作等举措，进一步提升数字服务水平。以构建普惠产品体系、“3+2”模式、“1+N”营销体系、智能数据、金融云柜台为重点，探索构建全产品、全渠道、全场景、全智能、全社会“五全”大零售格局。

（李鹏飞）

## 中国邮政储蓄银行兴化市支行

**【概况】** 中国邮政储蓄银行兴化市支行兴化支行全面落实省市分行工作部署和要求，稳中求进，比学赶帮超，实现高质量发展再突破。年末，各项贷款余额43.4亿元，各项存款余额154.66亿元，实现自营收入1.77亿元。

**【零售信贷】** 个人经营性贷款全年净增2.19亿元，建成信用村452个，建成信用户11555户，信用户规模全辖第1；非房消费贷款净增0.76亿元，兴化同行排名第二，完成率县行第一；房屋贷款净增3.64亿元，兴化同行排名第二。涉农贷款年净增6.17亿元，增速20%；普惠型涉农贷款净增2.95亿元。投放富民创业贷款0.26亿元，完成政府计划102.5%。试点推广邮农贷净增0.28亿元，兴化同行排名第一；小额合作贷净增0.23亿元，兴化同行排名第一。

**【个人金融】** 加强重点项目渠道营销，推动业务强优补差。全年新增VIP客户810户，新增财富客户145户，个人客户AUM2.39亿元；围绕商圈建设、行业收单、数币联动，全年新增收单商户664户，收单商户AUM净增6792万元；借记卡快捷绑卡13051户，全年同比增幅21.27%，兴化同行排名第二。

**【信用卡业务】** 开展“雷霆行动”，聚焦获客，活客、消费、分期，全年白名单转化率36.95%，比年初提升30个百分点，实现新客发卡7251户，完成率兴化同行排名第三，新增发卡绝对值县行第一；激活首刷率为61.07%，兴化同行排名第二；全年累计消费交易5.53亿元，同比增量1.16亿元，消费规模县行第一，同比增幅26.65%。悦享分期卡累计支用104.77万元，兴化同行排名第二；商户分期累计实现1380.56万元；汽车分期累计金额6180.29万元，完成计划114.02%，兴化同行排名第一。

**【小企业业务】** 做强“小微易贷”线上产品，小企业贷款余额6.06亿元，较年初增加26户，净增1.2亿元，净增额全辖第一；普惠型小微企业贷款余额3.95亿元，净增8016亿元，全辖第一。

**【公司业务】** 全年实现公司业务收入2088万元，完成年计划的101.4%，同比增长21.1%。全年实现公司存款年末时点余额6.64亿，年日均余额为5.79亿。新开2个揭榜挂帅资格账户，全辖第一。全年票据贴现7.98亿元；新增开立全额承兑汇票50万元；受理未偿债务买卖1笔1.6亿元。国际业务外汇结算量为3267万美元，全辖第一。现金管理户加办512户，全辖第一。开放式缴费平台全年新增17户，缴费量3562万元，超额完成市分行年度计划目标。落实绿色银行建设要求，助力构建新发展格局，投放华电太阳能发电和长江引水1.39亿元。新增同业授信0.5亿元，新增公司授信客户1户。

**【中间业务】** 全年实现保险销量9340.3万元；坚持布局快捷支付绑定、手机银行业务，全年新增激活手机银行6947户；实现快捷绑卡净增13051户，交易金额23.5亿元全辖第1；围绕国蟹市场成功上线全国首个收单D+0项目75户，合作商户累计交易金额达2亿元。全年实现中收1659万元，占比较上年提升1.2个百分点，达9.4%。

**【重大风险化解】** 进一步提升风险管控能力，严格风险分类标准，落实全口径资产分类管理要求，严格分类标准，准确认定分类级次。聚力“春季攻坚”“固堤清淤”两大行动，全行共收回不良资产1726.36万元，不良率控制到0.36%。加强财务预算管理，发挥财务资源配置和导向作用。开展反假币宣传，扩大宣传覆盖面，普及人民币知识。在安丰国蟹市场设立现金服务便民点，提供现金兑换服务。开展专项排查与整治，清理存量账户，倒查涉案账户，严格新开账户管理，严控新增涉案账户。推进金融适老服务，升级助老适老网点，打造老年服务特色网点。持续优化业务流程，围绕客户体验满意度，搭建消费场景，优化客户旅程，推进客户体验提升。年内未发生突发性不良、重大风险事件和安全工作各类事故。

（周思敏）

## 中国农业发展银行兴化市支行

**【概况】** 兴化农发行围绕“两高”发展主线，履行政策性银行职能，坚守主责主业，聚焦“三农”重点领域和薄弱环节,服务乡村振兴成效显著。截至年末,投放各类贷款15.05亿元,贷款余额45.56亿元,净增9.89亿元;存款余额9.28亿元,日均存款余额11.25亿元,完成账面利润5278.69万元。被省行评为“平安金融示范单位”“金融支持兴粮示范行”。农发行立足粮食主业立场不动摇,坚持“保收储、增供给、当向导、防风险”的原则,与粮食部门密切沟通,调研市场粮价走势,规范贷款业务流程,做好粮食收购信贷支持工作。截至年末,发放地方储备粮贷款8858.83万元,购销贸易企业小麦收购贷款24000万元,稻谷收购贷款11050万元。新增成品粮油储备贷款664万元。新增农药种子企业和成品粮油企业各1家,金额1264万元。

**【融资服务】** 截至年末,农发行支持兴化农业农村项目和城建工程7个,投放项目贷款10.6亿元。投放贷款1亿元支持南部片区14个乡镇增减挂钩工程。投放3.9亿元支持平旺湖、洋汊荡退圩还湖工程。投放贷款4亿元助推兴化市委市政府“再造一个新戴南”目标,发放1.5亿元建设杨花二期安置房,发放0.2亿用于建设紫薇苑安置房。

(陈亚姣)

# 保　险

## 中国人民财产保险股份有限公司兴化支公司

**【概况】** 人保财险兴化支公司贯彻落实上级公司有关指示精神,面对经济下行、新冠疫情影响、新车销量下滑、严监管、深监管和车险改革等多重考验,公司上下团结一致、攻坚克难、奋发进取、稳中求进、进中求好,推进各项工作落实,全年实现保费收入48129万元,同比增长8.85%。

**【新险种开拓】** 因自然灾害、感染病毒、细菌、真菌、寄生虫病原体给农户造成的风险,新开办池塘淡水鱼养殖保险,为渔业稳产增效提供保障,成功签单淡水鱼养殖保险保费21.2万元。

(朱健鸿)

## 中国人寿保险股份有限公司兴化支公司

**【概况】** 中国人寿寿险兴化支公司完成保费收入5.548亿元,与上年持平。首年新单保费收入11892.28万元。共实现大短险保费3665.62万元。截至2021年12月底,三大销售渠道共有销售人力1000余人,共处理赔案15161件,支付赔款4098万元。全年各种满期给付2.9亿元,4600多城乡居民领取独生子女父母养老保险或个人养老金保险。

**【“防贫综合保险”保障项目推进】** 坚决防范特殊群体出现致贫、返贫的现象,联合市农业农村局及部分镇(街道、园区)推广实施市级“防贫综合保险”保障项目。为特殊群体承担慢病费用补助、初次重疾补助、住院医疗补助、住院生活补助、失能护理补助等保险保障,已有2万多人次的特殊群体获得保险理赔。

**【“屡查屡犯问题整治年”活动】** 组织开展保险业“屡查屡犯问题整治年”活动,全面清理风险隐患和违规问题,狠抓整改实效,加大问责查处力度,坚决遏制系统内存在的违法违规行为,加强内部管控,压紧压实一道防线主体责任,建立健全合规经营长效机制,切实保障消费者和从业人员合法权益。

(朱佳荣　董维安)

# 证　券

**【中信建投证券股份有限公司兴化牌楼西路证券营业部(简称中信建投证券兴化营业部)】** 营业部成立于2009年隶属于中信建投证券股份有限公司江苏分公司。主要业务包括证券经纪、证券投资咨询、融资融券、接受期货公司委托(IB)业务等。2014年2月,由于营业部转型以及提高客户体验度的需要,营业部搬迁至兴化市牌楼西路。营业部在加强客户服务体系方面做了一些工作。利用公司的销售管理(CRM)系统,进行筛选客户,分类为交易型和产品型客户。主要由产品专员和投顾专员筛选好的产品和投顾锦囊,再对适当性匹配的客户进行推荐和服务。此外,客户经理平时采用面见、电话、短信等方式与客户交流,提升客户的满意度,提高客户资产使用率,营业部向财富管理转型。自成立以来,营业部各项业务不断发展,在固定收益、经纪业务、基金业务、融资融券等领域形成了自身特色和核心业务优势。营业部紧紧抓住市场繁荣发展带来的潜在业务机会,进一步拓展代理业务空间。2021年,被兴化市评为“平安金融单位”。

(于学谦)

## 综　述

**【概况】** 2021年，兴化市开发园区（开发区、高新区）贯彻新发展理念，围绕稳增长、促改革、调结构、惠民生做好开发建设、招商引资、产业发展等各项工作，加快推动整体竞争力强、高端产业集聚度高的园区建设，不锈钢制品和健康食品产业转型升级有序推进，高质量发展良好开局逐步实现，较好发挥了全市工业经济增长的核心支撑作用。

**【开发建设】** 2021年，开发区全年实现税收收入10亿元，一般公共预算收入5.7亿元，工业开票销售226亿元，同比分别上升17.1%、22.1%、17.3%，新增规上工业企业24家。高新区全年实现税收收入19.68亿元，一般公共预算收入10.34亿元，工业开票销售首次突破500亿元，同比分别上升8%、6.7%、31.8%。兴达公司全年实现开票销售超百亿元，同比增长40%，开启“再造一个新兴达”征程。“四上”企业培育全市领先，新培育规上工业企业57家。园区坚持政策标准提高、坚持率先村改提速、坚持项目招引提质、坚持企业村改提效、坚持厂房盘活提升，1—12月，开发区完成盘活（提升）低效闲置工业用地1376亩，完成低端低效退出企业53家；高新区完成盘活（提升）低效闲置工业用地1745亩，完成低端低效退出企业60家，占地面积3亩以上工业企业亩均税收6.9万元，同比增长24%。

**【产业发展】** 开发区现集聚中小微企业783家，其中规上企业126家。高新区现集聚中小微企业3083家，其中规上企业235家，已形成汽车轮胎子午钢帘线、不锈钢及金属新材料等特色产业，是世界第一的钢帘线生产基地，全国最大的不锈钢原材料集散地和华东地区最大的不锈钢制品交易中心，建有国家不锈钢制品质量监督检验中心和兴化市高性能金属材料制品研究院，拥有1个院士工作站、3个博士后工作站、1个国家级企业技术中心、15个省级科技研发平台，不锈钢产业入选全国百佳产业集群和江苏省重点培育的千亿级产业集群，是第六批国家“城市矿产”示范基地，具有不锈钢全产业链优势。

**【招商引资】** 开发区全年完成新签约亿元以上项目37个，新开工1亿～5亿元项目4个、5亿元以上内资项目5个、3000万美元以上外资项目2个；新竣工1亿～5亿元项目9个、5亿元以上项目8个、实际利用外资10241万美元。高新区全年完成新签约亿元以上项目42个，新开工1亿～5亿元项目1个、5亿元以上内资项目4个、3000万美元以上外资项

2021年11月4日，举行华宝集团嘉豪食品项目签约仪式。
（市商务局/供图）

目1个;新竣工1亿~5亿元项目8个、5亿元以上项目5个、实际利用外资11377万美元。兴达公司35万吨钢帘线扩建项目被列为省重大项目,成为全市“当年签约、当年开工、当年投产”的示范项目,项目服务专班荣获泰州市第九批“骏马奖”。

## 江苏省兴化经济开发区(临城街道)

**【概况】** 兴化经济开发区是于1993年经省政府批准成立的省级经济开发区,2006年经省政府同意,在区内设立了江苏省兴化农副产品加工区,2011年江苏省兴化农副产品加工区被农业部认定为全国第一批国家农业产业化示范基地,2016年食品加工产业被省经信委认定为江苏省特色产业集群。园区行政区域面积170平方千米,下辖7个社区,23个行政村,总人口10.06万人。经过20多年的开发建设,园区已拥有良好的综合配套能力,供电、供热、治污、排水等各类管网设施配套齐全,健康食品产业研究院、食品质量检验检测中心、科技创业中心、职业教育中心、职工生活服务中心等各类服务平台齐备完善,园区地绿水清,环境优美,是具有兴化水乡特色的园林式、环保型的省级生态工业园区。

**【经济建设与发展】** 完成地区生产总值(GDP)151.02亿元,同比增长17.9%;实现一般公共预算收入5.7亿元,税收收入9.98亿元,同比分别增长22.1%和17.1%。全区现有工业企业750家,2021年实现工业开票销售186.85亿元,同比增长22.4%;113家规上企业实现工业开票销售149.1亿元,其中开票销售超亿元企业35家;食品类企业开票销售85.5亿元,同比增长17%,占全区规上工业开票销售的57.34%。全年工业入库税金6.73亿元。按照“产业集聚、特色明显、产城一体、交相辉映”的规划思路,紧扣建设中国健康食品产业名城,做强调味品产业集聚区、培育特膳食品产业集聚区,打造高端装备制造产业核心区、新兴产业核心区、装配式建筑产业核心区的“一城两区三核”产业发展定位,优化园区产业空间布局,原开发区重点发展健康食品产业,原临城科技工业园重点发展高端装备制造产业,原西郊建材工业园重点发展装配式建筑产业,原昭阳工业园重点发展新兴产业,不断提升产业发展水平,加快产业转型升级。坚持项目立区、项目强区不动摇,按照园区布局组建了10个产业招商分局,在全区遴选37名同志到招商一线,成功引进投资1亿美元的华航新材料、投资7亿元的安井食品三期、投资7亿元的起亮食品、投资6亿元的嘉豪食品、投资5亿元的味之香食品、投资5亿元的悠味食品、投资5亿元的豹翔智能科技、投资5亿元的保利澳瑞凯、投资5亿元的清智装备制造等一批重大项目。加强资产经营管理,临城科技工业园、昭阳工业园等81幢共计36.5万平方米标准厂房全部出租,5424.5平方米职工生活中心积极服务于安井食品、东华链条、特味浓食品,18处葛家向阳小门面房全部对外出租,全年实现国有资产经营收入1384.95万元,长期股权投资8亿元。2021年,实现农业总产值60804万元,全年村级集体总收入共5553.78万元,村级可支配收入3284.71万元。全区粮食和水产品总产量分别达到100070吨和13039吨。稻麦良种实现全覆盖,农机化综合水平达到92.4%。新增高效农业93.4公顷,设施农业32.2公顷,累计分别达到1813.5公顷、476.8公顷。

中国兴化国际调味品产业集聚区。 (赵朝春/供图)

**【社会事业发展】** 加快推进园区开发建设,完善园区配套功能。“四校”建设按计划有序推进,施耐庵幼儿园、阳山幼儿园主体结构封顶,进入室内装修阶段;施耐庵小学和施耐庵初中年底进场施工,中和路改造春节前建成通车。污水处理厂二期进入试运行,新兴产业科创区一期改造正在抓紧实施,人力资源服务产业园、城市招商主题客厅启动建设。港湾人家、兴南新村、水润隆府等“两房”建设正在进行附属工程施工,北山安置房已完成桩基工程、正在实施地下室开挖。城市更新7个房屋征收项目涉及被征收户179户,截至年底,签约157户、腾空126户。年底,全区共盘活提升低效闲置工业用地1376亩,完成年度目标任务的137.6%,腾出土地空间,保证安井食品三期、豹翔智能科技、起亮食品等重点项目建设用地需求。加强农村基础设施建设,完善全区防洪水利设施,新建圩口闸2座,圩口闸电启闭改造17座,维修圩口闸16座,新建排涝站1座,维修排涝站6座,疏浚生产河18条、17.2千米,加修圩堤13段、7.6千米。实施4条农村道路提档升级，全长 2.83 千米。推进村村亮工程，新装更换路灯 1120 盏，建设桥梁 19 座，电灌站 23 座，渠系建筑物 135 座，田间道路 16.9 千米，受益面积 1 万亩。推进农村厕所革命，新建、改建公厕 12 座，户改厕 398 座；实施 4 个村居农村生活污水治理；推进 7 个集聚提升村创建工作，创建省级农村生态河道 21 条，打造兴化市幸福河湖 3 条。

**【富民工程实施】** 加快农业产业化步伐，新组建家庭农场 16 个，创建规范化家庭农场 6 个，农场总体规模达 64831 亩。多渠道增加农村居民收入，全区农村居民人均可支配收入 33758 元，增长 9.2%。全区建档立卡贫困户共计 1811 户、3011 人，结对帮扶 1811 户，发放连心卡 1811 张，帮扶贫困资金 290 万元，走访慰问 7244 次，脱贫率 100%。扎实推进社会保险工作，城乡居民基本养老保险续缴 31994 人，城乡居民养老保险待遇领取资格认证 21342 人，城乡居民基本医疗保险参保 67100 人。开发区管委会、民政办牵头慰问各类贫困对象 1250 户，发放慰问金 68 万元，为区内 50 名在校贫困学生发放助学金 10 万元，为 521 户低保户、792 人落实最低生活保障，落实配套资金 432 万元，为 3391 名 80 周岁以上老人发放尊老金 223 万元。全区耕地保护补贴发放 18685 户，面积 79051.11 亩，金额 9486133.2 元；稻谷补贴发放 3984 户，71932.73 亩，金额 7247311.28 元。秸秆还田作业补贴两季共发放 15914 户，68227.69 亩，金额 3411498 元。农机具购置补贴户数 156 户，金额 1403800 元；一次性种粮补贴 4641 户，补贴发放 141975.79 亩，发放金额 2613774.35 元。

**【项目建设】** 以泰州“三比一提升”行动为抓手，以投资 5 亿元以上内资项目和投资 3000 万美元以上外资项目为重点，选派 10 人到项目建设一线，通过泰州考核验收的新开工 5 亿元以上内资项目 5 个，分别是投资 5 亿元的味之香食品项目，投资 5 亿元的豹翔智能科技项目，投资 5 亿元的田园主义食品项目，投资 5 亿元的东华链条二期项目，投资 5 亿元的鼎一食品项目；通过泰州考核验收的新开工 3000 万美元以上外资项目 2 个，分别是投资 1 亿美元的华航新材料项目，总投资 3000 万美元的寰达食品。新开工项目 100%完成全年目标任务，其中健康食品产业链新开工项目 4 个，占比达 57%。全年通过泰州考核验收的新竣工 5 亿元以上项目 8 个，完成全年目标任务 160%，其中包括：投资 6 亿元的调味品产业集聚区一期项目，投资 5 亿元的特味浓食品项目，投资 5 亿元的玉荣建科项目，投资 5 亿元的潮源建材项目，投资 10 亿元的吾悦商业综合体项目，投资 5 亿元的英莱达广场一期项目、投资 5 亿元的长九五星级酒店项目，投资 5 亿元的麦肯嘉顿项目。全年实际利用外资总额 1.02 亿美元。

2021 年 2 月 26 日，市开发区举行好再来项目签约仪式。

（赵朝春/供图）

**【企业转型升级】** 加强重点企业服务扶持，推进企业实施智能化改造、上市（挂牌），加强成长型、“小进规”、“专精特新”企业培育。全区已有 50 多家企业实施智能化改造，特味浓食品进入上市辅导期，麦肯嘉顿进入合规性审查阶段，凯普特动力已完成股改。全年新增规上工业企业 24 家，新增税收超 1000 万元企业 2 家，净增税收 1000 万元以上企业 6 家。年末共有 25 家企业被认定为高新技术企业，高新技术产业产值占比达 3.37%。全年规模以上工业企业研发经费投入达 5.7 亿元，新增产学研合作项目 12 个，申报省级技术产品 2 个，发明专利申请量 276 件，新增有效发明专利 32 件。

**【园区机构改革】** 按照开发区党工委（管委会）领导下的“兴化市经济发展有限公司＋临城街道党工委（办事处）＋专业园区（兴化市科技工业园区管理委员会、兴化市调味品产业园区管理办公室）”园区改革组织框架，做好园区改革“后半篇”文章，实行统分结合，推进区街分开、政企分开，强化临城街道社会事务管理职能，经济发展公司投融资职能，完善党工委（管委会）内设机构，结合开发区工作实际，设置党政办、党建办、投资促进局、规划建设局、安全生产监督管理局、经济发展局、财政和资产管理局、生态环境保护办公室、项目建设服务办公室等“四办五局”内设机构，并合理配置岗位，实行岗位主办工作制，实行“人随事走、全员聘用加购买劳务服务”的人员使用机制，定员、定岗、定责，强化目标责任考核。按照“一城两区三核”产业发展定位，成立 10 个产业招商分局，做到项目招引专业化;成立专业园区管理领导小组,领导小组下设新兴产业核心区、装配式建筑产业核心区、高端装备制造产业核心区、调味品及特膳食品产业集聚区四个专业园区管理办公室,强化对园区的精准化、精细化管理。

**【企业选介】** 玉荣建筑科技(兴化)有限公司　公司由铭际建筑科技(上海)有限公司、江苏中昱建筑工程有限公司联合投资新建,新设装配式建筑配套生产基地,从事装配式PC预制构件研发、生产销售。总投资数亿元,用地面积200亩。首期投资3亿元,注册资本6000万元,建筑面积4万平方米,于2018年4月开工建设。公司现有主要产品为装配式建筑工程使用的预制部品,包括结构保温装饰一体化外墙板、结构内墙板、叠合楼板、楼梯板、阳台板、空调板等。公司将以打造“国家住宅产业化基地”为契机,加大科技创新力度,不断提升生产服务水平,力争使企业成为专业的装配式建筑整体解决方案的供应商,服务于国家现代化建设,造福社会。

兴化市华荣食品有限公司　位于经济开发区调味品工业园里,交通便利、资源丰富,公司西临京沪高速20千米,东临宁靖盐高速18千米。在驻地及海南、广西、山东、河北、陕西、甘肃已建立了稳定的原料生产基地。公司拥有固定资产500万元,职工60多人,专业技术人员5人,厂区占地面积12000平方米,建筑面积6500平方米,不锈钢加工磨粉生产流水线6条,微粉机1组,大型恒温库1座共7500立方米,年产各种调料2000吨左右。公司是一家专业生产各种天然香辛料调味品,复合调料,脱水蔬菜(粉、粒)等有特色的食品企业。在同行业中具备品种全、质量好,集生产、加工于一体的综合性现代化的调味品大型企业。公司本着互惠互利原则,可代客办理来料加工业务。多年来,公司不断提高产品创新能力,以更好、更优质的产品为客户服务,以卓识远见的发展战略,不断更新企业目标,一流的设备先进的技术、科学的管理,构成了企业强大生命力,严格的原料检验、严谨的过程控制、务实的工作态度,赢得了市场的信任。

(赵朝春)

**2021年开发区(临城街道)主要经济社会指标情况表**

表12

| 指标名 | 单位 | 数值 | 指标名 | 单位 | 数值 |
|---|---|---|---|---|---|
| 总户数 | 户 | 27448 | 农村居民人均可支配收入 | 元 | 33758 |
| 总人口 | 人 | 100582 | 中小学校 | 所 | 3 |
| 乡镇从业人员数 | 人 | 59290 | 在校学生 | 人 | 5025 |
| 耕地面积 | 公顷 | 7341 | 在职教师 | 人 | 521 |
| 地区生产总值 | 万元 | 1510206 | 医院 | 所 | 3 |
| 人均地区生产总值 | 元/人 | 139201 | 卫生所(室) | 个 | 36 |
| 水产品产量 | 吨 | 13039 | 医生数 | 人 | 231 |
| 工业企业数 | 家 | 750 | 病床数 | 张 | 36 |
| 实际利用外资 | 万美元 | 10241 | 参加养老保险人数 | 人 | 31994 |
| 工业开票销售收入 | 万元 | 1868471 | 参加农村新型合作医疗人数 | 人 | 67100 |
| 税收收入 | 万元 | 99773 | 享受居民最低生活保障人数 | 人 | 792 |
| 一般公共预算收入 | 万元 | 57017 | | | |

**2021年开发区(临城街道)骨干企业基本情况表**

表13

| 企业名称 | 销售收入(万元) | 利税总额(万元) | 法定代表人/负责人 |
|---|---|---|---|
| 泰州安井食品有限公司 | 173456.55 | 13921.45 | 江　恒 |
| 顶级手套(兴化)有限公司 | 46550.37 | 9111.16 | 陈志煌 |
| 中国石油化工股份有限公司江苏油田分公司 | 26282.40 | 5877.56 | 方志雄 |
| 江苏特味浓食品股份有限公司 | 36136.58 | 3714.27 | 姚　峰 |
| 伽力森主食企业(江苏)有限公司 | 33084.17 | 2176.14 | 王伟强 |
| 东风农机(兴化)有限公司 | 2422.41 | 2116.72 | 武兴安 |
| 东华链条兴化有限公司 | 60599.04 | 1505.41 | 邱建华 |

续表 13

| 企业名称 | 销售收入(万元) | 利税总额(万元) | 法定代表人/负责人 |
|---|---|---|---|
| 五得利集团兴化面粉有限公司 | 270190.98 | 940.92 | 魏民乐 |
| 兴化新奥燃气有限公司 | 20174.70 | 923.49 | 韩继深 |
| 麦肯嘉顿(江苏)食品有限公司 | 10678.22 | 861.72 | 魏粉兰 |
| 江苏锁龙消防科技股份有限公司 | 8627.05 | 857.70 | 潘德顺 |
| 江苏瑞德机械有限公司 | 14491.45 | 789.08 | 宋　玻 |
| 江苏兴利达齿轮有限公司 | 12768.97 | 744.51 | 蔡　翔 |
| 兴化顶康食品科技有限公司 | 34515.66 | 712.75 | 吴长庆 |
| 玉荣建筑科技(兴化)有限公司 | 10409.19 | 624.45 | 苏清松 |
| 保利澳瑞凯(江苏)矿山机械有限公司 | 4288.18 | 574.55 | 周涛山 |
| 江苏荣鑫木业有限公司 | 16513.82 | 502.19 | 梁春生 |
| 泰州海大生物饲料有限公司 | 87728.01 | 460.12 | 丁　炜 |
| 江苏德创制管有限公司 | 15301.45 | 451.89 | 宋　玻 |
| 珠海市华丰食品工业(集团)有限公司兴化分公司 | 6432.80 | 428.10 | 刘　莉 |
| 泰州市兴园预制构件有限公司 | 10834.68 | 406.86 | 朱志鉴 |
| 江苏悦兴药业有限公司 | 4089.69 | 379.16 | 周　燕 |
| 泰州市明森混凝土制品有限公司 | 8019.97 | 362.37 | 咸玉森 |
| 江苏新蕾麦芽有限公司 | 19774.55 | 335.52 | 费　晖 |
| 兴化市华荣食品有限公司 | 11424.53 | 272.39 | 胥广荣 |
| 江苏德沃重工机械有限公司 | 0.00 | 267.33 | 徐玉盛 |
| 兴化市成文建材有限公司 | 8266.37 | 267.26 | 刘雯雯 |
| 江苏双发机械有限公司 | 17274.43 | 256.12 | 王大亮 |
| 江苏兴顺电子有限公司 | 16272.27 | 243.26 | 司为昆 |
| 兴化新奥燃气工程有限公司 | 3237.03 | 236.46 | 韩继深 |
| 江苏华航新材料科技集团有限公司 | 3924.98 | 230.15 | 严忙贤 |
| 江苏苏锐制管有限公司 | 22493.71 | 227.48 | 周正才 |
| 兴化市精密铸钢有限公司 | 7525.56 | 223.09 | 张大荣 |
| 兴化市中伟机械有限公司 | 5383.73 | 212.34 | 张建中 |
| 兴化市海润铸钢有限公司 | 5010.58 | 204.79 | 邓志勇 |
| 江苏日升电力机械有限公司 | 3308.59 | 203.52 | 徐友心 |
| 江苏顶华食品科技有限公司 | 6821.43 | 199.91 | 翟应华 |
| 江苏亚森防火门科技有限公司 | 6521.24 | 199.72 | 史庭俊 |
| 兴化市康莹食品有限公司 | 10221.92 | 198.77 | 仇山群 |
| 兴化市热电有限责任公司 | 9398.20 | 196.64 | 常光明 |
| 泰州市凌丰金属铸造有限公司 | 5583.68 | 194.79 | 葛文丰 |
| 兴化日成金属制品有限公司 | 4905.10 | 186.38 | 陈　燕 |
| 江苏华信达特钢科技有限公司 | 2224.96 | 182.37 | 高云玉 |
| 江苏春龙亚麻纺织有限公司 | 5867.58 | 177.44 | 罗春荣 |
| 江苏汇鑫金属材料有限公司 | 12693.58 | 168.27 | 黄加具 |
| 江苏潮源新型建材有限公司 | 14832.49 | 167.84 | 高凤华 |
| 江苏兴野食品有限公司 | 20521.78 | 165.49 | 张洪孝 |

续表 13

| 企业名称 | 销售收入(万元) | 利税总额(万元) | 法定代表人/负责人 |
|---|---|---|---|
| 江苏美泉食品工业有限公司 | 2784.92 | 161.76 | 冯　震 |
| 兴化市恒源特钢有限公司 | 11881.27 | 152.38 | 刘长松 |
| 兴化市精锐机械有限公司 | 3562.99 | 152.09 | 任桂余 |
| 江苏美乐肥料有限公司 | 29862.81 | 143.77 | 朱永华 |
| 兴化市振泰合金钢有限公司 | 4222.55 | 135.97 | 李德江 |
| 兴化市金牛机械铸造有限公司 | 11058.46 | 131.73 | 顾海泉 |
| 兴化市新泰铸钢有限公司 | 1232.20 | 122.83 | 杨明高 |
| 兴化市东方机械有限责任公司 | 1863.54 | 122.81 | 王寿年 |
| 泰州华标建材有限公司 | 2522.35 | 116.95 | 宋鹿群 |
| 江苏欧泰机械有限公司 | 7257.30 | 115.69 | 赵怀兴 |
| 兴化市银文新型建材有限公司 | 3345.29 | 114.21 | 王广明 |
| 江苏兔创机械有限公司 | 3544.55 | 114.14 | 孙伏来 |
| 兴化市锦鑫建材有限公司 | 2430.45 | 111.09 | 金大鹏 |
| 江苏华远电气有限公司 | 3562.52 | 108.98 | 苏元龙 |
| 兴化市振南合金机械有限公司 | 2962.60 | 108.57 | 金华楠 |
| 泰州兴辰环保科技有限公司 | 3053.58 | 107.72 | 袁　锋 |
| 江苏海装金属成型科技有限公司 | 2732.79 | 105.18 | 娄正文 |
| 江苏李工果蔬机械有限公司 | 2124.90 | 104.99 | 李　勤 |
| 江苏均之成业新型建材有限公司 | 3078.95 | 101.92 | 刘爱华 |
| 兴化世友精密铸造有限公司 | 2109.97 | 101.73 | 阮顺喜 |
| 兴化市金程机械制造有限公司 | 2266.29 | 101.65 | 金加淦 |
| 江苏江鑫机械有限公司 | 949.12 | 99.33 | 咸友平 |
| 江苏亿赛特纺织有限公司 | 15031.91 | 99.07 | 符卫民 |
| 兴化市盛杰渔具制造有限公司 | 1625.70 | 95.65 | 姚天龙 |
| 兴化市长城铸钢有限公司 | 1351.14 | 95.52 | 黄建军 |
| 泰州市晨锋机械配件有限公司 | 3939.06 | 95.03 | 章鸿锋 |
| 江苏航宇环境科技有限公司 | 4447.13 | 94.39 | 魏加前 |
| 泰州市宏图电子有限公司 | 806.08 | 91.19 | 耿道亮 |
| 江苏创泰特钢制品有限公司 | 4149.09 | 90.20 | 黄忠芳 |
| 江苏聚达机械制造有限公司 | 1140.12 | 88.97 | 叶伯旺 |
| 诚益电子兴化有限公司 | 2785.80 | 88.21 | 钱　钧 |
| 江苏瑞泰砂轮制造有限公司 | 2248.79 | 88.13 | 张　军 |
| 兴化炳成不锈钢制品有限公司 | 1639.43 | 87.28 | 林明胜 |
| 泰州鼎鑫齿轮有限公司 | 1202.14 | 86.18 | 蔡文尧 |
| 江苏兴业船艇有限公司 | 2227.81 | 85.14 | 冯诚普 |
| 兴化市泰龙消防器材有限公司 | 883.67 | 84.53 | 徐永康 |
| 江苏优华达环保材料科技有限公司 | 2434.24 | 84.35 | 刘红梅 |
| 兴化格林生物制品有限公司 | 5831.91 | 83.15 | 周伯雅 |
| 江苏海德机械有限公司 | 591.58 | 82.76 | 孙洪庆 |
| 兴化市大地蓝绢纺有限公司 | 5684.04 | 82.44 | 戴香莲 |
| 兴化市恒鑫机械有限公司 | 2250.73 | 82.40 | 蒋义来 |
| 泰州市金大纤维科技有限公司 | 2207.73 | 81.48 | 廖兴容 |

续表13

| 企业名称 | 销售收入(万元) | 利税总额(万元) | 法定代表人/负责人 |
|---|---|---|---|
| 泰州新希望农业有限公司 | 19627.10 | 81.15 | 刘会成 |
| 江苏阳磊混凝土有限公司 | 2119.99 | 80.79 | 陈　鑫 |
| 兴化市龙伯渔具有限公司 | 1470.32 | 80.38 | 朱兴斌 |
| 科世茂机械设备(兴化)有限公司 | 2011.83 | 80.34 | 沙维祝 |
| 江苏兴弹紧固件有限公司 | 2183.32 | 80.31 | 付仕华 |
| 兴化裕华机械有限公司 | 1051.77 | 79.59 | 马长义 |
| 江苏佳隆食品有限公司 | 1245.89 | 79.12 | 朱钱昌 |
| 兴化市奥宇机械配件厂 | 1148.63 | 76.26 | 翟万保 |
| 兴化市荣鑫电源厂 | 976.66 | 75.89 | 金安兰 |
| 兴化市兴源铸钢有限公司 | 2410.85 | 75.20 | 卜正兴 |
| 江苏新兴电子有限公司 | 579.20 | 74.25 | 刘　英 |
| 梅帝亚(兴化)包装材料有限公司 | 4135.23 | 71.88 | 沈　浩 |
| 江苏沪联节能科技有限公司 | 1229.27 | 71.86 | 王　婷 |
| 江苏佑帅幕墙制品有限公司 | 6145.02 | 71.18 | 李　静 |
| 江苏森宏机械有限公司 | 2513.02 | 70.22 | 刘明煌 |
| 江苏苏美特机械有限公司 | 6714.15 | 69.44 | 徐建中 |
| 兴化市富邦机械有限公司 | 1225.95 | 68.52 | 付成军 |
| 泰州大牛钢结构工程有限公司 | 2929.45 | 68.50 | 刘荣江 |
| 兴化市飞创电子产品有限公司 | 591.10 | 65.70 | 刘　飞 |
| 兴化市联盛精密铸钢有限公司 | 2968.45 | 65.60 | 任宝诚 |
| 兴化市中科渗铝钢管有限公司 | 1733.11 | 65.22 | 陈树忠 |
| 兴化市永英金属材料有限公司 | 2793.89 | 64.26 | 金　斌 |
| 江苏锐达地板科技有限公司 | 4116.87 | 63.38 | 柏国义 |
| 兴化巨能标准件有限公司 | 679.35 | 63.26 | 陈良玉 |
| 江苏晶道新能源科技有限公司 | 7098.09 | 61.91 | 徐玉盛 |
| 兴化市晋益温室设备有限公司 | 2788.97 | 60.11 | 付坤俊 |
| 江苏永固电力设备安装工程有限公司 | 1714.02 | 57.96 | 陈庆寿 |
| 兴化市远洋机械有限公司 | 2546.75 | 57.52 | 邹　建 |
| 兴化市琦宇机械制造有限公司 | 2788.46 | 57.18 | 张　华 |
| 兴化市津冶合金铸造有限公司 | 1303.32 | 56.77 | 董仁明 |
| 兴化市华伦达铸钢有限公司 | 8027.92 | 55.67 | 周桂华 |
| 江苏旭峰机械设备有限公司 | 1262.36 | 55.47 | 高延旭 |
| 兴化市如松植物油有限公司 | 11522.26 | 54.43 | 张如松 |
| 兴化市通科机械有限公司 | 911.37 | 53.67 | 吕建图 |
| 兴化市三连铸钢有限公司 | 1282.30 | 53.35 | 孙远庆 |
| 江苏兴耀新能源科技有限公司 | 269.16 | 53.04 | 胥太林 |
| 兴化市蓉水机械配件厂 | 739.34 | 52.95 | 姜继成 |
| 江苏捷力电力工程有限公司 | 4353.73 | 51.51 | 李　雯 |
| 兴化市中兴电器制造有限公司 | 10232.03 | 51.31 | 赵银玉 |
| 泰州市青云钢结构有限公司 | 2610.51 | 51.01 | 徐青云 |
| 江苏金鼎消防科技有限公司 | 4852.56 | 48.45 | 王　春 |
| 泰州德东金属制品有限公司 | 487.45 | 48.11 | 顾海燕 |

续表13

| 企业名称 | 销售收入(万元) | 利税总额(万元) | 法定代表人/负责人 |
|---|---|---|---|
| 兴化市医疗卫生用品有限公司 | 1166.61 | 47.60 | 洪祖顺 |
| 长牌食品(江苏)有限公司 | 3785.78 | 47.57 | 张　春 |
| 兴化市华辉电子有限公司 | 1483.49 | 46.90 | 张　辉 |
| 兴化市泰睿包装制品有限公司 | 1654.79 | 46.82 | 徐　炜 |
| 兴化市亚东机械有限公司 | 434.29 | 46.59 | 翟锦标 |
| 泰州顶祥食品有限公司 | 1041.34 | 46.49 | 姚桂兰 |
| 泰州晟曦服饰有限公司 | 396.18 | 46.41 | 柳正曦 |
| 泰州市正力机械有限公司 | 1430.18 | 45.87 | 刘春朝 |
| 江苏天禾温室科技有限公司 | 1919.17 | 45.22 | 赵　健 |
| 江苏润华冷冻食品有限公司 | 2993.36 | 44.86 | 莫鹏启 |
| 兴化市永红机械配件加工厂(普通合伙) | 1183.29 | 44.82 | 刘学军 |
| 兴化市非凡彩印包装有限公司 | 2336.35 | 44.75 | 唐子文 |
| 江苏海川液压机械有限公司 | 863.36 | 44.64 | 苏玉宏 |
| 兴化市亚华制剂有限公司 | 3010.86 | 44.61 | 周胜华 |
| 泰州水冶新材料科技有限公司 | 3551.69 | 44.14 | 王炳才 |
| 江苏圆梦精密机械制造有限公司 | 649.96 | 43.93 | 王正美 |
| 泰州建权机械有限公司 | 1633.53 | 43.65 | 吴俊杰 |
| 兴化市定仁机械制造有限公司 | 842.68 | 43.37 | 夏定仁 |
| 兴化市天健电热机械有限公司 | 1545.53 | 43.10 | 许帮钱 |
| 兴化市同步铸造有限公司 | 8514.49 | 42.84 | 冯庆如 |
| 江苏唐古拉聚合材料有限公司 | 461.18 | 42.73 | 夏汉忠 |
| 兴化市盛大精密铸钢有限公司 | 1683.62 | 42.68 | 张大荣 |
| 泰州市恺鑫船舶机械有限公司 | 748.48 | 42.11 | 姚维国 |
| 兴化市福达铸钢有限公司 | 663.08 | 41.81 | 钟学勤 |
| 兴化市三诚精密锻造有限公司 | 5645.16 | 41.75 | 吴志松 |
| 江苏海陵机械有限公司 | 1260.08 | 41.69 | 仇九贵 |
| 江苏泰峰精密机械有限公司 | 2185.74 | 41.68 | 孙建平 |
| 姚家族(江苏)食品科技有限公司 | 1127.56 | 41.45 | 姚建锋 |
| 兴化市恒泰弹簧垫圈有限公司 | 2379.37 | 41.41 | 卞晓敏 |
| 江苏腾欣工艺品有限公司 | 165.66 | 41.40 | 沈庆丰 |
| 江苏兴纺机械有限公司 | 60.20 | 40.80 | 武东升 |
| 兴化市兴祥消防器材有限公司 | 1828.65 | 40.26 | 房达祥 |
| 江苏瑞宇医疗用品有限公司 | 3636.56 | 39.74 | 戎朝乾 |
| 兴化市金鹏合金钢有限公司 | 5102.57 | 39.11 | 王　锋 |
| 兴化市安邦电器科技有限公司 | 2121.77 | 38.90 | 蒋巧凤 |
| 兴化市建达机械厂 | 1545.18 | 38.89 | 刘建桃 |
| 聚金龙彩印包装兴化有限公司 | 2432.80 | 38.21 | 占兆好 |
| 兴化市亚鑫消防器材有限公司 | 1462.79 | 38.02 | 张兆年 |
| 江苏圣蓝科技有限公司 | 643.78 | 37.94 | 冯宝华 |
| 江苏三匹马机械有限公司 | 437.98 | 37.24 | 咸明星 |
| 兴化市金茂消防器材有限公司 | 2985.30 | 36.77 | 王洪茂 |
| 泰州市建宇机械有限公司 | 1017.48 | 36.53 | 陈兰红 |

续表 13

| 企业名称 | 销售收入(万元) | 利税总额(万元) | 法定代表人/负责人 |
|---|---|---|---|
| 江苏万佳制衣有限公司 | 1048.15 | 36.40 | 董志英 |
| 江苏晟辉温室设备有限公司 | 2424.41 | 36.33 | 单华生 |
| 味滋美(江苏)食品有限公司 | 1043.97 | 35.93 | 胡翠英 |
| 江苏凯普特动力机械股份有限公司 | 10459.27 | 35.72 | 叶春花 |
| 兴化市维泰食品有限公司 | 2285.05 | 35.64 | 赵庆斌 |
| 江苏东晟特种防火门有限公司 | 782.06 | 34.62 | 何向东 |
| 泰州美鑫机械有限公司 | 3709.26 | 34.31 | 陈文美 |
| 泰州沪诚机械有限公司 | 536.80 | 34.14 | 高文道 |
| 兴化市恒庆弹簧垫圈有限公司 | 1365.96 | 34.06 | 苏友顺 |
| 兴化市东昌合金钢有限公司 | 5196.21 | 33.92 | 李冬取 |
| 兴化市杰瑞机械有限公司 | 438.09 | 33.70 | 杨国英 |
| 江苏永捷电气有限公司 | 4531.22 | 33.59 | 倪　彪 |
| 泰州市永宁亚克力制品有限公司 | 6277.02 | 32.94 | 汤月生 |
| 江苏元宇机电设备有限公司 | 770.93 | 32.92 | 吕元勇 |
| 兴化市峰华机械有限公司 | 831.81 | 32.63 | 张　杰 |
| 兴化市宝华中空锚杆厂 | 1098.64 | 32.54 | 王庆宝 |
| 江苏长友特钢机械有限公司 | 4669.89 | 32.35 | 王长洪 |
| 江苏杨万隆食品有限公司 | 413.77 | 32.13 | 王益利 |
| 泰州市天润机械有限公司 | 409.36 | 31.86 | 刘学俊 |
| 泰州市祥慧塑胶制品有限公司 | 946.86 | 31.49 | 刘其山 |
| 泰州凯德瑞机械配件有限公司 | 936.07 | 31.20 | 陈　云 |
| 兴化市三强机械制造有限公司 | 3882.87 | 31.16 | 姚广明 |
| 兴化市华鼎电气设备有限公司 | 1060.42 | 31.06 | 孙慧卿 |
| 江苏中辰机械有限公司 | 1619.69 | 30.40 | 吴建忠 |
| 江苏东科液压机械有限公司 | 1608.95 | 30.26 | 刘桂来 |
| 江苏路安交通工程有限公司 | 646.88 | 30.17 | 刘丰国 |
| 兴化市华唯传感器件有限公司 | 427.79 | 29.92 | 魏洪华 |
| 江苏味冠食品有限公司 | 3552.68 | 29.90 | 徐道存 |
| 兴化市润光制帽厂 | 242.09 | 29.88 | 王新林 |
| 兴化市启源机械有限公司 | 1171.37 | 29.70 | 丁德元 |
| 兴化市通舟船舶设备有限公司 | 2193.32 | 29.68 | 肖龙付 |
| 兴化市三维电热设备厂 | 984.61 | 29.67 | 王生保 |
| 江苏味真美食品有限公司 | 752.85 | 29.39 | 陈旭东 |
| 开源重工兴化有限公司 | 1440.65 | 29.31 | 吴建东 |
| 兴化市晶能光伏电力有限公司 | 954.75 | 29.22 | 邹志广 |
| 兴化市得力机电设备配件有限公司 | 293.41 | 29.04 | 王桂华 |
| 江苏星辰钢结构有限公司 | 1122.27 | 28.97 | 吴小健 |
| 兴化市维泽机械厂 | 815.95 | 28.93 | 刘　维 |
| 江苏弘味食品科技有限公司 | 3145.94 | 28.92 | 王元勤 |
| 江苏金田野食品有限公司 | 2813.16 | 28.56 | 魏维兵 |
| 兴化市双华休闲用品有限公司 | 5094.06 | 28.56 | 王庭华 |
| 江苏金爵机械制造有限公司 | 374.68 | 28.56 | 孙新宇 |

续表 13

| 企业名称 | 销售收入(万元) | 利税总额(万元) | 法定代表人/负责人 |
|---|---|---|---|
| 江苏味丰德食品科技有限公司 | 1252.21 | 28.26 | 朱祝友 |
| 兴化市俊达纱线有限公司 | 729.68 | 28.20 | 刘　俊 |
| 兴化市林海机械配件厂 | 574.59 | 28.16 | 徐锦凤 |
| 江苏华裕精密铸造有限公司 | 1351.90 | 27.80 | 宦冬庆 |
| 兴化印刷有限责任公司 | 456.53 | 27.67 | 葛凤英 |
| 兴化大铭渔具有限公司 | 1520.30 | 27.46 | 孙大铭 |
| 兴化市板桥铸钢有限公司 | 720.41 | 27.00 | 朱增学 |
| 兴化市祥衍机械配件有限公司 | 1165.96 | 26.91 | 李荣英 |
| 兴化市垣泰铸钢有限公司 | 679.28 | 26.89 | 徐建国 |
| 江苏仁宝机械制造有限公司 | 352.47 | 26.32 | 朱玉晶 |
| 兴化市工具制造有限公司 | 714.82 | 26.25 | 姚家骏 |
| 江苏广建机械有限公司 | 713.27 | 26.17 | 戴晓敏 |
| 江苏恒械机械有限公司 | 929.05 | 25.94 | 姜建国 |
| 兴化通明电气设备有限公司 | 86.64 | 25.83 | 郤红彪 |
| 兴化市欧亚渔具有限公司 | 2715.97 | 25.73 | 袁建琴 |
| 江苏星宇户外休闲用品有限公司 | 1549.95 | 25.56 | 钱世勤 |
| 泰州市汇浩机械制造有限公司 | 296.93 | 23.99 | 徐恒章 |
| 江苏鑫华能电源科技有限公司 | 28.57 | 23.84 | 高中赞 |
| 兴化市托翔体育器材有限公司 | 1334.00 | 23.76 | 石春山 |
| 江苏恒力达机械有限公司 | 1433.95 | 23.72 | 季小为 |
| 江苏天康食品有限公司 | 938.66 | 23.04 | 王昌贤 |
| 兴化市兴亮紧固件厂 | 948.26 | 22.78 | 顾明亮 |
| 兴化市友诚机械有限公司 | 369.12 | 22.64 | 胡日荣 |
| 兴化市光华金属铸件有限公司 | 712.19 | 22.49 | 曹　海 |
| 江苏亿鑫齿轮制造有限公司 | 5531.86 | 22.32 | 魏俊华 |
| 江苏鑫伟环保设备制造有限公司 | 3025.31 | 21.96 | 陈日和 |
| 江苏城业管桩有限公司 | 3209.14 | 21.71 | 高风华 |
| 兴化新奥车用燃气有限公司 | 1317.37 | 21.51 | 韩继深 |
| 江苏时创机械有限公司 | 9.70 | 21.47 | 宦兆云 |
| 江苏联丰温室工程有限公司 | 1610.31 | 21.29 | 陆玉明 |
| 亚美亚(江苏)食品有限公司 | 287.75 | 21.13 | 左成松 |
| 江苏缘旺电气有限公司 | 1089.74 | 21.10 | 张长干 |
| 泰州市富特铸造材料科技有限公司 | 1272.56 | 21.09 | 陈翠萍 |
| 兴化市依之韵服饰有限公司 | 755.45 | 20.86 | 殷彩凤 |
| 兴化市海康食品有限公司 | 655.55 | 20.80 | 顾　钧 |
| 泰州市宇锋机械有限公司 | 105.58 | 20.62 | 徐素敏 |
| 兴化市峰达钢结构件有限公司 | 808.06 | 20.57 | 沙德满 |
| 江苏润阳工业炉有限公司 | 371.00 | 20.54 | 赵　阳 |
| 兴化市康城文体用品厂 | 465.63 | 20.30 | 葛　涓 |
| 兴化市中兴电动工具有限公司 | 143.00 | 19.92 | 赵银玉 |
| 江苏康体新材料有限公司 | 1208.82 | 19.89 | 陆银红 |
| 聚金龙玻璃兴化有限公司 | 285.62 | 19.83 | 占兆好 |

续表 13

| 企业名称 | 销售收入(万元) | 利税总额(万元) | 法定代表人/负责人 |
|---|---|---|---|
| 兴化市泰邮消防设备有限公司 | 755.13 | 19.81 | 徐双喜 |
| 兴化市一诚印花有限公司 | 177.93 | 19.61 | 袁晓美 |
| 兴化市丽云机械铸造有限公司 | 526.88 | 19.50 | 刘日君 |
| 兴化市鑫亚纺织机械厂 | 366.19 | 19.22 | 张　亚 |
| 江苏飞腾体育设施材料有限公司 | 831.39 | 19.20 | 石伟成 |
| 江苏裕泰机械有限公司 | 181.96 | 19.12 | 朱良荣 |
| 兴化市临城冶金设备厂 | 552.41 | 19.04 | 张翠红 |
| 兴化市矿川机械有限公司 | 589.18 | 18.66 | 殷庆亮 |
| 泰州市宇杰液压机电成套设备有限公司 | 353.26 | 18.59 | 陈日和 |
| 江苏海普瑞饲料有限公司 | 5789.88 | 18.57 | 强发旗 |
| 兴化市仁堂机械配件厂 | 801.22 | 18.54 | 周仁堂 |
| 兴化市大泽水产制品有限公司 | 7268.07 | 18.41 | 杨友军 |
| 江苏全家乐食品有限公司 | 590.69 | 18.38 | 张增峰 |
| 江苏北辰食品有限公司 | 903.03 | 17.98 | 赵进泉 |
| 兴化市科润机械零部件有限公司 | 680.86 | 17.66 | 李红凤 |
| 兴化市立圆机械有限公司 | 196.00 | 17.47 | 孙丽平 |
| 兴化市东方渔具厂 | 193.63 | 17.43 | 韩世新 |
| 兴化市盛泉铸造材料有限公司 | 897.17 | 17.27 | 周由国 |
| 兴化市鑫磊气动液压机械制造厂 | 420.75 | 17.25 | 顾继英 |
| 兴化市永康合金铸造厂 | 207.26 | 17.25 | 周永安 |
| 兴化市华诚纺织机械厂 | 135.53 | 17.19 | 朱仁华 |
| 泰州市世纪交通工程有限公司 | 641.26 | 17.16 | 沐明辉 |
| 兴化市宏翔机械厂 | 526.68 | 17.15 | 洪良斌 |
| 兴化市华达机械配件有限公司 | 288.18 | 17.15 | 沈德余 |
| 江苏博思特工贸有限公司 | 1287.37 | 17.01 | 陈汉义 |
| 兴化市耀春玻璃制品有限公司 | 581.39 | 16.91 | 徐书林 |
| 兴化市重信工具制造有限公司 | 495.19 | 16.85 | 王雅雯 |
| 兴化嘉威文体用品有限公司 | 392.21 | 16.77 | 葛　涓 |
| 江苏双成体育设施材料有限公司 | 301.58 | 16.58 | 崔勇干 |
| 辣口福食品(江苏)有限公司 | 947.82 | 16.53 | 李玉屏 |
| 兴化市海畅机械有限公司 | 773.94 | 16.48 | 周锦红 |
| 兴化市天诚消防器材有限公司 | 634.40 | 16.41 | 解善鹏 |
| 江苏银联铸钢有限公司 | 567.53 | 16.20 | 刘永荣 |
| 兴化市兴利来机械有限公司 | 545.43 | 16.17 | 韩俊大 |
| 兴化市伯平船舶机械有限公司 | 281.56 | 16.01 | 周锦卫 |
| 兴化市新卫消毒剂厂 | 469.22 | 15.68 | 汤其昌 |
| 逸阳(江苏)遮阳工程有限公司 | 155.12 | 15.63 | 陈　俊 |
| 泰州市联宇机械设备有限公司 | 2564.52 | 15.28 | 周建龙 |
| 嘉豪食品(江苏)有限公司 | 3144.61 | 15.18 | 阙嘉华 |
| 江苏兴澳机械实业有限公司 | 181.05 | 15.11 | 邵红华 |
| 兴化市润凌机械有限公司 | 297.73 | 14.87 | 葛俊斌 |
| 江苏博汇机械有限公司 | 908.34 | 14.76 | 宦春燕 |

续表13

| 企业名称 | 销售收入(万元) | 利税总额(万元) | 法定代表人/负责人 |
|---|---|---|---|
| 江苏金秋新能源设备有限公司 | 293.39 | 14.69 | 吕小方 |
| 泰州市国凯机械有限公司 | 439.24 | 14.65 | 王新平 |
| 兴化市天益塑料包装制品厂 | 396.56 | 14.63 | 袁天勇 |
| 江苏大成石化科技有限公司 | 61.95 | 14.53 | 成　杰 |
| 江苏神润耐火材料有限公司 | 281.87 | 14.33 | 王金珏 |
| 兴化市北光机械配件制造有限公司 | 477.58 | 14.23 | 许哲申 |
| 兴化市淞阳包装制品有限公司 | 887.89 | 14.18 | 雍文亮 |
| 兴化市泰杰机械有限公司 | 388.96 | 14.16 | 黄立鸿 |
| 卡博曼(泰州)新材料有限公司 | 670.55 | 14.08 | 冯安园 |
| 兴化市尚华机械配件有限公司 | 135.63 | 14.00 | 薛金华 |
| 泰州市正伍机械有限公司 | 630.64 | 13.83 | 武　兵 |
| 兴化市昭阳塑料彩印有限公司 | 372.75 | 13.72 | 刘鸿翔 |
| 兴化市思源机械有限公司 | 365.63 | 13.72 | 唐　立 |
| 兴化市英达机械有限公司 | 252.64 | 13.61 | 任有余 |
| 江苏厚德塑胶有限公司 | 671.75 | 13.42 | 张　立 |
| 兴化市海汇渔具有限公司 | 2944.18 | 13.35 | 瞿德齐 |
| 江苏美地依体育设施材料有限公司 | 890.51 | 13.02 | 茅刘华 |
| 兴化市飞乐渔具有限公司 | 425.70 | 12.92 | 金小勇 |
| 兴化市友联工具有限公司 | 347.05 | 12.89 | 邹小欣 |
| 兴化市融和电子科技有限公司 | 212.11 | 12.88 | 万　峰 |
| 兴化市鸿达彩印包装有限公司 | 350.72 | 12.74 | 刘鸿和 |
| 泰州永兴合金材料科技有限公司 | 5941.62 | 12.50 | 宗义正 |
| 兴化市嘉鹏电子有限公司 | 366.99 | 12.47 | 潘　俊 |
| 兴化市新亚渔具有限公司 | 493.80 | 12.46 | 邹　新 |
| 兴化东方工具有限公司 | 99.26 | 12.45 | 王明璋 |
| 兴化市信达铁路通讯设备有限公司 | 253.65 | 12.34 | 申仕彦 |
| 兴化市宏宇机械厂 | 282.87 | 12.29 | 潘钟鸣 |
| 泰州阿里香食品工业有限公司 | 454.36 | 12.20 | 徐志松 |
| 江苏钢莱克机械有限公司 | 59.97 | 12.15 | 詹昌涛 |
| 泰州安昊机械有限公司 | 37.55 | 12.13 | 王建华 |
| 兴化市双良机械制造有限公司 | 273.06 | 12.09 | 韦翠英 |
| 兴化市方正机械有限公司 | 151.55 | 12.06 | 丁正大 |
| 泰州北清新能源科技有限公司 | 451.60 | 12.02 | 祝鹏杰 |
| 江苏龙源电气有限公司 | 907.75 | 11.98 | 葛芝清 |
| 兴化市众邦杰机械配件有限公司 | 986.32 | 11.89 | 张昌兰 |
| 兴化市力升食品机械有限公司 | 100.82 | 11.82 | 李凤英 |
| 兴化市永兴消防器材有限公司 | 1119.12 | 11.81 | 陈建新 |
| 兴化市广华电热电器厂 | 399.54 | 11.78 | 王善中 |
| 江苏味口食品有限公司 | 63.47 | 11.54 | 王益利 |
| 江苏日晟钢结构有限公司 | 2154.25 | 11.41 | 周　明 |
| 兴化市呈堂机械厂 | 193.77 | 11.19 | 高呈堂 |
| 兴化市五岳拉丝厂 | 1014.98 | 11.15 | 黄永贵 |

续表 13

| 企业名称 | 销售收入(万元) | 利税总额(万元) | 法定代表人/负责人 |
|---|---|---|---|
| 兴化市华辉工具厂 | 45.83 | 11.15 | 沙西萍 |
| 兴化市三星渔具有限公司 | 238.72 | 11.05 | 吕爱庭 |
| 兴化市争创机械有限公司 | 308.41 | 11.01 | 倪增勇 |
| 泰州市中凌机械有限公司 | 341.68 | 11.00 | 刘　甲 |
| 兴化市牛牌特种纺织机械厂 | 56.98 | 10.85 | 王　芳 |
| 兴化市南桥机械配件有限公司 | 187.34 | 10.77 | 何小卉 |
| 兴化市益晟渔具制造有限公司 | 108.85 | 10.76 | 张　丽 |
| 兴化市众晨渔具有限公司 | 297.51 | 10.51 | 金书全 |
| 泰州市伟捷机械设备有限公司 | 62.60 | 10.46 | 李桂花 |
| 兴化中天灯具有限公司 | 1830.24 | 10.42 | 王继泉 |
| 泰州市亚太防火门窗有限公司 | 555.72 | 10.41 | 夏呈均 |
| 泽庆机械(江苏)有限公司 | 480.87 | 10.29 | 高呈堂 |

2021 年开发区(临城街道)各村(社会区)基本情况表

表 14

| 村(社区)名 | 村支部书记 | 村委会主任 | 耕地面积(公顷) | 人口(人) | 农业总产值(万元) | 农村居民人均可支配收入(元) |
|---|---|---|---|---|---|---|
| 十里亭社区 | 高和斌 | 高和斌 | — | 1506 | 1037 | 35246 |
| 施耐庵社区 | 王大勇 | 王大勇 | — | 1396 | 0 | 31970 |
| 紫荆河社区 | 沈　忱 | 沈　忱 | 96.20 | 3689 | 893 | 35026 |
| 五里亭社区 | 葛　松 | 葛　松 | — | 3445 | 81 | 43324 |
| 兴南社区 | 史寿明 | 史寿明 | 171.80 | 6258 | 1656 | 38496 |
| 阳山社区 | 吴　雨 | 吴　雨 | 126.60 | 3887 | 442 | 39761 |
| 南山社区 | 李永红 | 李永红 | 123.70 | 2424 | 571 | 39538 |
| 民富村 | 赵银步 | 赵银步 | 221.43 | 3186 | 1452 | 38327 |
| 红星村 | 陈剑睿 | 陈剑睿 | 308.60 | 2755 | 1752 | 32345 |
| 董家村 | 徐阳平 | 徐阳平 | 287.40 | 3094 | 1714 | 33355 |
| 南塘村 | 郭　森 | 郭　森 | 257.90 | 2619 | 1440 | 33948 |
| 南官村 | 黄　茜 | 黄　茜 | 254.50 | 2494 | 2479 | 30377 |
| 赵何村 | 闵　晶 | 闵　晶 | 338.32 | 3035 | 1783 | 35680 |
| 龙河村 | 杨　驰 | 杨　驰 | 333.00 | 3187 | 2156 | 28610 |
| 刘陆村 | 仇凤山(代理) | 仇凤山(代理) | 442.31 | 5075 | 2043 | 30187 |
| 曹瓦村 | 刘祥斌 | 刘祥斌 | 330.80 | 3564 | 2552 | 31467 |
| 古砖场村 | 黄　浩 | 黄　浩 | 361.38 | 4429 | 1476 | 33814 |
| 三王村 | 吴增阳 | 吴增阳 | 261.10 | 4032 | 2586 | 32222 |
| 临东村 | 李　峰 | 李　峰 | 306.70 | 4010 | 1331 | 29975 |
| 陆横村 | 金加伟 | 金加伟 | 245.80 | 3049 | 3960 | 34280 |
| 花沈村 | 陈华俊 | 陈华俊 | 493.80 | 4774 | 3098 | 30917 |
| 新姜村 | 刘长江 | 刘长江 | 160.70 | 3493 | 1435 | 32914 |
| 西浒垛村 | 费茂华 | 费茂华 | 342.90 | 3787 | 2149 | 27795 |
| 朱中村 | 陈新海 | 陈新海 | 296.40 | 2399 | 1276 | 30779 |

续表 14

| 村(社区)名 | 村支部书记 | 村委会主任 | 耕地面积(公顷) | 人口(人) | 农业总产值(万元) | 农村居民人均可支配收入(元) |
|---|---|---|---|---|---|---|
| 任家村 | 史业成 | 史业成 | 232.80 | 2286 | 2473 | 32423 |
| 老阁村 | 杨正华 | 杨正华 | 234.94 | 2235 | 1086 | 36116 |
| 安洲村 | 周志华 | 周志华 | 321.90 | 2375 | 2193 | 37432 |
| 双潭村 | 徐正华 | 徐正华 | 343.60 | 3085 | 4137 | 36451 |
| 西郊村 | 侯宝亮 | 侯宝亮 | 114.30 | 2330 | 2061 | 30275 |
| 北郊村 | 邵炳进 | 邵炳进 | 332.20 | 3427 | 1981 | 29571 |

## 江苏省兴化高新技术产业开发区

【概况】 江苏省兴化高新技术产业开发区(筹)依托戴南科技园区创建,位于中国不锈钢名镇——兴化市戴南镇,2020年1月21日经省政府批准筹建。高新区现集聚中小微企业3000余家,其中规上企业235家,2021年工业开票总值超500亿元。已形成汽车轮胎子午钢帘线、不锈钢及金属新材料等特色产业,是世界第一的钢帘线生产基地,全国最大的不锈钢原材料集散地和华东地区最大的不锈钢制品交易中心,建有国家级不锈钢制品质量监督检验中心、兴化市高性能金属材料制品研究院和中小企业科技创新公共服务平台,拥有1个院士工作站、3个博士后工作站、1个国家级企业技术中心、34个省级科技研发平台,不锈钢产业入选全国百佳产业集群和江苏省重点培育的千亿级产业集群,是第六批国家"城市矿产"示范基地,具有不锈钢全产业链优势。

兴化高新区正紧扣不锈钢产业转型升级实施方案,坚定不移推进市场、冶炼、酸洗、物流、质检、展示、交易"七个集中",科学定位产业发展方向,深化不锈钢全产业链的补链强链延链,紧盯产业链高端环节,聚焦不锈钢制品产业战略型、龙头型、配套型项目。2021年,总投资36亿元的兴达扩建项目、总投资30亿元的不锈钢集中冶炼项目、总投资30亿元的中国不锈钢城项目正在稳步实施中。

【企业选介】 江苏佳杰特种螺钉有限公司 位于江苏省兴化市戴南镇,成立于2008年,注册资本5000万元,新厂占地面积2.5万千平方米,老厂占地面积2万平方米。公司所生产的不锈钢制品,其线材采用国内外品牌优质SUS304、SUS316系列及更高品质不锈钢材质。产品包括外六角螺丝、内六角螺丝、六角螺母、垫圈、自攻钉、机螺钉、牙条、法兰、管道件及非标紧固件与不锈钢线材等。执行GB、DIN、ISO等标准,产品广泛用于光伏、装修、海洋工程、机械、石油化工、船舶、轨道交通等各行各业,年生产量达30000吨。经多年的拼搏,已成为国内行业具有一定知名度的企业,通过ISO 9001认证,安全生产标准化三级企业认证,4A标准化良好企业等。

江苏正通金属封头有限公司(原温州正通金属封头有限公司) 位于江苏省泰州市兴化市张郭镇,毗邻宁靖盐高速、泰州火车站、扬州泰州机场,交通便利。公司占地面积4万平方米,建筑面积3.78万平方米,总投资1.2亿元人民币,注册资本5688万元人民币。主要设备有10000T、8000T、5000T、2000T、1000T、315T、250T、200T油压机各1台,800T、500T油压机各2台,4.2米、7.2米、11米压鼓旋压机组各1套,2米旋压机、1.8米球体旋压机各1台,3米旋压机2台、自动焊割设备多台,以及相配套的退火炉,射线探伤机,理化检测等辅助设备60多台,是当前国内设备种类比较齐全的封头专业生产厂家之一。公司可制造直径25毫米~1100毫米、厚度1.0毫米~80毫米各种材质的椭圆形、碟形、半球

2021年2月3日,年产35万吨高性能子午线轮胎用钢帘线扩建项目举行签约仪式。 (戴南镇/供图)

2021年6月2日，戴南紧固件协会组建“战略联盟”参加第十二届上海紧固件专业展会。（戴南镇/供图）

形、球冠形（无直边）、锥形、管帽、膨胀节、平底形封头及各种特材异形封头。产品远销全国各地，广泛应用于石化、电力、能源、机械、制药、食品、环保、水处理等行业。公司十多年来专业致力于生产锅炉压力容器用封头，并通过国家质量技术监督检验检疫总局A3级封头制造许可证的审查，2017年3月取得甲级证书，同时还通过了ISO 9001：2015版质量管理体系认证，是中国锻压协会会员单位、中国化工装备协会会员单位、江苏省泰州市浙江商会常务副会长单位。2021年，公司有员工200余人，其中高级工程师，工程师等技术人员35人。

江苏申源集团有限公司　公司是集冶炼、热轧、机加工、探伤及理化检测于一体的大型生产企业联合体，集团公司系全球第二、国内内燃机气阀钢生产企业，是GB/T 12773—2008《内燃机气阀用钢及合金棒材》标准等15项国标、行标和团标的主要起草单位，拥有授权专利133项，其中发明专利5项。集团具有年产20万吨精品特钢和热轧加工20万吨、冷加工5万吨生产能力。下属6家生产型企业和2家电子商务公司，集团拥有总资产20多亿元，员工达1500余人，总占地面积1000余亩、总建筑面积20多万平方米。公司主产品为内燃机气阀钢棒、电热合金、高温耐蚀合金、特种焊丝、特种不锈钢等五大系列150多个钢种，应用于汽车、核电、军工、石油化工、锅炉机械等制造行业。产品远销美国、意大利、韩国等欧美及东南亚市场。气阀钢销售连续十年居全国同行业首位。公司建有省级工程研究中心和省级企业技术中心，先后获得国家重点高新技术企业、省创新型企业、省绿色工厂、省名牌产品、省著名商标、省质量信用AAA级企业、泰州市十佳工业企业等荣誉称号。

江苏博生医用新材料股份有限公司　创建于2001年，是专业从事药用丁基橡胶瓶塞（含镀膜胶塞、覆膜胶塞）、聚异戊二烯垫片、多层共挤输液用膜、生物用膜及UV彩色印刷膜等药用包装材料研发、制造、销售的国家高新技术企业，现为中国医药包装协会常务理事及药用胶塞专业委员会主任单位、江苏省医药包装药用辅料协会会长单位。

公司依托雄厚的技术研发能力和有效的质量保证体系，向客户提供安全、稳定的配套药用包装材料。与国内众多优秀医药企业建立了长期稳定的合作关系，公司不断拓展海外市场，已成为部分国际知名医药企业的战略供应商。有多个产品通过美国FDA的DMF备案，全部产品获得NMPA注册，通过并持续有效运行ISO 9001质量管理体系、ISO 14001环境管理体系和ISO 45001职业健康安全管理体系。公司研发中心被认定为“省级企业技术中心”、“省级工程技术研究中心”。

公司自主研发的镀膜胶塞、头孢曲松钠专用胶塞等产品获得“国家重点新产品”和“江苏省高新技术产品”称号，被科技部列入“国家火炬计划项目”。公司在行业内率先投入使用免清洗胶塞用注射水系统，并实现在线监测，产品达到美国药典和欧盟药典的要求，已得到许多客户的验证和认可。公司凭借多层共挤输液膜、UV彩色印刷膜成为以石四药集团为代表的一批国内优秀输液生产企业的主力供应商。

（周冬平）

## 苏台（兴化）中小型企业合作基地（兴化市台商工业园）

【概况】 兴化市台商工业园是泰州市首批特色园区之一，2015年获批江苏省苏台中小企业合作基地，兴化市五大园区之一，兴化市台商集聚区。园区总规划面积4平方千米，依托X311和S352形成“丰”之型东西两个集中区，园区基础设施配套建设功能完善，东区以不锈钢企业为主，西区以台资企业为主。园区企业主要有：泰州亚德胶粘制品有限公司，泰州福益生物科技有限公司，泰州东锵塑模科技有限公司等3家台资企业，兴化市阳光汽配厂、泰州明锋资源再生有限公司、兴化市欣佳模具有限公司、兴化市泰如不锈钢有限公司、兴化市新弋渔具有限公司、泰州爱美璐服饰有限公司等骨干企业。

【企业选介】 泰州亚德胶粘制品有限公司　2008年竣工投产，2010年又进行技术改造,公司资本额经历次增资后,2021年资本额为900万美元,投资总额1800万美元。公司占地面积4.67公顷,厂房面积15000平方米,9条生产线。公司有员工60人,具有年产3万吨丙烯酸酯胶粘剂(不干胶)的生产能力。产品主要拓展于电子产业用各种胶带、汽车遮阳膜及节能膜、印刷自粘商标胶带、广告耗材、装涂材料等生产制造领域。公司拥有良好的管理团队,拥有多年的管理经验及技术背景,通过ISO 9001:2000产品质量管理体系认证,通过最好的产品、最佳的服务,持续改善品质,目前国内市场占有率约为15%,2015年成为兴化市培植的33家成长型企业之一。2016年进入纳税前十强企业行列。

兴化市阳光汽配厂　位于宁靖盐高速西,距苏中国际机场仅30千米,是生产各类集装箱、半挂车等专用车车辆配件的专业企业。成立于2001年,有员工170余人,高级技师6名,已形成铸、精、磨、焊、压、锻、铣流水线生产(各种生产设备110余台)。拥有先进的生产设备和多名经验丰富的技术人员组成了一支科学、高效的生产团队。通过16949质量管理体系认证,质量可靠、售后服务完善的产供销体系,配件销售遍布全国各地,国内与中国国际海运集装箱(集团)股份有限公司、山东九州汽车制造有限公司、驻马店大力天骏汽车销售有限公司、安徽开乐专用车辆有限公司等知名企业合作,国外远销美、日、德、澳、法、意、韩、马来西亚等国家。2021年销售产值突破亿元,税收400万元。

(周冬平)

## 兴化市安丰工业园

【概况】 兴化市安丰镇园区创办于2000年,2016年6月经泰州市机构编制委员会批准设立兴化市安丰工业园区管委会(正科级建制)。园区规划总面积10平方千米,辐射周边13个乡镇。产业主要以汽车配件、机械铸造、纺织服装、食品加工等行业主导产业。安丰工业园区已组建市装备制造产业局,下设"一办四部",即园区办公室、计划财务部、招商引资部、规划建设部、经济发展部,重点抓好企业投资、建设、经营三个阶段的服务,即投资审批阶段提供一站式服务、项目建设阶段提供全过程服务、生产经营阶段提供经常性服务。现有各类企业181家,其中规模企业16家。园区注册资本10.56亿元,从业人员5000多人,厂房面积40万平方米。

【企业选介】 兴化市正福塑业有限公司　兴化市正福塑业有限公司是安丰镇2008年招引的一家专业生产PVC塑料扣板、PVC型材及塑料异型板材的企业。经过十多年发展,公司不断加大产品研发力度,加快企业转型升级。公司形成以WPC木塑地板、石塑地板和牧原PVC中空板为主导产品,产品销售遍布全国以及美国、加拿大、西班牙、比利时、英国、俄罗斯、东南亚等10多个国家和地区。该公司针对生产噪声、工业固废、生活垃圾、车间粉尘等问题,先后购进低噪音粉碎等设备,合理布局粉碎加工车间,工业固废全部按要求安全处置和综合利用到位。同时,摆放分类生活垃圾桶,每天安排专人将生活垃圾运往垃圾中转站进行无害化处理。该公司3个生产车间全部安装粉尘治理设施,达到了国家规定的粉尘排放标准。公司在2020年7月投入1000万元新上11台设备生产PVC塑料畜牧板项目,每月可新增开票销售1500万元。2021年,公司开票销售2.72亿元,入库税金300万元。

兴化市安丰污水处理有限公司　兴化市安丰污水处理有限公司位于安丰工业园区内,占地约1.67万平方米,设计总规模1.5万吨/天,其中已建成规模0.5万吨/天,厂区及污水管网累计投入3000多万元,建成主管网4.6千米、支管网20千米。污水处理采用"集水池+旋流沉沙+调节池+改良型A2/0工艺+二沉池+滤布滤池+接触消毒池+计量检测+达标排放"的处理工艺。该污水处理厂高度智能化,采用"四遥"(遥控、遥信、遥测、遥感)技术,可以处理镇区及工业园区所有生活污水及工业企业经预处理后达到纳管标准的废水,出水达到《城镇污水处理厂污染物排放标准》GB 18918-2002中一级A标准。该公司投资1亿元,启动实施了污水主管网43千米、支管网88千米、提升泵站6座建设工程。

(黄　颖)

## 兴化市精密铸造产业园

【概况】 兴化市精密铸造产业园地处陈堡镇,位于省道S231、陈张公路交汇处,省道S352、阜兴泰高速和规划中的城际铁路从该镇经过,交通十分便捷。兴化市精密铸造产业园规划建设总面积1万亩以上,已有建成区2600亩、入园企业65家,路、水、电、讯、网、燃气等基础设施配套齐全,六横四纵四通八达,绿化、亮化、洁化、美化特色明显,园区基础设施总投入累计已逾亿元。园区始终保持规划的科学性、合理性、前瞻性,并通过区域环评,精密铸锻造、电子元器件两大主导产业特色明显。近年来,陈堡镇注重发挥"江苏省精密铸造产业基地""江苏省中小企业产业集聚示范区"和"泰州市特色工业园区"效应。随着全镇铸造产业的转型升级和铸锻造企业的集聚集群,"兴化市精密铸锻造产业园"品牌效应越发凸显,2017年园区成功获得"中国精密铸造产业基地"和"中国产学研合作创新示范基地"称号,兴化市精密铸锻造产业研究院成功获批省级孵化器。2018年9月省铸造学会在陈堡成立省铸造熔模专委会,平台载体功能进一步强大,产业研究院大楼和1万平方米标准化厂房已完成规划设计,正在等待土地规模空间实施。2021年实现工业增加值7.5亿元,工业开票销售23.25亿元,完成固定资产投资11.02亿元,其中工业投资9.02亿元,规上工业产值21.2亿元。2021年新增规模以上工业企业7家、高企7家。全年新签约亿元以上项目12个，其中5亿元以上项目1个，泰州认定亿元以上开工项目5个、亿元竣工项目2个。

**【企业选介】** 江苏大华电子有限公司　成立于2011年4月，坐落于江苏兴化市陈堡镇，公司以磁性材料，电子元件，软磁铁氧体，加工、销售及技术开发，集铁氧体生产、经营、科研、技术开发及信息服务等为主的公司，系民营企业。公司以磁芯、电子元件为主流产品。公司一期注册资本2000万元人民币，占地30余亩，员工60人。年产能为8000吨。DAWHA主要有DP、DB、DH三大系列，超过30种材质。产品被广泛应用于电脑及其外部设备、通信、互联网、办公自动化设备、彩电、录像机和DVD等家用视听装置、电磁兼容、绿色照明、工业和医疗仪器及汽车电子等领域。

泰州易威德电气有限公司　成立于2014年，位于兴化陈堡镇，是一家专注于防爆电气、弹性体、风电配件等产品的研发、设计、制造的企业。占地面积30亩，厂房面积约8000平方米，有员工80余人。2021年产值约5000万元。企业主要客户有：外高桥造船、凯米拉化学品、佳电股份、威卡中国、徐工集团、中石油、中石化。公司通过ISO 9001、ISO 45001、ISO 14001三体系认证及Nemko防爆产品质量体系认证，防爆产品取得ATEX、IECEx、CNEx等防爆证书和国家CCC强制认证，弹性体取得UL认证。企业有国家专利40余项。

（葛亚萍）

## 兴化市双蝶工业园

**【概况】** 兴化市双蝶工业园位于周庄集镇北侧，是兴化市重点打造的“两区三园”板块之一。规划面积4平方千米，2021年底有企业56家，其中规上企业17家，园区实现产值18亿元，上缴税收3000万元，创造就业岗位1000个。园区地处泰州、兴化的地理位置中心，S352、S231穿境而过；园区西侧有省三级航道卤汀河直通长江。园区具有独特区位优化，水陆交通便捷发达。园区基础设施配套齐全，项目落户路、水、电、网、气及土地平整全部到位。坚持“一切围绕项目转、一切围绕项目干”，园区项目服务专班实体化运行，为入园项目提供一站式帮办代办服务。经过长期发展，园区现已形成3个传统支柱产业＋4个新兴培育产业的产业格局。3个传统支柱产业分别是纸制口包装、啤酒麦芽、阳极碳素，提开票销售10亿元，4个新兴培育产业分别是新能源汽车零部件、智能家电配件、新材料绿色环保产业。策应全市发展大局，加快与陈堡工业园区融合发展。周庄镇抓紧牵头编制“大”园区发展规划，明晰产业定位，调优发展思路，致力做大做精园区。进一步强化招商引资、项目建设，主攻大项目、好项目，推动产业结构优化、产业层次提升，着力形成产业兴镇的良好态势，努力打造镇园共建的新亮点，树好兴化南大门崭新形象。

**【企业选介】** 泰州市茂华纸品有限公司　成立于2003年，系江苏双蝶集团有限公司全资子公司。公司现有2500毫米全自动瓦楞纸板生产线1套，四色、五色水性油墨印刷开槽机8台(套)，自动装订生产线1套，蜂窝纸芯、纸板生产线各1套等。主要生产宽幅瓦楞纸箱、纸板，蜂窝纸箱、纸板、纸护角等。2021年公司与江苏领跑者咨询公司合作，推行精益化5S管理，不断提升企业的管理水平。近年来公司紧紧围绕“挂靠大企业，配套名产品”的经营目标，已与海信集团、小天鹅公司、常州天合光伏等知名企业配套。2021年公司销售2亿元，入库税金465万元。

泰州市凌峰机电设备有限公司　成立于2008年，以生产和销售喷气织机主喷嘴、辅喷嘴为主营业务。公司为行业标准制定者，致力于喷气织机引纬部件的主喷嘴、辅喷嘴等技术研发、生产、科技成果转化。产品广泛应用于纺织机械工业生产中，长期供应于丰田、尼桑、津田驹、比佳乐、舒美特等国际配件市场，红旗、星耀、金蟀、康特斯等国内市场。2021年企业响应“亩均论英雄”改革号召，立足现有产业基础延伸产业链，新上喷气织机喷嘴配套异形箔件项目，当年亩均税收达12万元，项目完全达产后可增加开票3000万元，亩均税收超20万元。

（周长青）

## 兴化市新源轻工科技产业园

**【概况】** 兴化市新源轻工科技产业园，位于兴化城区的“东大门”——大垛镇，地处宁靖盐高速与国道344交汇处，水陆交通便捷，区位优势明显。园区创建于2003年7月，同年12月经兴化市政府批准挂靠省级兴化经济开发区挂牌“兴化市民政工业园”，总体规划面积4700亩，按照“一次规划、分步实施、招商同步、主攻项目”的总体要求，形成以国道344为轴，南区北区“一体两翼”的开发格局。现已投入近一亿元，初步形成了“三纵四横”的格局。电力通信、有线电视、道路桥梁、绿化亮化、给排水、污水处理等基础设施全部到位。2011年1月，由兴化市委、市政府更名为兴化市精纺产业园。2012年10月为促进新型包装材料产业及轻工产业集聚发展，提升工业园区的综合竞争力，经兴化市人民政府同意更名为兴化市新源轻工科技产业园。

截至年底，入园企业77家，从业人员5000多人。形成了新型包装材料、有色金属、机械加工、纺织服装等四大支柱产业。根据“布局集中、用地集约、产业集聚”的要求，实施南北两区之间错位发展，以龙头企业和重大项目为依托，以产业集聚和产业链延伸为重点，转型升级、结构调整，形成产业集聚度高、特色突出鲜明、规模效益显著的产业集群。

北区逐步发展形成以新型材料为主的特色产业：围绕新烜新材料(泰州)有限公司产业链，规划500亩土地招引更多新型材料、金属包装配套企业、仓储物流企业落户，重点引进产业配套性强的企业。打造产业链，以金属包装企业为利益核心，打

兴化市新源轻工科技产业园区。 (大垛镇/供图)

造利益共同体。形成紧密联系的产业链,增强应对挑战和风险的能力。

南区形成以有色金属、纺织机械制造为主的特色产业:以通泰纱线、汤氏纺机为代表的一批有色纺纱、机械制造企业,通过企业发展提升产品档次,联合科研院所提升科技创新能力,实现借力发展、做大做强。不断推进传统产业提档升级,依靠技术进步提高劳动者素质推动转变,从注重生产能力扩张向注重技术能力积聚转变,从生产型制造向服务型制造转变,实现由制造向创造的转变。合理配置资源,促进产业集聚,提高工业经济核心竞争力,创新服务机制,提高服务效能,推动园区企业成长与发展,将园区建设成为一个投资环境优越、人居环境优美、经济发展优质、社会管理优异的兴化一流工业园区。

**【企业选介】** 新烜新材料(泰州)有限公司 成立于2020年3月17日,注册资金2058万美元,位于江苏省兴化市大垛镇工业园区,占地约12万平方米。主营马口铁,产能设计30万吨一年,其中一期产能目前15万吨一年,年开票销售8亿元。

新烜新材料(泰州)有限公司掌握国内外先进的马口铁及相关产品技术,并拥有资深和专业的生产管理团队以及覆盖全国的营销平台和遍布世界各地的营销网络。公司通过ISO9001质量管理体系认证,环评报告得到审批并取得排污许可证。2021年,荣获兴化市先进工业企业、先进基层党支部、泰州市百佳示范工会、泰州市文明班主等称号,被中国国际经济技术合作促进会授予"中国新材料创新企业"。

江苏浩磊金属新材料有限公司 公司注册资金2000万元,占地9亩,建筑面积6000平方米。是一家从自主研发、生产(有色金属铸造、热处理)、精密加工的一体式铸造企业。

公司运用国内领先的铸造工艺生产铝合金,铜合金铸造件,配套军工、航天、高铁、隧道、船舶、工程机械、泵业、半导体设备、电气设备等多个高端领域。公司取得ISO9001质量体系认证和14000环境体系认证,并成为当地十佳纳税先进企业。

(卢友爱)

## 兴化市铜制品产业园

**【概况】** 设立于2005年,2011年初被兴化市委、市政府明确为全市重点工业园区,产业定位授牌"兴化市铜制品产业园"。园区位于江苏省兴化市荻垛镇集镇北侧,地处229省道,区位优势明显。园区规划面积3000亩,已建成"六横两纵"主框架,2021年底有企业用地约1200亩。园区内有企业72家,其中从事合金生产的企业有21家,这21家企业主要从事铜镍、铜锌、铝锌(银)、镍铁等合金材料及产品的生产,主要产品有各类标准型号及异型的高纯度铜带、铜排、铜管、铜套;镍白铜带;铝合金型材、铝套、排号合金铝锭;飞机发动机叶片等特种合金钢铸造件;新型铬铁合金等。园区内供电、供水、通讯、排水、燃气等管网设施配套齐全,道路绿化亮化到位,园区紧依集镇,国税、地税、工商、电信、银行、公安、国土、住建、人社等部门均设有分机构,方便企业办理业务。园区积极鼓励、支持、引导企业进行转型升级。兴东铸钢、东方铸钢、华航精密铸造通过技改,先后新注册了江苏金汇陶瓷精铸股份有限公司、江苏奥宇合金材料有限公司、江苏华航陶瓷新材料科技有限公司,与上海、南京等地有关科研院所合作,分别在低碳、超低碳铬铁合金和航空发动机、燃气轮机单晶叶片等产品领域取得革命性升级。

**【企业选介】** 兴化市兴东铸钢有限公司 成立于2004年,注册资金5858万元,是一家专注于建材行业用耐热、耐磨钢铸件,航空发动机叶片精铸用陶瓷型芯,坦克用精铸件以及垃圾焚烧窑炉排的研究、开发、生产及销售的高科技企业。现代检测设备齐全,拥有年产10000吨合金钢铸件的生产能力,属国内铸钢行业的龙头企业。公司于2009年实行企业转型升级,已获取"军工三证"。公司与东南大学进行产学研发合作的面向高效气冷空心涡轮叶片使用的陶瓷型芯已与中航成都航空发动机有限公司、中航贵州黎阳航空发动机集团公司、中航株洲航空发动机有限公司开展业务合作。公司始终围绕依靠科技,走科技兴企之路。公司2017年度研发投入接近1000万元,拥有研发人员26名。截至2021年底,公司有发明专利24项,实用新型17项。公司已在中航工业、上海交通大学、东南大学设有技术合作中心并与上海交通大学共建"先进复合材料联合研发中心"、"先进复合材料联合研发中心和离岸孵化器”基地。公司人才结构合理，引进“长江学者”等人才进入核心团队。2015年公司获得了江苏省科技成果转化专项资金800万元。

兴化市兴成铜业有限公司　成立于2008年，主要从事电子通讯行业基础新材料的研发、生产、销售，主要服务于华为、小米、富士康等国内众多电子行业企业，公司在深圳等地设立分公司，年产销各类白铜带6000吨。已建成国内先进的“铍铜带”生产线一条，新上水平连连铸炉、粗轧精轧机、钟罩式退火炉、滚洗分剪机、各类检测化验设备等45台（套），可年生产超薄“铍铜带”2500吨，可新增开票销售2亿元，该产品广泛应用于航空航天、高端电子通讯、电器等领域。

（汤　磊）

## 兴化市脱水果蔬产业园

【概况】　兴化市脱水果蔬产业园创建于1991年3月，2003年4月经兴化市人民政府正式批准为市级产业园。2010年底，正式更名为兴化市脱水果蔬产业园，成功申报国家外贸转型升级基地，2021年启动争创江苏省级脱水果蔬食品加工集中区，是兴化市重点园区之一。园区规划总面积666.67公顷，一期已开发利用134公顷，正在实施的二期工程项目规划167.5公顷。农户配套种植蔬菜面积130多公顷，为脱水企业配套基地530多公顷。

产业园坐落在兴化城市东郊兴东镇，地理位置优越，水陆交通便利，是理想的投资兴业福地。2021年底，区内有企业61家，脱水蔬菜企业18家，其中，兴东镇脱水企业6家，垛田街道12家。固定资产总投资6.5亿元，年消耗农产品200多万吨，年生产销售脱水蔬菜产品20多万吨。2015年脱水果蔬产业园实现产值41.7亿元，利税总额3亿多元，出口创汇突破3.13亿美元，提供就业岗位1万多个。脱水果蔬产业作为兴东镇的传统优势产业，经过多年的发展，实现了由量的扩张到质的提升，已发展成为全省最大的脱水果蔬生产加工和销售基地，成为极具兴化地域特色的支柱产业。2018年园区内规模脱水果蔬企业按照环保部门的要求，新上污水处理设施，并接通桑德公司的管网，实行企业预处置、集中再处理，确保污水达标排放，确保脱水果蔬企业持续健康发展。

【企业选介】　创璟农业装备集团有限公司企业　“创璟温室”是集设施农业技术研发、制造及产业运营于一体的国家级高新技术企业，作为长三角地区设施农业技术研发与制造的领军企业，“创璟温室”已成为行业农业装备品牌的标杆。企业于2019年挂牌，成为设施农业行业“科技创新板”挂牌企业，企业代码：694992。“创璟温室”前身为江苏创璟温室设备有限公司，成立于2011年，位于江苏省兴化市兴东镇工业园区，注册资金6188万元，固定资产1.2亿元。公司工厂及生产基地占地2万多平米，农业种植技术推广基地植物工厂30万多平方米。下设3个全资子公司，分别是江苏华创规划设计研究院有限公司、江苏创璟农业科技有限公司、江苏创璟电子商务有限公司。业务横跨温室大棚、农业园区规划设计、农业种养殖技术服务、农业设施与装备4大板块，集团宗旨：服务三农，乡村振兴。企业文化：诚信、务实、创新。经营理念：立足市场，服务为先。

东奥食品有限公司　兴化市东奥食品有限公司，是集有机种植、加工、销售为一体的出口企业。2006年成为泰州市首家出口企业（备案号：3200/08182）。公司拥有近千亩有机种植基地，2014年成为首批省级农产品进出口示范基地及农业示范基地，2016年成为江苏省首家大麦若叶欧盟有机认证基地。公司占地面积20000平方米，固定资产5000万元，年产量5000吨以上，企业拥有ISO 9000质量管理体系认证及ISO 22000食品安全管理体系认证。2010年公司通过出口美国FDA认证（注册号：15478346112），2014年通过BRC认证，成为英国零售商协会会员，同时成为全球家乐福、沃尔玛等国际大型商超的免审核工厂，公司产品远销全球40多个国家及100多个地区。为满足更多的客户需求，2015年，公司通过全球伊斯兰协会清真认证。国内与旺旺集团、今麦郎等企业有着长期业务往来。

（杨洪江）

## 兴化市汽车齿轮产业园

【概况】　兴化市汽车齿轮产业园（又称塔子河工业园区），坐落于兴化东北部，与盐城大丰区草堰镇、白驹镇相毗邻，地处沿江沿海发展战略“T”型经济带，351省道穿境而过，北邻省道465、西连宁靖盐高速东临沿海高速、204国道位于合陈镇西昌合路两侧，东至塔子河，西至横泾河，总面积约3.31平方公里。近年来，园区所在地合陈镇党委、政府坚持“园区是窗口、园区是特色、园区是品位、园区是实力”的新理念，高度重视园区平台建设，切实加大园区的规划引领和基础设施建设力度，“三横五纵六区”道路框架正在按规划逐步拉开，水、电、路等配套工程日趋完善，联通、移动、电信、广播电视等四家线缆全部实施地埋，加上兴东水厂、加油站以及11万伏变电所的落户，园区的整体配套功能和承载力进一步增强。园区主要以机械制造、齿轮生产为产业定位，产业链条越来越明显。拥有2条总炉量20吨的热处理加工生产线，拥有各类翻砂铸造、石蜡浇铸、机械配件精深加工等生产厂家，拥有专业抛丸机械、起重机械设备和服务外包市场，拥有技术先进的齿轮加工检测设备平台等产业可配套要素，基本形成了从“金属铸件—毛坯铸造—抛丸处理（起重运装）—精深加工—热处理工艺—产品检测—产品形成”的一条龙产业链，品种齐全，条件优越，互补优势明显，新上合作项目配套空间非常广阔。

江苏合成齿轮有限公司厂区。　　　　　　　(合陈镇/供图)

【企业选介】 江苏合成齿轮有限公司　成立于2010年4月,主要生产加工、销售汽车变速器、后桥传动齿轮、中重型卡车和客车变速器总成、各种机械传动齿轮等。项目总投资1.2亿元,注册资本3000万元,计划用地60亩。

一期工程占地面积1.6万平方米,厂房建筑面积1.2万平方米,新上国内先进的热处理生产线、齿轮生产加工设备。多次被评为"江苏省优质产品""江苏省著名品牌""江苏省质量诚信AAA级品牌企业",在2020年新上机器人抓手生产线,总投资3032万元,提高了生产力和产品的合格率。

江苏康柏斯机械科技有限公司　公司由香港广佳集团公司投资创办,成立于2011年4月,位于园区昌合路南侧,跃进路以西,总占地面积80.23亩,建筑面积31320平方米,规划用电8000千伏,其中一期工程4000千伏。2020年3月为环保节约用电又投资了298万元的新能源设备,为企业节约了用电成本。项目总投资2998万美元,折合人民币1.95亿元,其中注册资本1200万美元。已有三批注册资本累计到账815万美元,折合人民币5297.5万元。公司经营范围主要是研发、设计、生产机械零部件、工装夹具、模具、汽车用精铸毛坯件和驱动桥总成。产品主要与美国伊顿电力设备有限公司等5家世界500强上市公司配套,50%销往美国和欧洲,50%销往国内。

(陈　超)

## 兴化市竹泓木船文化产业园

【概况】 兴化市竹泓木船文化产业园位于古镇竹泓,是典型的四边环水、地势低洼的水乡泽国。水运交通便利,木船制造业十分发达,至今已有一千多年历史。2008年,兴化市竹泓木船制造技艺被正式列入第二批国家级非物质文化遗产名录。园区始建于2013年,一期规划面积600亩,二期规划面积900亩。

园区现已成立兴化市竹泓木船行业协会,实现统一规范的自治管理。2021年底,园区有规范化厂房二十多幢,从业人员310多人,其中木工技师100多名,国家级非遗传承人1名,市级非遗传承人2名,江苏名匠2名,乡土人才4名,泰州工艺美术员5名,船舶工程类专业人员10名,电焊工28名,电工5名,安装工32名等。拥有大型锯木加工场2个,中型锯木加工设备9台。生产设备包括小型带锯机、红外线单片锯、刨床、电钻、电锤等辅助工具1000多个,生产木船品种42种。建设各类网站、网店300多个,网店专业人员达100多人,开展B2B、B2C、O2O等多种电子商务交易模式,产品90%通过电子商务平台进行销售。

当前进驻竹泓木船产业园区的企业有21家。园区与南京林业大学、扬州大学、常州工学院等高校签订了战略合作协议。2021年,全镇木船企业开票销售3亿元,总交易额近8亿元,年制造各类木船10000余条,其中最大木船长30米。竹泓木船获得了来自全国十多个省市,以及日本、荷兰、德国、柬埔寨、新西兰等国家的大量订单。

【企业选介】 兴化市永干木船制造有限公司　位于江苏省兴化市竹泓镇木船产业园区内,主要生产木船、画舫船、电动画舫船、餐饮画舫船、大型双层画舫船、宾馆住宿船、乌篷船、景观木船、景观帆船、海盗船、仿古木船、古代游船、古船、古代战船、影视道具船、欧式木船、威尼斯贡多拉船、大型旅游观光机动船、桅杆风帆篷布纤夫船、竹帘竹席摇橹观光船、休闲钓鱼小划船、鱼鹰船、河道垃圾清理环卫船等。

兴化市殿宝木船制造有限公司　位于兴化市竹泓镇。公司以祖辈独特的制作工艺专业生产传统木船、大型影视道具船、画舫船、景观木船、欧式木船,公司生产的木船外形古朴典雅、美观大方,轻巧灵敏而又坚固耐用,以老龄杉木为主要原料,此杉木材质结实、有韧性,辅以铁钉、麻丝、石灰、桐油等,所造之船吃水浅、浮力大,能载重。木船制作从选料备料到断料、配料、破板、分板、拼板、投船、打麻、油船等有十多道工序,均为手工操作,工艺相当复杂,工序多,工艺难度大。

(徐晟龙)

## 宏观经济运行

**【概况】** 全市经济发展稳中向好。全年实现地区生产总值1020.94亿元，增长9.5%；一般公共预算收入46.16亿元，增长11.3%；完成固定资产投资324.32亿元，增长10.2%；城镇居民人均可支配收入48644元，增长9.4%；农村居民人均可支配收入25835元，增长11.3%。工业经济克难求进。实现工业开票销售1012.09亿元，增长26.8%；规上工业产值828.76亿元，增长33%；新增规模以上工业企业137家；建筑业总产值突破600亿元，入库税收6.06亿元。现代农业提质增效。全年粮食面积243.4万亩，建设高标准农田6.5万亩，高效节水灌溉1500亩。粮食总产24.87亿斤，生猪存栏19.16万头、出栏30.37万头；新增家庭农场260家，农业规模经营比重达63%。服务业加速发展。实现第三产业增加值482.17亿元，占GDP比重47.2%，提高1.1个百分点；社会消费品零售总额295.77亿元，增长23%。新增规模以上服务业企业26家、限额以上批零住餐企业324家。规上服务业固定资产投资61.98亿元，增长10.3%。实际利用外资2.24亿美元，增长32.9%。

**【经济社会发展调研】** 市发改委编制《兴化市国民经济和社会发展第十四个五年规划和二〇三五年远景目标纲要》和《关于兴化市2020年国民经济社会发展计划执行情况和2021年国民经济社会发展计划（草案）的报告》，经市第十六届人民代表大会第五次会议审议批准。定期对全市国民经济计划完成情况进行跟踪监测分析，形成各季度经济形势分析报告和《关于全市2022年经济社会发展初步思路的调研报告》。加强对国际国内宏观政策、经济运行形势的研究分析，形成了《关于当前宏观经济形势和周边地区发展态势的调研报告》《关于兴化市服务业发展情况的调研报告》《关于全市优化营商环境的调研报告》等调研文章。

**【目标分解考核】** 市发改委将《2021年政府工作报告》《国民经济社会发展计划报告》中的目标任务分解到各部门单位。制定2021年度市政府为民办实事项目，并定期开展督查。

**【改革创新】** 市发改委起草《中共兴化市委全面深化改革委员会2021年工作要点》和《兴化市改革创新奖评选办法（试行）》，牵头督查各项改革任务完成情况，承担市委深改委日常工作。牵头编制2021年度市级机关部门、乡镇政府投资项目建设计划，对其中2000万元以上的重大项目，提交市委常委会审核。全年共审批政府投资项目384个。

（王学伟）

## 财　政

**【概况】** 兴化市一般公共预算收入完成46.16亿元，占预算的106%，同比增长11.3%。其中，税收收入完成36.22亿元，占预算的101.4%，同比增长12.7%。税收占一般公共预算收入的比重为77.96%。兴化市一般公共预算支出完成124.94亿元，同比增长8.87%。其中：教育、科技、文化、社会保障、医疗卫生、环境保护、农业、交通和住房保障等民生及社会事业支出100.36亿元，占一般公共预算支出的80.33%。兴化市2021年度财政重点工作考核受到省财政厅表彰。市财政局被省财政厅、人社厅联合评选为全省财政系统先进集体，被评为省文明单位。局党组十年来第九次被兴化市委表彰为先进基层党组织。

**【新冠疫情防控和经济发展】** 市财政局做好疫情防控财政保障。根据防控需要，筹集安排各类资金1.28亿元，确保物质保障。推进减税降税，为282家中小企业、个体工商户减免疫情影响期间房租148.53万元，新增减税降费超4.2亿元，办理留抵退税1.24亿元。成立江苏省首支县级乡村振兴基金——走泉（兴化）产业投资基金，规模3亿元。争取新增政府债券资金14.9亿元。推动“3＋N”产业体系建设，兑现科技

2021年4月27日，江苏省首支县级乡村振兴投资基金——疌泉(兴化)乡村振兴投资基金成立。 (市财政局/供图)

创新、工业经济、开放型经济等扶持政策1.91亿元，推进制造产业数字化、智能化发展，支持专精特新型企业和商贸服务业发展。全年为企业发放贷款2.09亿元、帮助企业转贷资金10.62亿元。

**【民生保障】** 市财政局支持乡村振兴，全年安排支农支出15.93亿元。推动基础设施建设、特色田园乡村创建、区域公共品牌推介、农业面源污染防治等项目。加大社会保障体系建设，全年安排社保支出46.39亿元，同比增长19.87%，提高普惠性养老、卫生服务及城乡低保、特困补助、残疾人补贴等保障水平，支持群众充分就业、技能提升和创业致富。推动社会事业发展。全年教育投入15.41亿元，提高中小学教育，推进职业教育发展。加强应急力量体系建设，全年安排安全保障投入4397万元。

**【"三大攻坚战"财力保障】** 围绕打好三大攻坚战的决策部署，统筹资金资源，持续压降债务规模和债务率，坚决遏制新增隐性债务，做好总量与成本"双控"工作。支持乡村振兴，全年投入1.94亿元保障村级组织运转。落实政府采购脱贫攻坚政策，完成采购订单149笔，金额83.49万元。做好重点优抚对象和困难群众帮扶慰问，发放慰问金874.2万元，惠及63008人。投入1.68亿元，用于环保、污染防治建设。

**【财政改革】** 加大财政重点领域改革攻坚力度，着力破解发展难题。推进预算管理一体化系统建设，加强预算支出项目管理。通过直达资金监管系统，加强直达资金分配和使用管理，提高资金使用效益。制定出台基本公共服务领域市与乡镇共同财政事权和支出责任划分改革方案，逐步建立权责清晰、财力协调、区域均衡的市与乡镇财政关系。推进绩效管理改革，市级部门支出均设立绩效目标，对绩效目标实现程度和预算执行进度实行"双监控"。加强政府投资项目管理，全年工程项目结算核减率6.7%。提升国资国企管理，全年国企改革任务完成进度80%。强化国有资产管理，成功上线"资产云"管理系统和兴化市经营性资产信息平台，抓好保障性住房资产入账，共排查登记住房659套，面积32801.78平方米。

(徐 源 蔡楚昭)

## 税 务

**【概况】** 市税务局聚焦税收主责主业，严守组织收入纪律，加大预算目标的沟通协调力度，完成调整后一般公共预算收入目标。2021年被表彰为泰州市先进基层党组织，戴南分局党支部被表彰为全省税务系统首批示范党支部。全年累计组织各类收入102.89亿元，同比增长19.69%。其中：税收收入完成64.86亿元，同比增长12.63%，折合地方一般公共预算收入36.22亿元，同比增长12.7%，增幅跃居泰州第二；社保非税和其他收入累计完成38.02亿元，同比增长34.03%。

**【减税降费】** 市税务局落实减税降税政策，全年累计办理出口退税5.2

2021年4月13日，市税务局临城分局税务干部走访顶级手套公司，纾解企业发展难题。 (市税务局/供图)

亿元，同比增长58.02%；办理其他各类退税5.49亿元，同比增长31.55%；研发费用加计扣除2.79亿元，扣除户数和金额同比分别增长100%、79%；制造业中小微企业专项缓缴1.76亿元；办理增值税增量留抵退税2.48亿元，同比增长57.95%；各类非税收入优惠政策减免1.3亿元，有力纾解企业发展难题。共享纳税信用等级信息2420条，“税银互动”为诚信企业通过授信额度2543.8万元。

**【征管改革】** 市税务局落实中办、国办印发《关于进一步深化税收征管改革的意见》，成立《意见》落实领导小组及其办公室，下设7个工作组，建立6项工作制度，加强5个团队建设，细化分解改革任务27项。平稳推进城镇垃圾处理费等4项非税收入职责划转，排污权出让收入、行政事业性城镇垃圾处理费等取得征收成效。推动人社“一体化”系统和税务系统切换工作，税务、人社、医保联合征缴大厅实现“进一个厅、办多家事”，社保费征收工作加快融入税费一体化征管服务体系。

**【营商服务】** 开展“便民办税春风行动”“春雨润苗”专项行动，组建12345“一企一策”等专业化税费服务团队，招募税费服务体验师暨办税服务顾问团，推进“税援团”联动快反工作机制和改革创新项目。围绕便利纳税人缴费人实践创新，制定“线上办税一揽子提升”计划，江苏税务App推广覆盖率和业务活跃度稳居全省前列，“不见面”审批服务比例达93.07%，综合评价全国电子专票推行情况排名泰州第一。

2021年4月1日，“税援团”成立暨第30个全国税收宣传月启动仪式。

（市税务局/供图）

**【税费征管】** 市税务局加强风险应对团队建设，开展大数据应用培训、优秀案例评选和风险分析建模，推行风险应对提示提醒策略，97%的任务将风险消除在案头和自查阶段，全年风险应对总成效7.27亿元，入库成效4.24亿元，户均成效同比增长48%，单户成效高达1.59亿元，应对总成效、入库成效、成效贡献率考核指标均排名泰州市第一。开展所得税汇算清缴，企业所得税汇缴面达99.63%，净补税2.06亿元；个人所得税综合所得、经营所得汇缴完成率分别达96.08%、96.29%，均居泰州市第一；完善股权转让完税凭证查验机制及链条式管理流程，入库个人所得税同比增长22.66%。落实土地增值税“1+N”管理制度，完成房地产清算审核项目13个。开展环保税联合征管，征收扬尘环保税1216.5万元，复核环保税数据286户次。强化税费一体化管理，城乡居民养老保险续保率91.42%，城乡居民医疗保险续保率99.82%，均排名泰州第一。

（赵 勇）

## 国有资产监督管理

**【概况】** 截至2021年底，兴化市纳入财政部行政事业性国有资产报告编报范围的行政事业单位共508家，其中，行政单位88家，事业单位420家，资产总额233.54亿元，负债总额57.11亿元，净资产176.43亿元。纳入全市企业（不含金融企业）国有资产统计年报的共有34家，资产总额987.69亿元，负债总额599.93亿元，所有者权益387.76亿元。

**【资产调处与经营】** 落实国家“六稳六保”优惠扶持政策，全年为中小微企业和个体工商户减免租金131.73万元。监督国有企业重大资产投资项目，推动经营性资产集中统一监管，对96处经营性资产及住建、交通等部门监管企业划入市属国有企业。落实全市经营性国有资产向社会公开招租工作，全年国有资产出租372处，年租金1962.36万元。落实国有资本经营预决算，预算收入为15290万元，其中兴化市城市建设投资有限公司7328万元、兴化市经济发展有限公司1693万元、兴化市东南城市建设有限公司5893万元。

**【行政事业资产监管】** 市国资办出台《兴化市行政事业单位国有资产管理内部控制制度》等系列文件制度，初步形成国有资产“综合管理部门监督、主管部门管理、产权单位使用”的分级管理框架。2021年10月，在全市范围内推广“资产云”监管平台，形成资产的全生命周期管理。

**【国有企业资产监管】** 市国资办印发《兴化市国企改革三年行动实施方案（2020—2022）》，截至年底，三年行总任务量完成80.02%。深化国资国企改革，成立市国有资产事务服务中心。完成16名市属国有企业工作人员公开招录,市文旅公司市场化招聘1名经营性副总,推动35家子企业经理层任期制和契约化改革,完成76家全民所有制企业公司制改革。提升国企信用等级,市文旅公司获得AA信用评级,实现市属企业AA信用评级全覆盖。

(朱美华　周浩华)

# 价　格

【价格改革】 健全公用事业价格改革,贯彻落实国家和省清理规范城镇供水供电供气供暖行业收费、促进行业高质量发展要求,坚决取消不合理收费。推进能源价格改革,深化燃煤发电上网电价市场化改革,推动工商业用户全部进入电力市场,按照市场价格购电。优化完善居民天然气阶梯价格政策,扩大居民阶梯气量,降低群众燃气费支出,合理制定配气价格。深化城镇供水价格改革,巩固深化农业水价综合改革成果,调整乡镇自来水到户水价构成,阶段性降低服务企业用水价格,推进城乡一体化供水,实现城乡供水价格构成统一。

【价格管理】 强化计划管理和定额管理,落实城镇居民定额累进加价制度。推进工业企业"亩均论英雄"改革,促进产业创新和转型升级,引导企业绿色高效发展。

(余有广)

# 市场监督管理

【概况】 市市场监管部门围绕奋力夺取疫情防控和经济社会发展"双胜利"总体要求,各项工作取得新成效。全局被江苏省精神文明建设指导委员会命名表彰为"2019—2021年度江苏省文明单位"。消费者权益保护、质量提升、标准、知识产权、特种设备安全监察、疫情防控工作被泰州市市场监督管理局表彰为"全市先进单位",疫情防控专项工作被泰州市委组织部、人社局及时奖励记集体三等功。食品经营安全监督管理科被省食安委表彰为"2021年度食品安全工作先进集体"。周庄分局被江苏省精神文明建设指导委员会命名表彰为"2019—2021年度江苏省文明单位"。推进城区农贸市场政府回购,完成城西、长安、金花园、嘉鸿4家农贸市场资产评估,做好北水关农贸市场整体拆除和经营户搬迁安置。包保牵头的农贸市场等重点场所和"七小行业",顺利接受全国文明城市创建实地测评。开展市场主体诚信教育系列活动,加大诚信经营宣传教育力度。组织开展各类专项整治行动,引导企业履行主体责任,倡导合法诚信经营理念,规范企业经营管理行为。

【高质量发展】 市市场监管局牵头负责高质量发展考核指标3项,其中高质量发展共性指标2项(每10亿元地区生产总值发明专利拥有量排名泰州第六位、食品安全水平指标排名泰州第四位),高质量发展个性指标1项(推进幸福泰州建设),排名并列泰州第一。

## 商场秩序管理

【"双随机、一公开"监管】 推进"双随机、一公开"执法监管模式,建立健全以"双随机、一公开"监管为基本手段、以重点监管为补充、以信用监管为基础的新型监管机制,实现系统内部"双随机、一公开"监管全覆盖常态化、食品药品特种设备等重点领域监管全覆盖,对通过投诉举报、转办交办、数据监测等发现的具体问题进行有针对性的检查,对发现的问题线索依法依规处理。推进市场监管领域跨部门联合抽查工作,省市场监管信息平台登录率、职能部门认领率均达到100%,实现双随机抽查工作在市场监管领域相关部门的全覆盖。

【广告监管】 全市共有各类广告经营企业104家,相关从业人员321人,广告经营额2612.7万元。贯彻习近平总书记关于"广告宣传也要讲导向"的重要指示精神,开展违法违规商业营销整治行动,通过"逛兴化"和"兴化微视听"微信公众号发布规范商业营销宣传提醒告诫书105条次。召开重点传统媒体和互联网企业负责人参加的行政约谈会,强化广告审核,严把广告发布关。组织开展2021省第八届"紫金奖"暨泰州市优秀公益广告作品征集活动,12家广告经营单位获奖。组织重点广告企业参加贯标培训。开展疫情防控、非法集资、商业营销、建党百年、护苗助老等重点广告整治活动,监测疫情广告234条次、排查金融活动广告线索14条,发放《行政告知书》136份,立案查处虚假违法广告23件、限期改正违规广告3条。

【消费维权】 围绕"守护安全 畅通消费"消费维权年主题,举办"3·15"系列活动,解读年主题、评选2020年度维权工作典型案例、发布消费投诉举报热点,组织假冒伪劣商品集中销毁,通过融媒体发送市场监管、消费维权、打假治劣活动剪影等,强化消费维权实绩宣传。全年受理各类咨询投诉举报8481件,按时办结率100%,为消费者挽回经济损失255.03万元。加强消费维权教育引导,举办各类消费讲座、培训、座谈及宣传咨询服务活动18场次,发布消费警示提示10次。疫情防控期间,对大型超市开展行政约谈,增强企业诚信经营意识。

【放心消费创建】 召开兴化市放心消费创建活动推进会,22家单位获放心消费创建先进单位。顺利迎接泰州年度放心消费创建督查。开展美丽乡村放心消费创建活动,培育上报12家美丽乡村放心消费示范点。省市场监管局摄制团队对千垛镇东罗村开展美丽乡村放心消费专题片拍摄。开展兴化市"美丽乡村·放心消费"创建活动启动仪式,向12家美丽乡村放心消费创建村12315维权服务站授牌。

【消费环境建设】 在"3·15"消费者权益日等重点节日期间开展消费知识宣传。开展老年消费维权专题宣讲活动,走进3个社区,参与群众750

余人，发放宣传材料750余份。联合江苏兴化农村商业银行到大邹镇兴盐村开展消费维权宣传讲座活动，参与村民110人。在开发区中心校、文林小学等4所学校开展食品安全和消费维权培训，参加学生1490人。召开线下实体店无理由退货活动推进会，在全市商贸流通实体零售企业推行“线下实体店无理由退货”承诺，将承诺内容及有关统一标志标识以标注、张贴、悬挂、摆放等形式进行公开展示，参加线下实体店无理由退货活动商家达223家。

【农贸市场监管】 组织城区11个农贸市场和2个批发市场主要负责人和管理人员，从市场周边秩序管理、消防管理隐患排查、病媒生物防制、市场主办者应当履行的法定义务、市场内秩序管理五个方面进行全面教育培训，提高农贸市场管理建设水平，培训人员190人次。联合卫健委开展农贸市场卫生集中整治周，累计清运垃圾80吨，发放灭鼠药15公斤、灭蟑药2900袋，并对部分农贸市场增补防鼠网。按照常态化疫情防控工作要求，加强农贸市场疫情防控督查，提高市场防疫意识和管理水平。开展江浙商业广场专项整治。联合商务局、消防应急救援大队，多次对城区11个农贸市场进行消防安全专项检查。

【水产品批发市场整治】 召开全市水产品经营秩序监管会议，对安丰国蟹、永丰河蟹和合陈、龙腾、渭水河等水产品批发市场进行专项检查，出动执法人员245人次，抽检水产品经营户1187户，抽检螃蟹50批次，检测计量器具195台，开展消费调解9次。开展专项执法检查，检查水产品交易市场12家、农贸市场34家、螃蟹经营户345家。开展长江禁渔专项整治行动，检查批发市场、农贸市场、商超和餐饮单位4360家次，未发现非法渔获物。

【特种设备安全监管】 贯彻“管行业必须管安全、管业务必须管安全、管生产经营必须管安全”要求，强化特种设备安全监管，完善特种设备智慧监察云平台数据，推行特种设备信用分类监管，规范起重机安装作业，推进老旧小区电梯改造，以“保安全、迎华诞”安全生产百日攻坚行动为抓手，开展特种设备安全专项整治行动，排查隐患361条，下达指令书142份，立案查处违法案件55件，实现隐患全部整改闭环。市特种设备安全生产专业委员会每季度召开一次工作例会，组织相关成员单位开展联合检查，督促特种设备使用单位落实安全主体责任，签订安全承诺书，制定适合企业安全运营的特种设备安全管理制度和应急预案，及时发现和处理安全隐患。加强游乐设施隐患排查，保证现场作业人员持有效证件、游乐设施检验合格、座舱舱门锁紧装置有效，督促使用单位设置显著警示标志，在进出口设有显著的乘客须知和身高标尺等安全标志。以“落实安全责任，推动安全发展”为主题，到重点乡镇和企业开展“百团进百万企业千万员工”特种设备安全生产专题宣讲，共计240余人参加宣讲会。开展特种设备安全知识宣传，组织特种设备安全知识“五进”活动12场次，专题讲座2场次，电梯应急救援演练1次，气瓶应急演练1次，联合中油燃气公司组织开展天燃气管道突发事故救援演练1次，组织开展新《中华人民共和国安全生产法》学习2次，参与学习150人次，发放特种设备安全宣传材料2万余份。强化特种设备监察人员业务技能培训。组织执法人员参加特种设备安全监察人员“千人培训”知识更新培训班，参加特种设备安全监察员B证学习，取得特种设备监察员A证3人、B证1人。

## 质量强市

【重点工业产品质量安全监管】 组织开展电线电缆、电动自行车及配件、汽油柴油、埋地管材、农资、食品相关产品等重点工业产品质量专项整治，组织完成本级监督抽检40余批次，不合格2批次，省级以上工业产品监督抽查产品质量合格率达95%。

【质量品牌建设】 按照《祥泰·品质药房建设规范》创建要求，围绕店堂环境好、疫情防控好、药学服务好、经营管理好、诚信守诺好的“五好”标准，评选出“祥泰·品质药房”（兴化）五星级1家、四星级3家、三星级6家。全市16家品牌建设先进单位获得江苏省、泰州市表彰。

【标准化建设】 发挥引领作用，组织相关企业参与制修订国家标准7项、行业标准9项、团体标准2个。引导企业实施“标准化+”战略，组织江苏威鹰机械有限公司等8家企业20个专利申报泰州市专利标准融合创新企业。申报战略性新兴产业标准化试点项目1个。创成标准化良好行为企业7家。截至2021年底，全市共223家企业自我声明现行有效标准728项，涵盖979种产品，其中国家标准28个、行业标准13个、企业标准686个。

【诚信计量建设】 开展农贸市场计量器具统一配置、统一管理、统一检定、统一轮换、统一维修“五统一”规范化管理，开展工业气体充装站、粮食收购企业强检计量器具和能效水效标识产品计量专项监督检查，强化加油站计量监督和工业企业计量基础管理，通过国家计量检测体系确认1家、省级计量保证确认1家，新建工业企业量值传递用最高计量标准器3项，2家重点用能企业获得“江苏省能源计量示范单位”表彰。

（余友银）

# 审　计

【概况】 年内，审计（调查）32个项目单位，其中财政预算执行审计项目8个、专项资金审计（调查）项目3个、经济责任审计项目11个、资产负债损益审计项目4个、自然资源资产审计项目1个、上级审计项目5个，查出各类违纪违规金额4400万元，管

2021年度泰州市“诚信单位”名单

表15

| | |
|---|---|
| 泰州市银星广告有限公司 | 兴化市贤人米业有限公司 |
| 江苏悦兴药业有限公司 | 江苏省放心消费示范单位 |
| 兴化市戴南富康家电城 | 江苏银行股份有限公司兴化支行 |
| 江苏华安保安服务有限公司 | 江苏省放心消费先进单位 |
| 兴化市镕镕上海吴良材眼镜加盟店 | 江苏光明天成米业有限公司 |
| 中科泰检测(江苏)有限公司 | 兴化市朋缘水产有限公司 |
| 泰州宏轩不锈钢制品有限公司 | 江苏省放心消费美丽乡村 |
| 泰州市实强机动车交易有限公司 | 兴化市千垛镇东罗村 |
| 兴化新城吾悦商业管理有限公司 | 泰州市品牌消费集聚区示范单位 |
| 兴化市沙沟古镇旅游服务有限公司 | 兴化吾悦广场 |
| 兴化市新时代网络科技有限公司 | 泰州市放心消费示范企业 |
| 泰州市振华路桥工程建设有限公司 | 兴化市耘垛旅游管理有限公司 |
| 兴化新奥燃气有限公司 | 兴化市凯撒名品服饰店 |
| 兴化市朋缘水产有限公司 | 泰州市放心消费先进企业 |
| 江苏绿阳温室设备有限公司 | 中国电信股份有限公司兴化分公司 |
| 兴化乐为通讯设备有限公司 | 中国移动通信集团江苏有限公司兴化分公司 |
| 交通银行股份有限公司泰州兴化支行 | 兴化市海通金鼎汽车销售服务有限公司 |
| 创璟农业装备集团有限公司 | 江苏吉得利食品有限公司 |
| 泰州市平民大药房有限公司兴化市周庄店 | 江苏德耀食品有限公司 |
| 兴化市惠泽百姓大药房有限公司憧憬分公司 | 生活帮(江苏)家居用品有限公司 |
| 兴化市海通金鼎汽车销售服务有限公司 | 泰州市金玮源商贸有限公司 |
| 江苏光明天成米业有限公司 | 兴化市容鼎集成吊顶经营部 |
| 兴化市汇通广告有限公司 | 兴化市奔飞酒业商贸有限公司 |
| 兴化市幸福蓝海影院有限责任公司 | 兴化市莎羽水产品有限公司 |
| 兴化市清风餐饮管理有限公司 | 泰州骏景餐饮管理有限公司 |
| 兴化市鑫润温室设备配件有限公司 | 兴化市元镕上海吴良材眼镜加盟店 |
| 江苏省放心消费诚信品牌企业 | 泰州市银星广告有限公司 |

兴化市2021年“江苏精品”认证企业名录

表16

| | |
|---|---|
| 江苏兴达钢帘线股份有限公司 | 兴化市联富食品有限公司 |
| 江苏新宏大集团有限公司 | 兴化市兴隆餐饮管理有限公司 |
| 兴化市大地蓝绢纺有限公司 | 兴化市双超鸭田稻米专业合作社 |
| 江苏光明天成米业有限公司 | 江苏侨力电气成套设备有限公司 |
| 江苏万家福米业有限公司 | 泰州市市长质量奖 |
| 江苏红膏大闸蟹有限公司 | 江苏申源集团有限公司 |
| 兴化市朋缘水产有限公司 | 江苏锁龙消防科技股份有限公司(提名奖) |
| “泰州品质”认证企业 | 江苏省质量信用AA级 |
| 麦肯嘉顿(江苏)食品有限公司 | 江苏海宇机械有限公司 |
| 江苏海宇机械有限公司 | |

理不规范金额53.93亿元,为各级领导提供审计报告、要情、信息78篇。

**【政策跟踪审计】** 市审计局结合审计项目与重大政策措施落实情况跟踪审计融合,聚焦发展堵点、民生痛点、舆论焦点,提高“融合式”“嵌入式”审计占比,找准政策跟踪审计与具体项目融合的切入点,实现跨类别由“平行”向“交叉”发展、跨项目由“相加”向“相融”演进。在实施2020年生态环境保护专项资金绩效、2020年政府债券发行使用情况、2018—2020年省级战略性新兴产业发展专项资金3个专项审计;实施政府债务和隐性债务风险防范情况专项审计、关注兴化市2020年全年政府债券发行使用情况,助力打好打赢防范和化解金融风险攻坚战,呵护区域经济金融生态环境。

**【财政预算执行审计】** 市审计局实施市本级财政预算执行审计,对市本级财政数据以及全市一级预算单位财务数据进行全覆盖分析,重点关注生态环境保护政策落实、债券资金使用、战略性新兴产业发展专项资金绩效、“放管服”改革进展、再就业政策落实等监督,指出5个方面43类74个问题,并从强化财政预算管理、规范资金资产管理、落实整改主体责任等3个方面提出审计建议。《审计报告》得到市委审计委员会第五次会议、市人大十六届常委会第三十八次会议、市政协十三届常委会第二十九次会议的肯定。

**【经济责任审计】** 推进地方党政主要领导干部经济责任与自然资源资产同步审计,实现审计资源、审计内容整合,2021年共实施领导干部经济责任审计项目11个。审计过程中,从经营管理权和资金使用权的行使情况,推动审计工作由违纪违规审计为主向管理和绩效审计与违纪违规审计并重转变,注重对资金使用、政策执行等效果的监督和评价,全年经济责任审计中移送问题线索4件。

**【固定资产投资审计】** 市审计局以推动“稳投资”政策落实、深化投融资体制改革、规范工程建设和管理为目标。2021年共完成固定资产投资审计项目133个:工程决(结)算审计110个、资产评估审计21个、财政支农项目2个。另实施得胜湖旅游度假区、洋汉荡退渔还湖、水上运动训练基地、市区域供水镇村管网改造、2021年度老旧小区改造等15个重点建设工程的跟踪审计监督,节约财政投资8600万元。审计资金总额42.76亿元,核减(或调整预算)总额1.07亿元。

**【社会保险基金审计】** 摸清全市社会保险基金收入、支出、结余规模,揭示基金使用管理和相关政策执行中的突出问题和风险隐患,并就审计发现问题及时沟通,督促其即审即改。累计追回不符合资质的被征地农民补助15.64万元、跨省重复领取养老保险资金5.45万元,推动前期未参保的7名重残、特困重点人群及时纳入基本养老保险。

**【兴化市生态环境保护治理及专项资金使用情况审计调查】** 市审计局根据深化改革工作部署,走访调查10多个市级主管部门和14个乡镇(街道)、开发区,核查生态环境类指标完成情况、重点环境问题整改落实情况,以及污水设施建设、垃圾处置等生态环境保护治理专项资金的管理使用情况。累计查出违规金额16.01万元,管理不规范金额1002.69万元,报告反映问题18个,撰写审计要情4篇,获兴化市委书记批示2件次、市长批示3件次。

**【审计整改及成果运用】** 市审计局坚持一手查问题、一手抓整改,切实提高审计成果利用。12月15日,协调召开市委审计委员会第六次会议,会议审议通过“同级审”整改情况报告;12月30日,任市政府常务副市长代表市政府向市十六届人大常委会第四十四次会议报告审计整改情况。截至2021年12月底,盘活闲置国有资产17处、入库非税收入及政府性基金1.53亿元、清理存量资金0.51亿元、清收欠缴的资产租金250.66万元、追缴医保和养老保险金150万元、收回国有企业各类出借资金本息2.04亿元,建立和完善各类管理制度25项。

**【阳光审计】** 进一步增强审计工作透明度,扩大审计影响力,树立审计权威性,保障上级领导和广大人民群众对审计工作的知情权、参与权和监督权。2021年选取了兴化市2020年度本级财政预算执行和其他财政收支审计、兴化市2020年基本养老保险基金审计、兴化市2020年基本医疗保险基金审计、兴化市经济开发区2020年度财政预算执行和其他财政收支审计、兴化市昭阳街道办事处2020年度财政预算执行和其他财政收支审计、兴化市垛田街道办事处2020年度财政预算执行和其他财政收支审计等6个审计项目向社会公布审计结果,提高审计成果转化的参与度和贡献度。

(高　逸)

## 统　计

**【概况】** 市统计局贯彻落实中央关于统计工作的《意见》、《办法》、《规定》。2021年度兴化市统计局作为全省唯一的县级统计局代表在全省统计工作大会作创新工作交流。连续两年荣获泰州统计工作综合考核一等奖,被评为市综合考核十佳标兵单位。局机关荣获“全市政务信息工作先进单位”“全市文明创建工作先进单位”“兴化市全民阅读先进集体”“全市档案工作先进集体”等荣誉。局党支部荣获“先进基层党组织”“组织党员回社区服务先进部门”称号。全年共推送各类党史学习教育材料90多篇,工作动态信息55篇,其中18篇工作宣传报道分别获学习强国、人民日报网站、《中国信息报》、新华日报江苏24小时交汇点、中国网、央广网、市县领导决策网等主流媒体平台刊登报道。市统计局保障统计数据质量,确保统计数据真实可信,让数据归真。健全联席会议机制,市政府每月牵头召开部门统计联席会议,加强对经济形势的分析研判,共同会商推进措施。建立综合执法机制,按照《统计执法监督检查办法》和统计“双随机”执法检查工作要求,实行全过程记录执法,组织专业力量对全市18家企业开展统计执法检查,提高统计源头数据质量。抓牢监督预警机制,建立规上工业、服务业、建筑业等专业数据审核预警机制,加强重

2021年9月29日,市统计局举办第二期统计干部能力提升培训班。

(市统计局/供图)

2021 年 5 月 19 日，举办全市投资统计培训会。图为会议现场。

（市统计局/供图）

点时段、重点行业、重点数据监测分析，互动联审，报数期间“一日一监测一汇总一分析”。组织对省局公示的失信企业进行点对点，面对面“一站式”现场服务指导，帮助企业修复信用。国家统计督察、省局执法处理的 22 家企业《行政处罚告知书》《行政处罚决定书》已处罚终结。强化“四库联动”机制，将名录库、项目库、培育库、执法库四库整合联合，加强部门间数据比对监测，确保同向发力，应统尽统。用好定期通报机制，加强与电力、税务、商务、工信等部门的沟通对接，及时发函预警，全年共发函提醒 130 余次。夯实统计基层基础建设。市统计局领导分组带队赴各乡镇实地督查，对基层队伍建设和基础设施配备情况进行检查，逐一核定人员、岗位、职责，确保统计双基健康稳定。新招录一名公务员，两名中层干部提拔，任内设科室负责人，两名领导干部分别晋升为四级调研员、二级主任科员，稳定统计队伍。年初选派两名优秀中层干部分别赴省局、泰州市局跟班学习，加大统计培训力度，采用“走出去”“进高校”“微讲堂”等形式，举办综合统计能力提升班及专业统计业务培训班。组织学习交流活动，借鉴先进地区经验，加强工作交流，开拓统计视野。

**【“统计监测”】** 市统计局提升优质统计服务水平，强化统计数据监测分析，每月的 8 日、20 日定期向市委、市政府主要领导报送《主要经济指标完成进度月报表》，为“两高”监测提供统计保障。推进年定报工作，落实统计调查方案，组织实施季度营商环境满意度调查、基本公共服务满意度调查、高质量公众评议调查等工作。市统计局支持乡村振兴，全年合作社入库突破 110 家，稳居全省第一。全年共撰写统计分析 107 篇、统计信息 333 篇。其中 2 篇信息获国家统计局网站采用，2 篇信息获中国报全文刊登报道，5 篇获省局网站采用，5 篇被泰州政府网采用，97 篇获泰州市局网站采用，38 篇被兴化政府网采用，18 篇信息分别获学习强国、新华日报江苏 24 小时交汇点、中国网、央广网等媒体平台报道。

**【统计创新】** 组织实施名录库、项目库、培育库、执法库“四库联动”机制，加强部门间数据比对监测，应统尽统。按照省统计局指导部署，助力乡村振兴，在农民专业合作社入库列统工作做到示范，全年合作社入库突破 110 家，稳居全省第一。市统计局制定“三三三”工作举措(紧抓“三动联合”，汇聚列统工作强劲合力；紧盯“三个环节”，明晰列统工作具体流程；紧扣“三个统一”，规范列统工作标准方法)在全省示范推广，获市“向上攀登红旗”奖和 2021 年度改革创新提名一等奖。

（张　丽）

## 科 技

**【概况】** 市科技局新认定国家高新技术企业78家，国家科技型中小企业607家、国家培育高新技术企业67家、省高新区瞪羚企业1家、泰州市瞪羚企业4家、研发经费投入占比2.01%、万家企业高企数286.97家，省农业科技型企业5家，新增省重点研发计划项目1项。全年开展产学研活动15次，新增科技合作项目36项，建立校企联盟8家，江苏兴达钢帘线股份有限公司——内收线可控恒张力钢丝捻制工艺技术研发及产业化应用项目获2021年度省科技奖励三等奖。

**【科技创新环境】** 市科技局组织企业申报省级科技计划项目，争取国家、省项目扶持、培育奖励、贷款贴息及后补助资金1122万元。根据全市"科技人才68条政策"，兑现2020年度科技奖励2762.1万元。出台《兴化市企业科技创新积分管理办法》《兴化市支持科技创新头部企业创新创优六条政策》。针对受疫情影响严重的科技型企业，加大科技贷款扶持力度，发放"苏科贷""兴科贷"贷款2.38亿元，孵化器入孵企业抗疫房租减免租金2.82万元。通过一系列的政策扶持，支持全市科技型企业复工复产。

**【高新技术产业】** 市科技局加强对产业和经济贡献度大的现有高新技术企业的服务，稳住高新技术企业队伍存量；组织高新技术领域成长性企业对标高新技术企业培育核心条件，强化入库培育，弥补弱项指标，加快申报培育。加强与乡镇(街道)、税务部门的协同，形成组织申报工作合力，新认定国家高新技术企业78家、国家科技型中小企业607家、国家培育高新技术企业67家，省高新区瞪羚企业1家(兴化市瑞银不锈钢有限公司)、泰州市瞪羚企业4家(江苏瑞仕达电气设备有限公司、江苏华东包装科技有限公司、江苏特味浓食品股份有限公司、江苏鸿泽不锈钢丝绳有限公司)。

**2021年度兴化市新增国家三部委认定高新技术企业一览表**

表17

| 序号 | 企业名称 | 序号 | 企业名称 |
|---|---|---|---|
| 1 | 江苏正美生态木业有限公司 | 12 | 江苏飞鸿体育设施材料有限公司 |
| 2 | 江苏昊星新材料有限公司 | 13 | 泰州市华阳体育器材有限公司 |
| 3 | 江苏飞月轴瓦有限公司 | 14 | 泰州新佑拓耐磨材料有限公司 |
| 4 | 江苏耐尔特电力设备科技有限公司 | 15 | 兴化市永盛电力器材有限公司 |
| 5 | 兴化市华圣电子有限公司 | 16 | 江苏渝鑫科技股份有限公司 |
| 6 | 江苏昊科液压制造有限公司 | 17 | 兴化市锐达建材机械有限公司 |
| 7 | 泰州市伟业机械制造有限公司 | 18 | 泰州霖达机械有限公司 |
| 8 | 泰州易威德电气有限公司 | 19 | 江苏奥宇合金材料有限公司 |
| 9 | 兴化市鑫翔机械有限公司 | 20 | 泰州润伟机械有限公司 |
| 10 | 兴化市华宇电子有限公司 | 21 | 兴化市永泰新材料有限公司 |
| 11 | 兴化市天和塑业有限公司 | 22 | 江苏顺翔管道设备有限公司 |

续表 17

| 序号 | 企业名称 | 序号 | 企业名称 |
|---|---|---|---|
| 23 | 泰州市露尔泰电热电器有限公司 | 51 | 江苏中鼎技术工程有限公司 |
| 24 | 泰州全得不锈钢有限公司 | 52 | 兴化市三强机械制造有限公司 |
| 25 | 江苏柯氏金属科技有限公司 | 53 | 江苏创泰特钢制品有限公司 |
| 26 | 泰州市骏前电热器材有限公司 | 54 | 江苏晶道新能源科技有限公司 |
| 27 | 江苏瑞仕达电气设备有限公司 | 55 | 兴化格林生物制品有限公司 |
| 28 | 江苏侨力电气成套设备有限公司 | 56 | 江苏兴野食品有限公司 |
| 29 | 泰州市天盛不锈钢制品有限公司 | 57 | 江苏双发机械有限公司 |
| 30 | 江苏亿达特种线缆有限公司 | 58 | 江苏优华达环保材料科技有限公司 |
| 31 | 泰州市吉强不锈钢制品有限公司 | 59 | 兴化市铁信电子工程有限公司 |
| 32 | 泰州市联顺机械有限公司 | 60 | 兴化市金牛机械铸造有限公司 |
| 33 | 江苏春海电热合金制造有限公司 | 61 | 科世茂机械设备(兴化)有限公司 |
| 34 | 江苏迈奇重工机械有限公司 | 62 | 江苏李工果蔬机械有限公司 |
| 35 | 江苏锦明再生资源有限公司 | 63 | 泰州永兴合金材料科技有限公司 |
| 36 | 江苏华杰不锈钢制品有限公司 | 64 | 兴化市东昌合金钢有限公司 |
| 37 | 江苏兆龙电气有限公司 | 65 | 兴化市远洋机械有限公司 |
| 38 | 江苏兴达钢帘线股份有限公司 | 66 | 泰州市欧克尔粉末合金制造有限公司 |
| 39 | 江苏申源集团有限公司 | 67 | 科威嘉尼(江苏)制冷设备有限公司 |
| 40 | 江苏恒大不锈钢精密铸造有限公司 | 68 | 江苏长鑫谊和生物质燃料有限公司 |
| 41 | 江苏红阳全月机械制造有限公司 | 69 | 兴化市鑫润温室设备配件有限公司 |
| 42 | 江苏凯宇不锈钢制品有限公司 | 70 | 江苏雨燕婴童用品科技有限公司 |
| 43 | 江苏星火特钢有限公司 | 71 | 江苏绿阳温室设备有限公司 |
| 44 | 江苏亚盛金属制品有限公司 | 72 | 江苏金达电热电器有限公司 |
| 45 | 泰州市慧通机械工程有限公司 | 73 | 泰州盈农温室工程有限公司 |
| 46 | 泰州市捷鑫机械设备有限公司 | 74 | 兴化市新土源基质肥料有限公司 |
| 47 | 泰州市苏阳不锈钢丝绳有限公司 | 75 | 崴思新材料泰州有限公司 |
| 48 | 江苏申隆锌业有限公司 | 76 | 泰州市春光生态农业发展有限公司 |
| 49 | 江苏合成齿轮有限公司 | 77 | 泰州市振亚机械设备有限公司 |
| 50 | 兴化市宇昊齿轮有限公司 | 78 | 江苏苏航船业集团有限公司 |

### 2021 年度兴化市国家高新技术企业培育库入库企业一览表

表 18

| 序号 | 企业名称 | 序号 | 企业名称 |
|---|---|---|---|
| 1 | 兴化市理新机械有限公司 | 9 | 兴化市冠群锌业有限公司 |
| 2 | 江苏万里鹏机械安装服务有限公司 | 10 | 江苏天易环保科技有限公司 |
| 3 | 江苏昊星新材料有限公司 | 11 | 兴化市天和塑业有限公司 |
| 4 | 泰州市伟业机械制造有限公司 | 12 | 兴化市华诚锌业有限公司 |
| 5 | 江苏昊科液压制造有限公司 | 13 | 泰州市华阳体育器材有限公司 |
| 6 | 兴化市龙盛机械制造有限公司 | 14 | 兴化市海斯美尔医疗器材有限公司 |
| 7 | 兴化市天泽汽车配件有限公司 | 15 | 泰州市中安金属制品有限公司 |
| 8 | 江苏朗森汽车电器有限公司 | 16 | 江苏飒雪制冷设备工程有限公司 |

续表 18

| 序号 | 企业名称 | 序号 | 企业名称 |
|---|---|---|---|
| 17 | 江苏地盈液压机械制造有限责任公司 | 43 | 兴化市华成机械制造有限公司 |
| 18 | 泰州新佑拓耐磨材料有限公司 | 44 | 泰州华航精密铸造有限公司 |
| 19 | 泰州市共展电气有限公司 | 45 | 兴化市锐达建材机械有限公司 |
| 20 | 泰州耀华工具有限公司 | 46 | 兴化市宏丰铝业有限公司 |
| 21 | 兴化市欧邦电器科技有限公司 | 47 | 兴化市维泰食品有限公司 |
| 22 | 江苏创世建筑工程有限公司 | 48 | 江苏合成齿轮有限公司 |
| 23 | 泰州荣达金属制品有限公司 | 49 | 江苏金利源印务有限公司 |
| 24 | 江苏亿达特种线缆有限公司 | 50 | 江苏兔创机械有限公司 |
| 25 | 江苏正通金属封头有限公司 | 51 | 兴化市永兴消防器材有限公司 |
| 26 | 江苏侨力电气成套设备有限公司 | 52 | 兴化市丽云机械铸造有限公司 |
| 27 | 江苏迈奇重工机械有限公司 | 53 | 麦肯嘉顿(江苏)食品有限公司 |
| 28 | 江苏宝昱莱特种集装箱制造有限公司 | 54 | 江苏晟辉温室设备有限公司 |
| 29 | 江苏辰枫电气有限公司 | 55 | 兴化市建设工程质量检测有限公司 |
| 30 | 泰州万阳自动化设备有限公司 | 56 | 中核(泰州)辐照科技有限公司 |
| 31 | 江苏昊博金属制品有限公司 | 57 | 江苏天禾温室科技有限公司 |
| 32 | 江苏佳华金属线有限公司 | 58 | 泰州市天润机械有限公司 |
| 33 | 兴化市金帆管业有限公司 | 59 | 江苏永捷电气有限公司 |
| 34 | 兴化市新华龙不锈钢制品有限公司 | 60 | 江苏金鼎消防科技有限公司 |
| 35 | 泰州市铭昊精密合金制品有限公司 | 61 | 兴化市丰华玻璃钢化有限公司 |
| 36 | 江苏圆圆特钢股份有限公司 | 62 | 江苏润阳工业炉有限公司 |
| 37 | 江苏希尔兴不锈钢有限公司 | 63 | 江苏汉迪诺网络科技有限公司 |
| 38 | 泰州荣立程精密机械配件有限公司 | 64 | 江苏彼欧亿塑料科技有限公司 |
| 39 | 江苏中昌金属制品有限公司 | 65 | 兴化市新土源基质肥料有限公司 |
| 40 | 永盈电热科技(江苏)有限公司 | 66 | 江苏杰峰建设工程有限公司 |
| 41 | 兴化市鑫杰船用设备有限公司 | 67 | 江苏江兴电力器材有限公司 |
| 42 | 泰州市尼康医用材料有限公司 | | |

**【科技载体建设】** 市科技局聚焦平台建设，打造高质量发展新高地。邀请省科技战略研究院的知名专家，协助高起点编制高新区总体发展规划和产业发展规划。克服疫情的不利影响，争取上级部门支持，牵头协调相关部门，召开专题会议，研究重大事项，解决关键问题，推进落实省级高新区创建各项工作，获批筹建江苏省高新技术产业开发区。

**【产学研合作】** 市科技局聚焦“三链融合”，提供高质量发展强智力。与大院大所、科技人才强化合作，提供高质量的科技供给，推动产业链、创新链、人才链互通互融。邀请专家到兴化调研指导，开展企业进高校院所技术交流洽谈，开展产学研活动 15 次，新增科技合作项目 36 项，建立校企联盟 8 家。

**【科技兴农】** 兴化市新增省农业科技型企业 5 家(兴化市东奥食品有限公司、江苏光明天成米业有限公司、江苏振亚生物科技有限公司、泰州市和平米业有限公司、兴化市盛和食品有限公司)。

**【科技项目】** 兴化市新增省重点研发计划项目 2 项，上争金额 1122 万元。

（徐　进）

## 知识产权保护

**【概况】** 全市新申请商标 5237 件，新注册 4717 件，新注册马德里国际商标 5 件，万企有效注册商标企业数 1105 户。全市发明专利授权量 119 件，有效发明专利 1467 件，万人发明专利拥有量 12.99 件。发放知识产权奖励资金 976.19 万元。东方商厦投资(兴化)有限公司获批省“正版正货”承诺示范街区项目,兴化市大闸蟹行业协会获批省地理标志保护和促进项目。通过知识产权贯标绩效评价企业10家,江苏新宏大集团有限公司获批泰州市高价值专利培育计划项目;江苏锁龙消防科技股份有限公司、江苏海宇机械有限公司、双乐颜料股份有限公司3家企业获批泰州市企业知识产权战略计划项目;江苏李工果蔬机械有限公司、江苏兴海特钢有限公司、江苏锁龙消防科技股份有限公司3家企业获批泰州市知识产权密集型企业。促进知识产权金融发展,鼓励和引导企业和银行开展知识产权质押贷款工作。江苏威鹰机械有限公司、江苏海宇机械有限公司、江苏锁龙消防科技股份有限公司3家企业与银行成功签约,质押融资金额合计1100万元。联合新闻出版局、文广体旅局等单位在八字桥广场举行知识产权广场宣传活动。开展企业高管、企业知识产权工程师等普及培训和专利代理人、专利检索与分析、专利布局实战等核心业务培训,提升企业知识产权意识,培训人数60人次。兴化市被确定为2021年度江苏知识产权强省建设区域示范县(市、区)创建单位。江苏兴达钢帘线股份有限公司获第二十二届中国专利奖优秀奖,兴化市兴东铸钢有限公司、江苏新宏大集团有限公司2家企业获泰州市专利奖金奖,江苏兴达钢帘线股份有限公司获泰州市专利奖优秀奖。

**【特殊钢产业技术创新与知识产权战略联盟】** 10月14日,成立兴化市特殊钢产业技术创新与知识产权战略联盟,汇集30家特殊钢产业企业和2家知识产权服务机构。联盟成立后按照“政府引导、企业主导,自愿参与、自律共治,资源共享、互利共赢”的原则,建立政府、企业、服务机构等多方协同推进的联盟工作机制,推动建立“产、学、研、金、介、用”深度融合的创新体系,促进产业知识产权创造和运用;实施产业专利导航,构建产业关键核心技术专利池,推动联盟内知识产权交叉许可、集中许可或商业运营,提升产业核心竞争力;开展产业知识产权风险预警,组织应对重大知识产权纠纷,增强产业风险防范和处置能力;开展知识产权培训交流活动,提升企业知识产权意识和水平。

## 气 象

**【概况】** 2021年,市气象局秉承“观云测天为人民、优质服务创一流”的工作宗旨,全力做好气象工作。获评全国气象部门创建模范机关先进单位、“先进基层党组织”等荣誉称号。

**【气象服务】** 全年共发布气象预报预警服务材料228期,其中气象灾害预警服务94期,重要天气报告43期,一周天气51期,重大社会活动气象保障服务14期,特殊农时气象服务26期,年内启动重大气象灾害应急响应4次,准确预报了1月份寒潮天气、入出梅、6号台风“烟花”、14号台风“灿都”等重要天气过程。与文广旅局对接,通过应急广播系统平台发布气象预报预警信息,实现气象信息全覆盖,打通“最后一公里”;与泰州市兴化生态环境局开展了联合会商、数据共享、空气质量联合预报和重污染天气联合预警等多维合作;与市政法委联合发文,将气象灾害防御有关工作融入基层网格化社会治理体系。

**【行业社会管理】** 制定《安全生产暨维护稳定工作计划》《安全生产工作要点》,全年完成76家防雷监管企业的防雷安全检查全覆盖,双随机抽查企业30家。通过“3·23”世界气象日、“5·12”防灾减灾日、安全生产月、科普宣传周等宣传气象防灾减灾知识和安全生产相关法律法规,共开展安全生产宣讲活动8次,年内组织开展、参加应急演练3次。

(葛 蕾)

**2021年度兴化市新增省级科技计划项目一览表**

表19

| 类别 | 项目名称 | 承担单位 |
|---|---|---|
| 奖补 | 2021年省培育贡献奖励 | 市科技局 |
| 奖补 | 2020年第二批江苏省高新技术企业培育资金(认定培育奖励) | 市科技局 |
| 奖补 | 2021年省级孵育计划资金 | 市科技局 |
| 2021年省重点研发计划社会发展项目(锁龙消防) | 高效环保型超低粘度泡沫灭火剂产品研发及应用示范 | 江苏锁龙消防科技股份有限公司 |
| 奖补 | 2021年省重点研发计划(现代农业)专项资金农业科技社会化服务后补助 | 兴化设施蔬菜产业分店 |

**【科技成果】** 江苏兴达钢帘线股份有限公司内收线可控恒张力钢丝捻制工艺技术研发及产业化应用项目获2021年度省级科技进步奖三等奖。

## 教 育

**【概况】** 市教育以“加强教育强市建设”为工作目标发扬“孺子牛”“老黄牛”“拓荒牛”的精神,凝心聚力提质量,砥砺前行谋发展,全面实施“兴有优教”工程,努力推进教育高质量发展。

**【基础教育】** 2021年,兴化市基础教育阶段有公民办学校、幼儿园共计

2021年10月16日，兴化举办2021年机器人大赛，图为大赛现场。
（市教育局/供图）

176所，在校学生140112人。普通高中8所，其中四星级普通高中3所，三星级普通高中5所，在校学生16511人；义务教育阶段有独立初级中学16所，独立小学34所，九年一贯制学校26所，十二年一贯制学校2所，义务教育阶段在校生95502人。另有定点幼儿园90所，在园幼儿25686人；特殊教育学校1所，在校生205人；中等专业学校1所，全日制在校生2208人。编制《兴化市教育设施布局专项规划2021年—2035年》，加强中小学幼儿园建设，扩增教育资源，新开工项目13个，竣工项目21个，开展前期工作项目10个，规划投入资金35.6亿元，新增建筑面积67.6万平方米，新增学位24000个，新建12所幼儿园，学前教育资源配置率达90%。投资11.45亿元的兴化中学顺利开学，投资8000万元的市青少年活动中心建成交付。投资1823万元，实施义务教育薄改提升工程。推进智慧校园建设，实施教育信息化2.0行动计划。推进集团化办学，组建10个义务教育教育共同体，9个学前教育联盟型教育集团，带动29所乡镇学校。2021年高考取得佳绩，一类线以上人数1063人，兴化中学3名同学被清华、北大录取。兴化市有2名学生被空军航空大学录取、2名学生被海军航空大学录取，录取人数名列泰州第一，全省前列。2021年中考质量明显提升，全市普通高中最低控制线同比明显上升，优质高中录取人数和录取线明显上升，成绩与先进地区的差距进一步缩小。

【职业教育】 2021年，兴化市有公办中等职业学校1所，校园占地204亩，有教职工182人，其中专任教师167人；在校学生3367人，其中全日制在校生2381人，非全日制学生1361人。根据地方经济发展的需求，学校设有工艺美术、会计、计算机应用、直播电商服务、学前教育、高星级饭店运营与管理、汽车运用与维修、机械加工技术、机电技术应用、数控技术应用、计算机动漫与游戏制作、美发与形象设计、城市轨道交通运营服务、农业机械使用与维护等专业，其中，数控技术应用、计算机应用、会计、机电技术应用、计算机应用、软件与信息服务、电子电器应用与维护为省级高水平示范性实训基地，机电技术应用、计算机应用为省级现代化实训基地。2021年，江苏省职业院校创新创业大赛获一等奖1件、二等奖3件、三等奖6件。全国宋庆龄少年儿童发明比赛1件作品获高中组银奖。在泰州市第十八届职业(技工)学校师生技能大赛中，有20名学生获奖，其中一等奖2名，二等奖5名，三等奖13名；25名教师获奖，其中一等奖4名，二等奖7名，三等奖14名。2021年，学校获得了兴化市教育局颁发的教育工作综合先进单位一等奖，兴化市共青团工作先进集体，兴化市教育局学生资助管理工作先进单位，兴化市教育系统“七五”普法工作先进集体、兴化市文明校园，泰州市文明创建先进集体、泰州市先进基层党组织、江苏省五四红旗团委等荣誉。

【社区教育】 以构建服务全民终身教育体系为目标，以省级标准化乡镇(街道)社区教育项目创建为抓手，以打造覆盖城乡数字化学习网络为载体，稳步推进乡镇(街道)社区教育中心基础能力建设，打造社区教育网络平台和宣传学习阵地，定期开展形式多样的文体活动，努力提高社区居民综合素质和生活质量。2021年，全市26个乡镇(街道)28个社区教育中心均已建成泰州市级以上标准化社区教育中心，其中省级标准化社区教育中心26所，建有省级标准化居民学校71所；建有省高水平农科教结合富民示范基地3个。开展农村劳动力转移培训、农民实用技术培训、创业培训等各级各类培训，全年从业人员年培训率达61.2%。以省兴化中等专业学校为龙头，依托乡镇社区教育中心，实施创业富民培训工作，参培人数1160人。推进“泰州·兴化学习在线”在线登录注册、在线学习、宣传报道等工作，加大宣传考核力度，提升乡镇社区教育工作管理水平，推进全民学习、终身学习进程，“泰州·兴化学习在线”新注册用户共5840人，网站总访问量104.8万人次。市财政预算内按0.5元/人安排成教经费，下达年度成教经费78万元，争取政府支持，努力建立经费增长保障机制。

【民办教育】 全市共有民办学校10所，其中独立小学2所、独立初中1所、九年一贯制学校5所、十二年一贯制学校2所；民办幼儿园48所，其中省、泰州市优质幼儿园13所，普惠性幼儿园13所；据事业年报统计，2021年全市中小学校、幼儿园(不含中等专业学校)在校学生137904人，民办在校学生22470人，占比16.3%。其中民办在园幼儿6727人，小学4205人，初中8846人，高中2692人。编制《兴化市民办学校规范管理工作实施细则(试行)》(草案)，对全市义务教育阶段民办学校、幼儿园依法年检，结合校情做到“一校一表”，按时发放整改通知并签订整改承诺书。完善民非登记管理，配合民政部门完成民办幼儿园信息变更、换届换证、年检工作。全年依法审批认定2家普惠性民办幼儿园。

【素质教育】 新增2个省基础教育内涵建设项目，1所学校被认定为泰州市心理健康教育特色学校、7所幼儿园被评为“泰州市文明单位”，19所学校被评为“泰州市文明校园”。在2021年全国青少年禁毒知识竞赛中，兴化市成绩列泰州大市第一名，创历史最好成绩。3名学生获第六届泰州市青少年科技创新市长奖、4名学生获提名奖，获奖人数名列泰州市第一。13名班主任在泰州市中小学班主任基本功比赛中获奖，其中4名班主任老师获相应组别一等奖。“学生素养提升五项工程”“国学经典进校园”“中小学劳动实践基地”持续推进，“读写工程”“科技进普高”全面启动，在“七彩语文杯”江苏省第二十届“中学生与社会”作文大赛决赛中，省兴化中学学生胡钰莛获江苏省特等奖第十名、泰州市第一名。

【教育改革】 继续推进阳光招生，推动公民办同步招生，网上报名覆盖城乡所有学校，2所民办学校按规定进行电脑派位录取。进行集团化办学新探索，以课程游戏化项目建设为抓手，推动9个学前教育联盟型教育集团建设；组建10个义务教育教育共同体，带动29所乡镇学校，有力推动了城乡义务教育优质均衡发展。强化基础教育内涵建设，2个项目入选省级建设项目，持续推进课堂教学改革，小学整体推进“学习共同体”课堂建设，26所学校被评为课改先进校。开展学前教育办园行为督导和义务教育高质量综合督导评估，强化问题整改，提升学校办学水平。

【专项治理】 加强师德师风建设，组织全市在职教师签订师德承诺书，开展师德巡访，成立“暑期重点学科教师巡访组”，对重点学科教师进行巡访，抓住、抓牢关键少数。开展校外培训机构常态化专项治理。根据国家、省、市统一部署，遵循“疏堵结合、稳中有进，以内压外、内外兼治”原则，建立兴化市“双减”工作联席会议制度，成立兴化市“双减”工作涉稳风险处置专班，稳步推进“双减”校外培训机构治理工作。全年注销46家学科类培训机构办学许可证，义务教育阶段学科类校外培训机构治理取得阶段性成效。

【队伍建设】 2021年，面向社会公开招聘教师200人，招收乡村教师定向师范生100人。组织正高级教师申报，已有4名教师通过省、泰州市两级评审，5名教师通过泰州市评审，推荐至省教育厅参加第十六批省特级教师评审；组织教师申报江苏省教育研究成果奖，2个项目获省二等奖；7个教师团队被评为泰州市第二批“四有”好教师建设团队，1名教师获得泰州市首届“春蚕奖”，180名教师被评为泰州市市级骨干教师，5名教师入选泰州市第四届名师工作室领衔人。鼓励在职教师进修教育类相关专业并获得高一层次学历或者学位，给予经批准参加学历提升的教师70%的学费补助。幼儿园专任教师具有专科及以上学历达99.63%，小学专任教师具有本科及以上学历达95.62%，初中专任教师具有本科及以上学历达99.93%，高中专任教师具有研究生及以上学历达16.08%。组织开展2021年兴化市“135”青年教师考核活动，加强青年教师的培养管理。

【学校安全管理】 建立安全生产“党政同责、一岗双责、齐抓共管”的安全生产责任体系。推行保安管理体制改革，推进校园保安职业化、规范化。会同市监局、卫生监督所定期开展全市中小学食堂食品安全工作专项检查，确保学校食品安全，加强对食堂管理人员的培训，提升学校食堂食品安全管理水平。60家学校食堂完成“互联网+明厨亮灶”建设。

【督导评估】 加强督导队伍建设，选

2021年5月31日，市领导走访慰问部分困境儿童。(市教育局/供图)

聘100名第五届责任督学，组织督学参加任职资格网络培训和新时代教育评价改革专项网络培训，提高督学专业化水平。对板桥初级中学等6所公办初中、戴窑中心小学等8所公办小学、沙沟中心校等4所九年一贯制学校和安丰高级中学共计19所中小学校进行素质教育督导评估；对周庄镇中心幼儿园等24所幼儿园进行规范办园行为督导评估。开展“五项管理”、有偿家教治理、巩固义务教育教师工资收入落实成果、“双减”等专项督导。

**【教育扶贫】** 2021年，全市共资助家庭经济困难学生27922人次，发放资助金2064.60万元。资助考入普通高校的贫困新生87人，金额20万元。拓宽资助渠道，首次启动上海正心公益基金会“雏鹰计划”助学奖项目，资助品学兼优、家境贫寒的学生500名，共计75万元；全面推行省学生资助申请平台“一站式”服务，做到资助申请百分百审核、全流程管理，形成申请平台使用闭环。走访全市11331个家庭经济困难学生，发放各类宣传册8万多份，让国家资助政策深入人心。

（李永辉　蒋春峰）

**2021年兴化市基础教育校(园)数**

表20　　单位：所

| | 城区 | 镇区 | 乡村 | 合计 |
|---|---|---|---|---|
| 幼儿园 | 29 | 40 | 21 | 90 |
| 义务教育 | 15 | 44 | 17 | 76 |
| 小学 | 7 | 21 | 6 | 34 |
| 初中 | 8 | 23 | 11 | 42 |
| 初级中学 | 4 | 11 | 1 | 16 |
| 九年一贯制学校 | 4 | 12 | 10 | 26 |
| 高中 | 4 | 3 | 1 | 8 |
| 高级中学 | 3 | 3 | 0 | 6 |
| 十二年一贯制学校 | 1 | 0 | 1 | 2 |
| 特殊教育学校 | 1 | 0 | 0 | 1 |

**2021年兴化市基础教育班数**

表21　　单位：个

| | 城区 | 镇区 | 乡村 | 合计 |
|---|---|---|---|---|
| 学前教育 | 359 | 390 | 141 | 890 |
| 义务教育 | 1004 | 852 | 350 | 2206 |
| 小学 | 644 | 581 | 259 | 1484 |
| 小学 | 561 | 392 | 107 | 1060 |
| 九年一贯制学校 | 72 | 189 | 146 | 407 |
| 十二年一贯制学校 | 11 | 0 | 6 | 17 |
| 初中 | 360 | 271 | 91 | 722 |
| 初级中学 | 249 | 149 | 22 | 420 |
| 九年一贯制学校 | 97 | 122 | 66 | 285 |
| 十二年一贯制学校 | 14 | 0 | 3 | 17 |
| 高级中学 | 186 | 106 | 0 | 292 |
| 十二年一贯制学校 | 46 | 0 | 10 | 56 |
| 特殊教育 | 10 | 0 | 0 | 10 |

## 2021年兴化市基础教育学生数

表22　　单位:人

| | 合计 | 毕业生数 | | | 招生数 | | | | 在校生数 | | | |
|---|---|---|---|---|---|---|---|---|---|---|---|---|
| | | 城区 | 镇区 | 乡村 | | 城区 | 镇区 | 乡村 | | 城区 | 镇区 | 乡村 |
| 甲 | 1 | 2 | 3 | 4 | 5 | 6 | 7 | 8 | 9 | 10 | 11 | 12 |
| 总计 | 33775 | 17169 | 12430 | 4176 | 32123 | 17072 | 11260 | 3791 | 137904 | 70779 | 49223 | 17902 |
| 学前教育 | 9426 | 4037 | 4009 | 1380 | 7249 | 3169 | 3093 | 987 | 25686 | 11176 | 10814 | 3696 |
| 义务教育 | 19616 | 9811 | 7158 | 2647 | 19944 | 10578 | 6740 | 2626 | 95502 | 48328 | 33408 | 13766 |
| 小学 | 12083 | 5581 | 4740 | 1762 | 8530 | 4440 | 2703 | 1387 | 62261 | 30502 | 21873 | 9886 |
| 小学 | 8149 | 4460 | 3089 | 600 | 6685 | 4043 | 1957 | 685 | 46804 | 27204 | 15083 | 4517 |
| 九年一贯制学校 | 3774 | 1003 | 1651 | 1120 | 1789 | 354 | 746 | 689 | 14969 | 2916 | 6790 | 5263 |
| 十二年一贯制学校 | 160 | 118 | 0 | 42 | 56 | 43 | 0 | 13 | 488 | 382 | 0 | 106 |
| 初中 | 7533 | 4230 | 2418 | 885 | 11414 | 6138 | 4037 | 1239 | 33241 | 17826 | 11535 | 3880 |
| 初级中学 | 4491 | 3037 | 1262 | 192 | 7167 | 4520 | 2303 | 344 | 20024 | 12572 | 6380 | 1072 |
| 九年一贯制学校 | 2827 | 1005 | 1156 | 666 | 4004 | 1405 | 1734 | 865 | 12410 | 4559 | 5155 | 2696 |
| 十二年一贯制学校 | 215 | 188 | 0 | 27 | 243 | 213 | 0 | 30 | 807 | 695 | 0 | 112 |
| 高中 | 4712 | 3300 | 1263 | 149 | 4903 | 3298 | 1427 | 178 | 16511 | 11070 | 5001 | 440 |
| 高级中学 | 3992 | 2729 | 1263 | 0 | 4132 | 2705 | 1427 | 0 | 13819 | 8818 | 5001 | 0 |
| 十二年一贯制学校 | 720 | 571 | 0 | 149 | 771 | 593 | 0 | 178 | 2692 | 2252 | 0 | 440 |
| 特殊教育 | 21 | 21 | 0 | 0 | 27 | 27 | 0 | 0 | 205 | 205 | 0 | 0 |

## 基础教育学校教职工数

表23　　单位:人

| | 编号 | 教职工 | 城区 | 镇区 | 乡村 | 专任教师 | 城区 | 镇区 | 乡村 |
|---|---|---|---|---|---|---|---|---|---|
| 甲 | 乙 | 1 | 2 | 3 | 4 | 5 | 6 | 7 | 8 |
| 总计 | 01 | 12983 | 5778 | 5271 | 1934 | 10522 | 4776 | 4150 | 1596 |
| 幼儿园 | 02 | 3345 | 1449 | 1403 | 493 | 1874 | 769 | 803 | 302 |
| 小学 | 03 | 3091 | 1442 | 1322 | 327 | 2863 | 1408 | 1144 | 311 |
| 初级中学 | 04 | 1861 | 947 | 785 | 129 | 1703 | 904 | 689 | 110 |
| 九年一贯制学校 | 05 | 2930 | 695 | 1324 | 911 | 2472 | 564 | 1084 | 824 |
| 高级中学 | 08 | 1418 | 981 | 437 | 0 | 1305 | 875 | 430 | 0 |
| 十二年一贯制学校 | 09 | 305 | 231 | 0 | 74 | 274 | 225 | 0 | 49 |
| 特殊教育 | 10 | 33 | 33 | 0 | 0 | 31 | 31 | 0 | 0 |

## 基础教育专任教师数

表 24

单位:人

| | 编号 | 专任教师 | 城区 | 镇区 | 乡村 |
|---|---|---|---|---|---|
| 甲 | 乙 | 1 | 2 | 3 | 4 |
| 总计 | 01 | 10522 | 4776 | 4150 | 1596 |
| 幼儿园 | 02 | 1874 | 769 | 803 | 302 |
| 义务教育 | 03 | 7124 | 2945 | 2917 | 1262 |
| 小学 | 04 | 4091 | 1624 | 1662 | 805 |
| 小学 | 05 | 2863 | 1408 | 1144 | 311 |
| 九年一贯制学校 | 06 | 1194 | 190 | 518 | 486 |
| 十二年一贯制学校 | 07 | 34 | 26 | 0 | 8 |
| 初中 | 08 | 3033 | 1321 | 1255 | 457 |
| 初级中学 | 09 | 1703 | 904 | 689 | 110 |
| 九年一贯制学校 | 10 | 1278 | 374 | 566 | 338 |
| 十二年一贯制学校 | 11 | 52 | 43 | 0 | 9 |
| 高中 | 14 | 1493 | 1031 | 430 | 32 |
| 完全中学 | 15 | 0 | 0 | 0 | 0 |
| 高级中学 | 16 | 1305 | 875 | 430 | 0 |
| 十二年一贯制学校 | 17 | 188 | 156 | 0 | 32 |
| 特殊教育 | 18 | 31 | 31 | 0 | 0 |
| 专门学校 | 19 | 0 | 0 | 0 | 0 |

## 基础教育学校办学条件(总计)

表 25

| | 编号 | 学校占地面积(平方米) | 校舍建筑面积(平方米) | 教学及辅助用房 | 行政办公用房 | 生活用房 | 其他用房 | #租用外单位 | #被外单位(借)用 | 图书(册) | 固定资产总值(万元) | #仪器设备总值 |
|---|---|---|---|---|---|---|---|---|---|---|---|---|
| 甲 | 乙 | 1 | 2 | 3 | 4 | 5 | 6 | 7 | 8 | 9 | 10 | 11 |
| 总计 | 01 | 4116987.16 | 1638266.96 | 841663.52 | 143609.91 | 544270.08 | 108723.45 | 53409 | 5279 | 4702334 | 268031.955299 | 37420.934712 |
| 幼儿园 | 02 | 552834.66 | 295759.74 | 219413.87 | 22113.86 | 23456.16 | 30775.85 | 10217 | 0 | 507616 | 56239.043642 | 4905.373395 |
| 小学 | 03 | 1049527.4 | 328135 | 208749 | 31523 | 70372 | 17491 | 3290 | 0 | 1461161 | 62419.769214 | 11624.373867 |
| 初级中学 | 04 | 556837.6 | 216379.0 | 104034.16 | 17256.24 | 79516 | 15572.6 | 3170 | 0 | 740775 | 37194.027971 | 5430.2232 |
| 九年一贯制学校 | 05 | 1107276.3 | 425021 | 172847 | 34378 | 186810 | 30986 | 26732 | 0 | 1157490 | 46962.682632 | 8313.025934 |
| 职业初中 | 06 | 0 | 0 | 0 | 0 | 0 | 0 | 0 | 0 | 0 | 0 | 0 |
| 完全中学 | 07 | 0 | 0 | 0 | 0 | 0 | 0 | 0 | 0 | 0 | 0 | 0 |
| 高级中学 | 08 | 543211.2 | 233403.22 | 88033.49 | 26297.81 | 106937.92 | 12134 | 10000 | 5279 | 657084 | 43753.95 | 5513.8 |
| 十二年一贯制学校 | 09 | 292893 | 135772 | 46806 | 11395 | 75807 | 1764 | 0 | 0 | 166660 | 20809 | 1578 |
| 特殊教育 | 10 | 14407 | 3797 | 1780 | 646 | 1371 | 0 | 0 | 0 | 11548 | 653.48184 | 56.138316 |

# 卫生健康

## 医疗卫生机构

【概况】 兴化市现有公立医疗卫生机构52个,基层医疗卫生机构43个。全市共有床位数6633张,其中:市直医疗卫生机构3151张,基层医疗卫生机构3482张。在编人员3416人,其中高级职称992人、中级职称800人。村卫生室和服务点483个,在编乡村医生1189人。全系统资产总额35.91亿元,负债15.94亿元,净资产19.97亿元;房屋建筑总面积44.54万平方米,其中业务用房37.19万平方米;收入合计28.24亿元,支出合计27.76亿元,收支结余0.48亿元(其中专项结余0.24亿元)。全市卫生健康工作以"健康兴化"建设为目标,突出工作重点,狠抓责任落实,坚持一手抓疫情防控,一手抓改革发展,各项工作按序时进度有效推进,事业发展环境明显改善,资源配置明显优化,基本公共卫生服务均等化水平明显提高,医疗救治能力明显增强,人民群众健康水平明显提升,全市卫生健康工作取得明显成效。

【基础设施建设】 启动安丰镇老圩卫生院病房楼、周庄中心卫生院病房楼扩建项目,推进竹泓镇卫生院整体搬迁、开发区社区卫生服务中心迁址装修工程,完成茅山镇卫生院防保楼、城中社区卫生服务中心迁址装修工程。新建公共卫生医疗中心,项目征地60亩,设置床位300张,总投资3.6亿元;新建妇女儿童健康中心,项目征地100亩,设置床位500张,计划总投资7亿元。

【卫生队伍建设】 市卫健委建设名医工作室,组建市人民医院张彤、邓新桃,市中医院朱文3个名医工作室,工作室中基层卫生青年人才不少于20%,重点选拔农村区域性医疗卫生中心人员,帮带培养学科创新团队和人才梯队。根据乡镇卫生院和村卫生室的实际用人需求,免费培养农村订单定向医学生,招录37人。年内组织公开招聘活动,全年共招聘高层次和基层卫生人才61人。

【行风建设】 市卫健委开展学习教育活动,全年共举办宣讲会33场。充分发挥"学习强国"学习平台作用,活跃率96%以上。开展文明单位创建,市卫健委创成省级文明单位。开展"红心向党 守护健康""五带三星"、无职党员设岗定责等活动,组建14支党员志愿服务队,完成实事26件,认领微心愿105个。切实履行全面从严治党主体责任和监督责任,坚决整治"微腐败",456人次主动上交"红包"款共计7485万元。

## 公共卫生服务

【新冠疫情防控】 市卫健委履行工作职责,全面开展新冠病毒疫苗接种工作,全市新冠病毒疫苗累计接种214.16万剂,完成全程接种91.44万人。7月底,从市人民医院、市中医院、市第三人民医院、戴南人民医院等4家医疗机构抽调50名采样人员、2名核酸检测人员支援南京、扬州,连续工作42天,采集样本338893份,所有工作人员零感染。8月,设置11个隔离点,接收691名扬州市隔离人员,做好各项保障工作。规范处置涉阳食品、物品事件10起。市第三人民医院、戴南人民医院核酸检测实验室通过省卫健委验收,取得核酸检测资质。市人民医院实验室扩大检测能力,日检测能力达到单采1万人次以上。开展常态化疫情防控督查,对督查中发现的问题,及时落实整改,并跟踪检查,全市有5家医疗机构因疫情防控不力,受到行政处罚。

【基本公共卫生服务】 市卫健委依托基本公共卫生服务项目平台,按照管理职责推进各项服务,确保服务数量、服务质量达到规定要求。有序开展卫生防病工作,传染病总发病率较去年同期下降,规范完成学生常见病、饮用水、农村环境卫生、血吸虫病、伤寒(副伤寒)、艾滋病哨点等省级、国家级监测任务。开展全市免疫规划、慢性病防治、健康教育等工作,完成各项工作任务。开通易肇事肇祸严重精神障碍服务管理平台,管理694人。强化基层网格化管理,全市463个行政村和60个社区均设立公共卫生委员会,提升村(社区)公共卫生工作水平。开展全市职业健康监督执法巡查,全市5人以上企业职业健康体检率95%、规模企业100%,277家"双随机"抽查单位完成网上申报。完成省、市明确的25家重点企业作业场所职业病危害因素检测,1家单位创成省职业健康示范单位、101名职业健康达人完成市级评审。组织村卫生室综合水平评价,3家村卫生室创成省甲级村卫生室。

【妇幼保健】 市卫健委统筹托幼服务资源,新增9家托育服务机构,增加托位600个。戴南兴达幼儿园、翰林敦品幼儿园等4家机构创成泰州市普惠托育机构。全年完成"两癌"筛查2.8万人。参加泰州市妇幼健康技能竞赛,获得3个单项第一名,团体一等奖的好成绩。

【卫生监督】 市卫健委执行行政执法"三项制度",推行卫生监督"双随机"抽查、涉企行政执法"三张清单"工作。推进劳动者职业健康保障工作,建立全方位职业病防治工作格局。开展打击非法行医、消毒卫生用品、游泳场所"放心游"及蓝盾卫监系列等专项行动,净化市场环境,保障群众公共卫生安全。

【疾病预防控制】 市卫健委加强传染病疫情防控,年内共报告法定传染病14种1292例,传染病总发病率较上年同期上升7.63%,全市累计管理艾滋病感染者和艾滋病病人363例,完成艾滋病自愿咨询检测920例。0~6周岁适龄儿童建卡率、发证率100%。加强慢性病规范管理,全人群建档率为96.16%,高血压、糖尿病规范管理率分别为67.90%、67.58%,全年网络报告死亡病例12377例,报告死亡率达 8.02‰。对全市医疗单位开展肺结核漏报、漏登专项调查，规范肺结核报告、转诊流程。开展重点公共场所和高风险场所健康危害因素监测，完成食源性疾病病例信息省级哨点监测任务。

## 爱国卫生

**【健康促进】** 开展多种形式的健康教育活动，普及健康知识，传播健康文化，开展“文明健康 绿色环保”第 33 个爱国卫生月以及第 34 个世界无烟日宣传活动。

**【病媒生物防制】** 开展爱国卫生运动，指导各乡镇(街道)集中开展灭杀和专业消杀，清除四害孳生地。做好重点场所病媒生物防制，组织春秋两季全市集中除四害运动。

**【卫生创建】** 开展国家卫生城市复审迎检工作，顺利通过国家暗访组评估验收。推进江苏省卫生镇创建及复审工作，沈坨镇、临城街道顺利通过复审评估，沙沟镇、中堡镇、大垛镇、陶庄镇创成江苏省卫生镇。

## 医政管理

**【概况】** 推进医疗卫生行业综合监管工作，落实《医疗机构依法自查管理办法》工作要求，开展医疗机构专项治理，强化医疗机构核心制度落实情况、院感防控能力提升、社会办医疗机构的依法执业情况等监管。

**【医疗机构监管】** 市卫健委开展蓝盾系列专项行动，重点针对医疗机构的疫情落实情况督查长效机制、手术分级管理、妇幼健康服务技术服务管理、违规收治病人行为情况开展检查。各医疗机构疫情防控意识明显增强，能够按照常态化疫情防控工作要求落实各项防控措施，做好预检分诊、门诊管理、住院人员管理、院感防控等工作。限制类医疗技术管理进一步规范，孕产妇产前筛查工作质量逐步提高，违规收治病人行为得到遏制。

**【医学继续教育】** 持续开展继续医学教育工作，通过线上、线下培训方式，全市共开展涉及医疗及护理各类专业培训 100 余场，内容涵盖医疗核心制度、护理专业技能、医患沟通等方面。

**【医院感染管理】** 建立医疗机构院感队伍，组织全市医疗机构全员参加线上院感知识培训，对全市医疗机构开展包括医技、后勤、保洁、安保等人员的全员院感防控培训，共 6788 人参加培训。

**【中医药事业】** 市卫健委举办第 11 届“中医药就在你身边”健康知识巡讲，以及“天涯同心 · 侨爱同行”中医惠侨志愿服务活动，“方便看中医”“放心用中药”活动。开展中医医疗机构依法执业检查。注重隔离点中医药保障，配送“清肺排毒汤”至集中观察点使用，安排中医药专家到隔离点，为扬州到兴化隔离点群众 690 人提供中医药服务。开展冬病夏治穴位贴敷(三伏贴)技术应用管理，对“三伏贴”技术应用单位进行监督检查。开展基层医疗卫生机构中医馆服务能力等级建设评价工作，建成中医馆三级标准 15 家、四级标准 3 家。

**【医药卫生体制改革】** 围绕分级诊疗制度建设总体目标，在构建服务、责任、利益、管理共同体等方面，积极探索，稳步推进。推动医疗机构诊断结果互认，强化区域影像、心电、检验、病理四大诊断中心建设，累计完成影像会诊 22612 例，心电会诊 1767 例，检验诊断 16592 例，病理诊断 1858 例。率先对医共体实行医保资金总额包干、结余留用、合理超支分摊。城镇职工医保下达人民医院医共体医保总控指标 15621.47 万元，中医院医共体 4564.80 万元，城乡居民医保下达人民医院医共体医保总控指标 37200.10 万元，中医院医共体 15262.48 万元。推进全省社会心理服务体系建设试点，率先成立由医疗、教育及相关专业人员组成的心理健康协会，新组建市心理健康服务中心，接受心理咨询 100 多人次，心理治疗 120 人次，接听心理咨询电话 100 多人次，精神压力分析 9122 人次。推进心理健康服务“六进”活动，率先开展适龄学生心理健康筛查。

**【家庭扶助奖励】** 市卫健委严格按照规范程序，组织实施奖励扶助工作，发放各类奖励扶助金 6298.8 万元，其中独生子女伤残死亡特别扶助金 3079.39 万元，并发症特扶金 539.88 万元，非从业居民一次性奖励金 97 万元，独生子女父母奖励金 44.39 万元，持证企业退休职工一次性奖励金 803.7 万元。落实计划生育特殊家庭就医“绿色通道”，为 3141 名计生特殊人员办理住院护理及大病补助保险，投保总金额 46.4868 万元，赔付 659 人，赔付金额 59.062 万元，赔付率 127.05%。

## 特色诊疗选介

**【市中医院肛肠科】** 始建于 1964 年，泰州市首批中医临床重点专科，为泰州市中医肛肠主委单位，兴化市第一个省级中医临床重点专科。2021 年建有独立病区，开放床位 45 张，年出院病人 1500 人次，年门诊量 2.5 万人次。拥有主任中医师 2 名、副主任中医师 2 人、副主任医师 1 人，主治中医师 2 人、中医师 2 人，科内先后有 3 人被评为泰州市名中医。近年来，共发表学术论文 16 篇，获得兴化市科技进步奖 6 项，泰州市自然科学优秀论文奖 3 项。专科建立以来，坚持中西医结合的诊疗思维，推行中医临床路径，积极开展新技术、新项目的推广应用，先后开展痔上黏膜切除吻合术治疗环状混合痔、直肠粘膜脱垂内脱垂，STARR 术治疗直肠脱垂，超低位直肠癌切除吻合术、腹腔镜下结直肠肿瘤根治术、环状混合痔外剥内扎皮瓣矫正术，复杂性肛瘘高位旷置低位切开挂线对口引流术、电子肠镜下息肉、腺瘤切除术(EMR)等手术，积极研究胶圈套扎法治疗内痔出血、聚桂醇注射治疗内痔出血等相对保守疗法的推广；探索中医药在肛肠外科的应用，开展中西医结合治疗便秘、炎症性肠病的研究，推进规范化治疗，采取托里消毒散治疗肛周克罗恩病；运用中医辨证分析，将肛肠术后难愈性创面分为湿热下注、气滞血瘀、气血不足等证型，结合中药治疗，取得较好疗效；根据“行气则后重自除”的理论，以香连丸、木香槟榔丸为主方治疗肛门坠胀；以止痛如神汤为主方，开展肛肠手术围手术期的中医药诊疗，通过加减变化重点解决术后疼痛、便结、尿潴留、水肿等问题；推进中医护理技术在肛肠外科的应用，正常开展耳穴埋籽、穴位艾灸、中药敷贴、中药熏洗灌肠、红外线照射、穴位注射、雷火灸等中医护理操作，其确切的疗效，获得广大患者的普遍认可。

**【市人民医院普外科】** 始建于20世纪50年代末，现已发展成为人才结构合理、医疗设备先进、技术优势明显的特色专科，在区域及周边地区具有广泛影响。自2007年实施专科化建设，细分为肝胆胰外科组、胃肠外科组及甲状腺乳腺外科组等3个二级专科，2013年又建立肛肠外科，普外科技术水平和服务能力有了质的飞跃，现为江苏省普外科重点专科建设单位、泰州市重点专科。2021年有医生32人，其中主任医师9人、副主任医师9人、主治医师6人、住院医师8人，硕士生导师2人，博士在读1人，硕士研究生11人。普外科近年来依靠医院先进的磁共振、螺旋CT、彩超、数字胃肠机、数字乳腺钼靶机、DSA等医疗设备，大胆实践，不断创新，紧贴现代医学前沿领域，在肝脏、胆道、胰腺、胃肠及甲状腺乳腺良恶性肿瘤的诊治上有了新的突破。腔镜外科在省内具有较高的知名度，目前拥有OLYMPUS电子腹腔镜1套以及胆道镜2套、storz高清、超高清腹腔镜系统3套，storz3D腹腔镜系统1套以及脉冲等离子电刀、C臂机、超声止血刀、能量平台等设备。普外科有床位133张，能开展普外科全部乙类手术和大部分甲类手术，年收治病人5000人次，年手术量4000余台。其中经脐单孔腹腔镜胆囊切除术、双镜联合胆石症治疗、腹腔镜脾切除、腹腔镜胃肠道手术及保乳乳癌根治术为本科特色，在泰州地区处于领先地位。近年来获得泰州市科技进步三等奖、泰州市卫生局新技术引进三等奖、兴化市科技进步奖等20余项，承担泰州市级科研立项2项。

**【市人民医院消化内科】** 始建于1980年，在刘兆东、李志成的带领下，建立了全市首个胃镜室，开展了首例胃镜检查，随着消化内镜的不断改进，特别是最近十年来发展势头强劲，消化内科成为既是市人民医院的传统优势科室，也是市域范围内的排头兵。消化内科现有医师13名，其中主任医师4名，副主任医师3名，主治医师、住院医师多名，在职博士1名，硕士7名，专职护理人员20余名。泰州医学会消化及消化内镜分会副主任委员1名，委员2名，学科带头人张莉莉是大内科主任、泰州市医学会消化分会副主任委员、泰州市“311工程”培养对象、扬州大学医学院硕士生导师、江苏省第十届、第十一届人大代表，率先在本地区开展了肠镜检查、内镜下息肉摘除、食管扩张术、食管支架安装术、EMR、ERCP的检查等一系列新项目、新技术。

消化内科拥有一个完整病区(十二病区)和1个内镜中心，病员收治更加专科化，每年收治超过3000余名消化病患者，其中除了常见的消化道出血、胃肠道息肉、消化道肿瘤、急性胰腺炎等疾病外，还收治重症胰腺炎、炎症性肠病、缺血性肠病等疑难杂症。内镜中心拥有日本欧林帕氏主机5台，260电子胃镜9根和日本欧林帕氏240电子肠镜3根、260－Z，290放大内镜2根欧林帕氏高频电凝电切仪2台、德国ERBE(爱尔博)氩气刀2台，多种欧林帕氏IT刀，C13呼气试验仪、胃肠起搏器等专科设备。拥有独立的胃镜，肠镜，做到一人一镜，完全杜绝院内感染。消化内科每年进行胃镜检查超1.5万人次，肠镜检查5千余人次。平均每天检查胃镜50人次，肠镜近20人次，在此基础上还开展了无痛胃镜、无痛肠镜检查。内镜下喷洒染色剂对早期消化道癌肿的诊断，作为泰州市科研立项项，现已列入常规检查。开展了NBI内镜检查，相比碘染色，具有反应快速，时间长，对人无害，重复检查特别是对于食管早期癌肿的诊断，有特殊的意义。C14呼气试验无需胃镜检查，即可检出胃内幽门螺杆菌感染，对胃炎、胃溃疡、胃淋巴瘤等伴有幽门螺杆菌感染的治疗起着明确的指示作用。近几年内镜的发展更是从检查走向治疗，如高频电凝电切息肉摘除术，对胃肠息肉通过内镜下摘除达到根治，其速度快，费用少，痛苦小；对于食管良恶性狭窄，可以行食管扩张；对于晚期食管癌、食管狭窄、食管气管瘘的患者通过食管支架的安装达到延长寿命、改善生活质量的目的；一些消化道异物、出血，也可在内镜下进行急诊内镜下药物喷塑，局部止血药物注射或钛夹夹闭止血等治疗；对食管静脉曲张可进行食管静脉圈套结扎或内镜下注射硬化剂，使曲张静脉闭塞，达到预防大出血目的。近年来，消化内科在应用十二指肠镜对胰、胆疾病的诊疗方面又上了一个新台阶，通过十二指肠镜将胆管结石取出，部分取代了外科手术。目前正致力于开展胃镜下大块胃粘膜切除(EMR)或胃粘膜剥离术(ESD)，以内镜下微创手术替代消化道早癌及癌前病变外科手术治疗，可极大减轻患者的痛苦。消化内科与泰州市人民医院、南京鼓楼医院、省人民医院、上海中山医院、上海长海医院等三级医院消化科始终保持密切的协作关系。不但可以随时联系上级医院的专家咨询、会诊和解决复杂疑难问题，还能借助上级医院的专家群体，提升学术活动层次，加大对基层医疗机构的技术指导力度。在日常工作的同时，科室注重理论与实践的积累，撰写医学论文数篇，获泰州市科技进步三等奖2项，兴化市科技进步二等到奖、三等奖、四等奖等项。

**【市人民医院神经外科】** 兴化市人民医院神经外科始建于20世纪80

年代初期，现为泰州市临床医学重点专科，兴化市名科。2018年全国县级医院排名第22位。随着经济和科学技术的迅速发展，作为临床医学中的年轻学科——神经外科近年来得到了快速发展，2021年拥有主任医师2人，副主任医师4人，主治医师4人，硕士研究生7人，其中，在读博士1人，在读硕士1人。主任医师徐建军为泰州市神经外科分会副主任委员。兴化市“313工程”培养对象3名。有一支经过专业培训的护理队伍，其中副主任护师4人，主管护师4人。拥有进口手术显微镜、进口自动牵开器、双极电凝、立体定向仪、开颅动力系统等先进设备。拥有床位70张，全部实行床头传呼、中心供氧、中心吸引。拥有多功能监护仪、自控降温毯、自动拍背机等一系列先进设备。平均每年收治病人1500人左右，年抢救急危重病人650人左右，各类颅脑手术400余台。神经外科依托上海、南京、苏州、无锡等高等上级医院，采取“送出去，请进来”的办法，先后选送技术骨干到北京协和医院、复旦大学华山医院、江苏省人民医院、苏州大学附一院进修学习，参加神经外科技术培训。不定期请专家、教授到兴化讲学、手术，在技术上不断取得新的进步。常规开展大脑半球及颅底各类脑肿瘤的切除手术、在内镜下经鼻碟入路垂体瘤切除术、椎管内肿瘤手术、小脑半球肿瘤切除术；开展了脑血管病变手术如：颅内动静脉畸形切除术、全脑血管造影术及动脉瘤栓塞术、动脉瘤夹闭术，开展了高血压脑出血多种手术如：微镜下经侧裂岛叶血肿清除术、内镜下血肿清除术以及在立体定向下血肿碎吸术；开展了部分功能神经外科手术如：三叉神经微血管减压术、面神经微血管减压术；开展了Amold-Chiari畸形神经外科手术；开展了中枢神经系统感染手术如脑脓肿切除术；对重型颅脑损伤的救治采取了综合治疗如：大骨瓣开颅、术中阶梯式减压、术后多巴胺受体拮抗剂的使用以及神经康复的跟进使得救治成功率在泰州市处于领先水平。神经外科先后发表SCI文章2篇，在省级以上杂志和核心期刊上发表论文40多篇，获国家专利2项，泰州市科研立项5项，泰州市科技进步奖2项，获兴化市科技进步奖20多项、泰州市自然科学优秀论文奖3项。

**【市人民医院肿瘤科】** 成立于1985年，为泰州市重点专科及兴化市重点专科，2004年与三院肿瘤科合并成立新区分院，现已成为集肿瘤诊断、放射治疗、全身化疗、免疫治疗、分子靶向治疗、超声热疗、肿瘤消融治疗、放射性粒子植入治疗等为一体的综合性大型科室，担负全市科教研工作。肿瘤科有主任医师5人、副主任医师4人、主治医师9人、住院医师8人，其中博士研究生1名，硕士研究生7人。同时有成熟的放疗技师队伍。各有1人担任江苏省医学会肿瘤化疗与生物治疗分会委员，1人担任江苏省医学会肿瘤化疗与生物治疗分会肺肿瘤学组委员，1人担任江苏省老年学学会肿瘤康复专业委员会常委，1人担任江苏省肿瘤防治联盟第一届放射治疗专家委员会委员，1人担任江苏省转化医学研究院/南京医科大学转化医学研究院第一届江苏省癌症医学联盟委员，1人担任江苏省中西医结合学会放疗专业委员会委员1人担任中国医药教育协会腹部肿瘤专业委员会江苏基地委员，1人担任江苏省中医学会肿瘤分会常务委员，1人担任江苏省抗癌协会传统医学会委员，2人分别担任泰州医学会肿瘤分会、普内科分会副主任委员。2人被列为泰州市“311工程”培养对象。科室拥有德国SIEMENS医用直线加速器、瑞典Elekta infinity医用直线加速器各1台、X线模拟定位机、电动多叶光栅（MLC）、Pinnacle、Monaco先进放射治疗计划系统各1套及专科设备、全套制模设备、超声热疗治疗机、各种治疗泵及微量泵。科室设3个病区，230张床位，年收治患者8000多人次。开展各种肿瘤的常规化疗、胸、腹腔内化疗、鞘内化疗、术前新辅助化疗放疗、化疗同步治疗，还开展超大剂量化疗及微量泵持续灌注化疗。在兴化地区率先开展分子靶向治疗，与科研院所合作开展分子水平的肿瘤药敏检测及肿瘤靶点监测，指导临床化疗方案的制定及分子靶向治疗。并率先开展肿瘤消融治疗、放射性粒子植入治疗等肿瘤微创治疗。在开展各种恶性肿瘤的常规治疗的基础上，同时开展三维适形放疗（3DCRT）、三维调强放疗（IMRT），使治疗更加准确、疗效更高、副反应更低。引进超声热疗机，开展超声热疗，丰富了肿瘤的治疗手段。开展中心静脉PICC置管术，保护患者浅静脉，有效解决了肿瘤患者化疗的静脉损伤、“打针难”的问题。开展浅表淋巴结穿刺术、肝穿刺术、肺穿刺术等。科室与上海肿瘤医院、江苏省肿瘤医院开展协作，邀请专家教授定期坐诊、查房。在省级以上杂志发表论文40余篇，其中中华级3篇、SCI 2篇，获泰州科技进步奖3项，兴化科技进步奖10多项，参与4部专著的编委工作。

**【市第三人民医院骨伤科】** 成立于1997年，为泰州市中医重点专科建设单位，2009年被兴化市人民政府授予“兴化市名科称号”。2014年成为北京汉章针刀医学研究院、中国中医学研究促进会“兴化市临床教学医院”，是中国针刀临床进修科研基地。2021年有医护人员18人，其中主任医师1人，副主任医师2人，副主任护师1人，中级职称10人；泰州市“311工程”培养对象1人，兴化市“313工程”培养对象2人，1人担任江苏省中西医结合学会肿瘤专业委员会委员。骨伤科运用小针刀疗法治疗颈椎病、腰椎间盘突出症、肩周炎、骨质增生、强直性脊柱炎、股骨头无菌性坏死等疾病独树一帜，疗效显著，年诊治患者一万多人次。科室注重人才培养，先后派出多名医师前往上级医院相关专业进修学习。每位医师都有自己的专业方向，能熟练运用中医、针刀两种方法为患者提供满意的医疗服务。骨伤科形成了既保持中医特色，又与现代医学紧密结合的诊疗特点，进一步提高诊治效果。

科室配备飞利浦双排螺旋CT、美国GE B超、日本奥林巴斯260数字胃肠镜、岛津数字胃肠机、日立7080全自动生化分析仪、DR(放射摄片机)、日立C臂机化学发光免疫定量分析仪等设备。学科带头人许振南,副主任中医师,是江苏省中医药学会针刀专业委员会常委,针刀国际学术交流大会主讲专家之一,兴化市中医学会理事。近年来发表论文20余篇,获泰州市自然科学优秀论文奖1项、兴化市科技进步奖2项。

(罗爱华)

2021年9月19日,《垛上谣》实景演出在八字桥文化广场首映。
(市文体广旅局/供图)

# 文　化

## 综　述

**【文化惠民工程】** 制定出台《关于推动文化建设迈上新台阶的实施意见》《关于推动文化建设高质量走在前列的工作方案》等系列文件,通过激发文化创新活力,加大高质量文化供给力度,更好地满足群众多元化、多层次文化需求。

完成市图书馆、文化馆升级改造,规划建设银北门历史文化街区一条街,成功打造昭阳街道文化中心和沙沟文化站两家省级"最美公共文化空间",加快推进新区文化艺术中心等城市文化地标建设。推出《板桥放粮》《范公断案》等历史情景剧。推进图书馆、文化馆总分馆制建设,相继建成检察院、法院、人民医院等多个图书馆分馆,设立公交站台"书香驿站"和16个社区图书流通服务点,逐步构建起公益性便利性兼顾、规范化标准化并重的现代公共文化服务体系。出台《关于推进公共文化服务工作的实施方案》,稳步提升公共文化服务水平,保障广大人民群众基本文化权益。承办"我们的中国梦"——文化进万家系列活动,"永远跟党走"红色歌曲大合唱比赛,充分凝聚人心,有效引领文化服务指标增长。以文化进万家、送戏下乡等活动为载体,用好全市463座百姓大舞台,不断满足群众文化多样化需求。举办第十五届中国·兴化郑板桥艺术节,开办文化惠民券点单员培训班,开展文化惠民演出逾600场,引入专业院团精品剧目展演6场。引进市级层面文化人才,培育茅山文化艺术节、沙沟传统彩妆游走灯会、昭阳街道农民文艺巡演等"一镇一品"文化示范项目和"板凳龙、林湖秧歌、刘陆花鼓、茅山号子"等特色文化团队,通过惠民演出、"抖音淮剧",磨砺一支淮剧传承和综艺表演兼融的年轻淮剧演艺主力军。

**【文化市场监管】** 市卫健委通过"白+黑"与"技防、人防"相结合模式,对全市网吧、KTV、游泳池等场所进行拉网式巡查,组织督促各文体娱乐经营场所按照防控指南有序开放,常态化开展疫情防控工作。切实做到监管行业全覆盖、检查内容全覆盖,对歌舞娱乐场所进行消防安全演练验收。严密把控旅游市场安全的风险点,重点防范旅行社租用无资质车辆做为旅游包车。全年发现安全隐患36处,整改到位36处。联合公安、新闻出版等部门,对校园周边出版物市场开展专项执法检查,共检查出版物经营单位42家次,出动执法人员120余人次,立案1件,其中查扣涉嫌侵权盗版图书《非常课课通》《曹文轩纯美小说系列——草房子》等50余册,联合海南镇派出所取缔无证书店2家,配合市教育局、新闻

八字桥文旅休闲街区夜间实景演出。　(市文体广旅局/供图)

出版局等部门对3家校外培训机构和4家学校教材教辅资料进行检查。全年共出动执法人员4000余人次，检查各类文化市场经营单位2000余家次，排查相关网站200余家次，微信公众号80余个，联合公安、新闻出版、市场监管等部门开展联合检查7次。共办结案件31件，罚款30万余元。开展单一部门随机抽查行动3次，联合市公安局开展随机抽查行动3次，联合市市监局开展随机抽查行动2次，检查结果及时通过兴化市人民政府门户网站对外公布。

**【文旅产业】** 2021年规上文化产业增加值完成值为18.51亿元，比去年同期增幅120%。2021年7月、9月、10月、11月该指标综合排名一直名列泰州市第1，其中，第三季度、四季度市文体广旅局两次获得市委市政府高质量考核向上攀登红旗表彰。对接安丰镇完成2021年亿元开工项目——江苏金时代乐器有限公司木吉他、电吉他、钢琴、纸箱生产项目的招引。2021年度兴化创成首批江苏省文化和旅游产业融合发展示范区；指导帮助江苏天行健体育材料发展有限公司成功申报省体育产业专项资金，体育装备制造创新项目获批40万元奖补；帮助企业申报获批旅游产业基金2000万元；陈堡镇获批泰州体育小镇，获垛镇获批泰州市体育产业基地，共上争资金15万元。鼓励社会资本促进兴化文化、旅游、体育产业全方位发展，2021年市文体、旅游产业引导资金共奖励项目36个，下达奖补资金584.1万元，奖励新投入建设的文体旅游项目，推动产业发展。

## 文化遗产保护

**【概况】** 制定出台《兴化市非物质文化遗产保护规划》《兴化市非物质文化遗产传承扶持办法(试行)》《兴化市非物质文化遗产代表性传承人认定与管理办法》等文件。建成总建筑面积1750.7平方米的蒋庄遗址展示馆主体工程。完成蒋庄遗址公园规划，成功申报江苏省“十四五”时期文化及相关产业重点项目，东门街区修建项目成功入选。立足郑板桥纪念馆打造板桥道情传习馆，推出《道情十首》诠释本；以博物馆馆藏文物策划系列文创产品；开办“昭阳文物讲堂”，邀请嘉宾分享文物知识，展示文博魅力。举办兴化籍书画名家作品拍卖，促进书画艺术交流，激发创作热情，繁荣艺术品市场。挂牌兴化市文物局，新设兴化市文物保护中心，统筹全市各级文物保护单位资源普查、科技保护、修缮维护、开发利用等工作。出台针对历史街区、历史建筑、古城墙等一系列文物保护条例，对东门、北门历史文化街区建筑风貌和格局进行保护性修缮，对西门风貌区部分文保单位和古民居建筑进行抢救性修缮，就街区内文保单位和古建筑修缮后的合理利用问题开展深入调研，制定规划恢复垛田格局，重建昭阳陵。出版《兴化文化丛书》，从不同角度，全方位挖掘展示兴化深厚的历史文化底蕴。推出“抖音淮剧”，将省级非遗项目兴化淮剧推上网红平台。举行“垛上谣”大型实景演出、非遗项目展示暨民俗文艺展演等公众参与活动，为名城申报工作营造浓郁氛围。结合千垛菜花旅游节，融入传统淮剧表演、地方风情民俗文化表演、非遗作品展，让传统品牌活动创出特色，做出影响。

2021年6月10日，举办“楚风遗韵 建党100周年非遗作品展”暨“蒋庄遗址图片展”。
（市文体广旅局/供图）

## 公共文化服务

**【文体广旅公共服务体系建设】** 推进图书馆、文化馆总分馆制建设，相继建成检察院、法院、人民医院等多个图书馆分馆，设立公交站台“书香驿站”和16个社区图书流通服务点。全市体育“四馆一场”全年对外开放，组织广场舞大赛、太极表演、篮球联赛等全民健身赛事数十场，组织社会体育指导员培训600余人次，开展国民体质监测进社区、进机关、进社团活动，开展体质监测3000人次。民间体育组织举办赛事活动超过50项。修编完成《兴化市全域旅游发展总体规划》。提档升级千垛景区，1.6万平方米的游客服务中心、1600多个车位的标准化停车场及大型观景廊桥相继投入使用，景区道路、桥梁、景观绿化、残疾人通道、游客休闲广场、充电场所、移动厕所等配套设施得到完善。乌巾荡省级旅游度假区成功获批，加快推进金东门老街、沙沟古镇AAAA级旅游景区创建。

## 博物馆

**【概况】** 市博物馆扎实抓好陈列展览、学术研究、社会教育，开放运营和内部管理等工作，提高服务质量，不断完善服务体系，充分发挥博物馆收藏、展示、研究，交流、教育等功能。截至年底，市博物馆文物藏品总数达

2874件(套),其中国家一级文物5件(套),二级文物48件(套),三级文物114件(套)。一级文物为晚唐田字船形银锭一组5件,对研究中国货币史尤其是银质货币发展历史具有很高的价值。

**【学术研究】** 加强业务培训,提升业务技能水平。组织工作人员参加"全国考古调查勘探岗位人员职业技能线上培训班""2021年智慧博物馆与博物馆智慧在线培训班""兴化市导游(讲解)服务质量提升培训班"等。组织讲解员参加全市导游(讲解员)大赛。全年,博物馆馆员在各级、各类刊物上发表论文5篇。

**【展览展示】** 在办好固定陈列基础上,举办各类临时展览20场,第四届"垛田杯"农民画大赛作品展、"馆藏名家书画精品展"、李劲松渔人鱼画作品展、周志高 潘高鹏书画联展、庆祝中国共产党一百周年"一带一路 辉煌中国 书画艺术作品交流巡回展"、庆祝文化和自然遗产日——"楚风遗韵 建党100周年非遗作品展"暨"蒋庄遗址图片展"、奋斗百年路 奋进新征程 名家书画展、水乡风云 峥嵘岁月 中国共产党兴化百年历史展、清风赞明月 诗画颂党恩兴化市昭阳街道第三届廉政文化诗书画作品展、江苏省庆祝中国共产党建党100周年——"百年百场"优秀群众美术书法摄影作品巡展、庆祝中国——兴化第十五届郑板桥艺术节暨扬州八怪书画院成立十五周年"全国当代翰墨名家邀请展"、庆祝中国共产党建党100周年暨重阳节老年书画作品展"翰墨丹青颂党恩 不忘初心重晚晴"、第十五届中国·兴化郑板桥艺术节——"一枝一叶总关情"全国中国画写意花鸟邀请展、王寂生九十岁书法展等临时展览。全年共60多万群众前来观赏。

**【文博活动】** 市博物馆有计划、有部署地开展艺术类、历史类、科普类、爱国主义教育类等形式多样、寓教于乐的体验活动,充分发挥爱国主义教育基地优势。7月,开展"流动博物馆"巡展,先后组织到学校、到社区、到企业共26场次,让文物"说话",让历史"发声",拉近博物馆与广大市民的距离,丰富百姓精神文化需求。每月邀请地方文史专家推出两期"昭阳文物讲堂",普及文物知识,全年组织16期。开展板桥道情传习活动,每天安排2场表演,向广大观众普及"省级非遗—板桥道情"教唱活动,介绍板桥道情的悠久历史和演唱技巧,增进广大观众对传统文化的认同感、自豪感。9月17日,为迎接第十五届郑板桥艺术节,丰富艺术节期间的文化活动,举办"2021兴博书画艺术品秋季拍卖会",此次拍卖会共征集全市25位书画家的174幅作品,成交率高达79.2%,成交金额近20万元。市博物馆协同市教育部门开展青少年中小学第二教育课堂,邀请中小学生走进博物馆,全年接待泰州地区30余所学校1.5万人次到馆参观学习。举办"文物修复沉浸式体验"活动,全年举办12场次。开展雕版印刷现场拓印展示活动12场次,并指导有兴趣的广大观众现场体验拓印制作,让观众近距离感受"郑板桥诗书画的拓印技艺",感受传统文化的魅力。常年开展"郑板桥民本思想沉浸式"体验活动,全年共接待12万多名党员干部。开展"非遗文化进校园"活动10场,在活动现场,面塑、彩绳结艺、剪纸、空竹、板桥道情等非遗项目的传承人为孩子们带来一堂堂别开生面的非遗文化体验课,充分挖掘非遗所蕴涵的启蒙教育价值和艺术教育价值。2021年接待游客量22.8万人次,各级各类有记录的参观接待920批次,其中政府接待156批次,接待国家、省部级领导14次,板桥道情表演132场。其中,小学生免费参观近14.2万人次。

2021年7月,市文体广旅局组织开展郑板桥书画创作与交流活动。
(市文体广旅局/供图)

**【阵地建设】** 为更好地保护传承"板桥道情"项目,市博物馆投入30万余元,对一楼临时展厅进行装修改造,建成板桥道情传习馆。11月进行公开招标,将原统战部移交市博物馆的房屋进行改造,对其大厅木质腐烂的栏杆升级改造成铝合金仿古栏杆,消除安全隐患。

**【文物征集】** 通过征集活动,进一步丰富博物馆藏品的种类、品位和档次。全年共征集文物藏品共33件(套),其中书画家周志高的书画作品30幅、李劲松书画作品1幅,文物藏品总数量增至2905件(套),民间捐赠计钱币4枚、石刻3件。

## 图书馆

**【概况】** 市图书馆现为国家一级图书馆。围绕"文体广旅 秀美生活"的目标任务，广泛开展丰富多彩的阅读推广活动，推进“书香兴化”建设。

**【读者服务】** 坚持把公益性文化服务带给每一位读者，实行零门槛、全免费服务。每月10日前定期上架新书，每月出版一期板报，出版一期少儿园地，推出一期图书流动排行榜，介绍热点期刊、推荐新书书目。截至年底，拥有成人及少儿持证读者3万余人，累计接待各类读者约20.62万人次，外借册次达2.7万册以上。全年购书9934册，报刊341种。推出“四季看花”文创书签、“状元坊”元素文创、“阅读元素”口罩、“儒学广场”元素阅读包。“四季看花”主题文创书签在市第二届文化创意设计大赛总决赛中获大赛二等奖。

2021年5月17日，“魅力昭阳·书香社区”成立暨市图书馆昭阳分馆揭牌。 （市文体广旅局/供图）

**【阅读阵地】** 推动与单位部门、学校、社会组织的合作，延伸服务阵地，推广全民阅读。联合有关单位相继建立首家惠民服务大厅图书流通点、昭阳街道、实验小学图书馆分馆及10座城市港湾书香驿站。实现分馆、16个城区社区图书流通服务点与总馆的通借通还，在公交站台、核酸采样点候检点等小型公共场所设立免费扫码看书，让老百姓在候车、游览小憩、排队核酸检测时亦能畅享读书的乐趣，营造出“书香驿站，一路有你”的良好阅读氛围。

**【读书活动】** 全年开展各类线下活动109场，线上131场。其中，“童心向党 苗壮成长”红色故事绘系列活动获得省级社科联肯定并资助。读书活动多次被央广网、紫牛新闻、新华网等国家、省、市主流媒体宣传报道，被选登学习强国达17次。开展首届“阅读马拉松”大赛，全年共19场次，参与人数达1000人。10月，安徽省图书馆、上海图书馆、浙江图书馆、南京图书馆、“阅读马拉松”大赛组委会主办，兴化市图书馆具体承办的2021长三角阅读马拉松大赛（兴化赛区）圆满成功。兴化赛区获得长三角地区阅读马拉松大赛优秀组织奖。与江苏省少儿图书馆、兴化市朗诵协会、睿丁少儿成长中心、果果思维馆、城区各中小学校等单位展开合作，引进研学名师近60人。开设课程覆盖面广泛，涵盖数学、国学、英语、体育、美术、音乐、戏曲、非遗、科学、写作等学科，10期研学活动累计招收近400名学生。先后走进新垛施家桥村、张郭蒋庄、陈堡唐庄、千垛碧水东罗以及城区东门老街、儒学街区、昭阳书院，吸引市民静下身阅读，在文化“走读”中加深对水乡地域、历史文化的认识和了解。组织特色主题阅读活动，评选出2021年“最美阅读家庭”，推出特藏古籍宣传片《墨韵流芳传百年——兴化市图书馆馆藏古籍的前世今生。

2021年10月23日，长三角阅读马拉松在兴化成功举办。 （市文体广旅局/供图）

**【古籍保护】** 市图书馆馆藏古籍20267册，数量列泰州地区县级馆之首。古籍部设有古籍书库、修复室、查询室，年接待读者近千人次。古籍编目按照“全国古籍普查平台”的标准著录古籍信息，按经、史、子、集大类对古籍进行分类，对古籍的题名卷数、著者、版本、册数、存缺卷等信息进行著录。2021年4月6日古籍部搬进升级改造后的新部室。

（刘红兵）

## 广播电视

**【概况】** 兴化人民广播电台为调频101.9兆赫，全天播出本地新闻资讯、社教专题、广播文艺以及直播节目《政风热线》等目共17小时。兴化电视台设新闻综合和文化旅游两频道，两频道每天累计播出时长40小时，其中自办栏目16个。《兴化新闻》已开播20多年，新闻触角延伸到经济社会发展、重大项目建设、脱贫攻坚等重点工作最前沿，高扬改革发展主旋律，让融媒体中心的舆论宣传与市委、市政府中心工作始终同频共振。《民生直通车》栏目长期关注民生问题，被评为泰州市首届“十佳”文明优质服务品牌提名奖。《问政兴化》舆论监督栏目，直面市委、市政府关切、群众关心的热点、难点问题，获得了领导和群众的充分肯定。文化与旅游专业频道，以风光、旅游、剧目、新闻等为主线，将兴化历史人文、美景美食、健康生活串联，配以趣味性与故事性的解说，为广大市民呈现出一个“水清、绿透、文昌、城秀”的全方位、立体式的历史文化名城。省委宣传部、省委网信办、省广播电视局批复同意兴化市融媒体中心省级验收合格。提升选题统一策划能力，实现了重点选题、重大题材、重要新闻全媒传播率100%；强化移动优先战略，做到新闻信息首发、热点新闻快发，确保第一时间抢占舆论先机；进一步优化新媒体采编力量配备，开展互联网思维、融合理念培训，组建内容生产专门团队，以短视频生产为主要任务的“兴化融媒”抖音号、视频号团队正式投入运营，取得良好社会反响。

**2021年兴化市新闻作品获泰州市级以上奖项一览表**

表26

| 作品名称 | 创作单位 | 主创人员 | 奖 项 |
|---|---|---|---|
| 昭阳开邑 儒学古街 | 广播节目科 | 陶志雄 | 2020年度泰州市广播电视播音与主持作品奖 广播播音文艺类一等奖 |
| 打好脱贫攻坚战 全面建成小康社会镇村行 | 广播节目科 | 方 娟<br>陶志雄<br>王晶晶 | 2020年度泰州市广播新闻奖 连续(系列)三等奖 |
| 我市调味品产业集聚区凸显集聚效应 | 广播节目科 | 刘 娟<br>赵春玉<br>王晶晶 | 2020年度泰州市广播新闻奖 短消息三等奖 |
| 兴化启动陈堡草荡退圩还湖拆坝放水 | 广播节目科 | 方 娟<br>冯兆宽<br>邹青青<br>王晶晶 | 2020年度泰州市广播新闻奖 长消息二等奖 |
| “兴化淮剧人”汤红英 | 广播节目科 | 沈 瑜<br>沈晓斌<br>陶志雄<br>王晶晶 | 2020年度泰州市广播社教节目奖 公众性节目二等奖 |
| 爱心老人 陈启兴 | 广播节目科 | 沈 瑜<br>沈晓斌<br>陶志雄<br>冯兆宽 | 2020年度泰州市广播社教节目奖 对象性节目二等奖 |
| 淮剧《船娘》赏析 | 广播节目科 | 赵春玉<br>王晶晶 | 2020年度泰州市广播文艺奖 戏曲·曲艺节目二等奖 |
| 清华理科生的文学梦 | 广播节目科 | 杨 斌 | 2020年度泰州市广播电视播音与主持作品奖 广播播音社教类三等奖 |
| 乡村女警翟树春:这份礼我收下! | 电视节目科 | 张 晨<br>袁 熙 | 2020年度泰州市电视新闻奖短消息二等奖 |
| 战“疫”母女情:我在兴化你在香港 两地战场一种坚守 | 电视节目科 | 顾 磊 | 2020年度泰州市电视新闻奖长消息一等奖 |
| 长安中路为何长修难安? | 电视节目科 | 花 艳<br>袁 野 | 2020年度泰州市电视新闻奖专题三等奖 |
| 当“任性”的权力遭遇“较劲”的企业 | 电视节目科 | 花 艳<br>顾 磊<br>胡雪玮 | 2020年度泰州市电视新闻奖连续(系列)报道二等奖 |
| 屡遭“差评” 兴化的营商环境怎么了 | 电视节目科 | 花 艳<br>顾 磊 | 2020年度泰州市电视新闻奖评论二等奖 |

续表 26

| 作品名称 | 创作单位 | 主创人员 | 奖 项 |
| --- | --- | --- | --- |
| 民生直通车 | 电视节目科 | 花 艳<br>顾 磊<br>王 靓<br>王 蒙<br>屠晶晶 | 2020 年度泰州市电视新闻奖优秀栏目 |
| 兴化早茶 | 电视节目科 | 花 艳<br>鲁 磊 | 2020 年度泰州市电视社教奖短纪录片二等奖 |
| 红色情怀 收藏历史 | 电视节目科 | 王 蒙<br>鲁 磊<br>胡雪玮 | 2020 年度泰州市电视社教奖专题片二等奖 |
| 省级非遗添新枝 | 电视节目科 | 朱良兵<br>王小军<br>王 蒙<br>冯 润<br>胡雪玮 | 2020 年度泰州市电视社教奖系列片二等奖 |
| 水乡底色 逆袭人生——画中“快手”徐文国 | 电视节目科 | 花 艳<br>胡雪玮<br>王 蒙<br>王小军 | 2020 年度泰州市电视文艺奖专题节目三等奖 |
| 楚水风 | 电视节目科 | 花 艳<br>胡雪玮<br>王 蒙<br>冯 润<br>沈建波 | 2020 年度泰州市电视文艺奖优秀栏目 |
| 兴化新闻 | 电视节目科 | 朱 瑛 | 2020 年度泰州市广播电视播音与主持作品奖 电视播音新闻二等奖 |
| 兴化新闻 | 电视节目科 | 沈 阔 | 2020 年度泰州市广播电视播音与主持作品奖 电视播音新闻三等奖 |
| 楚水风 | 电视节目科 | 张 琳 | 2020 年度泰州市广播电视播音与主持作品奖 电视播音文艺二等奖 |
| 民生直通车 | 电视节目科 | 朱 楼 | 2020 年度泰州市广播电视播音与主持作品奖 电视主持新闻三等奖 |
| 屡遭“差评” 兴化的营商环境怎么了 | 电视节目科 | 花 艳<br>顾 磊 | 2020 年度江苏电视新闻奖评论二等奖 |
| 《青春有约》春风吹过的地方 | 技术保障科 | 曹 锋<br>徐 非<br>顾 荣 | 2021 年度江苏省广播电视节目录制技术质量奖(广播)三等奖 |
| 楚水风 | 技术保障科 | 曹 锋<br>黄永杰<br>徐 非 | 2021 年度江苏省广播电视节目录制技术质量奖(电视)三等奖 |

**【广播电视宣传】** 作为基层主流媒体,融媒体中心充分发挥“主流舆论阵地、综合服务平台、社会信息枢纽”的积极作用,持续深入宣传贯彻习近平新时代中国特色社会主义思想和党的十九大和十九届五中、六中全会精神,围绕全市项目建设、文明创建、疫情防控、千垛菜花旅游节、郑板桥艺术节等主题,推出了《践行嘱托开新局 争当表率 争做示范 走在前列》《深化四大转型 建设幸福兴化》等专栏,多视角大容量地展现出全市各条战线上的建设成果,凝聚了全市改革发展的强大力量。省、市党代会召开后,相继策划了《贯彻省党代会精神 建设新时代鱼米之乡》《幸福路上 加速奔跑》等专栏,报道全市各级各部门深入贯彻落实市委全会和省市党代会精神的创新举措和工作实践,为全市经济社会高质量发展营造良好的舆论环境。

兴化人民广播电台牢牢把握“党的盛典、人民的节日”这一主要基调定位,精心策划了《奋斗百年路 启航新征程》《我为党旗增光彩》《走进红色教育基地 传承红色革命精神》等专栏，大力营造庆祝中国共产党成立100周年浓厚氛围。与市委宣传部、市党史方志办联合策划摄制“百年百人”大型党史系列纪录片，自主策划拍摄“兴火相传百年行”系列党史微党课，通过寻访革命老人、改革先锋、建设楷模等不同历史时期的先进人物，弘扬革命文化，继承革命精神，播出后获得了社会各界的广泛好评。

【对外宣传】 在“三农、旅游、文化”等新闻主题中挖掘素材，强化与央视、省电视台的对接沟通，协助央视财经频道《消费主张》、央视科教频道《味道》、央视新闻频道《新闻直播间》、央视综合频道《大美中国》、央视国际频道《远方的家》等多档专题栏目到兴化采访拍摄，使兴化形象、兴化故事、兴化声音闪耀央视荧屏。2021年，上级媒体用稿用片超过800条，入围“全国城市传播百强榜”。

【舆论监督】 坚持正面报道，聚焦全市经济社会发展和民生服务问题，做好舆论监督栏目《问政兴化》。在2021年全市疫情防控和文明城市创建工作中，《问政兴化》栏目聚焦热点，动真碰硬，实现对问题、过程、结果进行全程跟踪与监督，解决了问题，畅通了民意，获得了群众的广泛好评。优化广播《12345·政风热线》等传统民生栏目，开展网络视频直播，突出大小屏联动、线上线下互动，提高问题曝光率和解决率，群众参与度和满意度都明显提升。

【硬件建设】 2021年，融媒体中心投入80万元，建设媒体资产管理系统，投入75万元，对发射机房前端信号源系统和UPS供电系统进行升级改造，投入11万元购置灯光控制台，对部分摄录设备进行升级，投入13万元对融合生产平台系统进行等级保护测评，装备设施的提档升级，为媒体深度融合发展打下良好的设施基础。

（倪　宇）

## 江苏有线兴化分公司

【概况】 江苏有线网络发展有限责任公司兴化分公司主要从事兴化城乡广播电视传输网络建设、开发、维护和管理，广播电视节目传输，数字电视及综合信息业务的服务和营销。分公司于2014年12月30日正式挂牌成立，秉承“建精品网络、创优质服务、传先进文化”的发展理念，始终坚持高起点、高规划、高标准网络建设，打造党和政府放心的责任电视、社会认可的绿色电视、群众爱看的精品电视；始终坚持参与智慧城市建设。

【广网服务】 加强服务“硬软”环境建设。建成46个一站式服务营业厅，开通“96296”24小时客户服务热线，规范服务窗口工作流程，推行对外服务八项公开承诺和社区服务经理制，开展“进村入户”“党员先锋队”等活动，营造良好的服务环境。加强节目内容建设，改变以往单一内容服务模式，形成集数字电视、付费电视、互动电视、高清电视、有线宽带于一体的全功能、全业务服务模式，实现用户由“看电视”向“用电视”转变，不断满足市民精神文化生活需要。

【政企业务】 注重集团业务的开拓，拓宽公司营收渠道。在做好市场数据分析的基础上，探索弱电智能化项目，大力发展线路租赁业务。在抓好在手项目建设的基础上，进一步创新思路，多渠道、多业务、多管齐下发展与广电网络相关的、相近的业务和业态，想方设法谋求新的增长点。中标“智慧小区”项目和“技防城升级版”项目，完成全市应急广播体系项目建设。履行“党媒为民”的社会责任，加快转型升级，致力并服务于地方经济社会发展。

（黄亚婷）

## 《兴化日报》

【概况】 《兴化日报》由中共兴化市委、兴化市人民政府主办，由兴化市融媒体中心承办。《兴化日报》为4开8版，周五刊，双面彩印刷；一版封面、二版为要闻版，三版为民生版，四版为广角版，五版为时评版，六版、七版为部门联办专版，八版为广告版面，每周五刊发四版副刊。期发行量2万份，2021年全年发行238期（第8118期—第8356期）。

【新闻宣传】 《兴化日报》开设了《奋斗百年路 启航新征程·学党史 悟思想 办实事 开新局》专栏，《奋斗百年路 启航新征程·兴化红色印记》专栏，《为民解难当先锋》专栏，刊发文章200余篇。按照市委、市政府工作年度目标要求，围绕文明城市创建、河长制、生态环境保护、工业经济发展、民生改善等方面开设专栏，与部门、乡镇联动推出各类专版逾200个，全面展示兴化经济社会发展取得的成绩。

（倪　宇）

**2021年度兴化市融媒体中心获奖作品目录**

表27

| | | | |
|---|---|---|---|
| 中堡镇：还原绿水青山 蓄积生态能量 | 融媒体中心 | 邹燕鸿<br>卞殿荣<br>李祝海 | 江苏省县市报研究会好新闻一等奖 |
| “兴宁”交融 助“宁”平安 | 融媒体中心 | 常乾坤<br>李祝海 | 江苏省县市报研究会好新闻二等奖 |

续表 27

| | | | |
|---|---|---|---|
| 尽我所能 倾“镶”相助 | 融媒体中心 | 陈宇婕<br>孙德高<br>冯兆宽 | 江苏省县市报研究会好新闻二等奖 |
| 今天，头条是我们！ | 融媒体中心 | 姜帷韬<br>徐　菲<br>吴　剑<br>沙　建<br>瞿枫楠<br>徐婷婷 | 江苏省县市报研究会好新闻二等奖 |
| 抗“疫”大片 全城上演 | 融媒体中心 | 陈广新<br>朱　楠<br>张巍巍<br>姜帷韬 | 江苏省县市报研究会好新闻三等奖 |
| 把“兴好有你”民生品牌建在百姓心坎上 | 融媒体中心 | 李祝海 | 江苏省县市报研究会好新闻三等奖 |

## 兴化市哲学社会科学界联合会

**【理论宣传】** 坚持把学习宣传贯彻习近平新时代中国特色社会主义思想及党的十九大、十九届历次全会精神作为首要任务。开展省第十八届社会科学普及宣传周活动，6万多人次参与社科普及主题知识竞答。举办各类党史学习教育培训班16期，2847名党员干部参训，打造41堂精品优质课、56个微党课、86个微视频。组织市委宣讲团、基层党员干部宣讲队、“飞燕”百姓名嘴志愿服务队、青年讲师团等队伍，到镇(街道)、村(社区)、新时代文明实践中心(所、站)，开展“我是党的螺丝钉”“百年党史青春说”等巡回宣讲活动3534场，受众24.3万人。

**【社科阵地建设】** 把社科普及示范基地建设作为社科工作的一项重要内容，探索社科普及示范基地建设与管理。已建成省级社科普及示范基地3家、泰州市级4家。2021年，严昌荣红色军事教育基地和沙沟渔文化旅游风情小镇成功申报泰州市社会科学普及基地。深挖本地红色资源，系统梳理全市39处红色地标，李健烈士陵园等16个现场教学课程和5条红色教学线路。举办“水乡风云峥嵘岁月——中国共产党兴化百年历史展览”，打造500余米“党史一条街”，共组织观看90场次，累计6万人参观。编排红色经典节目《唱支山歌给党听》《红梅赞》，红色淮剧小戏《船娘》《沙家浜》《党的女儿》等，开展“红色百年”文化惠民精品文艺演出近200场，受众达10万人。

**【课题研究】** 组织社科理论工作者开展社科课题研究，努力提高社科研究成果质量。出版发行《兴化文化丛书》全套第一辑10册。

（吉丹瑾）

## 体　育

### 综　述

**【概况】** 2021年，兴化体育工作秉持体育健民的宗旨理念，深入践行“垒土成垛、择高向上”的兴化精神，围绕高质量发展和县级体育重点工作要求，以迎接第二十届省运会举办为契机，立足产业融合创新，推动公共体育健康发展。市文体广旅局获2017—2020年度全国群众体育先进单位。完成市体育馆升级改造、楚水初级中学体育馆和泰州市水上运动训练基地建设。建成城市社区“10分钟体育健身圈”与农村“20分钟体育健身圈”，全市健身步道110千米。农村公共体育设施达标率92.85%。新增健身步道、篮球场、健身路径等体育场地113处，新增体育场地面积约8.15万平方米，总面积约272万平方米，人均体育场地面积为2.41平方米。组织广场舞大赛、太极表演、篮球联赛等全民健身赛事数10场，参与社会体育指导员培训600余人次，开展国民体质监测3000人次。民间体育组织举办赛事活动超过60项次。全年获得全国比赛奖牌36枚，金牌16枚，省级比赛获得前三名62个，金牌22枚，在田径、篮球、游泳项目上持续发力保持优势。在全国第十四届全运会比赛中，兴化运动员获得2银1铜、2个第五、1个第七的好成绩。承办2021年江苏省青少年举重(男子)锦标赛、2021年江苏省青少年U14篮球锦标赛和2021年江苏省青少年三人制篮球锦标赛三个项目的测试赛，圆满完成测试赛。全年兴化体育彩票累计销售1.409亿元，全省县市区排名第21位，增幅排名第27位，市场份额65.75%。筹集县级公益金700余万元。

**【体育成绩】** 2021年在全国、省级比赛赛场上，兴化市健儿成绩斐然：居文静入选江苏省柔道集训队，篮球运动员刘星辰、乒乓球运动员曹彦灏入选江苏省少体校队。共获得全国比赛奖牌36枚，金牌16枚，省级比赛获得前三名62个，金牌22枚。在第十四届全运会比赛中，取得2银1铜、2个第五、1个第七的好成绩。侯逸凡获得第十四届全运会国际象棋比赛女子组冠军,陆长薇以56秒57的成绩夺得全运会女子400米栏亚军;苟俊龙和吴志强为江苏拿下柔道男子73公斤团体季军、苟俊龙获得73公斤级银牌,吴志强获得男子柔道73公斤级第七名。

2021年9月24日,泰州市"全民迎省运 畅游水天堂"公开水域游泳系列活动兴化分会场活动在昭阳湖举办。 (市文体广旅局/供图)

## 群众体育

**【基层场地设施建设】** 建设陈堡草荡水上运动基地项目,项目位于兴化市陈堡镇西北侧,项目用地面积123亩,总建筑面积17722平方米(其中综合楼1为生活区主要包含容纳288人的宿舍、满足500人左右同时就餐的1—2层食堂;综合楼2为功能区主要包含室内篮球场、可容纳160人的多功能厅,容纳43人的会议室,以及700多平方米的力量训练场地、体能测控训练房等,合计面积:15772平方米,艇库1950平方米,人工湖50米×150米),规划建成主赛道8条,辅赛道2条、1个标准田径场,1座终点计时塔,项目总投资3.77亿元,已验收交付使用。新区体育馆改造项目,总投资989万元,其中土建工程378.8万元,政府采购项目610.2万元,总面积12000平方米,含3388个观赛座位,场馆一楼区域设置大综合区、裁判员休息室、兴奋剂检测室、会议室、领导候场室、运动员候场区、比赛办公室、更衣及淋浴区、管理办公室、监控室、风机房、配电房、空调机房、音控灯光设备;二楼设置新闻发布中心、体能恢复室、储藏室;三楼包含训练房和转播室,已投入运营使用。

**【体育为民突破行动】** 开展体育为民突破行动,完成463个行政村体育设施提档升级,健身路径完成全覆盖,符合安装条件的自然村健身路径拥有率达90%以上。投入资金159万元,新增健身路径134处。投资1250万元,在17个乡镇建成体育公园、多功能运动场,其中2021年新建5个(大垛镇体育公园、垛田街道旗杆荡体育公园、陈堡镇体育公园、大邹镇多功能运动场、临城街道多功能运动场)。投入资金2700万元,建成大垛镇体育公园健身步道、大垛镇安民生态园健身步道、新垛镇施公路健身步道、昭阳街道沧浪公园健身步道、昭阳街道沧浪河健身步道、海池河健身步道、清流河健身步道、陈堡河健身步道等约20.6千米。年底,全市共有健身步道约158千米。

**【全民健身特色志愿服务活动】** 面向基层加强城乡社会体育指导员队伍建设。6月、7月分别在开发区、陈堡镇举办太极系列、健身操项目三级社会体育指导员培训班暨学雷锋志愿服务活动,共培训111名三级社会体育指导员。参加2021年兴化市"三下乡"活动,免费为乡镇群众提供健身健康知识普及,并捐赠体育器材。深入基层为城乡居民进行国民体质监测,全年测试人数达3000人。

2021年11月13日,组织社会体育指导员大联动。

(市文体广旅局/供图)

**【群众体育健身活动】** 体育局系统及全市体育社团全年累计举办各类赛事活动超60项次。疫情防控期间,宣传推广居家健身办法,为群众提供内容丰富的健身方法和产品。通过"体育+互联网"形式,组织举办江苏省第二届健身气功·八段锦网络达标赛兴化站等线上赛事。在严格落实疫情防控要求的前提下，逐步恢复赛事活动举办，先后举办兴化市第六届运动会、江苏省广场健身舞百万人大展演、泰州市公开水域游泳锦标赛、全民健身日庆祝活动、兴化市《国家体育锻炼标准》达标赛、第十三届乌巾荡龙舟大赛、市社会体育指导员科学健身指导大联动、全民迎省运系列活动健身操项目展示、象棋、围棋、羽毛球、乒乓球等赛事活动。开展一系列社团赛事活动，篮球运动协会俱乐部联赛、中老年篮球邀请赛、钓鱼协会垂钓大赛、羽毛球协会会员大赛、乒乓球协会会员大赛、石锁进校园展示活动、"毛泽东畅游长江"周年纪念活动、中小学防溺水安全知识培训班、门球协会系列联赛、庆祝建党100周年老年体育健身展示活动、体育舞蹈专场会演、"世界环境日"骑游活动、"千垛菜花节"全民健身展示活动、民间棋王争霸赛兴化选拔赛、第十七届"金桥杯"职工象棋比赛、老年人自行车障碍慢骑比赛等，参赛人数达5000人。

## 竞技体育

**【概况】** 2021年，兴化竞技体育在严格落实疫情防控工作要求的前提下，制定安全预案，明确各方责任，做到"一赛一案"，加强参赛运动员的安全教育、反兴奋剂教育、个人防护教育，强化组织管理，确保活动安全、有序、顺利进行。承办2021年江苏省青少年举重(男子)锦标赛、2021年江苏省青少年U14篮球锦标赛和2021年江苏省青少年三人制篮球锦标赛等测试赛，全国国际象棋锦标赛(个人甲组)、泰州市中小学生国际象棋比赛。参加省市各项赛事，共获得全国比赛奖牌36枚，金牌16枚，省级比赛获得前三名62个，金牌22枚。在2021年全国第十四届全运会比赛中，兴化运动员获得2银1铜、2个第五、1个第七的好成绩。

**【运动员队伍建设】** 重点开展裁判员、运动员等级晋升和考级，全年晋升一级裁判5人，二级裁判123人，

2021年5月15日，"中国体育彩票"江苏省青少年阳光体育运动联赛暨2021年江苏省青少年举重(男子)锦标赛在新区体育馆举办。

(市文体广旅局/供图)

晋升一级运动员8人，二级运动员23人。举办市级篮球、举重等项目的二级裁判培训共计5次，共计培训人员350人。1名运动员入选江苏省集训队，1名运动员入选江苏省少年体校队，4名运动员顺利考取高校。

**【第十三届中国·兴化全国国际象棋锦标赛】** 2021年第十三届全国国际象棋锦标赛(个人甲组)于5月7日在兴化拉开帷幕，比赛历时9天。比赛由国家体育总局棋牌运动管理中心、中国国际象棋协会、兴化市人民政府主办，江苏省棋类运动协会、兴化市文体广电和旅游局承办，兴化国际象棋学校协办。全国顶尖的24名男女国际象棋高手会集兴化一决高下，经过11轮的比赛，余泱漪、谭中怡分别获得男子组和女子组冠军。

**【江苏省青少年举重(男子)锦标赛】** 2021年5月11—15日，江苏省青少年举重(男子)锦标赛在兴化举行，比赛历时5天。大赛由江苏省体育局、省教育厅、省文明办等部门联合主办。比赛吸引了来自全省12个地级市的191名运动员。分为17～18岁和15～16岁两个年龄组，设有49公斤、55公斤、73公斤、81公斤、102公斤、109公斤以上等20个级别，此次赛事为2022年江苏省第二十届运动会测试赛。

**【江苏省青少年篮球锦标赛(14—15岁组)】** 2021年7月3日，江苏省青少年阳光体育运动联赛暨2021年江苏省青少年篮球锦标赛(14—15岁组)在兴化新区体育馆举行，比赛历时7天，来自全省19支代表队、253名运动员参加。

**【江苏省青少年三人制篮球锦标赛】** 2021年12月11日，江苏省青少年三人制篮球锦标赛在兴化开赛，共有32支队伍、126名选手参加，比赛历时3天。比赛由江苏省体育局、江苏省教育厅主办，泰州市体育局、兴化市人民政府承办。此次比赛规模大、规格高，严格监控后台数据，最大程度确保比赛结果的精确、客观和公正，代表着江苏省青少年篮球锦标赛的较高水准。

**【侯逸凡获得国际象棋比赛女子组冠军】** 2021年7月29日、8月2日，第十四届全运会群众赛事国际象棋

2021年12月12日,2021年江苏省青少年三人制篮球锦标赛在兴化举办。(市文体广旅局/供图)

和中国象棋比赛先后落幕,侯逸凡代表江苏参赛,为江苏体育代表团夺得该届全运会群众赛事的首枚金牌。

**【陆长薇获得第十四届全运会田径项目亚军】** 2021年9月23日,第十四届全运会田径项目女子400米跨栏决赛在西安奥体中心举行。兴化籍选手陆长薇在比赛中以56.57秒的成绩获得亚军。

**【体育产业】** 2021年市文体、旅游产业引导资金共奖励项目36个,下达奖补资金584.1万元,指导帮助江苏天行健体育材料发展有限公司成功申报省体育产业专项资金,体育装备制造创新项目获批40万元奖补;陈堡镇获批泰州体育小镇,获垛镇获批泰州市体育产业基地,共上争资金15万元。筹集县级公益金700余万元。全年兴化体育彩票累计销售1.409亿元,在全省县市区排名第21位,全省增幅排名第27位,市场份额占比65.75%。

(刘红兵)

2021年东亚青少年国际象棋锦标赛比赛成绩汇总表

表28

| 项目 | 比赛名称 | 组别 | 姓名 | 名次 |
|---|---|---|---|---|
| 国际象棋 | 2021年东亚青少年国际象棋锦标赛女子 | 10岁组 | 高木子嫣 | 四 |
| 国际象棋 | 2021年东亚青少年国际象棋锦标赛男子 | 12岁组 | 魏建州 | 七 |

2021年全国比赛成绩表

表29

| 项目 | 比赛名称 | 组别 | 姓 名 | 名次 |
|---|---|---|---|---|
| 柔道 | 中华人民共和国第十四届运动会 | 男子—73KG | 苟俊龙 | 二 |
| 柔道 | 中华人民共和国第十四届运动会 | 73KG团体 | 苟俊龙 | 三 |
| 柔道 | 中华人民共和国第十四届运动会 | 男子73KG | 吴志强 | 七 |
| 柔道 | 中华人民共和国第十四届运动会 | 73KG团体 | 吴志强 | 三 |
| 田径 | 中华人民共和国第十四届运动会 | 女子400米栏 | 陆长薇 | 二 |
| 田径 | 中华人民共和国第十四届运动会 | 女子4×400米接力 | 陆长薇 | 五 |
| 田径 | 2021年全国田径锦标赛 | 女子400米栏 | 陆长薇 | 七 |
| 田径 | 中华人民共和国第十四届中学生运动会 | 初中女子三级跳远 | 周 慧 | 二 |
| 田径 | 中华人民共和国第十四届中学生运动会 | 初中女子跳远 | 周 慧 | 八 |
| 田径 | 2021年全国田径冠军赛暨奥运会选拔赛 | 男子组 撑竿跳高 | 陈文文 | 二 |
| 田径 | 中华人民共和国第十四届运动会 | 男子组 撑竿跳高 | 陈文文 | 五 |
| 田径 | 2021年室内田径邀请赛(西南赛区) | 男子组撑竿跳高 | 陈文文 | 二 |
| 田径 | 2021年室内田径邀请赛(华北赛区) | 男子组撑竿跳高 | 陈文文 | 二 |
| 田径 | 首届长三角田径精英邀请赛 | 男子组撑竿跳高 | 陈文文 | 二 |
| 田径 | 2021年中国田径街头巡回赛 | 男子组撑竿跳高 | 陈文文 | 二 |
| 田径 | 2021年全国田径锦标赛暨全运会资格赛 | 男子组撑竿跳高 | 陈文文 | 五 |

续表 29

| 项目 | 比赛名称 | 组别 | 姓　名 | 名次 |
|---|---|---|---|---|
| 跆拳道 | 2021 年中国中学生跆拳道联赛(东部赛区) | 高中丙组个人品势 | 咸　旭 | 二 |
| 跆拳道 | 2021 年中国中学生跆拳道联赛(东部赛区) | 高中丙组 68kg 竞技 | 咸　旭 | 二 |
| 跆拳道 | 2021 年中国中学生跆拳道联赛(东部赛区) | 高中丙组个人品势 | 朱凯宇 | 一 |
| 跆拳道 | 2021 年中国中学生跆拳道联赛(东部赛区) | 高中丙组 63kg 竞技 | 朱凯宇 | 一 |
| 跆拳道 | 2021 年中国中学生跆拳道联赛(东部赛区) | 高中丙组男子团品 | 张含文 | 二 |
| 跆拳道 | 2021 年中国中学生跆拳道联赛(东部赛区) | 高中丙组 73kg 竞技 | 张含文 | 一 |
| 跆拳道 | 2021 年中国中学生跆拳道联赛(东部赛区) | 高中丙组女子团品 | 谢沈玥 | 一 |
| 跆拳道 | 2021 年中国中学生跆拳道联赛(东部赛区) | 高中丙组 52kg 竞技 | 谢沈玥 | 一 |
| 跆拳道 | 2021 年中国中学生跆拳道联赛(东部赛区) | 高中丙组 78+kg 竞技 | 王梓瀚 | 一 |
| 跆拳道 | 2021 年中国中学生跆拳道联赛(东部赛区) | 高中丙组 78kg 竞技 | 杨嘉诚 | 二 |
| 跆拳道 | 2021 年中国中学生跆拳道联赛(东部赛区) | 高中丙组女子团品 | 刘欣妍 | 一 |
| 跆拳道 | 2021 年中国中学生跆拳道联赛(东部赛区) | 高中丙组 68+kg 竞技 | 刘欣妍 | 二 |
| 跆拳道 | 2021 年中国中学生跆拳道联赛(东部赛区) | 高中丙组女子团品 | 刘欣雨 | 一 |
| 跆拳道 | 2021 年中国中学生跆拳道联赛(东部赛区) | 高中丙组 68+kg 竞技 | 刘欣雨 | 一 |
| 跆拳道 | 2021 年中国中学生跆拳道联赛(东部赛区) | 高中丙组 73kg 竞技 | 郭权贵 | 二 |
| 跆拳道 | 2021 年中国中学生跆拳道联赛(东部赛区) | 高中丙组男子团品 | 郭权贵 | 二 |
| 跆拳道 | 2021 年中国中学生跆拳道联赛(东部赛区) | 高中丙组 78+kg 竞技 | 邹勇奇 | 二 |
| 跆拳道 | 2021 年中国中学生跆拳道联赛(东部赛区) | 高中丙组男子团品 | 邹勇奇 | 二 |
| 跆拳道 | 2021 年中国中学生跆拳道联赛(东部赛区) | 高中丙组 73kg 竞技 | 周　鹏 | 一 |
| 跆拳道 | 2021 年中国中学生跆拳道联赛(东部赛区) | 高中丙组男子团品 | 周　鹏 | 一 |
| 跆拳道 | 2021 年中国中学生跆拳道联赛(东部赛区) | 高中丙组男子团品 | 陈紫阳 | 一 |
| 跆拳道 | 2021 年中国中学生跆拳道联赛(东部赛区) | 高中丙组 59KG 竞技 | 陆　森 | 一 |
| 跆拳道 | 2021 年中国中学生跆拳道联赛(东部赛区) | 高中丙组男子团品 | 孙文翔 | 一 |
| 跆拳道 | 2021 年中国中学生跆拳道联赛(东部赛区) | 高中丙组 68kg 竞技 | 吉　磊 | 一 |
| 国际象棋 | 2021 年全国国际象棋之乡网络联赛 | 竞技 | 顾　毅<br>朱世杰<br>魏建州<br>焦兆瑞<br>高木子嫣 | 五 |
| 国际象棋 | 2021 年"迎亚运·智圣杯"全国少年儿童国际象棋公开赛 | 2009—2010 组 | 魏建州 | 九 |
| 国际象棋 | 2021 年"迎亚运·智圣杯"全国少年儿童国际象棋公开赛 | 2011 以后组 | 高木子嫣 | 十一 |
| 国际象棋 | 2021 年"迎亚运·智圣杯"全国少年儿童国际象棋公开赛 | 2011 以后组(女子组) | 高木子嫣 | 一 |
| 国际象棋 | 2021 年国际象棋棋协大师赛(江苏) | 女子一级组 | 徐昕辰 | 二 |
| 国际象棋 | 2021 年国际象棋棋协大师赛(江苏) | 女子一级组 | 张建灿 | 八 |
| 国际象棋 | 2021 年国际象棋棋协大师赛(江苏) | 男子一级组 | 徐梓潼 | 五 |
| 国际象棋 | 2021 年国际象棋棋协大师赛(江苏) | 男子一级组 | 邵明雨 | 八 |
| 中国象棋 | 中华人民共和国第十四届运动会 | 女子业余组 | 顾网年 | 七 |

2021年省级比赛成绩表

表30

| 项目 | 比赛名称 | 组别 | 姓　名 | 名次 |
|---|---|---|---|---|
| 国际象棋 | 2021年江苏省国际象棋网络公开赛 | 男子九级组 | 兴化国际象棋学校 | 九 |
| 国际象棋 | 2021年江苏省国际象棋网络公开赛 | 男子十级组 | 徐　铭 | 三 |
| 国际象棋 | 2021年江苏省国际象棋网络公开赛 | 女子定级组 | 兴化国际象棋学校 | 三 |
| 国际象棋 | 2021年江苏省国际象棋网络公开赛 | 男子定级组 | 袁泽睿 | 一 |
| 国际象棋 | 2021年江苏省国际象棋网络公开赛 | 女子定级组 | 葛奕涵 | 一 |
| 国际象棋 | 2021年江苏省少儿国际象棋等级赛 | 男子三级组 | 王俣辰 | 七 |
| 国际象棋 | 2021年江苏省少儿国际象棋等级赛 | 女子三级组 | 罗莞恬 | 六 |
| 国际象棋 | 2021年江苏省少儿国际象棋等级赛 | 男子四级组 | 李龚睿 | 四 |
| 国际象棋 | 2021年江苏省少儿国际象棋等级赛 | 男子四级组 | 邵懿兴 | 六 |
| 国际象棋 | 2021年江苏省少儿国际象棋等级赛 | 女子四级组 | 邹芷仪 | 二 |
| 国际象棋 | 2021年江苏省少儿国际象棋等级赛 | 女子四级组 | 张静雯 | 四 |
| 国际象棋 | 2021年江苏省少儿国际象棋等级赛 | 男子五级组 | 程宇驰 | 八 |
| 国际象棋 | 2021年江苏省少儿国际象棋等级赛 | 男子六级组 | 杨辰钰 | 四 |
| 国际象棋 | 2021年江苏省少儿国际象棋等级赛 | 女子六级组 | 卢书瑶 | 六 |
| 国际象棋 | 2021年江苏省少儿国际象棋等级赛 | 女子七级组 | 陆静好 | 六 |
| 国际象棋 | 2021年江苏省少儿国际象棋等级赛 | 女子八级组 | 朱晗阅 | 三 |
| 国际象棋 | 2021年江苏省少儿国际象棋等级赛 | 女子八级组 | 姜彦羽 | 七 |
| 国际象棋 | 2021年江苏省少儿国际象棋等级赛 | 女子九级组 | 王妍卿 | 一 |
| 国际象棋 | 2021年江苏省少儿国际象棋等级赛 | 女子九级组 | 魏　玥 | 六 |
| 国际象棋 | 2021年江苏省少儿国际象棋等级赛 | 男子十级组 | 仲赵钺 | 七 |
| 国际象棋 | 2021年江苏省少儿国际象棋等级赛 | 女子定级组 | 丁梓涵 | 三 |
| 赛艇 | 2021年江苏省赛艇锦标赛 | 女子双人双桨2000米 | 刘　陈 | 三 |
| 赛艇 | 2021年江苏省赛艇锦标赛 | 女子单人2000米 | 刘　陈 | 六 |
| 赛艇 | 2021年江苏省赛艇锦标赛 | 女子双人双桨2000米 | 王　絮 | 一 |
| 赛艇 | 2021年江苏省赛艇锦标赛 | 女子单人2000米 | 王　絮 | 四 |
| 赛艇 | 2021年江苏省赛艇冠军赛 | 女子单人2000米 | 王　絮 | 三 |
| 赛艇 | 2021年江苏省赛艇锦标赛 | 男子四人双桨2000米 | 华文浩 | 一 |
| 赛艇 | 2021年江苏省赛艇锦标赛 | 男子四人双桨2000米 | 徐　平 | 一 |
| 击剑 | 2021年江苏省击剑锦标赛 | 女子甲组团体 | 徐雨薇 | 六 |
| 击剑 | 2021年江苏省击剑冠军赛分站赛 | 女子甲组团体 | 徐雨薇 | 一 |
| 击剑 | 2021年江苏省击剑冠军赛分站赛 | 女子甲组个人 | 徐雨薇 | 五 |
| 击剑 | 2021年江苏省击剑锦标赛 | 女子乙组团体 | 张佳丽 | 四 |
| 击剑 | 2021年江苏省击剑冠军赛分站赛 | 女子乙组团体 | 张佳丽 | 一 |
| 击剑 | 2021年江苏省击剑冠军赛分站赛 | 女子乙组个人 | 张佳丽 | 六 |
| 击剑 | 2021年江苏省击剑锦标赛 | 男子甲组团体 | 陈俊龙 | 四 |
| 击剑 | 2021年江苏省击剑冠军赛分站第一站 | 男子甲组团体 | 陈俊龙 | 一 |
| 击剑 | 2021年江苏省击剑冠军赛分站第二站 | 男子甲组团体 | 陈俊龙 | 一 |
| 击剑 | 2021年江苏省击剑冠军赛 | 男子甲组团体 | 李经纬 | 三 |
| 击剑 | 2021年江苏省击剑冠军赛分站第一站 | 男子甲组个人 | 李经纬 | 三 |
| 击剑 | 2021年江苏省击剑冠军赛分站第二站 | 男子甲组个人 | 李经纬 | 二 |
| 击剑 | 2021年江苏省击剑冠军赛 | 男子乙组团体 | 沈文鑫 | 三 |

续表 30

| 项目 | 比赛名称 | 组别 | 姓 名 | 名次 |
|---|---|---|---|---|
| 击剑 | 2021 年江苏省击剑冠军赛分站第一站 | 男子乙组个人 | 沈文鑫 | 二 |
| 击剑 | 2021 年江苏省击剑冠军赛分站第二站 | 男子乙组个人 | 沈文鑫 | 二 |
| 击剑 | 2021 年江苏省击剑锦标赛 | 女子乙组个人 | 石籽妍 | 一 |
| 击剑 | 2021 年江苏省击剑冠军赛分站第二站 | 男子乙组团体 | 荀易航 | 一 |
| 击剑 | 2021 年江苏省击剑冠军赛分站第二站 | 男子乙组个人 | 荀易航 | 七 |
| 击剑 | 2021 年江苏省击剑锦标赛 | 男子乙组个人 | 荀易航 | 二 |
| 击剑 | 2021 年江苏省击剑总决赛 | 男子乙组个人 | 荀易航 | 八 |
| 跆拳道 | 2021 年江苏省县组跆拳道锦标赛 | 女子+46KG | 武亦文 | 五 |
| 田径 | 2021 年江苏省县组田径锦标赛 | 男子甲组 100 米 | 向友晟 | 七 |
| 田径 | 2021 年江苏省县组田径锦标赛 | 女子甲组 400 米 | 朱 慧 | 八 |
| 田径 | 2021 年江苏省县组田径锦标赛 | 女子甲组 800 米 | 朱 慧 | 七 |
| 田径 | 2021 年江苏省县组田径锦标赛 | 女子乙组跳远 | 周 慧 | 二 |
| 田径 | 2021 年江苏省县组田径锦标赛 | 女子乙组三级跳远 | 周 慧 | 一 |
| 田径 | 2021 年江苏省中学生田径运动会(苏北) | 初中男子三级跳远 | 金炳城 | 一 |
| 田径 | 2021 年江苏省中学生田径运动会(苏北) | 初中男子跳远 | 金炳城 | 七 |
| 田径 | 2021 年江苏省中学生田径运动会(苏北) | 初中男子 100 米 | 荣万兵 | 六 |
| 田径 | 2021 年江苏省中学生田径运动会(苏北) | 初中男子 200 米 | 荣万兵 | 三 |
| 田径 | 2021 年江苏省中学生田径运动会(苏北) | 初中男子 400 米 | 李 爽 | 八 |
| 田径 | 2021 年江苏省中学生田径运动会(苏北) | 初中男子 400 米栏 | 王文轩 | 三 |
| 田径 | 2021 年江苏省中学生田径运动会(苏北) | 初中男子跳高 | 王文轩 | 五 |
| 田径 | 2021 年江苏省中学生田径运动会(苏北) | 初中女子 100 米 | 陈彩萍 | 七 |
| 田径 | 2021 年江苏省中学生田径运动会(苏北) | 初中女子 200 米 | 陈彩萍 | 八 |
| 田径 | 2021 年江苏省中学生田径运动会(苏北) | 初中女子 200 米 | 吕铭悦 | 七 |
| 田径 | 2021 年江苏省中学生田径运动会(苏北) | 初中女子 400 米 | 吕铭悦 | 三 |
| 田径 | 2021 年江苏省中学生田径运动会(苏北) | 初中女子 1500 米 | 陈紫馨 | 三 |
| 田径 | 2021 年江苏省中学生田径运动会(苏北) | 初中女子 4×100 米 | 陈彩萍<br>陈紫馨<br>曹梦婷<br>吕铭悦 | 二 |
| | 2021 年江苏省中学生田径运动会(苏北) | 初中男子 4×100 米 | 严志彬<br>王文轩<br>李 爽<br>荣万兵 | 四 |
| 田径 | 2021 年江苏省中学生田径运动会(苏北) | 高中男子 400 米 | 黄建辰 | 七 |
| 游泳 | 2021 年江苏省城市假日联赛 | 100 米自由泳 | 邹易峰 | 五 |
| 游泳 | 2021 年江苏省城市假日联赛 | 100 米蝶泳 | 邹易峰 | 一 |
| 游泳 | 2021 年江苏省青少年游泳冠军赛 | 100 米/200 米自由泳全能 | 杜宇翔 | 二 |
| 游泳 | 2021 年江苏省青少年游泳冠军赛 | 100 米/200 米蝶泳全能 | 杜宇翔 | 四 |
| 游泳 | 2021 年江苏省青少年游泳冠军赛 | 200 米蝶泳 | 陈 磊 | 四 |
| 游泳 | 2021 年江苏省青少年游泳锦标赛暨县组赛 | 100 米蝶泳 | 陈 磊 | 三 |
| 游泳 | 2021 年江苏省青少年游泳冠军赛 | 100 米/200 米仰泳全能 | 赵 敏 | 一 |
| 游泳 | 2021 年江苏省青少年游泳冠军赛 | 100 米/200 米蝶泳全能 | 赵 敏 | 一 |
| 游泳 | 2021 年江苏省青少年游泳锦标赛 | 100 米/200 米仰泳全能 | 赵 敏 | 一 |

续表30

| 项目 | 比赛名称 | 组别 | 姓 名 | 名次 |
|---|---|---|---|---|
| 游泳 | 2021年江苏省青少年游泳锦标赛 | 100米/200米蝶泳全能 | 赵 敏 | 一 |
| 游泳 | 2021年江苏省青少年游泳锦标赛 | 200米混合泳 | 赵 敏 | 二 |
| 游泳 | 2021年江苏省城市假日联赛 | 100米蛙泳 | 吴呈熙 | 一 |
| 游泳 | 2021年江苏省城市假日联赛 | 100米自由泳 | 吴呈熙 | 三 |
| 游泳 | 2021年江苏省城市假日联赛 | 50米自由泳 | 张云超 | 三 |
| 游泳 | 2021年江苏省城市假日联赛 | 100米自由泳 | 张云超 | 四 |
| 游泳 | 2021年江苏省城市假日联赛 | 4×50自接力 | 张云超 | 三 |
| 游泳 | 2021年江苏省城市假日联赛 | 4×50混合接力 | 张云超 | 二 |
| 游泳 | 2021年江苏省城市假日联赛 | 50米蛙泳 | 许俊安 | 二 |
| 游泳 | 2021年江苏省城市假日联赛 | 100米蛙泳 | 许俊安 | 三 |
| 游泳 | 2021年江苏省城市假日联赛 | 4×50自接力 | 许俊安 | 三 |
| 游泳 | 2021年江苏省城市假日联赛 | 4×50混合接力 | 许俊安 | 二 |
| 游泳 | 2021年江苏省城市假日联赛 | 50米蛙泳 | 荀灏希 | 四 |
| 游泳 | 2021年江苏省城市假日联赛 | 50米蝶泳 | 荀灏希 | 五 |
| 游泳 | 2021年江苏省城市假日联赛 | 50米蝶泳 | 冯思涵 | 三 |
| 游泳 | 2021年江苏省城市假日联赛 | 200米混合泳 | 冯思涵 | 三 |
| 游泳 | 2021年江苏省城市假日联赛 | 4×50自接力 | 冯思涵 | 三 |
| 游泳 | 2021年江苏省城市假日联赛 | 4×50混合接力 | 冯思涵 | 二 |
| 游泳 | 2021年江苏省城市假日联赛 | 50米仰泳 | 曹诗岑 | 五 |
| 游泳 | 2021年江苏省城市假日联赛 | 100米仰泳 | 曹诗岑 | 四 |
| 游泳 | 2021年江苏省城市假日联赛 | 混合接力 | 曹诗岑 | 二 |
| 游泳 | 2021年江苏省城市假日联赛 | 50米自由泳 | 赵静雯 | 五 |
| 游泳 | 2021年江苏省城市假日联赛 | 4×50自接力 | 赵静雯 | 三 |
| 游泳 | 2021年江苏省城市假日联赛 | 50米蛙泳 | 邹羽佳 | 二 |
| 游泳 | 2021年江苏省城市假日联赛 | 50米仰泳 | 潭子龙 | 三 |
| 中国象棋 | 首届江苏省象棋联赛 | 团体 | 单 宇 | 一 |
| 中国象棋 | 全国象棋业余棋王赛江苏总决赛 | 棋王会长组 | 陈士明 | 三 |
| 中国象棋 | 全国象棋业余棋王赛江苏总决赛 | 棋王会长组 | 蔡 霖 | 五 |
| 中国象棋 | 全国象棋业余棋王赛江苏总决赛 | 女子公开组 | 顾网年 | 四 |
| 中国象棋 | 全国象棋业余棋王赛江苏总决赛 | 少年男子 | 刘子炀 | 一 |
| 中国象棋 | 全国象棋业余棋王赛江苏总决赛 | 儿童男子 | 刘建豪 | 四 |

## 就业创业

**【概况】** 全年城镇新增就业1.45万人,城镇登记失业率保持在1.79%以内,超额完成省高质量发展考核指标。支持成功自主创业6419人,创业带动就业2.49万人;新增兴化市级创业孵化基地4家;获评"江苏省优秀农民工"1名;优秀创业项目二等奖3个、三等奖2个;泰州市大学生优秀创业项目2个。

**【惠企政策落实】** 为应对疫情,出台《兴化市灵活就业人员社保补贴办法(试行)》《关于加强开发防疫临时性公益性岗位有关工作的通知》《兴化市灵活就业人员社会保险补贴办法》等文件,扩大惠企利民政策覆盖范围,最大限度释放政策红利,保持全市就业形势稳定。发放普惠性稳岗返还企业2355家、528万元,涉及岗位33391个;灵活就业社保补贴194万元、2372人次,单位吸纳就业困难人员社保补贴19万元、79人次。发放公益性岗位补贴240万元、333人次。发放失业保险金3566人,

2021 年 7 月 9 日，市人社局举办泰州市第七届创业富民大赛暨第四届“创响江苏”大学生创业大赛泰州初赛兴化分赛。（市人社局/供图）

2244.78 万元；发放失业补助金 9795 人，4009.16 万元。

【创业富民】 丰富比赛形式，营造创业氛围。举办兴化市首届家庭服务业技能大赛、第六届网络创业销售大赛。在泰州市第七届创业富民大赛中，2 人获“十佳创业标兵”。推进“三送三进”、“创业政策大礼包”大派送等宣传活动，保障各项创业富民政策落地生效，在全市营造良好创业氛围。

【就业服务】 全年开展“新春大型线上联动招聘活动”“高校毕业生专场招聘会”“就业帮扶行动周”“金秋招聘月”等系列专场招聘活动 16 场，线上线下参与招聘企业累计 2836 家次。鼓励企业开发岗位吸纳就业，打造线上、线下互联互通的招聘公共就业服务平台，通过人社公众号、微信招聘小程序线上累计发布岗位需求信息 29363 条。

## 居民收入

【农村居民收入】 农村居民人均可支配收入 25835 元，比上年增加 2623 元，同比增长 11.3%。

【城镇居民收入】 城镇居民人均可支配收入 48644 元，增长 9.4%；城乡居民收入比由上年的 1.92:1 缩小至 1.88:1。全年居民人均可支配收入 37862 元，比上年同比增长 10.3%。其中工资性收入 21713 元，比上年同比增长 8.9%；经营净收入 9779 元，同比增长 12.8%；财产净收入 1243 元，同比增长 11.6%；转移净收入 5127 元，比上年同比增长 11.6%。

## 社会保障

【概况】 全年企业职工养老、失业、工伤保险分别新增 1.4 万人、1.3 万人、1.2 万人。有序推进机关事业单位养老保险制度改革，全年在职参保 2.09 万人。城乡居民养老保险续保率 93.83%，全市新增 4150 名被征地农民纳入社会保障，实现应保尽保。

### 社会保险

【机关事业养老保险制度改革】 按照上级统一部署，2021 年兴化市机关事业养老保险重点抓养老待遇申领、养老待遇发放、职业年金归集等业务经办工作。完成退休“中人”待遇核定补发工作。年末机关事业养老保险在职参保人数 20892 人，退休待遇享受人数 13280 人。

【养老金待遇提高】 城乡居民基础养老金实现“10 连增”，由每人每月 177 元提高到 208 元，全市 33.13 万人受益。企业退休人员月人均养老金水平从 2391 元提高到 2529 元，同时对 13056 名机关事业单位退休人员养老金进行了调整。

【社会保险经办服务水平提升】 推进“放管服”改革，提升经办服务水平。推动更多社保事项网上自助办理、基层就近办理。做好“一件事”改革和“跨省通办”工作。加强窗口工

2021 年 9 月 24 日，全市 2022 年度城乡居民基本医疗保险筹资工作动员会召开。（市医保局/供图）

作人员作风建设和业务技能培训，组织开展练兵比武活动。推进综合柜员制改革，简化业务经办流程，改善群众办事体验，提升群众满意度。

**【人社服务信息化建设推进】** 按照全省一体化信息平台的要求，宣传推广省人社网上办事大厅、江苏智慧人社手机 App 应用，推进单位和个人网办用户注册，提升人社业务网办率，全市共有 9 家合作银行，已设立制卡网点 46 个。

**【社会保险基金稽核监管】** 防范社会保险政策制定、经办服务、信息系统和管理监督各环节风险。开展社会保险基金监督专项检查、社保基金安全评估、失业保险基金现场监督、内控体系调研、风险警示教育活动等，提高基金安全责任意识。严格社保基金网上监管，全年核查预警信息 350 条，避免基金损失 4.89 万元。

（张　华）

## 社会救助

**【概况】** 市医疗保障局围绕“抓重点、寻突破、上台阶”的总体要求，以“全民参保、严密监管、优化服务、深化改革”为主线，努力实现医疗保障事业高质量发展。

**【参保计划推进】** 市医保局按照“应保尽保、全民参保”要求，截至 12 月 31 日，2021 年度城乡居民基本医保参保人数达 132.47 万人，其中城乡居民医保参保 111.68 万人，职工医保 20.79 万人。资助五保、低保、建档立卡低收入人口等困难群众参加城乡居民医保达 68712 人，全年救助困难群众 518509 人次，支出救助资金 1.36 亿元。

**【医保待遇落实】** 市医保局提高医保统筹层次，实施基本医保、生育保险市级统筹制度，职工医保、城乡居民医保政策范围内住院报销比例分别达 81%和 70%。整合医保信息管理系统，城乡居民医保目录全面参照职工医保，用药范围扩大至 3000 多种，并增加 28 种特效药、17 种抗癌药。扩大门诊慢性病病种范围，落实城乡居民医保高血压、糖尿病“两病”待遇，大病保险起付标准降低 50%以上，报销比例增加 10 个百分点。新建职工医保补充保险制度，对职工医保参保人员市内住院政策外费用补助 40%。对低保、五保、建档立卡等困难对象实施精准医疗救助，落实“先诊疗、后付费”制度，将其住院政策内、政策外个人自付费用分别控制在政策内费用 10%、总费用 8%以内。

**【医保改革】** 推进医保、医疗和医药“三医联动”改革，实施医保支付方式改革，实行总额控制下按单病种、按床日等复合式支付方式。开展药品医用耗材集中带量采购，累计组织医疗机构开展国家药品集中采 6 批次、续签 2 批次，开展省级药品采购 2 批次，开展医用耗材省级联盟采购 5 批次、续签 1 批次。规范医药服务价格管理。

**【医保基金监管】** 贯彻落实《医疗保障基金使用监督管理条例》，构建以联合执法、社会监督、联席会议、第三方监管的医保基金综合监管制度体系，完善医保智能监控系统，开展“假病人、假病情、假票据”等专项治理。暂停医保结算 6 家，查处违规医药机构 59 家，案例通报 23 家(人)，追回医保基金 450.78 万元，处加倍扣款和违约金 362.06 万元，行政处罚立案处理 13 件，移送司法机关处理 2 件。

**【医保公共服务】** 按照“四化建设”“四最服务”“四个一流”总要求，打造“暖兴医保”服务品牌。以较好成绩顺利通过了省医保部门组织的 3 轮医保公共政务服务体验式测评。创建医保公共服务“15 分钟医保服务圈”省级示范点 1 个，市级示范点 2 个，县级示范点 10 个。

（王海华）

## 社会福利

**【城乡低保】** 市民政局发放低保金 9065.92 万元，在册城乡低保 11532 户 17360 人。2021 年 7 月 1 日起，将城乡低保标准提高至 740 元/人·

2021 年 12 月，市医保局开展“医保进万家”志愿服务行动。

（市医保局/供图）

月。全年核减低保 1602 户 2602 人，新增 631 户 935 人。

**【社会救助】** 市民政局发挥临时救助 16633 人次 759.64 万元。组织低收入人口集中认定，入户核查 13043 户，系统录入低收入人口户数 1588 户。救助各类对象 255 人次，发放救助物资折合 28 万元。全市 42567 名建档立卡户中纳入低保 11377 人、五保 8334 人、重残 2394 人、多残 231 人、困境儿童 91 人，合计 22427 人，占比 52.68%。

**【特困供养】** 市民政局农村五保提高至每人每年 11544 元，散居孤儿保障标准提高至 1776 元/人·月。为 12900 名特困人员计发放供养资金 12992.46 万元，为 13263 名重残人员累计发放 9669.21 万元，为 16144 名重残人员发放重残护理补贴 1658.71 万元。建强工作队伍，配齐村级“儿童主任”542 名，村级“儿童关爱之家”建设率达 72%，2604 名困境儿童享受各层次保障。

（李正泉）

## 住房保障

**【概况】** 办理 187 套经适房上市手续，收缴土地收益金约 1713.35 万元。完成 1099 户的安置补偿款项拨付开票结算工作，开票金额达 72868.58 万元。受理 106 户家庭的保障申请，公租房实物配租在册家庭 581 户，1—4 季度领取租金补贴的家庭分别为 74 户、70 户、75 户和 73 户，发放租金补贴约 22.13 万元。

**【直管公房管理】** 完成 11 户危旧直管公房排险解危，直管公房房改 46 户，面积 1612.16 平方米。

**【房屋征收】** 解决 18 个扫尾项目，涉及滞留户 139 户，实现何家垛一期、沧浪公寓北侧、马家圩危旧房改造、花园路水产村、张庄路西侧危旧房、高王河河道拓宽、长安南路东侧、高王河整治、王家塘炒米垛等 9 个项目扫尾“清零”。重新启动野行大桥东北角房屋征收协商收购工作，总户数 169 户，已签约腾空 158 户。组织实施漪澜宝邸东侧、杨花村、施耐庵东路东延、葛家危旧房改造、东潭路两侧企业、红星路西侧企业、高垛新村东侧等地块房屋征收，7 个项目共涉及被征收户 660 户，征收面积约 21.36 万平方米，签约 625 户，签约率 94.7%；已腾空 560 户，腾空率 84.8%。

（梅立成）

**【住房公积金管理】** 围绕全年工作目标，共同努力，较好地完成了各项工作任务。全年新增缴存单位 175 个，新增开户职工 4535 人；住房公积金已开户单位 1711 家，已开户职工 60849 人，归集总额 9.74 亿元，同比增长 8.02%，归集余额达 23.95 亿元。全年提取总额 7.95 亿元，同比增长 14.75%。发放个人住房公积金贷款 932 户、2.61 亿元，贷款发放额同比下降 13.88%，贷款余额 14.78 亿元，贷款抵押率为 95.37%，贷款逾期率 0.01‰。

（苗　浩）

## 退役军人事务

**【概况】** 2021 年，兴化市退役军人事务坚持以退役军人为中心，围绕“夯基础、强保障、优服务、保稳定”的工作宗旨，服务保障体系建设、安置就业、优待抚恤、权益维护等各项工作得到新提升。

**【服务体系建设】** 2021 年，市退役军人事务局建立基层退役军人服务管理制度、常态化退役军人全覆盖式走访联系制度、各类涉军群体代表座谈会等制度，提升服务保障工作效能。开展市乡两级国家示范型退役军人服务中心（站）创建工作，26 家乡镇（街道）全部创成全国示范型退役军人服务站，昭阳街道南沧社区荣获全省唯一社区“优秀戎耀之家”秩序，戴南镇退役军人服务站成功入选省级“百家红色精品退役军人服务站”。

**【移交安置】** 2021 年，兴化市接收军队转业干部，全部安排到行政编制，符合政府安排工作条件的退役士兵，事业编制岗位占比 30%。安排下岗失业转业志愿兵（士官）上岗。

**【优待抚恤】** 2021 年，市退役军人事务局提升重点优抚对象二次医疗报销额度和比例，办理优抚对象二次报销 1300 多人次，约 80 万元。完成短期、中长期疗养 166 人次，免费体检 9068 人。开展春节、“八一”走访慰问、重点优抚对象“一助一”，全年共发放慰问金和慰问品 910 万元。采取军地联合的方式送立功喜报 109 人。

2021 年 6 月 22 日，市退役军人事务局举办退役军人事务系统业务能力提升培训班。
（市退役军人事务局/供图）

2021年6月7日，市退役军人事务局组织开展立功受奖集中送喜报活动。（市退役军人事务局/供图）

【拥军褒扬纪念】 2021年，市退役军人事务局组织全市开展清明网上祭扫、烈士公祭日、“最美退役军人、最美军嫂”推选等活动。举行维和英雄付森烈士光荣证发放仪式，推进英雄烈士纪念设施整修工作。开展“老兵永远跟党走”、烈士故事宣讲暨集中送喜报等活动，营造“一人当兵 全家光荣”的拥军氛围。

【就业创业】 2021年，市退役军人事务局组织4场退役军人专场招聘会，提供岗位3000多个，签订意向协议150多人。开展退役军人全员适应性培训，共计280多人参加。举办退役军人参加新任村官培训、职业技能竞赛、创业大赛等活动；推荐7件退役军人创业产品参加省级首届创业产品展陈活动。完成就业创业示范基地申报，与兴化中专签约完成承训机构认定。

（张　燕）

## 婚姻家庭服务

【殡葬改革】 市民政局持续开展殡葬领域突出问题专项治理，对违规建设殡葬设施排查整治工作进行多轮督查，对近500个公益性公墓现场排查督促整改，累计清理整治散坟6635座。推进兴化馆改扩建工程，提升殡葬服务。倡导绿色、文明、安全祭扫，清明期间共接待祭扫群众10万多人次。

2021年12月23日，召开2021年度军政军民座谈会暨最美退役军人、最美军嫂表彰会议。（市退役军人事务局/供图）

【婚姻登记】 市民政局婚姻登记处自主研发婚姻登记智能在线服务平台，共受理“不见面”服务10794件，办理婚姻登记16414对。制定《兴化市离婚冷静期服务规范(试行)》，在婚姻登记处开设专门窗口对处于婚姻危机、家庭纠纷、离婚冷静期等濒临破碎家庭进行专业社工婚姻家庭辅导服务，降低离婚率。

【养老服务】 市民政局投入450万元为900户特殊困难老年人家庭适老化改造。投入1800万元对10个乡镇敬老院进行双提升改造。为全市约6万名高龄、经济困难老年人开展35万次居家清洁、个人护理、助餐助购等服务。出台《公办养老机构公办民营指导意见》，实现公办民营养老机构享受同等床位运营补贴。总投资1.8亿元新建福利院PPP项目投入试运营，内设600张床位。建成居家养老服务中心374个，城市社区覆盖率100%，村(居)覆盖率77.32%。加强养老护理员队伍建设，联合人社局举办兴化市养老护理职业技能大赛，开展初中高级养老护理员培训，全面提升养老护理员队伍业务水平。加强疫情防控措施，推动“智慧养老信息平台”运行，在全市36个养老机构进出口处设置连网视频监控，全天候24小时督查养老机构封闭管理情况。

（李正泉）

## 关心下一代工作

【概况】 全市各级关工委和广大“五老”志愿者围绕中心服务大局，用心用情关心服务青少年成才，关爱困境、留守儿童成长，关注重点青少年成人，关心下一代工作取得新的成绩。兴化市关工委、昭阳街道关工委、戴南镇关工委、钓鱼镇关工委等4个单位被省关工委、省文明办表彰为“全省关心下一代工作优秀集体”，花在明、王友珠、徐中美、董庆芳、孙志俊、余家旺、陆奎珍、陈启兴等8人被表彰为“全省关心下一代工作优秀个人”。

**【主题教育活动】** 市工委围绕“颂建党百年，做时代新人”主题，扎实开展系列教育活动，市板桥初级中学3000名青少年参加。开展“颂建党百年、做时代新人”活动，56名“五老”深入到61所中小学校。开展“牢记习近平总书记嘱托，强化家庭家教家风建设”的宣讲活动，市道德法治宣讲团先后走进千垛中心校等14所学校。开展“齐颂建党百年”和“对话2035年的我们”征文活动，市关工委获“全省最佳组织奖”，在演讲比赛中，兴化市海南中心校陆凡老师和蒋佳怡同学分别获得二等奖、第一名。

**【帮扶困境儿童】** 市关工委组织“五老”志愿者，配合民政部门，开展困境儿童的的调查摸底，建立新的困境、留守儿童档案，落实具体帮扶措施。市关工委筹措资金361万元，对全市2873名困境儿童进行资助。市关工委继续实施“暖冬助学”计划，筹措资金30500元，对全市61名困境儿童进行资助。在“双特双助”慈善捐款活动中，2859人参加，为困境儿童筹措资金56823元。

**【校外教育辅导】** 各乡镇、街道依靠党政领导，加强安全管理，校外辅导活动有序开展，全年共开班383个，13600人多名中小学生参加辅导。钓鱼中心校关工委“留守儿童驿站”作为学校关工委创新项目，被泰州市教育关工委选报省教育系统关工委。兴化市教育关工委被教育部关工委表彰为“先进集体”。

**【重点青少年结对帮教】** 组织“五老”道德法治宣讲团深入城乡学校开展道德法治宣讲，增强青少年法律意识，培养遵纪守法的良好习惯。

2021年3月16日，兴化市关工委和教育局联合举行“颂建党百年 做时代新人”主题教育活动启动仪式。 （市关工委/供图）

继续加大对“矫正”“临界”“五失”青少年的帮扶帮教力度，组织797名“五老”志愿者与320名对象结对帮教。组织“五老”志愿者，以网吧监督员、安全护苗队、校车驿站服务员等形式，协助维护学校周边环境安全和秩序，为青少年健康成长创造良好的社会环境。全市521个村（社区），有513个无未成年人犯罪，占比达98.5%。

**【围绕中心服务大局】** 市关工委组织“五老”志愿者紧扣党政中心工作，通过“双五好”建设、“万名五老做万件好事”活动等抓手，在乡村振兴、环境整治、矛盾协调、扶贫济困、疫情防控等方面做了大量的工作。开展“三扶两创”活动，组织320名老农业科技工作者参与，帮助创建青年农民示范基地38个，帮扶青年农民创办合作社等新型经营组织55个。

**【队伍建设】** 市委对市关工委组成成员进行调整充实，共调整了20人。乡镇、村（社区）关工委，教育、农业、政法、民营经济等系统关工委组织建设进一步得到加强。31个公安派出所均建立关爱工作站，并正常运转。全市共有基层关工委组织1119个，实现了关工组织全覆盖。开展新一轮“五老”注册登记，注册登记的“五老”志愿者达到1.8万人，

（花在明 王焕兵）

## 社会组织管理

**【社会组织管理】** 市民政局新登记社会组织123家，在册社会组织总数达1726个。全年行政审批346家，换届审核113家，换发证书162家，注销名存实亡社会组织35家。联合教育、文化等部门，实地整治培训机构20多家。落实100万元社会组织专项资金打造市乡两级社会组织孵化培育平台；落实第三方运营，为入驻社会组织免费提供活动场地、基本办公设施等服务。登记成立乡镇（街道）社会组织综合服务中心10个，投入200多万元专项资金支持社会组织，开展救助、养老、儿童关爱等社会服务。

**【区划地名管理】** 市民政局推进部分行政区划变更，撤销戴南镇、张郭镇、茅山镇，设立新的戴南镇。建设平安边界，联合盐城市盐都区、大丰区、东台市实施盐泰线第四行政区域界线界桩联合检查；规范地名管理，全年共命名登记批复9个。完成《江苏省标准地名词典》（2—8）部分释文编撰，《兴化市政区图》《兴化市城区图》出图。

【基层民主建设】 市民政局加强新型农村社区治理服务。全年58家城乡社区综合服务中心验收通过，奖补715万元。昌荣镇安仁村、昭阳街道长安社区分别获得泰州市“十佳”、优秀服务品牌称号。加快社工专业化进程，分层分类开展社工培训，动员5854人参加全国社工考试。注重培养和造就专业社工人才，对取得相应社会工作师职业资格证书的人员分别给予一次性奖励。

（李正泉）

## 社区建设

【概况】 昭阳街道共下辖16个社区，辖区面积21.34平方千米，常住人口78742户、212603人，登记在册党员5040人，共建单位64个，居民小区182个，社区工作人员173人，平均每个居委会有10名工作人员，其中大专以上学历的150人，平均年龄39岁，干部队伍年轻化。2021年社区围绕“强富美高”新昭阳总目标，“两争一前列”总要求，同心协力，创新思路，破解难题，应对新冠肺炎疫情带来的严重影响和巨大挑战，城市社区工作呈现出持续、稳定、健康的发展态势，

【城市面貌】 纵深推进“国家卫生城市”复审和“全国文明城市”创建。投入1.35亿元对王家塘东区、城北新村等10个老旧小区综合改造，256个无物管小区、公共配套设施、后街背巷“微整治”。

【群众生活】 社区把保障民生摆在突出位置，发放低保保障金、特困供养金、临时救助金736.4万元。推进未成年人关爱保护，对161名困境儿童实行动态管理。严格低保动态管理，核停低保453户605人，新增低保31户46人。城乡居民医疗保险参保率100%，养老保险续缴率91%。推动企业稳就业措施落地，新增创业4156人，成功带动就业8800人，扶持成功创业1008人。推进居家养老服务体系建设，城区养老服务实现全覆盖，对海池社区、水关社区居家养老服务中心进行升级改造。

【社会治理】 社区坚持提升社会治理能力，建立“网格＋警格”工作体系，发挥闭环管理优势，及时发现处置各类矛盾、问题65395件。全链条抓好疫情精准防控，安装电子门磁、注册泰州通，构建全民健康免疫屏障，围绕“6小时处置要求”，提升社区聚集性疫情应急处置和协调能力。

（吴　峰）

## 精神文明建设

【公民道德建设】 开展“我推荐我评议身边好人”活动，举办江苏省道德模范与身边好人现场交流活动。持续选树宣传道德典型，其中1人获评“中国好人”，2人获评“江苏好人”，1人当选“江苏最美人物”，1人当选“江苏省新时代好少年”，1人当选“感动泰州十大人物”。完成未成年人思想道德建设10件实事，开展“扣好人生第一粒扣子”主题教育实践活动、传承红色基因“童心向党”系统活动。开展“八礼四仪”观摩示范活动6场，承办泰州市级观摩活动1场，评选表彰10名“新时代水乡好少年”，3名学生获评泰州市“新时代好少年”，1名学生当选“江苏省新时代好少年”。开展“缤纷的冬日”“七彩的夏日”“‘童’字系列美育活动”，1所学校获第十届“童声里的中国”少儿歌谣创作大赛优秀组织奖。3名学生获第三届“童真里的色彩”儿童画创作大赛中获优秀奖。

【新时代文明实践建设】 提档升级新时代文明所(站)。开展道德讲堂总堂活动5场，志愿服务大集12场。依托新时代文明实践志愿服务菜单105项，开展“我的名字叫志愿者”风采展示活动、学雷锋志愿服务“五个一批”先进典型推选表彰。2名志愿者、1个志愿服务项目、1个志愿服务组织、2个社区、1个志愿服务站点被表彰为泰州市学雷锋志愿服务“五个一批”先进典型。开展“四史”学习教育主题专场道德讲堂总堂5场。其中新时代文明“学习百年党史 汲取奋斗力量”和“永远跟党走”两场道德讲堂总堂活动全程视频被江苏文明网收录。“小板凳宣讲队”“萤火百姓宣讲团”“飞燕志愿服务队”等用通俗易懂的方式推动党的创新理论“飞入寻常百姓家”。

【群众性精神文明创建】 启动全国文明城市创建工作，开展月度点评会，落实“五长共治”，搭建“我的兴化”民生互动平台。开展“你拍我办、你问我答”等文明创建实践活动，推动社会文明程度和公共服务水平双提升。顺利完成江苏省文明城市年度测评。推进群众性精神文明创建细胞工程，19个乡镇、211个村获评泰州市文明村镇，121家单位获评泰州市文明单位，19个社区获评泰州市文明社区，19所学校获评泰州市文明校园。

（吉丹瑾）

## 民族宗教事务

【概况】 截至2021年底，全市共有苗族、壮族、回族等42个少数民族，少数民族常住人口2934人，流动少数民族人口1488人，分布在全市26个乡镇(街道)。少数民族干部2人。有佛教、道教、天主教、基督教四个教种，宗教团体3个，宗教活动场所86处，其中佛教55处，道教7处，天主教1处，基督教23处。年内，市委统战部(民宗局)以“铸牢中华民族共同体意识”和“坚持我国宗教中国化方向”为主线，围绕中心，服务大局，不断夯实基层基础，高质量推进各项工作落实，保持了民宗领域和谐。

【民族宗教政策法规宣传】 开展“民族宗教政策法规学习月”“法治宣传月”“美好生活・民法典相伴”和“12・4”国家宪法日主题宣传活动。开展“宗教政策法规”学习培训和“反邪防渗”教育培训，组织宗教界人士

2021年11月4日，少数民族学生之家成立。（颜奕/摄）

参加网上宗教政策法规有奖知识答题。2021年，共举办7场专题知识讲座，发放宗教政策宣传手册3000多份、发放报纸专刊20000余张。

**【少数民族群众服务】** 以建立社区"少数民之家"为依托，将民族工作纳入社区服务管理体系中，为各族群众及时提供就学等方面的服务。联合团市委、公安局等单位开展"党团共植石榴树，民族团结一家亲"志愿植树活动。联合楚水初级中学成立"少数民族学生之家"。联合公安局将市人民公园打造成"石榴籽主题公园"。全年，为21名少数民族考生办理了中考加分手续，1名少数民族群众更改了民族成份，5名少数民族学生办理了入学手续。按规定对回族等10个少数民族群众发放清真食品补助，定期开展少数民族贫困家庭走访慰问工作，把党的民族政策落到实处，确保民族团结稳定。

**【宗教中国化兴化实践】** 推进宗教界"五个认同"主题教育活动和宗教场所"四进"活动，在全市宗教团体和宗教活动场所开展党史学习教育、升国旗仪式，组织民族宗教人士、统战人士参加市"百年征程繁华景·同心圆梦扬帆行"、庆中秋迎国庆联谊等活动。举办"庆祝建党100周年书画笔会""百年建党朝井冈　牢记初心报国恩""赴淮海战役纪念馆和周恩来纪念馆参观学习""永远跟党走——庆祝中国共产党成立100周年文艺巡演""升国旗 庆华诞"及"凝心楚水 共沐昭阳——2021年度宗教慈善周"等活动，提升全体宗教教职人员及信教群众的"家国情怀、报国之志"，推进宗教中国化兴化实践。

**【宗教场所安全管理】** 按照省市关于开展"保安全、迎华诞"安全生产百日攻坚行动的要求，组织全市宗教活动场所常态化开展安全隐患自查自改工作，制定《兴化市宗教活动场所安全工作专项整治三年行动实施方案》《兴化市平安宗教活动场所建设考核细则》《兴化市宗教团体管理办法》，开展既有建筑安全隐患排查和鉴定工作，完成553家宗教场所既有建筑的排查和鉴定，其中依法设立的86家宗教场所排查出31处建筑隐患，26处已整改完成。排查全市范围内针对青少年举办的宗教培训活动。开展宗教场所"扫黄打非"专项检查，严厉打击非法宗教活动及清查危害社会稳定的非法宗教类出版物。联合市委政法委创新实施"公安警格＋民宗网格"联动机制，加强网格员民族宗教工作知识培训。以宗教活动场所"两创建一评定"要求为切点，开展宗教活动场所科学化、专业化、规范化管理，对已认定星级场所"回头看"和"提档升级"。建立宗教活动场所退出准许机制，指导市东岳庙首个完成泰州道教场所法人登记试点工作。提升宗教教职人员的综合素质，市佛教协会与鉴真佛教学院、中国佛学院（栖霞山分院）进行对接，先后输送清德、印含等5名法师进入相应的大专班进行为期3年的学习。

（舒　苏）

## 昭阳街道

【概况】 昭阳街道系江苏省兴化市人民政府所在地。地处江淮之间,苏中里下河腹部,长江三角洲沿江经济带。东邻垛田街道,南接临城街道(江苏省兴化市经济开发区),西与千垛镇及高邮市毗邻,北与兴东镇相望。行政区域面积23.7平方千米,辖16个社区居委会、5个行政村、1个城堡合作社,总人口14.34万人。2021年,全街道实现地区生产总值60.46亿元,其中第一产业增加值0.3765亿元,第二产业增加值5.55亿元,第三产业增加值54.53亿元。城镇居民人均可支配收入46242元,增长4%;农村居民人均可支配收入39460元,增长9.1%;税收收入4.23亿元,一般公共预算收入2.6亿元。

【经济建设与发展】 完成规上工业开票销售6.15亿元,增长13%;制造业投资额3100万元,同比增长8%;新增"四上"单位数70家;完成新登记法人企业数699家。新签约亿元项目2个,新开工亿元项目2个,竣工亿元项目3个。新增产学研合作项目1项,科技创新项目4项。

【社会事业发展】 昭阳街道推进房屋征收工作,沧浪公寓北侧、花园路水产村等3个项目清零。漪澜宝邸项目签约260户,签约率95.9%。投入1.35亿元完成王家塘东区、城北新村等10个老旧小区改造,256项无物管小区后街背巷微整治。楚阳物业接管无物管小区、失管小区10个。全年查处各类违法建设156起,拆除违建面积4291.2平方米。做好双官特色田园乡村二期建设,维修农桥4座,疏浚河道5条,新建农村垃圾站5个、停车场2个,新修道路699米。推进"散乱污"专项整治,取缔关停企业2家。完成河道专项整治,拆除非法沿线码头7家。完成天宝花园大酒店、文正实验学校等6家燃气锅炉低氮改造。加大餐饮油烟治理,规范整顿餐饮企业10家。

【富民工程实施】 昭阳街道加强对建档立卡低收入户及低保边缘户动态监测,核停低保453户605人,新增低保31户46人。推动企业稳岗、扩岗专项扶持政策落地,新增创业4156人,带动就业8800人,扶持创业1008人。社保覆盖面不断扩大,城乡居民医疗保险参保率100%,养老保险续缴率91%。发放各类保障救助金736.4万元。推进养老服务中心建设,升级改造海池、水关社区居家养老服务中心。完成"99公益日"筹款30万元,推动"幸福家园"村社互助工程建设。发挥医疗资源效能,新城中社区卫生服务中心建成使用。举办文化惠民演出203场,复兴少年宫建成使用,综合文化服务中心入选"江苏省最美文化空间"。

【长安社区】 长安社区地处兴化城区东北部,辖区面积0.58平方千米,居民2079户、5204人。党委建制,下设5个党支部,党员197人,工作人员11人。社区设有政府办、城管局、供电公司、公积金共建单位4家,供电公司、中医院、妇幼保健院等辖区单位8家。注重联动共治,共驻共建。围绕"强基、拓面、提质、创新"的工作思路,依托"党建+网格",推行"大党委"实体化运作,借力地域特点和共建、辖区单位优势,由共建单位认领服务项目,实现为民服务全覆盖。以"长安365"服务品牌为挈领,打造"爱·童行12345"特色服务品牌。"1"是一中心:打造集家长学校、图书阅览室、儿童多功能活动室、心理咨询室等于一体的未成年人服务中心;"2"是两个强调:强调困境儿童"爱与被关怀"的需要,强调"亲职教育";"3"是三位一体:构建"家庭、社区、社会"的关爱格局;"4"是服务四化:规范化、精细化、专业化、人性化;"5"是五个服务项目,打造了"乐学习"课业辅导、"守护星"身心健康关爱、"小天使"社会实践活动、"童创造"能力提升、"同成长"亲职教育等五个服务项目。

**【牌楼社区】** 牌楼社区成立于2008年，东至长安路以西，南至牌楼路以北，西至丰收路以东，北至海池河以南，地处兴化老城区中心地域，总面积0.55平方千米，居民3469户，人口8079人。党委下设6个支部，有党员259人，工作人员12人。按照适度便利原则，社区划分成9个网格，重点解决治安、环境卫生、基础设施、矛盾纠纷等工作，累计调处各类矛盾100余起，制止新增违建8次，发动志愿者423人次，在社区宣传栏张贴宣传标语500多处、设立小喇叭广播点15处，发放倡议书4000余份，清理楼道300多处，墙面出新2000多平方米，新建电动车停车棚2处，安装楼道不锈钢扶手10处，办理“你拍我办”103件，处置“12345”工单98次。向社会各界募集善款近2万元。利用纪念日慰问困难党员、居民、残疾人200多人次，发放困难帮扶资金、物品6.53万元。打造“众园向党”特色服务品牌，围绕“创建为民，务实推进”的指导思想，细分居民需求，划分“五星”服务，一星助幼、二星技能培训、三星就业咨询、四星帮残助困、五星助老，组建15支志愿服务队，志愿者2190名，全年累计志愿服务时长13518.1小时。

（吴 峰）

## 戴南镇

**【概况】** 戴南镇位于兴化市东南部，地处里下河平原腹地，东与东台市相邻，南与姜堰区接壤，境内有京沪高速的支线盐靖高速和229省道、352省道，南临长江，北接淮水，是一座具有千余年历史的水乡古镇，有着深厚的人文底蕴和丰富的历史遗存，曾留下唐太宗李世民驰骋的足迹，镇中有国家重点文物保护单位——蒋庄遗址、市级文物保护单位——敕封护国寺。全镇下辖58个村委会、6个居委会，行政区域面积234平方千米，人口18.44万人，外来人口约4万人。先后被评为全国重点镇、全国文明镇、国家卫生镇、国家园林城镇、省生态文明建设示范乡镇、全国小城镇发展改革试点镇，国家“城市矿产”示范基地。获2020年度泰州市综合考核B档园区优秀重点开发园区奖一等奖；2020年度泰州市“三比一提升”专项考核B档园区优秀园区奖一等奖。

**【经济建设与发展】** 戴南镇完成地区生产总值389.15亿元，实现工业开票销售收入885.42亿元。完成税收收入20.3亿元、一般公共预算收入10.34亿元。完成规上服务业企业营业收入4.8亿元，文化产业增加值4.15亿元。共完成新签约亿元以上项目36个，新开工亿元项目3个、5亿元以上项目7个，实际利用外资1.14亿美元。全镇现有235家规上工业企业、79家国家级高新技术企业，兴达国际、双乐股份两家国内外上市企业，拥有国家不锈钢制品质量监督检验中心、江苏兴化特种不锈钢产业研究院等科技创新平台。全年盘活（提升）低效闲置工业用地1709亩，退出低端低效企业44家，占地面积3亩以上工业企业亩均税收6.9万元。新获批国家高新技术企业13家、国家高新技术企业培育入库21家、科技型中小企业获批197家。兴达钢帘线扩建项目获得泰州市第九批“骏马奖”。兴达等4家企业工程技术研究中心在科技创新载体绩效评价中获评优秀等级。瑞银不锈钢获评“省瞪羚企业”，瑞仕达电气、鸿泽钢丝绳获评“泰州市瞪羚企业”。双乐颜料股份有限公司成为全市首家创业板上市企业，江苏新宏大集团有限公司获评国家级专精特新“小巨人”企业，江苏申源集团有限公司获泰州市市长质量奖，汇聚金属成功入选国家工信部废钢铁加工行业准入名单。

**【社会事业发展】** 戴南镇完善城乡规划建设体系，拆除房屋面积13万平方米。新改建港湾式公交站台50座，提档升级15条农村道路、17座农桥。完成园区东路、联创路绿化工程，高标准实施高速道口、金桥大道节点绿化提档工程。新建生活垃圾中转站、工业污水处理厂、镇区生活污水管网等。开展“抓整治、促提升、惠民生”综合整治专项行动，全年拆除违建266处、18969平方米。

**【富民工程实施】** 戴南镇完成各类职业技能培训1575人，扶持新增创业人数1674人。退役军人服务站获评“省红色精品退役军人服务站”。全年调处劳资纠纷842起，依法追回欠薪436.2万元。公益慈善事业稳步发展，动员爱心人士捐款50多万元，镇慈善会获评泰州市“最具影响力基层慈善组织”。完成戴南中心小学综合楼、戴南中心幼儿园二期工程、戴南高级中学图书馆等建设，新建戴南新区小学、初中规划建设。建设“书香戴南”，开展各类群众文化活动330场。长江饮水工程接入通水。健全突发疫情应急指挥体系，全年累计接种新冠疫苗33.8万剂次。开展食品安全监督检查，排查各类安全隐患20033项，已完成整改19997项。开展金属表面处理、激光切割、涉炉企业排查整治等专项行动，立案查处环境违法企业60家，处罚金额1056.68万元，被《中国环境报》推介为“十三五治污攻坚”典型。

**【兴达印度技术服务中心正式开业】** 2021年1月15日，兴达印度技术服务中心在印度金奈正式开业，客户囊括阿波罗、JK、MRF、CEAT、BKT和ATG等印度主要轮胎企业，以及包括Polyhose在内的液压软管制造商。

**【江苏兴达获江苏百强创新型企业称号】** 2021年3月26日，江苏省科技发展战略研究院发布“2020江苏省百强创新型企业”名单，江苏兴达钢帘线股份有限公司名列其中。

**【江苏兴达公司获泰州市“科技创新十佳企业”称号】** 2021年5月8日，

2021泰州市科技·人才活动周在中国医药城会展交易中心拉开帷幕。江苏兴达公司获"科技创新十佳企业"奖。

**【江苏兴达公司"特高强"获得"中国专利优秀奖"】** 2021年6月25日，国家知识产权局公布第二十二届中国专利奖授奖决定，江苏兴达公司自主研发的专利技术"抗扭转分层且疲劳性能优异的特高强度钢丝的制备方法"(ZL201410031009.9)获得第二十二届中国专利奖优秀奖。

**【刁良村入选泰州市特色田园乡村】** 2021年7月13日，泰州市田园办公布了2021年市级特色田园乡村名单，刁良村名列其中。刁良村是一个具有近900多年历史的古老村落，中心河穿村而过，与唐港河、蚌蜒河交汇。　（周冬平）

**2021年戴南镇主要经济社会指标一览表**

表31

| 指标名 | 单位 | 数值 | 指标名 | 单位 | 数值 |
|---|---|---|---|---|---|
| 总户数 | 户 | 59454 | 工业利税总额 | 万元 | 756042 |
| 总人口 | 人 | 184421 | 预算内财政收入 | 万元 | 196818 |
| 乡镇从业人员数 | 人 | 117257 | 一般公共预算收入 | 万元 | 103413 |
| 耕地面积 | 公顷 | 11593 | 私营个体税收 | 万元 | |
| 地区生产总值 | 万元 | 3891475 | 居民储蓄存款余额 | 万元 | |
| 人均地区生产总值 | 元 | 234851 | 农村居民人均可支配收入 | 元 | 40488 |
| 农业增加值 | 万元 | 79817 | 中小学校 | 所 | 9 |
| 工业增加值 | 万元 | 1520588 | 在校学生 | 人 | 15296 |
| 建筑业增加值 | 万元 | 483081 | 在职教师 | 人 | 1621 |
| 服务业增加值 | 万元 | 1807989 | 医院 | 所 | 5 |
| 生猪出栏 | 头 | 15447 | 卫生所(室) | 个 | 61 |
| 家禽出栏 | 万羽 | 10.18 | 医生数 | 人 | 290 |
| 水产品产量 | 吨 | 8530 | 病床数 | 张 | 464 |
| 工业企业数 | 家 | 1775 | 参加养老保险人数 | 人 | 47700 |
| 当年到账外引资金 | 万美元 | 11378 | 参加农村新型合作医疗人数 | 人 | 114355 |
| 工业开票销售收入 | 万元 | 8854246 | 享受居民最低生活保障人数 | 人 | 1322 |

**2021年戴南镇骨干企业基本情况表**

表32

| 企业名称 | 销售收入(万元) | 利税总额(万元) | 法定代表人 |
|---|---|---|---|
| 江苏兴达钢帘线股份有限公司 | 6954478 | 1029156 | 刘锦兰 |
| 江苏众拓新材料科技有限公司 | 2618436 | －26382 | 汪卫东 |
| 江苏泰富恒通特种材料有限公司 | 2342415 | 20483 | 宫元生 |
| 兴化市亚鼎不锈钢制品有限公司 | 496759 | －12543 | 朱　镕 |
| 江苏明璐不锈钢有限公司 | 495888 | 27400 | 马九才 |
| 兴化市兆泰金属材料有限公司 | 456114 | 20141 | 朱玉勤 |
| 江苏新宏大集团有限公司 | 418406 | 77019 | 陈爱民 |
| 江苏兴达智能制造有限公司 | 410950 | 63445 | 王金和 |
| 江苏明璐金属资源有限公司 | 244914 | 33173 | 马九才 |
| 江苏锦明再生资源有限公司 | 243522 | 14993 | 徐志昌 |
| 江苏星火特钢有限公司 | 237271 | 11968 | 翟海平 |
| 江苏兴海特钢有限公司 | 234788 | 18648 | 刘庄明 |

续表 32

| 企业名称 | 销售收入(万元) | 利税总额(万元) | 法定代表人 |
|---|---|---|---|
| 江苏新华达不锈钢有限公司 | 234537 | 10641 | 姚文学 |
| 江苏沪宝船舶机械有限公司 | 223949 | 5415 | 朱　垠 |
| 江苏亚盛金属制品有限公司 | 151405 | 16608 | 蒋红俊 |
| 泰州市金阳金属制品有限公司 | 146654 | 5699 | 马明阳 |
| 江苏鸿泽不锈钢丝绳有限公司 | 144619 | 9076 | 陈春红 |
| 江苏佳杰特种螺钉有限公司 | 144363 | 7893 | 王长玉 |
| 泰州市锦峰新材料科技有限公司 | 117393 | 6252 | 华忠道 |
| 泰州市永固商品混凝土有限公司 | 115590 | 6613 | 徐锦贞 |
| 泰州全得不锈钢有限公司 | 110342 | 5597 | 吉巧云 |
| 兴化市聚鑫不锈钢有限公司 | 109540 | 4195 | 翟育宏 |
| 江苏宏诚船舶科技有限公司 | 96313 | 1026 | 周金芳 |
| 兴化市新华龙不锈钢制品有限公司 | 94411 | 5465 | 陈少华 |
| 泰州市金杰特钢制品有限公司 | 88695 | 5803 | 陈　亮 |
| 泰州俊宇不锈钢材料有限公司 | 87008 | 923 | 仲小俊 |
| 江苏鸿冀特材有限公司 | 76044 | 3180 | 宫元生 |
| 泰州市联顺机械有限公司 | 73444 | 3427 | 陈吉国 |
| 兴化市兴星纺织有限公司 | 69058 | 3315 | 许国兰 |
| 泰州金海不锈钢制品有限公司 | 66461 | 1841 | 刘庄根 |
| 兴化市环宇焊材有限公司 | 65973 | 3717 | 李永祥 |
| 江苏新迅达不锈钢制品有限公司 | 60178 | 3549 | 符爱凤 |
| 江苏圣欣不锈钢制品有限公司 | 58728 | 3465 | 叶圣和 |
| 江苏迅杰环境工程有限公司 | 58617 | 634 | 崔　军 |
| 江苏鑫泽不锈钢制品有限公司 | 57356 | 3726 | 王梅兰 |
| 泰州市苏阳不锈钢丝绳有限公司 | 56933 | 3062 | 蒋东洋 |
| 泰州市银利标准件制造有限公司 | 54089 | 2759 | 仲银存 |
| 江苏维卡金属合金材料有限公司 | 53079 | 2827 | 王美宏 |
| 兴化市盛豪金属制品有限公司 | 51317 | 1851 | 唐　巍 |
| 兴化市东鹏不锈钢制品厂 | 50836 | 1527 | 戴召荣 |
| 江苏锐金钢丝绳索具有限公司 | 50118 | 2711 | 周金金 |
| 泰州市天盛不锈钢制品有限公司 | 50017 | 2240 | 周秀兰 |
| 泰州市大明不锈钢有限公司 | 49559 | 1994 | 丁佩泉 |
| 兴化市戴南新源环保有限公司 | 48952 | －39746 | 韩　林 |
| 江苏希尔兴不锈钢有限公司 | 48398 | 2323 | 陈　晶 |
| 江苏浩本金属制品有限公司 | 47987 | 3671 | 崔明珠 |
| 江苏安惠环境设备科技有限公司 | 45192 | 2346 | 窦押华 |
| 江苏晨明不锈钢材料有限公司 | 44544 | 2828 | 厉庆华 |
| 兴化市双固建筑装饰工程材料厂 | 43082 | 2619 | 丁长明 |
| 兴化市苏驰金属制品厂 | 42700 | 3635 | 李小丰 |
| 江苏惠德特钢制品有限公司 | 42683 | 2819 | 徐建云 |
| 江苏泰汇不锈钢有限公司 | 42100 | 2715 | 胡　栋 |

续表32

| 企业名称 | 销售收入(万元) | 利税总额(万元) | 法定代表人 |
|---|---|---|---|
| 兴化市骏程不锈钢制品有限公司 | 38609 | 3175 | 钱贵平 |
| 江苏康业金属制品有限公司 | 35797 | 2114 | 朱四明 |
| 泰州市建强不锈钢制品有限公司 | 34277 | 1911 | 李其和 |
| 江苏景天金属制品有限公司 | 34073 | 152 | 蒋明云 |
| 兴化市国澳美不锈钢制品厂 | 33925 | 1739 | 姚立国 |
| 江苏永上钢管有限公司 | 32755 | 3319 | 黄志平 |
| 泰州华泽金属工业有限公司 | 32670 | 957 | 马建华 |
| 江苏凯宇不锈钢制品有限公司 | 30891 | 1680 | 徐国华 |
| 江苏钢隆金属制品有限公司 | 29792 | 2302 | 周楚淞 |
| 江苏奥力建筑五金有限公司 | 29780 | 1042 | 朱晓龙 |
| 江苏巨特不锈钢有限公司 | 29549 | 3057 | 夏小星 |
| 兴化市华瑞纺织有限公司 | 29175 | −313 | 周安华 |
| 兴化市腾龙特钢厂 | 29033 | 1797 | 蒋小庆 |
| 江苏红阳全月机械制造有限公司 | 28857 | 1993 | 刘连桂 |
| 兴化市飞翔机械配件厂 | 28069 | 705 | 周汉祥 |
| 江苏双实金属制品有限公司 | 27165 | 2523 | 张粉喜 |
| 江苏长达特钢制品有限公司 | 26317 | 4958 | 杭长顺 |
| 兴化市宝富金属制品有限公司 | 25804 | 888 | 沐卫鹏 |
| 兴化市毅光特钢铸造有限公司 | 25479 | 1845 | 杭重重 |
| 泰州市宏程锻造有限公司 | 25039 | 1701 | 蒋春田 |
| 兴化市品丰不锈钢制品厂 | 25031 | 1120 | 王龙林 |
| 兴化市云龙不锈钢制品厂 | 24495 | 1255 | 付庆云 |
| 兴化市兆驰机械科技有限公司 | 24213 | −4450 | 苏同生 |
| 江苏锦明不锈钢新材料有限公司 | 24184 | 210 | 戴如明 |
| 兴化市沪成不锈钢制品厂 | 23953 | 1276 | 施祖亮 |
| 兴化市久鑫不锈钢制品厂 | 23506 | 1306 | 许玉根 |
| 兴化市戴南奇宇不锈钢制品厂 | 23441 | 1203 | 杭加林 |
| 江苏前进不锈钢有限公司 | 22923 | 1074 | 蒋忠才 |
| 兴化市戴名不锈钢制品厂 | 22915 | 1211 | 朱义庆 |
| 兴化市森吉米尔金属制品有限公司 | 22708 | 1137 | 刘国平 |
| 兴化市富翔不锈钢制品有限公司 | 22700 | 2523 | 翟文豪 |
| 泰州市明泽不锈钢制品有限公司 | 22657 | 3528 | 丁佩泉 |
| 江苏八达钛制品有限公司 | 21091 | 676 | 周建豪 |
| 兴化市戴南振兴石化丝网厂 | 21069 | 897 | 潘祥生 |
| 兴化市洪利不锈钢制品厂 | 21034 | 1245 | 陈红兵 |
| 兴化市新强龙不锈钢制品有限公司 | 20985 | 1227 | 张建俊 |
| 泰州市申工不锈钢制品有限公司 | 20579 | 916 | 徐志文 |
| 华新航空设备有限公司 | 20560 | −184 | 周根华 |
| 泰州市金马金属制品有限公司 | 20519 | 356 | 马明亮 |
| 泰州华鑫不锈钢制品有限公司 | 20290 | 864 | 马存进 |
| 兴化市佳谕不锈钢有限公司 | 20129 | −255 | 徐　伟 |
| 兴化市晶鑫不锈钢制品有限公司 | 20079 | 1285 | 金扣龙 |

## 2021年戴南镇各村基本情况表

表33

| 村名 | 村支部书记 | 村委会主任 | 耕地面积（公顷） | 人口（人） | 工农业总产值（万元） | 农民人均纯收入（元） |
|---|---|---|---|---|---|---|
| 中迎村 | 姚 平 | 姚 平 | 170.73 | 4344 | 353580 | 50542 |
| 戴泽村 | 邵海荣 | 邵海荣 | 26.61 | 2521 | 104586 | 54589 |
| 永丰村 | 翟复华 | 翟复华 | 39.71 | 3499 | 112224 | 57927 |
| 南朱村 | 丁建瑞 | 丁建瑞 | 77.65 | 2395 | 163106 | 47588 |
| 护国社区 | 沐晓红 | 沐晓红 | | | | |
| 人民社区 | 徐子文 | 徐子文 | | | | |
| 雁伦村 | 周正斌 | 周正斌 | 149.29 | 3313 | 113792 | 43276 |
| 北姜村 | 姚海涛 | 姚海涛 | 96.02 | 3311 | 180165 | 56295 |
| 陈祁村 | 陈根旺 | 陈根旺 | 107.63 | 2131 | 132827 | 50634 |
| 东陈村 | 蒋爱国(11月免)<br>刘 伟(11月任) | 蒋爱国 | 182.38 | 3288 | 251616 | 48410 |
| 罗顾村 | 杭正林 | 杭正林 | 93.91 | 3205 | 483321 | 48110 |
| 裴马村 | 刘勇华 | 刘勇华 | 186.93 | 3769 | 156053 | 45307 |
| 张万村 | 李文政 | 李文政 | 7.8 | 2088 | 456017 | 48701 |
| 赵家村 | 马强剑 | 马强剑 | 13.92 | 2631 | 1179453 | 49386 |
| 双沐村 | 仲旭景 | 仲旭景 | 53.24 | 2310 | 146810 | 43224 |
| 董北村 | 沐东录 | 沐东录 | | 3062 | 704167 | 76622 |
| 史堡村 | 张兴荣 | 张兴荣 | 92.29 | 3470 | 495233 | 46480 |
| 徐顾村 | 费来平 | 费来平 | 84.63 | 1655 | 1387 | 35115 |
| 光孝村 | 于建亮 | 于建亮 | 100.95 | 1521 | 593286 | 38288 |
| 顾庄村 | 翁乃林 | 翁乃林 | 203.98 | 4509 | 142076 | 40111 |
| 姜何村 | 范建伟(11月免)<br>张 驰(11月任) | 范建伟 | 108.02 | 2990 | 344720 | 46078 |
| 帅垛村 | 周洪海 | 周洪海 | 922.8 | 2054 | 232820 | 48905 |
| 顾中社区 | 翁国宏 | 翁国宏 | | | | |
| 顾北村 | 刘忠明 | 刘忠明 | 340.06 | 3641 | 15376 | 32803 |
| 花杨村 | 顾林森 | 顾林森 | 3026 | 2164 | 2975 | 37154 |
| 季家村 | 范春荣 | 范春荣 | 219.71 | 2547 | 1576 | 32970 |
| 孙堡村 | 许应龙 | 许应龙 | 219.13 | 1838 | 11903 | 32222 |
| 石万村 | 李兆林 | 李兆林 | 147.37 | 1474 | 18801 | 31653 |
| 北孙村 | 夏 巍(7月免)<br>马宇坤(11月任) | 夏 巍(8月免) | 129.67 | 1565 | 29381 | 34528 |
| 丁吉村 | 陈 军 | 陈 军 | 171.34 | 2227 | 69817 | 40046 |
| 刁良村 | 王俊岳 | 王俊岳 | 227.86 | 2516 | 19108 | 38730 |
| 冯田村 | 王正华 | 王正华 | 316.6 | 2694 | 2508 | 33759 |
| 管家村 | 范富强 | 范富强 | 322.61 | 3188 | 2207 | 35490 |

续表 33

| 村名 | 村支部书记 | 村委会主任 | 耕地面积(公顷) | 人口(人) | 工农业总产值(万元) | 农民人均纯收入(元) |
|---|---|---|---|---|---|---|
| 徐唐村 | 高　翔 | 高　翔 | 356.8 | 3517 | 2030 | 37507 |
| 蒋庄村 | 徐　旭 | 徐　旭 | 120.59 | 1993 | 171315 | 42374 |
| 刘纪村 | 章正托 | 章正托 | 173.22 | 3130 | 332632 | 42656 |
| 五星村 | 朱　超 | 朱　超 | 419.88 | 4834 | 45257 | 37132 |
| 罗磨村 | 潘　婷(11月免)<br>华进东(11月任) | 潘　婷 | 121.57 | 2565 | 777910 | 42734 |
| 赵万村 | 戴伯明 | 戴伯明 | 1961.7 | 5354 | 410090 | 46274 |
| 张郭社区 | 赵启军 | 赵启军 | | | | |
| 欧家村 | 王松桂 | 王松桂 | 100.16 | 1876 | 61088 | 41673 |
| 同济村 | 徐开峰 | 徐开峰 | 220.38 | 2634 | 13810 | 36450 |
| 葛尤村 | 张晓骏 | 张晓骏 | 196.03 | 2424 | 53847 | 39255 |
| 联进村 | 赵观鹏 | 赵观鹏 | 247.26 | 3346 | 11253 | 37008 |
| 福园村 | 邹友根 | 邹友根 | 391.21 | 3830 | 13305 | 35796 |
| 华庄村 | 王九荣 | 王九荣 | 218.39 | 1767 | 5494 | 35987 |
| 港南村 | 王　森 | 王　森 | 232.18 | 2056 | 9694 | 40630 |
| 藕杭村 | 王成忠 | 王成忠 | 173.66 | 1668 | 4983 | 41068 |
| 周家村 | 夏正东 | 夏正东 | 165.07 | 2011 | 21237 | 41765 |
| 南桥村 | 金如忠 | 金如忠 | 229.48 | 2357 | 7526 | 38174 |
| 振兴村 | 周　磊 | 周　磊 | 196.4 | 2644 | 39032 | 38973 |
| 唐刘村 | 蒋婷婷 | 蒋婷婷 | 481.01 | 5123 | 22227 | 39084 |
| 双周村 | 徐开存(11月免)<br>孙正中(11月任) | 徐开存 | 614.63 | 4850 | 6418 | 37151 |
| 裕民社区 | 朱光国 | 朱光国 | | | | |
| 姜太村 | 吴庆枫 | 吴庆枫 | 348.22 | 3026 | 1657 | 28760 |
| 茅山村 | 曹学俊 | 曹学俊 | 286.1 | 3965 | 9187 | 29358 |
| 纪荀村 | 王汝彪 | 王汝彪 | 284.45 | 4055 | 78481 | 29166 |
| 茅山北村 | 蔡三宝 | 蔡三宝 | 304.44 | 2707 | 6816 | 28825 |
| 朝阳庄村 | 许秀国 | 许秀国 | 243.5 | 2046 | 13151 | 29201 |
| 薛杨村 | 朱文斌 | 朱文斌 | 380.86 | 3275 | 5623 | 29193 |
| 顾冯村 | 卢树祥 | 卢树祥 | 245.18 | 2618 | 1781 | 29151 |
| 孙王村 | 张秧桂 | 张秧桂 | 287.2 | 2535 | 1300 | 28813 |
| 南朱庄村 | 戴巧根 | 戴巧根 | 192.57 | 2001 | 1946 | 28906 |
| 茅山社区 | 胥正平 | 胥正平 | | | | |

## 大垛镇

**【概况】** 大垛镇地处宁靖盐高速与高兴东公路交汇处，宁靖盐高速兴化出口穿镇而过，省级航道梓辛河、新塘港河纵横交错，区位优势明显，水陆交通便捷，位于兴化城区的“东大门”，为兴化市十大古镇之一，历史悠久，文化底蕴深厚，郑板桥的故里，省级文物保护单位——板桥林园坐落于该镇管阮村。行政区域面积72.77平方千米，总人口4.16万人，辖有18个行政村，1个板桥社区，1个兴化市新源轻工科技产业园。

**【经济建设与发展】** 全镇完成地区生产总值24.67亿元；一般公共预算

收入8036万元;工业开票销售38.67亿元;固定资产投资17.21亿元。根据市“亩均论英雄”改革要求,将“五未”土地整治作为重点任务,盘活闲置土地12宗、145亩,实现新开工5亿元以上项目1个、亿元以上项目3个。全镇现有规上工业企业34家,申报国家高新技术企业10家,申请发明专利10个,申报泰州市“双创计划”企业2家。创建泰州市级企业技术中心企业3家,完成技术合同登记额1.14亿元。推进土地复垦工作,完成成片造林100亩、农田林网任务160亩、圩堤绿化补植230亩,占补平衡项目入库289亩。完成2020年高标准农田项目建设,并通过泰州和兴化市级验收。

【社会事业发展】 投资900万元,新建跃进等8个村的村部建设;投入300万元打造镇党群服务中心和新时代文明实践所;投入420万元新建新时代文明实践站和百姓大舞台。对照“八整治八提升”“三清一改”“八有六无”要求,推进人居环境整治,“拆旧复垦”,新建无害化标准公厕38座,推进雨污分流改造,建成14个农村生活污水处理设施点。完成企业信息采集任务100户,化解矛盾纠纷10件,化解率100%。推进社会治理,发挥党建引领网格化社会治理作用,46个网格“六个率”运行正常。常态化落实防控措施,发挥网格包保作用,全链条抓好疫情防控,做到疫情防控与生产生活同频共振。开展“减灾防灾宣传日”“安全生产月”“百团进百万企业千万员工”活动,聘请安全技术服务专家对重点行业、重点企业进行安全体检,列出隐患清单,提出整改要求,落实整改措施。

【富民工程实施】 坚持“生态优先、绿色发展”理念,投入100万元,新建圩口闸1座,改建电启闭闸7座。化解历史违法用地,为天乐金属等2家企业补办土地手续,面积9.53亩。加强河道长效管护,建设梓辛河、五塘港河“河长制”主题公园,五塘港河被泰州市命名为五星“幸福河湖”。狠抓“两违”防治,拆除河湖“两违”码头13处。整治锌品和体育材料行业70多家。2021年被省生态环境厅命名为第三批“江苏省生态文明建设示范乡镇”。率先实施“防贫保”,兜牢返贫底线,核减低保户42户,新增低保户5户,全镇共有低保户280户;新增五保户3户,全镇共有五保户435户。发放困难家庭临时救助资金858人次,慰问烈属及烈士子女23人。完成城乡居民养老保险10769人,企业养老保险、工伤保险和失业保险扩保各77人,完成“安康关爱行动”老龄意外险和补充医疗险任务500人。以创业促进就业,举办二期培训达290人。

【网格化社会治理新模式】 大垛镇始终坚持党建引领,全面落实省“1+4”基层治理工作要求,率先建成“党员组织生活馆”“综合执法一队伍”“便民服务一窗口”“基层治理一网格”“联动指挥一中心”,将社会治理资源向网格下沉,建立“全要素”网格40个和“全科式”网格团队200余人,每个网格均建立党小组,实现“矛盾不上交、平安不出事、服务不缺位”。网格化社会治理中心按照“一张网格托底、一个中心调度、一个体系联动、一把尺子考核”的工作目标,将指挥调度、多元化解、非诉服务、阳光信访和公共服务等功能纳入网格化治理体系,全面整合网格化社会治理智能应用平台、社会治安监控系统、技防入户系统、12345政务服务等平台,建立健全“采集上报、核查立案、指挥派单、处理反馈、检查结案、考核评价”六步闭环处置工作流程,探索社会治理事项“一网尽收”的大垛模式。管阮村成功创建“全国民主法治示范村”。

【推进“红色路长制”】 坚持党建引领、上下联动、社会参与,建立“红色路长制”。开展“奋斗当下”集中创建活动,引导社会志愿者、网格员“红马甲”参与文明创建。完善园区道路、供电、自来水、污水等基础设施,完成中兴路、前进路两条路延伸工程和10千伏、11万千伏供电线路改线工程,科学编制国土空间总体规划,完成娄庄、东刘、兴联、保宽、管阮、塘港新村、园区新村等7个村新一轮的“多规合一”专项编制,提升集镇品味。巩固管阮省级特色田园乡村和打造园区新村吴岔兴化市级特色田园乡村建设,创成2个示范村、8个提升村和6个整洁村。完成大何、东刘、塘港新村、吴杨等4个村的农村污水处理管网设施建设的规划、设计,多次对全镇14个村的污水处理设施运行情况进行督查。实施天然气入户工程,延伸燃气管道累计17千米。投入4300万元实施X207外环路、中兴路西延、前进西路、安农路、娄荻线、大周线等道路建设。大垛文化广场、从六停车场、安民生态园、五塘港(镇区段)滨河风光带建成开放。严厉打击占用耕地建房,对36宗违法用地进行整改。

(卢友爱)

2021年大垛镇主要社会经济指标一览表

表34

| 指标名 | 单位 | 数值 | 指标名 | 单位 | 数值 |
|---|---|---|---|---|---|
| 总户数 | 户 | 13392 | 工业销售收入 | 万元 | 386699 |
| 总人口 | 人 | 41553 | 一般公共预算收入 | 万元 | 8036 |
| 乡镇从业人员数 | 人 | 18530 | 农民人均纯收入 | 元 | 27748 |

续表 34

| 指标名 | 单位 | 数值 | 指标名 | 单位 | 数值 |
|---|---|---|---|---|---|
| 耕地面积 | 公顷 | 3420 | 中小学校 | 所 | 3 |
| 地区生产总值 | 万元 | 246759 | 在校学生 | 人 | 1983 |
| 人均地区生产总值 | 元 | 91250 | 在职教师 | 人 | 211 |
| 农业增加值 | 万元 | 56982 | 医院 | 所 | 1 |
| 工业增加值 | 万元 | 73711 | 卫生所(室) | 个 | 11 |
| 建筑业增加值 | 万元 | 10357 | 医生数 | 人 | 93 |
| 服务业增加值 | 万元 | 105710 | 病床数 | 张 | 64 |
| 生猪出栏 | 头 | 5895 | 参加养老保险人数 | 人 | 22098 |
| 家禽出栏 | 万羽 | 70.5 | 参加农村新型合作医疗人数 | 人 | 29423 |
| 水产品产量 | 吨 | 12340 | 享受居民最低生活保障人数 | 人 | 355 |
| 工业企业数 | 家 | 255 | 总户数 | 户 | 13392 |

**2021 年大垛镇骨干企业基本情况表**

表 35

| 企业名称 | 销售收入(万元) | 纳税总额(万元) | 法定代表人 |
|---|---|---|---|
| 江苏奋杰有色金属制品有限公司 | 82407.68 | 986.37 | 孙云杰 |
| 兴化金孔雀实业发展有限公司 | 60101.77 | 471.58 | 翟锦荣 |
| 新烜新材料(泰州)有限公司 | 17014.57 | 66.38 | 李　炜 |
| 兴化市天和塑业有限公司 | 13411.03 | 235.14 | 朱美琴 |
| 兴化市万润锌业有限公司 | 12293.90 | 199.33 | 夏玉干 |
| 兴化市宝大锌品厂 | 10464.95 | 49.34 | 谭明忠 |
| 兴化市庆丰锌品有限公司 | 10427.09 | 66.57 | 陆安庆 |
| 兴化市兴达锌业制品厂 | 10107.16 | 146.23 | 苟永宏 |
| 泰州鹏达锌业有限公司 | 8974.52 | 170.65 | 王荣祥 |
| 江苏古彦铝业有限公司 | 7599.43 | 74.08 | 万国彬 |
| 兴化市星锌冶化厂 | 5764.98 | 103.02 | 石峰城 |
| 江苏众嘉新型建材有限公司 | 5740.15 | 119.33 | 陆建峰 |
| 兴化市忠信锌业有限公司 | 5686.20 | 41.56 | 周俊华 |
| 江苏润通锌业有限公司 | 5144.19 | 104.83 | 徐　云 |
| 兴化市太顺锌业有限公司 | 5096.64 | 120.44 | 余万学 |
| 兴化市奔腾体育设施材料有限公司 | 5080.52 | 133.80 | 石安华 |
| 泰州市鹏程体育设施材料有限公司 | 4900.12 | 123.11 | 刘金中 |
| 兴化市华诚锌业有限公司 | 4712.18 | 83.91 | 刘兴华 |
| 江苏浩磊金属新材料有限公司 | 4182.35 | 107.89 | 黄连军 |
| 江苏新华体育设施材料有限公司 | 3754.48 | 73.00 | 沈　阳 |
| 兴化市顺隆锌品有限公司 | 3558.80 | 64.27 | 吴永荣 |
| 江苏通泰纱线有限公司 | 3343.41 | 167.39 | 杜华新 |
| 兴化市宝中宝化妆品有限公司 | 3283.51 | 22.70 | 郭荣东 |
| 泰州市兴江锌业制品有限公司 | 3010.67 | 53.45 | 刘兴江 |

续表 35

| 企业名称 | 销售收入（万元） | 纳税总额（万元） | 法定代表人 |
|---|---|---|---|
| 兴化市振云锌品厂 | 2988.94 | 56.63 | 徐 云 |
| 兴化市朝阳锌业有限公司 | 2878.78 | 70.56 | 翟锦学 |
| 江苏飞鸿体育设施材料有限公司 | 2815.85 | 55.44 | 顾正仓 |
| 江苏华兴体育设施材料有限公司 | 2775.00 | 57.56 | 芦王根 |
| 兴化市三江锌制品厂 | 2643.19 | 72.83 | 洪志峰 |
| 泰州市顶锋剃须刀制造有限公司 | 2429.26 | 46.97 | 花正祥 |
| 兴化市兴盛铝业有限公司 | 2396.10 | 58.43 | 许长维 |
| 泰州市华冶锌业有限公司 | 2349.41 | 50.76 | 单陈华 |
| 江苏泰宇新型墙体材料有限公司 | 2080.81 | 65.85 | 严施海 |
| 泰州市华阳体育器材有限公司 | 2054.56 | 44.76 | 王爱华 |

2021 年大垛镇各村基本情况表

表 36

| 村 名 | 村支部书记 | 村委会主任 | 耕地面积（公顷） | 人口（人） | 农业总产值（万元） | 农民人均纯收入（元） |
|---|---|---|---|---|---|---|
| 大何 | 翟建国 | 翟建国 | 302.2 | 1932 | 10140 | 30503 |
| 跃进 | 陈荣明 | 陈荣明 | 264 | 1915 | 9922 | 29313 |
| 娄庄 | 董金荣 | | 226.7 | 2042 | 11835 | 29794 |
| 兴联 | 高银喜 | | 224.9 | 2048 | 11978 | 29463 |
| 东刘 | 刘 键 | 刘 键 | 214.9 | 1663 | 10261 | 29128 |
| 大陶 | 任年春 | 任年春 | 173.3 | 1749 | 12014 | 29405 |
| 保宽 | 任小祥 | 任小祥 | 133.9 | 1790 | 18960 | 30068 |
| 从六 | 王广和 | 王广和 | 163.6 | 2079 | 17985 | 30314 |
| 安民 | 陆 路 | 陆 路 | 70.7 | 2283 | 52290 | 31591 |
| 双石 | 石 鹏 | 石 鹏 | 310.7 | 3301 | 16139 | 32665 |
| 塘港新村 | 翟锦年 | 翟锦年 | 299.8 | 2649 | 32530 | 31088 |
| 阮中 | 陈 涛 | 陈 涛 | 63.9 | 2172 | 14750 | 31038 |
| 管阮 | 李忠林 | 李忠林 | 122.2 | 1719 | 14435 | 33203 |
| 陈下 | 刘 涛 | 刘 涛 | 142.6 | 1872 | 13890 | 31802 |
| 盛吴 | 王少华 | 王少华 | 165.6 | 2361 | 17950 | 30154 |
| 园区新村 | 李米扣 | 李米扣 | 255.3 | 3183 | 22584 | 30090 |
| 吴杨 | 孙 忠（党支部副书记 主持工作） | | 160.5 | 1774 | 8687 | 30067 |
| 天河 | 余友彪 | 余友彪 | 120.1 | 1696 | 13670 | 30197 |
| 板桥社区 | 顾 方 | 顾 方 | | 3325 | | |

## 荻垛镇

**【概况】** 荻垛镇地处宁靖盐高速公路、229 省道与 344 国道交会处，拟建兴东高速荻垛段出口紧邻集镇南侧，区位优势明显。行政区域面积 78 平方千米，人口 4.46 万人，辖 15 个行政村、1 个居委会和 1 个工业园区。荻垛历史悠久，当年唐王东征，大将薛仁贵曾率部驻于此处，因“荻草丛生，土垛相连”而得名。荻垛镇地处宁靖盐高速公路、宁盐省道、高兴东国道交汇处，境内河道纵横，直通国家级口岸泰州港，四通八达的水陆交通网络，助推荻垛的经济社会发展。

【经济建设与发展】 实现地区生产总值21.95亿元，同比增长11.8%；一般公共预算收入5240万元，同比增长3.7%；税收收入9735万元，同比增长1.5%。完成工业开票销售26亿元，规模以上工业企业32家；工业开票销售过亿元企业7家，年税收超百万元企业13家战略性新兴产业产值占比达65.49%。实现服务业税收4500万元，实现建筑业税收935万元。完成新开工亿元项目3个；完成新竣工亿元项目2个；完成亿元项目签约6个；新增资质以上建筑业1家，规上服务业企业2家；批零住餐企业7家。推进“一村一品一网店”建设，创新“互联网＋”销售模式，建成省级企业技术中心1家、省级工程技术中心1家。申报国家级高新技术企业7家，在库培育高企4家，省级产学研合作1个。

【社会事业发展】 荻垛镇策应全国文明城市创建大局，推进集镇环境综合整治行动，实施集镇主干道“路长制”，重点整治车辆乱停乱放、小摊小贩乱摆乱设、小广告乱贴乱画等“六乱”行为，开展交通秩序整治、推行商户“门前三包”、道路河流清理等各项攻坚行动，累计投入250余万元，推动文明城市创建迎检工作向纵深推进。开展农村人居环境整治“双月行动”和“百日攻坚”，共拆除旱厕1680处、猪圈鸡舍186处、破房306间，新建公厕145座，打造兴化市田园乡村1个，集聚提升村3个。开展向环境污染宣战行动，回应解决固废处置、“散乱污”治理、垃圾转运等突出问题。新建成空气自动监测站1座；取缔关闭废旧塑料加工点14家；废旧塑料、电子拆解收购点10家；取缔关闭中频炉企业5家；清理不规范工业固体废物堆存点、倾倒点和填埋点4处；18家企业完成挥发性有机物治理改造任务，30家企业建成标准危废仓库。落实“河长制”，制定“一河一策”工作方案，团结河、荻港河样板河顺利通过市级验收。坚持宣传先行、还田为主、监管为要，完成夏秋秸秆“双禁”任务。深刻吸取“3·21”特别重大爆炸事故的教训，落实安全生产责任制，制度化开好开实安全生产例会，推进安全生产专项整治，落实巡查督导反馈问题整改，全年未发生较大以上生产安全事故。发挥网格化治理体系作用，化解各类矛盾，着力构筑打、防、控一体化的社会治理体系。开展扫黑除恶专项斗争，推进“无黑乡镇”创建，进一步夯实维护稳定的基层基础。

【富民工程实施】 荻垛镇坚持外防输入、内防反弹，常态化抓实抓细疫情防控各项措施，取得了“低风险、零扩散”的阶段性成果。推进烈士陵园迁址、敬老院消防、中学跑道出新、界河粮公所到万盛河段改造等系列民生工程。启动东兴高速征地工作，策应获垛互通口建设。建成篮球场、五人制足球场等各类体育设施的体育休闲广场，占地4500平方米。巩固脱贫攻坚成果，全市626户、1075人建档立卡户和9个经济薄弱村经营性收入全部达到脱贫标准。推进就业创业，累计举办创业培训班16期，培训人数1049人次。建成村级居家养老服务中心16个，探索80岁以上高龄老人助餐服务模式。推进五水共治，新建农桥46座，维修圩口闸51座，排涝站23座，完成电启闭改造45座。狠抓生活污水治理，新修污水管网33.7千米，9个行政村纳入污水管网体系。疏浚生产河131条，小水电站接电55座。

（汤　磊）

2021年荻垛镇主要社会经济指标一览表

表37

| 指标名 | 单位 | 数值 | 指标名 | 单位 | 数值 |
|---|---|---|---|---|---|
| 总户数 | 户 | 12753 | 工业利税总额 | 万元 | |
| 总人口 | 人 | 44651 | 预算内财政收入 | 万元 | 16119 |
| 乡镇从业人员数 | 人 | 12064 | 一般公共预算收入 | 万元 | 5240 |
| 耕地面积 | 公顷 | 4415 | 私营个体税收 | 万元 | |
| 地区生产总值 | 万元 | 219549 | 农民人均纯收入 | 元 | 28498 |
| 人均地区生产总值 | 元 | 49170 | 中小学校 | 所 | 2 |
| 农业增加值 | 万元 | 63898 | 在校学生 | 人 | 467 |
| 工业增加值 | 万元 | 50910 | 在职教师 | 人 | 91 |
| 建筑业增加值 | 万元 | 9012 | 医院 | 所 | 1 |
| 服务业增加值 | 万元 | 2917 | 卫生所(室) | 个 | 22 |
| 生猪出栏 | 头 | | 医生数 | 人 | 79 |
| 家禽出栏 | 万羽 | | 病床数 | 张 | 64 |
| 水产品产量 | 吨 | 3756 | 参加养老保险人数 | 人 | 26209 |

续表 37

| 指标名 | 单位 | 数值 | 指标名 | 单位 | 数值 |
|---|---|---|---|---|---|
| 工业企业数 | 家 | 264 | 参加农村新型合作医疗人数 | 人 | 34651 |
| 当年到账外引资金 | 万美元 | — | 享受居民最低生活保障人数 | 人 | 908 |
| 工业销售收入 | 万元 | | | | |

2021 年荻垛镇骨干企业基本情况表

表 38

| 单位名称 | 工业总产值（万元） | 利税总额（万元） | 法定代表人 |
|---|---|---|---|
| 兴化市锐达建材机械有限公司 | 10920.8 | 524.2 | 芦永明 |
| 兴化市海达锌品有限公司 | 4153.2 | 252.9 | 董金宝 |
| 江苏鑫格调护栏科技有限公司 | 2729.7 | 391.8 | 袁　青 |
| 梦之香(江苏)粮油工业有限公司 | 12237.2 | 782 | 袁庆龙 |
| 泰州华航建材有限公司 | 15881.4 | 733.6 | 严忙贤 |
| 兴化市森荣金属制品有限公司 | 16660.2 | 276.4 | 姜森荣 |
| 兴化市江润建材机械有限公司 | 5402 | 226.3 | 陈四江 |
| 兴化市华成机械制造有限公司 | 3296.1 | 825.8 | 周小兰 |
| 兴化市天派化妆品有限公司 | 1555.9 | 141.5 | 郭荣柏 |
| 泰州润伟机械有限公司 | 9313.2 | 412.6 | 陈四海 |
| 泰州华航精密铸造有限公司 | 10457.6 | 316.6 | 严忙贤 |
| 兴化市兴东铸钢有限公司 | 25276.6 | 2728.8 | 周长军 |
| 兴化市春达铜业有限公司 | 100.9 | −30.1 | 韩春生 |
| 兴化市兴成铜业有限公司 | 26739.1 | 475.8 | 王兴红 |
| 江苏奥宇合金材料有限公司 | 6328.3 | 175.5 | 周友龙 |
| 兴化市仁康不锈钢制品厂 | 2950.8 | 440 | 周天余 |
| 兴化市宏丰铝业有限公司 | 5668.9 | 258.3 | 李　正 |
| 兴化市盛琦金属制品有限公司 | 14567.1 | 54.3 | 臧彦峰 |
| 泰州市和平米业有限公司 | 16852.9 | 238.4 | 滕荣生 |
| 兴化市宏大米业有限公司 | 4807.4 | 336.2 | 谢秀全 |
| 兴化市振隆米业有限公司 | 3027.6 | 98.1 | 胡　兵 |
| 江苏天行健体育产业发展有限公司 | 5088.9 | 608.4 | 裴桂雨 |
| 江苏天健体育设施材料有限公司 | 4717.9 | 608.8 | 郭银山 |
| 江苏凯越体育场地设施有限公司 | 3429.5 | 846.3 | 殷万存 |
| 泰州天睿体育设施材料有限公司 | 1646.1 | 305.2 | 郭存洋 |
| 江苏彩虹体育设施材料有限公司 | 6100.2 | 1409.5 | 谢秀华 |
| 江苏悦鑫体育场地设施材料有限公司 | 2620.3 | 546.6 | 郭兆美 |
| 兴化市翔宇体育器材有限公司 | 3020.8 | 141.4 | 邵金粉 |

2021年获垛镇各村基本情况表

表39

| 村　名 | 村支部书记 | 村委会主任 | 耕地面积（公顷） | 人口（人） | 工农业总产值（万元） | 农民人均纯收入（元） |
|---|---|---|---|---|---|---|
| 塾墩村 | 周国富 | 周国富 | 200.79 | 1939 | 28798 | 26802 |
| 蒋家 | 高　辉 | 高　辉 | 220.08 | 2458 | 34032 | 27418 |
| 富家村 | 沙朝阳 | 沙朝阳 | 284.38 | 2806 | 35377 | 25631 |
| 获垛村 | 徐银善 | 徐银善 | 320.87 | 3255 | 50879 | 25568 |
| 四联村 | 解进祥 | 解进祥 | 320.33 | 3150 | 16360 | 23054 |
| 西毛村 | 朱义龙 | 朱义龙 | 371.84 | 3463 | 34322 | 25406 |
| 新丰村 | 陆一游 | 陆一游 | 265.25 | 2863 | 35343 | 26218 |
| 郑周村 | 刘　庆 | 刘　庆 | 198.32 | 2273 | 22535 | 22982 |
| 向阳村 | 吴广进 | 吴广进 | 308.88 | 3264 | 38658 | 27187 |
| 唐港村 | 董金定 | 董金定 | 367.19 | 3537 | 9486 | 22213 |
| 梓幸村 | 周天水 | 周天水 | 323.25 | 2947 | 9846 | 25033 |
| 梓里村 | 从友潜 | 从友潜 | 315.7 | 3356 | 6234 | 25208 |
| 润王村 | 刘志鑫 | 刘志鑫 | 323.01 | 3427 | 23037 | 21902 |
| 金石村 | 张　华 | 张　华 | 304.48 | 3009 | 10318 | 22334 |
| 兴陈村 | 冯　华 | 冯　华 | 317.44 | 3588 | 20531 | 25679 |

## 戴窑镇

**【概况】** 戴窑镇地处兴化、东台、大丰三市交界，有兴化东大门之称，是泰州市重点中心镇之一。行政区域面积96.9平方千米，其中镇区面积6平方千米，耕地面积6187公顷。下辖行政村25个、居委会1个、村民小组364个。年末，全镇总户数21769户，有户籍人口64097人，其中非农人口13252人，外来暂住人口1426人。

**【经济建设与发展】** 戴窑镇完成地区生产总值28.09亿元，年均增长9.8%；工业开票销售收入55.01亿元，年均增长6.2%；一般公共预算收入3468万元，年均增长3.2%。实现服务业增加值13.99亿元，年均增长10.5%；农业增加值6.84亿元，年均增长4.5%。新增规模以上工业企业18家。江苏光明天成米业和江苏万家福米业创成农业产业化国家重点龙头企业。“苏冠”牌大米、“老娘舅”香稻米和“野里河”稻花香米获“江苏精品”认证。粮食交易市场先后获江苏省生产性服务业集聚示范区、省级放心消费集聚区、省级粮油批发市场五强企业等称号。戴窑镇被农业农村部评为全国一二三产融合发展先导区，并荣获省“味稻小镇”称号。推进生态绿色建设，累计新增成片造林面积3000亩、农田林网面积8000亩，创成绿化示范村1个、绿化合格村5个、绿化示范单位5个。建设8.7万亩高标准良田、机耕桥107座、机耕路116条90.65千米、电灌站100座、圩口闸4座、排涝站1座。新增家庭农场75家，创建省级示范农场1家、泰州市级示范农场2家、兴化市级示范农场10家。

**【社会事业发展】** 常态化开展疫情防控工作，加大重点人群管控、加强重要场所管理，镇、村、网格三级疫情防控体系全域构建。结合文明城市创建要求，投资2500万元新建南环路，升级改造人民路、乐吾路、金穗路等集镇主次干道；修善塔子河集镇段、车路河滨河步道、河长制水文化公园、初心广场、凤凰路休闲步道等民生领域基础设施；青龙桥、南苑桥、端午桥等桥梁全面竣工，打通“外联内畅”发展大动脉，形成三纵三横交通格局。推行垃圾分类，镇区面貌焕然一新。提升农村人居环境，累计拆除破旧危房3709间、废弃猪圈、露天旱厕2.1万个，疏浚和建设生态河道219公里，硬质驳岸7210米。推进农村道路建设，完成农村公路提档升级56千米。新花园村、焦勇村分别创成“江苏省特色田园乡村”和“兴化市特色田园乡村”。戴窑镇创成江苏省卫生镇、江苏省文明镇、泰州市食品安全示范镇、泰州市园林小城镇、江苏省生态文明建设示范镇。按照“263”专项行动要求，清理取缔小橡塑非法加工点30家，关停拆除化工企业6家，整治燃煤锅炉24家，关闭砖瓦企业2家。强化畜禽养殖污染治理工作，完成38家规模养殖场污染治理任务，15个畜禽粪污收集中转池投入运行。落实交通干线沿线环境综合整治"五项行动"，完成229省道、车路河航道、非法码头整治任务。推进"河长制"，打造市、镇级幸福河湖20条，25个行政村均完成不低于400米的村级样板河打造。完善镇区污水管网设施建设，16个村建成污水处理设施。常态化开展扫黑除恶工作，推进平安创建，投资1000万元建成社会治理中心。围绕"双示范中心"建设要求，建成网格化联动指挥中心。建立健全平安联防联控机制，建成村级"平安前哨"工作站10个。

【富民工程实施】　落实就业优先战略，累计新增创业2150人，扶持成功创业810人，创成创业孵化基地1个。加强农产品质量安全监管工作，创成泰州市四星级安全监管站，培训新型职业农民3000人，农村电子商务450人。持续增加村级集体经营性收入，收缴土地流转管理服务费近1600万元。戴窑中心卫生院顺利通过江苏省首批农村区域性医疗卫生中心和二级综合性医院评审认定。投资900万元的中心敬老院投入建成使用，建成27家居家养老服务中心。打赢脱贫攻坚战，1193户2069人建档立卡户如期摘帽。抓好产业兴村，投入近2000万元相继建成光伏发电、设施大棚、粮食仓储、美丽乡村公司等项目。

（袁幸福）

2021年戴窑镇主要经济社会指标一览表

表40

| 指标名 | 单位 | 数值 | 指标名 | 单位 | 数值 |
|---|---|---|---|---|---|
| 总户数 | 户 | 21769 | 预算内财政收入 | 万元 | 8256 |
| 总人口 | 人 | 64097 | 一般预算收入 | 万元 | 3468 |
| 乡镇从业人员数 | 人 | 24215 | 私营个体税收 | 万元 | 6174 |
| 耕地面积 | 公顷 | 4720 | 居民储蓄存款余额 | 万元 | |
| 地区生产总值 | 万元 | 280872 | 农民人均纯收入 | 元 | 27223 |
| 人均地区生产总值 | 元 | 72267 | 居民储蓄存款余额 | 元 | |
| 农业增加值 | 万元 | 68452 | 中小学校 | 所 | 5 |
| 工业增加值 | 万元 | 59254 | 在校学生 | 个 | 5242 |
| 建筑业增加值 | 万元 | 13262 | 在职教师 | 人 | 456 |
| 服务业增加值 | 万元 | 139903 | 医院 | 所 | 1 |
| 生猪出栏 | 头 | 34345 | 卫生所(室) | 个 | 29 |
| 家禽出栏 | 万羽 | 25.24 | 医生数 | 个 | 197 |
| 水产品产量 | 吨 | 5549 | 病床数 | 张 | 335 |
| 工业企业数 | 家 | 105 | 参加养老保险人数 | 人 | 为民服务中心 |
| 当年到账外引资金 | 万元 | 51000 | 参加农村新型合作医疗人数 | 人 | 为民服务中心 |
| 工业销售收入 | 万元 | 563284 | 享受居民最低生活保障人数 | 人 | 为民服务中心 |
| 工业利税总额 | 万元 | 39100 | | | |

2021年戴窑镇骨干企业基本情况表

表41　　单位：万元

| 单位名称 | 营业收入自年初累计 | 利税 | 单位负责人 |
|---|---|---|---|
| 江苏渝鑫科技股份有限公司 | 7184.4 | －569.3 | 蒋　镇 |
| 泰州苏兴米业有限公司 | 2310.1 | 106.4 | 焦良兴 |
| 江苏松发米业有限公司 | 8652.1 | 102.6 | 张正志 |
| 江苏星明米业有限公司 | 4820.7 | 117.9 | 沈兴明 |
| 泰州市长前米业有限公司 | 8707.6 | 58.8 | 顾长前 |
| 兴化市镇西王米业有限公司 | 4027.8 | 101.9 | 李文权 |
| 泰州月宝米业有限公司 | 7439 | 75 | 吴生华 |

续表 41

| 单位名称 | 营业收入自年初累计 | 利税 | 单位负责人 |
|---|---|---|---|
| 兴化市兴东米业有限公司 | 4171.4 | 103 | 焦根尧 |
| 兴化市诚成纺织有限公司 | 7311.9 | 297.8 | 唐紫云 |
| 江苏苏中米业有限公司 | 8271.7 | 64.5 | 邓春树 |
| 江苏鸿泰米业有限公司 | 4971.9 | 90.5 | 朱盛如 |
| 江苏光明天成米业有限公司 | 86763.2 | 13483.7 | 黄连根 |
| 兴化市花园米业有限公司 | 13321.4 | 98.1 | 唐根红 |
| 江苏荣昌米业有限公司 | 14614.2 | 445 | 孙志宏 |
| 江苏万家福米业有限公司 | 94832.1 | 13633.3 | 戴友华 |
| 兴化市诚信米业有限公司 | 4026.3 | 44.6 | 郜泽红 |
| 泰州市尼康医用材料有限公司 | 2193.8 | 181 | 舒景明 |
| 兴化市志宏米业有限公司 | 3325.5 | 90.7 | 朱宝传 |
| 兴化市金陵米业有限公司 | 3435.5 | 93.9 | 宗舜晨 |
| 江苏悦丰源农业发展有限公司 | 6897.9 | 112.5 | 陈　康 |
| 江苏今世味食品有限公司 | 6963.8 | 64.6 | 唐珍存 |
| 江苏祥兴米业有限公司 | 13214.1 | 177.1 | 陆珍祥 |
| 泰州信诚过滤设备有限公司 | 4026.9 | 71.7 | 王华桂 |
| 兴化市贤人米业有限公司 | 87851.5 | 12606.4 | 成凤彩 |
| 江苏兴化米业有限公司 | 9167.6 | 58 | 程向前 |
| 兴化市春宏米业有限公司 | 8884.3 | 120.6 | 高春宏 |
| 兴化市四季香米业有限公司 | 78683.6 | 11985 | 李德平 |
| 兴化市佳鑫米业有限公司 | 11514.3 | 67.4 | 唐果存 |
| 江苏吉家米业有限公司 | 9739.2 | 97.5 | 李晓红 |
| 江苏华东包装科技有限公司 | 8468.2 | 1847.5 | 周广明 |
| 兴化市洁源米业有限公司 | 3314.2 | 44.5 | 朱松涛 |
| 江苏兴隆米业有限公司 | 4330.3 | 41.8 | 朱银彪 |
| 兴化市方圆米业有限公司 | 7577.3 | −170.1 | 高锦芳 |
| 泰州市悦祥米业有限公司 | 4101.4 | 52.1 | 吕建萍 |
| 兴化市新年米业有限公司 | 9532.1 | 122.7 | 朱银国 |
| 兴化市田秀秀米业有限公司 | 4492.5 | 76.5 | 袁锦凤 |
| 江苏润东米业有限公司 | 4251 | 91 | 李开勇 |
| 兴化市中业米业有限公司 | 11221.2 | 95.3 | 王　根 |
| 江苏精谷米业有限公司 | 3047.5 | 38 | 费树春 |
| 江苏得其米业有限公司 | 5357.1 | 55.1 | 李　平 |
| 江苏双龙米业有限公司 | 3900 | 38.4 | 刘　海 |

2021 年戴窑镇各村基本情况表

表 42

| 村名 | 村支部书记 | 村委会主任 | 耕地面积（亩） | 人口（人） | 工农业总产值（万元） | 农民人均纯收入（元） |
|---|---|---|---|---|---|---|
| 韩窑 | 韩业青 | 韩业青 | 4367 | 1962 | 2987 | 28847 |
| 元友 | 蒋步宽 | 蒋步宽 | 8449 | 3337 | 5020 | 28928 |
| 古牛 | 李卫俊 | 李卫俊 | 5123 | 1739 | 2412 | 29515 |

续表42

| 村名 | 村支部书记 | 村委会主任 | 耕地面积（亩） | 人口（人） | 工农业总产值（万元） | 农民人均纯收入（元） |
|---|---|---|---|---|---|---|
| 三合 | 陈天干 | 陈天干 | 5434 | 1799 | 2653 | 27563 |
| 三元西 | 钱福友 | 钱福友 | 3265 | 2297 | 2798 | 28273 |
| 三元东 | 陈桂华 | 陈桂华 | 10260 | 1994 | 3108 | 27826 |
| 灯塔 | 谢文荣 | 谢文荣 | 6049 | 2089 | 3303 | 26416 |
| 联葛 | 金俊银 | 金俊银 | 8322 | 2508 | 3822 | 25809 |
| 新花园 | 吴银和 | 吴银和 | 4260 | 1703 | 18563 | 29737 |
| 青凤 | 袁汝平 | 袁汝平 | 3907 | 1609 | 2221 | 31039 |
| 窑东 | 吴征明 | 吴征明 | 2016 | 1863 | 3381 | 30668 |
| 窑南 | 周　银 | 周　银 | 3578 | 1881 | 4305 | 29395 |
| 恒和 | 孙国元 | 孙国元 | 3754 | 1904 | 37820 | 28950 |
| 锯家 | 唐苏存 | 唐苏存 | 5237 | 2163 | 11420 | 29882 |
| 双里 | 蒋春红 | 蒋春红 | 6261 | 2140 | 6021 | 29251 |
| 果园 | 朱志荣 | 朱志荣 | 2835 | 2436 | 3465 | 29165 |
| 焦勇 | 张海波 | 张海波 | 7672 | 2909 | 4305 | 29238 |
| 永杰 | 陈明华 | 陈明华 | 6050 | 2100 | 5546 | 29233 |
| 洪亮 | 刘勤丰 | 刘勤丰 | 6056 | 2675 | 6254 | 27787 |
| 刘丰 | 袁桂荣 | 袁桂荣 | 6518 | 2402 | 5612 | 27963 |
| 东三 | 费书建 | 费书建 | 6034 | 2918 | 15422 | 31590 |
| 舍阳 | 施康乐 | 施康乐 | 7629 | 2505 | 2070 | 28928 |
| 叶堡 | 曹春阳 | 曹春阳 | 5525 | 2009 | 2674 | 27307 |
| 新唐林 | 张银峰 | 张银峰 | 5056 | 2767 | 4292 | 28868 |
| 白港 | 唐余和 | 唐余和 | 3827 | 2398 | 5564 | 28087 |

## 合陈镇

**【概况】** 合陈镇位于兴化最东部，与盐城市大丰区草埝镇、白驹镇相毗邻，地处沿江沿海发展战略“T”形经济带，东临沈海高速、204国道，通榆河、串场河南北穿境而过，351省道西连宁靖盐高速和宁靖盐公路，直抵兴化千垛菜花景区、李中水上森林公园，东至大丰港、国家AAAAA级麋鹿保护区，是连接大丰、兴化、东台三个全域旅游示范市的节点镇。全镇20个行政村，1个居委会，总人口5.06万人，行政区域面积99.7平方千米，耕地面积6756公顷。镇内拥有兴化火车站、国家级智慧粮库、浙江油田、兴东水厂、11万伏变电所、汽车齿轮产业园、现代粮食产业物流园。先后被评为“江苏省文明镇”“江苏省环境优美乡镇”“江苏省卫生镇”“江苏省创业型乡镇”“省级示范小城镇”“泰州重点发展中心镇”。

**【经济建设与发展】** 合陈镇实现地区生产总值11.60亿元，其中农业增加值6.92亿元、工业增加值1.78亿元、建筑业增加值5018万元、服务业增加值2.41亿元；完成一般公共预算收入1762.7万元；农村居民人均可支配收入27319元。完成高标准农田建设面积2.47万亩。开展各类招商推介活动，突出项目定向招引，累计签约亿元项目5个。开展“五未土地”清理，盘活低效闲置用地110亩。强化科技赋能，累计培育国家级高新技术企业4个，申请发明专利50件，达成产学研合作项目6个，企业技改项目18个。

**【社会事业发展】** 合陈镇启动编制镇村布局规划、“多规合一”实用性村庄规划，境内351省道10.02千米、202县道7.2千米建成通车，投资近2亿元，完成农村公路提档升级73千米。桂山村2021年被评为泰州市级特色田园乡村。组织创业培训181人，完成新增创业296家。建成新时代文明实践所(站)22家。优化教育布局，整合教学资源，开展“一校一品”文化建设，发挥广大教师的示范引领作用，教育教学工作稳步提升。实行分级诊疗，村级卫生室达标建设，常态规范运行，医疗保障水平不断提高。推进安全生产专项整治，规范企业生产经营活动。构建“1+N”

网格团队,探索“网格+”工作模式,建立21家村(社区)协商议事室,引导乡贤力量参与社会治理。实施信访积案认领化解和重点人员包保“一日三报”制度。开展扫黑除恶专项斗争,推进“无黑”乡镇创建,社会治安稳定。

【富民工程实施】 城乡低保标准提高到月人均740元,农村特困补助标准提高到年人均11544元,对87名困境儿童落实保障政策,兜底保障13户困难群众住房安全。建成居家养老服务中心17家、居家养老服务站2家、老年人关爱之家3家,实现镇域全覆盖。合陈镇整治“散乱污”企业,全镇28家企业全面建立固废台账,规范处置,4家铸造企业全部安装除尘和冷却水循环系统,7家涉排企业按照“一厂一策”要求,及时采取限产停产措施。结合全国文明城市创建工作,加快农村生活污水处理设施建设,实施垃圾房改造提升工程、集镇绿化更新工程、路灯提档升级工程、民健广场升级改造工程、兴化市廉政教育基地·李春芳文化主题公园主体工程,新建公厕5座,修缮公厕3座。落实河长制、断面长制,持续深化河道“两违三乱”专项整治,从饲料喂养、水质监控、用药登记等各个环节加强对河蟹养殖的管理,水产养殖水草排放、药塘清塘尾水排放有序管控,畜禽粪污综合利用率达97%,秸秆综合利用率95%以上。

(陈　超)

**2021年合陈镇主要经济社会指标一览表**

表43

| 指标名 | 单位 | 数值 | 指标名 | 单位 | 数值 |
| --- | --- | --- | --- | --- | --- |
| 总户数 | 户 | 18350 | 工业利税总额 | 万元 | 57539 |
| 总人口 | 人 | 50575 | 预算内财政收入 | 万元 | 3331.9 |
| 乡镇从业人员数 | 人 | 13496 | 一般公共预算收入 | 万元 | 1762.7 |
| 耕地面积 | 公顷 | 6756 | 私营个体税收 | 万元 | 2866.5 |
| 地区生产总值 | 万元 | 116038 | 农村居民人均可支配收入 | 元 | 27319 |
| 人均地区生产总值 | 元 | 39153 | 中小学校 | 所 | 3 |
| 农业增加值 | 万元 | 69183 | 在校学生 | 人 | 1091 |
| 工业增加值 | 万元 | 17777 | 在职教师 | 人 | 131 |
| 建筑业增加值 | 万元 | 5018 | 医院 | 所 | 1 |
| 服务业增加值 | 万元 | 24060 | 卫生所(室) | 个 | 22 |
| 生猪出栏 | 头 | 21000 | 医生数 | 人 | 35 |
| 家禽出栏 | 万羽 | 38 | 病床数 | 张 | 115 |
| 水产品产量 | 吨 | 9749 | 参加养老保险人数 | 人 | 32704 |
| 工业企业数 | 家 | 295 | 参加农村新型合作医疗人数 | 人 | 36972 |
| 当年到账外引资金 | 万元 | 0 | 享受居民最低生活保障人数 | 人 | 463 |
| 工业开票销售收入 | 万元 | 43057 | | | |

**2021年合陈镇骨干企业基本情况表**

表44

| 企业名称 | 销售收入(万元) | 利税总额(万元) | 法定代表人 |
| --- | --- | --- | --- |
| 江苏合成齿轮有限公司 | 6054 | 561 | 沈再顺 |
| 江苏鑫伟淳幕墙科技有限公司 | 2518 | 174 | 刘　鑫 |
| 江苏阳灿木业有限公司 | 4967 | 414 | 李终云 |
| 江苏康柏斯机械科技有限公司 | 3258 | 229 | 王　琰 |
| 兴化金拓帽业有限公司 | 1132 | 226 | 朱桂阳 |
| 兴化市群华机械制造有限公司 | 1910 | 382 | 杨启华 |

2021年合陈镇各村基本情况表

表45

| 村　名 | 村支部书记 | 耕地面积（公顷） | 人口（人） | 工农业总产值（万元） | 农民人均纯收入（元） |
|---|---|---|---|---|---|
| 胜利村 | 杨长干 | 309 | 2106 | 28304.68 | 25691 |
| 东联合村 | 夏庆洋 | 278.5 | 1889 | 26839.28 | 26550 |
| 娄子村 | 杨勇如（11月免）<br>杨雪琴（11月任） | 268.1 | 1513 | 29579.17 | 26002 |
| 凤存村 | 成　杰 | 395.7 | 2251 | 31115.11 | 25421 |
| 锦贤村 | 陈友彬 | 194.5 | 2001 | 28149.1 | 28106 |
| 界牌村 | 刘加荣 | 301.8 | 2203 | 36205.38 | 25577 |
| 朱陈村 | 谭圣元 | 351.3 | 1960 | 34492.2 | 26221 |
| 陆谦村 | 徐旭东 | 353.4 | 2266 | 28619.39 | 25103 |
| 李秀村 | 李爱和 | 291.5 | 1815 | 26240.06 | 27362 |
| 卜寨村 | 王文武 | 447.9 | 3358 | 56945.3 | 26056 |
| 九里港村 | 施瑞安 | 492 | 4069 | 81855.16 | 29301 |
| 高桂村 | 樊远智 | 315.2 | 4040 | 53236.54 | 28849 |
| 许港村 | 李爱琴 | 553.6 | 3378 | 47437.22 | 25925 |
| 万沈村 | 成兴芳 | 252.2 | 1638 | 27212.52 | 26380 |
| 桂山村 | 刘华忠 | 553.6 | 2654 | 46250.34 | 29347 |
| 舍陈村 | 陈晓马 | 443.5 | 2025 | 38798.69 | 26585 |
| 恒进村 | 赵　鑫 | 420.8 | 1651 | 27190.34 | 27722 |
| 塔港村 | 庞继军 | 212.1 | 2716 | 42690.96 | 26259 |
| 邓桥村 | 沈美兰 | 288.5 | 2058 | 41151.17 | 33857 |
| 幸福村 | 韩学富 | 375.9 | 2465 | 37376.72 | 27972 |
| 居委会 | 施汉琴 |  | 4573 |  |  |

## 昌荣镇

**【概况】** 昌荣镇地处兴化腹部，东部与戴窑、永丰隔河相望，南部与大垛、荻垛相邻，西部与林湖接壤，北依安丰、海南。昌荣镇原名唐子镇，始建于唐朝初年，相传因唐太宗李世民敕封“大唐子民”李姓聚居而得名，后因纪念严昌荣烈士而易名为昌荣镇。行政区域面积61.8平方千米，下辖10个行政村、1个居委会及201个村民小组，总人口36275人。昌荣镇不仅是一个千年古镇，还是一个有着光荣传统的革命老区，是兴化境内原十大镇之一。昌荣镇历史文化悠久，政府驻地唐子村东有“蒿坡庙”，历史上被誉为“南朝第一寺”，村北的木塔寺、木塔晴霞和千年紫槿，被古人称为昭阳十二景之一。昌荣镇自然风光秀美，生态环境优越，水陆交通优势明显，得天独厚，四河四路在境内构成了双“井”字形交通网络。东西走向的车路河、白涂河与南北走向的西塘港河、盐靖河在境内相交成“井”。兴戴路、昌合路与宁盐一级公路、宁盐高速公路在境内相交成“井”，正在拓宽浚深的车路河可航行千吨货船直达川东港，昌合公路东接兴长铁路，西连兴化。镇区文化教育、医疗卫生、金融、商贸、交

江苏省特色田园乡村——盐北村。　（昌荣镇/供图）

通运输和邮电通讯等基础设施齐全。昌荣镇被评为泰州市文明镇;昌荣镇被评为江苏省生态文明建设示范乡镇,先后被市委表彰为兴化市红旗乡镇党委;安仁村被评为泰州市先进基层党组织;宝宏村、欣荣村被评为兴化市先进基层党组织;朝阳新村被评为江苏省传统村落;盐北村被评为江苏省传统村落;盐北村被评为全国"一村一品"示范村;安仁村被评为泰州市十佳社区服务品牌;安仁村、盐北村被推荐为省生态村。

**【经济建设与发展】** 完成财政税收收入2882万元,一般公共财政预算收入实现1449万元。投入1864万元用于农业基础设施;1174万元用于农村公路提档升级;868万元用于长江引水、户改厕等环境综合整治;305万元用于维护村级运转;106万元用于农村公共服务运行维护;2180万元用于昌荣二桥工程建设;1209万元用于光伏、风力等新型能源项目建设;376万元用于集镇建设及绿化、亮化资金。开展特色田园乡村创建工作,盐北村、安仁村在年内相继创成省级特色田园乡村,年均接待游客超8000人次。建成农家乐6家,已建或在建的精品民宿超20家,镇区万泊三星级酒店二期外部工程已完工,为"全日制"旅游补短板。

**【社会事业发展】** 优化镇村布局规划,开展"出智、出工、出物、出钱,助困、助学、助洁、助美"的"四出四助"活动,拆除猪圈旱厕、废旧棚舍、危旧房10907处,清理积存垃圾超900吨,建成微花园、微菜园和微果园167处。以全国文明城市创建和人居环境整治为抓手,投入700多万元用于乡村建设,推进"十村宜居、百院美丽、千户整洁、万人收益"的"十百千万"工程,10个村集体经营性收入稳定增加,达到30万元以上。开展"最美庭院"创建活动,评选出最美庭院520户。

**【富民工程实施】** 关心弱势群体生产生活,发放各类惠农补贴资金204万元;低保生活费、优抚救济、社会保障等经费1946万元。建立健全"监测预防、发现处置、帮扶救助"的联动反应机制,推进儿童关爱保护工作,设立"昌荣镇儿童之家",成功创成"泰州市儿童关爱之家"。

昌荣红色景区。 (昌荣镇/供图)

**【严昌荣红色景区】** 由南京大学城市规划设计研究院牵头规划设计,规划占地面积约310亩,包括占地50亩的核心景区和260亩拓展景区,建设内容包括严昌荣纪念碑出新、"百年历史、百名英烈"纪念墙和纪念林、陆上装备展示区、水上装备展示区,革命烈士群体纪念馆、红色怀念老影院、游客接待中心、红色青年文化中心、新四军广场、红色革命景区精品线路规划等十大项目。投入810万元,完成纪念碑重修、景区大道建设、办公楼和展览馆改造等一期主体工程。投展退役的战斗机、坦克、装甲运输车、榴弹炮等军械,全年接待省市各级领导调研指导次数200批次,接待游客人数3万多人次。

(郑筱薇)

**2021年昌荣镇主要经济社会指标一览表**

表46

| 指标名 | 单位 | 数值 | 指标名 | 单位 | 数值 |
|---|---|---|---|---|---|
| 总户数 | 户 | 11087 | 工业销售收入 | 万元 | 79696 |
| 总人口 | 人 | 36275 | 工业利税总额 | 万元 | 1830 |
| 乡镇从业人员数 | 人 | 19785 | 一般预算收入 | 万元 | 1449 |
| 耕地面积 | 公顷 | 3612 | 私营个体税收 | 万元 | |
| 地区生产总值 | 万元 | 102835 | 农民人均纯收入 | 万元 | 25835 |
| 人均地区生产总值 | 万元 | 50832 | 中小学校 | 所 | 4 |
| 农业增加值 | 万元 | 25062 | 在校学生 | 人 | 842 |

续表 46

| 指标名 | 单位 | 数值 | 指标名 | 单位 | 数值 |
|---|---|---|---|---|---|
| 工业增加值 | 万元 | 38244 | 在职老师 | 人 | 148 |
| 建筑业增加值 | 万元 | 3128 | 医院 | 所 | 1 |
| 服务业增加值 | 万元 | 32480 | 卫生所(室) | 个 | 10 |
| 生猪出栏 | 万头 | 1.43 | 医生数 | 人 | 61 |
| 家禽出栏 | 万羽 | 22.6 | 病床数 | 张 | 70 |
| 水产品产量 | 吨 | 6125 | 参加养老保险人数 | 人 | 10405 |
| 工业企业数 | 家 | 213 | 参加农村新型合作医疗人数 | 人 | 27493 |
| 当年到账外引资金 | 万元 | | 享受居民最低生活保障人数 | 人 | 581 |

## 2021年昌荣镇骨干企业基本情况表

表 47

| 企业名称 | 销售收入(500万以上)(万元) | 利税(万元) | 法定代表人 |
|---|---|---|---|
| 兴化市新天地机械制造有限公司 | 2687.82 | 259.74 | 汤 平 |
| 泰州市锦荣机械有限公司 | 9316.94 | 210.57 | 孙启均 |
| 泰州顶淳食品有限公司 | 6521.75 | 204.88 | 朱如华 |
| 兴化市鸿兴新型建材有限公司 | 3919.65 | 181.87 | 陈金洪 |
| 泰州市富民混凝土制品有限公司 | 5531.17 | 169.36 | 沈 娟 |
| 江苏西郊爱思箱包有限公司 | 927.22 | 152.28 | 张维昌 |
| 泰州京城环保产业有限公司 | 7281.81 | 138.00 | 白金玉 |
| 江苏腾飞体育设施材料有限公司 | 2709.09 | 82.06 | 谢秀权 |
| 泰州市昌荣新型墙材有限公司 | 1657.47 | 51.30 | 蒋久高 |
| 兴化市万里洋不锈钢制品厂 | 1898.66 | 50.12 | 沈官洋 |

## 2021年昌荣镇各村基本情况表

表 48

| 村 名 | 村支部书记 | 村委会主任 | 耕地面积(公顷) | 人口(人) | 工农业总产值(万元) | 农民人均纯收入(元) |
|---|---|---|---|---|---|---|
| 安仁村 | 姚德银 | — | 7859.2 | 6263 | | 27575 |
| 宝宏村 | 夏春霞 | | 3620 | 2336 | | 26771 |
| 欣荣村 | 唐宝来 | | 3797.2 | 2059 | | 27652 |
| 唐子村 | 蒋保全 | | 8693.5 | 7041 | | 24028 |
| 陈唐村 | 杨根宝 | | 4918.7 | 2730 | | 27693 |
| 富民村 | 陈有谋 | | 3265 | 2825 | | 25312 |
| 双星村 | 杨立荣 | | 5252.2 | 3115 | | 24287 |
| 盐北村 | 刘 剑 | | 2889.7 | 1577 | | 27216 |
| 朝阳新村 | 顾 斌 | | 4008.9 | 2868 | | 27506 |
| 存德村 | 钟桂江 | | 9161.4 | 5746 | | 23759 |

# 陶庄镇

【概况】 陶庄镇位于兴化市东部，344国道、203县道穿境而过，车路河、梓辛河、蚌蜒河、团结河、幸福河、窑头河纵横全镇。行政区域面积69.63平方千米，耕地面积4296公顷。下辖14个行政村、1个居委会。年末，总户数13887户，户籍人口44145人。

【经济建设与发展】 全年实现地区生产总值10.43亿元，完成税收收入255万元，固定资产投资1.16亿元，完成一般公共预算收入1578万元，完成工业开票销售4.9亿元;截至11月，完成税收收入2355万元。新签约亿元项目2个，亿元开工项目1个，新入库批零住餐企业2家。通过土地流转“双金”收取，村级经营性收入年净增加270多万元。根据市“五未”土地整治的要求，盘活企业5家，面积106.9亩。

【社会事业发展】 陶庄镇投入2000万元，实施陶潘线以及潘联西线等七条线路的提档升级工程，合计总长8.5千米，桥梁12座。投资50多万元对新张线沿线9千米安装路灯180盏。规范镇区停车秩序，在道路的北侧划设停车位、设立电动车停车标志。完成闸站建设8座，整圩推进完成丰收外址圩、卞堡外址圩、团结河圩4690米。新洋圩高标准农田建设1500亩，总投入227.7万元，完成2.32千米田间道路修整，新建2座桥梁、1座圩口闸。投入26万元，实施水利站西侧河道改造，市级幸福样板河6千米，镇级样板河小戴河2.09千米。投入161.16万元，完成改造村级样板河焦庄村中心河、金戈村迎宾河、陶庄村连心河、南柯堡村龙口岛4条村级样板河，累计长度1980米。投入93.4万元，建设生态河19条，累计长度46.69千米。开展农村建筑安全隐患排查，消除建筑行业和农民居住房屋的安全隐患。加快集镇基础设施建设，投资60万元在集镇新建、改建5座公厕，投资30多万元建设三星级旅游公厕1座。开展“三镇同创”工作，成功创建省级卫生镇、省级生态文明建设示范镇和泰州市级文明镇。按照“十四五”规划打造集聚提升村陶南村、三和庄村、幸福新村、夏北村4个村，南柯堡村创建成泰州市级特色田园乡村、焦庄村被命名为省级传统村落。

【惠民工程实施】 定期举办创业意识培训班和电子商务培训班，新增创业人数244人，新增扶持成功创业207人，再就业人数30人，新增高技能人才6人，申报乡土人才初级职称人数6人，申报江苏省大学生优秀创业项目1个。整合村级资源、盘活资产，收缴债权57多万元，通过收取“双金”，全镇土地流转服务费收入275万元;全镇经营性收入达556.96万元，村平均40.5万元，可支配收入883.62万元，村平均63.12万元。

（陆中来　朱文骁）

2021年陶庄镇主要经济社会指标一览表

表49

| 指标名 | 单位 | 数值 | 指标名 | 单位 | 数值 |
|---|---|---|---|---|---|
| 总户数 | 户 | 13887 | 预算内财政收入 | 万元 | 2855 |
| 总人口 | 人 | 44145 | 一般预算收入 | 万元 | 1578 |
| 乡镇从业人员数 | 人 | 12277 | 私营个体税收 | 万元 | 609 |
| 耕地面积 | 公顷 | 4296 | 居民储蓄存款余额 | 万元 | 172526 |
| 地区生产总值 | 万元 | 104329 | 农民人均纯收入 | 万元 | 22475 |
| 人均地区生产总值 | 元 | 23633.25 | 中小学校 | 所 | 2 |
| 农业增加值 | 万元 | 45776 | 在校学生 | 人 | 1415 |
| 工业增加值 | 万元 | 15583 | 在职教师 | 人 | 128 |
| 建筑业增加值 | 万元 | 7676 | 医院 | 所 | 1 |
| 服务业增加值 | 万元 | 35294 | 卫生所(室) | 个 | 17 |
| 生猪出栏 | 头 | 7500 | 医生数 | 个 | 62 |
| 家禽出栏 | 万羽 | 50 | 病床数 | 张 | 60 |
| 水产品产量 | 吨 | 9184 | 参加养老保险人数 | 人 | 30261 |
| 工业企业数 | 家 | 118 | 参加农村新型合作 | | |
| 当年到帐外引资金 | 万元 | — | 医疗人数 | 人 | 29673 |
| 工业销售收入 | 万元 | 49000 | 享受居民最低生活 | | |
| 工业利税总额 | 万元 | 1124 | 保障人数 | 人 | 409 |

2021年陶庄镇骨干企业基本情况表

表50

| 企业名称 | 销售收入（500万元以上）万元 | 利税总额（50万元以上）万元 | 法定代表人 |
|---|---|---|---|
| 兴化市红阳玻璃制品有限公司 | 5414 | 160 | 吕加谷 |
| 江苏融汇钢管有限公司 | 4860.7 | 119.1 | 王日真 |
| 兴化市青松农药化工有限公司 | 4999 | 121 | 吉安勇 |
| 科威嘉尼（江苏）制冷设备有限公司 | 2002.6 | 58.3 | 张　成 |

2021年陶庄镇各村基本情况表

表51

| 村　别 | 村党组织书记 | 村委会主任 | 耕地面积（公顷） | 人口 | 工农业总产值（万元） | 农民人均纯收入（元） |
|---|---|---|---|---|---|---|
| 南柯堡 | 赵为刚（1月免）<br>柯庆斌（1月任） | 柯庆斌 | 253 | 2984 | 9673 | 26245 |
| 焦庄 | 范荣宗（1月任） | 范荣宗 | 154 | 1842 | 7524 | 21521 |
| 夏北 | 姜华伟（1月任） | 姜华伟 | 248 | 2795 | 6448 | 22137 |
| 王寺 | 赵纯武（1月任） | 赵纯武 | 203 | 1898 | 8076 | 23003 |
| 仲冯舍 | 冯亚仲（1月任） | 冯亚仲 | 257 | 3000 | 11159 | 20457 |
| 铁堡 | 顾春红（1月任） | 顾春红 | 411 | 4021 | 14679 | 21711 |
| 金戈 | 陆益方（1月免）<br>许文才（1月任） | 许文才 | 267 | 2534 | 9867 | 22641 |
| 陶庄 | 杨存伟（1月任） | 杨存伟 | 427 | 4243 | 18248 | 23159 |
| 陶南 | 裴小勇（1月任） | 裴小勇 | 323 | 3465 | 14143 | 19155 |
| 梓辛 | 武银进（1月任） | 武银进 | 401 | 3839 | 18083 | 24883 |
| 三和庄 | 顾高元（1月免）<br>王　建（1月任） | 王　建 | 218 | 2146 | 9976 | 26462 |
| 大顾 | 葛国民（1月免）<br>葛长勇（1月任） | 葛长勇 | 403 | 4651 | 17079 | 18794 |
| 幸福新 | 武丙春（1月任） | 武丙春 | 302 | 3477 | 15054 | 21822 |
| 季平 | 陆志俊（1月任） | 陆志俊 | 302 | 3564 | 15102 | 25105 |

## 海南镇

【概况】　海南镇位于兴化市区东北22千米，境内有233、351和332省道等3条省道穿过，东临宁靖盐高速公路，北枕大兴金公路和海沟河，邮兴盐公路、渭水河贯穿南北，水陆交通便捷。行政区域面积72平方千米，有行政村13个、居委会1个，户籍人口35788人。海南镇拥有众多文化古遗，1991年出土的唐代船形田字银锭5块，被国家鉴定为一级文物，是兴化市博物馆唯一镇馆之宝。绿色农业具有广阔的发展空间，被评定为国家级稻渔共作示范基地、江苏省无公害水产品生产基地、优质稻米生产基地、茧丝绸产业化特色乡镇。至今有着“张联的桑蚕刘泽的蟹，两荡的野鸭双蒋的鱼，种不完的莫顾田，卖不完的新伍虾”的美丽传说。曾获得“江苏省新型小城镇”“江苏省群众文化先进乡镇”“泰州市文明乡镇”“泰州市体育乡镇”“泰州市平安乡镇”“泰州市高效农业示范乡镇”“兴化市创建环境优美乡村工作先进乡镇”等称号。

【经济建设与发展】　2021年，实现地区生产总值8.47亿元，同比增长11.97%；税收收入3422万元，同比增长16.28%；一般公共预算收入1805万元，同比增长12.3%；工业开票销售4.04亿元，同比增长16.09%；规上工业总产值2.79亿元，同比增长127.88%。以“五未”土地整治为契机，推进工业企业“亩均论英雄”改革，盘活提升存量、规范管理增量。2021年有规模以上工业企业7家、建筑业与房地产企业7家、限额以上“批零住餐”企业13家。落实各项“强农、惠农、富农”政策,发放耕地地力保护、稻谷补助等财政补助资金1693万元,拨付村级公益事业一事一议奖补资金807万元。创建河蟹套养小龙虾“海南模式”,新伍村与江苏省淡水水产研究所合作发展的河蟹套养小龙虾模式,亩均纯收入达万元。调优种植业布局,全镇三次产业结构比优化为38:17:45。新增家庭农场45家、经济合作社15家、种养专业大户213家。海南镇农牧示范园按照“六有六强”标准申报泰州市现代农业产业三星级示范园;建成省级“太湖2号”青虾苗种扩繁基地;获评省级“粮食生产全程机械化示范镇”、省级“特色优势种苗中心”。

**【社会事业发展】** 海南镇启动国土空间规划,完成镇村布局规划、增减挂钩专项规划编制工作,完成南蒋村、刘泽村村庄实用性规划。完成市级样板河海沟河(海南段)2.8千米、镇级样板河横港河1.3千米,农村生态河道8条共52千米。从严管理“三资”平台,严格执行收支两条线。推进农村改革创新,土地确权登记颁证9934户,农房一体化颁证6146户。科学制定农村集体产权制度,量化股权农户9660户、股权人口35203人。推进集镇基础设施建设,怡园雅居、润安花园小区集聚镇区人气。对政府大院、镇区停车场、后街背巷、文昌河进行改造、整治,安装过境路交通监控,完成振海路、文昌路等道路交通违停抓拍监控系统规划,划设主要路段停车位,严管商铺出摊占道经营,集镇品质进一步提升。落实农村人居环境整治三年行动计划,围绕“四清一治一改”“六有八无”要求,全方位、全覆盖推进农村人居环境提升,累计建成国家级森林乡村1个、省级特色田园乡村1个、省级传统村落1个、省级生态文明村1个、省级绿美村庄4个、省级水美乡村1个、省级绿化示范村1个。建立全镇生活垃圾清运、道路修护、绿化养护、河道管护、公共设施维护“五位一体”长效管护机制。实施“幸福河湖”工程,推进河湖“两违”专项整治、清“四乱”专项行动,严格落实河长制,严控养殖尾水排放,全面取缔珍珠养殖,对4条市级河道、7条镇级河道、301条村级河道落实专人打捞。开展非法码头整治专项行动,拆除5个、规范2个、提升2个。对“散乱污”企业高压态势,强化秸秆禁烧禁抛和清田工作,大气、水体污染得到有效治理。获评“江苏省生态文明建设示范乡镇”。完成环镇南路、兴丝路“白改黑”工程,镇区框架由“三纵三横”向“四纵四横”延伸。累计投入资金1.37亿元,建设道路28条、35.3千米,其中,打造“四好农村路”4条、10.4千米,完成兴海路北延工程,解决“悬崖路”、“断头桥”等难题,全镇范围内实现道路多循环,交通出行更加便捷。落实公路沿线“五项整治”行动,拆除猪圈、棚舍等67处。提升教育水平,中心校、文昌实验学校在校生数量位于全市乡镇前列。中心校获评“国家级国防教育特色学校”,中心幼儿园获评“省级优质幼儿园”。建成新时代文明实践所(站)14家,组建新时代文明实践志愿服务队18支。常态化疫情防控,做好疫苗接种,建成卫生院防保大楼,推进村级卫生室提档升级,培养主任医师3名、副主任医师(护师)5名。卫生院获评“全国满意乡镇卫生院”“省级示范乡镇卫生院”“省级示范防保所”。

**【富民工程实施】** 推进创业富民,组织开展各类培训16批次、3000人次。落实“防贫预警”排查机制,强化“两户”动态监测,严防脱贫人员再返贫,累计脱贫846户、1306人,转化经济薄弱村6个。关注“一老一小”,建成居家养老服务中心13家、集中托养点2个,购买“三项服务”1.6万人次。落实救助政策,加大对困难群体救助力度。完成退役军人保险接续培训、创业就业培训等工作。加快构建“1+4”基层治理新模式,推进“一办七局一中心”办公场所整合,落实基层执法审批服务整合改革,建立权责统一、简约高效的基层管理模式。推进“阳光村务”建设,畅通群众信息渠道。规范运行村(居)监委会,坚持发展经济与维护稳定一起抓,社会治安平稳可控。办理群众来信来访37件、阳光系统信访件19件,调解各类复杂矛盾纠纷17起。

**【生态养殖示范村新伍村】** 新伍村位于兴化市腹地,海南镇东首,与安丰、林湖、昌荣相接,是七里八乡的湖河汊交会点。下辖有17个村民小

2021年10月26日,江苏省妇儿基金会赴泰州市调研座谈会在海南镇刘泽村举行。 (海南镇/供图)

组，835户，总人口2846人。耕地面积4260亩，有虾蟹混养面积5083亩，其中提水养殖面积3600亩。新伍村四面环水，河河相连，水水相通，村南北位置有1600亩的芦苇湖荡区域，保持着纯天然的原生态系统，水天相连、碧波荡漾、水清透明。新伍村自古以来水产品丰富，是兴化大闸蟹和小龙虾规模养殖的奠基者，成为兴化大闸蟹和小龙虾人工生态养殖的领头羊，江苏省虾蟹健康生态养殖示范基地。新伍村盛产大闸蟹、小龙虾，其产品特色"清水长大，膏肥黄满"，享有"新伍龙虾誉天下，新伍螃墅畅四海"的美称。兴化市丝康丝绸有限公司是新伍村本土知名产业，始建于2006年，自80年代以来改建缫丝剥茧制造企业，是里下河地区茧丝绸为数不多的农产品生产加工企业，是泰州唯一保留下来的纯古法，传统手工剥茧，生态制丝，手工千层叠加铺制蚕丝被的重点生产企业。

（高庆凯 冯山榕）

### 2021年海南镇主要经济社会指标一览表

表52

| 指标名 | 单位 | 数值 | 指标名 | 单位 | 数值 |
|---|---|---|---|---|---|
| 总户数 | 户 | 11636 | 工业利税总额 | 万元 | 3247 |
| 总人口 | 人 | 35788 | 预算内财政收入 | 万元 | 1792 |
| 乡镇从业人员数 | 人 | 10196 | 一般预算收入 | 万元 | — |
| 耕地面积 | 公顷 | 3856 | 私营个体税收 | 万元 | — |
| 地区生产总值 | 万元 | 84719 | 居民储蓄存款余额 | 万元 | 21158 |
| 人均地区生产总值 | 元 | 40711 | 农民人均纯收入 | 元 | 25176 |
| 农业增加值 | 万元 | 44805 | 中小学校 | 所 | 2 |
| 工业增加值 | 万元 | 7219 | 在校学生 | 人 | 3021 |
| 建筑业增加值 | 万元 | 7953 | 在职教师 | 人 | 187 |
| 服务业增加值 | 万元 | 24742 | 医院 | 所 | 1 |
| 生猪出栏 | 头 | 46276 | 卫生所(室) | 个 | 18 |
| 家禽出栏 | 万羽 | 61 | 医生数 | 个 | 86 |
| 水产品产量 | 吨 | 8790 | 病床数 | 张 | 106 |
| 工业企业数 | 家 | 61 | 参加养老保险人数 | 人 | 11975 |
| 当年到帐外引资金 | 万元 | — | 参加农村新型合作医疗人数 | 人 | 25852 |
| 工业销售收入 | 万元 | 41322 | 享受居民最低生活保障人数 | 人 | 326 |

### 2021年海南镇骨干企业基本情况表

表53

| 企业名称 | 销售收入(万元) | 利税总额(万元) | 法定代表人 |
|---|---|---|---|
| 泰州市柏林丝绸有限公司 | 4021 | 723 | 陈定柏 |
| 兴化市宁生生鬓制刷厂 | 3506 | 266 | 高同美 |
| 兴化市尚鼎丝绸有限公司 | 1899 | 263 | 杨奎楼 |
| 江苏丹盛食品有限公司 | 2053 | 155 | 许晓勇 |
| 泰州华勇织造有限公司 | 9604 | 2113 | 王爱兵 |
| 兴化市兴松纺织品有限公司 | 2606 | 295 | 张小鸥 |
| 兴化市兴旭塑料制品有限公司 | 523 | 4 | 吴金红 |

2021年海南镇各村基本情况表

表54

| 村 名 | 村支部书记 | 村委会主任 | 耕地面积(公顷) | 人口(人) | 工农业总产值(万元) | 农民人均纯收入(元) |
|---|---|---|---|---|---|---|
| 金储村 | 卞高华 | 卞高华 | 161.09 | 1852 | 9904 | 22148 |
| 西荡村 | 徐舒培(12月免)<br>戴义茂(12月任) | 徐舒培 | 208.74 | 2006 | 10295 | 27148 |
| 东荡村 | 陈开银 | 陈开银 | 201.09 | 1754 | 12483 | 28076 |
| 胡老村 | 袁树宏 | 袁树宏 | 501.18 | 3651 | 17974 | 23698 |
| 刘泽村 | 王虹(11月免)— | 王虹(11月免)— | 264.06 | 2040 | 15028 | 29888 |
| 南蒋村 | 陈文彬 | 陈文彬 | 136.39 | 1777 | 12866 | 26188 |
| 北蒋村 | 蒋加圣 | 蒋加圣 | 207.07 | 2194 | 13001 | 27408 |
| 新伍村 | 杨永前 | 杨永前 | 229.17 | 2660 | 13350 | 27788 |
| 中兴村 | 陈广林 | 陈广林 | 360.50 | 2001 | 12259 | 21658 |
| 蔡高村 | 李春宝 | 李春宝 | 370.21 | 4762 | 18547 | 23998 |
| 许唐村 | 唐友前 | 唐友前 | 303.92 | 2540 | 13485 | 22789 |
| 苏海村 | 苏凤军 | 苏凤军 | 423.09 | 3275 | 23509 | 26548 |
| 莫顾村 | 蒋长宏 | 蒋长宏 | 489.74 | 3158 | 21786 | 22558 |

## 大邹镇

**【概况】** 大邹镇位于兴化市的最北部,是兴化市的"北大门"。行政区域面积46.32平方千米,耕地面积3.97万亩。下辖11个行政村、1个社区、30个责任区141个村民小组,总户数8371户,户籍人口2.57万人,其中农业人口2.4万人。历史悠久,古称"邹庄",与盐城市隔河相望,为兴化十大古老集镇之一。先后获得"江苏省文明乡镇""江苏省生态乡镇""江苏省书香乡镇""泰州市平安创建先进乡镇"等称号,连续四年获"兴化市绩效管理综合先进乡镇"称号。

**【经济建设与发展】** 大邹镇全年实现地区生产总值6.37亿元,农民人均可支配收入23725元,实现工业开票销售3.1亿元,建筑安装工程投资1.08亿元,制造业投资额9857万元,规上批零住餐贸易额9929万元。盘活低效闲置厂房面积25.3亩,规上工业用地亩均税收从1.44万元上升到2.82万元;新增"四上"单位数4个,招商引资完成亿元开工项目1个;新增万联塑业、共展电器、新佑拓耐磨材料、荣伟住人集装箱、奥立新型材料、潮帆钢结构、万兴木业等7家企业;新增批零住餐企业3家,完成个转企5家。全年发明专利拥有量52件,总量和万人拥有量全市名列前茅;新申报高新技术企业6家。建立镇领导挂钩服务制度,明确2名帮办员为企业全过程服务。初步形成从吉耿、新庄、沈五沿丁扒垛路高效设施农业种植带;从荻垛232省道至西环线到大顾线兴盐的兴化优质绿色大米种植带。建成2000亩"竹芸"牌大米核心种植基地。加强高标准农田水利设施建设和粮食绿色高质高效创建,绿丰家庭农场获得"江苏省省级示范家庭农场"称号,2021年有特色家庭农场2家,经营地方特色农产品的网店34家。

**【社会事业发展】** 坚持以基础设施建设和人居环境整治为抓手,围绕

2021年3月1日,江苏省农学会到大邹镇调研。 (大邹镇/供图)

2021年10月，大邹镇召开人居环境现场督查会整治人居环境。

（大邹镇/供图）

古镇定位，将产业、旅游、文化和宜居功能有机融合，打造集镇硬质驳岸1425米，新建停车场4处，实施后街背巷改造及亮化工程，完成老轮船码头、农贸市场、双溪文化广场改造升级。新建丰乐园、中心河两侧河边公园，完成镇区河道沿河亮化工程。以全国文明城市创建为契机，拆除私搭乱建133处、规范美化店牌店招47个。开展突出环境问题专项治理，关停辖区内小散乱污企业14家，拆除2家燃煤砖瓦厂。坚持畜禽养殖零增长、减存量，关停95户畜禽养殖。全面落实河长制，常态化开展水环境专项整治。完成集镇污水处理厂整改工作，有6个行政村建有污水处理设施。推进上官河、赵纲河、新海河、兴盐界河长江水饮用工程。整治生态保护红线内的违法违规项目，全面禁止新增耕地开挖蟹塘。建成示范引领村1个、特色发展村2个、集聚提升村8个。人居环境提升工作获得市级组织奖，吉耿村成功入选泰州市特色田园乡村创建名录。实施农村公路提档升级工程49公里，新建西环线，接通大顾线、大中线、大吴线，新建大丁线、新庄路、西坝路，形成4纵4横的公路交通网络。修建桥梁46座，建设“一事一议”村庄道路9.52千米、安装路灯866盏，新建圩口闸12座，电启闭闸24座。初级中学兴化中学非指标生录取人数、四星级高中录取人数、普通高中进线率名列全市前列，中心小学新建学生食堂、多功能综合楼。中心卫生院被评为“全国群众满意乡镇卫生院”并获“兴化市中医先进集体”称号。

**【富民工程实施】** 坚持把改善民生作为第一追求，新增绿化面积180亩，更新造林面积150亩，新增小游园4处。严格执行惠民利民政策，累计投入民生资金510万元。做好未成年人保护工作，全镇67名困境儿童生活得到保障。残疾人之家获泰州市“先进残疾人之家”。城乡居民基本养老保险续保完成率达90%，企业职工养老保险扩面新增110人，城乡居民医保筹资完成率达99.8%。开展镇村公厕提升工程，完成185座农村公厕改造升级，达到“两有一无”标准。

**【吉耿村】** 吉耿村地处大邹镇的最西北角，2001年由吉里村、耿家村2个自然村合并组成，朱沥大河从吉耿村腹部穿过。吉耿村水陆交通方便，有二纵三横硬质公路，对外通道陆路有大中（超纲河）公路，水路有朱沥沟、超纲河、兴盐界河等河道。全村有10个村民小组，近2000人口，总面积约3.5平方千米。2021年来，吉耿村围绕“合力吉耿、文化吉耿、睦邻吉耿、红色吉耿”四主题进行打造，完善基础设施建设，提升村域整体环境，大力实施示范引领村创建工程。《泰州日报》、泰州电视台、《兴化日报》、兴化电视台等多家新闻媒体对吉耿村村庄环境整治进行专题报道。吉耿村围绕“拆、清、建、绿、管”的五字要求，共拆除猪圈、旱厕420个，处理各类生活建筑垃圾2300吨，新建硬质驳岸950米、生态驳岸2600米，新建无害化公厕4处，新装路灯60盏，新增绿化面积3200平方，新增各类文化墙980平方米。环境整治过程中，村党组织与全村党员干部充分

2021年12月3日，省残联到大邹镇调研残疾人工作。（大邹镇/供图）

发挥战斗堡垒作用和先锋模范作用，党员干部带头拆、带头建，同时落实各类长效管护机制，让群众看到实实在在的整治效果。广大村民主动参与筹资筹劳，成为村庄环境整治的参与者、贡献者、受益者。全村人居环境形成了“点上有精品、线上有风景、面上皆整洁”的农村人居环境新格局，成功入选泰州市特色田园乡村创建名录。

**【文史集《千年农本》出版发行】** 2021年7月11日，大邹镇文史集《千年农本——兴化的耕作与种植》出版发行。《千年农本——兴化的耕作与种植》由大邹镇机关干部陈明干编写，书分为总述、兴化农耕的方式与技术、兴化传统农具、农作物种植、经济作物、农耕经济等篇章，通过文字叙述、图片展示等形式，系统介绍了兴化几千年的农耕历史。

**【“三求三再 赋能实干”——大邹镇青年干部培训开班】** 2021年9月17日，大邹镇青年干部“三求三再 赋能实干”培训班在政府大礼堂开班，52名优秀青年干部参加培训。此次培训通过学习提升、精准培养、实践锻炼等方式，全方位提升青年干部“求实、求新、求变”的综合素质，鼓励青年干部在新征程上“再出发、再苦干、再攀高”，磨砺青年干部的“三心”，即忠诚之心、进取之心、创造之心。在实践拉练中，寻找培育“三将”——“干将、闯将、猛将”，最终实现“三到位”(该调整的调整到位、该使用的使用到位、该提拔的提拔到位)，为大邹镇提供坚实的组织保障。

(王兆金)

**2021年大邹镇主要经济社会指标一览表**

表55

| 指标名 | 单位 | 数值 | 指标名 | 单位 | 数值 |
|---|---|---|---|---|---|
| 总户数 | 户 | 8371 | 工业利税总额 | 万元 | 3003 |
| 总人口 | 人 | 25736 | 预算内财政收入 | 万元 | 9091.98 |
| 乡镇从业人数 | 人 | 6652 | 一般预算收入 | 万元 | 1048.94 |
| 耕地面积 | 公顷 | 2558 | 私营个体税收 | 万元 | 340 |
| 地区生产总值 | 万元 | 63718 | 居民储蓄存款余额 | 万元 | 60000 |
| 人均地区生产总值 | 元 | 24758 | 农民人均纯收入 | 元 | 23725 |
| 农业增加值 | 万元 | 20178 | 中小学校 | 所 | 2 |
| 工业增加值 | 万元 | 16976 | 在校学生 | 人 | 913 |
| 建筑业增加值 | 万元 | 4765 | 在职教师 | 人 | 123 |
| 服务业增加值 | 万元 | 5291 | 医院 | 所 | 1 |
| 生猪出栏 | 头 | 3699 | 卫生所(室) | 个 | 12 |
| 家禽出栏 | 万羽 | 18.38 | 医生数 | 个 | 48 |
| 水产品产量 | 吨 | 3985 | 病床数 | 张 | 165 |
| 工业企业数 | 家 | 257 | 参加养老保险人数 | 人 | 7174 |
| 当年到账外引资金 | 万元 | 4620 | 参加农村新型合作医疗人数 | 人 | 16052 |
| 工业销售收入 | 万元 | 39840 | 享受居民最低生活保障人数 | 人 | 605 |

**2021年大邹镇骨干企业基本情况表**

表56

| 企业名称 | 销售收入 | 利税总额 | 法定代表人 |
|---|---|---|---|
| 江苏恒安电力工具有限公司 | 2460 | 74.9 | 任万忠 |
| 兴化市永盛电力器材有限公司 | 3355 | 11.3 | 王建山 |
| 泰州新佑拓耐磨材料有限公司 | 1882 | 82.8 | 朱 勇 |
| 兴化市佳辉电力器具有限公司 | 2802 | 73.2 | 顾 勇 |
| 江苏荣伟集装箱制造有限公司 | 878 | 7.4 | 葛荣保 |
| 兴化市万达电力工具有限公司 | 2045 | 186.5 | 张广志 |
| 江苏万联塑业有限公司 | 1440 | 6.8 | 陈惠华 |

续表 56

| 企业名称 | 销售收入 | 利税总额 | 法定代表人 |
|---|---|---|---|
| 泰州市春达动物药业饲料有限公司 | 114 | 4.2 | 房元喧 |
| 兴化市恒威生物技术有限公司 | 110 | 1.4 | 万传江 |
| 泰州市共展电气有限公司 | 828 | 28.8 | 王　健 |
| 泰州市鸿旺塑料制品有限公司 | 276 | 0.05 | 赵国书 |
| 兴化永安电力工具有限公司 | 1245 | 27 | 王月芹 |

**2021 年大邹镇各村基本情况表**

表 57

| 村　名 | 村支部书记 | 村委会主任 | 耕地面积（公顷） | 人口（人） | 工农业总产值（万元） | 农民人均纯收入（元） |
|---|---|---|---|---|---|---|
| 双溪村 | 郝华江 | 郝华江 | 161.46 | 2423 | 7098.53 | 24085 |
| 渭水村 | 王连勇 | 王连勇 | 200.07 | 1734 | 5000.18 | 23940 |
| 友谊村 | 江玉祥 | 江玉祥 | 272.4 | 2697 | 9018.42 | 25224 |
| 万家村 | 邹百和 | 邹百和 | 181.53 | 1648 | 5439.36 | 23569 |
| 芦家坝村 | 王志健 | 王志健 | 226 | 1909 | 5786.49 | 23533 |
| 复兴村 | 许邵军 | 许邵军 | 310.07 | 2177 | 5418.29 | 22670 |
| 沈五村 | 闵长骏 | 闵长骏 | 223.33 | 1797 | 5024.13 | 22710 |
| 吉耿村 | 王德军 | 王德军 | 221.07 | 1757 | 6265.10 | 25688 |
| 新庄村 | 陆小军 | 陆小军 | 261.8 | 1894 | 5634.71 | 22570 |
| 吴家庄村 | 邹　骁 | 邹　骁 | 195.67 | 1794 | 3850.25 | 22578 |
| 兴盐村 | 周沛萱 | 周沛萱 | 256.53 | 2269 | 5974.56 | 23947 |

## 永丰镇

**【概况】** 永丰镇位于兴化东北部，东接合陈镇，南界戴窑镇，西濒昌荣、安丰两镇，北邻安丰、新垛、大营 3 镇。全镇交通十分便利：东连新长铁路和 204 国道；南接 344 国道，西连 1515 国道和 229 省道，与盐靖高速公路互通；北接 465(大兴金)省道；新张公路(203 县道)纵贯全镇南北，351 省道途经该镇集镇中心和 5 个行政村，在镇境内长达 8 千米；加上南北向的雄港河、永东河、横泾河、塘港河，东西向的白涂河、永林河、永粮河、双港河、双营河、海沟河，形成了南北东西畅通无阻的水陆交通网络。行政区域面积 69.27 平方千米，人口 4.33 万人。镇辖居委会 1 个，行政村 18 个，村民小组 285 个。战争年代，永丰镇为苏北革命红色根据地之一，是新四军、解放军指挥战斗和召开会议的聚集地，素有苏北“小莫斯科”之称。兴化第一所培养教师和革命干部的学校“朱严师范”就是在徐扬庄创办的。被誉为“东方黑格尔”的清代文化名人、文学艺术理论家刘熙载陵墓在镇政府所在地徐扬村。该镇的新熹村朱龙庄自然村是理学家朱熹后裔的迁居之地。全镇以河蟹为主包括龙虾、青虾、桂鱼等水产品养殖面积 4100 多公顷，是全国首批“中国河蟹之乡”，全镇河蟹养殖面积近 6 万余亩，建有苏中第一家河蟹交易市场和兴化第一家村级电子商务产业园，线上线下年销售水产品总额达 30 亿元。是泰州市一村一品示范镇，建有全国“一村一品”示范村 1 家、省级电子商务示范村 2 家。永丰镇是苏中一带有名的羊肉盛产地，加工、销售、食用“徐扬羊肉”已有 200 多年的历史，因其绿色生态的本地草山羊和传统而独特的加工工艺，使得销售的冻羊肉、冻羊糕以不留膻味、色鲜味美、香嫩耐品而名扬四方，而且永丰人制作的“全羊宴”更是吸引了四方食客，如今的“徐扬羊肉”已经成了人们冬令进补、招待宾朋、馈赠亲友的首选食品。

**【经济建设与发展】** 永丰镇实现地区生产总值 8.42 亿元，年均增长 4.2%；一般公共预算收入 1644 万元，年均增长 5.1%；税收收入 3600 万元，年均增长 9.3%；工业开票销售 2 亿元，年均增长 6.3%；农村居民人均可支配收入 24362 元，年均增长 8.6%。坚持党政主要领导率队外出招商，利用驻外商会等平台，先后在北京、上海、苏州、无锡、常州、昆山等地开展招商推介活动,传动链条、数控机床、碳化稻壳球、机电一体化和“蟹塘月色”大酒店等亿元项目成功签约,新签约亿元项目1个。完成“亲蟹体验区”3条观光廊道、情侣园、儿童乐园、4千米的红色亲蟹廊道等建设。亿元项目“品蟹一条街”通过泰州市级验收。举办兴化大闸蟹品牌宣传保护活动,央视频、央视17套等国家级媒体多次到永丰镇采访报道。高标准抓好蟹塘养殖尾水生态治理项目,建成尾水异位修复示范区600多亩。加强河蟹养殖技术指导,聘请多名专家授课12场次;推进河蟹养殖产学研活动,江苏开放大学虾蟹研究院永丰分院挂牌成立。

**【社会事业发展】** 永丰镇建成18家村级卫生室,儿童计划免疫覆盖率100%。推行优生优育、健康生育,强化育龄妇女健康筛查和孕前健康检查工作。永丰镇新增红绿灯4处,建成集镇违停抓拍点14个,划定集镇停车位790个;实施人民路两侧商住房立面改造和351省道集镇段20家店面的标准化建设试点工程,集镇人民路、丰韵路、丰茂路、春晖路等主要路道的绿化带、绿化池整治建设;新建旅游公厕2座、改建1座;推进18个行政村、永老路、永林路、刘熙载陵园路等通村公路提档升级工程,总里程41.8千米;架设新张线、丰韵路、张胥路、捷行路、河蟹市场路等通道路灯1039盏。社区教育中心“学习苑”项目得到全国成人教育协会的嘉奖,“蟹农服务队”项目得到省厅嘉奖,并成功申报为国家级品牌。推进社会治理现代化建设,持续开展扫黑除恶专项斗争和“无黑镇村”创建,先后出动警力2460多人次,查获涉黑涉恶案件10起,查获违法所得80多万元,追缴农户长期拖欠的集体土地承包款300多万元。按照“管行业必须管安全、管业务必须管安全、管生产经营必须管安全”要求,落实安全生产责任制,深入开展安全生产专项整治,对辖区内所有行业领域全面系统排查1560多次,安全隐患全部实现闭环整改,全年未发生安全事故,通过市安全生产巡查督导。

**【富民实事工程】** 落实系列惠民政策,先后奖励和特别扶助政策300多人。全镇居民人均可支配收入稳步递增,金融机构存款余额连续5年位于全市乡镇前列。开展脱贫攻坚工作,全镇18个行政村经营性收入均超过18万元,1148户建档立卡贫困户全部脱贫并通过上级验收。长江饮水工程顺利完工,品蟹一条街如期竣工,推进天燃气管道工程建设;完成3000平方米的刘熙载文化园建设;推进金水家园小区建设;新建修建农桥101座,新建维修排涝站28座、圩口闸20座、电启闭改造21座,疏浚生产河道63.5万立方米。用“1+N”的方式,推进土地复垦、占补平衡工作,土地复垦738.42亩,占补平衡362.8亩。推进集“村部、卫生室、居家养老、文体中心”为一体的“4+N”村级综合服务中心建设,形成了“面源”效应。

**【永丰镇“刘熙载文化园”建成开园】** 2021年6月28日,永丰镇举办“刘熙载文化园”开园仪式。刘熙载是清朝时代的一位文艺理论家、语言学家、文学家和教育家,也是中国文学艺术界青史留名的学问家,有着“东方黑格尔”之称。刘熙载陵墓安葬在徐扬村。为弘扬刘熙载先生的美学论点、艺术思维和哲学思想,利用集镇中心的“和谐广场”建成了“刘熙载文化园”,园内安置了刘熙载先生塑像,建设了刘熙载文化长廊和《艺概》亭,布设了展示刘熙载美学、哲学思想的大小石刻30多处。

**【省委常委、组织部部长郭元强到永丰视察调研】** 2021年7月6日,省委常委、组织部部长郭元强到永丰调研,现场观看了省级生态示范河道——永东河以及永丰镇的蟹塘尾水异位修复项目,详细了解永丰镇在推进河长制工作推进落实情况。

**【省生态环境保护专项督察组到永丰调研】** 2021年7月31日,省生态环境保护专项督察组尹荣尧组长一行到永丰调研,对永丰河蟹养殖污染治理尾水异位修复项目进行检查。

**【举办2021“兴化大闸蟹”品牌宣传保护活动】** 2021年9月30日,2021“兴化大闸蟹”品牌保护宣传活动在永丰镇举行。活动期间兴化市农产品品牌建设运营中心分别与江苏驰东律师事务所知识产权中心签署《兴化大闸蟹品牌维权战略合作协议》;与华农保险江苏省分公司签署《兴化大闸蟹保险框架合作协议》,为“兴化大闸蟹”保驾护航。

**【徐扬村】** 徐扬村是永丰镇政府所在地,于2001年由原徐南、徐北两个村合并而成。2019年在全市行政村规模优化调整中,沙仁村并入徐扬村。2021年底共有21个村民小组、1058户、3488人,其中党员110名,耕地面积4427.25亩,个私企业10家。据有关资料考证,徐扬村古称徐扬庄。1944年5月起,先后隶属兴化县、溱潼县;抗日战争和解放战争期间,徐扬庄是苏北红色根据地之一,为新四军、解放军召开会议、指挥战斗的聚集地,素有“苏北小莫斯科”之称;1948年12月,徐南、徐北两村归兴化县永丰乡;1981年体制改革时归属徐扬公社;2000年乡镇区划调整后归属永丰乡(镇),徐扬村一直为永丰人民公社、永丰乡、徐扬乡、永丰镇党委、政府机关办公的所在地。该村充分利用集镇所在地的优势,全力发展工业企业,先后办起了化工厂、毛条厂、家具厂、农具厂等企业,共有100多家商家,工商业成为村级主体经济,2015年,该村还创办了兴化市第一家村级电子商务产业园。该村先后被评为“江苏省民主法治先进村”“泰州市文明村”“泰州市廉政建设示范村”,2004～2018年期间先后10多次被表彰为“兴化市先进党支部”。

(朱巧宝)

**2021 年永丰镇主要经济社会指标一览表**

表 58

| 指标名 | 单位 | 数值 | 指标名 | 单位 | 数值 |
|---|---|---|---|---|---|
| 总户数 | 户 | 14790 | 当年到账外引资金 | 万元 | 4094.26 |
| 总人口 | 人 | 43254 | 工业销售收入 | 万元 | 14772 |
| 乡镇从业人员数 | 人 | 19148 | 预算内财政收入 | 万元 | 4896.79 |
| 耕地面积 | 公顷 | 4562 | 一般预算收入 | 万元 | 1644 |
| 地区生产总值 | 万元 | 84199 | 农民人均纯收入 | 元 | 24362 |
| 人均地区生产总值 | 元 | 36285 | 中小学校 | 所 | 3 |
| 农业增加值 | 万元 | 33724 | 在校学生 | 人 | 1195 |
| 工业增加值 | 万元 | 16350 | 在职教师 | 人 | 132 |
| 建筑业增加值 | 万元 | 3956 | 医院 | 所 | 1 |
| 服务业增加值 | 万元 | 28743 | 卫生所(室) | 个 | 19 |
| 生猪出栏 | 头 | 22000 | 医务人员 | 个 | 45 |
| 家禽出栏 | 万羽 | 26 | 病床数 | 张 | 300 |
| 水产品产量 | 吨 | 7853 | 参加养老保险人数 | 人 | 11382 |
| 工业利税总额 | 万元 | 325(工业入库税金) | 参加农村新型合作医疗人数 | 人 | 27550 |
| 工业企业数 | 家 | 465 | 享受居民最低生活保障人数 | 人 | 712 |

**2021 年永丰镇骨干企业基本情况表**

表 59

| 企业名称 | 销售收入(万元) | 利税总额(万元) | 法定代表人 |
|---|---|---|---|
| 泰州秸能生物质科技有限公司 | 3300 | 250 | 殷惠军 |
| 江苏板桥控股集团有限公司 | 3200 | 240 | 魏荣成 |
| 兴化市隆昌医用敷料有限责任公司 | 1800 | 150 | 戎朝乾 |
| 兴化市华良敷料有限公司 | 1850 | 145 | 刘昀承 |
| 可可溢香(江苏)味业有限公司 | 2200 | 130 | 丁建才 |
| 兴化市丝诺旅游保健卫生用品厂 | 1400 | 89 | 宋志辉 |
| 江苏味香浓食品配料有限公司 | 700 | 87 | 唐广平 |
| 兴化市久阳保温材料有限公司 | 800 | 85 | 唐长红 |
| 兴化市新艺达香料科技有限公司 | 870 | 68 | 沈　巍 |
| 江苏迈杰工艺品有限公司 | 650 | 67 | 叶振裔 |
| 兴化市润翔内燃机配件厂 | 660 | 59 | 居桂华 |

**2021 年永丰镇各村基本情况表**

表 60

| 村　名 | 村党组织书记 | 村委会主任 | 耕地面积(公顷) | 人口(人) | 农村居民人均可支配收入(元) |
|---|---|---|---|---|---|
| 徐　扬 | 孙昌兵 | 孙昌兵 | 295.15 | 3488 | 27562 |
| 桑　富 | 征明军 | 征明军 | 196.74 | 1692 | 25814 |
| 三　联 | 沈彩阳 | 沈彩阳 | 190.34 | 1546 | 24205 |

续表 60

| 村　名 | 村党组织书记 | 村委会主任 | 耕地面积(公顷) | 人口(人) | 农村居民人均可支配收入(元) |
| --- | --- | --- | --- | --- | --- |
| 捷　行 | 朱庆安(12 月免)<br>朱红伟(12 月任) | 朱庆安(12 月辞) | 298.14 | 2557 | 26454 |
| 新　熹 | 张小兵(12 月免)<br>许华东(12 月任) | 张小兵(12 月辞) | 336.18 | 3627 | 26656 |
| 永　联 | 戎尤中(7 月免)<br>宗洪华(7 月任) | 戎尤中(7 月辞) | 261.15 | 2571 | 24650 |
| 三　星 | 韦兴平 | 韦兴平 | 261.6 | 2249 | 25034 |
| 东　倪 | 焦满全 | 焦满全 | 298.14 | 2431 | 26338 |
| 四　合 | 张正刚 | 张正刚 | 284.11 | 3074 | 25039 |
| 东棒徐 | 凡　深 | 凡　深 | 109.8 | 1836 | 25917 |
| 永　兴 | 姚大巡 | 姚大巡 | 224.33 | 2386 | 25015 |
| 兴　盛 | 翟爱民 | 翟爱民 | 519.94 | 3396 | 26701 |
| 四　塔 | 周春凤 | 周春凤 | 183.02 | 1966 | 24638 |
| 明　兴 | 吴友达 | 吴友达 | 219.86 | 2372 | 25840 |
| 兴　港 | 葛昭和 | 葛昭和 | 405.24 | 3654 | 26302 |
| 迎　新 | 王正海 | 王正海 | 187.85 | 2172 | 23391 |
| 苏　扬 | 王步桂 | 王步桂 | 199.45 | 2361 | 24353 |
| 如　意 | 陈生才(12 月免)<br>浦江波(12 月任) | 陈生才 | 190.14 | 2968 | 24618 |

## 安丰镇

**【概况】** 安丰，因明代知府安仁治水有功而命名、中国河蟹之乡而扬名、华中二分区而闻名，地处兴化市的东北部，素有“兴化之要冲、泰州之门户”的美誉。行政区域面积 209 平方千米，总人口 11.9 万人，下辖 42 个行政村、5 个社区居委会、1 个泰州市级工业园区。先后被评为“国家重点镇”“中国河蟹之乡”“国家级生态镇”“中国最美宜居宜业宜游小镇”“全国乡村特色产业十亿元镇”“中国全民养蟹第一镇”“江苏省重点中心镇”“江苏省中小企业基地”“泰州市级小城市”“泰州市级工业园区”和“兴化城市副中心”。安丰大闸蟹开捕季被评为“中国最具特色生态旅游节庆”。

**【经济建设与发展】** 全年完成地区生产总值 47.04 亿元，同比增长 14.4%，其中农业增加值 15.84 亿元、工业增加值 9.93 亿元、建筑业增加值 1.73 亿元、服务业增加值 27.27 亿元，分别同比增长 45%、23%、34%和 37%；完成税收收入 1.56 亿元，一般公共预算收入 1.007 亿元；农村居民人均可支配收入 27734 元。实现规上工业产值 22.72 亿元，同比增长 53%；工业开票销售收入 27.8 亿元，同比增长 31.8%；完成规模以上固定资产投资 15.93 亿元；社会消费品零售总额 1697 万元，同比下降 8.5%。形成以汽车配件、机械制造、新型材料、纺织服装为主的四大主导产业，其中汽车配件产业已形成 10 多种产品；机械制造产业形成了 20 多种产品；新型材料产业形成了 10 多种产品；纺织服装产业形成了 30 多种产品。

**【社会事业发展】** 安丰镇优化城市布局，先后投入 500 多万元，启动《安丰镇 2021—2035 年国土空间总体规划》《安丰镇“十四五”生产力布局规划》《安丰镇 2021—2035 年镇村布局规划》以及 17 个村的《村庄建设规划》编制工作。先后建成新时代·银座、桥板新天地、惠丰生活广场、西子和园、祥和苑等城市综合体和商住小区，新增建筑面积 60 多万平方米。先后投入 2 亿元，实施程关路精细化提升、南绕城公路等建设工程，老镇区 80 座旱厕整改清零，新增停车位 1000 个，新建水利公园、竹韵和园等袖珍公园 5 座，城市形象雕塑 4 处，整修主次街道近 5 万平方米，新增路灯近 500 盏，城区河道驳岸 5.6 千米。以全国文明城市创建为抓手，推进小城市文明创建活动，建成 15 分钟健身圈、10 分钟购物圈。开展水环境、道路交通秩序、市容环境等专项整治活动，先后被评为“江苏省扫黄打非示范点”“泰州市文明镇”。

【富民工程实施】 全镇经济薄弱村全部脱贫摘帽。组织各类创业培训，全年培训职业农民共260人次、培育经营组织75家。实施“互联网＋河蟹”战略，培育以田园风光、养殖体验、休闲娱乐和农家乐为主题的新型业态，推进“农业＋休闲观光”“农业＋精深加工”“农业＋服务业”发展模式，实现农业产业链提升、价值链发展、功能链拓展。培育以蟹农为主的家庭农场、种养大户、合作组织等新型农民经营体系。实施以安东村为主的5000亩兴化生态大闸蟹产业示范园建设工程。有堤水养殖面积14.76万亩，带动和辐射周边20多个乡镇，实现河蟹交易量9.8亿吨、交易额100亿元。有产品销售的劳动力30000多人，形成了一个庞大的河蟹产业共同体。全年共接访181批次、来信89封、化解信访矛盾156件。

【2021中国·安丰首届蟹文化艺术节开幕】 2021年9月26日，2021中国·安丰首届蟹文化艺术节开幕仪式在安丰镇兴化市生态大闸蟹产业园举行。

【“银座杯”蟹文化美食大赛举办】 2021年10月24日，安丰镇举办了首届蟹文化艺术节系列活动之“银座杯”蟹文化美食大赛，发展“蟹经济”，做足“蟹文化”，以融合发展理念，聚合资源优势，创塑特色产业，阔步迈上高质量发展新征程。

【中圩村】 中圩村位于安丰镇政府驻地北5千米处，是原中圩乡政府所在地。该村由黄家、双葛、范顾、水产、曹家、农科6个自然村及1个中圩社区合并而成，229省道穿村而过，总人口2892人。中圩社区环境优美，交通便捷，有小学1所，设有邮政、移动、电信、超市、菜场、卫生院等服务机构。村民主要收入为水产养殖、外出务工。

【肖家村(含振兴社区)】 肖家村(含振兴社区)位于安丰镇政府驻地西南部7千米处。地理位置优越，居住环境良好，南有321省道、西依盐靖高速，交通便利。肖家村有17个村民小组、总人口2222人。该村共有流转土地300亩，流转土地主要用于种植女贞、海棠、樱花等苗木。振兴社区有户籍人口1187人，集镇街道两纵两横，路面干净整洁，集镇亮化及市场管理规范有序，人口密度大，流动性也大，辖区内有老圩幼儿园、老圩小学、老圩初中，设有银行、超市、菜场、卫生院、敬老院等服务机构，集镇中心有老圩广场，成为居民休闲娱乐的好去处。

（黄　颖）

2021年安丰镇主要经济社会指标一览表

表61

| 指标名 | 单位 | 数值 | 指标名 | 单位 | 数值 |
|---|---|---|---|---|---|
| 总户数 | 户 | 41562 | 工业开票销售收入 | 亿 | 27.8 |
| 总人口 | 人 | 118997 | 工业利税总额 | 亿 | 2.32 |
| 乡镇从业人员数 | 人 | 35438 | 预算内财政收入 | 万元 | 28025 |
| 耕地面积 | 公顷 | 14065 | 一般公共预算收入 | 万元 | 10066.45 |
| 地区生产总值 | 万元 | 470396 | 私营个体税收 | 万元 | 13425 |
| 人均地区生产总值 | 元 | 59409 | 农村居民人均可支配收入 | 元 | 27734 |
| 农业增加值 | 万元 | 15.84 | 中小学校 | 所 | 6 |
| 工业增加值 | 万元 | 9.93 | 在校学生 | 人 | 5998 |
| 建筑业增加值 | 万元 | 17262 | 在职教师 | 人 | 501 |
| 服务业增加值 | 万元 | 212731 | 医院 | 所 | 5 |
| 生猪出栏 | 头 | 16200 | 医生数 | 人 | 287 |
| 家禽出栏 | 万羽 | 89.2 | 病床数 | 张 | 434 |
| 水产品产量 | 吨 | 32816 | 参加养老保险人数 | 人 | 36912 |
| 工业企业数 | 家 | 226 | 参加农村新型合作医疗人数 | 人 | 72384 |
| 当年到账外引资金 | 万美元 | 0 | 享受居民最低生活保障人数 | 人 | 1991 |

2021 年安丰镇骨干企业基本情况表

表 62

| 企业名称 | 销售收入(万元) | 利税总额(万元) | 法定代表人 |
|---|---|---|---|
| 兴化市炜泰制衣有限公司 | 8234.48 | 363.75 | 顾　懋 |
| 泰州长新纺织(兴化)有限公司 | 9238.42 | 320.92 | 焦井栋 |
| 兴化市达源盛金属制品有限公司 | 24282.54 | 238.72 | 韩　飞 |
| 泰州市美鑫铸造有限公司 | 7687.86 | 221.72 | 陈文美 |
| 兴化市兴宇电炉材料有限公司 | 43651.25 | 154.06 | 王寿于 |
| 江苏盛丰纤维科技有限公司 | 6598.51 | 168.42 | 徐　峰 |
| 江苏飞月轴瓦有限公司 | 2846.18 | 205.86 | 刘仁宽 |
| 江苏正美生态木业有限公司 | 16721.00 | 159.43 | 吴亚明 |
| 兴化市正福塑业有限公司 | 13152.43 | 147.79 | 张福验 |

2021 年安丰镇各村基本情况表

表 63

| 村　名 | 村支部书记 | 村委会主任 | 耕地面积(公顷) | 人口(人) | 工农业总产值(万元) | 农民人均纯收入(元) |
|---|---|---|---|---|---|---|
| 万耿村 | 张广春(1 月免)<br>耿德嵩(1 月任) | 耿德嵩(1 月任) | 234 | 2529 | 3200.62 | 26852 |
| 万刘村 | 邹加好(1 月免)<br>刘庆堂(1 月任) | 王政荣(1 月免)<br>刘庆堂(1 月任) | 232 | 2126 | 5248.31 | 27030 |
| 西南村 | 周桂喜 | 张仁美(1 月免)<br>周桂喜(1 月任) | 226 | 2068 | 4228.34 | 28045 |
| 三庄村 | 朱　俊 | 葛中泽(1 月免)<br>朱　俊(1 月任) | 279 | 2505 | 6341.06 | 28021 |
| 寺万村 | 许卫兴 | 万相凯(1 月免)<br>许卫兴(1 月任) | 161 | 1447 | 4017.48 | 27691 |
| 东郊村 | 袁日爱 | 徐祥龙(1 月免)<br>袁日爱(1 月任) | 234 | 3093 | 5741.32 | 28494 |
| 安东村 | 禹志祥 | 禹志祥 | 211 | 3473 | 1316.15 | 28714 |
| 九丰村 | 翟长宽 | 臧明新(1 月免)<br>翟长宽(1 月任) | 226 | 3218 | 16849.55 | 28647 |
| 新北郊村 | 杨友华 | 周应德(1 月免)<br>杨友华(1 月任) | 230 | 3762 | 25636.71 | 28306 |
| 东新合村 | 丁如满 | 沈万进(1 月免)<br>丁如满(1 月任) | 222 | 2109 | 4520.09 | 27083 |
| 五庄村 | 丁晓扬(1 月任) | 张俊凤(1 月免)<br>丁晓扬(1 月任) | 174 | 1772 | 4104.77 | 26695 |
| 塘港村 | 李玉兰(1 月免)<br>丁春建(1 月任) | 张正道(1 月免)<br>丁春建(1 月任) | 235 | 2628 | 3642.82 | 26819 |
| 黄庄村 | 成礼才 | 成礼才 | 292 | 3265 | 11688.47 | 30449 |
| 富强村 | 成玉贵 | 成玉贵 | 396 | 2571 | 5181.38 | 28139 |
| 新陆宴村 | 蔡红桂 | 蔡红桂 | 290 | 3090 | 9301.3 | 28294 |

续表 63

| 村 名 | 村支部书记 | 村委会主任 | 耕地面积（公顷） | 人口（人） | 工农业总产值（万元） | 农民人均纯收入（元） |
|---|---|---|---|---|---|---|
| 中圩村 | 黄金茂 | 范建荣(1月免)<br>黄金茂(1月任) | 268 | 2892 | 9692.98 | 27770 |
| 大杨庄村 | 刘凤田(1月免)<br>陈　超(1月任) | 陈　超(1月任) | 208 | 1991 | 5176.19 | 26977 |
| 张阳村 | 王文林 | 王文林 | 175 | 1373 | 8091.9 | 27556 |
| 沈曹村 | 周长斌 | 周长斌(1月任) | 194 | 1963 | 5042.05 | 27382 |
| 四和村 | 葛达桂 | 葛达桂 | 248 | 2469 | 5658.12 | 28119 |
| 祁戚村 | 施文勤(1月免)<br>戚兴祥(1月任) | 施文勤(1月免)<br>戚兴祥(1月任) | 235 | 2870 | 1242.33 | 27385 |
| 钟祁村 | 陈忠兰 | 杨永龙(1月免)<br>陈忠兰(1月任) | 120 | 2044 | 757.17 | 28261 |
| 肖家村 | 朱恒均(11月免)<br>沈红卫(11月任) | 沈红卫(1月免)<br>朱恒均(1月任、11月免) | 156 | 2222 | 1937.76 | 27448 |
| 联合村 | 吴杰凯 | 葛云山(1月免)<br>吴杰凯(1月任) | 210 | 1664 | 1277.54 | 26970 |
| 民乐村 | 徐殿根 | 明瑞银(1月免)<br>徐殿根(1月任) | 242 | 1744 | 1189.79 | 27662 |
| 钟南村 | 沈万健 | 钟　元(1月免)<br>沈万健(1月任) | 309 | 2272 | 1087.95 | 27132 |
| 韩周村 | 周才义(1月免)<br>韩　坚(1月任) | 孙马玲(1月免)<br>韩　坚(1月任) | 175 | 1524 | 838.03 | 28064 |
| 双凤村 | 冯汝俊(1月免)<br>王万俊(1月任) | 王万俊 | 292.8 | 2748 | 1471.72 | 27123 |
| 孙联村 | 孙银锋 | 孙锦杰(1月免)<br>孙银锋(1月任) | 224 | 1539 | 705.88 | 26625 |
| 黎明村 | 王昌银 | 王昌银 | 387 | 2737 | 1413.7 | 27225 |
| 文好村 | 孙庭高 | 孙庭高 | 417 | 3019 | 2430.39 | 28461 |
| 新元村 | 郭乃安 | 郭乃安 | 254 | 2967 | 2536.79 | 28152 |
| 下圩村 | 马文礼 | 陆中海(1月免)<br>马文礼(1月任) | 392 | 3522 | 1660.77 | 28422 |
| 同盟村 | 殷银根 | 刘如明(1月免)<br>殷银根(1月任) | 123 | 1621 | 762.66 | 28100 |
| 洋港村 | 丁平金(1月免)<br>陆学红(1月任) | 陆广银(1月免)<br>陆学红(1月任) | 220 | 2305 | 1240.63 | 27056 |
| 刘文村 | 孙宝祥 | 丁宝标(1月免)<br>孙宝祥(1月任) | 207 | 1925 | 1069.15 | 27930 |
| 双联村 | 刘金斗(1月免)<br>成　俊(1月任) | 成　俊 | 137 | 2383 | 1189.92 | 27275 |
| 联富村 | 钟柯华 | 钟柯华 | 147 | 2016 | 1039.86 | 27869 |
| 清洋村 | 王兆美 | 王保圣(1月免)<br>王兆美(1月任) | 137 | 1643 | 811.29 | 27190 |
| 双建村 | 郝新松 | 郝新松(1月任) | 170 | 2486 | 1252.15 | 27801 |
| 朝阳村 | 邹小军 | 马一兵(1月免)<br>邹小军(1月任) | 154 | 2052 | 1099.34 | 27189 |
| 李东村 | 娄益存 | 娄益存 | 366 | 3319 | 1684.27 | 28410 |

# 新垛镇

【概况】《水浒》作者、元末明初大文学家施耐庵故里——江苏省兴化市新垛镇,位于市境东北,东邻大丰,南濒海沟河,北与盐城郊区隔河相望,总人口 2.45 万人,下辖 11 个行政村、1 个居民委员会,行政区域面积 49.1 平方千米,其中耕地 2549.73 公顷。年末,全镇总户数 8933 户,有户籍人口 24519 人。2021 年,获市招商引资二等奖。

【经济建设与发展】 实现地区生产总值 7.34 亿元(其中:一、二、三产业增加值分别为 33148 万元、15198 万元、25056 万元),同比增长 34.7%,税收收入 2235 万元,一般公共预算收入 1295.7 万元;固定资产投资 3.6 亿元,同比增长 56%;农村居民人均可支配收入 2.54 万元,同比增长 10.4%。完成工业投资、固定资产投资 3.6 亿元,工业开票销售 6.6 亿元。新签约亿元项目 6 个,新入库 500 万—5000 万元项目 5 个;新开工亿元项目 4 个,其中投资 1.96 亿元的江电公司智能化镀锌生产线建成运营;纪宇三期完成竣工验收;嘉惠服饰、明宏汽贸顺利开工建设。全年完成机插秧面积 1.93 万亩,秸秆还田面积 3.6 万亩,新增土地流转面积 6719 亩。农村产权交易 118 笔,交易面积 6719 亩,交易金额 3554.49 万元,溢价 34 万元。实现村级经营性收入 609.72 万元,完成经营性收益 50 万村股权分红任务。全年共招引农业重大项目 5 个,其中农业招商规模以上数 3 个,投资总额 1.31 亿元。落实耕地地力补贴 6877 户,补贴金额 342.87 万元;种粮农民一次性补贴 2677 户;稻谷种植补贴 2714 户。创建市级示范家庭农场 7 家(其中泰州市级 1 家),新增示范合作社 3 家。完成绿化造林 250 亩,农田林网 1800 亩;全年生猪存栏 0.67 万头、出栏 1.08 万头。

【社会事业发展】 新垛镇推进人文小镇建设,累计投入 400 多万元,实施"南大门入口美化工程",对施公路南段进行透水混凝土步行道改造,农行至粮贸公司南北路实现黑色化。加强农村公路管养,新安装防护栏 4200 米、减速带 225 米、桥梁限载牌、让行牌、桥名牌等交通指示牌 55 块,警示桩 43 根。常态化开展疫情防控工作,牢固树立"外防输入、内防反弹"的理念,落实各项防控措施,筑牢防线。开展群众文化活动,全年公共文化服务总人数达 14.48 万人次。开展法治宣传教育。开展镇域社会治理现代化建设,推进扫黑除恶专项斗争,平安新垛建设成效明显,获"扫黑除恶专项斗争"集体嘉奖。落实"四项排查"和领导包案机制,定期进村入户排查社会矛盾。

【富民工程实施】 帮助创业人员办理免息贷款 150 万元,新增创业人数 120 人,其中帮助扶持创业人员 53。引进高层次人才 4 人,培训乡土人才 9 人。高校毕业生就业调查帮扶 19 人,帮扶率 100%。城乡居民医疗保险参保率 100%,电子医保凭证激活率 80%以上;居民养老保险缴费率和企业五险参保率均达 90%以上。落实困难家庭临时救助 362 人次,发放救助资金 18.48 万元。对全镇建档立卡 625 户 929 人、边缘户 2 户 2 人"一户一档"进行双过堂。开展 22 个领域的安全生产专项整治行动,召开各类安全生产专项整治推进会 26 次。对排查出的 746 例安全隐患、85 起消防隐患责令限期整改到位,并加大安全生产巡查督导力度,保障全镇全年安全生产。

【李施村】 新垛镇李施村位于新垛镇腹部、雌港河东侧,距新垛集镇约 4 千米,2001 年由李方、李施两个自然村组成,下辖 12 个村民小组,共有党员 51 名,总户数 515 户、1667 人,耕地面积 243.2 公顷。村经营性收入 57.06 万元,人均收入 22877 元,新增流转土地 280 亩,有合作社 4 家,家庭农场 3 家。投入 120 万元用于集聚提升村打造并顺利通过市级验收,先后获得"江苏省民主法制示范村""泰州市林业绿化示范村""泰州市水美乡村""泰州市小康建设达标村""泰州市文明村""兴化市民主法制示范村""兴化市文明村""兴化市党建工作示范村"等称号。

【港西村】 港西村位于新垛镇腹部、雌港河西侧,2019 年区划调整由孙家村、团结村两个行政村合并,下辖钱韩、陈道、南孙、北孙 4 个自然村,23 个村民小组、842 户、2559 人,行政区域面积 5.55 平方千米,耕地面积 5880 亩(其中堤水养殖 3885 亩,大户流转种植 1200 亩)。港西村可支配收入 204.17 万元,其中经营性收入 73.56 万元。港西依河建村、以水养人,以水产养殖为产业发展方向,成立"雌港河畔水产养殖合作社",合作社带动农户 78 户,解决富裕劳动力 172 人,人均纯收入增加 5000 元,被评为新垛镇"综合先进村"。

(王荣俊)

2021 年新垛镇主要经济社会指标一览表

表 64

| 指标名 | 单位 | 数值 | 指标名 | 单位 | 数值 |
|---|---|---|---|---|---|
| 总户数 | 户 | 8933 | 入库税收 | 万元 | 1992.83 |
| 总人口 | 人 | 24519 | 工业税收 | 万元 | |
| 乡镇从业人员数 | 人 | 13391 | 预算内财政总收入 | 万元 | 4705.43 |

续表 64

| 指标名 | 单位 | 数值 | 指标名 | 单位 | 数值 |
|---|---|---|---|---|---|
| 耕地面积 | 亩 | 49538.25 | 一般公共财政预算收入 | 万元 | 1295.7 |
| 地区生产总值 | 万元 | 73402 | 农民人均可支配收入 | 元 | 25377 |
| 人均地区生产总值 | 元 | 29936 | 中小学校 | 所 | 2 |
| 一产增加值 | 万元 | 33148 | 在校学生 | 人 | 841 |
| 二产增加值 | 万元 | 15198 | 在职教师 | 人 | 80 |
| 三产增加值 | 万元 | 25056 | 医院 | 所 | 1 |
| 生猪出栏 | 头 | 11000 | 卫生所(室) | 个 | 8 |
| 家禽存栏 | 万羽 | 1.2 | 医生数 | 个 | 41 |
| 水产品产量 | 吨 | 5625 | 病床数 | 张 | 70 |
| 工业企业数 | 家 | 135 | 参加养老保险人数 | 人 | 7082 |
| 当年到账外引资金 | 万元 | 0 | 参加农村新型合作医疗人数 | 人 | 19000 |
| 工业开票销售 | 亿元 | 72444 | 享受居民最低生活保障人数 | 人 | 380 |

2021 年新垛镇骨干企业基本情况表

表 65

| 企业名称 | 销售收入(万元) | 利税总额(万元) | 法定代表人 |
|---|---|---|---|
| 江苏江电电力设备有限公司 | 30359.9 | 776.02 | 赵燕森 |
| 兴化市纪宇塑业有限公司 | 7315.8 | 451 | 吉得纪 |
| 兴化市一禾机械厂 | 2100 | 150 | 陈 娟 |
| 兴化市祥牛纺织品有限公司 | 4900 | 280 | 黄建才 |
| 兴化市嘉惠服装辅料有限公司 | 1429.54 | 53.77 | 汪小毛 |
| 兴化市立诚纺织品有限公司 | 5334.40 | 367.83 | 庄晓杰 |
| 兴化市智勇纺织厂 | 2300 | 152.6 | 陈敬泛 |

2021 年新垛镇各村基本情况表

表 66

| 村 名 | 村支部书记 | 村委会主任 | 耕地面积(公顷) | 人口(人) | 工农业总产值(万元) | 农村居民人均可支配收入(元) |
|---|---|---|---|---|---|---|
| 丰乐 | 杨天成 | 杨天成 | 217.1 | 1871 | 3225.9 | 24468 |
| 新城庄 | 潘桂山 | 潘桂山 | 340.3 | 3082 | 3147.2 | 23112 |
| 港西 | 周春烨 | 周春烨 | 402.8 | 2493 | 3875.4 | 24304 |
| 庙徐 | 陆彩飞 | 陆彩飞 | 254.6 | 1569 | 4893 | 23582 |
| 曹吉 | 吉德勇 | 吉德勇 | 291.3 | 2086 | 4376.2 | 23169 |
| 新东 | 刘海建 | 刘海建 | 359.9 | 2496 | 4218.5 | 22877 |
| 施家桥 | 汤文元 | 汤文元 | 467.9 | 3303 | 6909.6 | 25120 |
| 朱彭三庄 | 朱同峰 | 朱同峰 | 207.9 | 1399 | 2777 | 23653 |
| 徐高 | 成久兰 | 成久兰 | 235.3 | 1313 | 3770.4 | 23473 |
| 李施 | 吉永华 | 吉永华 | 243.3 | 1397 | 2445.5 | 23579 |
| 张高 | 张红标 | 吴锦宽 | 254.6 | 1725 | 2945 | 24064 |

# 钓鱼镇

【概况】 钓鱼镇位于兴化市北部，是历史悠久的水乡古镇，相传因姜太公在此垂钓而得名。如今的钓鱼区位优势独特，水陆交通便利，东临宁靖盐高速、西接京沪高速、北连兴盐河、南通引江河，三条省级公路(332 大兴金、231 兴泰、233 邮兴盐)穿境而过，乡村道路全面硬质化。行政区域面积 74.88 平方千米，耕地面积 4122 公顷。下辖 13 个行政村，1 个社区居委会。年末，全镇总户数 13839 户，有户籍人口 42474 人。2021 年，钓鱼镇获得市效能建设综合三等奖。

【经济建设与发展】 实现税收收入 4759 万元，同比增长 18.9%；一般公共预算收入 2265 万元，同比增长 13.7%；农民居民人均可支配收入 2.15 万元，同比增长 20.4%；工业开票销售 9.99 亿元，同比增长 23.3%。销售超亿元企业 3 家、税收超百万元企业 10 家。投入 5000 万元建设南农高科有机废弃物综合利用项目，投资亿元以上的智慧星木业地板基材项目已开工建设，胜兴桩业水泥管桩项目正在协调土地。获批建设江苏省绿色优质水稻基地和江苏省级兴化市现代农业产业示范园，建成江苏省粮食生产全程机械化示范镇。建设高标准农田 2.3 万亩，覆盖率达 85%。

【社会事业发展】 钓鱼镇 760 户建档立卡户、1028 人，18 个经济薄弱村实现脱贫，投入 22 万元购买防贫保险。八尺沟村建成兴化市级特色田园乡村，7 个村创成兴化市集聚提升村，园区村创成兴化市特色产业村。累计投入 5000 万元用于实施国土整治、防洪设施建设、危房改造、户厕改造、长江引水、集镇路面黑色化、黑臭河沟整治等重大民生工程。成立奖教励学基金，推进教育资源整合，加快钓鱼中心校初中部与海河学校初中部教育资源整合。推进畜禽养殖污染治理。开展扫黑除恶专项斗争，坚决打击各类违法犯罪活动。坚持“可知可控、精准防控”，坚持做到“五个不放松”，用“防得住”保障群众“放得开”。推进安全生产专项整治，全年无重大安全生产事故。

(张 帆 夏志扬)

**2021 年钓鱼镇主要经济社会指标一览表**

表 67

| 指标名 | 单位 | 数值 | 指标名 | 单位 | 数值 |
|---|---|---|---|---|---|
| 总户数 | 户 | 13839 | 工业利税总额 | 万元 | 7251 |
| 总人口 | 人 | 42474 | 预算内财政收入 | 万元 | 2384 |
| 乡镇从业人员数 | 人 | 18947 | 一般预算收入 | 万元 | 2265 |
| 耕地面积 | 公顷 | 4122 | 私营个体税收 | 万元 | 586 |
| 地区生产总值 | 万元 | 70470 | 居民储蓄存款余额 | 万元 | 74185 |
| 人均地区生产总值 | 元 | 29604 | 农民人均纯收入 | 元 | 21521 |
| 农业增加值 | 万元 | 26285 | 中小学校 | 所 | 5 |
| 工业增加值 | 万元 | 6534 | 在校学生 | 人 | 1863 |
| 建筑业增加值 | 万元 | 1865 | 在职教师 | 人 | 224 |
| 服务业增加值 | 万元 | 35786 | 医院 | 所 | 2 |
| 生猪出栏 | 头 | 18262 | 卫生所(室) | 个 | 16 |
| 家禽出栏 | 万羽 | 39.6 | 医生数 | 个 | 26 |
| 水产品产量 | 吨 | 5628 | 病床数 | 张 | 82 |
| 工业企业数 | 家 | 97 | 参加养老保险人数 | 人 | 14756 |
| 当年到账外引资金 | 万元 |  | 参加农村新型合作医疗人数 | 人 | 38822 |
| 工业销售收入 | 万元 | 138926 | 享受居民最低生活保障人数 | 人 | 835 |

**2021 年钓鱼镇骨干企业基本情况表**

表 68

| 企业名称 | 销售收入(500 万元以上)(万元) | 利税总额(50 万元以上)(万元) | 法定代表人 |
|---|---|---|---|
| 江苏上峰水泥有限公司 | 32930 | 2871 | 黄建灿 |
| 兴化市联富食品有限公司 | 11343 | 696 | 刘 剑 |

续表 68

| 企业名称 | 销售收入(500万元以上)(万元) | 利税总额(50万元以上)(万元) | 法定代表人 |
|---|---|---|---|
| 兴化市永泰新材料有限公司 | 15985 | 272 | 朱志伟 |
| 兴化市祥盛建材厂 | 3872 | 75 | 姚青珍 |
| 兴化市兴亚针织服饰有限公司 | 1635 | 62 | 夏定道 |
| 兴化市星宇服饰有限公司 | 1318 | 51 | 朱俊兵 |

**2021年钓鱼镇各村基本情况表**

表 69

| 村　名 | 村支部书记 | 村委会主任 | 耕地面积(公顷) | 人口(人) | 工农业总产值(万元) | 农民人均纯收入(元) |
|---|---|---|---|---|---|---|
| 钓鱼村 | 周　明 | 周　明 | 525.6 | 5468 | 15102 | 21285 |
| 胜利村 | 陆奇珍 | 陆奇珍 | 289.9 | 2579 | 2991 | 20816 |
| 春景村 | 许高松 | 许高松 | 342.4 | 3258 | 2943 | 19821 |
| 北赵村 | 赵润栋 | 赵润栋 | 290.9 | 2549 | 6424 | 19847 |
| 八尺沟村 | 王益鹏 | 王益鹏 | 274.4 | 3569 | 3682 | 20515 |
| 北芙蓉村 | 邵玉江 | 邵玉江 | 278.1 | 3475 | 3383 | 20652 |
| 南芙蓉村 | 夏桂军 | 夏桂军 | 244.1 | 2386 | 5122 | 20353 |
| 洋汉村 | 房兴树 | 房兴树 | 399.3 | 3339 | 3386 | 20427 |
| 园区村 | 陆进成 | 陆进成 | 258.6 | 2943 | 3725 | 20612 |
| 檀孙村 | 李　江 | 李　江 | 251.9 | 2647 | 3004 | 20151 |
| 南赵村 | 冶远秋 | 冶远秋 | 266.9 | 2521 | 7267 | 20033 |
| 吉城村 | 陆　峰 | 陆　峰 | 336.5 | 3412 | 4763 | 20588 |
| 中朝村 | 沈步炳 | 沈步炳 | 339.6 | 3439 | 4151 | 19992 |

## 大营镇

**【概况】** 大营镇行政区域面积56平方千米，下辖10个行政村、1个社区居委会、185个村民小组，总人口2.53万人。境内河港纵横，水乡特色鲜明，以“活力大营、平安大营、幸福大营、文明大营”创建为抓手，为建设产业优、环境美、人气旺的统筹发展小城镇奠定基础。

**【经济建设与发展】** 完成地区生产总值6.28亿元，一般公共预算收入1080万元，工业开票销售3.88亿元，税收收入2072万元；固定资产投资3亿元；限上贸易额2.1亿元，农民人均可支配收入2.2万元，村集体总收入达2382万元。规上工业企业7家。新增国家级高新技术企业1家，江苏省级高新技术企业2家，新增战略性新型产业1家，科技型中小企业2家，技术合同登记额达2000万元，关闭3家低效益企业。推进大营镇粮食产业园区建设，实施省、部级小麦绿色高质高效创建项目12个。推进土地流转，新增土地流转3.6万亩，实现村集体增收287万元。推进新型农业主体创建，新增粮食种植家庭农场95个、特色农产品基地4家。推进农业种植全程机械化，新推广农业机械130台。

**【社会事业发展】** 集中整合各类项目，持续水利基础设施建设，新建电灌站107座、圩口闸45座、排涝站2座、农桥51座，维修圩口闸26座、排涝站10座、电灌站5座，电启闭改造22座。疏浚河道47.5千米，加修圩堤39千米，渠道硬质化36千米。按照“搭体系、建网格、定任务、配力量”工作要求，建成网格44个，发挥“综治中心+网格化+信息化”化解矛盾纠纷的平台作用，共排查矛盾纠纷750件，安置帮教人员60余人，接待群众法律咨询来访电话5000多条，处理率100%。开展安全生产专项整治、扫黄打非、扫黑除恶和禁毒等重点领域排查清查专项行动，净化社会治安环境。开展普法活动，打造“法制一条街”，增强依法执政、依法行政能力。加强作风建设，倡导“一线工作法”，营造风清气正的政务环境。深化“四好农村路”创建，争取资金8000余万元，完成14条路31.8公里提档升级工程。投入300万元，完成公路两侧培土、绿化、亮化工程。投资20余万元,在465省道集镇段安装安全防护栏。改造10千伏线路36km、400伏线路25.5千米,迁移供水管网2.5万米,保障群众用电用水。完成老物件馆布展提升工程,百姓大舞台实现覆盖率达100%,新建镇文体活动广场。完成中心校客籍教师宿舍、中心幼儿园校舍修缮工程及校史陈列室建设工程,中考成绩取得历史性突破。投入1700万元,改造卫生院基础设施,进口CT、彩超、生化分析仪等高科技医疗设备,提升医疗服务能力。

**【富民工程实施】** 开展创业富民工作,新增创业680人,扶持成功创业510人,发放创业贷款560万元。通过"党建+基层治理"项目,实施整块连片复垦122.46亩,涉及5个居民点、221户,占全市总量的13.8%,搬迁安置中签约、搬迁均为100%。完成村庄规划编制1个,正在编制村庄规划7个。投入250余万元建设配套设施、小区广场、多功能运动场及滨河步道。土地复垦后增加的耕地,让村集体每年增收经营性收入24万元。开展"万企联万村、共走振兴路"行动,持续推动村级项目建设,共计投入资金989万元,实施光伏发电、标准厂房等村级扶贫项目17个,改造危房175户。坚持因人施策、因地制宜、动态管理,实现建档立卡贫困户859户1380人全脱贫。农村产权进平台累计交易684笔,交易额1.01亿元。

(卞伟东)

**2021年大营镇主要经济社会指标一览表**

表70

| 指标名 | 单位 | 数值 | 指标名 | 单位 | 数值 |
|---|---|---|---|---|---|
| 总户数 | 户 | 8507 | 工业利税总额 | 万元 | 1555 |
| 总人口 | 人 | 25350 | 预算内财政收入 | 万元 | 7451 |
| 乡镇从业人员数 | 人 | 12045 | 一般公共预算收入 | 万元 | 1080 |
| 耕地面积 | 公顷 | 3630 | 私营个体税收 | 万元 | 88 |
| 地区生产总值 | 万元 | 62777 | 居民储蓄存款余额 | 亿元 | 13.5 |
| 人均地区生产总值 | 元 | 24764.1 | 农民人均可支配纯收入 | 万元 | 2.2 |
| 农业增加值 | 万元 | 13376 | 中小学校 | 所 | 2 |
| 工业增加值 | 万元 | 9628 | 在校学生 | 人 | 341 |
| 建筑业增加值 | 万元 | — | 在职教师 | 人 | 79 |
| 服务业增加值 | 万元 | 3081 | 医院 | 所 | 1 |
| 生猪出栏 | 头 | 8860 | 卫生所(室) | 个 | 10 |
| 家禽出栏 | 万羽 | 1050 | 医生数 | 个 | 38 |
| 水产品产量 | 吨 | 6905 | 病床数 | 张 | 170 |
| 工业企业数 | 家 | 75 | 参加养老保险人数 | 人 | 8753 |
| 当年到帐外引资金 | 万元 | — | 参加农村新型合作医疗人数 | 人 | 18060 |
| 工业销售收入 | 万元 | 38808 | 享受居民最低生活保障人数 | 人 | 224 |

**2021年大营镇骨干企业基本情况表**

表71

| 企业名称 | 销售收入(500万元以上)(万元) | 利税总额(50万元以上)(万元) | 法定代表人 |
|---|---|---|---|
| 兴化市惠丰混凝土制品有限公司 | 3505 | 125 | 刘荣春 |
| 兴化市统全食品有限公司 | 3093 | 50 | 张怀全 |
| 兴化市有国米厂 | 3053 | 5 | 顾春围 |
| 泰州市中安金属制品有限公司 | 2960 | 30 | 王爱芹 |
| 兴化市远东石材加工有限公司 | 2203 | 100 | 赵朝远 |
| 泰州市大润机械有限公司 | 2188 | 40 | 陈思雨 |
| 江苏安硕材料科技有限公司 | 3018 | 100 | 沈日荣 |

2021年大营镇各村基本情况表

表72

| 村名 | 村支部书记 | 村委会主任 | 耕地面积（公顷） | 人口（人） | 工农业总产值（万元） | 农民人均可支配收入（元） |
|---|---|---|---|---|---|---|
| 大营 | 王小娟 | 王小娟 | 9028 | 4933 | 21087 | 23165 |
| 屯南 | 朱　敏 | 朱　敏 | 5150 | 2159 | 14855 | 20163 |
| 营丰 | 陈　健 | 陈　健 | 5422 | 2201 | 16976 | 21865 |
| 屯军 | 施爱莲 | 施爱莲 | 5266 | 2229 | 10597.5 | 21580 |
| 洋子 | 束爱明 | 束爱明 | 4231 | 1992 | 500 | 19000 |
| 联镇 | 祁恒旭 | 祁恒旭 | 5725 | 1714 | 2647 | 21113 |
| 屯北 | 柏龙辉 | 柏龙辉 | 4074 | 1992 | 9500 | 25000 |
| 高港 | 肖　锋 | 肖　锋 | 4469 | 1536 | 2600 | 20958 |
| 阵营 | 董　攀 | 董　攀 | 5119 | 2270 | 2357 | 21300 |
| 营中 | 董德康 | 董德康 | 5886 | 2498 | 2000 | 22963 |
| 居委会 | 李冬梅 | 李冬梅 | 85 | 1825 | — | 25000 |

## 沙沟镇

**【概况】** 沙沟位于泰州市西北部，地处盐都、建湖、宝应、高邮、兴化五县（市）交会处，是江苏省地理中心。沙沟资源丰富，生态宜人，物产丰殷，是里下河地区著名的“鱼米之乡”。沙沟是里下河文化的发祥地之一，古镇徽派建筑文化、传统民俗文化、湖荡渔业文化、宗教菩提文化、红色革命文化、地方饮食文化、孝道感恩文化、生态健康文化特色明显。沙沟是中国历史文化名镇、国家级最美渔村、国家AAA级旅游景区、泰州市“渔文化”特色小镇、江苏省第二批旅游风情小镇创建单位。2021年12月，作为泰州市试点乡镇，率先完成村（社区）“两委”换届。全镇下辖1个社区、17个行政村，行政区域面积129.3平方千米。2021年末，总户数16258户，总人口51727人。

**【经济建设与发展】** 实现地区生产总值13.10亿元；一般公共预算收入2282.61万元；税收收入4768.61万元；农民人均可支配收入26130元。亿元项目9个，新建50兆瓦低风速风力发电项目；新建水陆一体的物流园区。对人民东路进行路面“白改黑”，实施路边停车场、绿化、亮化等改造。从金沙沟大桥东桥头，由西向东延伸，连结沙沟中心南路，全长488米，投入资金1000万元，已完工并投入使用。完成占补平衡3151.2亩、增减挂钩302.4亩。以里下河洼地治理工程为契机，推进沙北、崔东、崔新拆迁安置工作，完成投资1.8亿元，涉及搬迁居民273户、企事业单位9家。胡腊舍49户整体搬迁，腾出耕地30多亩。

**【社会事业发展】** 紫薇苑安置区项目投资19117万元，在沙沟镇中心南路东侧、盐沙路北侧，建设10栋多层住宅建筑、2栋配套服务用房及1栋公共社区配套设备用房，建筑面积58484.64平方米，可容纳住户330户左右。中心卫生院推动二级综合医院创建工作，打造中医等特色科室，新建发热门诊综合楼，成功获批“兴化市沙沟人民医院”。成立兴化市人民医院医共体驻沙沟医院专家工作室暨联合病房。设立医疗救助基金，救助资金近百万元，惠及30多万人次。创建江苏省卫生镇，通过省级评估验收。建成网格化联动指挥中心和为民服务中心两个示范平台，并实战化运行。创新建立信访件“红黄蓝”分级管理制度，化解矛盾纠纷50多起。

**【富民工程实施】** 沙沟镇坚持“应保尽保、应退尽退”原则，逐户核查低保对象。投入300万元完成崔垛、仲寨敬老院改造。实施中心敬老院星级标准化升级改造工程。通过资源整合，建成沙溪社区老年幸福食堂，为辖区70周岁以上老人提供优质午餐服务。落实优抚政策，发放义务兵家庭优待金、退役士兵经济补偿金共计400多万元。围绕“渔文化”旅游风情小镇创建要求，延伸“吃住行游购娱”产业链条。完成苏中公学旧址修复、枇杷苑民宿改造工程。投入资金6000万元，推进鱼市口文化广场、石梁桥、小镇会客厅综合体、渔需老街、姜家巷立面改造和古镇杆线下埋等工程。

**【石梁村】** 沙沟镇石梁村环绕集镇四周，是一个“镇关村”，拥有悠久的历史文化传统。石梁村由原南星和垛田2个自然村组成，有村民小组21个、农户909户、人口2228人。耕地面积922.52亩、水产养殖5600多亩，以园田种植、水产养殖为主。村集体收入95.6万多元，农民人均可支配收入达24696元。该村围绕美丽乡村建设目标，建成党群服务中心714平方米，改建公厕3座，户改厕228户，清理农杂船234条，拆除违建、废牲圈2300多平方米,清理旱厕47个,建成硬质化驳岸1800米,生态河软驳岸4500米,河道疏浚2400米,投资800多万元的渔需老街即将竣工,村庄人居环境持续好转。

【高桂村】 高桂村位于沙沟镇西南部,与周奋、高邮、宝应相邻。村域面积9.66平方千米。由原高庄和桂庄两个自然村组成,有20个村民小组,其中高庄12个小组,桂庄8个小组,总户数946户,3100余人。耕地面积4500亩,资源面积4500亩,2021年,全村经济总量7500万元,村级经营性收入550万元,农民人均可支配收入29630元。村里80%青壮年劳力外出务工或经商,在家人员以养殖或种植为主要收入来源。全村户改厕480户。整治废地,拆除原废旧猪圈旱厕杂物227处。开展农村垃圾治理。投入资金13.15万元建设国山桥两侧部分驳岸增高及护栏安装;投入28.81万元建设沿河驳岸内侧道路及码头;投入资金63.19万元建设高桂村(高庄)硬质驳岸550米。

(张汉卿　宋　云)

**2021年沙沟镇主要经济社会指标一览表**

表73

| 指标名 | 单位 | 数值 | 指标名 | 单位 | 数值 |
|---|---|---|---|---|---|
| 总户数 | 户 | 16258 | 工业利税总额 | 万元 | 512 |
| 总人口 | 人 | 51727 | 预算内财政收入 | 万元 | 4947.76 |
| 乡镇从业人员数 | 人 | 8866 | 一般预算收入 | 万元 | 2282.61 |
| 耕地面积 | 公顷 | 6467 | 私营个体税收 | 万元 | 4946 |
| 地区生产总值 | 万元 | 130969 | 居民储蓄存款余额 | 万元 | |
| 人均地区生产总值 | 元 | 58247 | 农民人均纯收入 | 元 | 26130 |
| 农业增加值 | 万元 | 71352.6 | 中小学校 | 所 | 6 |
| 工业增加值 | 万元 | 14134.3 | 在校学生 | 人 | 2440 |
| 建筑业增加值 | 万元 | 7569 | 在职教师 | 人 | 224 |
| 服务业增加值 | 万元 | 45321 | 医院 | 所 | 2 |
| 生猪出栏 | 头 | 17524 | 卫生所(室) | 个 | 32 |
| 家禽出栏 | 万羽 | 14 | 医生数 | 个 | 142 |
| 水产品产量 | 吨 | 34125 | 病床数 | 张 | 230 |
| 工业企业数 | 家 | 16 | 参加养老保险人数 | 人 | 38521 |
| 当年到账外引资金 | 万元 | 0 | 参加农村新型合作医疗人数 | 人 | 48836 |
| 工业销售收入 | 万元 | 25680 | 享受居民最低生活保障人数 | 人 | 1038 |

**2021年沙沟镇骨干企业基本情况表**

表74

| 企业名称 | 销售收入 | 利税总额 | 法人代表人 |
|---|---|---|---|
| 江苏金莎食品有限公司 | 2109 | 173 | 莫鹏启 |
| 江苏强铖印染机械有限公司 | 886 | 39.8 | 王征冬 |
| 兴化市兴华有色金属制品厂 | 2380.8 | 57.28 | 王秀琴 |

**2021年沙沟镇各村基本情况表**

表75

| 村　名 | 村支部书记 | 村委会主任 | 耕地面积(公顷) | 人口(人) | 工农业总产值(万元) | 农民人均纯收入(元) |
|---|---|---|---|---|---|---|
| 兴龙 | 王永青 | 王永青 | 219.9 | 2675 | 63.69 | 25334 |
| 官河 | 李维月 | 李维月 | 517.09 | 2631 | 44.56 | 27002 |
| 联溪 | 汪洪锦 | 汪洪锦 | 111.63 | 1496 | 34.21 | 25437 |

续表 75

| 村　名 | 村支部书记 | 村委会主任 | 耕地面积（公顷） | 人口（人） | 工农业总产值（万元） | 农民人均纯收入（元） |
|---|---|---|---|---|---|---|
| 水金 | 高广军 | 高广军 | 86.47 | 2212 | 23.45 | 27351 |
| 董庄 | 陈文法 | 陈文法 | 360.37 | 2250 | 63.12 | 26574 |
| 光耀 | 张汉卿 | 张汉卿 | 413.93 | 2403 | 53.78 | 26995 |
| 高桂 | 盛荣耀 | 盛荣耀 | 438.25 | 3070 | 49.85 | 26834 |
| 石梁 | 丁建华 | 丁建华 | 102.52 | 2229 | 49.74 | 25269 |
| 沙北 | 王建友 | 王建友 | 381.49 | 2416 | 23.45 | 25778 |
| 崔东 | 王柏全 | 王柏全 | 475.42 | 3859 | 112.12 | 23308 |
| 崔新 | 房　艳 | 房　艳 | 204.46 | 2706 | 123.24 | 27144 |
| 斜沟 | 马成云 | 马成云 | 328.68 | 2748 | 98.45 | 26104 |
| 付堡 | 卢　骏 |  | 252.98 | 1815 | 94.12 | 29475 |
| 时堡 | 刘长荣 | 刘长荣 | 646.75 | 5278 | 510.43 | 25843 |
| 仲南 | 潘乾宏 | 潘乾宏 | 473.2 | 3059 | 520.12 | 25834 |
| 仲北 | 周　鑫 | 周　鑫 | 328.35 | 2813 | 380.35 | 27164 |
| 三界 | 冯小侃 | 冯小侃 | 367.99 | 2630 | 362.18 | 25137 |

## 千垛镇

**【概况】** 千垛镇位于兴化西北部水网地区，下辖28个村委会、1个居委会，总人口7.95万人。行政区域面积192.8平方千米，其中耕地面积119316.7亩，水面132882亩，湿地（菜花荡、洋汉荡）43028亩。先后获“江苏省文明镇”“江苏省生态文明示范镇”称号，东罗村入选中国美丽休闲乡村、中国最美村镇、全国乡村旅游重点村、全国文明村、江苏省首批特色田园乡村；东旺村获评全国乡村特色产业亿元村、江苏省生态文明示范村；徐圩村获评江苏省生态文明示范村、江苏省特色田园乡村、江苏省乡村旅游重点村；陈杨村获评江苏省生态文明示范村、兴化市特色田园乡村。

**【经济建设与发展】** 全年完成地区生产总值27.03亿元，税收收入5851万元，一般公共预算收入3113万元，实现农村居民人均可支配收入27637元。完成规上工业总产值5.85亿元，同比增长27.2%；工业开票销售完成6.93亿元，同比增长14.5%；规上固定资产投资3.59亿元。新签约并开工亿元项目2个（江苏英派、江苏天协），竣工1个（江苏久源）。盘活闲置低效用地44.9亩，占目标的299%。孵化3家电商企业，成立35个益农网上店铺，培育200名电商直播人才，农副产品线上销售达5000多万元。

**【社会事业发展】** 千垛镇为民服务中心、会计代理中心升级搬迁到位，实行“大厅办理”“一条龙服务”。完成千垛中心幼儿园李中分园改造提升，顺利通过省优质园现场评估。开展信访积案化解、安全生产专项整治、扫黑除恶攻坚等行动，推进消防安全、房屋安全及城镇燃气安全排查整治，累计排查房屋安全隐患20200户，工贸企业安全隐患260个，已全部整改。建立镇级社会矛盾纠纷调处化解室，办结各类交办信访30件，及时受理率、按期答复率均为100%。

**【富民工程实施】** 千垛镇启动千垛镇国土空间总体规划和集镇规划编制工作，推进新镇区三年提升行动，规划建设市公共卫生医疗中心、阜溧高速千垛段、千垛消防站、中心校综合楼、餐余垃圾资源化利用站、千垛大道、李中河示范河等一批基础设施和生态人文景观项目，完成沙昭线等主干道“白改黑”，顾兴路、黄邳路两侧绿化、亮化。坚持“生态优先、绿色发展”理念，突出散乱污的执法取缔，强化企业安全环境设施的运行监管，拆除湖荡非法建设库存62处，整治非法码头9处，拆除河湖“两违”码头13处。严守耕地红线，狠抓“两违”防治，拆除违法用地13宗、整改32宗。按照“五面清洁”要求，推进人居环境整治，创成兴化市2个水美乡村、4个特色发展村、10个集聚提升村。东罗、徐圩获泰州市特色田园乡村建设高质量发展奖。

**【生态旅游发展】** 千垛镇围绕“大旅游”格局，启动全国乡村旅游重点镇创建工作。推进里下河国家湿地公园创建，对洋汉荡退圩还湖内的鱼塘房屋进行拆除、填埋，水域清淤疏浚、漂浮物清理；创建徐马荒郊野公园休闲度假区，完成徐马荒河道疏浚、码头建设、绿化等项目，实现徐马荒湿地保护区封闭式管理；提档升级千垛景区，形成1200亩核心观赏区。整合旅游资源，推进千垛菜花、水上森林等景区景点与特色田园乡村、传统古村落、千垛美路、“1号水路”深度融合，串珠成链，打造“田园风光游、休闲养生游、农家乐趣游、古韵文化游”4条主题旅游精品线路。发展采摘园、垂钓园和农家乐等项目20多个，实现旅游+农业收入3100万元。制定发展旅游民宿的鼓励政策，为乡村民宿发展提供资金支持，形成东罗、徐圩2个民宿集聚区。全年累计接待游客160万余人次，旅游总收入突破4.8亿元。

（许小扣）

**2021年千垛镇主要经济社会指标一览表**

表76

| 指标名 | 单位 | 数值 | 指标名 | 单位 | 数值 |
|---|---|---|---|---|---|
| 总户数 | 户 | 22983 | 工业利税总额 | 万元 | 4945 |
| 总人口 | 人 | 79524 | 预算内财政收入 | 万元 | 3370.41 |
| 乡镇从业人员数 | 人 | 33124 | 一般预算收入 | 万元 | 3113 |
| 耕地面积 | 公顷 | 8133 | 私营个体税收 | 万元 | 568.19 |
| 地区生产总值 | 万元 | 270322 | 居民储蓄存款余额 | 万元 | 65000 |
| 人均地区生产总值 | 元 | 72499 | 农民人均纯收入 | 元 | 27637 |
| 农业增加值 | 万元 | 103573 | 中小学校 | 所 | 7 |
| 工业增加值 | 万元 | 65817 | 在校学生 | 人 | 1571 |
| 建筑业增加值 | 万元 | 14758 | 在职教师 | 人 | 285 |
| 服务业增加值 | 万元 | 100932 | 医院 | 所 | 3 |
| 生猪出栏 | 头 | 7500 | 卫生所(室) | 个 | 33 |
| 家禽出栏 | 万羽 | 11.6 | 医生数 | 个 | 99 |
| 水产品产量 | 吨 | 39470 | 病床数 | 张 | 110 |
| 工业企业数 | 家 | 56 | 参加养老保险人数 | 人 | 29296 |
| 当年到帐外引资金 | 万元 | 0 | 参加农村新型合作医疗人数 | 人 | 69958 |
| 工业销售收入 | 万元 | 69257 | 享受居民最低生活保障人数 | 人 | 1469 |

**2021年千垛镇骨干企业基本情况表**

表77

| 企业名称 | 销售收入(500万元以上)(万元) | 利税总额(50万元以上)(万元) | 法定代表人 |
|---|---|---|---|
| 华电兴化太阳能发电有限公司 | 30223 | 13276 | 王武士 |
| 兴化市楚水绢纺有限公司 | 12035 | 894 | 戴香莲 |
| 兴化市威隆食品有限公司 | 2611 | 260 | 戴永中 |
| 江苏鑫岳装饰材料有限公司 | 2405 | 160 | 刘　伟 |
| 松永福利器具制造(江苏)有限公司 | 2810 | 470 | 尹滕晴保 |
| 兴化市丰汇建材有限公司 | 5104 | 544 | 徐建荣 |

**2021年千垛镇各村基本情况表**

表78

| 村　名 | 村党(总)支部书记 | 村委会主任 | 耕地面积(公顷) | 人口(人) | 工农业总产值(亿元) | 农民人均纯收入(万元) |
|---|---|---|---|---|---|---|
| 陈杨 | 潘久平 | 潘久平 | 117.43 | 1790 | 0.89 | 2.89 |
| 丁沙 | 丁玉林 | 丁玉林 | 143.81 | 1816 | 0.97 | 2.75 |
| 白涂河 | 赵荣盼 | 赵荣盼 | 294.04 | 3120 | 1.49 | 2.76 |
| 荡朱 | 张　璐 | 张　璐 | 136.95 | 1885 | 0.91 | 2.74 |

续表 78

| 村 名 | 村党(总)支部书记 | 村委会主任 | 耕地面积（公顷） | 人口（人） | 工农业总产值（亿元） | 农民人均纯收入（万元） |
|---|---|---|---|---|---|---|
| 北沙 | 朱春信 | 朱春信 | 129.61 | 1698 | 0.93 | 2.77 |
| 徐圩 | 邵茂同 | 邵茂同 | 131.13 | 1746 | 0.91 | 3.01 |
| 马港 | 孙桂瑜 | 孙桂瑜 | 83.31 | 1842 | 0.86 | 2.86 |
| 姜戴 | 许小扣 | 许小扣 | 195.59 | 1567 | 0.95 | 2.83 |
| 夏许 | 戴中余 | 戴中余 | 229.69 | 1783 | 0.86 | 2.86 |
| 水兴 | 王　超 | | 303.66 | 3426 | 1.57 | 2.9 |
| 华南 | 刘仁良 | 刘仁良 | 189.47 | 2425 | 1.01 | 2.71 |
| 顾赵 | 顾海平 | 顾海平 | 403.72 | 5676 | 2.44 | 2.73 |
| 黑高 | 王利华 | 王利华 | 33.49 | 2576 | 1.18 | 2.63 |
| 李南 | 翟林海 | 翟林海 | 84.17 | 1604 | 1.03 | 2.54 |
| 红星社 | 沙志涛 | 沙志涛 | 320.27 | 3216 | 1.73 | 2.69 |
| 天鹅 | 邵　荣 | 邵　荣 | 205.22 | 2226 | 1.15 | 2.86 |
| 草王村 | 顾国平 | 顾国平 | 203.97 | 4325 | 1.71 | 2.73 |
| 苏宋 | 马景阳 | 马景阳 | 104.50 | 3160 | 1.34 | 2.86 |
| 刘家沟 | 房根龙 | 房根龙 | 134.61 | 2442 | 1.27 | 2.73 |
| 联谊 | 翟小祥 | 翟小祥 | 164.75 | 2450 | 1.63 | 2.63 |
| 黄邳 | 王长荣 | 王长荣 | 314.35 | 6060 | 2.9 | 2.75 |
| 缸顾 | 范雪峰 | 范雪峰 | 537.34 | 6562 | 6.72 | 2.8 |
| 房石水 | 周永生 | 周永生 | 86.79 | 1981 | 1.91 | 2.61 |
| 夏广 | 苍玉干 | 苍玉干 | 103.88 | 1440 | 1.93 | 2.59 |
| 瞿冯 | 蔡道香 | 蔡道香 | 208.63 | 2311 | 2.92 | 2.87 |
| 东罗 | 罗宝田 | 罗宝田 | 247.21 | 3720 | 4.87 | 2.93 |
| 万旺 | 蒋传春 | 蒋传春 | 113.41 | 1706 | 2.24 | 2.55 |
| 东旺 | 刘广凯 | 刘广凯 | 188.12 | 5083 | 6.2 | 2.74 |

## 中堡镇

**【概况】** 中堡镇地处兴化市西北部生态湿地核心保护区，资源禀赋得天独厚，自然环境十分优越，有着“半湾活水千江月，一粒沉沙万斛珠”的自然生态美景。行政区域面积 84.1 平方千米，下辖 10 个行政村、1 个社区、205 个村民小组。境内湖泊水面资源丰富，拥有水产养殖面积 3300 公顷，各类水产品年上市总量近 2 万吨。231 省道、332 省道贯穿全镇，水陆交通便捷。大纵湖生态养殖保护区生态环境优美，自然风光独特，为兴化市市级风景名胜区。

**【经济建设与发展】** 全年实现地区生产总值 11.72 亿元；完成一般公共预算收入 1045 万元；税收收入 2055 万元；工业开票销售收入 3.4 亿元；服务业税收 902 万元。完成亿元签约项目 3 个，完成亿元开工项目 3 个，完成 5000 万元开工项目 3 个，总投资 3.1 亿元。规上工业总产值 1.66 亿元。狠抓现有企业提质增效扩量，其中恒润玻璃有限公司、农香源食品有限公司、祥盛纸制品有限公司、垄尚米业有限公司已成为中堡镇工业生产的新兴力量。培育现代科技农业产业，创立稻米产业联盟和渔业联盟；新增稻虾共作 1100 亩；新建规模型小农场 6 家；土地流转面积达 26850 亩；机插秧秧池面积 298 亩。与扬州大学园艺与植物保护学院签订稻米联盟合作协议。开展农产品质量安全体系建设和省平安农机乡镇建设，新增“大纵湖香米”“长安香米”等绿色农产品品牌。建成农业农村部水稻绿色高质高效示范区、省水稻绿色高质高效示范区、省绿色优质农产品基地。大纵湖通过省三星级乡村旅游区验收，建成蜈蚣湖公园。举办兴化市首届中国(泰州)河蟹美食文化节暨大纵湖第四届捕捞节，被泰州市农业农村局列为泰州市农事节庆活动。

**【社会事业发展】** 投入 900 多万元推进集镇建设。启动中庄河及老大西河沿河驳岸及路面建设工程，实施张三塘整治填埋工程、农贸市场升级改造工程。推进历史文化的保护和修复,朱亚杰故居、中庄醉蟹老作坊、防洪闸、苏式粮库、毕飞宇读书处、瞭望塔等12处建筑被批准为兴化市第三批历史建筑。推进美丽乡村建设,拆除空心危旧房22处,残垣断壁48处,棚屋栏舍(畜禽)43处,围墙旱厕87处。加强河湖生态治理,在大纵湖实施退养工程,开展湖区围网清理行动,万亩水面顺利退养;投入200万元对大纵湖上游鲤鱼河进行样板河打造,疏浚2.8千米,土方近6万立方米。新增农田林网200亩,完善农田林网1200亩,森林抚育125亩,创建绿化合格村1个,省绿美村庄1个,省级公益林逾千亩,湿地保护,野生动物植物保护巡查通过市级验收,镇区新增绿地面积200亩。建成省生态文明建设示范乡镇、省卫生镇。有学校1所,教师总数98人,在校学生859人,中心校做到疫情防控与教育教学同步并进;卫生院在抓好日常医疗就诊服务的同时,实现签约贫困户上门体检全覆盖。开展安全专项检查48次,检查辖区内各类生产经营场所102家,查处隐患758条,已整改758条,整改率100%,重大隐患20条全部整改结束。开展对饭店、九小场所和小区车库的检查,整改隐患35起。开展食品药品安全监管工作,确保食(药)品安全。建立信访工作季度通报机制,逐一排查、逐一解决,按期办结信访件。开展法制宣传教育活动,受教育4700人次。调处各类矛盾纠纷89起。

**【富民工程实施】** 完成城乡居民基本养老保险续缴费,新增创业人员领取工商营业执照169人,帮助申请创业富民贷款245万元,城乡居民医保电子凭证激活率达成89%以上。新增农民创业人数189人,带动就业1026人,新增电商10家。全镇农民人均可支配收入28597元。有166名参保对象获得大病风险补偿,补偿金额30.24万元。继续对中高考优秀学子进行奖学。落实各项惠民政策,发放各类社会救助资金43万元,帮扶283人。

**【建成江苏省生态文明建设示范乡镇、江苏省卫生镇】** 2020年以来,中堡镇制定了创建江苏省生态文明建设示范镇规划,把创建作为生态建设的重要基础和构筑和谐社会的细胞工程,全面加强农村环境保护和生态建设,各项建设指标达到省级标准,2021年被评为"江苏省生态文明建设示范乡镇""江苏省卫生镇"。

**【大纵湖建成省三星级乡村旅游区】** 中堡镇以创建省三星级乡村旅游区为抓手,新购水草打捞船,组织大纵湖公司和沿湖3个村党员群众成立"大纵湖环境治理管护队",完成大纵湖旅游基础设施提档升级工作,建成游客接待中心,2处文化墙,1处文化展板,水牛塑像1座,丹顶鹤模型4只,观光廊道2.5千米。2021年,实现退养面积1万亩,成功获批省三星级乡村旅游区。

**【举办兴化市首届中国(泰州)河蟹文化美食节】** 2021年11月,中堡镇与泰州市农业农村局联合举办首届中国(泰州)河蟹美食文化节。美食节邀请了来自泰州市内外嘉宾1000余人,与兴化大石水产签约共同生产大纵湖鱼头,被泰州市农业农村局列为泰州市农事节庆活动。

(卞殿荣)

**2021年中堡镇主要经济社会指标一览表**

表79

| 指标名 | 单位 | 数值 | 指标名 | 单位 | 数值 |
|---|---|---|---|---|---|
| 总户数 | 户 | 10354 | 工业利税总额 | 万元 | 379 |
| 总人口 | 人 | 33927 | 预算内财政收入 | 万元 | 2055 |
| 乡镇从业人员数 | 人 | 8894 | 一般预算收入 | 万元 | 1045 |
| 耕地面积 | 公顷 | 3186 | 私营个体税收 | 万元 | 1617 |
| 地区生产总值 | 万元 | 117221 | 居民储蓄存款余额 | 万元 | 84100 |
| 人均地区生产总值 | 元 | 34551 | 农民人均可支配收入 | 元 | 28597 |
| 农业增加值 | 万元 | 33576 | 中小学校 | 所 | 1 |
| 工业增加值 | 万元 | 11600 | 在校学生 | 人 | 859 |
| 建筑业增加值 | 万元 | 3102 | 在职教师 | 人 | 98 |
| 服务业增加值 | 万元 | 60942 | 医院 | 所 | 1 |
| 生猪出栏 | 头 | 6500 | 卫生所(室) | 个 | 9 |
| 家禽出栏 | 万羽 | 7.5 | 医生数 | 人 | 66 |
| 水产品产量 | 吨 | 17498 | 病床数 | 张 | 30 |
| 工业企业数 | 家 | 112 | 参加养老保险人数 | 人 | 11568 |
| 当年到帐外引资金 | 万元 | 0 | 参加农村新型合作医疗人数 | 人 | 28743 |
| 工业销售收入 | 万元 | 33929 | 享受居民最低生活保障人数 | 人 | 597 |

2021年中堡镇骨干企业基本情况表

表80

| 企业名称 | 销售收入(500万元以上)(万元) | 利税总额(50万元以上)(万元) | 法定代表人 |
|---|---|---|---|
| 泰州市农香源食品有限公司 | 2526.8 | 52.8 | 房广高 |
| 兴化市祥盛纸制品有限公司 | 2866.2 | 370.1 | 薛兴本 |
| 泰州恒润玻璃制品有限公司 | 6553 | 159.3 | 张高成 |
| 江苏垄尚米业有限公司 | 8300.5 | 212.7 | 马广众 |

2021年中堡镇各村基本情况表

表81

| 村　名 | 村支部书记 | 村委会主任 | 耕地面积(公顷) | 人口(人) | 工农业总产值(万元) | 农民人均可支配收入(元) |
|---|---|---|---|---|---|---|
| 戚家 | 陈焕春 | 陈焕春 | 389.8 | 3459 | 10265 | 27450 |
| 东皋 | 程兆余 | 程兆余 | 324.7 | 3228 | 6165 | 25890 |
| 朱野 | 刘　森 | 刘　森 | 158.1 | 1867 | 3516 | 23442 |
| 陆家甸 | 刘宏卫 | 刘宏卫 | 169.6 | 2130 | 9245 | 32292 |
| 沙湾 | 房兴波 | 房兴波 | 161.6 | 2756 | 6088 | 26696 |
| 长安庄 | 张崇安 | 张崇安 | 409.3 | 3607 | 10594 | 30979 |
| 大纵湖 | 郭付杰 | 郭付杰 | 303.4 | 4191 | 13438 | 27322 |
| 东荡庄 | 朱　莎 | 朱　莎 | 177.3 | 1729 | 5389 | 30104 |
| 中堡 | 张长建 | 王　蓝 | 393.6 | 4868 | 13567 | 30006 |
| 龙江 | 林　镇 | 林　镇 | 559.2 | 4179 | 11583 | 27241 |

## 兴东镇

**【概况】** 兴东镇地处兴化城东北郊，行政区域面积110.8平方千米，下辖19个行政村、2个居委会，全镇17008户、57016人，拥有1家市级脱水蔬菜加工园区、1家温室材料园区、1家精密机械特色园区和2家市级水产养殖场。2021年，兴东镇被市委、市政府表彰为综合考核先进乡镇(街道)三等奖。

**【经济建设与发展】** 兴东镇实现地区生产总值22.93亿元；税收收入10990万元；一般公共预算收入5988万元；农民人均可支配收入26278元；实现工业开票销售18.94亿元，同比增长23.7%；工业税收4314万元，同比增长36.4%；新增“四上”企业12家；完成工业投资7.75亿元，招引项目4个，其中签约亿元项目2个、竣工亿元项目1个。应对疫情压力，实行驻厂员服务机制。创建江苏省“味稻小镇”、泰州市农牧产业园、江苏省果蔬加工集中区。推动“农业+旅游”，建成“兴化市稻米产业示范园”。注重水产养殖尾水达标排放治理，率先建成水产养殖尾水净化示范基地。发挥建筑三产财税支撑作用，完善建筑业高质量发展奖励办法，强化重点建筑三产服务企业的走访服务，引导重点建筑企业资质提档升级，推进建筑三产服务业项目招引。

兴化市村级第一桥——巾荡大桥。　　(兴东镇/供图)

**【社会事业发展】** 兴东镇推进工业集中区道路、桥梁、亮化等基础设施

兴东镇河长制主题公园。 （兴东镇/供图）

建设；完成西鲍圩 5000 亩高标准粮田项目建设；新建桥梁 8 座、小电站 11 座、机耕路 9.645 千米；新建圩口闸、排涝站 4 座，改造电启闭 2 座，建成样板河 1 条。板桥兴东校区宿舍楼竣工投入使用，第二实验小学分校上官河小学新校区开工建设。实施人民西路两侧环境微整治，完成迎宾路两侧人行道一期改造，鑫东花园小区居民临时用电改造。建设集镇百姓大舞台，打造公园中心河驳岸。新建廉政文化公园，占地 12 亩，营造风清气正、廉洁奉公氛围。里下河洼地治理项目全面竣工扫尾。投入资金 3000 多万元建设巾荡大桥，全长 5.6 千米的荡北路交通干线全线贯通。推进高垛新村东侧房屋征收，市级建筑垃圾处置中心项目建设。完成长江引水工程，铺设 5.9 千米污水管网。实施集镇人民路、迎宾路沿线环境打造，整理过街线路，修整破损路面。创成泰州市特色田园乡村 1 个，兴化市特色田园乡村 1 个，聚提升村 17 个。

**【富民工程实施】** 兴东镇推进各类社会保险续保扩面，医疗保险续缴率 82.53%、医保电子凭证激活率为 78.82%。开展欠薪整治专项行动，完成 397 份长安路失地保险办理和低收入人口认定和动态监测工作，落实配套资金 300 多万元。落实双拥各项政策，新建双拥一条街。构建党组织领导下“自治、法治、德治、智治”联动体系，发挥“大数据＋网格化＋铁脚板”社会治理效能。开展“进网格、访千家、献爱心”活动，建立网格化村民微信群治理平台，获得季度“流动红旗中心”称号。定期开展研判、交办，及时化解社会各类矛盾。加大安全检查和专家检查频次，完成 3.5 万栋房屋安全检测任务。强化“两违”，完成占补平衡 155 亩和 42 宗、93.8 亩违法用地整改，拆除违章建筑 4 处。推进荡北路建设、洼地治理、长江饮水等市级重点项目建设。

**【亿元项目落户兴东镇】** 江苏科欣隆食品有限公司投资的 FD 果蔬及仓储冷藏项目落户兴东镇脱水果蔬产业园区，总投资 1.2 亿元，占地面积 26 亩，主要从事 FD 果蔬及仓储冷藏，项目建设周期 12 个月，达产达效后年开票销售不低于 1 亿元，税收 390 万元。真空冷冻干燥 FD 是国际上先进的食品脱水加工技术，与传统低温热风干燥 AD 脱水工艺比较，可较好保持蔬菜中的营养物质，项目建成可提升脱水果蔬产业档次，引领转型升级。

**【建成“三池两坝”生态示范基地】** 兴东镇投资 260 万元，建成“三池两坝”示范基地。基地位于兴化上、下官河之间的朱庄村，紧临长安北路，生态化改造涉及养殖池塘面积约 400 亩，净化区面积约 25 亩。“三池两坝”系统是将养殖池塘排放的养殖尾水通过尾水管网系统排入收集池，再流入一级净化区（沉淀池），经自然沉淀后的尾水通过溢流坝自流到二级净化区（曝气池），曝气增氧后的尾水通过潜流坝自流入三级净化区（生态池），处理达标后的尾水排放到就近河道。“三池两坝”建设工程有效地减少农业面源污染，提升水产养殖精细化、规模化水平。

（杨洪江）

2021 年 12 月 29 日，投资 1.2 亿元的江苏科欣隆食品有限公司 FD 项目落户兴东。图为签约仪式。 （兴东镇/供图）

## 2021年兴东镇主要经济社会指标一览表

表82

| 指标名 | 单位 | 数值 | 指标名 | 单位 | 数值 |
|---|---|---|---|---|---|
| 总户数 | 户 | 17008 | 工业开票销售收入 | 万元 | 189400 |
| 总人口 | 人 | 57016 | 预算内财政收入 | 万元 | 11270 |
| 乡镇从业人员数 | 人 | 21611 | 一般预算收入 | 万元 | 5988 |
| 耕地面积 | 公顷 | 4713 | 农民人均纯收入 | 元 | 26278 |
| 地区生产总值 | 万元 | 229320 | 中小学校 | 所 | 3 |
| 人均地区生产总值 | 元 | 64140 | 在校学生 | 人 | 1261 |
| 农业增加值 | 万元 | 79685 | 在职教师 | 人 | 222 |
| 工业增加值 | 万元 | 62395 | 医院 | 所 | 2 |
| 建筑业增加值 | 万元 | 19898 | 卫生所(室) | 个 | 17 |
| 服务业增加值 | 万元 | 67342 | 医生数 | 个 | 49 |
| 生猪出栏 | 头 | 7695 | 病床数 | 张 | 28 |
| 家禽出栏 | 万羽 | 15.8 | 参加城乡居民养老保险人数 | 人 | 16849 |
| 水产品产量 | 万千克 | 1803 | 参加城乡居民医疗保险人数 | 人 | 40912 |
| 工业企业数 | 家 | 118 | 享受居民最低生活保障人数 | 人 | 554 |

## 2021年兴东镇骨干企业基本情况表

表83 单位:万元

| 企业名称 | 销售收入 | 利税总额 | 法定代表人 |
|---|---|---|---|
| 兴化市绿禾食品有限公司 | 4796.37 | 215.8 | 王益淳 |
| 兴化市长虹食品有限公司 | 5646.89 | 286.3 | 邓金明 |
| 兴化市东奥食品有限公司 | 7369.39 | 260.9 | 刘兆桂 |
| 兴化市嘉禾食品有限公司 | 11416.96 | 1079.2 | 赵其东 |
| 兴化市瑞盛食品有限公司 | 1937.72 | 76 | 步志堂 |
| 江苏金达电热电器有限公司 | 3491.01 | 265 | 倪高金 |
| 兴化市康华食品公司 | 2798.73 | 176 | 王昌华 |
| 兴化市润禾食品公司 | 2769.92 | 142.2 | 陈明岭 |
| 兴化市兴友塑料制品公司 | 5209.99 | 465.4 | 顾庭桂 |
| 江苏创璟温室设备有限公司 | 19930.93 | 729.3 | 赵吉宽 |
| 江苏远通塑胶制品有限公司 | 17800.11 | 854.2 | 刘小欢 |
| 兴化市热华能源有限公司 | 2754.47 | —309.8 | 张衍琪 |
| 兴化市同城渔具有限公司 | 4195.19 | 264.6 | 张长荣 |
| 江苏义丰饲料有限公司 | 3888.97 | 7.8 | 赵义桂 |
| 兴化市生辉塑业有限公司 | 3737.47 | 411 | 夏安太 |
| 江苏吉得利食品有限公司 | 8705.51 | 608.4 | 芦忠桂 |
| 兴化市鑫润温室设备配件有限公司 | 2410.5 | 182.8 | 赵 敏 |
| 兴化市生城建材有限公司 | 5574.82 | 454.4 | 智月森 |
| 兴化市绿味食品有限公司 | 3932.6 | 196.8 | 张兴燕 |
| 江苏润城塑胶科技有限公司 | 114193.8 | 200.4 | 李刘兵 |

2021 年兴东镇各村基本情况表

表 84

| 村　名 | 村支部书记 | 村委会主任 | 耕地面积（公顷） | 人口（人） | 工农业总产值（万元） | 农民人均纯收入（元） |
|---|---|---|---|---|---|---|
| 高新 | 夏乐宝 | 夏乐宝 | 184.11 | 2543 | 22892 | 26804 |
| 荡北 | 贺开元 | 贺开元 | 237.29 | 2539 | 19400 | 26195 |
| 牛陆庄 | 金明秀 | 金明秀 | 201.18 | 1582 | 5621 | 25239 |
| 兴北 | 胡泽琪 | 胡泽琪 | 247.36 | 3006 | 15741 | 25396 |
| 张沙 | 唐明祥 | 唐明祥 | 137.08 | 1648 | 7886 | 25380 |
| 新中 | 沙小升 | 沙小升 | 153.58 | 1912 | 7220 | 25283 |
| 周韩 | 庞先和 | 庞先和 | 366.36 | 3466 | 18491 | 28267 |
| 朱庄 | 倪中华 | 倪中华 | 161.87 | 2066 | 8504 | 26614 |
| 巾荡 | 张美付 | 张美付 | 219.99 | 2548 | 8528 | 27896 |
| 西鲍 | 范月平 | 范月平 | 340.05 | 3321 | 18854 | 28140 |
| 平旺 | 居　盛 | 居　盛 | 329.62 | 3735 | 28657 | 26880 |
| 东鲍 | 陆秀海 | 陆秀海 | 316.76 | 5913 | 34245 | 26076 |
| 湖北庄 | 徐义庭 | 徐义庭 | 568.17 | 6790 | 30631 | 25341 |
| 赵献 | 赵金珠 | 赵金珠 | 175.51 | 2397 | 10924 | 25577 |
| 塔头 | 冯福年 | 冯福年 | 102.07 | 1848 | 10309 | 25131 |
| 沈沟 | 蒋满芳 | 蒋满芳 | 248.33 | 2887 | 14170 | 25891 |
| 海河 | 苏高峰 | 苏高峰 | 374.08 | 3443 | 12935 | 25571 |
| 联发 | 付正鑫 | 付正鑫 | 94.47 | 1939 | 30068 | 28684 |
| 孙唐 | 沙国平 |  | 187.46 | 1883 | 5631 | 24908 |

## 陈堡镇

**【概况】** 陈堡镇地处兴化西南部，与扬州市江都区、高邮市接壤，行政区域面积 80.5 平方千米，下辖 15 个行政村、1 个居委会，总人口 42876 人。陈堡镇以精密铸锻造和电子元器件两大特色产业为主，境内拥有兴化市精密铸造产业园，入园企业 65 家，建成区 2600 亩，园区获批“中国精密铸锻造产业基地”“中国产学研创新示范基地”，省铸造学会在陈堡成立铸造熔模专委会。拥有省级现代农业示范园，沿陈唐线和兴泰线基本实现现代高效规模农业全覆盖，形成万亩果蔬生产基地。“红富堡”“绿食缘”品牌蔬菜、“裕明”“野园”草鸡享誉大江南北。陈堡草荡成为全省首个整湖成湖的退圩还湖项目，建成泰州水上运动训练基地。

2021 年 11 月 18 日，南京农业大学校长陈发棣（中）一行调研陈堡镇现代化农业产业。（陈堡镇/供图）

**【经济建设与发展】** 年内，实现地区生产总值 29.01 亿元，税收收入 1.21 亿元；一般公共预算收入 6801 万元；农民人均可支配收入 31819 元；工业增加值 6.61 亿元，工业开票销售 23.25 亿元，工业入库税金 1.26 亿元；完成固定资产投资 11.02 亿元，其中工业投资 9.02 亿元，规上工业产值 21.20 亿元。建立招商引资项目库，跟踪有效信息 45 条，外出宣传推介招商活动 9 次，协助筹办精密铸造产业发展论坛，签约亿元项目 12

个，在谈项目信息 37 个。深化“亩均论英雄”改革，盘活工业用地 265.8 亩。全镇工业企业 150 家，其中规上企业 35 家、高新企业 29 家；新增项目 31 个，其中技改项目 19 个，3 家增资技改企业税收同期增幅均在 50%以上；通过泰州亿元开工认定项目 5 个，亿元竣工项目 3 个。注重培育优质企业，新增规上企业 7 家，企业上云 3 家，贯标 2 家；申报高新技术企业入库 14 家，获批 7 家；完成产学研合作项目 7 家，技术合同登记额完成 9000 多万元，发明专利拥有量 108 个。提升粮食生产全程机械化水平，新增大型拖拉机 15 台、高速插秧机 12 台、植保机 3 台、无人机 11 台、烘干机 6 组。打造农业产业园区，聘请扬州大学专家团队重新编制现代农业生态园区规划，推动农业重大项目向园区集聚。扩大高效农业种植规模，实现兴泰公路陈堡段 500 米内高效农业全覆盖，构建陈张线、校宁线高效农业发展新格局。开展粮食绿色高质高效行动，推广优良品种，粮食优质品种覆盖率达 95%以上，成功获批“江苏省绿色优质农产品基地”。

2021 年 4 月 19 日，第三届“草荡十宝”美食文化节在省级特色田园乡村——陈堡镇唐庄村举行。 （陈堡镇/供图）

【社会事业发展】 陈堡镇推动镇村功能提档升级，建成陈东河沿河道路、陈堡河沿河步道，完成镇区损坏路灯维修、老集镇改造、后街背巷交通北路整治提升工程，实施滨河广场绿化改造与亮化提升工程。推进集镇污水管网建设，提升改造污水处理工艺，集镇污水处理率达 85%，行政村污水处理设施建成率达到 93%。不断加大医疗卫生投入，村级标准化卫生室实现全覆盖，卫生院新防保大楼建成并投入使用，“陆长勤名医工作室”建成开放，医疗水平不断提升。实现网格微信群居民入群全覆盖，“网格化”终端登录率、巡防走访率、事件办结率、人房关联率、数据合规率 100%。优化安委会设置，落实领导挂钩制度。开展危化品、违法违规“小化工”、冶金工贸等专项整治，累计排查安全隐患 1800 余条，检查工贸企业 124 家，全部完成整改销号。结合唐庄省级特色田园乡村，2021 年举办第三届“草荡十宝”美食节、第四届农民丰收节活动，建成“唐庄之恋”精品民宿。以第二十届省运会水上运动中心项目为契机，规划打造陈堡草荡水上运动小镇。

【富民工程实施】 陈堡镇加强水利工程配套建设，全年疏浚生产河 2 条，整治河道 25 条，完成土方 5.3 万立方米；改造圩口闸电启闭 6 座，维修圩口闸 2 座，维修排涝站 1 座；新建电灌站 2 座，维修电灌站 22 座，改造电灌站电力线路 4 座。培育新型农业经营主体，新增家庭农场 12 家，创建市级示范家庭农场 6 家、省级示范家庭农场 2 家、泰州级绿色家庭农场 1 家，创建省级生态健康养殖示范场 2 家，规模化养殖场粪污治理率达 98%。推进创业富民工作，构建全方位就业服务体系，新增扶持创业人数 386 人，支持成功创业 300 人，创业带动就业 1050 人，新生代农民工培训

2021 年 6 月 19 日，全市青年农民创业现场观摩大会在陈堡镇召开。 （陈堡镇/供图）

160人。落实“大手牵小手”关爱项目，47名困境儿童得到帮扶。开展应对人口老龄化行动，帮助全镇1877名高龄老人办理相关补助，推行居家养老助餐服务，解决全镇300名老人吃饭难题。落实双拥优抚政策，保障退役士兵和优抚对象合法权益。

（葛亚萍 温 昕）

**2021年陈堡镇主要经济社会指标一览表**

表85

| 指标名 | 单位 | 数值 | 指标名 | 单位 | 数值 |
|---|---|---|---|---|---|
| 总户数 | 户 | 13811 | 工业利税总额 | 万元 | — |
| 总人口 | 人 | 42876 | 公共财政预算收入 | 万元 | 6801 |
| 从业人员数 | 人 | 22181 | 税收收入 | 万元 | 12122 |
| 耕地面积 | 亩 | 67245 | 私营个体税收 | 万元 | — |
| 地区生产总值 | 万元 | 290120 | 农村居民人均纯收入 | 元 | 31819 |
| 人均地区生产总值 | 元 | 101854 | 中小学校 | 所 | 2 |
| 农业增加值 | 万元 | 61979 | 在校学生 | 人 | 1726 |
| 工业增加值 | 万元 | 66142 | 在职教师 | 人 | 190 |
| 建筑业增加值 | 万元 | 26056 | 医院 | 所 | 1 |
| 服务业增加值 | 万元 | 135942 | 卫生所(室) | 个 | 16 |
| 生猪出栏 | 头 | 59160 | 医生数 | 人 | 49 |
| 家禽出栏 | 万羽 | 346 | 病床数 | 张 | 91 |
| 水产品产量 | 吨 | 15608 | 参加居民养老保险人数 | 人 | 10930 |
| 新增规模以上工业企业 | 家 | 7 | 参加农村新型合作医疗人数 | 人 | 25357 |
| 工业销售收入 | 万元 | 232534 | 享受居民最低生活保障人数 | 人 | 410 |

**2021年陈堡镇骨干企业基本情况表**

表86

| 企业名称 | 销售收入(万元) | 利税总额(万元) | 法定代表人 |
|---|---|---|---|
| 江苏威鹰机械有限公司 | 32594.20 | 1347.89 | 张太良 |
| 江苏豹翔智能科技有限公司 | 16989.57 | 408.80 | 谢国宝 |
| 江苏海宇机械有限公司 | 11878.48 | 400.70 | 顾成义 |
| 兴化市志恒金属制品有限公司 | 8780.92 | 72.59 | 张志桃 |
| 兴化市雅兰机械制造有限公司 | 8348.06 | 175.60 | 张雅岚 |
| 泰州市金鹰精密铸造有限公司 | 7703.84 | 69.08 | 朱德本 |
| 江苏国焘金属制品有限公司 | 7340.44 | 186.58 | 王 焘 |
| 江苏华能电子有限公司 | 6094.72 | 160.11 | 张长华 |
| 泰州市博世特精密铸造有限公司 | 5015.70 | 159.16 | 张凤祥 |
| 兴化市常兴建材厂 | 4745.02 | 245.48 | 谷加标 |
| 江苏大华电子有限公司 | 4404.12 | 79.57 | 张长华 |
| 泰州易威德电气有限公司 | 4132.81 | 105.07 | 沈万康 |
| 泰州远冠橡塑制品有限公司 | 3988.24 | 54.41 | 陈建川 |
| 兴化市华宇电子有限公司 | 3735.23 | 194.39 | 钱宝龙 |
| 泰州华丰精密铸造有限公司 | 3607.33 | 74.09 | 王友良 |
| 泰州安邦精密铸造有限公司 | 3254.23 | 100.30 | 金万忠 |
| 泰州永航精密铸造有限公司 | 2894.81 | 78.75 | 朱桂高 |
| 泰州市天元精密铸造有限公司 | 2678.01 | 125.21 | 任怀军 |

续表 86

| 企业名称 | 销售收入(万元) | 利税总额(万元) | 法定代表人 |
|---|---|---|---|
| 泰州良冶机械有限公司 | 2613.40 | 86.57 | 王友山 |
| 兴化市顺帆健身用品厂 | 2570.87 | 76.48 | 孙晓勇 |
| 江苏昶盛塑业有限公司 | 2567.84 | 83.25 | 梅年华 |
| 泰州市伟业机械制造有限公司 | 2462.95 | 67.36 | 潘潮海 |
| 江苏鑫润精密铸造有限公司 | 2433.44 | 75.12 | 周　华 |
| 兴化市华讯达电子有限公司 | 2366.13 | 153.43 | 黄海涛 |
| 兴化市天泽汽车配件有限公司 | 2315.41 | 83.28 | 方文明 |
| 兴化市龙盛机械制造有限公司 | 2077.58 | 55.81 | 王俊昌 |
| 江苏汉诺威铸业有限公司 | 1985.61 | 77.39 | 黄晓东 |
| 兴化市鑫锐精锻厂 | 1871.22 | 84.23 | 闵大明 |
| 泰州市燿峰电力设备有限公司 | 1868.07 | 78.69 | 陶加华 |
| 泰州市麦迅特机械制造有限公司 | 1781.31 | 61.09 | 庄晓东 |
| 江苏省麒麟铸业有限公司 | 1701.02 | 70.37 | 黄海涛 |
| 兴化市宏宇电子有限公司 | 1335.18 | 81.07 | 张长宏 |
| 泰州市凯特精密铸造有限公司 | 1263.04 | 50.60 | 荀永勤 |

2021 年陈堡镇各村基本情况表

表 87

| 村　名 | 村支部书记 | 村委会主任 | 耕地面积(公顷) | 人口(人) | 工农业总产值(万元) | 农村居民人均纯收入(元) |
|---|---|---|---|---|---|---|
| 陈家堡村 | 王树华 | 王树华 | 274.80 | 4161 | 12334 | 29643 |
| 蔡堡村 | 吴扣宏 | 吴扣宏 | 317.91 | 3305 | 40044 | 28962 |
| 曹黄村 | 黄国能 | 黄国能 | 217.60 | 1763 | 5591 | 29841 |
| 东彭村 | 周正伟 | 周正伟 | 185.80 | 1755 | 3773 | 27459 |
| 高里庄村 | 钱仁浦 | 钱仁浦 | 310.90 | 2550 | 46613 | 28732 |
| 蒋庄村 | 韦传芝 | 韦传芝 | 294.93 | 3059 | 34966 | 30939 |
| 里堡村 | 周晓春 | 周晓春 | 378.88 | 2382 | 9063 | 28281 |
| 宁乡村 | 姚贵远 | 姚贵远 | 233.74 | 1663 | 5126 | 26782 |
| 四林村 | 唐俊祥 | 唐俊祥 | 226.7 | 2317 | 6700 | 28700 |
| 唐庄村 | 唐新华 | 唐新华 | 269.75 | 2886 | 2417 | 32560 |
| 伍康村 | 戴广荣 | 戴广荣 | 566.70 | 4213 | 45920 | 27473 |
| 武泽村 | 唐传宝 | 唐传宝 | 382.07 | 3517 | 43688 | 29193 |
| 向沟村 | 王春喜 | 王春喜 | 137.40 | 1704 | 3152 | 28168 |
| 校果村 | 王友华 | 王友华 | 204.37 | 1781 | 9980 | 27629 |
| 袁家庄村 | 邵爱斌 | 邵爱斌 | 291.56 | 3022 | 126990 | 32108 |

## 周庄镇

**【概况】** 周庄镇位于兴化市南部，是江苏省文明镇、生态文明示范镇。周庄地处泰州和兴化的中端，区位交通优势独特，沿 231 省道行车 10 分钟直达启扬高速（泰州北出口）和泰州火车站，行车 20 分钟可抵达扬州泰州机场。阜兴泰高速与 352 省道在境内交会，并设有互通出口。行政区域面积 91 平方千米，人口 5.07 万人，下辖 18 个行政村，2 个社区居委会。

**【经济建设与发展】** 全年实现地区生产总值 33.10 亿元，比上年增长 9.2%，完成税收收入 1.32 亿元，增长 10%；一般公共预算收入 8858 万元；实现工业开票销售 19.8 亿元，增长 10.7%，规上工业总产值 18.2 亿元，增长 9.8%；农村居民人均可支配收入34675元。新签约亿元以上项目7个，其中安钢精密铸件、华彩文化用品项目等2个项目竣工达产。新增“小进规”企业4家。加强园区“五未”土地整治，盘活利用“五未”土地297亩，新增入库税收300万元。建成昊鹏机械有限公司研究生工作站，新增科技型中小企业13家，发明专利保有量28件。建筑业实现产值20.2亿元，增长56.6%。创成泰州市“四星级”粮食产业园区，全镇水稻机插秧面积4410公顷，优质稻米种植面积4433公顷，新增生态种养面积80公顷。实施“万企联万村共走振兴路”行动，实现服务业增加值18.5亿元，增长12.7%。

**【社会事业发展】** 周庄镇坚持外防输入、内防反弹，常态化抓实抓细疫情防控各项措施，获评全市疫情防控综合先进。周庄中心幼儿园建设签订合作协议，初中教育布局调整优化到位，高考、中考取得较好成绩。周庄卫生院获批泰州市农村区域性医疗服务中心，病房大楼扩建工程开工建设。开展“送戏送电影下乡”文化惠民活动，丰富群众精神文化生活。深化网格化社会治理，筑牢维护社会稳定第一道防线。开展安全隐患整治，建成“智安周庄”平台、全社会安全用电体系。实施新一代“雪亮技防”工程，深度推进“无黑镇村”创建，平安周庄建设迈上台阶。周庄镇编制《城乡建设用地增减挂钩五年行动计划》，完成边城村腾伦砖瓦厂土地复垦，新增耕地10公顷。推进周庄南河绿化景观建设工程，建成周庄高级中学综合楼，完成长江引水工程(周庄段)，黄界等7个村“一事一议”财政奖补项目通过竣工验收。殷庄创省级(泰州市)特色田园乡村成效显著，薛庄等4个村通过市级集聚提升村考核验收。建成5个达标圩堤，新建(维修)圩口闸6座，改造电启闭圩口闸5座，维修排涝站2座。建成400公顷高标准农田，全镇高标准农田实现全覆盖。严守耕地保护红线，耕地保护工作获省政府通报表彰。开展生态河道打造，7条市级河道、17条镇级河道旧貌换新颜。新增绿化造林9公顷、更新造林21公顷，东浒(胡官自然村)获评省绿化优美乡村。推进环境保护，关停“散乱污”企业3家。改造镇区污水管网4.6千米，建成东坂伦等3个村生活污水处理项目。

**【富民工程实施】** 全年新增创业569人，扶持成功创业227人，培训新生农民工200人。城乡居民养老保险续缴15742人，续缴率99.1%。城乡居民医保筹资30802人，完成率100%，医保电子凭证缴费率名列全市第二，为民服务中心医保窗口创成兴化市唯一的省级医保15分钟服务圈示范点。完成镇敬老院公建民营改革。改造“梦想小屋”15户。建成国家级示范型退役军人服务站。

**【今创环境(泰州)有限公司开业】** 2021年8月31日，今创环境(泰州)有限公司在周庄镇举行开业揭牌仪式。今创环境集团是上市公司今创控股集团具有发展潜力的板块，是国内领先的环境产业综合服务商，项目一期工程建成达产后，每年开票销售额达3亿元以上，税收1500万元以。

**【成立“七色周”关保协会】** 2021年4月30日，成立周庄镇“七色周”未成年人关爱保护协会(简称“七色周”关保协会)，其中的七色分别是党建红、政法蓝、团委青、妇联粉、卫生白、学校橙等，代表着整合司法、公安、团委、妇联、民政、学校、非公企业、卫生健康、其他社会组织等机构的资源和力量，构建全方位关爱保护未成年人的工作机制保障体系。

**【周庄高级中学成功晋星】** 周庄高级中学创办于1958年，2001年被省教育厅确认为“江苏省重点高中”，成为兴化市第二所重点高中。2004年获批“江苏省三级普通高中”，2009年、2017年两次顺利通过省“三星普通高中”复审。2017年11月该校启动省“四星普通高中”创建，一手抓硬件设施投入，相继建成集体馆、图书馆、综合楼，打造校内微景观工程；一手抓教育教学质量提升，践行“立德启智创办适合教育，修文习武弘扬传统文化”办学理念，深化改革创新，提炼办学特色，近几年的高考成绩走在全市农村高中前列。2021年6月30日省教育厅发文，确认周庄高级中学晋升省“四星级普通高中”。

(周长青)

**2021年周庄镇主要经济社会指标一览表**

表88

| 指标名 | 单位 | 数值 | 指标名 | 单位 | 数值 |
|---|---|---|---|---|---|
| 总户数 | 户 | 18014 | 工业利税总额 | 万元 | 48354 |
| 总人口 | 人 | 50717 | 预算内财政收入 | 万元 | 8367 |
| 乡镇从业人员数 | 人 | 27658 | 一般预算收入 | 万元 | 8858 |
| 耕地面积 | 公顷 | 5065 | 私营个体税收 | 万元 | 0 |
| 地区生产总值 | 万元 | 331000 | 农民人均纯收入 | 元 | 34675 |
| 人均地区生产总值 | 元 | 97644 | 中小学校 | 所 | 4 |
| 农业增加值 | 万元 | 69300 | 在校学生 | 人 | 3698 |

续表 88

| 指标名 | 单位 | 数值 | 指标名 | 单位 | 数值 |
|---|---|---|---|---|---|
| 工业增加值 | 万元 | 86200 | 在职教师 | 人 | 411 |
| 建筑业增加值 | 万元 | 41500 | 医院 | 所 | 2 |
| 服务业增加值 | 万元 | 185000 | 卫生所(室) | 个 | 20 |
| 生猪出栏 | 头 | 5874 | 医生数 | 个 | 112 |
| 家禽出栏 | 万羽 | 30.4 | 病床数 | 张 | 141 |
| 水产品产量 | 吨 | 18875 | 参加养老保险人数 | 人 | 32618 |
| 工业企业数 | 家 | 296 | 参加农村新型合作医疗人数 | 人 | 35121 |
| 当年到账外引资金 | 万美元 | 0 | 享受居民最低生活保障人数 | 人 | 305 |
| 工业销售收入 | 万元 | 793161 | | | |

## 2021 年周庄镇骨干企业基本情况表

表 89

| 单位名称 | 销售收入 | 利税总额(万元) | 法定代表人 |
|---|---|---|---|
| 江苏双蝶集团有限公司 | 2343 | 279 | 陈 涌 |
| 泰州市茂华纸品有限公司 | 19688 | 2730 | 徐友明 |
| 泰州市通发塑业有限公司 | 11542 | 587.4 | 王荣祥 |
| 兴化市美联碳素制品有限公司 | 11024 | 636 | 彭秧党 |
| 江苏昊鹏机械有限公司 | 5770 | 252 | 丁宏山 |
| 江苏易兆电器有限公司 | 3686 | 334 | 高建国 |
| 泰州贝斯特纺织有限公司 | 2009 | 109 | 蒋志昌 |
| 泰州市众擎金属制品有限公司 | 7504 | 349 | 戴书勤 |
| 江苏江兴电力器材有限公司 | 5475 | 439 | 金爱华 |
| 兴化市康华碳素制品有限公司 | 4329 | 154 | 伏嵩华 |
| 兴化市华盛木业有限公司 | 3663 | 367 | 沈小华 |
| 兴化市振兴碳素制品有限公司 | 1043 | 59 | 盛金平 |
| 泰州市正阳麦芽有限公司 | 22090 | 1012 | 曹建民 |
| 泰州鸿运铜业有限公司 | 1484 | 65 | 朱玉俊 |
| 兴化市正阳水泥有限公司 | 13489 | 515 | 颜广银 |
| 泰州茂翔电子器材有限公司 | 4000 | 387 | 颜婷婷 |

## 2021 年周庄镇各村基本情况表

表 90

| 村 名 | 村支部书记 | 村委会主任 | 耕地面积(公顷) | 人口(人) | 工农业总产值(万元) | 农民人均纯收入(元) |
|---|---|---|---|---|---|---|
| 边 城 | 张文祥 | 张文祥 | 483.3 | 4254 | 16997 | 26322 |
| 西边城 | 樊三山 | 樊三山 | 385.6 | 2944 | 10834 | 25768 |
| 黄 界 | 许长征 | 许长征 | 365.6 | 2269 | 8541 | 25928 |
| 伍 张 | 李如玉 | 李如玉 | 295.3 | 2303 | 7995 | 25760 |
| 夏 泊 | 王九华 | 王九华 | 235.5 | 1926 | 7436 | 23698 |
| 周 北 | 周玉红 | 周玉红 | 236.4 | 1708 | 5262 | 24563 |

续表 90

| 村 名 | 村支部书记 | 村委会主任 | 耕地面积(公顷) | 人口(人) | 工农业总产值(万元) | 农民人均纯收入(元) |
|---|---|---|---|---|---|---|
| 官 庄 | 赵有才 | 赵有才 | 436.6 | 2835 | 11382 | 23851 |
| 东 浒 | 盛金平 | 盛金平 | 491 | 3202 | 11894 | 26687 |
| 东坂伦 | 蒋 诚 | 蒋 诚 | 231 | 1986 | 8914 | 25547 |
| 西坂伦 | 蒋军华 | 蒋军华 | 385.6 | 2880 | 15168 | 25739 |
| 四 美 | 沈德庆 | 沈德庆 | 395.7 | 3882 | 20912 | 25725 |
| 西 浒 | 刘晓东 | 刘晓东 | 248.6 | 2031 | 8768 | 25622 |
| 周 郊 | 钱 刚 | 钱 刚 | 191.9 | 2146 | 13939 | 26926 |
| 薛 庄 | 周 晨 | 周 晨 | 85 | 929 | 61512 | 30435 |
| 郇 牛 | 张亚明(9月免) | 张亚明(9月免) | 214.6 | 1799 | 8187 | 26057 |
| 颜 吕 | 顾林凤 | 顾林凤 | 243.5 | 1859 | 7067 | 25417 |
| 殷 庄 | 周 根 | 周 根 | 214.5 | 1843 | 6903 | 25474 |
| 周 泽 | 高春荣 | 高春荣 | 262 | 2053 | 7231 | 24223 |

## 垛田街道

**【概况】** 垛田素称“千垛之乡”“民间艺术之乡”，位于兴化城的东南部。2018年，撤销兴化市垛田镇，设立兴化市垛田街道。以原垛田镇所辖区域以及兴东镇的新南、钱戴2个村委会，林湖乡的湖东、戴家2个村委会区域为垛田街道行政区域。垛田街道与得胜湖生态文化旅游产业园区实行街区合一。撤镇建街后，行政区域总面积82.5平方千米，下辖18个行政村、1个居委会，总户数19154户，总人口72888人，耕地面积2493公顷，水面养殖面积2528公顷。境内河沟纵横交错，垛岸星罗棋布，似千万小岛荡漾于水面之上。水陆交通便利，车路河、兴姜河、白涂河穿境而过，344国道、231省道和351省道贯穿全境。垛田入选全国重点文物保护单位。因脱水蔬菜和调味品等传统主导产业集群而蜚声中外，被农业农村部评定为“全国乡村特色产业十亿元镇”。

**【经济建设与发展】** 全年完成地区生产总值28.44亿元，同比增长15%；实现税收收入1.89亿元，同比增长24%；一般公共预算收入1.14亿元，同比增长28%；完成工业开票销售18.9亿元，同比增长21.9%。推进“亩均论英雄”和“五未”土地整治工作，盘活闲置用地317亩，3家企业获得盘活提升，3家企业获得改造升级。高质量推进18家规上企业两化融合对标诊断、1家通过企业两化融合贯标认证、5家企业新进企业上市培育库，净增规上工业企业2家。完成6家农业龙头企业监测任务，新申报1个省级、1个泰州市级农业龙头企业，顶能蔬菜农业产业化联合体顺利通过泰州市农业农村局认定。荣获“中国特色农产品优势区(香葱)”“第十批全国一村一品示范村镇”等荣誉称号。

**【社会事业发展】** 实行企业帮办代办制度，共审批行政给付794人，新增企业法人492人。公共服务性接待来访2万人次，开设个性化服务10余项。落实领导包案化解机制，化解信访矛盾纠纷124件，接待来访群众300余人次，闭环处置率100%。推进政务公开，处理阳光信访交办88件，办理“12345”政务服务热线、市长信箱908件、“我的兴化”民生互动平台203件，办结率100%。常态化开展扫黑除恶专项斗争，建设平安垛田、法治垛田。学前义务教育硕果丰厚，中心小学荣获市“教学工作质量奖”“综合考核二等奖”“国教经典教育优秀学校”等10项荣誉称号，中心小学安管办被泰州市公安局集体记三等功，中心幼儿园获兴化市学前教育先进单位。开展文艺演出活动31场次，展览58场次，红色电影赏析123场次，农家书屋党史学习主题阅读活动228场次，志愿服务活动1967场次，志愿服务18853人次。

**【富民工程实施】** 垛田街道推进东部新城建设，跟踪得胜湖退圩还湖、高铁新城、体育中心(莲溪湖)、长江引水工程、新区高中、小戚安置房、北樊安置房等30个重点工程项目。得胜湖退圩还湖工程完成成湖面积8814亩。坚持取缔“三无”渔船，落实水产养殖用药、饲料添加剂等投入品管理，定期开展水产品质量检测。调查处理环保信访事件(含污染信访平台)51件。开展农村公路提档升级工程，委托第三方检测桥梁50座，成功申报重建危险桥梁3座。完成21个村企联建项目，完成传统灌溉模式户外展示区、船用码头、机动车道路等10个子项目的建设工作，成功创建1个兴化市级特色田园乡村、4个兴化市级集聚提升村、1个省级绿美村庄、1个兴化市级绿化示范村和1个绿化合格村。垛田街道推进大众创业，开展农民、渔民各类培训9期

856人次，新增创业1600余人，培训学员800余人，创业带动就业8000余人，新增电商573家，发放创业扶持贷款2400万元，获泰州市大学生创业大赛三等奖。落实独生子女家庭"两项制度"，办理奖励扶助155人，特别扶助2人，发放奖励金540人。开展人口与家庭发展监测工作，生育服务登记347人，完成免费孕前优生健康检查128对。新增企业养老、失业、工伤、医疗保险1275人，医保电子凭证激活率达85.15%，完成94户适老化改造项目。开展残疾人之家活动，服务村居残疾人员659人次。企业养老、失业、工伤、医疗保险扩面1300余人，城乡居民养老保险参保人数26800余人，城乡居民医疗保险参保率达99%以上。加强村级"三资"管理，完成平台交易总笔数63笔，为村集体增加收入135.12万元，招投标项目52个，累计节约成本310.6万元。建成村级便民服务中心17家。

（周　镍）

### 2021年垛田街道主要经济社会指标一览表

表91

| 指标名 | 单位 | 数值 | 指标名 | 单位 | 数值 |
|---|---|---|---|---|---|
| 总户数 | 户 | 19154 | 工业利润总额 | 万元 | 8147 |
| 总人口 | 人 | 72888 | 预算内财政收入 | 万元 | 18924 |
| 乡镇从业人数 | 人 | 25818 | 公共财政预算收入 | 万元 | 11455 |
| 耕地面积 | 公顷 | 2493 | 私营个体税收 | 万元 | 861 |
| 地区生产总值 | 万元 | 284383 | 农民人均纯收入 | 元 | 25550 |
| 人均地区生产总值 | 元 | 39016 | 中小学校 | 所 | 1 |
| 农业增加值 | 万元 | 31151 | 在校学生 | 人 | 1719 |
| 工业增加值 | 万元 | 66238 | 在职教师 | 人 | 126 |
| 建筑业增加值 | 万元 | 23306 | 医院 | 所 | 1 |
| 服务业增加值 | 万元 | 163688 | 卫生所(室) | 个 | 24 |
| 生猪出栏 | 万头 | 0.07 | 医生数 | 人 | 73 |
| 家禽出栏 | 万羽 | 66 | 病床数 | 张 | 88 |
| 水产品产量 | 吨 | 15400 | 参加养老保险人数 | 人 | 27881 |
| 工业企业数 | 家 | 118 | 参加农村新型合作医疗人数 | 人 | 50637 |
| 工业销售收入 | 万元 | 157533 | 享受居民最低生活保障人数 | 人 | 448 |

### 2021年垛田街道骨干企业基本情况表

表92

| 企业名称 | 销售收入(万元) | 利润总额(万元) | 负责人 |
|---|---|---|---|
| 江苏华科塑业有限公司 | 4541 | 232 | 潘成业 |
| 兴化市大林食品有限公司 | 5891 | 234 | 王益林 |
| 兴化市宏升食品有限公司 | 9402 | 708 | 王益洪 |
| 江苏顶能食品有限公司 | 3745 | 196 | 王祝善 |
| 兴化市联发食品有限公司 | 7664 | 606 | 王笛庭 |
| 兴化市味野食品有限公司 | 1497 | 51 | 郑同进 |
| 江苏盛和食品有限公司 | 3856 | −283 | 王　飞 |
| 兴化市方圆消防器材有限公司 | 2868 | 159 | 陈久兰 |
| 兴化市华成镀锌管件有限公司 | 25768 | 1099 | 葛满全 |
| 兴化市广福金属制品有限公司 | 44123 | 2528 | 周广美 |
| 兴化市维泰食品有限公司有限公司 | 2051 | 298 | 赵庆斌 |
| 江苏中源食品有限公司 | 4271 | 66 | 吴　正 |

续表 92

| 企业名称 | 销售收入(万元) | 利润总额(万元) | 负责人 |
| --- | --- | --- | --- |
| 兴化市联升食品有限公司 | 7125 | 227 | 刘庆森 |
| 顶能科技有限公司 | 17511 | 1597 | 王一盛 |
| 江苏振亚生物科技有限公司 | 5670 | 83 | 王一怀 |
| 江苏久春温室设备有限公司 | 3619 | 36 | 曹玉锁 |
| 江苏华硕食品有限公司 | 3463 | 162 | 张雷善 |
| 兴化市明松食品有限公司 | 4470 | 149 | 刘庆明 |

2021 年垛田街道各村基本情况表

表 93

| 村　名 | 村支部书记 | 村委会主任 | 耕地面积(公顷) | 人口(人) | 农业总产值(万元) | 农民人均纯收入(元) |
| --- | --- | --- | --- | --- | --- | --- |
| 芦洲 | 王永明 | 王永明 | 326.1 | 8398 | 16011 | 24669 |
| 平安垛 | 陈鹤进 | 陈鹤进 | 169.4 | 4096 | 2146 | 24138 |
| 孔长 | 顾　冲 |  | 80.7 | 2252 | 3596 | 27443 |
| 杨荡 | 韩建和 | 韩建和 | 68.7 | 1592 | 1950 | 23948 |
| 高家荡 | 张　泉 | 张　泉 | 143.6 | 3647 | 10919 | 23517 |
| 莲溪湖 | 唐　浩 | 孙朝阳 | 126.1 | 5056 | 5406 | 25113 |
| 张皮垛 | 张日长 | 张日长 | 153.6 | 3937 | 5552 | 25347 |
| 何家垛 | 俞步国 | 俞步国 | 34.4 | 3334 | 2775 | 25198 |
| 凤凰垛 | 翟拥军 | 翟拥军 | 76.9 | 3407 | 1110 | 25090 |
| 花园垛 | 徐义涛 | 徐兴付 | 57.3 | 3406 | 1854 | 24120 |
| 新徐垛 | 殷振华 | 殷振华 | 78.5 | 3001 | 2811 | 21499 |
| 得胜 | 陈付猛 | 陈付猛 | 88.3 | 3496 | 1950 | 29279 |
| 申家佃 | 赵玉中 | 赵玉中 | 62.2 | 2107 | 1514 | 24712 |
| 湖西 | 周同书 | 周同书 | 124.3 | 3297 | 3730 | 23598 |
| 戴家 | 毛小松 | 毛小松 | 221.2 | 5316 | 18793 | 31429 |
| 湖东 | 王涌南 | 王涌南 | 182.5 | 3959 | 7017 | 24970 |
| 新钱 | 朱青阳 | 朱青阳 | 195 | 3247 | 1733 | 28901 |
| 王横 | 王一俊 | 王一俊 | 251.5 | 4536 | 7364 | 25476 |
| 金岛社区 | 钱　钢 | 钱　钢 | 4.5 | 4804 | 43 | 25668 |

## 竹泓镇

【概况】 竹泓镇地处“鱼米之乡”兴化市的腹部，是兴化市“十大古镇”之一。竹泓镇交通网络内通外畅、辐射四周，区位优势明显。344 国道、232 省道、渭水河、梓辛河穿境而过。距盐靖高速约 3 分钟行程，距新长铁路约 20 分钟行程，距阜兴泰高速约 20 分钟行程，距国家一类开放口岸泰州港 56 千米；规划中的盐泰锡城际铁路在镇域旁设有兴化站，距扬泰机场、盐城南洋机场约 40 分钟行程。行政区域面积 64.27 平方千米，耕地面积 3348.9 公顷，下辖 13 个行政村、1 个居委会，总户数 12897 户，总人口 39900 人。

【经济建设与发展】 全年实现地区生产总值 8.34 亿元；一般公共预算收入 2139.31 万元；完成工业开票 8.48 亿元，规上工业总产值实现 4.06 亿元；城镇居民人均可支配收入 25861 元，同比增长 56.31%；农村居民人均可支配收入 25983 元，同比增长 48.62%。推动建设“世外桃源”“兴润种业”“天亦香果品”“九里港龙虾”“竹泓大米”“九港莲藕”等农产品品牌。推进“绿岛”集中喷涂项目建设。实施农村主干道亮化、绿化工程。依托“国字号”金字招牌，挖掘竹泓木船文化，放大国家级非遗影响力，服务好苏航等龙头企业。

2021 年 7 月 3 日，市长殷俊（左一）到竹泓镇考察木船制造企业。

（竹泓镇/供图）

【社会事业发展】　竹泓镇以全国文明城市创建和人居环境整治为抓手，统筹镇村规划建设。开展“五治理、四提升”活动，投入 3400 多万元，先后动员 8300 多人次清理垃圾，清运水上漂浮物、建筑垃圾和各类生活垃圾 10 万立方米，清理整治河塘沟渠 103 条。实施兴泓路绿化提档升级，兴泓路、创业路、市场北路、竹九路、老兴泰公路的“亮化”工程；对集镇人行横道线、道路标线、学校门口禁停网格线和交通桥梁表面进行出新；新划设机动车停车位 593 个、非机动车停车位 347 个，增设公益广告 2300 余处；市场北路桥北公交、桥南社会车辆停车场建成投用；改造安泰路、板桥路、市场路的照明设施；新增安泰路、市场路道路违章电警抓拍系统；创业路与兴泓路、大周公路（S232）的红绿灯系统投入使用；三次改水和镇区污水管网接管工程顺利完工；新建 AAA 级旅游公厕 1 座。

【富民工程实施】　竹泓镇推进现代服务业项目建设，构建“历史＋文化＋旅游”发展新格局。建成千亿斤粮食产能田间工程项目，新建排涝站 9 座，浇筑机耕道路 17 条，配套建设过路涵洞、渠桥等基础设施。挖掘木船制作、制香、方桌琴凳等非物质文化遗产项目，结合文化古镇的规划和开发建设，把文化产业与老镇区古建筑、人文历史、自然生态呼应融合，发展农家乐、垂钓、瓜果采摘等休闲娱乐服务业。落实惠民扶农政策，累计发放耕地补贴 2281.48 万元，农机购置补贴 246 户 406.81 万元，秸秆还田补贴 503.75 万元。

（徐晟龙）

**2021 年竹泓镇主要经济社会指标一览表**

表 94

| 指标名 | 单位 | 数值 | 指标名 | 单位 | 数值 |
|---|---|---|---|---|---|
| 总户数 | 户 | 12897 | 工业利税总额 | 万元 | 16000 |
| 总人口 | 人 | 39900 | 税收收入 | 万元 | 3760 |
| 乡镇从业人员数 | 人 | 14846 | 一般公共预算收入 | 万元 | 2139.31 |
| 耕地面积 | 公顷 | 3032.1 | 增值税 | 万元 | 2484.32 |
| 地区生产总值 | 万元 | 83452 | 农民人均纯收入 | 元 | 25861 |
| 人均地区生产总值 | 元 | 38836 | 中小学校 | 所 | 3 |
| 农业增加值 | 万元 | 36538 | 在校学生 | 人 | 1298 |
| 工业增加值 | 万元 | 24364 | 在职教师 | 人 | 122 |
| 建筑业增加值 | 万元 | 3544 | 医院 | 所 | 1 |
| 服务业增加值 | 万元 | 19005 | 卫生所（室） | 所 | 10 |
| 生猪出栏 | 万头 | 1.25 | 医生数 | 人 | 38 |
| 家禽出栏 | 万羽 | 28 | 病床数 | 张 | 26 |
| 水产品产量 | 吨 | 7390 | 参加养老保险人数 | 万人 | 11640 |
| 工业企业数 | 家 | 71 | 参加农村新型合作医疗人数 | 万人 | 13065 |
| 工业销售收入 | 亿元 | 20 | 享受居民最低生活保障人数 | 人 | 326 |

2021年竹泓镇骨干企业基本情况表

表95

| 企业名称 | 销售收入<br>(500万元以上)(万元) | 利税总额<br>(50万元以上)(万元) | 法定代表人 |
|---|---|---|---|
| 江苏苏航船业集团有限公司 | 6282.2 | 1462.5 | 丁 松 |
| 江苏华新环保设备科技有限公司 | 2681.4 | 505.3 | 姚金元 |
| 江苏盛裕化纤有限公司 | 8481.2 | 965.1 | 徐 锋 |
| 泰州市辉航化纤有限公司 | 2972.9 | 274.2 | 吴春明 |
| 兴化市发斯特食品科技有限公司 | 5604.8 | 764.4 | 郑同进 |

2021年竹泓镇各村基本情况表

表96

| 村 名 | 村支部书记 | 耕地面积<br>(公顷) | 人口<br>(人) | 工农业总产值<br>(万元) | 农民人均纯收入<br>(元) |
|---|---|---|---|---|---|
| 竹一村 | 翟华兵 | 463.433809 | 3678 | 5690 | 24561 |
| 竹二村 | 冯庆兵 | 411.073707 | 2646 | 4746 | 28580 |
| 新港村 | 王 勇 | 630.908399 | 3470 | 6908 | 25769 |
| 冯家村 | 冯玉才 | 339.240185 | 1754 | 2951 | 24693 |
| 新泓村 | 徐国胜 | 537.964921 | 3346 | 4566 | 26699 |
| 志方村 | 徐顺中 | 417.78896 | 2694 | 4708 | 26099 |
| 九港村 | 徐德广 | 380.979914 | 2392 | 2825 | 24430 |
| 北张舍村 | 丁仁柏 | 531.304215 | 2777 | 4146 | 25025 |
| 尖沟村 | 许凤韦 | 451.383203 | 2033 | 2625 | 29189 |
| 舒余村 | 虞舜杨 | 654.201605 | 3077 | 4925 | 27922 |
| 振南村 | 林中江 | 613.524459 | 3371 | 5099 | 25280 |
| 解徐王村 | 解荣美 | 512.694508 | 3053 | 4628 | 23135 |
| 东高魏村 | 蔡月涛 | 339.539762 | 2091 | 3083 | 24810 |

## 林湖乡

【概况】 林湖乡位于兴化市境中部，东邻宁靖盐高速公路，南接344国道，西傍京沪高速，北依351省道，大周公路穿境而过，位置优越，交通便捷。行政区域面积47.19平方千米。境内湖荡环抱，河沟纵横，田垛并行，自然风光优美，水土物产丰富，是兴化典型的原生态“鱼米之乡”之一。全乡共有9个行政村，1个社区，户籍人口2.81万人。林湖乡人文历史悠久，文化底蕴深厚，有古遗存13处，其中省级和市级文物保护单位各1处，2006年新发现的江淮地区最大的魏庄影山头遗址将兴化的人文历史向前推进6600多年。林湖乡是兴化早期的抗日革命根据地之一，乡境内遗有梓辛河伏击战、华中军区第一野战医院等多处革命遗址，有林湖乡籍革命烈士100多人。

【经济建设与发展】 全乡实现地区生产总值7.53亿元；工业开票销售3.24亿元；一般公共预算收入1108万元；实现服务业税收收入553万元；农村居民人均可支配收入23669元。亿元项目3个，新开工建设亿元项目2个。规上企业“三圆锌品”已列入泰州市科创企业培育库和企业上市(挂牌)后备库。连续四年联合承办“中国·兴化”调味品产业发展大会，调味食品园区已初具规模。推进调味食品“总部经济”战略，新入驻商贸企业15家，入驻商贸企业已达53家，累计服务业税收收入过千万元。林湖乡组织农业产业园规划进行修编，完成农业招商引资项目2个，实施农业农村重大项目2个，培育泰州市级农业龙头企业1家。申报“林湖葡萄”农产品地理标

2021年11月9日，全市未保工作站规范化建设现场推进会在林湖召开。　（林湖乡/供图）

志，并通过省级评审。培育新型农业经营主体，发展各类专业大户、家庭农场、合作组织95家。抓好“一村一品”创建工作，形成水产养殖、果蔬种植、调味食品、光伏发电等特色产业。

**【社会事业发展】** 林湖乡实施污水支管网接管和污水提升小泵站设施建设。建成得胜湖退渔还湖水产渔民新村、标准化居家养老中心4家、慈善工作站和未保工作站各1家、村级儿童之家9个。投入资金33.99万元，建成1座河长制公园。中心校幼儿园配套设施不断优化，成功创建省优质园。卫生院门诊大楼建成并投入使用，医务条件不断改善。村级党群服务中心建设实现全覆盖。退役军人服务站规范化建设通过市级考核验收。健全未成年关爱保护服务网络，建成全省首个未成年人保护专属网格，首家乡镇未成年人保护工作站。加强集体资产资源管理和工业集体建设用地管理，收缴蟹塘管理费223.94万元、土地复垦保证金618.86万元、工业用地管理费27万元。推进“五未”土地整治，完成西丁村镇口庙建设用地盘活、魏庄村北大圩子土地复垦整组搬迁。按照“四点五四”标准，打造梓辛河林湖段幸福河道1.7千米，加修圩堤3.4千米。推进网格化社会治理工作，发挥综合指挥中心功能作用。推进铁陆村兴化市级特色田园乡村和朱陈、朱胖、湾朱集聚提升村创建工作，创成省级生态文明示范乡镇。加快镇村基础设施建设，实施林海路、林马路亮化工程和集镇文体广场、魏庄影剧院改造、百姓大舞台等公益项目建设，完成林东线环镇公路以及林马路、林西线、强胜线、朱胖连接线提档升级工程。投资170万元，完成马家村水产路道路改造工程。投资600多万元，完成2.2公里林湖连接线“白改黑”改造工程。铁陆、镇口、朱胖、朱陈四座大桥已完成施工前期准备。打造西丁村“红色教育”基地，完成“华中军区第一野战医院旧址”和西丁村村史馆改造。

**【富民工程实施】** 落实“两不愁三保障”政策，全乡598户、899人、7个经济薄弱村全部脱贫，并通过省级检查验收。推进城乡居民养老保险续保、医疗保险征缴工作，分别扩面356人、289人。创业富民服务中心建成并投入使用。加大弱势群体帮扶力度，累计发放低保、五保、临时救助等各项补助资金合计2530万元，发放贫困残疾人生活补贴、重度残疾人护理补贴、困难家庭补助等合计1260万元。规范企业用工行为，成功化解企业拖欠农民工工资纠纷12起。完成危房改造152户。实施“万企联万村、共走振兴路”行动，推动村企联建38家。

（仲　托）

2021年11月10日，兴化市乡村振兴现场观摩会在林湖乡召开。

（林湖乡/供图）

**2021年林湖乡主要社会经济指标一览表**

表97

| 指标名 | 单位 | 数值 | 指标名 | 单位 | 数值 |
|---|---|---|---|---|---|
| 总户数 | 户 | 9809 | 水产品产量 | 吨 | 10223 |
| 总人口 | 人 | 28181 | 法人企业数 | 个 | 181 |
| 乡镇从业人员数 | 人 | 6104 | 学校 | 所 | 3 |
| 地区生产总值 | 万元 | 75309 | 在校学生 | 人 | 668 |
| 第一产业 | 万元 | 30396 | 在职教师 | 人 | 102 |
| 第二产业 | 万元 | 19791 | 幼儿园、托儿所 | 所 | 1 |
| 第三产业 | 万元 | 25122 | 医疗卫生机构 | 个 | 10 |
| 耕地面积 | 公顷 | 2415 | 职业(助理)医师数 | 人 | 22 |
| 粮食总产量 | 吨 | 17880 | 人均住房面积 | 平方米 | 49 |
| 蔬菜总产量 | 吨 | 8530 | 城乡居民基本养老保险参保人数 | 人 | 14405 |
| 肉类总产量 | 吨 | 156 | 城乡居民基本医疗保险参保人数 | 人 | 20041 |
| 禽蛋产量 | 吨 | 4220 | 享受居民最低生活保障人数 | 人 | 329 |

**2021年林湖乡骨干企业基本情况表**

表98

| 企业名称 | 销售收入(万元) | 利税总额(万元) | 法定代表人 |
|---|---|---|---|
| 兴化市楚雄建筑安装有限公司 | 60557.3 | 3294.7 | 任昭勇 |
| 兴化市三圆锌品有限公司 | 8180 | 375.3 | 王　俊 |
| 泰州津大味业有限公司 | 2009 | 261 | 姚　贵 |

**2021年林湖乡各村基本情况表**

表99

| 村　名 | 支部书记 | 村委会主任 | 耕地面积(公顷) | 人口(人) | 农民人均可支配收入(元) |
|---|---|---|---|---|---|
| 魏庄村 | 王生祥 | | 9642 | 5958 | 21786 |
| 铁陆村 | 陈浩建 | | 1881 | 1429 | 21094 |
| 西丁村 | 杨去明 | | 3624 | 2799 | 24155 |
| 强胜村 | 张正忠 | | 5834 | 3852 | 23322 |
| 姚富村 | 姚杏龙 | | 3202 | 2580 | 23770 |
| 朱陈庄村 | 刘宏兴 | | 3773 | 3062 | 21817 |
| 马家村 | 丁德银 | | 2657 | 2353 | 22231 |
| 湾朱村 | 屠洪富 | | 3126 | 2721 | 21168 |
| 朱胖村 | 刘　驹 | | 2129 | 1765 | 22518 |

## 沈坨镇

**【概况】** 沈坨镇是兴化市十大古镇之一。行政区域面积49.58平方千米，下辖10个行政村、1个社区，耕地面积2658公顷，人口25810人。地处兴化市腹部，232省道贯穿南北，沈张公路横跨东西，省级航道蚌蜒河、兴姜河在此交汇，水陆交通便利，地理位置优越。2021年被江苏省委、省政府表彰为“全省脱贫攻坚暨对口帮扶支援合作先进集体”，被泰州市委表彰为“泰州市先进基层党组织”，被兴化市委、市政府表彰为2021年度“综合考核先进乡镇一等奖”“人居环境整治工作组织一等奖”“河长制工作先进乡镇一等奖”“乡村振兴工作先进单位二等奖”“农业农村工作先进乡镇一等奖”。

**【经济建设与发展】** 沈坨镇实现地区生产总值8.25亿元，同比增长18.19%；完成财政收入7967.51万元，其中一般公共预算收入3241万元，同比分别增长3.5%、5.5%；完成工业开票销售收入8.63亿元，同比增长42.5%；完成招商引资实绩4亿元，同比增长11%；农村居民人均可支配收入25337元，同比增长9%。全镇新招引工业项目5个，其中亿元以上项目2个，5000万元以上项目3个。新认定国家高新技术企业5家，5家工业企业、1家服务业企业小进规。创新开展“不见面线上招商”，对有签约意向的项目，加强网上对接、洽谈力度，采取电话、定向邮件、网络视频等方式与意向企业深入沟通，推动项目尽快签约；对于成熟的项目做好项目初审、项目合同起草等基础工作；对于急需签约的项目，通过邮寄项目文本的形式进行签约，确保疫情期间项目招引的热度不减、关注度不降。

**【社会事业发展】** 推进集镇后街背巷整治提升工程、溱潼路综合提升工程、迎宾大道北延工程、蚌蜒河整治工程、居民小区污水管网建设工程、沈安路提档升级工程、景观河“水净岸绿景美”工程、生活污水处理厂提升及镇关村接管工程。实施主干道红绿灯抓拍系统、星级旅游公厕、迎宾大桥、“法制一条街”、河长制主题公园、兴姜河集镇段亮化、主干道亮化提升等集镇重点项目建设。人居环境整治模式得到农业农村部的高度评价，先后接待盱眙、沭阳、盐都、淮安等市外党政代表团的观摩学习。崇禄村成功创建为江苏省特色田园乡村，薛鹏村成功入选江苏省“传统村落”。开展畜禽污染治理、大气环境质量监测、“散乱污”企业专项整治工作“回头看”活动，建成空气监测站1座。注重教师队伍建设和注重师德师风建设，规范学前教育，提升教育教学质量。强化校车安全管理，建设平安和谐校园，努力办人民满意教育。

**【富民工程实施】** 实行家庭成员自然增减动态管理，全镇建档立卡贫困户793户共1045人，如期实现脱贫摘帽目标任务，被省委、省政府表彰为全省脱贫攻坚先进集体。实施繁盛村、崇禄村、李默村、关华复村千亿斤粮食产能规划田间工程。推进沈南、沈北、繁盛等3个村高效农田基础设施建设工程、崇禄村高标准农田建设零散地治理项目。完成机耕桥梁3座、机耕道路800米，新建圩口闸1座、维修圩口闸1座、新建小型电灌站2座、维修小型电灌站26座、新建4米跨渠桥1座、维修排涝站3座、改造电启闭装置4座。完成生产河疏浚4.5千米。开展违法用地专项整治行动，完成土地增减挂钩面积75亩。完成沈大线、沈家线、沈张线、安冒线、沈关线薛鹏至关口段等提档升级工程，沈张新线顺利建成通车，新建袁陆大桥1座。推进“一事一议”财政奖补项目3个，村居环境面貌不断改善。推进农村生活污水处理设施建设，全镇建成18个微动力污水处理站。

**【柏九村】** 沈坨镇柏九村由原来的柏家、九尖2个自然村合并而成，全村现有12个村民小组、496户、1854人，党员45人。行政区域面积3.2平方千米，其中耕地面积217公顷，水面资源2520亩，专业合作社4个（放牛荡大闸蟹、碧根果、桃花缘、美地果蔬），家庭农场11个，主要以水稻、蔬菜、果树种植和高效水产养殖为主。2021年村集体经营性收入75.48万元，农村居民人均纯收入23880元。近年来，该村始终把发展经济作为“第一要务”，不断调整产业结构，建成面积360亩的桃花缘果树、100亩的葡萄园、150亩美地果蔬设施农业，75亩白玉琵琶高效农业种植基地；河蟹养殖规模1180亩，蟹产量达210吨左右，总产值1600万元。先后被评为省级示范水产养殖家庭农场、泰州市“一村一品”示范村、泰州市文明村、兴化市先进基层党组织，成功创建兴化市特色田园乡村。

（周建秋）

2021年4月2日，市委全会与会人员集中观摩沈坨镇市级示范河道。

（沈坨镇/供图）

## 2021年沈纶镇主要经济社会指标一览表

表100

| 指标名 | 单位 | 数值 | 指标名 | 单位 | 数值 |
|---|---|---|---|---|---|
| 总户数 | 户 | 8479 | 工业利税总额 | 万元 | 7600 |
| 总人口 | 人 | 25810 | 预算内财政收入 | 万元 | 7967.51 |
| 乡镇从业人员数 | 人 | 12930 | 一般公共预算收入 | 万元 | 3241 |
| 耕地面积 | 公顷 | 2658 | 私营个体税收 | 万元 | 694 |
| 地区生产总值 | 亿元 | 8.25 | 农村居民人均可支配收入 | 元 | 25337 |
| 人均地区生产总值 | 元 | 63418 | 中小学校 | 所 | 2 |
| 农业增加值 | 万元 | 30931 | 在校学生 | 人 | 422 |
| 工业增加值 | 万元 | 11400 | 在职教师 | 人 | 85 |
| 建筑业增加值 | 万元 | 23672 | 医院 | 所 | 1 |
| 服务业增加值 | 万元 | 21427 | 卫生所(室) | 个 | 8 |
| 生猪出栏 | 头 | 8200 | 医生数 | 人 | 22 |
| 家禽出栏 | 万羽 | 42 | 病床数 | 张 | 51 |
| 水产品产量 | 吨 | 1525 | 参加养老保险人数 | 人 | 16214 |
| 工业企业数 | 家 | 105 | 参加农村新型合作医疗人数 | 人 | 17365 |
| 当年到账外引资金 | 万元 | 0 | 享受居民最低生活保障人数 | 人 | 474 |
| 工业开票销售收入 | 万元 | 115836 | | | |

## 2021年沈纶镇骨干企业基本情况表

表101

| 企业名称 | 销售收入(万元) | 利税总额(万元) | 法定代表人 |
|---|---|---|---|
| 江苏亚立特钢有限公司 | 6105.7 | 203.34 | 房恒方 |
| 泰州华昊废金属综合利用有限公司 | 3321.5 | 158.04 | 陆会岭 |
| 泰州舜泰服饰有限公司 | 902 | 130.89 | 毛爱明 |
| 泰州天枫服装道具有限公司 | 1926 | 128 | 曹林妹 |
| 江苏彼欧亿塑料科技有限公司 | 4003 | 115.00 | 李秀丽 |
| 江苏瑞奇金属制品有限公司 | 3502 | 106.3 | 马友富 |
| 江苏欧德卫浴制品有限公司 | 3687.1 | 104.33 | 凡康华 |
| 江苏海德威塑料制品有限公司 | 1972 | 100.90 | 张新海 |
| 江苏壹萨生物科技有限公司 | 2295 | 88.00 | 许栋杰 |
| 泰州浩天精密铸造有限公司 | 2476 | 79.25 | 周年所 |
| 江苏牛劲石化机械有限公司 | 3200.74 | 77.21 | 褚建峰 |
| 江苏聚彩文教用品有限公司 | 2010 | 72.00 | 李正平 |
| 卡撒钢绳(江苏)有限公司 | 2810.00 | 72.00 | 陈春江 |
| 江苏欧瑞德阀门有限公司 | 2535.5 | 65.07 | 凡康华 |

续表 101

| 企业名称 | 销售收入(万元) | 利税总额(万元) | 法定代表人 |
|---|---|---|---|
| 泰州金鑫特种线缆有限公司 | 2234 | 65.00 | 曹强芝 |
| 泰州畅祺机械制造有限公司 | 1414.26 | 56.35 | 刘荣德 |
| 江苏诚力电子有限公司 | 914.3 | 53.43 | 金永高 |
| 江苏博诚金属制品有限公司 | 1373 | 53.00 | 宿全涛 |

2021 年沈伦镇各村基本情况表

表 102

| 村　名 | 村支部书记 | 村委会主任 | 耕地面积(公顷) | 人口(人) | 工农业总产值(万元) | 农民人均纯收入(元) |
|---|---|---|---|---|---|---|
| 关华复村 | 奚爱明<br>奚　波 | 奚爱明 | 210 | 2186 | 8068.34 | 27095 |
| 李默村 | 孙　鹏<br>陆秉权 | 孙　鹏 | 185 | 2044 | 9872.23 | 25241 |
| 薛鹏村 | 朱亚兵 | 朱亚兵 | 360 | 4382 | 14902.88 | 25239 |
| 金唐纪村 | 唐志强 | 唐志强 | 177 | 2331 | 6848.67 | 24188 |
| 繁盛村 | 郭丞斌 | 郭丞斌 | 300 | 3226 | 16257.82 | 24199 |
| 柏九村 | 奚安祥 | 奚安祥 | 217 | 1854 | 10811.22 | 23880 |
| 崇禄村 | 黄来扣 | 黄来扣 | 352 | 2920 | 11971.18 | 25579 |
| 沈南村 | 陆祥东 | 陆祥东 | 156 | 1822 | 9926.88 | 27372 |
| 沈北村 | 孙金才 | 孙金才 | 182 | 1835 | 10103.37 | 26330 |
| 安冒村 | 李嘉根 | 李嘉根 | 346 | 3026 | 12404.07 | 26203 |

## 新任市级领导

**殷俊**,男,汉族,1982年4月生,江苏省泰州市泰兴人,2002年1月加入中国共产党,2007年8月参加工作,西南政法大学国际法学专业研究生学历,硕士学位。2000年9月至2004年7月,西南政法大学经济贸易法学院法学专业学习(其间,于2001年10月至2003年07月于四川外语学院英语专业双学位班学习)。2004年9月至2007年7月,西南政法大学国际法学专业硕士研究生。2007年8月至2008年9月,泰兴经济开发区管委会外商服务中心工作人员。2008年9月至2009年1月泰兴市纪委党廉室工作人员。2009年1月至2010年10月,泰兴市虹桥工业园区管委会副主任科员。2010年10月至2011年3月,泰兴市虹桥工业园区管委会副主任科员、招商五局局长。2011年3月至2012年7月,泰兴市元竹镇党委副书记、副镇长(正科职)。2012年7月至2013年1月,共青团泰兴市委书记、团校校长。2013年1月至2017年7月,共青团泰州市委副书记、党组成员。2017年7月至2019年8月,共青团泰州市委书记、党组书记(其间2018年9月至2018年10月中央团校2018年度第1期全国团市委书记进修班学习)。2019年8月至2020年6月泰州市委宣传部副部长、市文明办主任。2020年6月至2021年5月,泰州市委宣传部副部长、市文明办主任,海陵区委副书记、副区长(挂职)(其间2020年9月至2020年12月江苏省第10期中青年干部培训二班学习)。2021年5月至2021年6月,兴化市委副书记、市长候选人。2021年6月,任兴化市委副书记、市人民政府副市长、代理市长。

**常军**,男,汉族,1976年5月生,江苏省泰州市泰兴市人,1998年8月参加工作,2003年8月加入中国共产党,大学学历。1994年9月至1998年7月,南京建筑工程学院岩土工程专业学习。1998年8月至1999年11月,泰兴市审计事务所工作人员。1999年11月至2003年10月,高港区人民检察院书记员、助理检察员。2003年10月至2005年9月,高港区人民检察院反贪局侦查一科副科长。2005年9月至2006年3月,高港区人民检察院反贪局侦查一科科长。2006年3月至2009年3月,泰州市纪委纪检监察二室副主任科员。2009年3月至2011年3月,泰州市纪委机关纪检监察工作一室副主任科员。2011年3月至2013年5月,泰州市纪委机关纪检监察工作一室主任科员。2013年5月至2013年12月,泰州市纪委机关纪检监察工作二室副主任。2013年12月至2014年7月,泰州市纪委纪检监察二室副主任。2014年7月至2016年6月,泰州市纪委第二纪检监察室副主任。2016年6月至2017年9月,泰州市纪委第二纪检监察室副主任(主持工作)。2017年9月至2018年1月,泰州市纪委第二纪检监察室主任。2018年1月至2020年7月,泰州市纪委监委第二纪检监察室主任。2020年7月至2021年4月,泰州市纪委监委第二审查调查室主任。2021年4月,任兴化市委常委、市纪委书记、市监委代主任。

**王晓秋**,男,汉族,1969年8月生,江苏省泰州市兴化

市人，1991 年 8 月参加工作，2003 年 9 月加入中国共产党，大学本科学历。1988 年 9 月至 1991 年 7 月，于盐城工业专科学校建材制品专业学习。1991 年 8 月至 1996 年 7 月，兴化市城建局办事员。1996 年 7 月至 1999 年 9 月，兴化市城建局团总支副书记。1999 年 9 月至 2002 年 3 月，兴化市建设局建设系列产品许可证办公室副主任。2002 年 3 月至 2005 年 1 月，兴化市建设局建设系列产品许可证办公室主任、团委书记。2005 年 1 月至 2007 年 6 月，兴化市住房制度改革办公室副主任（副科级）。2007 年 6 月至 2008 年 10 月，兴化市建设局副局长。2008 年 10 月至 2009 年 1 月，兴化市安丰镇党委副书记。2009 年 1 月至 2010 年 12 月，兴化市安丰镇党委副书记、镇长。2010 年 12 月至 2015 年 10 月，兴化市戴窑镇党委书记、人大主席。2015 年 10 月至 2019 年 1 月，泰州市委农工办副主任。2019 年 1 月至 2021 年 11 月，泰州市委农办副主任、市农业农村局党组成员。2021 年 11 月，任兴化市人民政府副市长。

**戴金龙**，男，汉族，1976 年 11 月生，江苏省灌云县人，2001 年 2 月参加工作，民盟，研究生学历，硕士学位。1995 年 9 月至 2000 年 7 月，于白俄罗斯戈梅利国立大学经济与生产管理专业本科和硕士研究生阶段学习。2001 年 2 月至 2002 年 12 月，泰州市外事办公室友好城市交流处工作人员。2002 年 12 月至 2004 年 11 月，泰州市外事办公室友好城市交流处副主任科员。2004 年 11 月至 2004 年 11 月，泰州市外事办公室出国来华管理处副主任科员。2004 年 11 月至 2007 年 3 月，泰州市外事办公室侨务工作处副处长。2007 年 3 月至 2007 年 11 月，泰州市外事办公室出国来华管理处副处长、主任科员。2007 年 11 月至 2012 年 3 月，泰州市外事办公室港澳事务处处长、出国来华管理处副处长。2012 年 3 月至 2013 年 11 月，泰州市外事办公室港澳事务处处长、出国来华管理处处长。2013 年 11 月至 2015 年 6 月，泰州市外事办公室港澳事务处处长、行政许可服务处（出国来华管理处）处长。2015 年 6 月至 2016 年 11 月，泰州市外事侨务办公室友城交流处处长（其间：2014 年 11 月至 2015 年 11 月，挂职任泰兴市虹桥工业园区管委会副主任）。2016 年 11 月至 2021 年 11 月，民盟泰州市委副主委、秘书长。2021 年 11 月，任兴化市人民政府副市长。

**王辉**，男，汉族，1981 年 4 月生，江苏省泰州人，2003 年 8 月参加工作，2002 年 6 月加入中国共产党，大学学历，学士学位。1999 年 9 月至 2003 年 6 月，于江苏工业学院化学工程系化学工程与工艺专业学习。2003 年 8 月至 2004 年 7 月，高港区刁铺镇政府工作人员（省委组织部选调）。2004 年 7 月至 2005 年 12 月，高港区编委办工作人员。2005 年 12 月至 2006 年 2 月，高港区编委办行政机构编制管理科副科长（其间，2005 年 11 月至 2006 年 2 月被泰州市人事局借用）。2006 年 2 月至 2006 年 11 月，高港区人事局人才资源开发科副科长。2006 年 11 月至 2007 年 6 月，高港区政府办公室工作人员。2007 年 6 月至 2008 年 6 月，高港区政府办公室综合调研科副科长。2008 年 6 月至 2010 年 7 月，高港区政府办公室综合调研科科长。2010 年 7 月至 2011 年 5 月，高港区政府办公室综合一科科长、综合调研科科长。2011 年 5 月至 2012 年 1 月，高港区委办公室工作人员。2012 年 1 月至 2012 年 10 月，高港区委办公室综合一科科长。2012 年 10 月至 2015 年 12 月，高港区督查考核办副主任。2015 年 12 月至 2017 年 12 月，高港区委办公室副主任、区网管中心主任。2017 年 12 月至 2018 年 1 月，高港区胡庄镇党委副书记。2018 年 1 月至 2018 年 11 月，高港区胡庄镇党委副书记、镇长。2018 年 11 月至 2020 年 3 月，高港区胡庄镇党委书记（其间：2019 年 4 月至 2019 年 10 月，泰州市第 6 期中青年领导干部研讨班学习）。2020 年 3 月至 2021 年 4 月，高港区胡庄镇党委书记、现代农业产业园区管理办公室主任。2021 年 4 月至 2021 年 5 月，兴化市人民政府副市长。2021 年 5 月，任兴化市人民政府党组成员、副市长。

**明冠**，男，汉族，1978 年 1 月生，江苏省泰州市泰兴市人，1999 年 11 月参加工作，2005 年 6 月加入中国共产党，江苏省委党校大学学历。1996 年 9 月至 1999 年 6 月，江苏理工大学国际经济法专业学习。1999 年 11 月至 2000 年 1 月，泰州市公安局新警培训班见习。2001 年 1 月至 2004 年

5月，泰州市公安局海陵分局刑警大队办事员。2004年5月至2005年3月，泰州市公安局海陵分局刑警大队民警(副股级)。2005年3月至2008年2月，泰州市公安局海陵分局城西派出所副所长兼刑警大队中片中队副中队长(其间，2005年3月至2007年7月江苏省委党校法律专业学习)。2008年2月至2010年9月泰州市公安局海陵分局九龙派出所所长。2010年9月至2010年11月泰州市公安局海陵分局城西派出所所长(副科级)。2010年11月至2012年1月，泰州市公安局海陵分局城西派出所所长(副科级)、城西街道办事处副主任。2012年1月至2012年4月，泰州市公安局海陵分局刑事警察大队大队长、城西街道办事处副主任。2012年4月至2014年11月，泰州市公安局海陵分局刑事警察大队大队长。2014年11月至2017年5月，泰州市公安局海陵分局党委委员、副局长。2017年5月至2018年7月，泰州市公安局刑事警察支队副支队长。2018年7月至2018年9月，泰州市公安局海陵分局党委副书记、政委。2018年9月至2020年6月，泰州市公安局海陵分局党委副书记、政委、二级警长。2020年6月至2021年12月，泰州市公安局海陵分局党委副书记、政委、一级警长。2021年12月，任兴化市人民政府党组成员、副市长，市公安局党委书记、局长、督察长，市委政法委副书记。

## “2021年度人物”事迹简介

**李维月**，1971年9月生，沙沟镇官河村党总支书记。近年来，他率先探索出藕田套养小龙虾生态复合型种养模式并在全镇推广。截至2021年，全村每亩鱼塘可产荷藕3000斤左右，捕捞小龙虾150—200斤，亩产纯收入可达6500元以上。2021年2月、7月、9月，央视七套、二套、学习强国、省市电视台等各类媒体专题报道了官河村的成功经验。他以村庄环境整治为契机，挖掘乡土文化，发展乡村旅游，推动官河村获批江苏省第五批次特色田园乡村。2021年，官河村获评泰州市乡村休闲旅游农业示范村，接待游客90多批次、近4000人，被人们誉为“中国荷藕套养小龙虾第一村”。2021年4月，个人获评泰州市优秀党务工作者。

**杨汉洲**，1964年5月生，双乐颜料股份有限公司董事长、高级经济师。他创建双乐天平式管理模式，规范优化

企业各项管理流程和制度，打造创新人才团队，创建高新技术企业，获得14项发明专利授权，创建“中国驰名商标”。他将“更安全、更方便、更快捷”的行业发展要求作为公司研发新品的方向，实施品牌战略，提升品牌知名度和美誉度，推进两化融合，构建“互联网＋双乐”模式，实现从自动化、信息化到智能化的飞跃；推进“绿色产品＋绿色制造”，实施清洁生产和循环经济，持续改进环境质量。履行社会责任，积极参与社会公益事业，企业各项经济技术指标位列国内同行业前茅，2021年企业在深圳创业板成功上市。

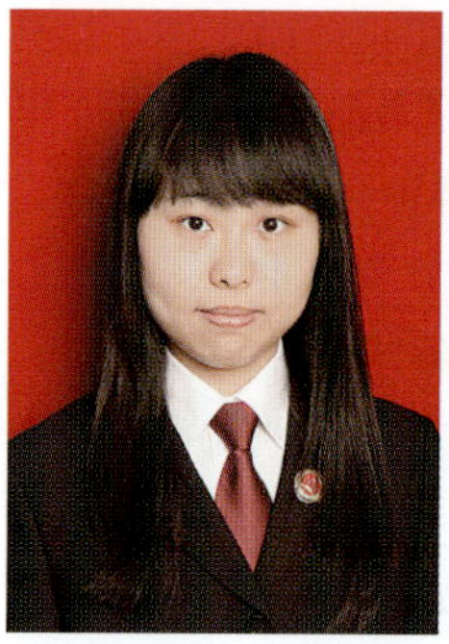

**沈敏**，女，1989年12月生，市人民检察院第四检察部副主任、员额检察官。她是检察工作的“多面手”，曾获得省检察院刑事案件审查汇报竞赛“优秀汇报奖”、泰州市院民事检察业务标兵、泰州市院公益诉讼检察业务能手、泰州市院行政检察办案能手等，撰写的多篇宣传报道、调研文章被国家级、省级媒体采用。2021年，调至未成年人检察部门工作后，她积极投身未成年人关爱保护工作，为1000余名学生开展法治宣讲，对部分临界未成年人进行常态化微信“云帮教”。她升级打造“兴检普法工作室”，推出检察普法宣传产品，多个小视频被今日说法、央视新媒体等采用。

**陈春生**，1977年4月生，市现代农业发展服务中心蔬菜园艺科科长，高级农艺师。他加强科技推广，近年来起草发放技术意见或阶段性管理技术意见累计100期次，在全市推广新品种，带动农民增收2600余万元。他主持开展试验研究40多项，并在生产上广泛应用，挽回损失3000多万元。他深入钻研诊断质量指标、精确管理和抗逆减灾栽培等多项技术，相关应用连续多年刷新全国纪录。他的研究成果先后获得多项国家级奖励。2021年获泰州记功奖励1次。

**贾俊**，1975年3月生，市供电公司总经理、党委副书记。2021年以来，他团结带领全体干部员工，认真贯彻省

市公司各项决策部署，圆满完成年度各项任务。1—11月，全市全社会用电量、供电量、售电量分别同比增长12.52%、12.50%、12.39%，电网最高负荷同比增长3.28%。“4·30”风灾市供电公司70小时不间断修复110千伏用户专线6基倒塔，兴化市委单独为其颁布“向上攀登红旗”。在他的带领下，供电公司在全省率先开展覆盖全市企业的“一企一策”节能降碳服务，打造全省首例全楼宇居民类“瓶改电”示范项目，实现缤悦广场居住楼197户居民全改造，老百姓满意度显著提升。

**徐地仁**，1965年4月生，江苏省兴化中学语文中心教研室主任。他在阅读教学与作文教学上有独到思考与建树，追求文本阅读师生多角共建的智学境界与师生笔会式评写共生习作机制的构建，形成鲜明风格特色。他在省级以上报刊发表论文近百篇，著有作文教学专著《应该这么写》，主持或参与省级课题研究多项，辅导学生多人次在国家级、省级作文大赛中获特等奖、一等奖。他连续10多年参加泰州联考命题工作，2019年参加江苏省高考语文命题工作，两度获评高考优秀阅卷员。2021年获江苏省特级教师荣誉称号。

**徐晓文**，女，1996年8月生，江苏省残疾人自行车队队员。她3岁时，在一次听力检查中被诊断为先天性耳聋，无法恢复听力。2012年4月份，泰州全市海选残疾人运动员时，她被选入羽毛球队，后转入自行车队。在全国第九届残疾人运动会暨第六届特殊奥林匹克运动会自行车比赛中勇夺两金一银。同时，她顺利进入了残疾人国家队，并代表中国队参加了听障奥运会。听障奥运会上，她一举夺得70千米公路大组赛金牌，以2小时20分53秒好成绩打破中国听障零金牌的局面，并打破了世界纪录。在2018年7月深圳第十届残疾人运动会上，她包揽了自行车项目比赛全部金牌。在2021年4月份深圳第十一届残疾人运动会上她又获得三个第二名、一个第一名。

**曹晓珍**，女，1989年4月生，市劳动监察大队案件审理监督科科长。工作以来，她一直战斗在劳动保障监察工作的最前沿，一直坚守初心使命，努力当好一名“维权卫士”。2021年以来，她积极参与“双随机一公开”执法检查，共检查用人单位30家，督促用人单位与56名劳动者补签劳动合同，责令9家用人单位为67名劳动者办理社保登记。她依法处理劳动纠纷案件，帮助233名劳动者追讨工资报酬130.25万元。个人荣获“泰州市五一劳动奖章”“江苏省调解员业务标兵”“全国人社知识通”等称号。

**谢国宝**，1974年1月生，江苏豹翔智能科技有限公司董事长。他从一家作坊式的小工厂起步，把企业打造成国内智能物流分拣产业的先行者。公司先后在智能分拣机产品领域申请各类专利40多件。企业自主研发的“新型高效可移动伸缩输送机”“新结构可调控高效球形分流机”被省科技厅认定为“江苏省高新技术产品”。2021年，企业在兴化经济开发区投资5亿元，高标准建设全链式物流智能分拣集成系统标杆工厂，项目投产第一个月完成开票销售收入3560万元，全年实现开票销售收入2.6亿元。2021年，他当选为兴化市劳动模范。

**薛建中**，1987年11月生，市工业和信息化局副局长（挂职）、市商务局投资促进科科长。2021年，他加强项目集中预审、推进“亩均论英雄”改革。通过自身的不懈努力，在招商引资项目建设、“三比一提升”等工作均取得亮眼成绩。全市经泰州认定新签约亿元以上内资项目或1000万美元以上外资项目共164个，完成市交目标的136.7%。其中，新签约5亿元以上内资项目或3000万美元以上外资项目共31个。经泰州认定“三比一提升”新开工项目14个、新竣工项目15个，分别完成泰州市交目标任务的100%和167%，完成率排名分别为第四和第二。完成实际利用外资2.39亿美元，为历史最高水平。

## “2021·兴化好人”当选者事迹简介

**吉海年**，女，1978年7月生，市人民医院护士长。她在科室管理上狠抓质量，病人满意度、护理质量位于全院第一，多项管理举措在全院推广。2021年7月25号，兴化卫健委迅速组织一支50人核酸采样队奔赴南京支援核酸采样工作。她临危受命，成为兴化援宁援扬核酸采样队领队。8月4号团队由南京转战扬州参加核酸采样工作。近42天的战斗，她带领团队50人，工作10300小时完成核酸采样近34万份，顺利完成援宁扬核酸采样任务。

**吴萍**，女，1976年12月生，垛田街道党群工作局党支部书记、垛田农民画研究会会长。10多年来，她致力于垛田农民画品牌的宣传、推广和打造。她领办“多彩垛田·艺课堂”，建成“垛田廉政农民画”创作基地，承办五届“垛田杯”全国性农民画大赛，主持策划出版多册《农民画作品集》。她助推兴化垛田入选全球重要农业文化遗产、第八批全国重点文物保护单位。个人参与指导的美术作品《神奇垛田》入展江苏省第十二届“五星工程奖”。

**刘祥峰**，1981年11月生，沙沟镇高桂村村民。2021年3月25日19时许，作为村网格员的他在巡查中，闻到一村民房屋里散发出浓浓的焦糊味，通过寻找发现一村民家中电动车充电时走火在燃烧，火势已经蔓延2户居民房屋。他立刻开展施救，冒着烧伤的危险，边喊边冲入火场中心切断了电源，并与闻声赶来的群众一起扑灭了火灾。2021年8月18日深夜，一村民的商店仓库失火，他闻讯后立即翻身下床冲出去，和村民第一时间把消防泵运到火场。他坚持在离火场最近的地方进行灭火，并有效控制了火势的蔓延。兴化消防车赶到后，浑身湿透的他经过短暂休息后，又与消防员合力将火焰扑灭。

**王金余**，1964年12月生，新垛镇综合行政执法局工作人员。2021年1月2日10时许，正在泰州准备看望亲戚的王金余在东河阳光小区附近突然听到一位女性的呼救声。这时，一个青年女子正朝他这边跑来求救，后面有两个染黄发的小混混紧追其后，对其拳打脚踢。他三步两大跨，跑上前去对两个小混混进行拦截，在警告无效的情况下，很快制服了两个小混混。事后，家人埋怨他多管闲事，他总是说：“我是一名党员，又是一名退伍军人，保护人民群众的生命财产安全是我义不容辞的责任！

**马捷勋**，1991年8月生，市商务局投资项目发展中心综合科科长。2021年疫情反复，他积极协助社区对接种疫苗情况以及返兴人员信息逐户摸排、登记造册，做到一户不漏、一人不漏。他热心公益，在校期间成立助学基金，帮助贫困生减轻生活负担；发起西藏昌都地区贡觉县桑株乡小学衣物募捐活动，成功募捐1700多件衣物；每年重要传统节日，购买物资慰问孤寡老人。2017年以来，累计慰问帮扶400余人次。

**石俊贵**，1986年12月生，森迷(广州)品牌管理有限公司董事长、广东省(江苏)商会副会长。2020年初，新冠肺炎疫情爆发，他购买价值共计3万多元的1万只口罩和消毒液等，送到大垛镇人民政府，出资近10万元筹集了3万只口罩、慰问品等，分别送到城区防控一线。2021年以来，他先后向遭受汛情的河南捐献5万元和5吨兴化大米，向湖南山区老师和留守儿童捐赠价值共计13万元的笔记本电脑、书包和文具等。他还为村里400多位60岁以上的老人免费赠送生活必需品，资助村里兴建休闲娱乐广场、建桥修路等。个人事迹先后被扬子晚报网、新华报业网以及《泰州晚报》等多家媒体报道。

**董苏华**，女，1996年10月生，昌荣镇安仁村村民。2018年4月，董苏华的丈夫在工作中脑血管破裂出血，由于病情严重，昏迷了50多天，先后做了3次手术，一直待

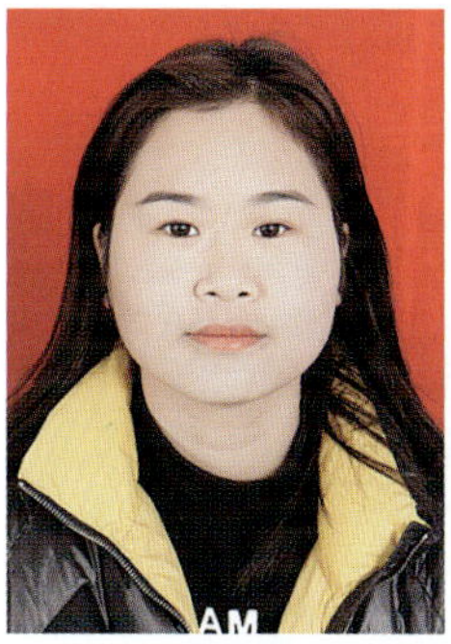

在ICU。她和家人天天守在外面，睡在地上，对丈夫不离不弃。转出ICU后，在重症病房里，她和家人日夜轮班伺候。后来她丈夫在康复科康复了2年，但身体的右半边仍落下残疾，走路需要靠拐杖。2021年，她为了方便照顾丈夫，每天陪同丈夫上班。她用柔弱的双手照顾着家庭和丈夫，以坚强的意志，艰难地支撑起这个家。

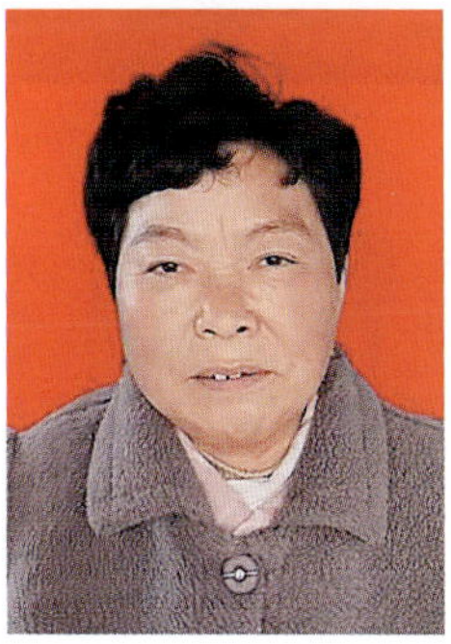

**周锦华**，女，1960年6月生，千垛镇东罗村村民。30多年以来，她用自己的言行写下全村村民对她的好评：孝顺！婆婆5年前身患重病手术，她在医院一直陪着婆婆直到出院回家。她悉心照顾，精心调理，从未嫌弃过老人。后来婆婆可以下床活动，她就搀着婆婆走。因病情原因，老人大小便不能自理，常年悬挂造尿袋。她更是专心、专注地服侍着老人，从不厌烦、嫌脏。就这样多年来一直无怨无悔、端茶送水、穿衣喂药。经过她悉心的照料，婆婆身体恢复地很好。

**邹玉兵**，1971年10月生，兴东镇村民。邹玉兵在兴东镇集镇经营着一家烟酒店。2021年10月9日晚，他的店铺账户上突然收到了一笔25万元的转账。想到失主着

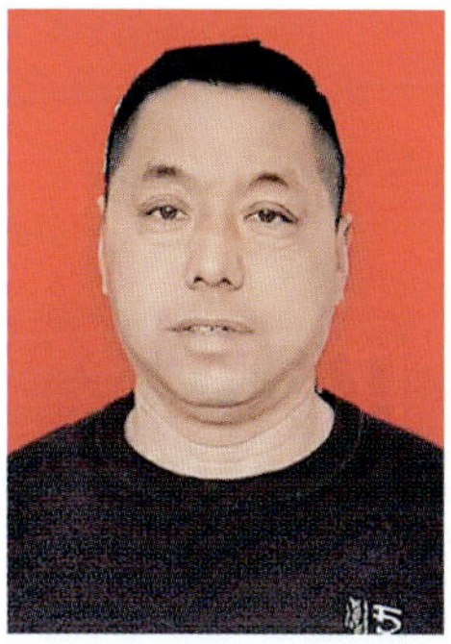

急，他没有迟疑，主动向辖区派出所报警求助。经过多方联动核查，最终找到了汇款方为北京某安装工程公司，邹玉兵立即退回了款项。10月20日下午，公司负责人赶赴兴化当面向邹玉兵表示感谢，并赠送“人品高义 高风亮节”的锦旗。开店25年来，他始终用实际行动诠释着以诚待人、以信取人的传统美德。

**王友琴**，女，1974年1月生，江苏华南公司兴化人民医院项目处工作人员。2021年9月6日下午5点多，王友琴像往常一样正在急诊科门口打扫卫生，忽然发现洗手间的墙边有一个沉甸甸的黑色皮包。她拿着皮包在附近询问无果后，便喊来保安和主管前来协助。经过清点，皮包里共有现金10万元，还有一些贵重物品。刚刚清点完成，失主就匆匆赶来，在核对无误后，王友琴将皮包归还失主。“捡到东西我们都会上交，这是我们保洁员的责任。虽然我工资不高，但物归原主的道理很简单，把钱还给失主，心里才能踏实。”王友琴话语质朴却掷地有声。其事迹先后被“学习强国”、新华报业网、江苏电视台等媒体报道，个人当选江苏好人。

（吉丹瑾）

## 组织机构及负责人名录

### 市级领导机构

**中共兴化市委第十二届委员会**

书　记　方　捷

副书记　王英俊(4月免)
　　　　殷　俊(6月任)

常　委　马元连(7月免)　刘春龙(6月免)
　　　　花再鹏(4月任)　李　蓓(女)
　　　　金永忠(4月免)　常　军(4月任)
　　　　张海林　常冬海　夏爱东
　　　　刘　洪

委　员(按姓氏笔画排序)
　　　马元连(7月免)　方　捷　包振琪(7月免)
　　　吉天鹏(7月免)　朱学林(7月免)　刘　洪
　　　刘　忠(7月免)　刘汉梅(女)　刘春龙(6月免)
　　　花再鹏(4月任)　孙　健(7月免)　李　蓓(女)
　　　李文赋(7月免)　余大海(7月免)　沙顺喜
　　　沈卫国(7月免)　沈德才(7月免)　张大军
　　　张海林　范晓娟(女,7月免)　杭爱兵(7月免)
　　　金永忠(4月免)　赵桂银(7月免)
　　　姚群印　夏爱东　顾晓斌(7月免)
　　　徐立华　黄满盛(7月免)　常冬海
　　　常　军(4月任)

**中共兴化市委第十三届委员会**

书　记　方　捷

副书记　殷　俊　徐立华(12月免)　常冬海(12月任)

常　委　李　蓓(女)　张海林(11月免)
　　　　常冬海　夏爱东　刘洪　花再鹏
　　　　牛世杰(7月任)　常　军

委　员(按姓氏笔画排序)
　　　刁德林(7月任,12月免)　王　迅(7月任)
　　　王　勇(7月任)　王　辉(7月任)
　　　牛世杰(7月任)　方　捷　冯建祥(12月任)
　　　乔富涛(11月任)　朱广钱(7月任)
　　　朱学美(7月任)　刘　洪　刘汉梅(女)
　　　刘华斌(7月任)　花再鹏　李　蓓(女)
　　　李庆斌(7月任)　杨　蓓(女,7月任)
　　　沙顺喜　张　伟(7月任)　张大军
　　　张冬根(7月任)　张冬健(7月任)
　　　张红成(7月任)　张海林(11月免)
　　　陈　林(7月任)　林建祥(7月任)
　　　郑勇干(7月任)　姚群印　夏爱东
　　　顾小兵(7月任)　徐立华　殷　俊
　　　郭庆军(7月任)　常　军　常冬海

**兴化市第十六届人民代表大会常务委员会**

主　任　吉天鹏

党组书记　吉天鹏

副主任　翟云峰(1月免)　马云连(1月任)
　　　　邓志方(女)　余建年　常传林

委　员(按姓氏笔画排序)
　　　马红专　王开忠　王中东　王文新
　　　王吉林　王志华　王晓鹏　孔兴新
　　　刘枫川(女)　刘金鹏　刘定荣
　　　刘桂东　刘晨晨(女)　许少华
　　　许宏亮　李惠武　邹　源　汪子泉
　　　沈卫国　张太良　张莉莉(女)
　　　陆　琳(女)　陈茂旺　陈忠喜
　　　周小娟(女)　周国飞　赵海文
　　　赵舜生　胡安芸(女)　施　维(女)

宫友军　顾小兵　钱建忠
徐文凤　徐文鑫　唐桂琴(女)
楼　悦(女)　樊德良　戴秀华

**兴化市人民政府**

市　长　方　捷(6月免)　殷　俊(代,6月任)
常务副市长　常冬海(1月任)
副市长　刁德林(12月免)　刘汉梅(女)　沈德才
刘　忠　孙玲玲(女)　王晓秋(11月任)
戴金龙(11月任)　王　辉(4月任)
明　冠(12月任)

**政协兴化市第十三届委员会**

主　席　沙顺喜
党组书记　沙顺喜
党组副书记　邹祥龙　徐立华(10月任)
副主席　邹祥龙　刘春龙(1月任)　吴海盈(1月免)
丁永明　王福全　刘玲洁
秘书长　金国明
常务委员　(按姓氏笔画为序)
万光明　王　敏(女)　王　颉　王贵善
王乾高　卞爱昌　叶德宏　朱宏桂
朱树萍(女)　刘安早　刘志阳　许丽华(女)
孙文友　杨亚鹏　吴怀明　吴建全　何　浪
何永辉　邹昌霖　沙增平　沈平桂　沈洪涛
张　彤　张冬健　张永辉　张进厚　张粉成
陈冬凤(女)　陈亚俊　陈庆龙　陈来海
范琳琳(女)　罗有高　周　宇(女)　周　斌
周永生　房振羽　赵小娟(女)　赵继民
施　燕(女)　祝康生　顾林杰　倪高金
徐　璐(女)　徐玥恒(女)　徐荣书　曹文铭
葛玉林　蒋兆所　智　广　蔡　壮　蔡国栋

## 市人民武装、审判、检察机构

**市人武部**

部　长　乔富涛
政　委　张海林(6月免)　张晓华(9月任)

**市人民法院**

院　长　张　伟(12月免)
党组书记　张　伟(12月免)　钱忠彬(12月任)
党组副书记　居　祥(7月任)
副院长　居　祥　沈洪涛(8月免)
刘艳生(挂职,4月免)　钱　晖(挂职,11月任)
政治部主任　王　澄
执行局局长　刘加防(10月免)
法院审判委员会专职委员　徐开勇

**市人民检察院**

检察长　张红成
党组书记　张红成
副检察长　曹　军　成广进　陈卫华(8月免)
陆秀勇(挂职)　陈桂才(8月任)
政治处主任　陈桂才(7月免)方　扬(女,7月任)
检察委员会专职委员　苏　莉(女)

## 市委工作机构及直属单位

**市纪委**

书　记　金永忠(4月免)　常　军(4月任)
副书记　李文赋(7月免)　杭　雯(7月免)
刘华斌(7月任)　陈卫华(7月任)
常　委　陈洪亮(7月免)　许宽勇(7月免)
居道满(7月任)　陈　松(7月任)
李维举(7月任)　叶建军(7月任)
办公室(调查研究室)
主　任　叶建军(10月免)　杨小鹏(10月任)
干部管理监督室
主　任　方　扬(女,7月免)　梅家森(10月任)
宣传教育室
副主任　梅家森(主持工作,10月免)
戴庭忠(主持工作,11月任)
党风政风监督室
主　任　李维举(10月免)
副主任　周晓柳(主持工作,11月任)
信访室
主　任　万长勇
案件监督管理室
主　任　卢　蓉(女,10月任)
副主任　卢　蓉(女,10月免)
第一审查调查室
主　任　杨梓林
第二审查调查室
主　任　夏玉祥
第三审查调查室
主　任　严正德
第四审查调查室
主　任　史存盛
第五监督检查室
副主任　周华桂(主持工作)
第六监督检查室
主　任　朱全谋(10月免)
副主任　戴文宇(主持工作,11月任)

第七监督检查室
主　任　张元年
第八监督检查室
主　任　解卫星(10 月免)
副主任　徐云鹏(主持工作,11 月任)
第九监督检查室
主　任　王荣庆
第十监督检查室
副主任　周　勇(主持工作)
第十一监督检查室
主　任　袁文杰
第十二监督检查室
主　任　凌　军
第十三监督检查室
主　任　刘增存(10 月免)　周永美(10 月任)
第十四监督检查室
主　任　姚志坚
案件审理室
主　任　舒远来
机关党委专职副书记　单　祥
第一派驻纪检监察组
组　长　方　扬(女,兼,7 月免)
　　　　张华峰(10 月任)
第二派驻纪检监察组
组　长　曹文进(10 月免)
副组长　刘　栋(主持工作,11 月任)
第三派驻纪检监察组
组　长　徐长江
第四派驻纪检监察组
组　长　肖建银(5 月免)
副组长　周鹏大(主持工作,11 月任)
第五派驻纪检监察组
组　长　张正存
第六派驻纪检监察组
组　长　史荣斌
第七派驻纪检监察组
组　长　解卫星(10 月任)
副组长　周永美(主持工作,10 月免)
第八派驻纪检监察组
组　长　杨小鹏(10 月免)
副组长　沈毅东(11 月任)
第九派驻纪检监察组
组　长　王玉俊(10 月免)　朱国栋(10 月任)
第十派驻纪检监察组
组　长　张华峰(10 月免)
副组长　倪　明(主持工作,11 月任)
第十一派驻纪检监察组
组　长　王　琴(女)
第十二派驻纪检监察组
组　长　瞿洪献
第十三派驻纪检监察组
组　长　朱国栋(10 月免)　刘增存(10 月任)
市委巡察办
主　任　杭雯(女,5 月免)　刘华斌(5 月任)
副主任　朱正兵　李智超(女,10 月任)
市委第一巡察组
组　长　顾林杰
副组长　杨华银　朱美华(7 月免)
市委第二巡察组
组　长　陈元荣
副组长　余粉兄(女)　钱　坤
市委第三巡察组
组　长　张竹森(女)
副组长　朱秀坤　沙进军(5 月免)
　　　　朱全谋(10 月任)
市委第四巡察组
组　长　刘广洪
副组长　许慧明　李智超(女,10 月免)

**市委办**

主　任　张大军(12 月任)　林建祥(12 月免)
副主任　陆章华(12 月免)　张　华(5 月免)
　　　　薛　超(5 月免)
　　　　王道斌(5 月任,10 月免)　赵　斌

**市委研究室(挂牌)**

主　任　张大军(12 月任)　林建祥(12 月免)
副主任　朱俊生(5 月任)

**市委机要局(挂牌)**

局　长　张大军(12 月任)　林建祥(12 月免)
副局长　张文川

**市国家保密局(挂牌)**

局　长　张大军(12 月任)　林建祥(12 月免)

**市国家密码管理局(挂牌)**

局　长　张大军(12 月任)　林建祥(12 月免)

**市档案局(挂牌)**

局　长　张大军(12 月任)　林建祥(12 月免)
副局长　徐宝平

**市委深改办**

副主任　许　峰(5 月任)　朱俊生(5 月免)

**市委组织部**
部　长　刘　洪
常务副部长　沈卫国(7月免)　张进厚(7月任)
副部长　朱洪涛　郑勇干　陈红言(7月任)
部务委员　韩　平(5月免)　沈贵秋(10月任)
**市委党的建设工作领导小组办公室**
主　任　郑勇干(7月免)　陈红言(7月任)
副主任　戚汪平(5月任)
**市委市级机关工作委员会**
副书记　孙启翔
**市委非公有制企业和社会组织工作委员会**
书　记　陈红言(5月任)
副书记　金　雷
**市公务员局**
局　长　朱洪涛
**市考核工作委员会办公室**
副主任　陈　勇
**市委编办**
主　任　朱洪涛(12月任)　陈友光(12月免)
副主任　陈金钟　王恒星　张逸仙(5月任)
**事业单位登记管理局**
局　长　朱洪涛(12月任)　陈友光(12月免)
副局长　周　进
**市委宣传部**
部　长　花再鹏(6月任)
常务副部长　范晓娟(女,5月免)
　唐小进(5月任)
副部长　史道智　邵如柏
部务委员　张　翔(5月任)
**市委网信办**
主　任　唐小进(兼,5月任)
副主任　黄晓强
**市人民政府新闻办公室**
主　任　史道智(兼)
副主任　吴俊翔
**市文明办**
主　任　邵如柏(兼)
副主任　周余杰
**市新闻出版(版权)局**
局　长　史道智(兼)
副局长　石茂元
**市委老干部局**
局　长　张进厚(兼,7月免)　郑勇干(兼,7月任)
副局长　陆明凯　朱兴勇(12月任)

**市委离退休干部工委**
书　记　张进厚(7月免)　郑勇干(7月任)
副书记　向丽萍(女)
**市委统战部**
部　长　李　蓓(女,6月免)　徐立华(男,6月任)
常务副部长　沙增平
副部长　张永辉(12月免)
**市民宗局**
局　长　沙增平
副局长　蒋苏闽(5月免)　刘凤杰
**市委台办**
主　任　张永辉(12月免)
副主任　单江帆　黄爱军(11月免)
**市政府侨务办**
主　任　张永辉(12月免)
副主任　王晓勇(7月任)
**市委政法委**
书　记　马元连(8月免)　李　蓓(8月任)
副书记　刘汉梅(兼,12月任)　明　冠(兼,12月任)
　刁德林(兼,12月免)
常务副书记　李维干(5月免)　杭　雯(5月任)
副书记　冯元海(12月免)　张　华(5月任)
政治处主任　陈　静(5月免)　吴　斌(5月任)
**市社会治理服务中心**
主　任　张　华(5月任)
副主任　翟　彬(5月免)
**市区域社会治理现代化综合指挥中心**
主　任　黄满盛(7月任)
副主任　王志森(5月任)　赵小娟(女,10月任)
**市国家安全领导小组办公室**
专职副主任　张治余(5月免)
**市法学会**
会　长　马元连
常务副会长　李维干
副会长　周　明　李文赋　王晓鹏　潘智伟　冯元海
　瞿宏顺　徐开勇　成广进　葛苏宝　张永涛
　史道智　王明宏　吴吉林
秘书长　瞿宏顺(兼)
**市委党校**
校　长　徐立华(1月任)
常务副校长　王乾高
副校长　王明宏
**市行政学校**
校　长　徐立华(1月免)

副校长　王乾高

**市社会主义学校**

副校长　沙增平

**市委教育工委**

书　记　张大军(3月免)　顾晓斌(3月任)

副书记　孙新生

**市党史方志办公室**

主　任　高　松

副主任　洪　卫(12月免)　姚桂本

　　　　陈　莉(女)

**市档案馆**

馆　长　高　松(兼)

副馆长　洪　卫(兼,12月免)

　　　　姚桂本(兼)

## 市人大常委会工作机构

**人大常委会办公室**

主　任　徐文凤

副主任　赵海文　刘晨晨(女)

**研究室**

主　任　徐文凤

**人事代表联络工作委员会**

主　任　陆　琳(女)

副主任　施　维(女)　孔兴新

**监察和司法工作委员会**

主　任　王志华

副主任　王晓鹏　祝春晖(11月任)

**法制工作委员会**

主　任　王志华

**财经工作委员会**

主　任　盛新明(11月任)　刘金鹏(11月免)

副主任　袁爱华(11月任)　樊德良(11月免)

　　　　周国飞

**预算工作委员会**

主　任　盛新明(11月任)　刘金鹏(11月免)

**农村工作委员会**

主　任　吴江洪(11月任)　许宏亮(11月免)

副主任　李　君(11月任)　许少华(5月免)

**环境资源城乡建设工作委员会**

主　任　楼　悦(女,6月任)

副主任　楼　悦(女,6月免)　段天石(11月任)

**社会建设和教科文卫工作委员会**

主　任　邹　源

副主任　刘莹洁(女,8月任)

## 市政府工作部门及其直属单位

**市政府办**

主　任　王　迅

副主任　钱天庆(12月免)　唐小进(5月免)

　　　　冯鸿灿(5月任)　周　俊

　　　　于海翔(兼,10月免)　朱鸿业(5月免)

　　　　王道斌(5月免)　韩　平(5月任)

**市政府研究室**

主　任　王　迅(兼)

副主任　赵纬斌

**市政府外事办**

主　任　王　迅(兼)

副主任　孙久干

**大数据管理局**

局　长　王　迅(兼)

副局长　李　晨

**市电子政务中心**

主　任　闻　敏(女)

**市监委**

主　任　金永忠(4月免)　常　军(代,4月任)

副主任　李文赋(8月免)　杭　雯(女,8月免)

　　　　刘华斌(8月任)　陈卫华(8月任)

监委委员　居道满　陈松(11月任)

　　　　　杨梓林(11月任)

　　　　　夏玉祥(11月任)

**市审查调查服务中心**

法定代表人　叶建军(兼,免)　杨小鹏(兼,任)

**市机关综合保障服务中心**

主　任　赵建华

副主任　邵　明　高建堂

**市审计局**

局　长　郑元明(12月免)　范晓娟(12月任)

党组书记　郑元明(12月免)　范晓娟(12月任)

党组副书记　杨　菲(女)

副局长　杨　菲(女)　顾　洁(女)　王　磊

**市行政审批局**

局　长　戴振涛

党组书记　戴振涛

副局长　潘茫湘(女)　陈友连(5月免)

　　　　王永年(11月任)　王　敏(女,11月任)

总工程师　王永年(11月免)　邵卫强(11月任)

**市政务服务中心**

主　任　邵卫强(兼)

**市信访局**

局　长　于海翔(10月免)

党组书记　于海翔(10月免)

党组副书记　林支勇(10月任)

副局长　林支勇(11月任,主持工作)

　　　　沈长海

信访督查专员　房太银　潘岚华(女)

**市发改委**

主　任　余大海(12月免)　王　勇(12月任)

党组书记　余大海(12月免)　王　勇(12月任)

副主任　章存康　周世美　黄易飞(5月任)

**市粮食和物资储备局**

局　长　余大海(兼,12月免)　王　勇(兼,12月任)

副局长　朱尧胜(11月任)

**市粮食购销服务中心**

主　任　沈大平

**市人社局**

局　长　朱学美

党组书记　朱学美

副局长　沈　舟　李有专　万安健

**△市社会保险管理中心**

主　任　葛兆权

**△市人力资源就业管理中心**

主　任　万安健

**△市劳动监察大队**

大队长　方振华

**市医疗保障局**

局　长　曹　慧(女)

党组书记　曹　慧(女)

副局长　吕加太　朱国兵

**市统计局**

局　长　房兴杰

党组书记　房兴杰

副局长　李　君(女,10月免)　陆　战　张　波

**市市场监督管理局**

局　长　仇文明

党组书记　仇文明

副局长　刘志勇　卞永华　冯　翔(11月免)

　　　　周　勇(5月免)　朱兴波(11月免)

食品安全总监　居明峰

总工程师　谢向宏

**市知识产权局(挂牌)**

局　长　仇文明(兼)

副局长　陈学进

**△市市场监督管理稽查大队**

大队长　冯　翔(兼,11月免)　冯长键(11月任)

**△市产品质量综合检验检测中心**

主　任　仲伯华

**市工信局**

局　长　时育龙

党组书记　时育龙

副局长　冯春华(5月免)　滕爱晨(7月免)

　　　　姜兆荣(7月任)　潘宏圣

**市经信资产管理中心**

主　任　滕爱晨(7月任)

副主任　刘　丹(女,7月免)　杨　峰　夏　巍(7月任)

**市商务局**

局　长　陈　林(3月免)　张大军(3月任)

党组书记　陈　林(3月免)　张大军(3月任)

副局长　沈卫平(5月任)　李德喜(7月任)　邰爱祥

　　　　王学成(5月免)　沈文海(5月免)

**△投资项目发展中心**

主　任　刘　俊

**市应急管理局**

局　长　曹逸锋(5月免)　王长美(5月任)

党委书记　曹逸锋(5月免)　王长美(5月任)

副局长　严　勇　崔广煜　蔡炳群(7月免)

　　　　李园峰(11月任)

总工程师　朱庭根

**市安委办**

副主任　翟新筠

**市安全生产监察大队**

大队长　陈　岗

**市科技局**

局　长　王贵善

党组书记　邓　骏(5月免)　刘广勇(5月任)

副局长　袁文华　冯　艳(女,10月免)

**开发区管委会**

党工委书记　沈德才(6月免)　牛世杰(6月任)

副书记　花军阳　陈　林(1月任)

主　任　陈　林(1月任)

副主任　余正春　张　庆　张　荣(挂职,10月免)

　　　　朱义龙　蒋富干(11月任)　张书健(11月任)

　　　　居　颖(女,挂职,10月免)

纪工委书记　黄　岗

**△开发区党工委(管委会)党政办公室(党建工作办公室)**

主　任　王　斌(11月免)　周　健(11月任)

副主任　张敬宾　刘慎失(5月任)　金国荣(10月聘任)

**△开发区党工委(管委会)规划建设局**

局　长　孙定余

副局长　沈田昌　毛金玉　孙　泉(7月任)

**△开发区党工委(管委会)安全生产监督管理局(生态环境局)**

局　长　高荣才

副局长　周法军(8月免)　许　俊(8月聘任)

**△开发区党工委(管委会)投资促进局**

局　长　王万海(8月免)　陈剑锋(8月任)

副局长　邹燕鸿(11月任)　董启志　张　杰(8月免)

**△开发区党工委(管委会)经济发展局**

局　长　刘海峻(8月免)　王万海(8月任)

副局长　许　俊(8月免)　谢荣恒

**△开发区党工委(管委会)财政和资产管理局**

局　长　房桂茂(5月免)　孙云满(5月任)

**市科技工业园区管委会**

主　任　刘兆龙(5月免)　瞿日玉(7月任)

副主任　徐　驰　张书健(11月免)　吉德全
　　　　高荣才(12月任)　赵百森(兼,12月任)

**市调味品产业园区管理办公室**

主　任

副主任　王永明(5月免)　王　飞(7月任)
　　　　刘海峻(11月任)

**市经济发展有限公司**

董事长　朱兴勇(11月免)

总经理　朱兴勇(11月免)

副总经理　高瑞丰　陈银敏　崔圣东　芦金忠
　　　　　张　杰(7月任)

**市财政局**

局　长　张冬健

党组书记　张冬健

副局长　杨成楠(12月免)　周德富
　　　　陈国祥(5月免)　张　迅(7月任)

**市财政国库集中支付中心**

主　任　盛新明(11月免)　赵惠敏(女,11月任)

**市政府国有资产监督管理办公室**

主　任　张冬健

副主任　张　迅(7月免)　陆开将(7月任)

**市住建局**

局　长　陈建中

党组书记　陈建中

副局长　张兰军(女)　徐开祥(5月免)　李振华
　　　　翁利荣　戴青年(12月任)

总工程师　徐中海(7月任)

**市地震局(挂牌)**

局　长　陈建中(兼)

**市人防办(挂牌)**

主　任　陈建中(兼)

副主任　邹泰宗

**市城管局**

局　长　孙广周

党组书记　孙广周

副局长　黄金军　顾玉祥　黄爱军(11月任)

**市城市管理综合行政执法局**

局　长　孙广周

副局长　周红兵

**市数字化城市管理监督指挥中心**

副主任　王志森(5月免)

**△市城市管理行政执法大队**

大队长

**市交通运输局**

局　长　王　勇(12月免)

党组书记　王　勇(12月免)

党组副书记　刘震祥(12月任)

副局长　王忠山　汤　澎　王长春　刘震祥(12月任)

**△市交通运输综合行政执法大队**

大队长　顾田玉(7月任)

**△市公共交通服务中心**

主　任　汤　澎(7月任)

**△市公路事业发展中心**

主　任　喻　翔(11月任)

**△市地方海事处**

处　长　陈　俊(7月免)

**兴化生态环境局**

局　长　马红祥(7月免)　赵永刚(8月任)

分党组书记　马红祥(7月免)　赵永刚(8月任)

副局长　朱立群　沈德全　萧万茂　孙晓玲(女)

**生态环境综合行政执法局**

局　长　杨卫民

**生态环境综合行政执法一局**

局　长　蒋步祥

**生态环境综合行政执法二局**

局　长　何　浪

**市农业农村局**

局　长　郑成洋(12月免)　邵国昱(12月任)

党组书记　郑成洋(12月免)　邵国昱(12月任)

副局长　张粉成(5月免)　吴领高　倪建明
　　　　万世华(5月任)

总畜牧兽医师 袁萍莉(女)
总农艺师 徐松春(11月任)
**市乡村振兴局**
局 长 郑成洋(兼,12月免) 邵国昱(兼,12月任)
副局长 陈炳干(7月任)
**市委农办**
主 任 郑成洋(兼,12月免) 邵国昱(兼,12月任)
副主任 平文策
**市现代农业发展服务中心**
主 任 徐松春(11月任)
**市水利局**
局 长 李 华
党组书记 李 华
副局长 华 实 陈凯祥 陆钦亮
总工程师 夏红卫
**市供销总社**
理事会主任 王永江(5月免) 万光明(5月任)
党委书记 王永江(5月免) 万光明(5月任)
党委副书记 孙 华
理事会副主任 吴江洪(10月免) 孙 华(5月任)
陈德银(10月任) 倪兴松
监事会主任 唐 薇(女)
**市教育局**
党组书记 张大军(3月免) 顾晓斌(3月任)
局 长 张大军(4月免) 顾晓斌(4月任)
副局长 滕 艳(女) 陆仁杰 黄 荣(5月免)
戴兴宏(5月任) 戴金萍(女,挂职,11月任)
**市政府教育督导室(挂牌)**
主 任 曹伯高(5月免) 顾晓斌(5月任)
**市教师发展中心**
副主任 沈玉荣 杨林俊 朱 倩(女,11月任)
**江苏省兴化中学**
党委书记 顾晓斌
校 长 黄 荣(4月任) 顾晓斌(4月免)
副校长 戴兴宏(5月免) 金红兵(7月任)
黄 荣(4月免)
副书记 金红兵(7月免) 熊 辉(7月任)
**泰州电大兴化分校**
副校长 戴金萍(女,兼,11月任)
**江苏省兴化中等专业学校**
校 长 滕艳(女,7月任)
副校长 王新民
**市文体广电和旅游局**
局 长 沈 浮(6月免) 郭庆军(6月任)
党组书记 沈 浮(5月免) 郭庆军(5月任)
副局长 陈宁军 徐 俊 黄天桩 汪夕禄
**市文化市场综合执法大队**
大队长 洪 流
副队长 姜玉建(10月任)
**市融媒体中心**
主 任 陈志云
党委书记 陈志云
副主任 孙友信 姜帷韬
纪委书记 李骥翔
**江苏有线兴化分公司**
总经理 陈又专
副总经理 马 乾 杨 辉(女) 陆晓庆(11月任)
纪委书记 栾忠明
**市卫健委**
主 任 孙 健
党组书记 孙 健
副主任 强 俊(5月免) 张 勤(女,11月免)
朱秀慧(女) 曹恒源
**市人民医院**
院 长 张 彤
党委书记 张 彤(4月免) 沈卫国(4月任)
党委副书记 张 彤(7月任)
副院长 邓新桃 张汉年 周永华 朱 强
人力资源部部长 魏 勇
纪委副书记 朱丽丹(女)
党政办主任 王玉芳(女)
**△市中医院**
院 长 曹恒源
党委书记 苗 忠
**△市第二人民医院**
院 长 曹恒源
党支部书记 刘志高
**△市疾病预防控制中心**
主 任 孙荣贵
**△市卫生监督所**
所 长 周 曙
**市公安局**
局 长 刁德林(12月免) 明 冠(12月任)
党委书记 刁德林(12月免) 明 冠(12月任)
政 委 李从德
副局长 徐永海 翟广益 易荣根(5月免)
唐寿栽(5月任) 姚建云(5月任)
葛苏宝(5月免) 孙建国

党委副书记 李从德 徐永海
党委委员 宗 华 顾长俊(5月任) 高 峰(5月任)

**△政治处**

主 任 宗 华

**△办公室**

主 任 袁 枫

**△指挥中心**

主 任 顾金良
教导员 吉开良

**△治安大队**

大队长 高 峰(7月免)
教导员 朱克家(7月任)

**△交警大队**

大队长 潘久荣(7月免) 高 峰(7月任)
教导员 王广年(5月免)

**△刑警大队**

大队长 顾长俊
教导员 王网存

**△经侦大队**

教导员 徐根东

**△禁毒大队**

大队长 朱中贤(5月免) 刘 健(7月任)
教导员 朱伯华

**△国保大队**

大队长 邹玉斌(7月任)
教导员 邹玉斌(7月免) 戴柏荣(7月任)

**△警务督察大队**

大队长 李 华

**△巡特警大队**

大队长 陈长华
教导员 孙国圣

**△网安大队**

大队长 许友根
教导员 沈应佳

**△水警大队**

大队长 周永华
教导员 纪兴荣(5月免)

**△食药环侦大队**

大队长 王月清

**市司法局**

局 长 范晓娟(女,5月任,12月免) 唐 彪(12月任)
党组书记 范晓娟(女,5月任,12月免)
唐 彪(12月任)
副局长 张永涛 舒永喻 欣爱忠

**△市社会矛盾纠纷调处中心**

主 任 沈 沉

**△市委全面依法治市委员会办公室**

副主任 焦华云

**市民政局**

局 长 陈 坚
党组书记 陈 坚
党组副书记 钮月桂(5月免)
副局长 钮月桂(5月免) 潘国岭 李如贵(11月任)
刘志方(12月任) 刘祥裕

**市退役军人事务局**

局 长 殷爱根
党组书记 殷爱根
副局长 陈立新 侯兆才

## 市政协工作机构

**市政协办公室**

主 任 金国明
副主任 郝文斌

**经济科技委员会**

主 任 吴怀明(1月免) 包振琪(1月任,12月免)
刘仕兵(12月任)
副主任 刘仕兵(12月免) 张 洋(12月任)

**社会法制委员会**

主 任 徐荣书(8月免) 陈洪亮(8月任)
副主任 潘智伟

**学习文史(对外联谊)委员会**

主 任 朱树萍(女)
副主任 朱俊方

**教育卫生文化体育委员会**

主 任 周 斌
副主任 丁碧云(女,6月任)

**提案委员会**

主 任 蒋兆所
副主任 许丽华(女)

## 社会团体

**市工商联**

主 席 丁永明
党组书记 沙增平
副主席 耿洪盛 娄秀兰(女)

**市总工会**

主 席 常传林(兼)
党组书记 唐 彪(12月免) 张永辉(12月任)

副主席 唐　彪(12月免) 张永辉(12月任)
徐　璐 王　军 包志和 翟培云(兼)
王新建(10月免) 张太良(兼)

**市妇联**

主　席 周小娟(女)
党组书记 周小娟(女)
副主席 沙金霞(女) 祝春晖(女,10月免)
翁立萍(女,挂职) 李　勤(女,兼)

**团市委**

书　记 沈　妍(女)
副书记 胡　炜 吴家润 季　彪(挂职,10月任)
卞书垚(挂职,10月任) 丁　松(兼)

**市科协**

主　席 吴怀明(1月任)
副主席 陈德银(10月免) 施　燕(女)

**市残联**

理事长 赵长宏(11月免) 朱兴波(11月任)
党组书记 赵长宏(10月免) 朱兴波(10月任)
副理事长 王　萍(女) 王新建(11月任)

**市红十字会**

会　长 丁春华(12月免)
专职副会长 谢贵春
副会长 王建韬

**市侨联**

主　席 王　颉

**市文联**

主　席 范晓娟(女,5月免) 唐小进(兼,5月任)
副主席 郭亚群(女)

**市社科联**

主　席 史道智(兼)
副主席 戴金萍(女,10月免) 高建国(10月任)

## 省、泰州市条线管理部门

**国家统计局兴化调查队**

队　长 邵小勇
副队长 蒋茂彬
纪检组长 张自强

**市供电公司**

总经理 范炜豪(12月免) 贾　俊(12月任)
党委书记 贾　俊(12月免) 汤　茜(女,12月任)
副总经理 黄　玮(3月免) 佘　磊(3月免)
薛林政(3月任) 戴玉华 朱赤宁
许　泉
纪委书记 金保华
工会主席 金保华(兼)
总工程师 王　锐

**市税务局**

局　长 万　军(2月免) 沈　杰(2月任)
党委书记 万　军(2月免) 沈　杰(2月任)
党委副书记 赵继明(3月免) 刘佑渠(3月任)
副局长 赵继明(3月免) 刘佑渠(3月任)
丁桂庆 刘兴文 赵观存 汤　旭
陈加宽
纪检组长 郑成龙(6月免) 吴　峰(6月任)

**△市盐务局(盐业公司)**

经　理 李茂顺
副经理 魏红革

**市烟草专卖局(分公司)**

局　长 朱　琳(女)
党组书记 朱　琳(女)
副局长 冯　明

**市地方金融监督管理局**

局　长 赵桂银
党组书记 赵桂银
副局长 邵小琴(女) 景　兵(挂职) 练　波(5月任)

**中国人民银行兴化市支行**

行　长 凌　彤
党组书记 凌　彤
副行长 孙向东 李　俊(5月任)
纪检组长 李　俊(5月任)

**中国建设银行兴化市支行**

行　长 袁晓东
党委书记 袁晓东
副行长 徐晓萍 朱　文 洪成千(4月任)
纪委书记 洪成千(4月免) 徐晓萍(女,4月任)

**中国工商银行兴化市支行**

行　长 叶晓光
**党总支书记 叶晓光**
副行长 赵　进 陈振华 陈　明(女)

**兴化农村商业银行**

董事长 曹文铭
行　长 姜丰平(12月免) 华　飞(12月任)
党委书记 曹文铭(兼)
党委副书记 姜丰平(兼,12月免) 张永军
监事长 张　杰
副行长 朱万存 童文勇 唐　亮 刘建国

**中国农业发展银行兴化市支行**

行　长 徐敏慧(女)

党支部书记　徐敏慧(女)
副行长　蒋高翔

**中国农业银行兴化支行**

行　长　张亚辉
党委书记　张亚辉
副行长　李　芹(9月免)　顾秋贵(4月任)
唐　权(7月免)　袁　艺(5月任)
刘　杰(9月任)
党委副书记　侯万亮
纪委书记　侯万亮

**中国邮储银行兴化支行**

行　长　朱大康
党总支书记　朱大康
副行长　何锋余　杨文文(5月免)
陈　新(5月任)

**中国银行股份有限公司兴化支行**

行　长　游卫红(5月免)　陈　旻(7月任)
党总支书记　陈　旻(兼)
副行长　顾国庆(12月任)　刁　勇(12月免)
丁　盛　周　浩
纪检委员　黄　珏

**中信建投兴化牌楼西路证券营业部**

总经理　吴月军(12月免)　凌　童(12月任)
副总经理　徐爱军　孙　涛　王　卉(女)

**中国人民财产保险股份有限公司兴化支公司**

经　理　申家岚
副经理　魏　东　翟向明　郭小勇

**中国人寿保险股份有限公司兴化支公司**

经　理　梅　军
副经理　刘　宁

**市自然资源和规划局**

局　长　包振琪(1月免)　方晓春(1月任)
党组书记　包振琪(1月免)　方晓春(1月任)
副局长　史宏祥　张文军　王书远　裴正明
徐　波　钮扣华
总工程师　王增锦
机关党委书记　邹庆涛

**市林业局(挂牌)**

局　长　包振琪(兼,1月免)　方晓春(兼,1月任)

**市土地开发储备中心**

副主任　张　海　蔡玉阳(4月免)
陈　锐(4月任)　姚锡江(4月任)

**△不动产登记中心**

主　任　王太富(12月任)

**市住房公积金管理中心**

主　任　闵　华(女)
副主任　苗　浩　陈　杰

**中国邮政兴化分公司**

总经理　孙俊杰
党委书记　孙俊杰
副总经理　杜　鹏　吴　疆　陈　晨
纪委书记　杜　鹏
工会主席　陈　晨

**中国电信兴化分公司**

总经理　蒋　锋
纪委书记　李　俊

**中国移动兴化分公司**

总经理　吴良才
副总经理　王　元　吉　祥

**中国联通兴化分公司**

总经理　赵加诚

**市气象局**

局　长　张振国
党组书记　张振国
纪检组长　顾　岚

## 乡镇、街道领导机构

**昭阳街道办事处**

书　记　葛同华(女)
副书记　顾爱荣　薛　梅(女)　鲍美华
主　任　顾爱荣
副主任　陆　宁(女)　李　炎　邹小安
张爱祥(5月免)　王发余(10月免)
唐　娟(女,10月任)　王建云(5月任)
人大工委主任　王中东
人大工委副主任　王建云(5月免)　黄翠芳(女,5月任)
纪工委书记　陈友进
组织委员　黄翠芳(女)
宣传委员　潘小俊
统战委员　王祯才
政法委员　鲍美华(5月免)　朱晓燕(女,5月任)

**临城街道办事处**

党工委书记　花军阳
党工委副书记　冯巧岚(女)　王吉徐
人大工委主任　刘桂东
人大工委副主任　蔡建荣
办事处主任　冯巧岚(女)
办事处副主任　许兴红　陈少华　倪琴凤(女)

陈剑锋(11月免)
纪工委书记 瞿日玉(7月免) 张志平(7月任)
组织委员 仇栋林
宣传委员 张志平(7月免)
统战委员 汪 蓉(女)
政法委员 张小荣

**戴南镇**

党委书记 夏爱东(12月免) 姚群印(12月任)
党委副书记 姚群印(12月免) 林建祥(12月任)
刘 林 朱 纯(4月任)
镇 长 姚群印(12月免) 林建祥(12月任)
副镇长 朱静霞(女) 杭淑萍(女)
王恒梁 宋朝勇
朱立兵(4月任) 周洪波
人大主席 杭爱兵(4月免) 张冬根(4月任)
张冬根(12月免) 张 伟(12月任)
纪委书记 施年庆
组织委员 王玉琴(女)
宣传委员 杭淑萍(女,4月免) 姚志刚(4月任)
姚志刚(10月免) 刘 惺(10月任)
统战委员 夏立进(12月免) 冯建明(12月任)
政法委员 刘 林(4月免) 沈红林(4月任)

**戴南镇行政管理体制改革内设机构**

**△党政办公室**

主 任 王学兵

**△党群工作局**

局 长 刘 林(7月免) 姚玉明(7月任)

**△规划建设局**

局 长 宋朝勇(7月免) 黄秀华(7月任)

**△农业农村局**

局 长 王恒梁(7月免) 陆彩新(7月任)

**△社会事业局**

局 长 朱静霞(女)

**△综合行政执法局**

局 长 汤国忠

**△财政局**

局 长 王 俊

**△政法和社会管理局**

局 长 何应智

**△为民服务中心**

主 任 周宝辉

**△江苏省兴化高新技术产业开发区**

党工委书记 夏爱东(12月免) 姚群印(12月任)
管委会主任 夏爱东(4月免) 张冬根(4月任,12月免)
林建祥(12月任)
党工委副书记 姚群印(12月免)
张冬根(4月任,12月免)
林建祥(12月任) 李建龙(4月任)
周洪波(4月任,5月免)
管委会副主任 杭爱兵(4月免) 张冬根(4月免)
张跃军(4月任) 仲旭升(10月任)
樊俊宏(4月任,10月免)
金厚峰(4月任,10月免)
吉金楼(1月免)
夏立进(12月任) 刘 惺
党工委委员 杭爱兵(4月免) 吉金楼(1月免)
周洪波 张跃军(4月任)
仲旭升(10月任)
樊俊宏(4月任,10月免)
金厚峰(4月任,10月免) 赵京东(4月任)
王巧红(女,4月任) 顾 鑫(4月任)
吴忠伟(4月免) 夏立进(12月任)

**大垛镇**

党委书记 陈永根
副书记 成 晨(女,5月免) 朱 晨(10月免)
王高监(5月任) 樊俊宏(10月任)
镇 长 成 晨(女,5月免) 王高监(5月任)
副镇长 朱广才 夏洪涛(10月免)
刘 斌 唐 勇
韩建华(5月任) 谷 牧(10月任)
人大主席 卢巧兰(女,10月免) 费 艳(女,10月任)
人大副主席 韩建华(5月免)
纪委书记 朱志兵(5月免) 张加亮(5月任)
组织委员 夏洪涛(兼,5月免) 尤梦雅(女,5月任)
宣传委员 朱广才(兼)
统战委员 朱广才(兼)

**荻垛镇**

党委书记 陈永斌
党委副书记 房 俊(5月免) 刘 荣(5月任)
薛 森(10月免) 朱正宽(10月任)
镇 长 房 俊(5月免) 刘 荣(5月任)
副镇长 朱正宽(10月免) 周俊荣
肖兴钢(1月任,10月免)
郝 春(5月任) 李 凯(5月任)
人大主席 张云彬(10月免) 朱 晨(10月任)
纪委书记 李爱武(5月免) 顾玉成(5月任)
组织委员 庞晓娟(女)
宣统委员 刘红桂

政法委员 郝 春(5月免) 薛 森(5月任,10月免)
朱正宽(兼,10月任)

**戴窑镇**

党委书记 陈红言(5月免) 沈 浮(5月任)
党委副书记 邢寿和 周 健(11月免)
镇 长 邢寿和
副镇长 刘晓琴(10月免) 张 驰 刘勇(7月任)
张 明(7月任) 唐峰满(7月任)
胡东升(10月任)
人大主席 陈有进
人大副主席 张 明(5月免)
纪委书记 刘荣江
组织委员 刘晓琴(女,兼)
宣传委员 张 驰(女,兼)
统战委员 张 驰(女,兼)
政法委员 周 健(女,兼)

**合陈镇**

党委书记 王长美(5月免) 方迎峰(5月任)
党委副书记 王 兵(10月免) 陈 芬(女,5月任)
唐扬兴(10月任)
镇 长 沈卫平(5月免) 陈 芬(女,5月任)
副镇长 赵长荣(5月免) 杨存涛 刘 勇(5月免)
赵圣刚(5月任) 王 剑 徐 昕(10月免)
张兴荣(12月任) 许昊天(10月任)
人大主席 陈 芬(女,5月免) 唐 劲(7月任)
纪委书记 丁心亮
人武部长 杨存涛
组织委员 刘 勇(5月免) 万丽萍(女,5月任)
统战委员 王 剑(12月免) 张兴荣(12月任)
政法委员 徐 昕(10月免) 唐扬兴(10月任)
宣传委员 万丽萍(女,5月免) 王 剑(5月任)
王 剑(12月免) 张兴荣(12月任)

**昌荣镇**

党委书记 邵国昱(12月免) 陆章华(12月任)
党委副书记 杨日国(5月免) 黄海涛(5月免)
沈文海(5月任) 李爱武(5月任)
镇 长 杨日国(5月免) 沈文海(5月任)
副镇长 沙建祥(5月免) 陆荣华(10月免)
孙干院(10月免) 葛 彦(女)
王爱兵(7月任) 孙 瑶(女,7月任)
人大主席 刘新华(5月免) 黄海涛(7月任)
纪委书记 石友山
组织委员 孙干院
宣传委员 陆荣华(5月免) 葛 彦(女,5月任)
统战委员 葛 彦(女,兼)
政法委书记 黄海涛(兼)

**陶庄镇**

党委书记 罗国瑞
镇 长 余星光
人大主席 仲旭升(10月免) 丁 坚(10月任)
副书记 余星光 丁 坚(10月免)
王益兰(女,10月任)
纪委书记 周 颢
政法委员 丁 坚(兼)
副镇长 张耀民 汤华林(5月任) 赵益华
胡勇兵 韩雅倩(女)
宣统委员 王浩天
组织委员 赵益华(10月免) 瞿海荣(10月任)

**海南镇**

党委书记 施康振(4月免) 陈友连(5月任)
党委副书记 周世洋
镇 长 林支勇(10月免) 王道斌(10月任)
副镇长 姚桂发(5月免) 周亚年 苏建祥
陆荣华(10月任) 任 岳(12月任)
李忠隽(5月免) 傅倩雯(女,5月任)
人大主席 殷志年
纪委书记 李中莉(女,1月免) 周 杰(5月任)
宣传委员 梅存严(10月免) 陆荣华(兼10月任)
组织委员 赵 鉴
统战委员 梅存严(10月免) 陆荣华(兼10月任)
政法委书记 殷志年(兼)

**大邹镇**

党委书记 冯鸿灿(5月免) 杨日国(5月任)
党委副书记 赵 辉 陈 生(5月免) 唐朱生(5月任)
镇 长 赵 辉
人大主席 邹启达
人大副主席 王圣山(5月免)
纪委书记 刘 坚
副镇长 万传和 王国祥 智通泰(10月免)
卞玉祥(10月任) 杨海斌(5月任)
组织委员 马 捷(女,11月免) 颜良秀(女,11月任)
宣传委员 张 敏(女)
统战委员 张 敏(女,兼)

**永丰镇**

党委书记 冯建祥
党委副书记 王 军 丁文新(5月免) 朱竹兴(5月任)
镇 长 王 军
副镇长 陆晓峰(5月免) 孙子坤 王益兰(女)

林中健(1月任) 朱长建(5月任)
黄小婷(女,5月任) 陆群先(11月任)

人大主席 王书东

人大副主席 陈洪远(5月免)

纪委书记 朱竹兴(5月免) 顾日灿(5月任)

组织委员 朱晓伟

宣传委员 王益兰(女,10月免) 林中健(10月任)

统战委员 王益兰(女,10月免) 林中健(10月任)

政法委员 陆晓峰(5月免) 朱竹兴(5月任)

**安丰镇**

党委书记 浦 成

副书记 顾士坤 梅 兴(5月免)
夏富强(5月任) 张圣林(5月任)

镇长 顾士坤

副镇长 焦圣泉(5月免) 单祝祥(7月免)
朱 军 张圣林(5月免) 万连凤
娄金玉(10月免) 陆银昆 邹如明(5月任)
高 彬(7月任) 孙 鹏(10月任)

人大主席 杨友松(5月免) 沙进军(5月任,10月免)
王 兵(10月任)

人大副主席 许兆娟(女,5月免)

纪委书记 夏富强(5月免) 葛 峰(5月任)

组织委员 周爱华(女,5月免) 许兆娟(女,5月任)

宣传委员 张圣林(5月免) 万昌彬(5月任)

统战委员 张圣林(5月免) 万昌彬(5月任)

政法委员 万连凤(5月免) 沙进军(5月任,10月免)
王 兵(10任)

**新垛镇**

党委书记 王 勇

副书记 朱丹薇(女) 王高监(5月免) 赵俊林(5月任)

镇 长 朱丹薇(女)

副镇长 汪 洋 唐扬兴(10月免) 徐广杰(10月候选)
陈 海(5月候选) 王 虹(女,10月候选)

人大主席 许健康

纪委书记 张文干

组织委员 庞宝剑

宣传委员 沈小伟

统战委员 沈小伟

政法委员 唐扬兴(10月免) 许健康(兼,10月任)

**钓鱼镇**

党委书记 李庆斌

副书记 方迎峰(5月免) 龚 坚(5月任)
唐 俊(5月免) 徐志成(5月任)

镇 长 方迎峰(5月免) 龚 坚(5月任)

副镇长 张长杰(5月任) 姚鹤勇(10月免)
周 军(5月任) 吕道林
朱恒均(5月任) 刘茜瑶(女,10月任)

人大主席 陈富钧(5月免) 唐 俊(5月任)

人大副主席 周 军(5月免)

纪委书记 徐志成(5月免) 曹 玮(5月任)

组织委员 聂凤平(女)

宣传委员 周 军

统战委员 周 军(兼)

政法委员 唐 俊(兼)

**大营镇**

党委书记 万光明(5月免) 房 俊(5月任)

党委副书记 蒋富干(10月免) 沙进军(10月任)
王 锋

镇 长 蒋富干(10月免) 沙进军(10月任)

副镇长 任 峰 王继宏 张 清(女)
孔令帅(5月任) 冯俊杰(10月任)

人大主席 张照林

人大副主席 王俊杰(5月免)

纪委书记 唐朱生(5月免) 陆晓峰(5月任)

组织委员 王俊杰(5月免) 韩 笑(5月任)

宣统委员 张 清(女,兼)

政法委员 王 锋(兼)

**沙沟镇**

党委书记 郭庆军(5月免) 徐德龙(5月任)

党委副书记 徐德龙(5月免) 陈富钧(5月任)
程龙喜(5月免) 姜正明(5月任)

镇 长 徐德龙(5月免) 陈富钧(5月任)

副镇长 姜正明(5月免) 陈加庚 史华香
肖兴刚(10月任) 赵俊峰(5月任)
丁永华(5月任)

人大主席 张步新(5月免) 陈 生(5月任)

人大副主席 赵俊峰(5月免)

政协工委主任 程龙喜(兼,5月免)

纪委书记 于通洲(5月免) 王小丽(女,5月任)

组织委员 顾玉成(5月免) 吴玲玲(女,5月任)

宣传委员 徐卫国(兼)

统战委员 徐卫国(兼)

政法委员 张步新(兼,5月免) 姜正明(兼,5月任)

**千垛镇**

党委书记 裴马年(女)

副书记 陈永松(5月免) 陈荣才(4月免)
朱焕泽(5月免) 赵宏高(5月任)
徐 璥(5月任) 韩 峰(5月任)

镇　长　陈荣才(3月免)　徐　璥(任)
副镇长　瞿殿忠　张启书　瞿如俊　刘仁庐(5月任)
　　　　王圣山(5月任)　赵宏高(5月免)
　　　　谢俊仪(7月免)　韩　峰(5月免)
　　　　王小丽(女,5月免)
人大主席　陈永松(5月任)
人大副主席　杨海斌(5月免)
政协工委主任　陈永松(5月免)
**纪委书记**　沈金仁(5月免)　芦　峥(女,5月任)
政法委员　赵宏高(5月免)　沙建祥(5月任)
组织委员　瞿殿忠
宣统委员　刘广凯

**中堡镇**

党委书记　顾小兵
党委副书记　周建根　葛　颖(女)
镇　长　周建根
人大主席　邹春祥(10月免)　薛　森(10月任)
纪委书记　赵俊林(5月免)　李　希(5月任)
副镇长　张长杰(5月免)　汤华林(5月免)
　　　　姜　华(女,10月免)　邹燕鸿(10月免)
　　　　王金付(5月任)　童洋帅(5月任)
　　　　徐功银(10月任)
组织委员　姜　华(10月免)　朱　荣(10月任)
宣统委员　邹燕鸿(10月免)　王金付(10月任)
政法委员　邹　磊(5月任)

**兴东镇**

党委书记　吴桂强
党委副书记　金晓晖　殷　俊(5月任)
　　　　　　刘　荣(5月免)
镇　长　金晓晖
副镇长　叶重怀(5月任)　王　炜　董华龙(5月任)
　　　　沙国平(5月任)　史伟建(10月任)
　　　　芦　峥(女,5月免)　金　玲(女,10月免)
　　　　沈志华(5月免)
人大主席　刘德军
纪委书记　王寿华
组织委员　黄晓意(10月任)　金　玲(女,10月免)
宣传委员　叶重怀(女,5月任)　芦　峥(女,5月免)
统战委员　刘　丹(5月任)　芦　峥(女,5月免)

**陈堡镇**

党委书记　刘华斌(5月免)　杨　蓓(女,5月任)
党委副书记　万世华(5月免)　费　艳(女,10月免)
　　　　　　薛　超(5月任)　周根凤(10月任)
镇　长　万世华(5月免)　薛　超(5月任)
副镇长　张　洋(5月免)　周　娟(女,10月免)
　　　　唐新华(5月任)　刘　云(10月任)
　　　　许碧云(女,10月任)
人大主席　朱军林
纪委书记　周根凤(10月免)　金　玲(女,10月任)
组织委员　曹玮(5月免)　周　娟(女,兼,5月任)
宣统委员　朱晓斌(10月免)　陆玉海(10月任)
政法委员　黄　鹏(4月任)

**周庄镇**

书　记　吉金楼(1月任)　方晓春(1月免)
副书记　任怀平　朱志兵(5月任)
镇　长　任怀平
副镇长　王　琪(女,3月任)　刘春萍(女)
　　　　周　明(10月任)　张国华
　　　　邵国昀(7月任,11月免)　葛　峰(5月免)
　　　　顾天晓(女,10月任)
人大主席　吴付生
纪委书记　赵明宇
政法委员　吴付生(兼,10月免)　邵国昀(10月任)
组织委员　徐　明(5月任)　葛　峰(兼,5月免)
宣统委员　钱　怡

**垛田街道**

党工委书记　崔淦才
党工委副书记　刘震祥(12月免)　毛登铭
办事处主任　刘震祥(12月免)
办事处副主任　张杰华　殷　俊(5月免)
　　　　　　　金　凌(女,5月免)　王　栋
　　　　　　　李忠隽(5月任)　王俊杰(5月任)
人大工委主任　汪子泉
人大工委副主任　鲍　枫(女)
纪工委书记　沈　忱
组织委员　王　建(5月任)
宣传委员　童洋帅(5月免)　王俊杰(兼,5月任)
统战委员　童洋帅(5月免)　王俊杰(兼,5月任)
政法委员　毛登铭(兼)

**△得胜湖生态文化旅游产业园区管理委员会**

主　任　崔淦才
副主任　陈龙德(免)　严立东　姚秋实(10月任)

**竹泓镇**

党委书记　朱广钱
党委副书记　黄易飞(5月免)　王永明(5月任)
　　　　　　张鹤峰(5月免)　夏宣年(5月任)
镇　长　黄易飞(5月免)　王永明(5月任)
副镇长　赵桂荣　熊武川　韩永和(5月免)

周爱华(女,5月任,10月免)
刘丹璐(女,5月任)
人大主席 汤长新(5月免) 刘新华(5月任)
纪委书记 夏宣年(5月免) 韩永和(5月任)
组织委员 吴玲玲(女,5月免)
周爱华(女,兼,5月任)
宣统委员 徐 晶

**林湖乡**

党委书记 刘荣柏(5月免) 成 晨(女,5月任)
党委副书记 周锦坤 顾诗华
乡 长 周锦坤
副乡长 顾日灿(5月免) 林中健(10月免)
徐永辉 陈旭东(5月任)
人大主席 龚 坚(5月免) 许少华(5月任)
人大副主席 陈旭东(5月免)
纪委书记 王普国
组织委员 林中健(10月免) 董芸芸(女,10月任)
宣传委员 顾日灿(5月免) 解莉莉(女,5月任)
统战委员 顾日灿(5月免) 解莉莉(女,兼,5月任)

**沈坨镇**

党委书记 杨 蓓(女,5月免) 朱鸿业(5月任)
副书记 房宝才 吴 健
镇 长 房宝才
副镇长 俞春华 刘骏华(10月免) 杨荣德
人大主席 吴文峰
纪委书记 袁凯中
组织委员 刘骏华(兼)
宣传委员 董芸芸(女,10月免) 朱晓斌(10月任)
统战委员 董芸芸(女,10月免) 朱晓斌(10月任)
政法委员 杨荣德(兼)

# 文件选编

## 市委重要文件选编

### 中共兴化市委 兴化市人民政府关于支持“再造一个新戴南”的意见

各乡镇(街道)党(工)委、人民政府(办事处),开发区党工委、管委会,市委各部委办,市各委办局,市各直属单位:

为深入贯彻习近平新时代中国特色社会主义思想和习近平总书记视察江苏重要讲话指示精神,落细落实“再造一个新戴南”的决策部署,加快推动戴南高质量发展,全力打造“兴化第二中心”,再夺“苏中第一镇”,助推全市建设繁荣繁华、令人向往的江苏大公园、人文梦水乡,现提出如下意见:

**一、深化产业转型,全力建设实力戴南**

1. 设立政府投资基金,促进传统产业转型升级和战略性新兴产业培育;支持高新区转型升级重大项目招引和建设,前期投入和所需奖补资金原则上由市、镇各半负担;支持不锈钢产业链高质量发展,继续执行现有的物回、物流行业奖补政策,奖补周期为三年;支持“再造一个新兴达”行动计划。

2. 举办国际性不锈钢行业论坛和不锈钢产品展会,全面提升戴南在不锈钢行业内的知名度、美誉度和话语权。

3. 市镇财政管理体制根据省对市县财政体制调整情况,适时予以调整。为支持戴南镇发展,从2021年起,在戴南镇一般公共预算收入增幅超全市乡镇平均增幅时,以2020年实绩为基数,超收部分市财政以专项补助返还戴南。

4. 在排污权有偿使用和交易以及能耗指标等方面给予支持,优先安排可交易排污权、专门划拨能耗消费增量,用于支持高新区项目建设。

**二、强化改革创新,全力建设活力戴南**

5. 支持“一院一中心”(兴化市高性能金属材料制品研究院和国家不锈钢制品质量监督检验中心)建设和运行,落实专人专班,出台管理办法,建立激励机制,促进兴化市高性能金属材料制品研究院成果转化;加大改革力度,推进国家不锈钢制品质量监督检验中心设备更新换代、提档升级,实现不锈钢质检中心市场化运营。

6. 深化“亩均论英雄”改革,成立兴化市村级工业园升级改造工作服务专班,协调市级平台参与戴南镇村级工业园改革,支持戴南镇推进“村改”转型升级。

7. 深化开发园区改革,建立人员能进能出、职务能上能下、待遇能高能低的管理激励机制;打破高新区人员身份限制,推行身份档案制管理,按需实行特岗特薪、特职特聘。在全市范围内定向选配具备一定专业特长的急需紧缺型业务骨干(规划、城建、工业、生态环境、应急管理),支持戴南镇建设发展。

8. 按照审批服务不出镇的原则,进一步解放思想,重新明确赋权清单，重构审批流程。

9. 支持兴化市东南城市建设有限公司创评AA+级公司，按照市级平台管理模式，明确兴化市东南城市建设有限公司参照正科级单位管理。

**三、突出规划引领，全力建设美丽戴南**

10. 支持戴南镇以县域思维完善小城市建设规划，统筹城市、园区和基础设施建设。以新一轮国土空间规划编制为契机，在符合国家、省对永久基本农田调整相关政策要求的前提下，对S352以南、X203以西、人民路以北、盐靖河以东现有的永久基本农田在市域内统筹保护。

11. 支持实施X203(规划泰州东部干线)南延、戴南迎宾大道北延、X312改造工程；积极协调东台市加快推进S352工程；积极争取G1515戴南互通口北移，增设戴南南互通口；积极上争资金，规划建设戴南港口作业区；支持实施戴南农村道路提档升级改造，继续享受2019—2020两年行动政策；支持实施戴南镇村公交全覆盖；实施盐靖河(戴南镇赵家村—溱潼镇薛何村)南延拓宽浚深工程。

12. 支持戴南旅游发展，打造工业旅游区，协调国有公司开发旅游项目，打造护国寺旅游片区，保护和利用好蒋庄遗址，提升茅山非遗文化旅游区。

**四、注重功能完善，全力建设幸福戴南**

13. 支持戴南民生事业发展，推动基本公共服务建设走在全市前列。

14. 调整优化教育布局，加大优质教育资源供给，增加编内教师分配，支持戴南高级中学提档升级，加快建设学生宿舍楼、体育场地；支持戴南新建初中、小学各一所；支持收储戴泽初级中学食堂和天路双语学校，并划拨给戴泽初级中学。

15. 整合优化镇域内公共医疗卫生资源，积极发挥紧密型医共体作用，推动牵头医院优质医疗资源下沉，支持戴南人民医院创建二级甲等综合医院；下放医保经办权限，方便群众结报，支持戴南人民医院实时结报特殊病门诊。

16. 支持戴南交警中队迁址重建；支持戴南镇消防救援能力和装备建设，加大消防救援人员的培训力度。

**五、加强组织领导，全力保障“再造一个新戴南”**

17. 成立兴化市举全市之力“再造一个新戴南”工作领导小组，在全市层面上统筹推进“再造一个新戴南”建设，定期听取工作情况汇报，研究解决发展难题。

18. 实行市级机关部门优秀年轻干部到戴南镇、兴达公司挂职和戴南镇、兴达公司选派优秀年轻干部到市级机关挂职的双向交流制度，为戴南镇的高质量发展提供坚强的组织保障。

19. 推行戴南公安分局、财政局、市监分局、自规分局、税务分局等市驻镇单位的负责人由主管局班子成员兼任；增加办局中心内设科室、戴南镇机关中层干部岗位职数，调动工作积极性。

20. 本意见自下发之日起执行，有效期三年。

中共兴化市委员会　　　　兴化市人民政府

2021年4月21日

## 中共兴化市委　兴化市人民政府<br>关于建立全市国土空间规划体系<br>并监督实施的意见

各乡镇(街道)党(工)委、人民政府(办事处)，开发区党工委、管委会，市委各部委办，市各委办局，市各直属单位：

为贯彻落实《中共中央国务院关于建立国土空间规划体系并监督实施的若干意见》《中共江苏省委江苏省人民政府关于建立全省国土空间规划体系并监督实施的意见》和《中共泰州市委泰州市人民政府关于建立全市国土空间规划体系并监督实施的意见》，加强全市国土空间规划统筹管理，理顺规划管理体制机制，提升国土空间治理能力，实现“多规合一”，结合本市实际，制定本意见。

**一、总体要求**

(一) 指导思想。以习近平新时代中国特色社会主义思想为指导，全面贯彻党的十九大和十九届二中、三中、四中、五中全会精神、省委十三届八次全会精神以及泰州市委五届九次、十次全会精神，按照市委十二届九次、十次全会要求，坚持新发展理念，坚持以人民为中心，弘扬“垒土成垛、择高向上”的兴化精神，优空间、护资源、促集约，加快建立我市国土空间规划体系，提升我市国土空间品质，实现国土空间开发保护更高质量、更有效率、更加公平、更可持续，为全市经济社会发展规划落地实施、加快建设“强富美高”新兴化提供空间保障。

(二) 基本原则

——坚持“多规合一”。将主体功能区规划、土地利用规划、城乡规划等空间规划融合为统一的国土空间规划，统筹优化城乡、区域国土空间，形成战略引领和刚性管控的国土空间规划“一张图”。细化落实经济社会发展规划提出的国土空间开发保护要求。

——坚持底线思维。从资源环境承载能力和国土空间开发适宜性出发，严格控制开发强度。统筹安排城镇、农业、生态空间，划定生态保护红线、永久基本农田、城镇开发边界三条控制线(以下简称“三线”)。延续历史文脉，加强风貌管控，突出地域特色。

——坚持绿色发展。坚持保护优先、节约集约、严控增量、盘活存量，引导城镇发展由外延扩张向内涵提升转变，提高国土空间利用质量，提升自然资源节约集约利用水平。

——坚持以人为本。以满足人民群众的发展需要为目的，优化完善公共设施布局，改善人民群众生活品质，增强人民群众的获得感、幸福感；践行群众路线，开门编规划，强化公众参与。

——坚持规划传导。下级国土空间规划要服从上级国土空间规划，专项规划、详细规划要服从总体规划。国土空间总体规划指导约束各专项规划，统筹各相关专项领域的空间需求。

（三）主要目标。2021年，基本建立全市国土空间规划体系，基本完成全市国土空间总体规划编制，初步形成全市国土空间开发保护“一张图”。到2025年，全面实施国土空间监测预警评估和绩效考核机制，形成以国土空间规划为基础、以统一用途管制为手段的国土空间开发保护制度。到2035年，全面提升国土空间治理体系和治理能力现代化水平，与经济强、百姓富、环境美、社会文明程度高的要求相适应，形成生产空间集约高效、生活空间宜居适度、生态空间山清水秀，可持续发展的高品质国土空间格局。

**二、建立国土空间规划体系**

（四）分级分类建立国土空间规划体系。包括：兴化市国土空间总体规划、详细规划和相关专项规划；各乡镇国土空间规划和详细规划、村庄规划。国土空间总体规划是详细规划的依据、是相关专项规划的基础，相关专项规划要相互协同，并且与详细规划做好衔接。

（五）兴化市国土空间规划体系。兴化市人民政府组织编制兴化市国土空间总体规划，经市人大常委会审议、泰州市人民政府审查同意后报省人民政府审批。市自然资源和规划部门负责组织编制兴化市城镇开发边界内的详细规划，报兴化市人民政府审批。相关专项规划，由市自然资源和规划部门以及相关主管部门依据经济社会发展规划、市国土空间总体规划牵头组织编制，报兴化市人民政府审批。历史文化名城、名镇、名村保护专项规划按相关要求进行报批。

（六）乡镇国土空间规划体系。鼓励乡镇国土空间规划以编制单元形式合并编制，统筹划定“三线”。确有需要单独编制的，也可单独编制。乡镇国土空间规划经市自然资源和规划部门审查后，报泰州市人民政府审批。省级以上历史文化名镇的国土空间规划要落实历史文化保护要求，报省人民政府审批。在乡镇的城镇开发边界内的详细规划由乡镇人民政府组织编制，经市自然资源和规划部门审查后，报兴化市人民政府审批。

（七）“多规合一”实用性村庄规划体系。乡镇人民政府可以一个或者几个行政村为单元，组织编制城镇开发边界外的“多规合一”的实用性村庄规划，报兴化市人民政府审批，有条件、有需要的村庄应组织编制村庄规划，暂无条件编制村庄规划的，应当在市国土空间总体规划、乡镇国土空间规划中明确村庄国土空间用途管制规则和建设管控要求，为国土空间用途管制和规划许可提供依据。省级历史文化名村所在地行政村的村庄规划，应当落实历史文化保护要求，报省人民政府审批。编制村庄规划应当落实乡村振兴战略，运用乡村营造手段，积极推进农村建设用地减量化，探索留白机制，提高规划编制水平。

**三、科学编制国土空间规划**

（八）兴化市国土空间总体规划重在提高科学性和实施性。兴化市国土空间总体规划应当落实中央和省、市战略发展要求，落实泰州市国土空间总体规划的约束性指标和管控要求，贯彻公园城市理念，发挥本地人文特色和水的优势，明确区域国土空间发展任务以及相应的空间资源配置要求。优化兴化市行政区域内城镇空间结构、农业空间结构、生态空间结构，构建国土空间开发保护总体格局，深化优化“三线”，落实生产力发展与布局规划，突出“两区三园”，提高中心城区首位度，加快小城镇集聚发展，完善地理体系布局，提高城市化水平。明确兴化市行政区域内村庄分类和布局。严控建设用地增量，盘活存量，有序引导城市更新。重视结构性绿地、水体等开敞空间的保护控制和均衡分布，加强各类历史文化遗存的保护和传承。建立城市蓝线、绿线、黄线、紫线（以下简称“四线”）控制体系，传承历史文脉，强化建筑风貌、高度、视廊、天际线等城市风貌控制要求。坚持城乡一体化发展，统筹市政公用设施、公共服务设施、综合交通体系、地上地下空间利用和综合防灾减灾等设施安排，构建韧性可靠的城乡安全体系。

（九）乡镇国土空间规划重在落实约束性指标和管控要求。乡镇国土空间规划应当细化落实兴化市国土空间总体规划确定的约束性指标和管控要求，确定城镇开发边界内的建设用地安排，明确乡镇行政区域内的村庄分类和布局，落实耕地保护要求，推进农村土地综合整治，统筹安排乡镇行政区域内各项基础设施和公共服务设施。

（十）专项规划应当服从总体规划。市自然资源和规划部门会同相关部门组织编制林业、城市综合交通、轨道交通线网、地下空间等专项规划，相关主管部门组织编制的退圩还湖及其实施方案、全域旅游、交通能源、水利、农业、信息、市政、环保等基础设施，殡葬、养老、社区服务、文化、卫生、教育等公共服务设施，军事设施以及文物保护、气象探测环境保护等相关专项规划，要遵循国土空间总体规划，不得违背总体规划强制性内容，其主要内容要纳入详细规划。历史文化保护规划由名城名镇名村所在地人民政府组织编制，应当符合全市国土空间总体规划的管控要求。

（十一）详细规划要为规划许可提供依据。详细规划作为开展国土空间开发保护活动、实施国土空间用途管制、核发建设项目规划许可、进行各项建设等的法定依据，要依据相应的市国土空间总体规划或者乡镇国土空间规划，对具体地块用途和强度等作出实施性安排。编制详细规划时应当运用城市设计手段，强化空间形态、高度体量、风貌特色、交通组织等的控制引导。提出地块用途及其兼容性等用地管控要求，明确地块容积率、建筑高度、建筑密度、绿地率等用地指标，细化“四线”规划控制要求，对基础设施、公共服务设施、公共安全设施和地下管线控制等作出进一步安排。

（十二）村庄规划重在实用性。村庄规划是国土空间规划体系中城镇开发边界外乡村地区的详细规划，是整合原村庄规划、村庄建设规划、村土地利用规划、土地整治规划等形成的“多规合一”的法定规划，是促进乡村振兴、开展国土空间开发保护活动、实施国土空间用途管制、核发建设项目规划许可、进行各项建设等的依据。编制村庄规划要落实上级国土空间规划和相关部门对乡村发展的要求，根据村庄分类和国土空间开发保护、居民点建设、乡村治理等的实际需要，因地制宜明确村庄发展目标、土地利用优化布局、耕地和永久基本农田保护、“增减挂钩”、国土空间综合整治和生态修复、产业发展布局、农村居民点规划设计、历史文化保护与传承、公共服务设施和公用设施布局、近期实施计划等规划内容，并且合理确定规划编制重点和内容深度。

**四、加强规划监督实施**

（十三）严格执行规划。国土空间规划是实施各类开发保护建设活动的依据。坚持“先规划、后实施”的原则，不得违反国土空间规划进行各类开发建设活动；坚持“多规合一”，各级各类国土空间规划的约束性指标和刚性管控要求，报批前应当通过国土空间基础信息平台作一致性比对；不得在国土空间规划体系之外另设其他空间规划。强化规划执行的刚性约束，国土空间规划一经批复，未经法定程序，任何部门和个人不得随意修改、违规变更。对国土空间规划编制和实施过程中的违规违纪违法行为，要严肃追究责任。

（十四）强化审批和监管。按照一级政府一级事权的原则，强化分级管控和监督实施。按照“谁审批、谁负责，谁主管、谁监管”的原则，建立国土空间规划审查备案制度。国土空间总体规划中需上级政府审批、监管的内容，由总体规划审批机关批准并且监督实施；其他内容报市自然资源主管部门备查，由当地政府组织实施。

（十五）加强过渡期规划管理。精心组织国土空间规划近期实施方案的编制，一经批准即具有法律效应，是国土空间规划用途管制的基础，是编制多级多类专项规划、详细规划的依据，必须严格执行。

（十六）健全用途管制制度。以国土空间规划为依据，对所有国土空间分区分类实施用途管制，在城镇开发边界内的建设，实行“详细规划＋规划许可”的管制方式；在城镇开发边界外的建设，按照主导用途分区，实行“详细规划(村庄规划)＋规划许可”“约束指标＋分区准入”的管制方式。对自然保护地、重要水源地、文物等实行特殊保护制度，严格规划建设管控。

（十七）推进“放管服”改革。厘清事权职责，改进规划审批，以“多规合一”为基础，依托国土空间基础信息平台，统筹规划、建设、管理三大环节，优化建设项目用地预审与选址、建设用地规划许可、建设工程规划许可、规划核实、不动产登记等审批流程，推动“多审合一”“多测合一”“多证合一”，提高审批效能和监管服务水平。

（十八）完善国土空间基础信息平台。以自然资源调查监测数据为基础，采用国家统一的测绘基准和测绘系统，整合全市各类空间关联数据，完善国土空间基础信息平台，作为全市各类国土空间规划管理的统一工作平台。详细规划、相关专项规划、村庄规划在编制和审查过程中应当加强与有关国土空间规划的衔接以及“一张图”核对，批复后纳入同级国土空间基础信息平台叠加到国土空间规划“一张图”上。畅通政府各部门数据共享和政务协同渠道，实现纵向国土空间规划信息互联互通，推进横向部门之间数据共享与业务协同，全面支撑国土空间管控，不断提升国土空间治理体系和治理能力现代化水平。

（十九）建立监测评估机制。依托国土空间基础信息平台、建立健全国土空间规划动态监测、定期评估预警和实施监管机制，及时发现国土空间资源过度开发、资源粗放利用和突破规划控制要求的行为并且进行预警。结合国民经济社会发展实际和规划定期评估结果，对国土空间规划进行动态调整完善。因国家和省重大战略调整、重大项目建设、行政区划调整等确需对国土空间规划进行修改的，必须先经规划审批机关同意后，方可按照法定程序进行修改。

**五、完善保障措施**

（二十）加强组织领导。各乡镇人民政府要担负起组织编制、实施国土空间规划责任，科学编制规划，严格执行规划，做到“一张蓝图干到底”。

（二十一）落实工作责任。各乡镇(街道)、开发区，市各有关部门要充分认识建立国土空间规划体系的重大意义，落实主体责任，切实履行职责，明确责任分工，保障工作经费，加强队伍建设，强化监督考核，做好宣传教育；要各司其责、互相配合，形成合力，共同做好国土空间规划实施的组织保障工作；要加大对本行政区域、本行业领域涉及空间布局相关规划的指导、协调和管理。市自然资源和规划部门承担国土空间规划编制、实施管理的具体职责，要加强行业指导和管理，加强专业技术人才和专业干部队伍建设，提高统筹协调和服务的主动性。

中共兴化市委员会　　兴化市人民政府

2021年7月29日

## 中共兴化市委印发《关于贯彻〈中国共产党政法工作条例〉的实施办法》的通知

各乡镇(街道)、开发区党(工)委，市委各部委办，市各委办局党组(党委)，市各直属单位党组织：

《关于贯彻〈中国共产党政法工作条例〉的实施办法》已经市委常委会会议审议通过，现印发给你们，请结合实际认真贯彻落实。

中共兴化市委员会

2021年7月12日

## 关于贯彻《中国共产党政法工作条例》的实施办法

为认真学习贯彻习近平新时代中国特色社会主义思想，坚持和加强党对政法工作的绝对领导，全面贯彻落实《中国共产党政法工作条例》以及省委《关于贯彻〈中国共产党政法工作条例〉的实施意见》和泰州市委《关于贯彻〈中国共产党政法工作条例〉的实施办法》，深入推进新时代兴化政法工作，结合我市实际，制定本实施办法。

**一、把握新时代政法工作的总体要求**

1. 认真学习贯彻《中国共产党政法工作条例》，深刻理解政法工作地位性质，准确把握市委、市委政法委员会、政法单位党组(党委)职责定位，全面贯彻政法工作的指导思想、主要任务、工作原则，把党的绝对领导贯彻到政法工作各方面和全过程。

2. 做好新时代政法工作，要坚持以习近平新时代中国特色社会主义思想为指导，坚决贯彻落实党中央和上级党组织关于政法工作的决策部署，深入推进平安兴化、法治兴化建设，推动政法领域全面深化改革，加强过硬队伍建设，深化智能化建设，严格执法、公正司法，履行维护国家政治安全、确保社会大局稳定、促进社会公平正义、保障人民安居乐业的主要职责，不断增强人民群众获得感、幸福感、安全感。

3. 市委、市委政法委员会、政法单位党组(党委)、乡镇(街道)党(工)委应当在各自职责权限范围内，充分听取各方面意见，及时对政法工作有关事项研究作出决定、决策部署或者指示。

**二、加强市委对政法工作的领导**

4. 市委领导和组织开展全市政法工作，必须坚决贯彻落实党中央关于政法工作的大政方针，执行党中央以及上级党组织关于政法工作的决定、决策部署、指示等事项，对本地区政法工作负责。(责任单位：市委办公室、市委政法委)

5. 市委应当建立健全委员会全体会议或者常委会会议研究部署政法工作的制度，将政法工作纳入重要议事日程，每半年至少听取一次政法工作汇报，研究解决政法工作和队伍建设的重大问题。(责任单位：市委办公室、市委政法委)

6. 市委应当加强对政法队伍建设的领导，把政治标准放在首位，选优配强政法单位领导班子。完善政法单位干部交流任职制度以及相关配套措施。落实与政法干警职务序列相配套的工资待遇保障体系和动态增长机制。完善和落实保障政法干警依法履职、开展工作的制度措施。根据上级有关规定和工作实际，建立及时奖励机制，定期褒奖先进集体和先进个人。(责任单位：市委组织部、市委政法委、市财政局、市人力资源和社会保障局)

7. 市委应当督促党委政府有关部门(单位)履行与政法工作相关的职责，支持政法单位依法履职和开展工作。(责任单位：市委办公室、市委政法委)

**三、加强市委政法委员会的领导**

8. 市委政法委员会实行全体会议制度，讨论和决定职责范围内的政法工作重大事项，一般每季度召开一次，会议由市委政法委员会书记召集和主持，必要时根据授权可以由书记委托副书记召集和主持。建立督导、评估和反馈机制，确保全体会议作出的决定落实到位。全体会议作出的决定，同级政法单位必须根据职责分工执行。建立健全委员述职制度，每年进行一次。(责任单位：市委政法委、市政法各单位)

9. 健全完善市委政法委员会协助市委及其组织部门加强政法单位领导班子和干部队伍建设制度，协助做好政法干部推荐、调整、任职、考察等工作。市政法单位推荐调整市管干部，应当与市委政法委沟通。市委政法委员会书记、副书记的任免，必须事先征求上一级市委政法委员会的意见。市委政法委员会推动政法单位落实执法司法关键岗位、人财物重点岗位人员定期轮岗制度。(责任单位：市委组织部、市委政法委)

10. 建立健全市委政法委员会协助市委和纪检监察机关做好政法单位党的建设和政法队伍建设的监督检查、

审查调查工作制度。市委政法委员会派员参加市委对政法单位党组(党委)的督促检查。与市纪检监察机关建立定期会商、重要情况通报、线索联合排查机制,加强监督检查、审查调查工作的衔接协调。(责任单位:市纪委监委机关、市委政法委)

11. 市委政法委员会派员列席政法单位党组(党委)民主生活会,对政法单位领导班子建设、全面从严治党等情况提出意见建议。视情派员列席政法单位党组(党委)会、理论学习中心组学习会等重要会议。(责任单位:市委政法委、市政法各单位)

12. 建立完善政法队伍政治轮训制度,指导推动政法单位分级分层开展覆盖全员的政治轮训,每年不少于两次,教育引导政法干警增强"四个意识"、坚定"四个自信"、做到"两个维护"。培训经费纳入财政预算。(责任单位:市委政法委、市财政局、市政法各单位)

13. 市委政法委员会应当对政法单位党组(党委)及其下属机构党组织政治建设情况定期开展政治督察。政治督察结果在一定范围内通报,加强督察结果的运用。(责任单位:市委政法委)

14. 推动政法单位健全落实干警激励保障政策措施。推动落实鼓励激励、容错纠错、能上能下"三项机制"。推动落实政法干警抚恤优待、带薪休假、定期体检、心理疏导等制度。建立和完善市委政法委牵头组织政法单位干警集中疗养制度。建立政法干警权益保护协调机制,维护政法干警人格尊严和合法权益。健全政法干警职业荣誉制度,统一规范干警入职晋级、授衔宣誓等职业仪式。建立定期举办政法干警光荣退休仪式制度。(责任单位:市委政法委、市纪委监委机关、市委组织部、市财政局、市政法各单位)

15. 市委政法委员会应当加强对市法学会的领导和管理,推动法学会组织建设,确保法学研究保持正确的政治方向。(责任单位:市委政法委、市法学会)

16. 乡镇(街道)党(工)委应当配备政法委员,进入乡镇(街道)党(工)委领导班子,在乡镇(街道)党(工)委领导和市委政法委员会指导下开展工作。政法委员任免前必须征求市委政法委员会意见。市委政法委员会根据工作需要和上级相关要求,制定乡镇(街道)政法委员职责清单。(责任单位:市委组织部、市委编办、市委政法委、各乡镇(街道)党(工)委)

17. 市、乡镇(街道)社会治安综合治理中心,是整合社会治理资源、创新社会治理方式的重要工作平台,由市委政法委员会和乡镇(街道)政法委员负责工作统筹、政策指导。(责任单位:市委政法委、市委编办、各乡镇(街道)党(工)委)

**四、加强政法单位党组(党委)的领导**

18. 政法单位党组(党委)领导本单位或者本系统政法工作,坚决贯彻党中央关于政法工作大政方针,执行党中央以及上级党组织关于政法工作的决定、决策部署、指示等事项,发挥好把方向、管大局、保落实的领导作用。(责任单位:市政法各单位)

19. 政法单位党组(党委)应当履行党的政治建设和全面从严治党主体责任,推动各级政法领导干部落实"一岗双责"。健全政治体检、思想动态研判、警示教育等制度。全面落实政法领域意识形态工作责任制,研究制定加强政法领域意识形态工作的制度规范,坚决抵制西方错误思想侵蚀。加强政工干部专业化建设,抓好政法系统党务和政工干部思想政治建设和业务能力培训。(责任单位:市政法各单位)

20. 政法单位党组(党委)应当带头遵守和实施宪法法律法规,加强执法司法制度建设,严格落实领导干部干预司法活动、司法机关内部人员过问案件、司法人员不正当接触交往的记录、通报和责任追究规定。(责任单位:市政法各单位)

21. 政法单位党组(党委)应当建立健全在执法办案中发挥领导作用制度、党组(党委)成员依照工作程序参与重要业务和重要决策制度,增强党组(党委)及其成员政治领导和依法履职本领,确保党的路线方针政策和宪法法律正确统一实施。(责任单位:市政法各单位)

**五、严格执行重大事项请示报告制度**

22. 市委、市委政法委员会、政法单位党组(党委)按照党中央和省委、泰州市委、兴化市委关于重大事项请示报告的有关规定,严格执行请示报告制度。重大事项请示报告一般采取书面报告、会议汇报的方式。政法单位党组(党委)向市委请示报告重大事项和汇报重要工作,一般应当同时抄报市委政法委员会。严格执行政法单位党组织向党委请示报告重大事项相关规定。(责任单位:市委办公室、市委政法委、市政法各单位)

23. 需要市委、市委政法委员会研究批准的重大事项,一般必须提前10天请示报告。对于重要会议、重大部署、重大专项执法司法活动等必须及时报告。半年工作情况应当于当年7月20日前报告,年度工作情况应当于次年1月20日前报告。对已有的专项工作报告制度,按照有关规定执行。(责任单位:市委办公室、市委政法委、市政法各单位)

24. 市委办公室、市委政法委员会、政法单位党组(党委)分别确定一个内设机构并且明确具体人员负责重大事项请示报告工作。对政法单位党组(党委)请示报告的重大事项,市委研究决定或者市委领导班子成员作出批示

的，市委办公室和市委政法委员会应当建立跟踪督办机制，督促贯彻落实。（责任单位：市委办公室、市委政法委、市政法各单位）

**六、健全和落实统筹协调机制**

25. 建立健全市委、乡镇（街道）党（工）委平安建设工作领导小组，完善平安建设领导责任制，健全与新形势新任务相适应的平安建设工作协调机制。推动落实分层分级属地管理和“谁主管谁负责”的平安建设工作责任，各级党委和政府主要负责同志是平安建设第一责任人。建立完善平安建设考核评价体系，定期组织开展工作督查。（责任单位：市委办公室、市委政法委、各乡镇（街道）党（工）委）

26. 市委坚持和发展新时代“枫桥经验”，不断提高区域社会治理现代化水平。坚持和完善“大数据＋网格化＋铁脚板”治理机制，加快构建共建共治共享的社会治理格局。（责任单位：市委政法委、市政法各单位、市各有关单位）

27. 市委政法委员会应当会同有关部门，全面推行风险防控“四项机制”，完善社会治安防控体系，协调指导防范打击违法犯罪，健全维护社会稳定工作机制，构建矛盾纠纷多元化解机制，确保社会大局稳定。（责任单位：市委政法委、市委国安办、市政法各单位、市各有关单位）

28. 市委政法委员会应当按照市委国安委要求，支持配合市委国安办工作，推动建立健全政法单位与党政有关部门协同联动工作机制，共同做好维护国家政治安全工作。（责任单位：市委政法委、市委国安办、市政法各单位、市各有关单位）

29. 市委政法委员会应当按照市委全面依法治市委员会要求，支持配合其办事机构工作，指导和协调政法单位加强法治建设重大问题研究，做好相关工作。（责任单位：市委政法委、市委依法治市办、市政法各单位）

30. 健全完善政法宣传舆论引导机制，市委政法委员会指导和协调政法单位和有关部门做好依法办理、宣传报道和舆论引导等相关工作，全面落实“三同步”工作，定期就涉法舆情进行分析研判，牢牢掌握网上舆论斗争主动权主导权。（责任单位：市委政法委、市委宣传部、市委网信办、市政法各单位）

31. 深化智能化建设，加强政法系统跨层级、跨地域、跨部门、跨业务的协作平台顶层设计、整体推进，深入推进智慧法院、智慧检务、智慧公安、智慧司法等建设，完善智能辅助办案系统，提升执法司法智能化水平。（责任单位：市委政法委、市政法各单位）

**七、强化监督和责任**

32. 市委应当对市委政法委员会、政法单位党组（党委）和乡镇（街道）党（工）委开展政法工作情况，特别是贯彻落实党中央以及上级党组织决定、决策部署、指示等情况，加强督促检查，必要时开展巡察，并且在一定范围内通报。（责任单位：市纪委监委机关、市委巡察办、市委政法委、市政法各单位）

33. 市委加强对市委政法委员会、政法单位党组（党委）和乡镇（街道）党（工）委相关履职情况的考评考核，其结果作为对有关领导班子、领导干部综合考核评价的重要内容和依据：

（1）结合领导班子年度考核、民主生活会等，定期检查和考评考核市委政法委员会履职情况；

（2）建立健全听取政法单位党组（党委）主要负责人述职制度，加强对政法单位党组（党委）及其成员履职情况的考评考核；

（3）在考核乡镇（街道）党（工）委领导开展工作情况时，注重了解领导开展政法工作情况。

（责任单位：市委组织部、市委政法委、市政法各单位）

34. 市委政法委员会应当健全和完善综治督导制度，每年组织实施平安建设（社会治安综合治理）考核评价，对工作严重滞后、社会治安问题隐患突出的地区和部门，视情节轻重，按照相关规定对有关领导干部进行约谈、通报、挂牌督办等。（责任单位：市委政法委、市政法各单位）

35. 市委政法委员会应当健全和完善执法监督制度，结合政法队伍建设中发现的薄弱环节，聚焦群众反映强烈的执法司法问题，常态化开展执法检查、案件督办、案件评查、执法评议、执法问题专项整治等工作，对发现不履行或者不正确履行职责，或者政法干警不严格执法、不公正司法等突出问题，加强督促整改。（责任单位：市委政法委、市政法各单位）

36. 市委政法委员会应当建立健全纪律作风督查巡查机制，以队伍纪律作风涣散、群众反映强烈、投诉举报集中、执法司法问题突出、重大工作推进缓慢的单位为重点，定期开展督查巡查，对重大纪律作风问题实行点对点督办，对发现的问题进行通报，严格追究责任。（责任单位：市委政法委、市政法各单位）

37. 市委政法委员会建立与市委巡察机构的协作机制，派员参与对政法单位党组（党委）及其下属机构党组织的巡察工作，及时了解巡察反馈意见，督促整改落实。（责任单位：市委政法委、市委巡察办、市政法各单位）

38. 有关乡镇（街道）和部门领导干部在领导和组织开展政法工作中，违反本实施办法和有关党内法规制度规定职责的，视情节轻重，由市委政法委员会进行约谈、通报、挂牌督办等；或者由纪检监察机关、组织人事部门按照管理权限,办理引咎辞职、责令辞职、免职等。因违纪违法应当承担责任的,依法依纪给予党纪政务处分;涉嫌犯罪的,依法追究刑事责任。(责任单位:市委政法委、市纪委监委机关、市委组织部)

本实施办法自印发之日起施行。本实施办法由市委负责解释,具体解释工作由市委办公室商市委政法委员会承担。

## 中共兴化市委　兴化市人民政府<br>关于建立全市国土空间规划体系<br>并监督实施的意见

各乡镇(街道)党(工)委、人民政府(办事处),开发区党工委、管委会,市委各部委办,市各委办局,市各直属单位:

为贯彻落实《中共中央国务院关于建立国土空间规划体系并监督实施的若干意见》《中共江苏省委江苏省人民政府关于建立全省国土空间规划体系并监督实施的意见》和《中共泰州市委泰州市人民政府关于建立全市国土空间规划体系并监督实施的意见》,加强全市国土空间规划统筹管理,理顺规划管理体制机制,提升国土空间治理能力,实现"多规合一",结合本市实际,制定本意见。

**一、总体要求**

(一)指导思想。以习近平新时代中国特色社会主义思想为指导,全面贯彻党的十九大和十九届二中、三中、四中、五中全会精神、省委十三届八次全会精神以及泰州市委五届九次、十次全会精神,按照市委十二届九次、十次全会要求,坚持新发展理念,坚持以人民为中心,弘扬"垒土成垛、择高向上"的兴化精神,优空间、护资源、促集约,加快建立我市国土空间规划体系,提升我市国土空间品质,实现国土空间开发保护更高质量、更有效率、更加公平、更可持续,为全市经济社会发展规划落地实施、加快建设"强富美高"新兴化提供空间保障。

(二)基本原则

——坚持"多规合一"。将主体功能区规划、土地利用规划、城乡规划等空间规划融合为统一的国土空间规划,统筹优化城乡、区域国土空间,形成战略引领和刚性管控的国土空间规划"一张图"。细化落实经济社会发展规划提出的国土空间开发保护要求。

——坚持底线思维。从资源环境承载能力和国土空间开发适宜性出发,严格控制开发强度。统筹安排城镇、农业、生态空间,划定生态保护红线、永久基本农田、城镇开发边界三条控制线(以下简称"三线")。延续历史文脉,加强风貌管控,突出地域特色。

——坚持绿色发展。坚持保护优先、节约集约、严控增量、盘活存量,引导城镇发展由外延扩张向内涵提升转变,提高国土空间利用质量,提升自然资源节约集约利用水平。

——坚持以人为本。以满足人民群众的发展需要为目的,优化完善公共设施布局,改善人民群众生活品质,增强人民群众的获得感、幸福感;践行群众路线,开门编规划,强化公众参与。

——坚持规划传导。下级国土空间规划要服从上级国土空间规划,专项规划、详细规划要服从总体规划。国土空间总体规划指导约束各专项规划,统筹各相关专项领域的空间需求。

(三)主要目标。2021年,基本建立全市国土空间规划体系,基本完成全市国土空间总体规划编制,初步形成全市国土空间开发保护"一张图"。到2025年,全面实施国土空间监测预警评估和绩效考核机制,形成以国土空间规划为基础、以统一用途管制为手段的国土空间开发保护制度。到2035年,全面提升国土空间治理体系和治理能力现代化水平,与经济强、百姓富、环境美、社会文明程度高的要求相适应,形成生产空间集约高效、生活空间宜居适度、生态空间山清水秀,可持续发展的高品质国土空间格局。

**二、建立国土空间规划体系**

(四)分级分类建立国土空间规划体系。包括:兴化市国土空间总体规划、详细规划和相关专项规划;各乡镇国土空间规划和详细规划、村庄规划。国土空间总体规划是详细规划的依据、是相关专项规划的基础,相关专项规划要相互协同,并且与详细规划做好衔接。

(五)兴化市国土空间规划体系。兴化市人民政府组织编制兴化市国土空间总体规划,经市人大常委会审议、泰州市人民政府审查同意后报省人民政府审批。市自然资源和规划部门负责组织编制兴化市城镇开发边界内的详细规划,报兴化市人民政府审批。相关专项规划,由市自然资源和规划部门以及相关主管部门依据经济社会发展规划、市国土空间总体规划牵头组织编制,报兴化市人民政府审批。历史文化名城、名镇、名村保护专项规划按相关要求进行报批。

(六)乡镇国土空间规划体系。鼓励乡镇国土空间规划以编制单元形式合并编制,统筹划定"三线"。确有需要单独编制的,也可单独编制。乡镇国土空间规划经市自然资源和规划部门审查后,报泰州市人民政府审批。省级以上历史文化名镇的国土空间规划要落实历史文化保护要求,报省人民政府审批。在乡镇的城镇开发边界内的详细规划由乡镇人民政府组织编制,经市自然资源和规划部门审查后，报兴化市人民政府审批。

（七）“多规合一”实用性村庄规划体系。乡镇人民政府可以以一个或者几个行政村为单元，组织编制城镇开发边界外的“多规合一”的实用性村庄规划，报兴化市人民政府审批，有条件、有需要的村庄应组织编制村庄规划，暂无条件编制村庄规划的，应当在市国土空间总体规划、乡镇国土空间规划中明确村庄国土空间用途管制规则和建设管控要求，为国土空间用途管制和规划许可提供依据。省级历史文化名村所在地行政村的村庄规划，应当落实历史文化保护要求，报省人民政府审批。编制村庄规划应当落实乡村振兴战略，运用乡村营造手段，积极推进农村建设用地减量化，探索留白机制，提高规划编制水平。

**三、科学编制国土空间规划**

（八）兴化市国土空间总体规划重在提高科学性和实施性。兴化市国土空间总体规划应当落实中央和省、市战略发展要求，落实泰州市国土空间总体规划的约束性指标和管控要求，贯彻公园城市理念，发挥本地人文特色和水的优势，明确区域国土空间发展任务以及相应的空间资源配置要求。优化兴化市行政区域内城镇空间结构、农业空间结构、生态空间结构，构建国土空间开发保护总体格局，深化优化“三线”，落实生产力发展与布局规划，突出“两区三园”，提高中心城区首位度，加快小城镇集聚发展，完善地理体系布局，提高城市化水平。明确兴化市行政区域内村庄分类和布局。严控建设用地增量，盘活存量，有序引导城市更新。重视结构性绿地、水体等开敞空间的保护控制和均衡分布，加强各类历史文化遗存的保护和传承。建立城市蓝线、绿线、黄线、紫线（以下简称“四线”）控制体系，传承历史文脉，强化建筑风貌、高度、视廊、天际线等城市风貌控制要求。坚持城乡一体化发展，统筹市政公用设施、公共服务设施、综合交通体系、地上地下空间利用和综合防灾减灾等设施安排，构建韧性可靠的城乡安全体系。

（九）乡镇国土空间规划重在落实约束性指标和管控要求。乡镇国土空间规划应当细化落实兴化市国土空间总体规划确定的约束性指标和管控要求，确定城镇开发边界内的建设用地安排，明确乡镇行政区域内的村庄分类和布局，落实耕地保护要求，推进农村土地综合整治，统筹安排乡镇行政区域内各项基础设施和公共服务设施。

（十）专项规划应当服从总体规划。市自然资源和规划部门会同相关部门组织编制林业、城市综合交通、轨道交通线网、地下空间等专项规划，相关主管部门组织编制的退圩还湖及其实施方案、全域旅游、交通能源、水利、农业、信息、市政、环保等基础设施，殡葬、养老、社区服务、文化、卫生、教育等公共服务设施，军事设施以及文物保护、气象探测环境保护等相关专项规划，要遵循国土空间总体规划，不得违背总体规划强制性内容，其主要内容要纳入详细规划。历史文化保护规划由名城名镇名村所在地人民政府组织编制，应当符合全市国土空间总体规划的管控要求。

（十一）详细规划要为规划许可提供依据。详细规划作为开展国土空间开发保护活动、实施国土空间用途管制、核发建设项目规划许可、进行各项建设等的法定依据，要依据相应的市国土空间总体规划或者乡镇国土空间规划，对具体地块用途和强度等作出实施性安排。编制详细规划时应当运用城市设计手段，强化空间形态、高度体量、风貌特色、交通组织等的控制引导。提出地块用途及其兼容性等用地管控要求，明确地块容积率、建筑高度、建筑密度、绿地率等用地指标，细化“四线”规划控制要求，对基础设施、公共服务设施、公共安全设施和地下管线控制等作出进一步安排。

（十二）村庄规划重在实用性。村庄规划是国土空间规划体系中城镇开发边界外乡村地区的详细规划，是整合原村庄规划、村庄建设规划、村土地利用规划、土地整治规划等形成的“多规合一”的法定规划，是促进乡村振兴、开展国土空间开发保护活动、实施国土空间用途管制、核发建设项目规划许可、进行各项建设等的依据。编制村庄规划要落实上级国土空间规划和相关部门对乡村发展的要求，根据村庄分类和国土空间开发保护、居民点建设、乡村治理等的实际需要，因地制宜明确村庄发展目标、土地利用优化布局、耕地和永久基本农田保护、“增减挂钩”、国土空间综合整治和生态修复、产业发展布局、农村居民点规划设计、历史文化保护与传承、公共服务设施和公用设施布局、近期实施计划等规划内容，并且合理确定规划编制重点和内容深度。

**四、加强规划监督实施**

（十三）严格执行规划。国土空间规划是实施各类开发保护建设活动的依据。坚持“先规划、后实施”的原则，不得违反国土空间规划进行各类开发建设活动；坚持“多规合一”，各级各类国土空间规划的约束性指标和刚性管控要求，报批前应当通过国土空间基础信息平台作一致性比对；不得在国土空间规划体系之外另设其他空间规划。强化规划执行的刚性约束，国土空间规划一经批复，未经法定程序，任何部门和个人不得随意修改、违规变更。对国土空间规划编制和实施过程中的违规违纪违法行为，要严肃追究责任。

（十四）强化审批和监管。按照一级政府一级事权的原则，强化分级管控和监督实施。按照“谁审批、谁负责，谁主管、谁监管”的原则，建立国土空间规划审查备案制度。国土空间总体规划中需上级政府审批、监管的内容，由总体规划审批机关批准并且监督实施；其他内容报市自然资源主管部门备查，由当地政府组织实施。

（十五）加强过渡期规划管理。精心组织国土空间规划近期实施方案的编制，一经批准即具有法律效应，是国土空间规划用途管制的基础，是编制多级多类专项规划、详细规划的依据，必须严格执行。

（十六）健全用途管制制度。以国土空间规划为依据，对所有国土空间分区分类实施用途管制，在城镇开发边界内的建设，实行“详细规划＋规划许可”的管制方式；在城镇开发边界外的建设，按照主导用途分区，实行“详细规划（村庄规划）＋规划许可”“约束指标＋分区准入”的管制方式。对自然保护地、重要水源地、文物等实行特殊保护制度，严格规划建设管控。

（十七）推进“放管服”改革。厘清事权职责，改进规划审批，以“多规合一”为基础，依托国土空间基础信息平台，统筹规划、建设、管理三大环节，优化建设项目用地预审与选址、建设用地规划许可、建设工程规划许可、规划核实、不动产登记等审批流程，推动“多审合一”“多测合一”“多证合一”，提高审批效能和监管服务水平。

（十八）完善国土空间基础信息平台。以自然资源调查监测数据为基础，采用国家统一的测绘基准和测绘系统，整合全市各类空间关联数据，完善国土空间基础信息平台，作为全市各类国土空间规划管理的统一工作平台。详细规划、相关专项规划、村庄规划在编制和审查过程中应当加强与有关国土空间规划的衔接以及“一张图”核对，批复后纳入同级国土空间基础信息平台叠加到国土空间规划“一张图”上。畅通政府各部门数据共享和政务协同渠道，实现纵向国土空间规划信息互联互通，推进横向部门之间数据共享与业务协同，全面支撑国土空间管控，不断提升国土空间治理体系和治理能力现代化水平。

（十九）建立监测评估机制。依托国土空间基础信息平台、建立健全国土空间规划动态监测、定期评估预警和实施监管机制，及时发现国土空间资源过度开发、资源粗放利用和突破规划控制要求的行为并且进行预警。结合国民经济社会发展实际和规划定期评估结果，对国土空间规划进行动态调整完善。因国家和省重大战略调整、重大项目建设、行政区划调整等确需对国土空间规划进行修改的，必须先经规划审批机关同意后，方可按照法定程序进行修改。

**五、完善保障措施**

（二十）加强组织领导。各乡镇人民政府要担负起组织编制、实施国土空间规划责任，科学编制规划，严格执行规划，做到“一张蓝图干到底”。

（二十一）落实工作责任。各乡镇（街道）、开发区，市各有关部门要充分认识建立国土空间规划体系的重大意义，落实主体责任，切实履行职责，明确责任分工，保障工作经费，加强队伍建设，强化监督考核，做好宣传教育；要各司其责、互相配合，形成合力，共同做好国土空间规划实施的组织保障工作；要加大对本行政区域、本行业领域涉及空间布局相关规划的指导、协调和管理。市自然资源和规划部门承担国土空间规划编制、实施管理的具体职责，要加强行业指导和管理，加强专业技术人才和专业干部队伍建设，提高统筹协调和服务的主动性。

## 中共兴化市委　兴化市人民政府印发《兴化市关于推进生态环境治理体系和治理能力现代化的实施意见》的通知

各乡镇（街道）党（工）委、人民政府（办事处），开发区党工委、管委会，市委各部委办，市各委办局，市各直属单位：

《兴化市关于推进生态环境治理体系和治理能力现代化的实施意见》已经市委全面深化改革委员会会议审议通过，现印发给你们，请结合实际认真贯彻落实。

中共兴化市委　　　　兴化市人民政府

2021年12月2日

## 兴化市关于推进生态环境治理体系和治理能力现代化的实施意见

为深入贯彻《中共中央办公厅　国务院办公厅印发〈关于构建现代环境治理体系的指导意见〉的通知》（中办发〔2020〕6号）、《省委办公厅　省政府办公厅印发〈关于推进生态环境治理体系和治理能力现代化的实施意见〉的通知》（苏办发〔2020〕28号）、《中共泰州市委　泰州市人民政府印发〈泰州市关于推进生态环境治理体系和治理能力现代化的实施意见〉的通知》（泰发〔2021〕8号），加快推进我市生态环境治理体系和治理能力现代化，结合本市实际，制定本意见。

**一、总体要求**

（一）指导思想。以习近平新时代中国特色社会主义思想为指导，深入贯彻习近平生态文明思想，全面把握新发展阶段的新任务新要求，坚定不移贯彻新发展理念、服务构建新发展格局，把保护生态环境摆在更加突出的位置，推动经济社会高质量发展、可持续发展。探索具有时代特征、兴化特色的生态环境治理新模式，建立健全党委领导、政府主导、企业主体、社会组织和公众参与的现代化生态环境治理体系，为建设美丽兴化提供强大支撑保障。

（二）基本原则。坚持减污降碳总要求。围绕“3060目标”，以改善生态环境质量为核心，以碳中和、碳达峰为统领，聚焦“减污降碳”总要求，深入打好污染防治攻坚战，切实提升“精准治污、科学治污、依法治污”水平，加快推动绿色低碳发展。坚持多方共治。明晰政府、企业、公众等各类主体权责，畅通参与渠道，形成全社会共同推进环境治理的良好格局。坚持市场导向。完善经济政策，健全市场机制，规范环境治理市场行为，强化环境治理诚信建设，促进行业自律。坚持依法治理。健全地方法规和标准，严格执法、加强监管，加快补齐环境治理体制机制短板。

（三）主要目标。到2025年，环境治理“七大体系”逐步巩固完善，生态环境治理能力显著提升，科学高效、协调有力的生态环境保护机制逐步健全，生态环境质量持续改善，成功打造一批生态环境治理典型，为建设繁荣繁华梦水乡贡献生态环境力量。

**二、健全领导责任体系**

（四）落实工作推进机制。坚持党政同责和一岗双责，认真贯彻执行党中央、国务院以及省委、省政府各项决策部署，发挥市委生态环保委职能，制定实施市级生态环境保护责任清单，统筹推进各项目标任务完成。市委和市政府落实主体责任，切实做好监管执法、市场规范、资金安排和宣传教育等工作。市各有关部门各司其职，密切配合，制定专项实施方案和配套政策，协同推进各项任务落实。（责任单位：各乡镇（街道）人民政府（办事处）和开发区管委会按职责做好各项相关工作）

（五）强化考核和责任追究。建立以改善生态环境质量为目标的评价考核体系，建立高效运转的环保督察整改工作机制，夯实生态文明建设政治责任。加强审计监督，落实党政领导干部自然资源资产离任审计和生态环境损害责任终身追究制度。对目标任务未完成、生态环境责任履职不到位、环保督察整改不力、在重大生态环境损害中存在失职渎职等行为严肃问责。（责任单位：兴化生态环境局、市审计局）

**三、健全企业主体责任体系**

（六）加强排污许可管理。完善生态产品市场交易体系和排污权交易市场机制，协调解决排污权指标，对先进制造业集群和重点产业链的重大项目，通过全市调剂、排污权交易、上争指标等方式优先给予排污总量指标支持，助推重大项目落户。加快推进排污许可行业全覆盖，贯彻落实省固定污染源排污许可“一证式”管理相关规定，推动排污许可与环境执法、环境监测、总量控制、排污权交易等环境管理制度有机衔接，开展工业园区（集中区）生态环境限值限量管理。进一步规范环境执法，加强对企业排污许可情况的监管，依法对无证排污、不按证排污等违法行为严格查处，对有违规记录的，可以提高检查频次。（责任单位：兴化生态环境局）

（七）压实信息公开责任。推进生态环境信息公开，保障公众知情权、参与权和监督权。排污单位应当向社会公开生态环境数据，及时公布监测和污染排放数据、污染治理措施、重污染天气应对等信息，并对信息真实性负责。在确保安全前提下，通过设立企业开放日、建立体验场所等形式，推进环保治理设施向社会公众开放，到2025年，符合条件的环保设施开放比例达100%。（责任单位：兴化生态环境局、市住建局、市城管局）

（八）强化治污能力建设。指导企业制订环境管理清单，积极改进和提升污染治理设施。通过市场化手段和激励措施，加快推进排污企业安装并使用在线监测监控设备。大力推行环境污染第三方治理，探索统一治理的一体化服务模式，并同步推行统一的第三方运维，坚决杜绝治理效果和监测数据造假。（责任单位：兴化生态环境局）

（九）推进产业绿色转型。认真落实《省政府关于推进绿色产业发展的意见》（苏政发〔2020〕28号）、《〈长江经济带发展负面清单指南〉江苏省实施细则（试行）》（苏长江办发〔2019〕136号）、《江苏省化工产业安全环保整治提升方案》（苏办〔2019〕96号）、《江苏省化工产业结构调整限制、淘汰和禁止目录（2020年本）》（苏政办发〔2020〕32号），实施绿色发展领军企业计划。围绕推动传统产业绿色转型升级，培育一批重点行业绿色龙头企业，推进产业绿色转型升级。加强全市减污降碳、协同治理，制定《兴化市碳达峰方案》《兴化市温室气体排放清单》，摸清基础数据，识别重点排放源，挖掘减排潜力，提出重点部门及行业的达峰路径，确定最优达峰方案。（责任单位：市工信局、市发改委、兴化生态环境局、市行政审批局）

**四、健全全民行动体系**

（十）加大社会监督力度。发挥“12345”政务平台作用，完善有奖举报机制，引导公众监督。支持新闻媒体对各类破坏生态环境行为进行曝光，办好“污染防治攻坚行动”电视曝光专栏，营造治污攻坚舆论氛围。（责任单位：市宣指办、兴化生态环境局）

（十一）调动社会团体积极性。工会、共青团、妇联等群团组织要积极动员广大职工、青年、妇女参与生态环境治理。加强生态环境公益组织培育，切实发挥环保志愿者积极作用。行业协会、商会要发挥桥梁纽带作用，畅通不同利益群体与相关责任主体的沟通渠道，促进行业自律。推进机关事务集中统一管理，加大绿色采购力度，带头采购更多节能、节水、环保、再生、资源综合利用等绿色产品，带头推行绿色办公。（责任单位：市总工会、市妇联、市工商联、团市委、市机关事务服务中心）

(十二) 提高公民环保素养。推进环境保护宣传教育进学校、进家庭、进社区、进农村、进企业、进机关,开展绿色社区和绿色学校建设。引导公众践行"135"绿色出行、生活垃圾分类等绿色生活方式。开发体现时代特点、反映兴化特色的生态文化产品,积极依托第三方力量,推动生态文化品牌建设。加强环境公益宣传,组织开展"低碳生活,我是行动者"绿色骑行活动,建设生态兴化文化宣传画廊,推动具有兴化特色的生态文化传播,推进环境治理全民行动。(责任单位:市委宣传部、兴化生态环境局、市教育局、市民政局、市城管局)

**五、健全监督管理体系**

(十三) 严格环境监管。进一步理顺职责,认真落实《泰州市环保机构监测监察执法垂直管理制度改革实施方案》(泰办发〔2017〕98 号)。用好兴化市污染防治综合监管平台,多部门信息共享,联合执法,合理解决生态环境突出问题。全面加强生态环境监测监控能力建设,利用大数据平台大力推行"不见面""非现场"精准执法,不断提高监管执法的智能化、信息化、精准化水平。健全"双随机、一公开"监管手段,全面推行执法公示、全过程记录、重大执法决定法制审核制度。加强移动执法,配齐配强执法装备,实现全程留痕。积极推行"互联网+执法",运用科技手段实现非现场监管。切实加大"散乱污"企业清理整治力度,坚决打击恶意排污行为,为环境守法企业营造更加公平的竞争环境。(责任单位:兴化生态环境局、市工信局)

(十四) 推进司法衔接。加强"两法"衔接,打通行刑衔接通道,构建行政执法和刑事司法无缝衔接体系,形成防范、打击合力。建立健全制度规范,完善生态环境局、公安局和检察院衔接机制,建好联动执法联席会议、常设联络员、重大案件会商督办三项制度和案件移送、联合调查、信息共享、奖惩机制四项机制。强化联合执法,形成环境污染案件现场勘查和现场取样的有效对接,及时收集、提取、监测、固定污染物种类、浓度、数量、排放去向等要素,有效破解案件侦办取证难、固证难、定性难等问题,做到分工协作,妥当处置。(责任单位:市司法局、市公安局、市检察院、市法院、兴化生态环境局)

**六、健全维护市场体系**

(十五) 规范市场秩序。深入推进"放管服"改革,策应市委市政府工业企业"亩均论英雄"改革政策,加大低产高排、违法排污企业监管力度,促进工业用地盘活。打破地区、行业壁垒,平等对待各类市场主体,引导各类资本参与生态环境治理。规范市场秩序,减少恶性竞争,加快形成公开透明、规范有序的生态环境治理市场环境。(责任单位:市市场监管局、市工信局、市行政审批局、市发改委、市自然资源和规划局、兴化生态环境局)

(十六) 大力发展环保产业。发挥龙头企业优势,培育一批专业化骨干企业,推动形成一批产业集群,扶持一批专特优精中小企业,推进大型环保龙头企业和环保标杆企业健康成长,对绿色先进企业定期进行表彰和推广,精准投放限产豁免、资金补贴、绿色金融等激励政策,推动企业开展清洁用能改造、生产工艺改造、污染治理设施提标升级,带动传统行业绿色转型。推动循环经济产业园建设,打造环保生态园区。鼓励企业参与绿色"一带一路"建设,带动先进的环保技术、装备、产能走出兴化,走向世界。(责任单位:市发改委、市工信局、兴化生态环境局)

(十七) 创新环境治理模式。开展全市城镇区域水污染物平衡核算,系统核算工业废水、生活污水、畜禽养殖废水的水污染物排放集中收集总量及削减总量,对主要水污染物收集处理能力及处理量缺口等问题制定整治方案,分类实施差别化治理措施。本着"集约建设,共享治污"的理念,大力推进"绿岛"建设,围绕园区小微企业危废处置、港口船舶污水、餐饮油烟、畜禽养殖、水产养殖等区域性、行业性污染治理难题,科学规划、合理布局,逐步形成"绿色群岛"效应,切实帮助中小企业降低治污成本、解决环保难题。积极推进兴化戴南紧固件行业集中清洗等一批"绿岛"项目建设。在兴化里下河国家湿地公园探索建设"零碳"示范工程。推进非常规水源利用,以区域为单位,实施人工湿地水质净化工程和再生水调蓄设施建设任务,构建"截、蓄、导、用"并举的区域再生水循环利用体系。推进兴化市生态安全缓冲区建设,促进污染物集中消纳处置,实现减污扩容、生态修复的有机融合。统筹山水林田湖草一体化保护修复,强化自然岸线和重要生态系统恢复,加快推进"退圩还湖"项目有序实施。普及生物多样性调查评估,加快推进生物多样性观测站建设,构建城市发展绿色屏障。深入开展生态文明建设示范市(区)、"绿水青山就是金山银山"实践创新基地、生态工业园区等系列生态创建工作,积极向国家和省争取创建名额,指导帮助园区开展生态创建工作巩固提升生态创建成果,创新生态价值实现的体制机制,积极开展生态产品价值确定与生态补偿研究。(责任单位:兴化生态环境局、市自然资源和规划局、市水利局、市住建局、市商务局、市财政局)

(十八) 优化价格机制。加快形成有利于绿色发展的价格政策体系。严格落实"谁污染、谁付费"的政策导向,深入实践固体废物处置、污水垃圾处理、节水节能、大气污染治理等重点领域的价格机制。落实差别化水价和电价政策。(责任单位:市发改委、市财政局、兴化生态环境局、市住建局、市城管局、市水利局)

**七、健全信用体系**

（十九）推进政务诚信建设。落实国家、省政务诚信建设要求，将公职人员在生态环境保护工作中因违法违规、失信违约被司法判决、行政处罚、纪律处分、问责处理等信息纳入政务失信记录，并归集至市信用信息共享服务平台，依法依规逐步公开。（责任单位：市发改委、兴化生态环境局）

（二十）加快企事业单位信用建设。深化公开透明、自动评价、实时滚动的排污企事业单位环保信用评价体系，拓展生态环境第三方服务领域信用监管，建立信用信息互联共享机制。落实信任保护原则，对守信企事业单位加大联合激励力度。依据国家、省要求，推进上市公司和发债企业强制性环境治理信息披露。（责任单位：市发改委、兴化生态环境局）

**八、健全法规政策体系**

（二十一）探索环境经济政策。落实好推进产业结构、能源结构、运输结构和用地结构调整优化的财税政策。落实与污染物排放总量挂钩的财政政策和生态保护补偿机制。严格执行环境保护税法，促进企业减少污染物排放。落实好现行促进环境保护和污染防治的税收优惠政策。（责任单位：市财政局、市税务局、兴化生态环境局、市发改委、市自然资源和规划局）

（二十二）完善绿色金融扶持。建立“银政企”保姆式服务体系，组织企业参加“金环”对话。推广排污权质押贷款等绿色金融服务，发展基于碳排放权等各类环境权益的融资工具，拓宽企业绿色融资渠道。结合推进企业环保信用评价、“环保脸谱”等工作机制，加大绿色金融产品供给，加大对企业节能减排、污染治理技术改造的信贷支持。积极争取省级环保资金，向环境整治任务重、产业结构调整力度大的乡镇、园区和企业倾斜，指导帮助各地积极争取中央环保资金，并将符合条件的重大项目优先推荐纳入省级、中央项目储备库。（责任单位：市财政局、人行兴化支行、市地方金融监管局、兴化生态环境局）

**九、着力提升生态环境治理能力**

（二十三）加大财政投入保障能力。严格执行生态环境领域省与市县财政事权和支出责任划分改革方案，建立稳定的生态环境治理财政资金投入机制，加大环境保护资金投入，保障生态环境治理体系和治理能力现代化建设资金。加强生态环境保护财政资金使用绩效考核，强化考核结果运用。对未完成的环境质量约束性指标，应当逐年适度加大地方财政支出中生态环境保护投入的比例。（责任单位：市财政局、兴化生态环境局）

（二十四）提升环境基础设施支撑能力。加快补齐环境基础设施短板，形成布局完整、运行高效、支撑有力的环境基础设施体系。加强城镇污水收集体系建设和污水处理设施升级改造，鼓励有条件的地区开展初期雨水污染控制。推进“污水处理提质增效达标区”建设，消除城市建成区污水管网空白区、污水直排口，继续加强镇级污水管网建设，强化农村生活污水治理规模化建设、专业化维护、一体化推进。加强固体废物等集中处理处置设施以及收运储体系建设，加快提升危险废物处理处置服务供给能力。加强生活垃圾填埋场和垃圾焚烧运行管理，确保实现达标稳定运行，做好填埋渗滤液安全处置，加快推进飞灰填埋处置项目建设，形成与我市经济社会发展相适应的生活垃圾处置能力。全市多部门齐抓共管，形成合力，加强全市环境基础设施管理，从设计规模、治理工艺、设备使用等多方面统一建设和管理标准，确保设施科学建设、高效运营。（责任单位：市住建局、市城管局、市农业农村局、兴化生态环境局）

（二十五）提升防范和化解环境风险能力。深入开展危废处置企业和化工监测点安全环保整治提升行动，提高规划建设、安全监管、污染防治、公共服务等综合管理能力。针对中小企业数量多、产废量小、危废转移难等问题，结合“绿岛”建设试点工作，开展危险废物集中收集贮存试点工作。加强危险废物收集、贮存、利用处置全过程监控，加快建成满足实际处置需求的危险废物利用处置能力。制定分步推进方案，全面推广应用省危险废物全生命周期监控系统。健全以环境风险企业、园区、重点区域为主要目标的生态环境风险防范体系，有效遏制突发生态环境事件高发态势，企业、园区生态环境安全主体责任得到进一步强化。完善环境应急响应及保障体系，全面形成与生态环境安全形势相匹配的环境应急能力，2025年底前，全市环境应急救援队伍建设得到进一步强化，一线环境应急专家占比明显提高。全市环境应急治理体系和能力现代化水平显著提高，生态环境安全形势持续好转。（责任单位：兴化生态环境局、市工信局、市应急管理局）

（二十六）提升清洁能源保障能力。围绕碳达峰、碳中和目标，推动能源产业结构和消费结构双优化，加快构建清洁低碳、安全高效的能源体系。实施清洁能源产业化工程，推进综合能源改造，有序扩大绿色能源供给。（责任单位：市发改委、市工信局）

（二十七）提升生态环境监测监控能力。以“智慧环保”平台为依托，不断丰富完善框架内容，充分运用5G、人工智能、区块链、VR、边缘计算、三维建模等新技术，加快先进信息技术在生态环境领域的应用，形成具有兴化特色的“环境质量云、环境监管云、环境管理云、环境决策云”智慧环保体系，形成“1＋4＋N”的大数据中心体系，覆盖全系统企业污染源和移动污染源，涵盖环境监测、环境监控、环境管理、效能考核及数据分析的一体化系统的集成和应用,实现业务流程的闭环联动、环境数据的深度挖掘、视频监控的智能分析,定期出具分析报告,打造深度融合的智慧环境综合管理业务平台,形成全市生态环境数据“一本账”。构建省、市、市(区)三级联网共享的生态环境监测监控网络,整合优化基础数据库,形成与排污单位“四位一体”的环境信息平台,为环境质量预测预报、执法监测、应急监测提供支撑保障。建设完善生态环境遥感监测网络、视频监控网络,强化重要生态空间监控监管。完善生态环境监测监控技术体系,发展智慧监测,全面提高监测自动化、标准化、信息化水平。强化全市生态环境系统环境监测机构建设,加强监测机构的人员配备、设备购置,提高监测能力,提升环境监测队伍水平。(责任单位:兴化生态环境局、市财政局、市大数据管理局)

(二十八)提升基层基础能力。加强全市生态环境队伍建设,重点充实一线生态环境监管执法力量。按照机构规范化、装备现代化、队伍专业化、管理制度化的要求,全面推进生态环境综合执法队伍标准化建设。完善网格化环境监管体系,深入推进“两个委员”制度(镇村生态文明委员和环境保护委员制度),明确承担生态环境保护责任的机构和人员,确保责有人负、事有人干。严格落实各类园区的生态环境保护和监管责任。(责任单位:兴化生态环境局)

(二十九)提升服务高质量发展能力。推进生态环境管理政策、措施、机制集成改革,健全会商、联动机制,以源头治理促进减污降碳,帮助企业减负担、降成本。统筹环境基础设施建设、破解污染防治难题与有效服务高质量发展共同推进。关注民生环境,解决好群众身边的突出环境问题,增强人民群众对美好环境的获得感。(责任单位:兴化生态环境局)

**市政府重要文件题录**

表 103

| 文号 | 文件题目 |
|---|---|
| 兴政发〔2021〕7 号 | 关于印发《兴化市 2021 年上半年市级部门(单位)、乡镇(街道)政府投资项目建设计划》的通知 |
| 兴政发〔2021〕10 号 | 关于印发兴化市“十四五”综合交通运输发展规划刚要的通知 |
| 兴政发〔2021〕11 号 | 关于印发《全市农房统一登记工作专项考核办法》的通知 |
| 兴政发〔2021〕13 号 | 关于印发《兴化市 2021 年度城市建设计划》的通知 |
| 兴政发〔2021〕16 号 | 关于印发《全市工业企业智能化互联网赋能三年行动计划》的通知 |
| 兴政发〔2021〕22 号 | 关于印发《兴化市 2021 年度交通建设计划》的通知 |
| 兴政发〔2021〕64 号 | 市政府关于全面禁止农作物秸秆露天焚烧及抛入水体污染环境的通告 |
| 兴政发〔2021〕74 号 | 市政府关于印发兴化市突发事件总体应急预案的通知 |
| 兴政发〔2021〕75 号 | 市政府关于印发《兴化市国民经济和社会发展第十四个五年规划和二〇三五年远景目标纲要》的通知 |
| 兴政发〔2021〕80 号 | 市政府关于印发《兴化市人民政府工作规则》的通知 |
| 兴政发〔2021〕83 号 | 兴化市人民政府关于印发兴化市企业科技创新积分管理办法的通知 |
| 兴政发〔2021〕84 号 | 兴化市人民政府关于印发兴化市支持科技创新头部企业创新创优六条政策的通知 |
| 兴政发〔2021〕128 号 | 市政府关于加强依法必招限额以下工程发包管理工作的意见 |
| 兴政发〔2021〕129 号 | 市政府关于印发《兴化市耕地保护激励暂行办法》的通知 |

# 兴化市 2021 年国民经济和社会发展统计公报

2021 年,全市上下坚持以习近平新时代中国特色社会主义思想为指导,认真贯彻落实中央、省和泰州市各项决策部署,牢牢把握稳中求进工作总基调,科学统筹疫情防控和经济社会发展,扎实做好“六稳”“六保”工作,有效应对复杂多变的外部环境和各项风险挑战,经济持续恢复发展,综合实力迈上新台阶,高质量发展取得新成效,实现“十四五”良好开局,现代化建设迈出坚实步伐。

**一、综合**

经济总量跃上新台阶。初步核算,全年实现地区生产总值 1020.94 亿元,比上年增长 9.5%(可比价,下同)。其中,第一产业增加值 141.27 亿元,增长 3.1%;第二产业增加值397.5亿元,增长8.2%;第三产业增加值482.17亿元,增长12.6%。全年三次产业结构比例为13.9∶38.9∶47.2。按常住人口计算,人均地区生产总值79380元。

高质量发展持续推进。全年工业战略性新兴产业产值、高新技术产业产值占规模以上工业比重分别为27.1%、30.8%,分别比上年提高2.9个、2.7个百分点。高技术产业投资占固定资产投资比重为4.7%,比上年提高1.9个百分点。

就业水平保持稳定。全年城镇新增就业9196人,比上年增长11%。

**二、农林牧渔业**

农业生产总体平稳。全年实现农林牧渔业总产值245.78亿元,比上年增长3.9%;实现农林牧渔业增加值147.65亿元,增长3.2%。全年粮食播种面积162.27千公顷,比上年增加0.26千公顷,增长0.2%;粮食总产量124.35万吨,增产0.1万吨,增长0.1%。其中,夏粮产量43.62万吨,下降1.2%;秋粮产量80.73万吨,增长0.8%。粮食亩产511公斤,下降0.1%。油料种植面积9.8千公顷,增长6.4%;油料产量2.87万吨,增长6%。

**主要经营产品产量情况**

表104

| 产品名称 | 单位 | 产量 | 比上年增长(%) |
|---|---|---|---|
| 生猪出栏量 | 万头 | 30.37 | 15.1 |
| 生猪年末存栏量 | 万头 | 19.16 | 0.4 |
| 家禽出栏量 | 万只 | 877.05 | −5.3 |
| 家禽年末存栏量 | 万只 | 1110.27 | −0.2 |
| 禽蛋产量 | 万吨 | 13.71 | 47.8 |
| 羊出栏量 | 万只 | 5.22 | −8.2 |
| 羊年末存栏量 | 万只 | 3.14 | 3.4 |
| 水产品总产量 | 万吨 | 32.54 | 0.2 |

现代农业稳步推进。全年新建高标准农田6.5万亩,新增家庭农场260家,新型农业规模经营比重63%。年末设施农业面积22.61千公顷,全年新增0.07千公顷;设施渔业面积14.55千公顷,全年新增0.38千公顷;有效灌溉面积120.67千公顷,全年新增0.98千公顷。农业机械总动力131.07万千瓦,比上年末增长1.6%,耕、种、收机械化率达83%。

**三、工业和建筑业**

全年实现第二产业增加值397.5亿元,比上年增长8.2%。其中,工业增加值280.23亿元,增长10.1%;建筑业增加值117.31亿元,增长3.8%。

工业生产稳定恢复。全年规模以上工业增加值162.61亿元,比上年增长11.2%;规模以上工业总产值828.76亿元,增长33%;规模以上工业营业收入788.27亿元,增长26.5%;规模以上工业利润总额42.75亿元,增长53.4%。

全市规模以上工业三大主导产业完成产值638.79亿元,比上年增长34.2%。其中:不锈钢制品产业完成产值357.90亿元,增长39%;健康食品产业完成产值178.17亿元,增长22.9%;装备制造产业完成产值102.73亿元,增长39.6%。

建筑业稳定健康发展。全年建筑业从业人员19.95万人,比上年增加1.6万人;施工面积5078.38万平方米,下降6.3%;建筑业总产值568.45亿元,增长8.3%。建筑业工程结算收入381.19亿元,下降6.8%;完成税收6.02亿元,增长10.5%。新增资质等级建筑业企业33家,获评国家优质工程1项。

**四、固定资产投资**

固定资产投资增势良好。全年固定资产投资比上年增长10.2%。其中,第一产业投资下降27.6%,第二产业投资增长18.4%,第三产业投资下降0.4%。从主要领域看,民间投资增长8.5%,基础设施投资增长0.7%,建筑安装工程投资增长36.8%。

投资结构持续优化。全年高技术产业投资比上年增长84.4%,增速高于全部投资74.2个百分点,拉动全部投资增长2.4个百分点。其中:高技术制造业投资同比增长118.7%,高于全部投资增速108.5个百分点,拉动全部投资增长2.2个百分点;高技术服务业投资同比增长14.3%,高于全部投资比重4.1个百分点,拉动全部投资增长0.1个百分点。

房地产市场稳健发展。全年房地产开发投资55.35亿元,比上年下降10.2%。其中,住宅投资44.79亿元,下降9.7%。商品房施工面积319.81万平方米,下降10.9%。商品房新开工面积62.26万平方米,下降46.1%。商品房竣工面积26.3万平方米,下降59.5%。商品房销售面积122.45万平方米,增长36.6%。商品房待售面积3.88万平方米,下降77.4%。

**五、国内贸易和对外经济**

消费品市场持续稳步复苏。全年实现社会消费品零售总额295.27亿元,比上年增长23%。其中,限额以上单位实现商品零售额74.16亿元,增长63.1%。限额以上单位商品零售额中,基本生活类商品消费强劲,粮油食品类、服装鞋帽针纺织品类、日用品类分别增长118%、98.4%、54.6%;升级类消费需求持续释放,文体娱乐健康类、化妆品类、通讯器材类分别增长141.7%、97.3%、27.1%;出行类销售延续平稳势头,石油及制品类、汽车类分别增长41.8%、38.7%。全年限额以上批发和零售单位通过网络实现零售额2.63亿元,增长109.9%。

对外贸易较快增长。全年实现实际利用外资22338万美元,比上年增长32.6%;协议利用外资26494万美元,下降18.1%。全年进出口总额11.17亿美元,增长51%;其中,出口10.51亿美元,增长55.1%。

**六、交通电力和邮电业**

交通运输业总体平稳。全年公路长途客运量73.1万人,比上年下降33.5%;旅客周转量10950万人公里,下降34.6%;公路水路货运量6558.39万吨,增长12.7%;货物周转量1521878万吨公里,增长8.1%。年末公路道里程3075公里,增长0.5%,其中,高速公路里程72.6公里。

社会用电量稳步增长。全年全社会用电量77.26亿千瓦时,比上年增长11.1%,其中工业用电量57.14亿千瓦时,增长10.2%。完成特高压泰州站第二路水源建设、东鲍220千伏变电站主变扩建等;新建、改造配变76台、配电线路434公里,增加配变容量3万千伏安;维修低压线路290公里,改造配电箱274台,接户线620公里/33220户。

邮政电信业平稳发展。全年邮政业务总量24118万件,比上年下降11.9%;邮电业务收入119582万元,增长8.7%。全市移动电话用户数105.6万户,下降3.8%;宽带接入用户46.2万户,增长9.4%。

**七、财政和金融业**

财政收支稳健有力。全年完成一般公共预算收入46.16亿元,比上年增长11.3%;其中,税收收入36.22亿元,增长12.7%;税收占一般公共预算收入比重达78.5%,比上年提高1个百分点。全年一般公共预算支出124.95亿元,增长8.9%。一般公共预算支出中,社会保障和就业支出27.64亿元,增长16.3%;卫生健康支出18.75亿元,增长25.9%;教育支出15.41亿元,增长1.9%;住房保障支出7.46亿元,增长12.8%。

金融信贷规模不断扩大。年末全市金融机构各项存款余额1234.66亿元,比上年增长12.8%;其中,住户存款余额859.52亿元,增长12.1%。金融机构各项贷款余额914.74亿元,增长19.9%;其中,工业贷款145.03亿元,增长29.3%。

**八、科学技术和教育**

科技创新能力持续增强。年末全市发明专利拥有量1467件,比上年末增长4%;万人发明专利拥有量12.99件,增长14.4%。全年专利授权4358件,增长6.1%;其中,发明专利授权119件,增长80.3%。年末拥有高新技术企业236家,比上年末净增14家。省技术市场登记技术合同成交419个,成交额22.42亿元。

教育事业均衡发展。全市有普通中学50所,招生数16317人,在校生数49752人,毕业生数12245人;小学34所,招生数8530人,在校生数62261人,毕业生数12083人;职业中学1所,招生数803人,在校生数2208人,毕业生数363人;特殊教育学校1所,招生数27人,在校生数205人,毕业生数21人。有专任教师8815人。

**九、文化、卫生和体育**

公共文化服务水平不断提升。年末全市拥有公共图书馆1个,图书总藏量30万册,图书借阅人数14.6万人次;纪念馆、博物馆3个,参观人数70.8万人次;档案馆1个,馆藏总量45万件;艺术表演团体10个,演出场次571场;文物展览参观人数58.6万人次。广播、电视综合人口覆盖率100%。

卫生事业稳步推进。年末全市拥有卫生机构655个。其中,医院13个,卫生院、社区卫生服务中心43个,疾病预防控制中心1个,妇幼卫生保健机构1个。各类卫生机构拥有床位5988张,其中,医院、卫生院拥有床位5888张。共有卫生技术人员7070人;其中,执业医师、执业助理医师3083人,注册护士2862人。

体育事业蓬勃发展。建成城市社区“10分钟体育健身圈”与农村“20分钟体育健身圈”,全市健身步道总里程达176公里,农村公共体育设施达标率100%。成功举办国际象棋锦标赛、省青少年篮球锦标赛、举重锦标赛等大型赛事。

**十、资源环境、节能降耗和安全生产**

生态文明建设成效显著。全市$PM_{2.5}$年平均浓度30.3微克/立方米,比上年下降8%;空气优良天数比率81.4%,与上年持平。12个省考以上断面优Ⅲ水体比例75%,主要河流无劣Ⅴ类水体,在用饮用水水源地水质达标率100%。

节能降耗深入推进。全年规模以上工业综合能源消费量比上年增长3.3%,规模以上工业万元产值能耗比上年下降22.3%。全年单位GDP能耗下降1.3%。

安全生产形势稳定向好。全年各类安全生产事故8起,比上年下降57.8%;死亡人数7人,下降22.2%。亿元GDP生产安全事故死亡0.007人。

**十一、人口、人民生活和社会保障**

人口总量基本稳定。年末常住人口112.66万人,比上年减少0.26万人;常住人口城镇化率58.14%,比上年末提高0.54个百分点。年末户籍人口150.84万人,比上年减少1.91万人。户籍人口中,当年出生7355人,人口出生率为4.88‰,比上年下降3.07个千分点;死亡13125人,人口死亡率8.7‰,比上年下降0.99个千分点;人口自然增长率为-3.82‰。

居民收入稳定增长。全年居民人均可支配收入37862元,比上年增长10.3%。从构成看,工资性收入21713元,增长8.9%;经营净收入9779元,增长12.8%;财产净收入1243元,增长11.6%;转移净收入5127元,增长11.6%。按常住地分,城镇居民人均可支配收入48644元,增长9.4%;农村居民人均可支配收入25835元,增长11.3%。城乡居民收入比由上年的1.92∶1缩小至1.88∶1。

社会保障水平不断提升。年末参加城乡居民养老保险、企业职工养老保险人数分别达42.45万、13.94万,参加城乡居民医疗保险、职工基本医疗保险人数分别为111.68万、20.79万。全市养老机构护理型床位数达4735张,占养老机构床位总数的72.9%。城乡低保标准统一提高到每人每月740元,比上年增加30元。

(范琳琳)

注:1.公报中地区生产总值和各产业增加值绝对数按现价计算,增长速度按可比价计算。

2.公报中的各项统计数据,均为快报数,最终定案数据以统计年鉴为准。

# 荣誉栏

## 兴化市获得的综合荣誉

表 105

| 单位 | 授予称号 | 授予单位 |
|---|---|---|
| 兴化市 | 江苏省自然资源节约集约利用进步奖 | 省自然资源厅 |

## 获国家部级表彰的先进集体

表 106

| 单位 | 授予称号 | 授予单位 |
|---|---|---|
| 市人民法院少年及家事审判庭 | 全国巾帼文明岗 | 全国妇联 |
| 市司法局开发区司法所 | 全国模范司法所 | 司法部 |
| 陈堡镇唐庄村 | 全国民主法治示范村 | 司法部 |
| 市新生中心小学 | 第三批全国中小学中华优秀传统文化传承学校 | 教育部办公厅 |
| 市检察院 | 2021 年度全国检察宣传先进单位 | 最高人民检察院 |
| 戴南镇 | 国家卫生镇 | 国家爱卫会 |
| 江苏新宏大集团有限公司 | 全国“五一”劳动奖状 | 中华全国总工会 |
| 兴达钢帘线股份有限公司 | 第二十二届中国专利优秀奖 | 国家知识产权局 |
| 市市场监管局 | “4·26”生产销售不符合卫生标准化妆品案通报表扬 | 国家药监局 |
| 市供电公司 | 工人先锋号 | 中华全国总工会 |
| 市气象局 | 全国气象部门创建模范机关先进单位 | 中国气象局 |
| 沈坨镇崇禄村 | 国家森林乡村 | 国家林业和草原局 |

## 获省委、省政府、军分区表彰的先进集体

表 107

| 单位 | 授予称号 | 授予单位 |
|---|---|---|
| 市财政局 | 财政预算执行、盘活财政存量资金、预决算公开、地方政府债务管理等财政管理工作优秀单位 | 省政府 |
| 市文体广电和旅游局 | 乌巾荡旅游度假区获评省级旅游度假区 | 省政府 |
| 沈坨镇政府 | 全省脱贫攻坚暨对口帮扶支援合作先进集体 | 省委、省政府 |

## 获省厅、局、条线表彰的先进集体

表 108

| 单位 | 授予称号 | 授予单位 |
|---|---|---|
| 市妇联 | 第三届江苏女性融媒体创意大赛全国邀请赛优秀组织奖 | 省妇联 |
| 周庄镇东浒村 | “美丽家园”省级示范点 | 省妇女“双学双比”竞赛活动领导小组 |
| 千垛镇东罗村 | “美丽家园”省级示范点 | 省妇女“双学双比”竞赛活动领导小组 |
| 市昌荣镇青年创业孵化中心 | 省级巾帼电商助农示范基地 | 省妇女“双学双比”竞赛活动领导小组 |
| 江苏里下河水乡文化旅游发展有限公司 | 省级巾帼新业态助农创新基地 | 省妇女“双学双比”竞赛活动领导小组 |
| 市公共交通有限公司城市公交 23 路车组 | 江苏省巾帼文明岗 | 省城镇妇女“巾帼建功”活动领导小组、省妇女“双学双比”竞赛活动领导小组、省妇联 |

续表 108

| 单位 | 授予称号 | 授予单位 |
|---|---|---|
| 市妇联 | “99 公益·网络募捐”优秀项目奖 | 省妇女儿童福利基金会 |
| 市妇联 | 江苏省三八红旗集体 | 省妇联 |
| 市科协 | 江苏省第 33 届科普宣传周优秀组织单位 | 省科协 |
| 市科协 | 第 33 届江苏省中小学生金钥匙科技竞赛青少年科技教育先进单位 | 省教育厅、省科协、省文明办、省科技厅 |
| 市科协 | “县级科协创新发展能力提升计划”优秀单位 | 省科协 |
| 市财政局 | 乡村振兴实绩考核一等奖 | 省委农村工作领导小组 |
| 市财政局 | 省文明单位 | 省文明委 |
| 市财政局 | “2021 年度财政重点工作绩效考核二等奖” | 省财政厅 |
| 市财政局 | 财政“七五”普法工作表现突出的单位 | 省财政厅 |
| 市财政局 | 法治财政标准化管理先进单位 | 省财政厅 |
| 市财政局 | 行政事业性国有资产报告工作先进单位 | 省财政厅 |
| 市财政局 | 政法经费保障工作先进单位 | 省财政厅 |
| 市财政局 | 庆祝中国共产党成立 100 周年书画摄影展优秀组织奖 | 省财政厅 |
| 市财政局 | “‘三刊两鉴’宣传工作(基层)先进单位” | “财政部中国财政杂志社” |
| 市司法局 | 2021 年度法治督察工作成绩突出集体 | 省司法厅 |
| 市文体广电和旅游局 | 2017—2020 年度全国群众体育先进单位 | 国家体育总局 |
| 市文体广电和旅游局 | 2021 年度全省境外卫星电视传播秩序专项整治工作成绩突出单位 | 省广播电视局 |
| 市文体广电和旅游局 | 淮剧《船娘》获华东六省一市现代地方小戏大赛银奖 | 省文旅厅等 |
| 市文体广电和旅游局 | 江苏省文化和旅游产业融合发展示范区建设单位 | 省文旅厅 |
| 市文体广电和旅游局 | 2021 年第二批江苏省乡村旅游重点村 | 省文旅厅 |
| 市文体广电和旅游局 | 江苏省省级夜间文化和旅游消费集聚区建设单位 | 省文旅厅 |
| 市教育局、江苏省兴化中学 | 空军招飞工作先进单位 | 中国人民解放军东部战区空军政治工作部、省高等学校招生委员会 |
| 市教育局 | 海军招飞先进单位 | 海军招收飞行学员工作办公室、省教育考试院 |
| 江苏省兴化中学 | 海军招飞优质生源学校 | 海军招收飞行学员工作办公室、省教育考试院 |
| 江苏省兴化中学 | 江苏省教育系统先进集体 | 省教育厅、省人社厅 |
| 市实验小学 | 江苏省优秀少先队集体 | 团省委、省教育厅、省少工委 |
| 市景范学校、市楚水小学、戴南中心小学 | 青少年科技教育先进学校(集体) | 省教育厅、省科协、省科技厅等 |
| 市楚水小学 | 第十届”童声里的中国”少儿歌谣创作大赛优秀组织奖 | 省委宣传部、省文明办、省教育厅、团省委、省妇联、省关工委 |
| 市四牌楼幼儿园 | 江苏省校园足球工作先进幼儿园 | 省教育厅 |
| 市法院西鲍人民法庭 | 全省优秀人民法庭 | 省高级人民法院 |

续表 108

| 单位 | 授予称号 | 授予单位 |
| --- | --- | --- |
| 市应急管理局消防救援大队 | 2019—2021 年度江苏省文明单位 | 省文明委 |
| 市得胜湖专职消防队 | 先进政府(企事业)专职队 | 应急管理部消防救援局 |
| 兴达钢帘线股份有限公司 | 2020 年江苏省百强创新新型企业 | 省科技发展战略研究院 |
| 市人社局 | 人社窗口单位业务技能练兵比武全省赛县(市、区)二等奖 | 省人社厅 |
| 市应急管理局 | 2021 年度安全生产月活动先进单位 | 省安委办 |
| 市应急管理局 | 2021 年全省防灾减灾救灾工作先进集体 | 省减灾办 |
| 市应急管理局 | 2021 年度新闻宣传暨学报用刊先进单位 | 省应急厅 |
| 中堡镇政府 | 江苏省生态文明建设示范乡镇 | 省生态环境厅 |
| 中堡镇政府 | 江苏省卫生镇 | 省爱国卫生运动委员会 |
| 陈堡初级中学 | 2021 年度省级节水型学校 | 省水利厅、省教育厅 |
| 陈堡中心小学 | 2017—2019 年度江苏省体育特色学校 | 省教育厅、省体育局 |
| 陈堡中心小学 | 2021 年“五好乡村教工之家” | 省教育厅、省教育科技工会 |
| 沈坨镇繁盛村 | 江苏省民主法治示范村 | 省司法厅、民政厅 |
| 千垛镇徐圩村 | 江苏省旅游重点村 | 江苏省文化和旅游厅 |
| 千垛镇徐圩村 | 江苏省文明村 | 江苏省精神文明建设指导委员会 |
| 千垛镇徐圩村 | 江苏省基层党组织书记实训基地 | 江苏省党支部书记院 |
| 千垛镇东罗村 | 中国美丽休闲乡村 | 农业农村部办公厅 |
| 千垛镇东罗村 | 江苏省文明村 | 江苏省精神文明建设指导委员会 |
| 千垛镇姜戴村 | 2021 年度江苏省绿美村庄 | 江苏省林业局 |
| 市市监局 | 2019—2021 年度江苏省文明单位 | 江苏省精神文明建设指导委员会 |
| 市市监局周庄分局 | 2019—2021 年度江苏省文明单位 | 江苏省精神文明建设指导委员会 |

**获泰州市委、市政府、军分区表彰的先进集体**

表 109

| 单位 | 授予称号 | 授予单位 |
| --- | --- | --- |
| 市财政局 | 2018—2020 年度泰州市文明单位 | 泰州市委 |
| 市财政局 | 农业农村工作目标管理二等奖 | 泰州市委、市政府 |
| 市融媒体中心 | 全市抗击新冠肺炎疫情先进集体 | 泰州市委、市政府 |
| 市检察院 | 泰州市扫黑除恶专项斗争集体三等功 | 泰州市委、市政府 |
| 市法院刑庭 | 泰州市扫黑除恶专项斗争突出贡献集体三等功 | 泰州市委、市政府 |
| 市应急管理局消防救援大队 | 2018—2020 年度泰州市文明单位 | 泰州市委、市政府 |
| 兴达钢帘线股份有限公司 | 十佳工业企业 | 泰州市委、市政府 |
| 戴南镇政府 | 先进集体 | 泰州市委、市政府 |
| 兴化市高新技术产业开发区 | 2020 年度泰州市综合考核 B 档园区优秀重点开发园区奖 | 泰州市委、市政府 |
| 江苏新宏大集团有限公司 | 泰州市文明行业 | 泰州市委、市政府 |
| 江苏星火特钢有限公司 | 泰州市文明行业 | 泰州市委、市政府 |
| 戴南镇党群工作局 | 泰州市文明行业 | 泰州市委、市政府 |
| 戴南镇财政局 | 泰州市文明行业 | 泰州市委、市政府 |

续表109

| 单位 | 授予称号 | 授予单位 |
| --- | --- | --- |
| 戴南镇社会事业局 | 泰州市文明行业 | 泰州市委、市政府 |
| 戴南镇综合行政执法局 | 泰州市文明行业 | 泰州市委、市政府 |
| 戴南中心小学 | 泰州文明校园 | 泰州市委、市政府 |
| 戴南镇 | 泰州文明乡镇 | 泰州市委、市政府 |
| 戴南镇戴泽村 | 泰州文明乡村 | 泰州市委、市政府 |
| 戴南镇罗顾村 | 泰州文明乡村 | 泰州市委、市政府 |
| 戴南镇北姜村 | 泰州文明乡村 | 泰州市委、市政府 |
| 戴南镇孙堡村 | 泰州文明乡村 | 泰州市委、市政府 |
| 戴南镇刁良村 | 泰州文明乡村 | 泰州市委、市政府 |
| 戴南镇徐顾村 | 泰州文明乡村 | 泰州市委、市政府 |
| 戴南镇管家村 | 泰州文明乡村 | 泰州市委、市政府 |
| 戴南镇东陈村 | 泰州文明乡村 | 泰州市委、市政府 |
| 戴南镇裴马村 | 泰州文明乡村 | 泰州市委、市政府 |
| 戴南镇陈祁村 | 泰州文明乡村 | 泰州市委、市政府 |
| 戴南镇石万村 | 泰州文明乡村 | 泰州市委、市政府 |
| 戴南镇北孙村 | 泰州文明乡村 | 泰州市委、市政府 |
| 戴南镇顾庄村 | 泰州文明乡村 | 泰州市委、市政府 |
| 戴南镇帅垛村 | 泰州文明乡村 | 泰州市委、市政府 |
| 戴南镇顾北村 | 泰州文明乡村 | 泰州市委、市政府 |
| 戴南镇赵家村 | 泰州文明乡村 | 泰州市委、市政府 |
| 戴南镇丁吉村 | 泰州文明乡村 | 泰州市委、市政府 |
| 戴南镇联进村 | 泰州文明乡村 | 泰州市委、市政府 |
| 戴南镇罗磨村 | 泰州文明乡村 | 泰州市委、市政府 |
| 戴南镇同济村 | 泰州文明乡村 | 泰州市委、市政府 |
| 戴南镇振兴村 | 泰州文明乡村 | 泰州市委、市政府 |
| 戴南镇藕杭村 | 泰州文明乡村 | 泰州市委、市政府 |
| 戴南镇五星村 | 泰州文明乡村 | 泰州市委、市政府 |
| 戴南镇葛尤村 | 泰州文明乡村 | 泰州市委、市政府 |
| 戴南镇双周村 | 泰州文明乡村 | 泰州市委、市政府 |
| 戴南镇福园村 | 泰州文明乡村 | 泰州市委、市政府 |
| 戴南镇孙王村 | 泰州文明乡村 | 泰州市委、市政府 |
| 戴南镇茅山村 | 泰州文明乡村 | 泰州市委、市政府 |
| 戴南镇南朱庄村 | 泰州文明乡村 | 泰州市委、市政府 |
| 戴南镇永丰村 | 泰州文明乡村 | 泰州市委、市政府 |
| 戴南镇张万村 | 泰州文明乡村 | 泰州市委、市政府 |
| 戴南镇赵万村 | 泰州文明乡村 | 泰州市委、市政府 |
| 戴南镇刘纪村 | 泰州文明乡村 | 泰州市委、市政府 |

续表 109

| 单位 | 授予称号 | 授予单位 |
|---|---|---|
| 戴南镇蒋庄村 | 泰州文明乡村 | 泰州市委、市政府 |
| 戴南镇朝阳庄村 | 泰州文明乡村 | 泰州市委、市政府 |
| 兴达钢帘线股份有限公司 | 2020 年全市工业经济与开放型经济先进单位 | 泰州市委、市政府 |
| 兴化高新技术产业开发区 | 2020 年泰州市综合考核 B 档园区优秀重点开发区奖一等奖 | 泰州市委、市政府 |
| 兴化高新技术产业开发区 | 2020 年泰州“三比一提升”专项考核 B 档园区优秀园区一等奖 | 泰州市委、市政府 |
| 兴达钢帘线股份有限公司 | 泰州市科技创新十佳企业 | 泰州市委、市政府 |
| 戴南镇慈善会 | 最具影响力基层慈善组织 | 泰州市委、市政府 |
| 兴达钢帘线股份有限公司 | 最具爱心慈善捐赠单位 | 泰州市委、市政府 |
| 戴南项目 | 泰州市标准化工地 | 泰州市委、市政府 |
| 戴南镇刁良村 | 泰州市特色田园乡村 | 泰州市委、市政府 |
| 市市监局 | 2018—2020 年度泰州市文明单位 | 泰州市委、市政府 |
| 市市监局城南分局 | 2018—2020 年度泰州市文明单位 | 泰州市委、市政府 |
| 市市监局周庄分局 | 2018—2020 年度泰州市文明单位 | 泰州市委、市政府 |
| 市市监局戴南分局 | 2018—2020 年度泰州市文明单位 | 泰州市委、市政府 |
| 市市监局 | 疫情防控专项工作及时奖励记三等功 | 泰州市委、市政府 |
| 江苏特味浓食品股份有限公司 | 十佳工业转型创新投资项目 | 泰州市委、市政府 |
| 五得利集团兴化面粉有限公司 | 十佳智能制造示范企业 | 泰州市委、市政府 |
| 兴化经济开发区 | 2020 年度泰州市综合考核 A 档园区优秀重点开发区园区奖三等奖 | 泰州市委、市政府 |
| 兴化经济开发区 | 2020 年度泰州市“三比一提升”专项考核 A 档园区优秀园区奖三等奖 | 泰州市委、市政府 |
| 市应急管理局 | 2015—2021 年度全市平安建设先进集体 | 泰州市委、市政府 |
| 市气象局 | 泰州市文明单位 | 泰州市委、市政府 |
| 市生态环境局 | 2018—2020 年度泰州市文明单位 | 泰州市委、市政府 |
| 陈堡镇 | 2018—2020 年度泰州市文明乡镇 | 泰州市委、市政府 |
| 陈堡镇蒋庄村 | 2018—2020 年度泰州市文明村 | 泰州市委、市政府 |
| 陈堡镇曹黄村 | 泰州市文明村 | 泰州市委、市政府 |
| 陈堡镇校果村 | 泰州市文明村 | 泰州市委、市政府 |
| 陈堡镇四林村 | 2018—2020 年度泰州市文明村 | 泰州市委、市政府 |
| 陈堡初级中学 | 2018—2020 年度泰州市文明校园 | 泰州市委、市政府 |
| 沈坨镇党委 | 泰州市先进基层党组织 | 泰州市委 |
| 千垛镇草王村 | 泰州市文明村 | 泰州市委、市政府 |

**获国家部级表彰的先进个人**

表 110

| 姓名 | 工作单位 | 授予称号 | 授予单位 |
|---|---|---|---|
| 翁立萍 | 市检察院 | 全国普法工作先进个人 | 中宣部、司法部、全国普及法律常识办公室 |
| 李廷胜 | 大营镇 | 中国好人 | 中央文明办 |

**获省委、省政府、省军区表彰的先进个人**

表 111

| 姓名 | 工作单位 | 授予称号 | 授予单位 |
|---|---|---|---|
| 王　龙 | 市人武部 | 优秀共产党员 | 省军区 |
| 徐永忠 | 市教育局 | 江苏省特级教师 | 省政府 |
| 徐地仁 | 市教育局 | 江苏省特级教师 | 省政府 |
| 赵美玲 | 市教育局 | 江苏省特级教师 | 省政府 |
| 翟应品 | 市教育局 | 江苏省特级教师 | 省政府 |
| 宗　汉 | 市教育局 | 江苏省特级教师 | 省政府 |
| 徐方流 | 兴达钢帘线股份有限公司 | 2021 年江苏省劳动模范 | 省委、省政府 |
| 徐　磊 | 兴达钢帘线股份有限公司 | 2021 年江苏省劳动模范 | 省委、省政府 |

**获省厅、局、条线表彰的先进个人**

表 112

| 姓名 | 工作单位 | 授予称号 | 授予单位 |
|---|---|---|---|
| 陆树骏 | 江苏亚盛金属制品有限公司 | 省优秀农民工 | 省农民工工作领导小组 |
| 朱克家 | 市公安局 | 江苏省最美家庭 | 省妇联 |
| 褚晓红 | 大营镇 | 江苏省最美家庭 | 省妇联 |
| 薛秀兰 | 荻垛镇 | 江苏妇女儿童慈善·先进工作者 | 省妇女儿童福利基金会 |
| 胡琴 | 市妇联 | 江苏省第四期中国妇女社会地位调查优秀个人奖 | 省妇联 |
| 季向红 | 市教育局 | 空军招飞工作先进个人 | 中国人民解放军东部战区空军政治工作部、江苏省高等学校招生委员会 |
| 杨友军 | 市教育局 | 空军招飞工作先进个人 | 中国人民解放军东部战区空军政治工作部、江苏省高等学校招生委员会 |
| 施生根 | 市教育局 | 海军招飞先进个人 | 海军招收飞行学员工作办公室、省教育考试院 |
| 赵春 | 市教育局 | 海军招飞先进个人 | 海军招收飞行学员工作办公室、省教育考试院 |
| 刘宏海 | 市教育局 | 优秀青少年科技教育科技校长 | 省教育厅、省科协、省科技厅等 |
| 邹启祥 | 市教育局 | 优秀青少年科技教育科技校长 | 省教育厅、省科协、省科技厅等 |
| 樊秀娟 | 市教育局 | 优秀青少年科技教育科技校长 | 省教育厅、省科协、省科技厅等 |
| 吴萍萍 | 市教育局 | 优秀青少年科技教育科技校长 | 省教育厅、省科协、省科技厅等 |
| 朱　芹 | 市教育局 | 江苏省校园足球工作先进幼儿园园长 | 省教育厅 |
| 张宝琴 | 市教育局 | 江苏省优秀少先队辅导员 | 团省委、省教育厅、省少工委 |
| 刘正芹 | 市教育局 | 江苏省教育系统先进个人 | 省教育厅、省人社厅 |
| 陈云程 | 市检察院 | 全省检察机关扫黑除恶斗争先进个人 | 省检察院 |
| 胡健华 | 市检察院 | 2021 年度全省检察机关信息工作先进个人 | 省检察院 |

续表112

| 姓名 | 工作单位 | 授予称号 | 授予单位 |
| --- | --- | --- | --- |
| 翁立萍 | 市检察院 | 守正有为检察人 | 省检察院 |
| 印洁 | 市检察院 | 江苏好人 | 省文明办 |
| 赵倩芸 | 市法院 | 全省法院信息工作先进个人 | 省高院 |
| 顾新燕 | 市法院 | 全省法院新闻宣传工作先进个人 | 省高院 |
| 刘爱民 | 市法院 | 全省法院党建工作先进个人 | 省高院 |
| 郁　飞 | 市法院 | 全省法院信息化工作先进个人 | 省高院 |
| 李阳春 | 市生态环境局 | 最美生态环境工作者 | 省委宣传部、省生态环境厅、省工会 |
| 徐　璥 | 千垛镇政府 | 江苏省第七次全国人口普查成绩显著个人 | 省统计局 |
| 刘苏尧 | 千垛镇政府 | 江苏省第七次全国人口普查成绩显著个人 | 省统计局 |
| 牛逢梅 | 千垛镇政府 | 江苏省第七次全国人口普查成绩显著个人 | 省统计局 |
| 戴元鹏 | 千垛镇姜戴村 | 江苏省第七次全国人口普查成绩显著个人 | 省统计局 |
| 丁　聪 | 千垛镇红星社村 | 江苏省第七次全国人口普查成绩显著个人 | 省统计局 |
| 李丹丹 | 千垛镇统计站 | 江苏省第七次全国人口普查成绩显著个人 | 省统计局 |
| 顾炉忠 | 千垛镇缸顾村 | 江苏省第七次全国人口普查成绩显著个人 | 省统计局 |
| 邵茂同 | 千垛镇徐圩村 | 百名示范村书记 | 省委组织部 |
| 罗宝田 | 千垛镇东罗村 | 百名示范村书记 | 省委组织部 |

**获泰州市委、市政府、军分区表彰的先进个人**

表113

| 姓名 | 工作单位 | 授予称号 | 授予单位 |
| --- | --- | --- | --- |
| 沈长安 | 市教育局 | 全市抗击新冠肺炎疫情先进个人 | 泰州市委、市政府 |
| 成义森 | 市教育局 | 泰州市优秀党务工 | 泰州市委、市政府 |
| 仲露阳 | 市检察院 | 记三等功 | 泰州市委、市政府 |
| 唐爱霖 | 市法院 | 泰州市扫黑除恶专项斗争三等功 | 泰州市委、市政府 |
| 马桂荣 | 戴南镇慈善会 | 优秀慈善工作者 | 泰州市委、市政府 |
| 李宽正 | 戴南卫生院 | 新冠肺炎疫情先进个人 | 泰州市委、市政府 |
| 刘锦兰 | 兴达钢帘线股份有限公司 | 功勋企业家 | 泰州市委、市政府 |
| 姜　华 | 中堡镇政府 | 泰州市优秀党务工作者 | 中共泰州市委员会 |
| 陆小松 | 市人武部 | 建设先进个人 | 泰州军分区 |
| 张寓寒 | 市人武部 | 嘉奖 | 泰州军分区 |
| 王益鹏 | 市人武部 | 嘉奖 | 泰州军分区 |
| 刘世寅 | 市人武部 | 优秀职工 | 泰州军分区 |
| 征江建 | 市人武部 | 优秀职工 | 泰州军分区 |

# 统计资料

## 行政概况

表 114

| | 计量单位 | 2021 年 |
|---|---|---|
| 乡镇个数 | 个 | 25 |
| 街道 | 个 | 3 |
| 建制镇 | 个 | 21 |
| 乡 | 个 | 1 |
| 开发区 | 个 | 1 |
| 村民委员会 | 个 | 463 |
| 居民委员会 | 个 | 60 |
| 土地总面积 | 公顷 | 239500 |
| 耕地 | 公顷 | 124364 |
| 水域 | 公顷 | 69814 |
| 总户数(户籍) | 户 | 493704 |
| 总人口(户籍) | 人 | 1508399 |
| #男 | 人 | 790555 |
| 女 | 人 | 717844 |
| 年平均人口(户籍) | 人 | 1517961 |
| 出生人口 | 人 | 7355 |
| 出生率 | ‰ | 4.9 |
| 死亡人口 | 人 | 13125 |
| 死亡率 | ‰ | 8.7 |
| 自然增长率 | ‰ | −3.8 |
| 总人口(常住) | 万人 | 112.66 |

## 主要综合指标

表 115

| | 计量单位 | 2021 年 | 增幅(%) |
|---|---|---|---|
| 一、地区生产总值(GDP,增幅为可比价) | 亿元 | 1020.94 | 9.5 |
| 第一产业增加值 | 亿元 | 141.27 | 3.1 |
| 占 GDP 比重 | % | 13.9 | |
| 第二产业增加值 | 亿元 | 397.50 | 8.2 |
| 占 GDP 比重 | % | 38.9 | |
| #工业 | 亿元 | 280.23 | 10.1 |
| 建筑业 | 亿元 | 117.31 | 3.8 |
| 第三产业增加值 | 亿元 | 482.17 | 12.6 |
| 占 GDP 比重 | % | 47.2 | |
| 人均地区生产总值(按常住人口) | 元 | 79380 | 3.0 |
| 二、农林牧渔业总产值(现价) | 万元 | 2457765 | 5.9 |
| ①农业产值 | 万元 | 1006495 | 5.8 |
| ②林业产值 | 万元 | 14020 | −0.6 |
| ③牧业产值 | 万元 | 163607 | 2.0 |

续表 115

| | 计量单位 | 2021 年 | 增幅(%) |
|---|---|---|---|
| ④渔业产值 | 万元 | 1147295 | 6.7 |
| ⑤农业服务业 | 万元 | 126348 | 5.1 |
| 三、粮食产量 | 万吨 | 124.35 | 0.1 |
| 其中:夏粮 | 吨 | 436177 | -1.2 |
| 秋粮 | 吨 | 807332 | 0.8 |
| 蔬菜及食用菌 | 吨 | 906871 | 1.5 |
| 油料产量 | 吨 | 28740 | 6.0 |
| 四、规模工业总产值 | 万元 | 8287553 | 33.0 |
| 规模工业利润总额 | 万元 | 427513 | 53.4 |
| 五、规模以上固定资产投资完成额 | 万元 | 3243203 | 10.2 |
| 其中:项目投资 | 万元 | 2689742 | 15.6 |
| 房地产开发投资 | 万元 | 553461 | -10.2 |
| 六、社会消费品零售总额 | 万元 | 2952674 | 23.0 |
| 其中:批发零售业 | 万元 | 2509773 | 21.8 |
| 住宿餐饮业 | 万元 | 442901 | 30.3 |
| 七、对外贸易 | | | |
| 1.当年新批协议注册外资 | 万美元 | 26494 | -18.1 |
| 2.当年实际到账注册外资 | 万美元 | 22338 | 32.6 |
| 3.进出口总额 | 万美元 | 111723 | 51.0 |
| 其中:出口总额 | 万美元 | 105054 | 55.1 |
| 八、交通 | | | |
| 一、客货运输(吞吐量) | | | |
| 公路长途客运量 | 万人 | 73.1 | -33.5 |
| 旅客周转量 | 万人公里 | 10950 | -34.6 |
| 公路水路货运量 | 万吨 | 6558.39 | 4.9 |
| 货物周转量 | 万吨公里 | 1521878 | 3.4 |
| 二、年末公路道里程 | 公里 | 3075 | 0.5 |
| 其中:等级公路 | 公里 | 3075 | 0.5 |
| 九、财政收支 | | | |
| 其中:一般公共预算收入 | 万元 | 461636 | 11.3 |
| 基金收入 | 万元 | 729673 | 43.1 |
| 上划中央级收入 | 万元 | 270511 | 13.4 |
| 财政支出 | 万元 | 1746195 | 6.9 |
| 十、金融机构各项存款余额 | 万元 | 12346583 | 12.8 |
| 其中:住户存款 | 万元 | 8595171 | 12.1 |
| 非金融企业存款 | 万元 | 2664969 | 9.9 |
| 广义政府存款 | 万元 | 1057271 | 27.4 |
| 金融机构各项贷款余额 | 万元 | 9147396 | 19.9 |
| 其中:工业贷款 | 万元 | 1450288 | 29.3 |
| 外币存款余额 | 万美元 | 9239 | 10.5 |
| 其中:住户存款 | 万美元 | 886 | -0.5 |
| 外币贷款余额 | 万美元 | 3329 | 26521.7 |
| 十一、年末在岗职工人数 | 人 | 40373 | -16.9 |
| 在岗职工工资总额 | 万元 | 389725 | -0.3 |
| 在岗职工年平均工资 | 元 | 96679 | 14.1 |
| 城镇居民人均可支配收入 | 元 | 48644 | 9.4 |
| 农村居民人均可支配收入 | 元 | 25835 | 11.3 |

## 2021年总户数、总人口、出生、死亡情况

表116

| 乡镇 | 总户数 | 年末总人口(人) | | | 本年度人口变动(人) | | | | | | | | | |
|---|---|---|---|---|---|---|---|---|---|---|---|---|---|---|
| | | 性别 | | 合计 | 出生 | | | 死亡 | | | 迁入 | | 迁出 | |
| | | 男 | 女 | | 男 | 女 | 合计 | 男 | 女 | 合计 | 省内迁入 | 省外迁入 | 迁往省内 | 迁往省外 |
| 甲 | 1 | 2 | 5 | 6 | 11 | 12 | 13 | 14 | 15 | 16 | 17 | 18 | 19 | 20 |
| 戴窑镇 | 21769 | 64097 | 33573 | 30524 | 285 | 133 | 152 | 559 | 303 | 256 | 34 | 47 | 742 | 140 |
| 合陈镇 | 18350 | 50575 | 26186 | 24389 | 181 | 102 | 79 | 530 | 300 | 230 | 19 | 18 | 493 | 127 |
| 永丰镇 | 14790 | 43254 | 22643 | 20611 | 198 | 100 | 98 | 440 | 229 | 211 | 20 | 23 | 439 | 175 |
| 大营镇 | 8507 | 25350 | 13108 | 12242 | 87 | 48 | 39 | 259 | 140 | 119 | 20 | 9 | 283 | 68 |
| 新垛镇 | 8933 | 24519 | 12767 | 11752 | 88 | 47 | 41 | 285 | 162 | 123 | 13 | 12 | 258 | 52 |
| 安丰镇 | 41562 | 118997 | 62561 | 56436 | 534 | 252 | 282 | 1132 | 625 | 507 | 61 | 56 | 1135 | 238 |
| 海南镇 | 11636 | 35788 | 19198 | 16590 | 173 | 90 | 83 | 294 | 165 | 129 | 22 | 3 | 277 | 94 |
| 钓鱼镇 | 13839 | 42474 | 22773 | 19701 | 205 | 100 | 105 | 349 | 194 | 155 | 13 | 16 | 407 | 95 |
| 大邹镇 | 8371 | 25736 | 13671 | 12065 | 132 | 73 | 59 | 197 | 110 | 87 | 11 | 13 | 388 | 97 |
| 沙沟镇 | 16258 | 51727 | 27121 | 24606 | 238 | 114 | 124 | 480 | 258 | 222 | 85 | 44 | 545 | 123 |
| 千垛镇 | 22983 | 79524 | 42592 | 36932 | 384 | 205 | 179 | 613 | 311 | 302 | 32 | 49 | 450 | 171 |
| 中堡镇 | 10354 | 33927 | 18273 | 15654 | 181 | 91 | 90 | 299 | 166 | 133 | 14 | 24 | 354 | 112 |
| 兴东镇 | 17008 | 57016 | 30441 | 26575 | 295 | 148 | 147 | 415 | 224 | 191 | 15 | 43 | 249 | 118 |
| 林湖乡 | 9809 | 28181 | 15014 | 13167 | 140 | 73 | 67 | 315 | 178 | 137 | 9 | 6 | 192 | 87 |
| 垛田街道 | 19154 | 72888 | 38354 | 34534 | 483 | 243 | 240 | 501 | 266 | 235 | 39 | 66 | 264 | 111 |
| 竹泓镇 | 12897 | 39900 | 21233 | 18667 | 178 | 92 | 86 | 340 | 175 | 165 | 12 | 24 | 319 | 80 |
| 沈坨镇 | 8479 | 25810 | 13587 | 12223 | 93 | 42 | 51 | 251 | 125 | 126 | 8 | 14 | 233 | 81 |
| 大垛镇 | 13392 | 41553 | 21966 | 19587 | 221 | 109 | 112 | 351 | 193 | 158 | 14 | 13 | 321 | 79 |
| 荻垛镇 | 12753 | 44651 | 24004 | 20647 | 187 | 90 | 97 | 405 | 206 | 199 | 21 | 18 | 301 | 81 |
| 陶庄镇 | 13887 | 44145 | 23685 | 20460 | 226 | 103 | 123 | 424 | 252 | 172 | 33 | 23 | 427 | 83 |
| 昌荣镇 | 11087 | 36275 | 19284 | 16991 | 187 | 96 | 91 | 341 | 186 | 155 | 17 | 14 | 304 | 80 |
| 周庄镇 | 18014 | 50717 | 25722 | 24995 | 164 | 98 | 66 | 568 | 314 | 254 | 30 | 36 | 280 | 94 |
| 陈堡镇 | 13811 | 42876 | 22134 | 20742 | 205 | 113 | 92 | 404 | 222 | 182 | 22 | 26 | 264 | 78 |
| 戴南镇 | 59454 | 184421 | 96004 | 88417 | 1058 | 552 | 506 | 1536 | 877 | 659 | 107 | 122 | 949 | 509 |
| 昭阳街道 | 57555 | 143416 | 72313 | 71103 | 657 | 342 | 315 | 1085 | 599 | 486 | 145 | 102 | 1268 | 489 |
| 开发区(临城街道) | 29052 | 100582 | 52348 | 48234 | 575 | 315 | 260 | 752 | 419 | 333 | 81 | 79 | 356 | 190 |
| 合计 | 493704 | 1508399 | 790555 | 717844 | 7355 | 3771 | 3584 | 13125 | 7199 | 5926 | 897 | 900 | 11498 | 3652 |

**城市建设情况**

表 117

| | 计量单位 | 数量 | | 计量单位 | 数量 |
|---|---|---|---|---|---|
| 一、设施水平 | | | 1. 道路长度 | 公里 | 401.2 |
| 1. 人口密度 | 人/平方公里 | 3656 | 2. 道路面积 | 万平方米 | 617.75 |
| 2. 人均日生活用水量 | 升 | 162.28 | 3. 桥梁数 | 座 | 118 |
| 3. 用水普及率 | % | 100 | 4. 路灯盏数 | 盏 | 29435 |
| 4. 每万人拥有公共交通车辆 | 标台 | | 5. 排水管道 | 公里 | 737.36 |
| 5. 用气普及率 | % | 100 | 6. 防洪堤 | 公里 | |
| 6. 人均拥有道路面积 | 平方米 | 26.4 | 7. 污水年排放量 | 万立方米 | 1420 |
| 7. 排水管道密度 | 公里/平方公里 | 17.15 | 8. 污水年处理 | 万立方米 | 1181.38 |
| 8. 污水处理率 | % | 93.05 | 七、园林绿化 | | |
| 9. 人均公园绿地面积 | 平方米 | 14.17 | 1. 绿化覆盖面积 | 公倾 | 2119.9 |
| 10. 建成区绿地率 | % | 38.72 | 其中:建成区 | 公倾 | 1795.72 |
| 11. 建成区绿化覆盖率 | % | 41.76 | 2. 绿地面积 | 公倾 | 1957.52 |
| 二、供水和节约用水 | | | 其中:建成区 | 公倾 | 1664.94 |
| 1. 综合生产能力 | 万立方米/日 | 20 | 3. 公园绿地面积 | 公倾 | 331.66 |
| 2. 供水管道长度 | 公里 | 616.25 | 4. 公园个数 | 个 | 20 |
| 3. 供水总量 | 万立方米 | 1884 | 5. 公园面积 | 公倾 | 151.54 |
| 其中:生产用量 | 万立方米 | 217 | 八、环境卫生 | | |
| 家庭用量 | 万立方米 | 1300 | 1. 实际清扫面积 | 万平方米 | 327 |
| 4. 用水人口 | 万人 | 23.4 | 2. 生活垃圾清运量 | 万吨 | 8.42 |
| 三、公共交通 | | | 3. 公厕数量 | 座 | 300 |
| 1. 出租车 | 辆 | 220 | 其中:三级以上 | 座 | 300 |
| 2. 城市公交 | 辆 | 443 | 4. 环卫机械总数 | 辆 | 86 |
| 3. 农村客运 | 辆 | | 九、人口和建设用地 | | |
| 4. 乡镇客运 | 辆 | | 1. 城市人口 | 万人 | 23.4 |
| 5. 长途客运 | 辆 | 170 | 2. 城市面积 | 平方公里 | 64 |
| 四、天然气 | | | 3. 建成区面积 | 平方公里 | 43 |
| 1. 供气总量 | 万立方米 | 6113 | 4. 建设用地面积 | 平方公里 | 40.03 |
| 其中:家庭用量 | 万立方米 | 1532 | 其中:居住用地 | 平方公里 | 14.09 |
| 2. 用气户数 | 户 | 96012 | 公共管理与公共服务用地 | 平方公里 | 2.93 |
| 3. 用气人口 | 万人 | 20 | 工业用地 | 平方公里 | 12.42 |
| 五、液化气 | | | 物流仓储用地 | 平方公里 | 0.05 |
| 供气总量 | 吨 | 2550 | 道路与交通设施用地 | 平方公里 | 6.51 |
| 其中:家庭用量 | 吨 | 2500 | 商业服务业设施用地 | 平方公里 | 2.56 |
| 用气户数 | 户 | 36000 | 公用设施用地 | 平方公里 | 0.63 |
| 用气人口 | 万人 | 3.4 | 绿地与广场用地 | 平方公里 | 0.84 |
| 六、市政设施 | | | 特殊用地 | 平方公里 | |

**农林牧渔业总产值**

表 118 单位:万元

| 指标名称 | 按现行价格计算 | 指标名称 | 按现行价格计算 |
|---|---|---|---|
| 农林牧渔业总产值 | 2457765 | 其中:村及村以下 | |
| 一、农业产值 | 1006495 | 3. 林产品 | 7569 |
| 1. 谷物及其他作物 | 721086 | 三、牧业产值 | 163607 |
| (1)谷物 | 352999 | 1. 牲畜饲养 | 22123 |
| 其中:小麦 | 100269 | (1)牛的饲养 | 213 |
| 稻谷 | 234527 | (2)羊的饲养 | 7835 |
| 玉米 | 3485 | (3)其他牲畜饲养 | |
| (2)薯类 | 835 | (4)奶产品 | 14075 |
| (3)油料 | 14950 | 其中:生牛奶 | 14075 |
| 其中:花生 | 498 | (5)毛绒产品 | |
| 油菜籽 | 13823 | 其中:羊毛 | |
| (4)豆类 | 5428 | 山羊绒 | |
| 其中:大豆 | 4282 | (6)其他牲畜副产品 | |
| (5)棉花 | | 2. 猪的饲养 | 49218 |
| (6)生麻 | | (1)肉猪 | 49192 |
| (7)糖料 | 19 | (2)猪的副产品 | 26 |
| (8)烟草 | | 3. 家禽饲养 | 90809 |
| (9)其他农作物 | 346855 | (1)肉禽 | 18999 |
| 其中:饲料作物 | 49 | (2)禽蛋 | 70882 |
| 2. 蔬菜、食用菌及花卉盆景园艺产品 | 246797 | (3)羽绒 | 928 |
| (1)蔬菜(含菜用瓜) | 244303 | 4. 狩猎和捕捉动物 | |
| (2)食用菌 | 2152 | 5. 其他畜牧业 | 1457 |
| (3)花卉 | 298 | 其中:蚕茧 | 32 |
| (4)其他园艺作物 | 44 | 家兔 | 207 |
| 3. 水果、坚果、饮料和香料作物 | 38511 | 四、渔业产品 | 1147295 |
| (1)水果(含果用瓜) | 38448 | 1. 海水产品 | 0 |
| 其中:苹果 | | 其中:养殖 | |
| 梨 | 738 | (1)鱼类 | |
| 柑橘 | | (2)虾蟹类 | |
| (2)食用坚果 | 63 | (3)贝类 | |
| (3)茶及其他饮料 | | (4)藻类 | |
| 其中:茶 | | (5)其他 | |
| (4)香料作物 | | 2. 淡水产品 | 1147295 |
| 4. 中药材 | 101 | 其中:养殖 | 1070013 |
| 二、林业产值 | 14020 | (1)鱼类 | 280240 |
| 1. 林木的培育和种植 | 4101 | (2)虾蟹类 | 846775 |
| (1)育种育苗 | 439 | (3)贝类 | 4164 |
| (2)造林 | 1890 | (4)藻类 | |
| (3)抚育和管理 | 1772 | (5)其他 | 16116 |
| 2. 竹木采运 | 2350 | 五、农林牧渔服务专业及辅助性活动 | 126348 |

## 规模以上工业分行业产值

表 119　　单位：万元

| 指标名称 | 本年累计 | 增幅±% | 指标名称 | 本年累计 | 增幅±% |
|---|---|---|---|---|---|
| 规模以上工业总产值 | 8287553 | 33 | 轻工 | 400979 | 22.5 |
| #三大主导产业 | 6387876 | 34.2 | 电子 | 242591 | 30.3 |
| 不锈钢制品 | 3578960 | 39 | 医药 | 95914 | −4.5 |
| 健康食品 | 1781652 | 22.9 | 化工 | 118597 | 15.4 |
| 装备制造 | 1027264 | 39.6 | 有色金属 | 475592 | 45.1 |
| #其他产业 | 1899677 | 29.4 | 建材 | 285778 | 44.3 |
| 纺织服装 | 147103 | 24.1 | | | |

## 规模以上工业分行业营业收入

表 120　　单位：万元

| 指标名称 | 本年累计 | 增幅±% | 指标名称 | 本年累计 | 增幅±% |
|---|---|---|---|---|---|
| 规模以上工业营业收入总额 | 7882656 | 26.5 | 轻工 | 348595 | 10.5 |
| #三大主导产业 | 6119461 | 28.6 | 电子 | 222764 | 23.4 |
| 不锈钢制品 | 3500462 | 33.6 | 医药 | 92524 | −9.5 |
| 健康食品 | 1704091 | 19.2 | 化工 | 122966 | 0.9 |
| 装备制造 | 914908 | 28.8 | 有色金属 | 458360 | 40.1 |
| #其他产业 | 1763195 | 19.9 | 建材 | 251658 | 28.1 |
| 纺织服装 | 137094 | 13 | | | |

## 规模以上工业分行业利润

表 121　　单位：万元

| 指标名称 | 本年累计 | 增幅±% | | | |
|---|---|---|---|---|---|
| 规模以上工业利润总额 | 427513 | 53.4 | 轻工 | 33419 | 87.2 |
| #三大主导产业 | 298403 | 58.2 | 电子 | 9173 | 54.6 |
| 不锈钢制品 | 115516 | 39.3 | 医药 | 17785 | −33.1 |
| 健康食品 | 130505 | 68.9 | 化工 | 9276 | −27.6 |
| 装备制造 | 52382 | 84.4 | 有色金属 | 14384 | 186.5 |
| #其他产业 | 129110 | 43.3 | 建材 | 12572 | 65.3 |
| 纺织服装 | 12338 | 197.3 | | | |

## 乡镇(街道)规上工业主要经济指标

单位:万元

表122

| 乡镇名称 | 企业数 | 工业总产值 | | 利润总额 | |
|---|---|---|---|---|---|
| | | 本年累计 | 增幅±% | 本年累计 | 增幅±% |
| 全市合计 | 596 | 8287553 | 33 | 427513 | 53.4 |
| 戴窑镇 | 42 | 616947 | 24.3 | 55206 | 290.8 |
| 合陈镇 | 5 | 25580 | 36.3 | 830 | 66 |
| 永丰镇 | 2 | 8202 | 32.1 | 364 | 247.9 |
| 大营镇 | 3 | 12401 | 24.8 | 285 | 75.5 |
| 新垛镇 | 5 | 56996 | 21 | 683 | 18.7 |
| 安丰镇 | 19 | 227213 | 53 | 10487 | 1086.8 |
| 海南镇 | 8 | 30698 | 47.7 | 4035 | 99 |
| 钓鱼镇 | 4 | 96227 | 44.9 | 6204 | 60.7 |
| 大邹镇 | 4 | 12577 | 19.3 | 294 | -3.6 |
| 沙沟镇 | 2 | 7008 | 22.3 | 50 | -40.2 |
| 千垛镇 | 6 | 58493 | 27.2 | 16286 | 77.5 |
| 中堡镇 | 4 | 21560 | 45.9 | 785 | 144.4 |
| 兴东镇 | 21 | 134314 | 18.2 | 3332 | 48.5 |
| 林湖乡 | 1 | 8362 | 25.7 | 250 | 40.9 |
| 垛田街道 | 18 | 170665 | 27.7 | 8145 | 74.6 |
| 竹泓镇 | 7 | 43902 | 56.9 | 4833 | 193.4 |
| 沈伦镇 | 11 | 52164 | 51.6 | 2259 | 32.8 |
| 大垛镇 | 32 | 321660 | 33 | 20554 | 120.5 |
| 荻垛镇 | 28 | 225551 | 41.8 | 14125 | 191 |
| 陶庄镇 | 5 | 32001 | 26.7 | 1197 | 84 |
| 昌荣镇 | 10 | 60098 | 38.5 | 7010 | 162.2 |
| 周庄镇 | 22 | 184226 | 33.2 | 8874 | 89.4 |
| 陈堡镇 | 33 | 212059 | 37.9 | 9303 | 77.5 |
| 戴南镇 | 188 | 3991689 | 35.1 | 145711 | 28.2 |
| 昭阳街道 | 3 | 17731 | 1.1 | 739 | 132 |
| 开发区(临城街道) | 113 | 1659231 | 28.8 | 105673 | 11.6 |

# 索 引

## 说 明

本索引为综合性主题索引，包括正文部分24个栏目（不包含特载、人物、附录）的内容。索引标目按汉语拼音字母顺序，同音字按声调顺序，同音同声者按第二字拼音字母顺序。标目后数字为页码，字母a为左栏，b为中栏，c为右栏。

## D



## E



## F

## G



## H



## J

## K



## L

## M



## N



## P



## Q

## R



## S

## T

## W



## X

## Y



## Z